OEUVRES COMPLÈTES

DU CHANCELIER

D'AGUESSEAU.

SE TROUVENT AUSSI

CHEZ L'ÉDITEUR, RUE CHRISTINE, N.º 3, A PARIS;
ET CHEZ LES PRINCIPAUX LIBRAIRES DE FRANCE ET DE L'ÉTRANGER.

~~~~~

DE L'IMPRIMERIE DE I. JACOB, A VERSAILLES.

OEUVRES COMPLÈTES

DU CHANCELIER

D'AGUESSEAU.

NOUVELLE ÉDITION,

AUGMENTÉE DE PIÈCES ÉCHAPPÉES AUX PREMIERS ÉDITEURS,
ET D'UN DISCOURS PRÉLIMINAIRE

PAR M. PARDESSUS,

PROFESSEUR A LA FACULTÉ DE DROIT DE PARIS.

TOME ONZIÈME,

CONTENANT LA SUITE DE LA CORRESPONDANCE OFFICIELLE.

PARIS,

FANTIN ET COMPAGNIE, LIBRAIRES,
QUAI MALAQUAI, N.º 3.

H. NICOLLE, A LA LIBRAIRIE STÉRÉOTYPE,
RUE DE SEINE, N.º 12.

DE PELAFOL, RUE DES GRANDS-AUGUSTINS, N.º 21.

M. DCCC. XIX.

TITRES

DES DIFFÉRENS OUVRAGES

CONTENUS DANS LE TOME ONZIÈME.

CORRESPONDANCE OFFICIELLE.

QUATRIÈME DIVISION.

FIN DES TITRES DU TOME ONZIÈME.

OEUVRES
DE D'AGUESSEAU.

CORRESPONDANCE OFFICIELLE.

QUATRIÈME DIVISION.

§. I.

LETTRES SUR LA PROCÉDURE CRIMINELLE ET LA
LÉGISLATION Y RELATIVE.

Du 27 septembre 1727.

MONSIEUR........ m'a fait remettre une lettre que
vous lui avez écrite le 6 août dernier, au sujet de
deux difficultés qui se sont formées entre le présidial du Puy et le lieutenant de la maréchaussée, dont
l'une regarde l'affaire du nommé......., et l'autre
tombe sur l'élargissement de quelques prisonniers
que le lieutenant de la maréchaussée prétend avoir
été mis trop légèrement en liberté par le présidial.

Pour résoudre la première difficulté, il faut distinguer, comme toutes les ordonnances l'ont fait,
deux sortes de cas prévôtaux, dont les uns le sont
par la nature même du crime, et les autres ne le sont
que par la qualité des accusés. Si celui dont le
nommé........ a été accusé est du premier genre,
c'étoit au présidial du Puy qu'il appartenoit d'en
prendre connoissance, lorsque la capture de l'accusé
a anéanti la procédure instruite contre lui par contumace; parce qu'en ce cas l'information et le décret

des juges ordinaires établissent la prévention en faveur du présidial, comme s'il avoit informé et décrété lui-même avant le prévôt des maréchaux. Ainsi, supposé que le cas dont il s'agit fût prévôtal, vous avez eu raison de croire que le présidial a eu tort de ne pas retenir l'instruction et la connoissance de cette affaire, au lieu de la renvoyer au juge ordinaire des lieux. J'ajouterai néanmoins ici qu'il auroit fallu en juger d'une autre manière, si l'on eût été dans le cas de l'article XVI du titre 1.er de l'ordonnance de 1670, qui a été plus clairement expliqué par la déclaration du 29 mai 1702; c'est-à-dire, si l'accusé ayant été pris en flagrant délit, le juge des lieux eût informé et décrété comme il le put faire alors. Quoique le cas soit prévôtal par sa nature, la déclaration du 29 mai 1702 décide en ce cas, conformément à la lettre et à l'esprit de l'ordonnance criminelle, que le juge ordinaire prévient, non en faveur du prévôt des maréchaux ou du présidial, mais en faveur des baillis et sénéchaux dans le ressort desquels le crime a été commis, et qu'ils doivent en connoître, comme cette déclaration le marque en termes formels, préférablement et privativement aux prévôts des maréchaux; ce qui renferme aussi les juges présidiaux qui n'ont que le même droit. Je ne fais ici cette observation, que pour expliquer plus exactement les règles générales qu'on doit suivre en cette matière; car, comme dans l'espèce présente il ne s'agit point d'un accusé pris en flagrant délit, on ne peut y appliquer ni la disposition de l'article XVI du titre 1.er de l'ordonnance criminelle, ni celle de la déclaration du 29 mai 1702.

Je reviens à présent au second genre de crimes qui ne sont prévôtaux que par la qualité des accusés : si celui du nommé.......... étoit de cette nature, comme tous les juges ordinaires des lieux, même ceux des hauts-justiciers peuvent en connoître suivant les anciennes ordonnances et la même déclaration de 1702, concurremment et par prévention avec les prévôts des maréchaux, le présidial du Puy auroit eu raison en ce cas de renvoyer le procès dont il s'agit aux juges des lieux qui auroient bien prévenu le prévôt des maréchaux, puisque leur procédure avoit été portée jusqu'à rendre une sentence de contumace.

Ce n'est point par rapport à vous, monsieur, que j'entre dans ce détail, parce que vous êtes pleinement instruit des règles de l'ordre judiciaire, c'est uniquement par rapport aux officiers du présidial du Puy et au lieutenant de la maréchaussée, auxquels je compte que vous ferez savoir ce que je vous écris.

Sur le second point, qui regarde l'élargissement des prisonniers arrêtés par l'ordre du prévôt ou lieutenant de la maréchaussée, je ne puis qu'approuver ce que vous avez écrit aux officiers du présidial, et vous pouvez aussi le leur faire savoir. Il faut seulement recommander à ce lieutenant d'être le plus exact qu'il lui sera possible à interroger promptement les prisonniers qu'il aura fait arrêter. Il pourroit même être nécessaire d'établir un second lieutenant de maréchaussée dans le Velay, si la grande étendue de ce département et le nombre des crimes qui s'y commettent, ne permettent pas à un seul officier d'expédier les affaires criminelles aussi promptement qu'il est à désirer pour le bien de la justice. C'est sur quoi je ne puis qu'attendre votre avis, dont je serai toujours très-aise de profiter.

Du 6 avril 1728.

Les officiers du présidial de.......... à qui j'ai écrit au sujet de l'affaire du sieur.........., sur le compte que vous m'en avez rendu par votre lettre du douze décembre dernier, m'ont fait réponse :

1.º Qu'à la vérité, dans le procès instruit contre le sieur.........., les titres d'accusation sont très-graves; mais que des deux seuls témoins qui parlent

I. *

du prétendu assassinat prémédité, le premier appelé........., est décédé sans avoir été récolé et
confronté; et que le second nommé........ ...., dépose véritablement qu'il vit un particulier tirer......
au travers d'une haie; mais que....... que......
dit avoir été présent avec lui, n'a point déposé, et
que même....... ne s'est point plaint qu'il l'eût
tiré au travers d'une haie, mais a prétendu au contraire qu'il avoit été attaqué dans le champ; et qu'ainsi
n'ayant pas trouvé que cette déposition du nommé...
fût une preuve complète d'assassinat prémédité, il
leur a paru que ce n'étoit qu'une simple rencontre de
deux hommes animés depuis long-temps par des procès, tant civils que criminels, dont les preuves étoient
rapportées, et que.......... n'étant point mort, ils
ont cru devoir juger conformément à l'art. 620 de leur
coutume, qui laisse la peine, autre que celle de mort,
à l'arbitrage des juges.

2.° Que le prétendu viol commis dans la personne
de............, n'est pas mieux prouvé; qu'ils n'en
ont trouvé aucune charge que par la bouche de la
même.......... et de sa mère, qui sont repro-
chables de droit, comme étant des personnes de
mauvaise vie.

Si ce que ces officiers allèguent est véritable, on
ne peut pas leur faire reproche de n'avoir pas condamné à mort le sieur.........; n'y ayant point de
preuves contre lui. Il peut aisément vérifier le fait
sur lequel ils se fondent, en se faisant représenter le
procès dont ils ne m'ont envoyé que les informations
et les interrogatoires. Au surplus, il n'a pas raison de
croire que M. le procureur-général du grand conseil
fut en droit d'interjeter appel du jugement présidial qui a été rendu dans cette affaire, et de le
faire casser sur le fondement de la trop grande indulgence des juges, toute la fonction du grand-conseil
se réduisant en cette matière à juger non pas du fond
des accusations, mais de la compétence des présidiaux
ou des prévôts des maréchaux, lorsqu'elle est con-
testée par les accusés ou par les juges ordinaires.

Du 27 juin 1728.

J'ai reçu la lettre que vous m'avez écrite le 9 de ce mois, avec le mémoire et les copies des pièces qui y étoient jointes : je n'entrerai point dans l'examen de toutes les questions qui sont expliquées dans votre mémoire, ni dans la discussion des différens partis entre lesquels les officiers du présidial de Toulouse paroissent hésiter, parce qu'il n'y a aucun de ces partis qui soit conforme à la règle, et que les questions que vous agitez n'ont point d'application au fait dont il s'agit.

Vous êtes dans le cas où le juge ordinaire a prévenu le prévôt des maréchaux de Toulouse comme celui d'Auch, et où, par conséquent, la question de la compétence doit être décidée par l'article XVI du titre 1.er de l'ordonnance de 1670, et par une déclaration postérieure qui en a ordonné l'exécution. Or, suivant cet article, lorsqu'il s'agit d'un cas royal ou prévôtal, ce n'est ni pour le prévôt des maréchaux, ni même pour le présidial, que le juge ordinaire et subalterne est censé avoir prévenu, lorsqu'il a informé et décrété le premier, c'est pour le sénéchal ou pour le lieutenant-criminel, comme cet article le porte expressément ; et c'est à cet officier que l'ordonnance enjoint d'envoyer chercher les informations et les accusés pour leur faire leur procès. On doit donc regarder dans cette espèce le sénéchal royal ou son lieutenant-criminel, comme s'il avoit connu directement du crime dont il s'agit ; et de même qu'en ce cas il seroit préféré au prévôt des maréchaux et au présidial même, parce qu'il les auroit prévenus ; ayant informé et décrété avant eux, il doit aussi l'emporter sur eux, lorsqu'il est censé les avoir prévenus par les officiers ordinaires et subalternes qui lui sont subordonnés.

Tous ces points sont clairement décidés par les articles II et IV de la déclaration du 29 mai 1702, qui a été faite, au moins en partie, pour fixer le véritable esprit de l'ordonnance de 1670 dans la matière dont il s'agit.

L'article II de cette loi porte que les baillis et sénéchaux *connoîtront chacun dans leur ressort, et à la charge de l'appel au parlement, des cas énoncés dans l'article XII du titre premier de l'ordonnance de 1670* (du nombre desquels est l'assassinat prémédité), *concurremment avec les prévôts des maréchaux, et préférablement à eux, s'ils ont informé et décrété avant eux ou le même jour.*

Il est vrai que vous n'êtes pas précisément dans le cas de cet article, parce que le sénéchal royal, dans le ressort duquel le crime a été commis, n'en a pas connu par lui-même. Mais l'article IV de la même déclaration est fait précisément pour régler l'espèce dans laquelle vous vous trouvez, c'est-à-dire, celle où le juge ordinaire subalterne a informé et décrété le premier.

Cet article fait défenses aux prévôts des maréchaux *d'entreprendre sur la juridiction des baillis et sénéchaux, ou de leurs lieutenans-criminels, dans le cas de l'article XVI du titre premier de l'ordonnance de 1670, dans lequel la connoissance du crime appartiendra aux baillis et sénéchaux, dans le ressort desquels il aura été commis, préférablement et privativement aux prévôts des maréchaux.*

Ainsi, suivant cet article, qui explique si nettement quel est le juge compétent dans le cas qui se présente, ce n'est ni au prévôt des maréchaux de Toulouse, ni à celui d'Auch qu'il appartient d'en connoître, c'est uniquement au sénéchal royal dans le ressort duquel le crime a été commis, et pour qui le juge ordinaire du lieu est toujours censé avoir prévenu.

On ne peut pas dire non plus que le présidial de Toulouse soit en droit de se déclarer compétent dans cette affaire.

1.° Suivant l'ordonnance de 1670, les présidiaux n'ont que la concurrence avec les officiers des maréchaussées pour les cas prévôtaux, et la préférence lorsqu'ils ont décrété avant eux ou le même jour : ainsi, n'ayant pas plus de droit à cet égard que les prévôts des maréchaux, qui peuvent être prévenus par les baillis et sénéchaux, ou par les officiers qui leur sont subordonnés, la règle établie contre les officiers des maréchaussées par l'article XVI du titre 1.ᵉʳ de l'ordonnance, et par la déclaration du 29 mai 1702, a pareillement lieu contre les présidiaux, en faveur des baillis ou sénéchaux.

2.° L'article 1.ᵉʳ de la même déclaration a renfermé le pouvoir des présidiaux, à l'égard des cas prévôtaux, *dans l'étendue des bailliages et sénéchaussées où ces siéges présidiaux sont établis, sans qu'en aucun cas, même de prévention ou de concurrence avec les prévôts des maréchaux, ils puissent prendre connoissance des crimes commis dans l'étendue des simples bailliages et sénéchaussées dont l'appel se porte par-devant eux au premier cas de l'édit des présidiaux, mais seulement connoître de la compétence des prévôts des maréchaux.*

Ainsi, le fait dont il s'agit étant arrivé, comme votre mémoire le fait entendre, hors de l'étendue de la sénéchaussée de Toulouse où votre siége présidial est établi, et dans le territoire d'une autre sénéchaussée royale, le présidial contreviendroit formellement à la disposition de l'article 1.ᵉʳ de la déclaration du 29 mai 1702, s'il entreprenoit de se réserver la connoissance de l'assassinat prémédité dont il s'agit.

Il résulte donc de toutes ces réflexions qu'entre les différens partis que vous proposez au commencement de votre mémoire, le seul qui soit conforme à la règle est de remettre entièrement cette affaire au parlement, en laissant au nommé......

la liberté de poursuivre l'appel qu'il y a interjeté
de l'ordonnance du juge des lieux, par laquelle ce
juge s'est dépouillé mal à propos en faveur du prévôt
des maréchaux de Toulouse, au lieu de donner avis
de la procédure au sénéchal royal, son supérieur
immédiat, suivant l'article XVI du titre 1er de l'ordonnance de 1670. Ce sera au parlement de renvoyer le procès par-devant ce sénéchal, qui en est
le juge naturel suivant l'ordonnance, ou, en cas de
suspicion, par-devant tel autre sénéchal qu'il jugera
à propos; mais c'est ce qui ne vous regardera plus,
votre fonction étant finie par le jugement par lequel vous remettrez cette affaire en règle, en renvoyant les accusés au parlement.

Du 12 août 1728.

UNE incommodité qui a interrompu pendant quelque temps le cours de mes occupations ordinaires,
ne m'a pas permis d'examiner plus tôt la contestation
qui s'est formée entre les officiers de la maréchaussée
de Château-Gontier et ceux du siége royal de Laval,
et sur laquelle vous m'avez écrit plusieurs lettres
aussi bien que ces officiers. Après avoir revu toutes
ces lettres et les procédures qui y ont été jointes,
je renfermerai dans trois articles la réponse que je
dois vous faire sur ce sujet.

1.º La règle générale est sans doute, comme vous
l'avez très-bien observé et comme je vous l'ai écrit
autrefois, que, suivant les ordonnances, la compétence des prévôts des maréchaux doit être jugée
dans le présidial du lieu où la capture des accusés
a été faite; après quoi le procès doit être instruit
et jugé dans le siége royal du lieu où le délit a
été commis. Les nouvelles déclarations qui ont été
faites depuis quelques années sur ce qui regarde
les officiers et les affaires de maréchaussée, n'ont
rien innové à cet égard; et si le contraire s'est

observé depuis ces déclarations dans l'étendue de votre généralité, c'est un abus qui ne doit pas être toléré, et que vous devez obliger les prévôts des maréchaux ou leurs lieutenans à faire cesser entièrement, jusqu'à ce qu'il ait plu au roi d'expliquer plus amplement ses intentions sur la matière des cas prévôtaux, comme je prévois que Sa Majesté sera obligée de le faire.

2.° La seule difficulté que je trouve dans la contestation qu'il s'agit de régler, et qui me fait douter si l'on peut appliquer ici la règle générale dont je viens de vous parler, est que le siége de Laval n'est pas un siége présidial ni même une sénéchaussée ou bailliage ordinaire; c'est un siége qui n'a été institué que pour juger les causes de ceux qui, suivant la coutume du Maine, sont exempts par appel, et pour prendre connoissance des cas royaux qui arrivent dans l'étendue du comté de Laval. Le petit nombre d'affaires qui se portent dans ce tribunal, a fait qu'on n'y a établi que très-peu d'officiers; et des trois qui y exercent la justice, l'on prétend qu'il y en a un qui est absolument hors d'état d'y vaquer : il seroit donc impossible d'y trouver le nombre de sept juges nécessaires pour rendre un jugement en dernier ressort, et il ne le seroit peut-être guère moins de rassembler des gradués qui puissent suppléer au défaut d'officiers en nombre sufiisant. Ainsi, d'un côté pour éviter de donner atteinte à une règle générale qu'il est important de maintenir en son entier, et de l'autre, pour ne pas retarder l'expédition d'un procès criminel, et ne pas en rendre le jugement presqu'impossible, je prends le parti de vous envoyer un arrêt du conseil pour valider, en tant que besoin seroit, l'instruction faite par le prévôt de Château-Gontier ou de son lieutenant, et pour l'autoriser à faire juger le procès au présidial de Château-Gontier, sans tirer à conséquence, dans d'autres cas où il sera possible de suivre la règle ordinaire.

3.° Vous m'avez marqué dans une de vos lettres

que, quoique le cas dont il s'agit en cette affaire ne soit pas prévôtal par sa nature, le lieutenant des maréchaux de Château-Gontier en avoit pris connoissance à cause de la qualité des accusés, qui sont des gens repris de justice, et parce que les officiers du siége royal de Laval se sont déportés du droit d'en être juges. Comme je crains que ni les officiers de la maréchaussée, ni ceux du siége royal de Laval ne soient pas bien instruits de la règle qu'ils doivent suivre entr'eux, par rapport à la connoissance des cas qui ne sont prévôtaux que par la qualité des personnes accusées, et non par celle du crime, je crois devoir m'expliquer ici sur ce point, et vous dire que, suivant les anciennes et les nouvelles ordonnances, confirmées et expliquées par la déclaration du 29 mai 1702, les juges ordinaires peuvent et doivent connoître de ces sortes de cas, concurremment avec les prévôts des maréchaux, et préférablement à eux, s'ils ont informé ou décrété avant eux ou le même jour, à moins que le prévôt des maréchaux n'ait fait la capture de l'accusé, exception nouvelle portée dans une déclaration du 28 mars 1708, et qui pourra bien ne pas subsister si l'on fait un nouveau réglement sur cette matière. Je ne suis pas assez instruit de tout ce qui s'est passé dans l'affaire présente, pour faire l'application de cette règle au fait particulier; mais il est toujours bon d'en rappeler le souvenir aux uns et aux autres officiers, et d'avertir ceux de Laval qu'il ne dépend pas d'eux de changer le sort d'un accusé et de lui donner d'autres juges que ceux qu'il doit avoir suivant les lois, en se déportant de la connoissance d'un procès qui leur appartient naturellement.

Vous prendrez, s'il vous plaît, la peine de faire part de ma lettre à ces officiers et à ceux de la maréchaussée de Château-Gontier, afin qu'ils s'y conforment également, chacun dans ce qui peut les regarder; et vous recommanderez aux derniers en parculier d'avoir soin, lorsqu'ils condamneront à la mort un accusé qui aura commis un crime dans

le territoire du siége de Laval, d'ordonner que l'exécution en sera faite dans cette ville, et de l'y faire
faire en effet; les exemples devant toujours être pla-
cés, autant qu'il est possible, dans le lieu où le crime
a été commis.

Du 14 août 1728.

M . . . . m'a remis entre les mains une lettre
et un mémoire que vous lui avez envoyés au sujet
de deux conflits de juridiction que vous avez à
faire régler, l'un avec la justice de Lignières, et
l'autre avec celle de Tonnerre.

A l'égard de la première affaire, où le nommé., . . .
est le principal accusé, puisque le présidial de
Troyes vous a déclaré incompétent, et que vous
avez interjeté appel de sa sentence au grand conseil,
vous n'avez point d'autre parti à prendre, quant
à présent, que celui de faire prononcer au plus tôt
sur cet appel.

Pour ce qui est de la seconde affaire, la prétention
des juges de Tonnerre, par rapport au nommé . . . . .
est bien fondée, si ce particulier a été accusé d'homicide dans la justice de Tonnerre avant que vous
l'ayez poursuivi pour le vol avec effraction dont
il est accusé par-devant vous ; si, au contraire,
l'accusation d'homicide n'a été formée que depuis
que vous avez commencé d'instruire le procès a
cet accusé pour le vol fait avec effraction, vous êtes
dans le cas de l'article 23 du titre 2 de l'ordonnance
de 1670, et vous devez prendre connoissance de
l'un et de l'autre fait conjointement, en faisant
néanmoins juger votre compétence à l'égard de l'homicide comme vous l'avez fait à l'égard du vol fait
avec effraction.

Du 19 septembre 1723.

J'AI reçu la lettre que vous m'avez écrite au sujet de l'affaire de M.........

Quelque considération que j'aie pour votre compagnie, il n'est pas possible de lui accorder la provision qu'elle demande dans cette affaire.

Il est vrai que toute compagnie supérieure ou inférieure a naturellement le droit de connoître des crimes, excès, malversations et abus commis par ses officiers dans les fonctions de leurs charges; mais il n'en est pas de même à l'égard de ceux qu'ils commettent hors de ces fonctions, et comme particuliers plutôt que comme magistrats. Le droit commun n'est favorable sur ce point qu'aux seuls parlemens à qui il n'a jamais fallu d'attribution particulière pour connoître de toutes sortes de crimes commis par quelqu'un de leurs membres. A l'égard des autres compagnies, comme le droit commun leur est contraire en cette matière, elles ont besoin d'un titre particulier qui leur accorde, par forme de privilége, un pouvoir qu'elles n'ont pas par les lois générales du royaume, ou par d'anciens usages qui en tiennent lieu. Or, je ne connois aucun titre de cette nature qui soit favorable à votre compagnie. Je sais qu'il y avoit eu une déclaration qui lui attribuoit le droit, qu'elle veut exercer aujourd'hui; mais je sais aussi que cette déclaration fut bientôt révoquée en entier, et non pas seulement par rapport à ce qui regarde la connoissance civile de l'étape, comme M. le procureur-général de la cour des aides le dit dans le mémoire qu'il m'a envoyé.

L'argument qu'il tire de l'édit de 1629, par lequel la cour des aides de Montpellier fut unie à la chambre des comptes de la même ville, à l'instar de la cour des comptes, aides et finances de Provence, à qui la juridiction criminelle a été donnée sur ses officiers; ne m'a pas paru d'un grand poids en faveur de votre compagnie. Ce n'est point par des raisonnemens ou par des conséquences tirées de quelques termes généraux d'un édit qu'on peut établir un droit de la qualité de celui dont il s'agit. Il faut pour cela pouvoir montrer un titre clair, précis, et qui n'ait besoin d'aucune interprétation, sans quoi la force du droit commun l'emporte toujours sur un prétendu privilége qui n'est fondé que sur de simples conjectures. La comparaison des dates fait voir d'ailleurs que la cour des comptes, aides et finances de Provence ne jouissoit pas encore du droit dont il s'agit, lorsque l'union de la chambre des comptes et de la cour des aides de Montpellier a été faite, pour avoir lieu à l'instar de la cour des comptes, aides et finances de Provence; ainsi quelqu'interprétation qu'on veuille donner à ces derniers termes, il est impossible de les appliquer à un pouvoir qui n'étoit pas encore attribué à la compagnie, à l'instar de laquelle celle de Montpellier étoit établie.

Enfin, si la cour des aides de Montauban prétend avoir droit de connoître de toutes sortes de crimes commis par ses officiers, ce n'est point comme ayant été démembrée de celle de Montpellier, c'est en vertu d'un titre singulier qui ne lui a été accordé que depuis son érection, titre susceptible de doute et de différentes interprétations, mais qui, tel qu'il est, n'a jamais été révoqué, au lieu que le seul titre véritable que votre compagnie puisse alléguer en sa faveur, a été détruit presque aussitôt qu'il a paru.

Vous ne sauriez donc tirer aucune conséquence avantageuse de ce qui s'est passé à l'égard de la cour des aides de Montauban qui a au moins un titre apparent, et votre compagnie n'en ayant point, ou ayant cessé d'en avoir, je ne vois aucun prétexte pour lui donner la provision dans une matière aussi importante que celle dont il s'agit. Il seroit encore plus extraordinaire de lui accorder une attribution particulière pour l'affaire du sieur.........., et le seul parti régulier que l'on puisse prendre à cet égard, est de laisser cette affaire dans le cours ordinaire de la justice;

en sorte qu'elle soit d'abord instruite et jugée par le sénéchal de Montpellier, et portée ensuite par appel au parlement de Toulouse, sans préjudice néanmoins au sieur........... de proposer ses moyens de suspicion ou de récusation contre les officiers de la sénéchaussée de Montpellier, s'il en a de légitimes; auquel cas ce seroit au parlement de Toulouse qu'il appartiendroit de renvoyer l'affaire dans une autre sénéchaussée non suspecte : mais cela ne regarde que la partie accusée, et non pas l'intérêt de votre juridiction, que je suis très-fâché de ne pouvoir soutenir en cette occasion.

Du 30 septembre 1728.

La lettre que vous m'avez écrite ne contient pas encore des éclaircissemens suffisans pour bien juger du secours qu'on peut accorder à la nommée.......; mais, pour réduire en un mot, tout ce qui peut se dire sur ce sujet, ou la minute de la sentence rendue présidialement a été signée par sept juges au moins, avant que le greffier en délivrât une expédition dans laquelle il a oublié de faire mention du nom de tous ces juges; dans ce cas, il n'y a qu'à l'obliger d'en délivrer une seconde qui soit plus correcte que la première; ou, au contraire, la sentence n'a été réellement signée que de.......... juges, avant que le greffier en donnât une expédition, et, en ce cas, il n'est plus temps de réparer la faute, le droit est acquis à la partie qui a intérêt de soutenir que la sentence n'est pas présidiale, et que l'appel en est recevable. Les ordonnances veulent que toute sentence rendue en dernier ressort au premier chef de l'édit, soit signée de sept juges, et qu'il en soit fait mention dans l'expédition, sans quoi le parlement est bien fondé d'en recevoir l'appel; et il n'est plus permis de réparer l'omission des sept juges, lorsque la sentence a été une fois expédiée, parce que la preuve de cette signature doit se tirer de la minute de l'expédition de la sentence, et c'est contre le bon ordre d'y vouloir suppléer; d'ailleurs, au surplus, il ne s'agit nullement ici de se pourvoir au grand-conseil, qui n'est autorisé à soutenir la juridiction des présidiaux que lorsqu'ils ont satisfait de leur part aux conditions sous lesquelles cette juridiction leur est accordée.

Du 30 décembre 1728.

Il n'est pas difficile de décider la contestation qui s'est formée entre vous et le sieur............ votre lieutenant à la résidence de Digne, sur l'interprétation et l'exécution de l'article 4 de la déclaration du 28 mars 1720. Cet article a deux parties : la première regarde le titre des sentences, et elle porte à la vérité que les jugemens préparatoires, interlocutoires ou définitifs, après la compétence jugée, seront intitulés dans tous les siéges au nom du prévôt général; mais cette disposition ne s'entend ni des minutes des jugemens qui n'ont point de titres et ne commencent que par le vu des demandes et des pièces, ni des expéditions par extrait qui n'ont point non plus de véritables titres, puisqu'elles commencent par le mot *extrait*, etc. ; c'est l'usage observé dans tous les tribunaux où il n'y a que les expéditions en forme des jugemens qui portent en tête le nom du roi, s'il s'agit d'un arrêt de cour supérieure, ou celui du bailli où sénéchal ou du prévôt, s'il s'agit d'une sentence rendue dans un siége inférieur. Il n'y a donc que les expéditions en forme des jugemens prévôtaux qui doivent être intitulés en votre nom, soit que vous soyez présent, soit que vous soyez absent, ce qui ne vous est pas disputé; l'on ne sauroit appliquer la même règle aux minutes de ces mêmes jugemens ni aux expéditions qui n'en sont délivrées que par extrait.

La seconde partie du même article regarde la fin des jugemens, et elle porte qu'il y sera fait mention que la sentence a été donnée par le lieutenant de résidence qui aura fait l'instruction ; ainsi la première partie de l'article ne vous est pas entièrement favorable, et la seconde vous est contraire, si ce n'est dans le seul cas où vous auriez assisté au jugement, parce qu'alors il faudroit faire mention à la fin que c'est vous qui l'avez donné.

La décision de l'arrêt du grand-conseil que vous citez en votre faveur, n'a rien que de conforme à ce que je viens de vous marquer. Il ne s'entend et ne peut s'entendre, par rapport à l'intitulé des jugemens, que des expéditions qui en sont délivrées en forme, et nullement des minutes ni des expéditions par extrait et par rapport au dispositif ; s'il porte qu'on fera mention que le jugement aura été rendu par le vice-sénéchal d'Angoulême, c'est uniquement lorsque cet officier y aura été présent. Vous aurez donc soin de vous conformer exactement à la règle que je viens de vous marquer sur les deux difficultés qui se sont formées entre vous et votre lieutenant à Digne, à qui j'écris la même chose, afin que n'y ayant plus de contestation entre vous et lui sur ce sujet, vous ne soyez plus occupés l'un et l'autre que de ce qui regarde le service public.

Du 16 janvier 1729.

J'AI reçu la lettre que vous m'avez écrite le 22 novembre dernier ; j'ai différé de vous faire réponse, parce que je voulois vous envoyer une décision faite sur la même difficulté ; mais comme on n'a pu la retrouver, je vous expliquerai de nouveau les principes par lesquels elle doit être réglée.

L'article 22 du titre 2 de l'ordonnance de 1670, est ce qui fait naître le doute, et c'est aussi ce qui doit le résoudre ; cet article porte en général, que

lorsque le prévôt aura été déclaré compétent, il sera
tenu de procéder incessamment à la confection du procès avec son assesseur, sinon avec un conseiller du
siége, qui sera commis par le président. Les prévôts
des maréchaux, raisonnant avec plus de subtilité que
de solidité sur quelques termes de cet article, ont
prétendu qu'une information n'étant point comprise
à la rigueur dans le terme de procès qui s'applique
naturellement à ce qui fait partie de l'instruction,
ils pouvoient, même après le jugement de compétence, faire une addition d'information sans être assistés de l'assesseur ou du conseiller qui en tient la
place ; mais l'esprit de l'ordonnance et ses termes
mêmes, bien entendus, résistent à cette interprétation.

Ce qui fonde la nécessité de la présence de l'assesseur est la nature et l'importance du procès ; comme
il s'agit d'y rendre un jugement en dernier ressort,
on a cru que dès le moment que le prévôt avoit été
déclaré compétent, il étoit de l'ordre public que,
n'étant pas gradué, il ne fît rien dans la suite de
l'affaire qu'en la présence d'un assesseur qui a cette
qualité, et qui supplée par là à ce qui peut manquer au prévôt des maréchaux ; ainsi, de quelque
espèce que soient les procédures qui suivent le jugement de compétence, soit qu'il s'agisse d'information, d'interrogatoire, de récolement, ou de confrontation, le même principe ou le même esprit de
l'ordonnance s'applique également à tout, et il exige
nécessairement la présence de l'assesseur.

Il est vrai que l'ordonnance s'est servie du terme
de procès, mais nos lois ne prennent pas toujours
ce terme dans l'exacte rigueur, et il y a un grand
nombre de cas où toutes sortes de procédures y sont
exprimées sous ce nom, parce qu'en effet elles sont
comme autant de parties différentes, dont le tout,
c'est-à-dire, le corps entier du procès est composé.
Il faut bien remarquer d'ailleurs que, dans le cas
présent, l'ordonnance ne s'est pas servie du terme

d'instruction du procès; elle a employé celui de *confection du procès*, expression qui n'excepte rien et qui renferme tout ce qui entre dans le procès, et qui le rend, pour ainsi dire, parfait. Or, on ne peut pas douter que l'addition d'information ne soit comprise sous cette notion générale; et c'est par toutes ces raisons que, comme on ne doit jamais chicaner avec la loi, et qu'il faut toujours expliquer ses termes par son esprit, il a déjà été décidé plus d'une fois que, soit qu'il s'agisse d'informations ou de toutes autres procédures, les prévôts des maréchaux, ou leurs lieutenans, ne peuvent rien faire sans l'assistance de l'assesseur, après le jugement de compétence.

Ainsi, pour appliquer cette règle au cas sur lequel vous m'avez consulté, je ne puis qu'approuver la disposition où votre siége me paroît être de déclarer nulle l'addition d'information qui a été faite par le prévôt des maréchaux d'Amiens, ensemble le récolement et la confrontation des témoins entendus dans cette information, depuis qu'il a été déclaré compétent, et d'ordonner que les mêmes témoins seront ouïs de nouveau, récolés et confrontés. Il n'est pas douteux qu'en cette matière la peine de nullité est tacitement renfermée dans la disposition de la loi, parce que dès le moment qu'elle exige la présence de l'assesseur comme nécessaire, on ne peut regarder que comme nul ce qui s'est fait en son absence; mais comme il manque ici quelque chose à la clarté du style de l'ordonnance, vous pouvez vous dispenser d'ordonner que la procédure déclarée nulle sera refaite aux dépens du prévôt des maréchaux, et c'est le seul adoucissement que vous puissiez apporter à la rigueur de votre jugement.

Du 31 *janvier* 1729.

La consultation que vous me faites par votre lettre du 19 de ce mois roule sur trois points : dans le premier, il s'agit de savoir si vous pouvez porter directement au parlement une accusation formée contre plusieurs procureurs du roi de votre province, pour des fautes commises par eux dans les fonctions de leurs charges, ou s'il faut nécessairement qu'en pareil cas le procès leur soit fait en première instance dans un bailliage, sans que le parlement en puisse connoître autrement que par appel ;

Le second point consiste à examiner si c'est à la tournelle ou à la grand'chambre que vous devez porter une semblable accusation, supposé qu'il y ait lieu de la former en première et dernière instance au parlement ;

Le troisième enfin, est de savoir quelle est la conduite que vous devez suivre par rapport aux faits qui vous ont donné lieu de me consulter sur ces deux questions générales.

La première question n'est pas susceptible de difficulté. Le parlement est incontestablement en droit de faire le procès en première instance à tous les officiers royaux qui lui sont immédiatement soumis, lorsqu'ils sont accusés de malversations commises dans l'exercice de leurs fonctions ; et l'opinion la plus commune et la moins autorisée, est qu'il en est non-seulement le juge compétent, soit parce qu'ayant reçu le serment de ces officiers, c'est à lui qu'il appartient de connoître de l'infraction de ce réglement, soit parce qu'il seroit à craindre que l'officier accusé ne trouvât trop de faveur ou trop de haine dans son propre siége. L'usage de tous les parlemens du royaume est uniforme sur ce point, et personne n'a jamais révoqué en doute leur autorité en cette matière. Le parlement de Besançon n'a donc rien perdu de ses droits,

2*

à cet égard, lorsque la Franche-Comté a passé sous la domination du roi, et il a conservé, par le droit commun de la France, ce qui lui étoit acquis auparavant par le droit singulier de la province.

Le second point ne seroit plus susceptible de doute au parlement de Paris, où la question a été décidée par une déclaration du feu roi, donnée le 26 mars 1676, par laquelle il a été ordonné que, lorsque le procureur-général voudroit former une accusation contre des officiers du caractère de ceux que je viens de vous marquer, il seroit à son choix de la porter à la grand'chambre ou à la tournelle, ainsi qu'il le jugeroit le plus à propos ; mais comme vous ne me marquez point qu'il y ait jamais eu une pareille loi faite pour votre parlement, ni qu'il y ait aucun usage qui puisse y en tenir lieu, je crois que le plus sûr en pareil cas, pour ne plus compromettre votre ministère, avec une des chambres du parlement, seroit de vous adresser à la tournelle, comme un tribunal auquel, de droit commun, appartient la connoissance des affaires criminelles, quoiqu'il y eût de grandes raisons pour autoriser la grand'chambre à connoître des prévarications et des malversations des officiers royaux qui lui sont immédiatement soumis.

A l'égard du troisième point, qui consiste à savoir ce que vous devez faire sur la dénonciation que les lieutenans-criminels font au parlement, des exactions dont ils accusent les procureurs du roi des bailliages de Franche-Comté, il faudroit, pour en bien juger, avoir vu la requête des lieutenans-criminels, et être instruit de la nature des faits qu'elle contient. Tout ce que je puis donc vous répondre en général sur ce sujet, est que s'il ne résulte de tous les faits expliqués par cette requête, qu'une espèce d'abus général qui s'est glissé également dans tous les bailliages dont les procureurs du roi aient cru pouvoir prendre légitimement certains droits, qui cependant ne sont pas bien établis ; ce n'est pas tant un véritable crime, qu'une erreur ou une faute qui doit faire le sujet d'un réglement rendu par la grand'chambre sur votre réquisition, plutôt que la matière d'une procédure extraordinaire; mais si, au contraire, il s'agit d'exaction commise, non par ignorance, mais par une avidité punissable qui ne puisse être excusée par aucun usage, en ce cas, vous devez faire faire le procès aux coupables, et porter, pour cela, votre accusation à la chambre de la tournelle.

Du 28 février 1729.

J'AI différé de faire réponse à la lettre que vous m'avez écrite le 9 de ce mois, au sujet des requêtes que les lieutenans-criminels de votre ressort vous ont présentées contre les procureurs du roi, parce que je m'attendois de recevoir, d'un jour à l'autre, une lettre de M. le procureur-général, où il expliqueroit les difficultés qui l'arrêtoient encore, et que j'avois de la peine à imaginer; après la lettre que je lui ai écrite le 31 janvier dernier, à laquelle je n'ai pas douté qu'il ne se conformât, parce qu'il ne m'a fait aucune représentation sur ce que je lui ai écrit; mais, puisqu'il demeure dans le silence à mon égard, et dans l'inaction sur la requête des lieutenans-criminels, malgré les excitations réitérées qu'il a reçues de votre part sur ce sujet, je ne dois pas suspendre plus long-temps ma réponse à votre lettre, et il me sera facile de la faire, après la communication que vous avez eue de celle que j'ai écrite à M. le procureur-général.

Vous y avez vu qu'il ne m'a point envoyé la copie des deux requêtes présentées par les lieutenans-criminels; et qu'ainsi n'étant pas suffisamment instruit de la nature des faits portés par ces requêtes, je n'aurois pu lui répondre qu'en lui laissant le soin de distinguer les cas qui pouvoient ne demander qu'un réglement pour réformer des abus qu'un mauvais usage avoit introduits, et ceux qui pouvoient exiger

qu'on fît le procès dans les formes aux officiers suspects d'exactions véritablement punissables.

Les deux requêtes, dont vous m'avez envoyé la
copie, me mettent en état de vous faire une réponse
plus précise. J'y vois, et principalement dans la seconde, non-seulement des choses qui méritent d'être
réformées par un réglement, mais des malversations
criantes qui méritent une punition exemplaire, à quoi
on ne sauroit parvenir que par une instruction régulière. Il est fâcheux, à la vérité, d'entreprendre tant
d'officiers à la fois, et d'en mettre peut-être une
grande partie hors d'état de rendre le service qu'ils
doivent au public ; mais il seroit encore plus dangereux d'accorder grâce aux accusés ; et d'ailleurs il
n'est pas encore temps de délibérer sur ce sujet ; ce
sera sur le vu des informations que la chambre de la
tournelle pourra distinguer exactement les degrés des
fautes, et faire un juste discernement entre les officiers qui méritent d'être poursuivis avec la dernière
rigueur, et ceux qui n'auront besoin que d'un simple
avertissement pour rentrer dans le bon chemin.

Vous jugez assez, par ce que je viens de vous dire,
et vous l'avez déjà vu par ma lettre à M. le procureur-général, que, dès le moment qu'il s'agit de
prendre la voie extraordinaire, je ne révoque pas en
doute la compétence de votre tribunal ; et je l'écrirai
de nouveau à M. le procureur-général, pour faire
cesser absolument les difficultés sur lesquelles il n'a
que trop insisté.

A l'égard de la forme de prononcer sur les requêtes des lieutenans-criminels, vous n'avez pas besoin,
pour y statuer, ni d'une réquisition formelle, ni même
d'un consentement de sa part ; vous ne devez pas non
plus vous servir de la formule qui est dans le projet
que vous m'avez envoyé, et que M. le procureur-
général regarderoit comme une injonction dont il seroit fort blessé ; mais le seul parti que vous pouvez
prendre sans aucune difficulté, est d'ordonner qu'il
sera informé, à la requête de M. le procureur-général, des faits contenus dans les deux requêtes des lieu-

tenans-criminels qui demeureront déposées au greffe, pour y servir et valoir ce que de raison, après qu'elles auront été paraphées et signées des lieutenans-criminels, si fait n'a été : c'est ainsi qu'on en use dans tous les cas où des parties articulent des faits qui ne peuvent être instruits qu'à la requête du ministère public.

Au reste, j'ai été surpris de ce qu'on a laissé mettre aux lieutenans-criminels dans leur requête, qu'ils s'étoient assemblés pour convenir des poursuites qu'ils feroient contre les procureurs du roi de leur siége. Toute assemblée qui se fait sans la permission du roi est illicite ; et, quoiqu'il y ait lieu de présumer que les lieutenans-criminels ont bonne intention, il est néanmoins dangereux d'accoutumer les officiers à se croire en droit de se lier et de s'unir les uns avec les autres, pour former comme une espèce d'association contre d'autres officiers. Ainsi, afin de ne point paroître tolérer une pareille énonciation, vous devez obliger les lieutenans-criminels à refaire leur requête, pour en retrancher l'endroit où ils parlent de leur assemblée, moyennant quoi rien ne vous empêchera plus de rendre un arrêt conforme à ce que je viens de vous marquer.

Je ne crois pas avoir besoin d'ajouter ici que votre chambre aura bien le droit de punir les malversations ou les exactions dont elle trouvera des preuves dans le procès qui sera instruit contre les officiers accusés ; mais que, s'il paroît nécessaire dans la suite de rendre un nouvel arrêt de réglement général pour prévenir des abus semblables à ceux qu'elle aura punis, ce sera à la grand'chambre qu'il appartiendra de faire ce réglement, sur les réquisitions de M. le procureur-général.

Du 18 mars 1729.

JE suis bien aise d'apprendre que vous vous soyez déterminés de vous-même à ne juger cette accusée qu'à la charge de l'appel ; et je ne doute pas que vous n'ayez la même attention, dans d'autres cas, à suivre exactement les principes que je vous ai expliqués dans ma lettre précédente, sur la distinction des cas ordinaires et des cas présidiaux ; j'y ajouterai seulement qu'il n'est pas même constant que le crime dont cette accusée (1) est coupable, soit du nombre des cas royaux. L'ordonnance de 1670 ne l'a point compris dans l'énumération qu'elle fait des cas royaux par l'article 11 du titre premier ; et dans le ressort du parlement de Paris, il arrive souvent que les juges des seigneurs instruisent et jugent des procès sur de pareilles accusations, sans que le parlement les en empêche, ni que les juges royaux s'en plaignent. Je fais cette réflexion par rapport à un terme de votre lettre, qui a fait voir que vous avez regardé le crime dont il s'agit comme étant au moins un cas royal, ce qui est bien éloigné d'être certain, comme je viens de vous le dire.

(1) La femme, dont il est question dans cette lettre, avoit été accusée d'avoir recélé sa grossesse et d'avoir fait périr son fruit.

Du 5 avril 1729.

LA question que vous me proposez, pour savoir si le crime d'inceste est un cas royal, n'ayant point été expressément décidée par les ordonnances, elle dépend beaucoup de l'usage et de la possession qui peuvent n'être pas uniformes dans les différentes provinces du royaume ; mais comme c'est au parlement

de Besançon qu'il appartient naturellement de prononcer sur cette question, et qu'il doit être plus
instruit qu'aucun autre tribunal de la règle qui s'observe dans votre province sur le point dont il s'agit,
je ne puis que vous renvoyer à sa décision, suivant
le cours ordinaire de la justice.

Du 10 mai 1725.

Il est aisé de faire cesser des difficultés qui vous
ont été proposées, soit par le lieutenant de la maréchaussée du Mans, ou par le lieutenant-général en la
sénéchaussée de la même ville.

La règle générale, que les ordonnances ont établie
dans la matière dont il s'agit, est que les prévôts des
maréchaux doivent faire juger leur compétence dans
le présidial du lieu où la capture a été faite, après
quoi l'instruction et le jugement du procès appartiennent au bailliage ou à la sénéchaussée du lieu où le
crime a été commis. Je vois qu'on ne s'est écarté de
cette règle dans la province du Maine que sur le fondement d'une carte d'arrondissement envoyée par feu
M............, et c'est ce qui me paroît fort singulier; ce n'est point par des cartes que les lois doivent être réformées, c'est au contraire sur les lois,
et conformément aux lois, que les cartes doivent être
dressées; ainsi, sans s'arrêter à un prétexte si léger
pour excuser le changement qui est arrivé dans la
province du Maine, il faut entrer dans l'examen des
difficultés plus sérieuses, que les officiers de la sénéchaussée et maréchaussée du Mans vous ont expliquées.

Ils ont raison de faire remarquer la peine qu'ils
auroient à faire juger aucuns procès criminels dans
les siéges royaux de Beaumont-le-Vicomte, Mamers,
Fresnay, Sainte-Suzanne et Saint-Calais, soit à cause
du petit nombre d'officiers qui sont dans ces siéges,
soit par rapport à la difficulté d'y suppléer par des

avocats ou des gradués ; mais ou n'a jamais prétendu obliger les prévôts des maréchaux de porter l'instruction et le jugement d'un procès dans d'autres siéges que dans des bailliages royaux ou dans les sénéchaussées royales ressortissant nûment au parlement. Tout cas prévôtal par sa nature est cas royal ; donc, par conséquent, la connoissance ne peut appartenir qu'aux baillis et sénéchaux, et non à des juges qui leur sont subalternes, quoique officiers royaux. Ainsi, supposé que l'appel des siéges de Beaumont-le-Vicomte, de Fresnay, de Mamers, de Sainte-Suzanne et Saint-Calais, ne soit pas porté directement au parlement, ce que j'ai néanmoins de la peine à croire à l'égard de quelques-uns de ces siéges, et qu'ils soient tous ressortissans à la sénéchaussée du Mans, il est sans difficulté que c'est seulement dans cette sénéchaussée que le prévôt des maréchaux ou son lieutenant, doit porter l'instruction et le jugement des procès pour les cas dans lesquels il a été déclaré compétent, encore que ces cas soient arrivés dans le territoire de quelqu'une de ces justices royales.

Si toutes ces justices ne sont point du ressort de la sénéchaussée du Mans, et qu'il y en ait dont l'appel se relève dans une autre sénéchaussée, comme celles de la Flèche, du château du Loir et de Vendôme, c'est à l'une de ces sénéchaussées, selon le lieu où le crime a été commis, que le prévôt des maréchaux ou son lieutenant doit s'adresser après le jugement de compétence.

Il seroit à souhaiter, à la vérité, que l'on pût ou faire un arrondissement des bailliages ou des sénéchaussées auxquels le district des maréchaussées fût rendu exactement conforme, ou que, par une ordonnance générale, le roi dérogeât à l'ancienne règle, qui est néanmoins fondée sur de grandes raisons, et permît aux prévôts des maréchaux ou à leurs lieutenans, de faire instruire et juger les procès dans la sénéchaussée la plus proche du lieu où le crime a été commis ; mais, jusqu'à ce que cela ait été fait, et

que le roi ait établi de nouvelles règles sur cette matière, on ne peut que suivre celle que je viens de
vous marquer.

J'y ajouterai seulement que si, par la connoissance
que vous avez du local et de la difficulté que le lieutenant du prévôt des maréchaux du Mans peut trouver à s'éloigner du centre de sa résidence, pour se
rendre aux lieux où, à la rigueur, il seroit obligé
de porter l'instruction et le jugement de ses procès,
on pourroit y remédier au moins par provision, en
rendant un arrêt sur votre avis, qui lui permît de les
faire juger au présidial du Mans pendant un an ou
deux, et jusqu'à ce qu'il en ait été autrement ordonné
par le roi ; ce que j'espère qui sera fait avant l'expiration de ce terme.

J'attendrai donc les éclaircissemens plus amples
que vous pourrez m'envoyer à cet égard, et vous
aurez soin cependant de faire part de ce que je vous
écris, tant au lieutenant-général de la sénéchaussée
du Mans qu'au lieutenant des maréchaux de la même
ville.

Du 25 mai 1729.

M. . . . . , prévôt-général de Provence, m'a
rendu compte d'une procédure faite par le sieur. . . . ,
l'un de ses lieutenans, au sujet d'un assassinat commis
par le nommé. . . . . en la personne de. . . . . ,
son beau-fils ; et je vois par la lettre de ce prévôt des
maréchaux, que c'est de concert avec vous qu'il m'a
informé de cette affaire, parce que, comme il s'y
agit d'un cas qui paroît prévôtal, et sur lequel le
lieutenant de la maréchaussée a même été déclaré
compétent par les officiers de la sénéchaussée de
Forcalquier, vous avez cru qu'il étoit nécessaire de
m'écrire sur ce sujet, pour savoir la conduite que le
parlement, ou le prévôt des maréchaux, doit suivre
en cette occasion.

Je ne saurois trop louer d'abord la sagesse de M.........., et sa grande attention à ne point excéder les bornes de sa juridiction, et à se conduire à l'égard du parlement avec toute la déférence que cette compagnie mérite.

Je doute fort néanmoins, que dans l'état où est le procès qui a été instruit par le sieur........., il soit possible de donner atteinte à la procédure de cet officier, soit par l'autorité du parlement, soit par celle du grand-conseil, ou du roi même.

Le titre de l'accusation, qui est la seule chose que l'on puisse considérer, quant à présent, sans examiner encore si la démence de l'accusé peut excuser son crime, est certainement un cas prévôtal, suivant l'ordonnance.

La prévention du juge de Saint-Etienne n'est ici d'aucune conséquence; elle auroit lieu sans difficulté en faveur de ce juge, s'il s'agissoit d'un crime qui ne fût pas prévôtal par sa nature, et dont le prévôt des maréchaux ne pût connoître que parce que ce crime auroit été commis par un vagabond ou par d'autres personnes de la qualité marquée dans l'art. 12 du titre premier de l'ordonnance de 1670: c'est un des points expressément décidés par la déclaration du 29 mai 1702; mais la prévention est inutile, et le juge qui a prévenu est obligé de déférer au renvoi requis par les officiers de la maréchaussée, lorsqu'il est question d'un crime qui est vraiment prévôtal par sa nature et non par la qualité du coupable.

Il est vrai que l'art. 16 du même titre de l'ordonnance décide que, lorsque le juge ordinaire a prévenu dans un cas qui est prévôtal, sa prévention profite au lieutenant-criminel du bailliage ou de la sénéchaussée supérieure; ce qui exclut les prévôts des maréchaux d'en prendre connoissance, et c'est aussi un des points confirmés par la déclaration du 29 mai 1702; mais il faut pour cela, comme l'article 16 du titre premier de l'ordonnance le porte expressément, que le coupable ait été pris en flagrant délit, ce qui ne se trouve pas dans l'espèce présente, sans quoi on ne voit rien qui puisse empêcher un prévôt des maréchaux ou son lieutenant de revendiquer la connoissance du crime, surtout quand il n'a point à combattre un lieutenant-criminel qui a fait ses diligences de son côté, ou qui se soit approprié la procédure commencée par le juge inférieur, en ordonnant qu'elle sera apportée à son greffe, pour être par lui continuée.

Ainsi, on ne sauroit blâmer en cette occasion ni le lieutenant des maréchaux, qui a réclamé un procès dont il étoit le juge compétent, ni les officiers de la justice ordinaire du lieu, qui ont déféré au renvoi par lui requis, ni la sénéchaussée de Forcalquier, qui a déclaré le cas prévôtal.

Je sais que le sieur .... auroit mieux fait d'informer le prévôt-général de ce qu'il jugeoit à propos de faire ; mais quoiqu'il faille toujours conserver la subordination qui doit être entre le supérieur et l'inférieur, il seroit néanmoins bien difficile, et peut-être dangereux, d'établir que les lieutenans d'un prévôt-général de maréchaussée ne pourroient faire aucune procédure sans en avertir auparavant ce prévôt, et sans attendre ses ordres ; ce seroit le moyen de ralentir l'activité et la diligence de ces officiers, qui leur sont cependant si nécessaires, soit pour s'assurer de la personne des coupables, soit pour découvrir promptement les preuves de leur crime. M.......... doit se contenter que ses lieutenans lui rendent compte des procédures qu'ils font à mesure qu'ils y travaillent, sans être obligés d'attendre sa réponse pour les commencer ou pour les continuer ; ils représentent les anciens prévôts-particuliers qui étoient établis avant l'année 1720 ; ils jouissent du même pouvoir ; et tout ce que M.......... peut exiger d'eux, c'est qu'ils soient attentifs à l'informer exactement de tout ce qui se passe dans leur district ; mais d'ailleurs, dans l'occasion présente, le sieur..... n'ayant rien fait que de régulier, et que son supérieur n'eût dû lui prescrire s'il avoit été plus tôt informé de la qualité du fait qu'il s'agissoit d'instruire, le

défaut d'attention qu'on peut reprocher à ce lieutenant à l'égard du prévôt général n'est pas une
faute capable de donner atteinte à sa procédure.

Il est aisé d'abord de conclure de toutes ces réflexions que le parlement ne peut agir en cette occasion, parce que le lieutenant des maréchaux a été
déclaré compétent, et que cette compagnie ne devroit
pas même le faire quand elle en auroit le pouvoir,
le jugement de compétence étant entièrement conforme à la règle.

Par une suite de cette première conséquence, il
est évident que ni le grand-conseil, ni le roi même,
ne doivent pas exercer leur autorité sur un jugement
qui ne pourroit être que confirmé, si quelqu'un entreprenoit de l'attaquer.

Ainsi, il n'y a point d'autre parti à prendre que de
faire procéder au jugement du procès; et alors ce
sera aux juges qui en doivent connoître d'examiner
si le fait de la démence de l'accusé est déjà suffisamment établi par l'instruction, ou s'il y a lieu d'en
ordonner une plus ample preuve, pour rendre ensuite un jugement qui portera, que le nommé.....
sera enfermé, pour le reste de ses jours, dans un hôpital destiné à recevoir ceux qui sont dans un état de
démence ou d'imbécillité.

Je crois seulement qu'il est bon, avant toutes
choses, que vous vous fassiez remettre le procès, afin que vous soyez en état de diriger les juges
dans une affaire dont le jugement peut être délicat,
par rapport à l'allégation du fait de démence; vous
pourrez même supposer que la preuve en soit admise
avec votre approbation, et vous faire représenter
cette preuve lorsqu'elle sera faite, et en cas que vous
y trouviez quelque difficulté, m'en informer et me
faire savoir en même temps votre sentiment sur le
parti qui vous paroîtra le plus convenable; on ne
sauroit prendre trop de précaution lorsqu'il s'agit de
la vie ou de la mort d'un homme.

Au surplus, s'il y a d'autres faits que l'on puisse
justement reprocher au sieur...........,M..........

peut vous en remettre un mémoire exact et bien circonstancié, dont vous prendrez la peine d'approfondir les principaux faits, pour m'envoyer ensuite votre avis sur l'usage que vous croirez qu'on en doit faire.

Je n'écris point à M.........en particulier, parce que je compte que vous lui ferez part de cette lettre.

<hr/>

Du 4 juin 1729.

Après m'être fait rendre un compte exact de tout ce qui est contenu dans votre lettre du premier mai, et de ce qui regarde l'appel interjeté par M. le duc de........., de vos ordonnances et les prétendues sentences présidiales qui les ont suivies, sur le refus que les commis à l'exercice des sergenteries nobles de la ville de Caen ont fait de vous obéir dans les circonstances marquées par votre lettre, je n'ai rien trouvé dans la matière dont il s'agit qui pût être de la compétence du présidial; il n'étoit plus question, lorsque vous avez rendu vos ordonnances, de condamner le nommé........., le jugement étoit rendu contre cet accusé, et la difficulté que les commis aux sergenteries ont fait naître, par rapport au secours qu'on leur demandoit pour assurer l'exécution du condamné, ne formoit qu'une pure question de police et de discipline, qui ne pouvoit jamais être regardée comme un cas présidial; elle intéressoit même les fonctions de ces officiers, aussi bien que les droits du propriétaire de leurs offices, et tout ce qui est de ce genre étant indéfini et inestimable, n'est point de la nature des affaires qui peuvent être de la compétence des présidiaux.. Votre procédure même est contre vous sur ce point, puisque c'est vous seul qui avez rendu les premières ordonnances, en vertu desquelles les officiers, qui ont refusé d'exécuter vos ordres, ont été conduits en prison ; au lieu que si le cas avoit pu être traité présidialement, il auroit fallu assembler six juges avec vous, pour rendre les mêmes ordonnances que vous avez rendues seul ; ce que le présidial a fait dans la suite ne peut couvrir ce défaut, parce qu'en pareille matière, c'est dans le premier pas de la procédure qu'il faut que la compétence se trouve bien établie. Vous seriez donc fort mal conseillé, si vous entrepreniez de vous pourvoir au grand conseil, pour soutenir la juridiction du présidial, dans une occasion où il est clair qu'elle ne peut avoir lieu : ainsi le meilleur parti, ou plutôt le seul que vous puissiez prendre, est de garder le silence sur ce qui se passe au parlement de Rouen, et de vous contenter d'envoyer vos mémoires à M. le procureur-général, sur le service que vous prétendez que les commis aux sergenteries doivent à la justice dans l'exécution des condamnés, afin que ce magistrat y donne toute l'attention que cet objet peut mériter et qu'il soit en état de faire, à cet égard, toutes les réquisitions qu'il jugera nécessaires.

Du 10 *juin* 1729.

La plainte que le nommé............, laboureur à Mamirol, m'a portée, aussi bien qu'au parlement de Besançon, au sujet du procès criminel que vous poursuivez contre lui, roule sur deux points : le premier regarde la compétence du présidial de Besançon ; le second est le refus qui a été fait à l'accusé de lui délivrer une expédition du jugement de compétence, et je trouve que la conduite du présidial et la vôtre ne sont pas faciles à justifier ni sur l'un ni sur l'autre point.

A l'égard de la compétence du présidial, elle n'est fondée que sur ce qu'on a prétendu qu'il s'agissoit d'un vol fait sur le grand chemin ; mais après avoir bien lu

lès informations sur lesquelles le jugement de compétence a été rendu et dont vous m'avez envoyé la copie, j'avoue que je ne comprends pas comment des
juges éclairés ont cru pouvoir trouver des preuves
suffisantes dans ces informations pour caractériser le
fait dont il s'agit de vol de grand chemin.

Il faut retrancher d'abord du nombre des témoins
le nommé...........;....., qui apparemment a été le
dénonciateur, sur la foi duquel le sieur.........,
votre prédécesseur, a entrepris cette accusation, et
dont la déposition paroît d'ailleurs démentie par ce
qu'on lit dans presque toutes les autres ; le reste
des dispositions ne présente nullement à l'esprit
l'idée d'un véritable vol.

Tout ce qui en résulte, c'est qu'on a vu, à neuf
heures du matin, dans un champ ensemencé de fro-
ment, les deux accusés, dont l'un, c'est-à-dire, ...
tenoit le cheval de...........*par la bride, mar-*
chant devant, et.......... *marchant après le*
même cheval et le chassant ; que plusieurs personnes étant accourues à la voix de............, qui
appeloit les passans à son secours, ont demandé
à........... et à........... pourquoi ils emmenoient ainsi le cheval de ce particulier ; qu'ils ré-
pondirent que c'étoit parce qu'il passoit au travers
de bleds nouvellement semés et qu'ils lui feroient
payer l'amende ; que........... nia le fait avancé
par eux, et dit qu'ils lui avoient pris deux écus ;
ce qui fut nié réciproquement par...... et ......,
après quoi on les engagea à relâcher le cheval qu'ils
emmenoient, et chacun s'en retourna dans sa
maison.

Ni l'heure, ni le lieu, ni aucune autre circonstance ne donnent à cette action l'apparence d'un
vol de grand chemin. On y voit les accusés de ce
prétendu crime, conduire un cheval sur des terres
ensemencées où ils prétendent l'avoir trouvé en délit, ne point s'enfuir, ni même s'effrayer lorsque plusieurs personnes accourent au bruit que faisoit......,
et rendre raison de la capture qu'ils avoient faite ;

conduite si éloignée de celle de voleurs surpris en flagrant délit, qu'il semble qu'il faudroit avoir fait vœu d'en croire.......... seul sur sa parole, pour supposer qu'il s'agit vraiment ici d'un vol de grand chemin, qui doit être instruit et jugé en dernier ressort par un présidial.

Tout ce qui peut faire naître quelque doute sur la vérité du discours que.......... et.......... ont tenu dans le moment même de l'action, est qu'il y a deux témoins qui déclarent que ces particuliers n'étoient point messiers du lieu de Mamirol, et qu'ainsi on ne sait en quelle qualité ni de quel droit ils avoient arrêté le cheval qu'ils ont prétendu avoir trouvé en délit ; mais cette considération ne peut former tout au plus qu'un doute, et non pas un commencement de preuve suffisante pour pouvoir caractériser leur action de vol fait sur le grand chemin, parce qu'il pouvoit fort bien se faire que les accusés, n'étant point messiers, auroient eu tort d'arrêter un cheval trouvé en délit, sans qu'on en pût conclure, qu'ils doivent être regardés comme voleurs de grand chemin.

Il n'y avoit donc rien encore dans cette affaire qui pût servir de fondement solide à un jugement de compétence ; le genre du crime et le titre de l'accusation étoient trop incertains pour autoriser des juges à rendre une sentence de cette qualité : il falloit approfondir plus exactement la vérité du fait ; et on étoit d'autant plus obligé de prendre cette précaution, qu'il s'agissoit d'une action arrivée plus de dix-sept ans auparavant, et dont la poursuite n'avoit été apparemment négligée que par les raisons que je viens de vous marquer.

A l'égard des nouvelles informations que vous avez fait faire depuis le jugement de compétence, elles ne tombent que sur de prétendues exactions qu'on accuse Blaise Dupré d'avoir commises comme garde de la maîtrise des eaux et forêts, accusation qui, quand elle seroit bien fondée, regarderoit ce tribunal et non pas le vôtre, qui d'ailleurs tombe sur un cas qui n'est ni prévôtal ni présidial , et qui enfin ne peut donner aucune espèce d'éclaircissement sur le fait que votre Siége a jugé à propos de traiter , comme un vol de grand chemin.

Je ne puis donc m'empêcher de vous dire, que j'ajouterai cet exemple à tous ceux qui me font trembler, toutes les fois que je pense que la vie des hommes dépend d'un jugement souvent fort arbitraire et peu réfléchi, que sept officiers d'un présidial rendent sur leur propre compétence ; mais comme cette réflexion me meneroit trop loin , et qu'il ne s'agit pas ; quant à présent, d'en tirer des conséquences, je passe au second sujet de plainte du nommé. . . . . , auquel vous ne faites aucune réponse satisfaisante.

L'accusé se plaint de ce que le greffier du présidial refuse de délivrer une copie du jugement de compétence, nonobstant la sommation par écrit qu'il lui a fait faire sur ce sujet : vous répondez à cette plainte , qu'il devoit s'adresser au présidial pour demander cette expédition , parce qu'il n'est pas d'usage que le greffier la fasse sans qu'il y ait une sentence du siége qui l'ordonne. Si vous aviez bien lu l'article 20 du titre second de l'ordonnance de 1670, vous auriez reconnu, en mêm etemps, et la justice de cette plainte et l'insuffisance de votre réponse : cette article porte que le jugement de compétence sera prononcé , signifié et copie baillée sur-le-champ à l'accusé , à peine de nullité des procédures et de tous dépens , dommages et intérêts contre le prévôt et contre le greffier , peine qui doit avoir également lieu contre le lieutenant-criminel , lorsque c'est lui qui fait juger sa compétence. Si cette forme avoit été suivie , comme elle auroit dû l'être dans l'occasion présente, l'accusé n'auroit pas été réduit à la nécessité de faire une sommation au greffier , pour avoir une copie que cet officier auroit dû lui donner le jour même du jugement.

Ainsi, pour remettre les choses en règle , vous

aurez soin, aussitôt que vous aurez reçu cette lettre, de faire délivrer au nommé.......... une
copie en forme du jugement de compétence qui a
été rendu à son égard, afin qu'il puisse se pourvoir
contre ce jugement par les voies de droit, selon
qu'il le jugera à propos ; et, comme c'est par le fait
des juges ou du greffier qu'il ne l'a pu faire plus
promptement, vous lui laisserez tout le temps dont
il aura besoin pour faire statuer sur cette sentence,
ainsi qu'il appartiendra : mais vous aurez toujours de
grands reproches à vous faire, aussi bien que votre
siége, soit de l'avoir mis dans la nécessité d'attaquer
un tel jugement, soit de lui avoir ôté les moyens
de le faire, en ne suivant pas la forme prescrite
en pareil cas par l'ordonnance. Vous remettrez, s'il
vous plaît, cette lettre entre les mains du lieutenant-
criminel de votre présidial, afin qu'il en fasse la
lecture à sa compagnie, comme je le lui recommande par la lettre que je lui écris sur ce sujet,
et qu'elle soit excitée par là à apporter plus d'attention aux jugemens de compétence qu'elle rendra, et à la forme dans laquelle ces jugemens doivent être notifiés aux accusés.

Du 10 juin 1729.

SUR les plaintes qui vous ont été portées, aussi
bien qu'à moi, contre les officiers du présidial de
Besançon, au sujet du procès qui s'instruit dans ce
siége au nommé ...., laboureur à Mamirol,
je me suis fait rendre compte des motifs du jugement de compétence qui a été rendu contre cet accusé, et des raisons du refus que le greffier a fait
de lui délivrer une expédition de ce jugement. Quoique je n'approuve ni le jugement en lui-même,
ni le défaut de signification de ce jugement, comme
je le marque plus au long dans la lettre que j'écris

au procureur du roi de Besançon sur ce sujet, je ne vois cependant point d'autre voie que l'accusé puisse prendre pour faire remettre les choses en règle, que celle de s'adresser au grand-conseil, qui est le seul tribunal auquel on puisse avoir recours en pareille matière, et j'écris dans cette vue au procureur du roi de Besançon, de faire délivrer incessamment au nommé . . . . une expédition de la sentence de compétence, et de lui laisser tout le temps dont il aura besoin pour en poursuivre la cassation : ainsi, il ne me reste que de vous assurer de l'attention que j'aurai toujours à renfermer les présidiaux dans les véritables bornes de leur juridiction, et à entrer dans toutes les vues que vous aurez pour le bien de la justice sur une matière si importante.

Du 10 juin 1729.

Toutes les raisons qui m'ont été expliquées, soit de votre part ou de celle de M. le lieutenant-criminel du présidial de Troyes, sur le conflit qui peut se former entre vous et lui, au sujet du vol commis dans la maison du nommé . . . . , cabaretier, ne tombent point sur la véritable difficulté de cette affaire.

Il est certain et incontestable, comme M. le lieutenant-criminel le soutient, que quand l'ordonnance a exclu les prévôts des maréchaux de la connoissance des cas prévôtaux qui arriveroient dans le lieu de leur résidence, elle n'a point prétendu priver les présidiaux établis dans les mêmes lieux, du droit d'en connoître ; c'est au contraire en leur faveur que l'exclusion des prévôts des maréchaux a été établie en ce cas, parce qu'on a cru qu'y ayant un présidial dans la ville où le crime a été commis, il étoit inutile d'employer en cette occasion le ministère de la juridiction prévôtale, qui n'est regardé que comme le secours et le supplément de la justice exercée par les officiers de robe longue.

Ainsi, la seule difficulté qu'on pourroit agiter dans l'affaire présente, consiste à savoir si l'effraction dont il s'agit est assez marquée pour avoir véritablement le caractère d'un cas prévôtal, attendu que ce n'est point la porte de la maison qui a été forcée par une voie de fait, qu'on peut regarder en ce cas comme une violence publique, et qu'il n'y a eu que quelques armoires, dans des chambres particulières, qu'on a trouvé le moyen d'ouvrir avec effort.

Si l'on avoit suivi exactement la lettre de l'art. 12 du titre 1.er de l'ordonnance de 1670, une telle effraction ne seroit pas suffisante pour rendre le cas prévôtal, parce qu'il ne l'est, dans les véritables principes, que lorsque les trois circonstances concourent, c'est-à-dire, l'effraction, le port d'armes et la violence publique; mais comme on a donné une autre interprétation à l'ordonnance, et que les prévôts des maréchaux sont depuis long-temps dans l'usage et dans la possession de connoître des vols qui ne sont caractérisés que par la seule circonstance de l'effraction, il faut bien suivre par provision le même usage à l'égard des présidiaux, qui concourent avec les prévôts des maréchaux dans la connoissance des cas prévôtaux, le tout jusqu'à ce qu'il ait plu au roi de faire une nouvelle loi sur cette matière, à laquelle j'espère que Sa Majesté jugera à propos qu'on travaille incessamment.

Ainsi, dans l'état présent des choses, la connoissance du vol commis chez le nommé . . . . doit appartenir au lieutenant-criminel du présidial : je souhaite seulement qu'il puisse parvenir à en découvrir les véritables auteurs, et à en faire la justice qu'ils méritent.

Du 11 juin 1729.

Il est aisé de répondre à la consultation que vous m'avez faite par votre lettre du 21 mai dernier, sur la compétence des prévôts des maréchaux.

Suivant les ordonnances, il y a deux sortes de cas prévôtaux : les uns le sont par leur nature même et par le genre du crime ; les autres le sont par l'état ou la qualité des personnes qui les ont commis ; c'est de ce dernier cas qu'il s'agit dans votre lettre, et dans lequel il y a trois sortes d'accusés à distinguer : les premiers sont les vagabonds et gens sans aveu, les autres sont ceux qui ont déjà été repris de justice, et les derniers sont les gens de guerre. Il n'y a point de distinction à l'égard de ces trois genres de personnes entre les différentes espèces de crimes qui peuvent être l'objet de l'accusation. Tout crime commis par un vagabond, ou par un homme déjà repris de justice, est par cela seul de la compétence du prévôt des maréchaux : il en est de même des crimes commis par des gens de guerre, pourvu qu'il s'agisse de délits par eux commis, tant dans leurs marches, que lieux d'étape, d'assemblée et de séjour pendant leurs marches : les termes de l'ordonnance de 1670, dans l'article 12 du titre premier, sont généraux à cet égard. Ainsi, pour répondre en un mot à votre consultation, vous êtes dans le cas de cette règle de droit, qui porte, qu'il n'appartient pas aux juges de faire des distinctions dans les cas où la loi ne distingue point.

Du 20 juin 1729.

J'ai reçu la lettre que vous m'avez écrite au sujet de trois prétentions du sieur ....; procureur du roi en la maréchaussée de Guyenne : la première, que, quand il y a des réquisitions à faire, il peut paroître à la chambre en épée ;

La seconde, qu'il peut faire ses réquisitions par écrit et les envoyer par le greffier, et requérir aussi les jugemens de compétence dans les conclusions, par écrit, sans aller au présidial et sans entrer dans la chambre du conseil ;

La troisième, que le présidial doit le reconnoître en sa qualité de procureur du roi, sans faire enregistrer sa commission au greffe du présidial, et que son enregistrement au greffe de la maréchaussée est suffisant.

A l'égard du premier article, le sieur .... étant officier de robe et gradué, il est indécent qu'il paroisse au présidial en épée.

Pour le second point, il peut faire toutes ses réquisitions par écrit, et particulièrement celles qui tendent aux jugemens de compétence, auxquels il ne doit pas être présent, étant même défendu aux prévôts et aux lieutenans-criminels d'y assister et d'y opiner.

Enfin, à l'égard du dernier point, il ne peut se dispenser de faire enregistrer sa commission au greffe du présidial, ne pouvant être connu dans ce siége sans cette formalité.

Du 25 juin 1729.

Il est fâcheux qu'on n'ait trouvé aucune preuve du duel dont les nommés .... et .... sont accusés ; il l'est encore plus que l'un de ces accusés ait trouvé le moyen de se soustraire à la justice par la connivence ou la corruption des nommés.....

et ...., archers de la maréchaussée, à qui la garde de cet accusé avoit été confiée; mais, puisque tout ce qu'on peut faire à présent sur ce sujet se réduit à régler en quel tribunal le procès sera instruit à ces deux archers, je crois, après avoir bien examiné tout ce qui m'a été représenté à cet égard, soit par vous et par les officiers du bailliage de Besançon, soit par les officiers du siége général de la connétablie, qu'il n'est pas douteux que dans les circonstances singulières de cette affaire la connoissance en doit appartenir aux officiers du bailliage de Besançon.

Il est vrai qu'en général, suivant les anciennes et les nouvelles ordonnances, la connétablie est en droit d'instruire et de juger toutes les accusations formées contre des officiers ou des archers de la maréchaussée, pour fautes commises dans l'exercice de leurs fonctions; et, suivant cette règle les nommés,.......... et........... seroient sans doute ju ticiables de ce siége, s'ils n'avoient péché que contre leur devoir en général et contre l'obligation qu'ils ont contractée par le serment qu'ils ont prêté lorsqu'ils y ont été reçus.

Mais outre ce premier tort, ils en ont un second, dont ils ne sont responsables qu'au juge qui les avoit préposés à la garde du nommé........, c'est d'avoir prévariqué dans l'exercice d'une commission émanée de ce juge, faute dont il n'appartient qu'à lui seul d'être le vengeur.

Si on suivoit une autre règle, des archers qui doivent leur service à toutes sortes de juges et dont on ne peut presque s'empêcher de se servir dans beaucoup d'occasions, mépriseroient l'autorité du juge qui les auroit commis; et, se flattant que leur faute seroit inconnue ou qu'elle ne seroit pas si aisément poursuivie par les officiers de la connétablie, ils seroient beaucoup plus disposés à se laisser corrompre par l'espérance de l'impunité.

Enfin, comme il y a d'autres personnes qui sont accusées d'avoir eu part à la même évasion du nommé ...., et qui ne peuvent jamais être renvoyées à la connétablie, il suffit, pour n'avoir aucun égard dans le fait présent à la prétention des officiers de ce siége, qu'il soit certain, d'un côté, que tout procès criminel est indivisible ; et de l'autre, que dans la nécessité où l'on est de renvoyer ou de laisser celui-ci en entier à une seule juridiction, il faut préférer le tribunal qui peut faire justice de tous les accusés, indistinctement, à celui qui ne peut la rendre qu'à l'égard d'une partie de ces mêmes accusés.

Ainsi, toutes sortes de raisons concourent à me déterminer, dans le cas particulier dont il est question, en faveur du bailliage de Besançon, sans néanmoins que cela puisse tirer à conséquence contre la règle générale qui est la connétablie, excepté dans le cas qui a fait naître la difficulté sur laquelle je vous écris. Vous prendrez, s'il vous plaît, la peine de faire part de cette lettre au lieutenant-criminel, et au procureur du roi du bailliage de Besançon, afin qu'elle leur tienne lieu de réponse à celles qu'ils m'ont écrites.

Du 28 août 1729.

Par la lettre que messieurs de la chambre de la tournelle m'ont écrite le 19 de ce mois, et par celle que vous m'avez adressée le 20, je vois que vous vous en rapportez tous également à ma décision sur cette espèce de conflit qui se forme entre la grand'-chambre et la chambre de la tournelle au sujet de la requête par laquelle le sieur ...., procureur du roi au bailliage de Besançon, a demandé son renvoi dans votre tribunal, ce que la tournelle n'a pas cru devoir lui accorder quant à présent.

J'aurois fort souhaité qu'une difficulté de cette

nature eût pu se terminer dans l'intérieur du parlement, suivant les formes qui s'y observent en pareil cas, lorsqu'il s'agit de régler dans quelle chambre
un procès doit être porté; mais puisque vous avez
cru devoir prendre en cette occasion le parti de vous
adresser à moi, pour recevoir une décision que vous
auriez pu trouver dans votre compagnie même, je
ne dois pas différer de satisfaire à ce que vous at-
tendez de mon ministère pour avancer l'expédition
d'une affaire qui a déjà souffert tant d'incidens, qu'il
est fort à souhaiter pour le bien de la justice que
ce soit ici le dernier.

La difficulté qu'il s'agit de résoudre ne consiste
pas à savoir, si le procès sera de la compétence de
la grand'chambre lorsqu'il s'agira de l'instruire et
de le juger. C'est un point sur lequel les deux chambres sont parfaitement d'accord, et toute la question
se réduit à examiner s'il est temps de la décider
dès à présent, et si l'on peut avoir égard, *in limine
litis*, au privilége allégué par le procureur du roi
de Besançon.

Cette question paroît d'abord clairement décidée
par le texte même de l'art. 21 du titre premier de
l'ordonnance criminelle; mais quelque générale que
soit la disposition de cette loi, messieurs de la tournelle prétendent qu'elle doit être restreinte par les
termes mêmes dans lesquels elle est conçue; elle ne
parle que du jugement et non de ce qui le précède:
ainsi, selon eux, le privilége ne doit avoir lieu, suivant l'ordonnance de 1670, que lorsqu'il s'agit de
procéder au jugement, et c'est une conséquence qu'ils
tirent encore de ces expressions du même article,
*pourvu toutefois que les opinions ne soient pas com-
mencées*; d'où ils concluent que le droit de faire
les informations et de prononcer les décrets, ne peut
être contesté à la chambre de la tournelle, même
à l'égard des privilégiés; parce que leur privilége ne
commence à avoir lieu que lorsqu'il s'agit véritablement d'un procès criminel et non pas seulement

d'une simple procédure qui ne tend qu'à en préparer la matière.

Pour examiner si ce raisonnement est aussi solide qu'il paroît spécieux, il faut distinguer d'abord deux sortes de personnes qui ont le privilége de pouvoir demander la grand'chambre pour juge en matière criminelle.

Les unes n'ont régulièrement ce droit que lorsque le procès est dévolu par appel au parlement : tels sont les ecclésiastiques, les gentilshommes et les secrétaires du roi, qui doivent essuyer un jugement en première instance, avant que de pouvoir réclamer le tribunal de la grand'chambre ; et par conséquent il est indubitable à leur égard, qu'ils ne peuvent faire valoir leur privilége dès le commencement de la procédure.

Les autres sont ceux qui, en matière criminelle, doivent être poursuivis et jugés en première et dernière instance au parlement, et c'est dans cette classe qu'il faut mettre les officiers de justice, qui prêtent serment à la grand'chambre, et qui, par cette raison, y sont responsables de leur conduite dans les fonctions de leurs charges.

Ce qui est établi seulement en cause d'appel à l'égard des premiers, a lieu en première instance à l'égard des derniers ; et comme les uns *en tout état de cause* peuvent demander leur renvoi à la grand'chambre, les autres ont aussi le même droit *en tout état de cause* ; et la seule différence qui est entr'eux, est que ce que l'ordonnance appelle, *état de cause*, ne commence, à l'égard des premiers, que du jour que leur appel est porté au parlement ; au lieu qu'à l'égard des derniers, il commence du jour que l'accusation est formée contr'eux.

Telle est la force et la véritable valeur de cette expression, *en tout état de cause*, dont l'ordonnance s'est servie. En quelque état que soit le procès à l'égard de ceux dont le privilége n'a lieu que dans

le cas de l'appel, quelques procédures, ou quelques
instructions qui s'y fassent, l'accusé a le droit, *à
chaque journée de la cause*, pour ainsi dire, de
demander son renvoi à la grand'chambre. Il en est
de même par rapport à ceux qui sont jugés en première et dernière instance au parlement. Ces termes,
en tout état de cause, s'appliquent également à eux,
et il n'y a point de cas dans l'ordre judiciaire où
ils ne soient en droit d'user de leur privilége.

La lettre et l'esprit de la loi concourent également
à établir ce principe.

La lettre n'excepte rien, et par là elle ôte à tous
les juges le pouvoir de restreindre sa disposition.
Dire que des termes si généraux doivent être réduits
au seul acte du jugement, ce ne seroit pas interpréter
la loi, ce seroit la détruire, parce que si le sens qu'on
voudroit lui donner étoit véritable et que l'accusé
ne pût demander son renvoi que lorsqu'il est question de procéder au jugement, il ne seroit pas vrai
que cette demande pût être formée *en tout état de
cause*, quoique l'ordonnance le décide expressément:
ainsi ce seroit véritablement anéantir la loi, sous
prétexte de l'expliquer.

Si l'ordonnance a exigé *que les opinions ne fussent pas commencées* lorsque le privilége est allégué,
ce n'est pas pour limiter l'usage de ce privilége au
seul temps du jugement; c'est seulement pour décider qu'on s'en sert trop tard, lorsque le jugement
est commencé. Elle a bien fixé par là un terme après
lequel le renvoi ne peut être requis; mais elle n'a
point marqué de temps avant lequel il seroit défendu
de former cette demande: ainsi, à cet égard, la faculté
qu'elle accorde aux privilégiés, *en tout état de cause*,
demeure dans toute son étendue, c'est-à-dire, qu'elle
embrasse également le commencement, le progrès
et la fin de la procédure, à l'égard de ceux dont le
procès doit être fait et parfait au parlement.

L'esprit de la loi se joint à sa lettre pour affirmir
encore plus cette vérité. L'attribution qui est faite

en ce cas à un tribunal par préférence aux autres,
est fondée ou sur la qualité des accusés, ou sur les
prérogatives de ce tribunal; mais ces deux raisons
ne s'appliquent pas moins à tout ce qui précède le
jugement qu'au jugement même : un accusé est intéressé à avoir, dès le premier pas de la procédure,
les mêmes juges qui doivent dans la suite instruire
et juger son procès, et la considération du tribunal
influe également dans tous les actes du procès pour
tous lesquels il est également censé avoir mérité la
confiance du législateur.

La juridiction de la grand'chambre me paroîtroit
donc solidement établie dans le cas dont il s'agit,
quand elle ne pourroit alléguer en sa faveur que l'ordonnance de 1670; mais l'art. 10 du réglement propre au parlement de Besançon, qui a été fait en l'année
1694, renferme une décision encore plus expresse et
plus incontestable sur ce sujet. Je ne suis point frappé
de l'objection que l'on tire de ce qu'il est dit dans
ce réglement, que les procès criminels des officiers
qui sont reçus à la grand'chambre, *y seront instruits et jugés.* Il est vrai que le terme d'*instruction*,
pris à la rigueur et dans sa signification la plus étroite,
s'entend des procédures qui se font après le réglement à l'extraordinaire; c'est-à-dire, du récolement
et de la confrontation ; mais dans le style des lois
ou des réglemens qui établissent la compétence des
juges, ce terme a une plus grande étendue, et il
comprend en général toute la procédure qui se fait
depuis la permission d'informer jusqu'au jugement
définitif inclusivement.

Si le récolement et la confrontation sont nécessaires pour l'entière instruction d'une affaire criminelle, l'information et le décret n'en font pas moins
une partie essentielle, puisqu'ils en font même la
base et le fondement. Et, quand une fois le procès
a reçu toute sa perfection, il ne résulte de toute la
procédure qu'un seul corps d'instruction dont toutes
les parties, par le rapport qui est entr'elles, forment
ce que l'on appelle un procès criminel : c'est par

cette raison que tout juge qui a le pouvoir de juger et d'instruire un procès est aussi regardé comme compétent pour faire l'information.

Je ne suis pas touché non plus de ce que l'on dit, pour soutenir la juridiction de la tournelle, que jusqu'au décret l'accusé est censé ignorer ce qui se passe contre lui. Il est vrai qu'il n'est pas obligé de le savoir; mais dès le moment qu'il le sait, aucune loi ne l'empêche de faire usage de son privilége, dont il a intérêt de jouir aussitôt qu'il se sent attaqué; et tout ce que l'on peut conclure justement de son silence, lorsqu'il le garde en pareil cas, c'est que le tribunal qui est saisi de la plainte, ne doit pas prévenir sa demande, ni avoir égard à un privilége qui a besoin d'être proposé et qui ne l'est pas encore.

L'usage est entièrement conforme aux principes que je viens d'expliquer, et il n'y a point de privilége, soit en matière civile, soit en matière criminelle, qui ne puisse être allégué et qui ne le soit tous les jours dès le commencement de la poursuite. C'est ainsi que les gentilshommes réclament la juridiction des baillis et sénéchaux, lorsque les prévôts royaux veulent informer contr'eux : c'est ainsi que les ecclésiastiques demandent leur renvoi devant le juge d'église, sans être obligé d'attendre qu'on leur signifie un décret ou qu'on l'exécute contr'eux. Il y a même des priviléges si éminens, comme ceux des pairs de France et des conseillers aux parlemens, qu'on y a égard dès le premier pas de la procédure, sans attendre que ces priviléges soient allégués; mais ce qui a lieu de plein droit en ce cas même pour la simple permission d'informer, s'observe à l'égard des privilégiés d'un ordre inférieur au moins du jour qu'ils commencent à réclamer les juges de leur privilége.

J'ajoute enfin à toutes ces considérations, que la nature même de l'affaire dont il s'agit me rend encore plus favorable à la juridiction de la grand'chambre. Il y sera question, suivant toutes les apparences, non-seulement de punir les officiers qui se trouveront coupables de malversations dans l'exercice de leurs charges, mais de prévenir des fautes semblables par un réglement qui naîtra de la qualité des faits prouvés contre les accusés. Or, comme c'est à la grand'chambre qu'il appartient de faire des réglemens généraux sur la conduite des officiers de justice qui lui sont subordonnés, rien n'est plus naturel que de réunir dans le même tribunal deux objets dont l'un est une suite presque nécessaire de l'autre.

Toutes sortes de motifs concourent donc à me faire penser que la compétence de la grand'chambre ne peut être douteuse en cette occasion ; et je me serois beaucoup moins étendu sur ce sujet, si je n'avois eu à parler qu'à cette chambre : mais, comme je compte que cette réponse lui sera commune avec messieurs de la tournelle, et que la considération que j'ai pour eux ne me permet pas de me déclarer contre leur sentiment sans leur en expliquer les raisons, j'ai cru, dans cet esprit, devoir approfondir la matière beaucoup plus que je ne l'aurois fait en d'autres circonstances. Il ne me reste plus après cela que de m'expliquer sur la forme qu'on observera pour renvoyer le sieur........... à la grand'chambre, après l'arrêt de néant que la tournelle a rendu sur sa requête. Je ne vois point de voie plus simple, ni de plus convenable à cet égard, que de recevoir M. le procureur-général opposant à cet arrêt; ce qui donnera lieu à la tournelle de rendre un nouveau jugement, par lequel elle remettra l'affaire entre les mains de la grand'chambre sans en perdre véritablement la connoissance, puisque le seul changement qui arrivera par là consistera en ce qu'elle jugera avec la grand'chambre ce qu'elle auroit jugé sans ce tribunal. Je ne puis m'empêcher de remarquer ici qu'il étoit de règle de communiquer à M. le procureur-général la demande du sieur............, quoiqu'on m'assure que l'usage n'ait pas été toujours uniforme en pareil cas ; mais il est heureux, dans l'occasion présente, qu'on ait omis de faire cette communication, puisque c'est ce qui fournit un moyen de revenir par la voie la plus douce et la plus honnête contre l'arrêt qui a debouté ce procureur du roi de sa demande en renvoi.

Je finirai cette lettre, comme je l'ai commencée, par vous assurer que c'est à regret que je me suis vu forcé de m'expliquer sur la difficulté qui est née entre vous et messieurs de la tournelle ; elle auroit pu finir, comme je vous l'ai dit, dans l'intérieur de votre compagnie, sans que j'en entendisse parler, en la portant d'abord, suivant la règle et l'usage ordinaire, à ce qu'on appelle *la grande direction*; et en ce cas qu'elle n'eût pu concilier les deux chambres, il restoit encore la dernière ressource de terminer le conflit par la délibération des chambres assemblées. L'engagement pris en quelque manière par l'arrêt de néant que la tournelle avoit rendu, et la confiance qu'elle avoit en la bonté de sa cause, ne me paroissent pas avoir été des raisons assez fortes pour s'écarter d'une voie si naturelle et si honorable aux deux chambres. Cet engagement pouvoit être réparé par le ministère de M. le procureur-général; et la persuasion où chaque chambre peut être de sa compétence, bien loin d'être une raison pour ne pas avoir recours d'abord à la grande direction, et ensuite à l'assemblée des chambres, est au contraire ce qui rend ce moyen plus nécessaire et plus indispensable. J'espère donc qu'à l'avenir on ne cherchera point d'autres voies dans votre compagnie pour terminer de semblables difficultés. Je suis bien moins jaloux de l'honneur de les résoudre, que je ne le suis de la dignité et du concert de toutes les chambres de votre parlement. Je ne saurois vous mieux marquer que par ces sentimens la considération parfaite avec laquelle je suis.

Du 18 septembre 1729.

LES violences et les cruautés que les sieurs de.....
out exercées contre les nommés................,
le trouble scandaleux dans l'office divin, et la profanation d'une église dont ils paroissent coupables,
doivent allumer sans doute dans l'esprit de tous ceux
qui aiment la justice et qui ont de l'humanité, la
même indignation dont MM. du grand-conseil ont
été frappés sur le récit qui leur a été fait de ces différens crimes : mais comme ce n'est pas assez de rendre
justice, et qu'il faut encore la rendre justement, je
ne sais si votre compagnie a eu autant d'attention dans
ce qu'elle a fait sur cette affaire, à la véritable nature
de son pouvoir qu'aux circonstances qui ont excité
son zèle.

Je vois par ce que vous m'écrivez, que le grand-
conseil n'a été saisi que de l'appel ou de la demande
en cassation d'un jugement de compétence rendu par
le présidial de Lyon ; ainsi, tout ce qu'il avoit à
décider se réduisoit à savoir si les faits dont les
sieurs .... avoient rendu leurs plaintes au
prévôt des maréchaux, devoient être regardés comme
des cas prévôtaux ; tel étoit son véritable objet en
cette occasion, et le pouvoir qui lui est attribué en
pareille matière par les ordonnances, ne renfermoit
que le droit de confirmer ou d'annuler le jugement
de compétence, sans qu'il lui fût permis de prendre
connoissance du fond de l'accusation.

Cela supposé, la première chose qui manque ici
à mon instruction, et que je ne trouve point dans
votre lettre, est de savoir si le grand-conseil a jugé
l'appel de la sentence de compétence, ou s'il n'y a
pas encore prononcé, et en cas qu'il y ait statué, de
quelle manière il l'a fait.

S'il a cassé la sentence du présidial, et par conséquent déclaré le prévôt des maréchaux incompétent,

il a dû en même temps ordonner que les parties se pourvoiroient par-devant le juge ordinaire du lieu du délit.

Si au contraire il a confirmé la décision du présidial, le prévôt des maréchaux est devenu par là le juge irrévocable du procès.

Mais, ni dans l'un ni dans l'autre cas, il ne doit y avoir plus rien de pendant au grand-conseil; ainsi, je n'entends pas trop bien à quelle occasion cette compagnie a décerné un décret d'ajournement personnel contre les sieurs......

C'est ce qui me porteroit plutôt à croire que l'appel du jugement de compétence ne seroit pas encore jugé, et que votre compagnie, frappée de l'atrocité des faits qui lui ont été exposés, auroit voulu éclaircir sa religion, en décrétant les sieurs... .... d'ajournement personnel, avant que de statuer sur l'appel ou sur la demande en cassation dont elle étoit saisie. Il se pourroit faire aussi, qu'en cassant le jugement de compétence, les juges, ne consultant que leur indignation contre les sieurs........, se fussent portés, dans le premier mouvement, à les rendre accusés au lieu qu'ils avoient été d'abord les accusateurs.

Voilà tout ce que je puis imaginer dans une occasion, où vous me laissez à suppléer, par des conjectures, à ce qui manque aux éclaircissemens que j'aurois dû trouver naturellement dans votre lettre. Je voudrois qu'il me fût possible d'imaginer en même temps ce que l'on peut dire, pour justifier la conduite du grand-conseil dans un cas où la nullité de la procédure semble s'offrir d'elle-même à la plus légère attention, et où il faut pourtant bien qu'il y ait eu quelques raisons, au moins apparentes, qui aient servi de motifs à un tribunal si éclairé, pour hasarder une telle procédure.

J'avoue que j'ai de la peine à concevoir quelles ont pu être ces raisons: car si c'est avant de faire droit sur l'appel du jugement de compétence que le grand-conseil a décrété les sieurs....., comment a-t-il pu vouloir instruire les deux faits contraires en

4*

même temps, puisque d'un côté les sieurs.......
avoient la qualité d'accusateurs devant le prévôt des
maréchaux; qualité qu'ils conservoient, tant que le
jugement de compétence subsistoit, et que de l'autre,
ils devenoient accusés par le décret que le grand
conseil prononçoit contre eux?

Que si c'est en détruisant la sentence de compétence qu'on a décerné ce décret, outre que la même
difficulté revient toujours parce qu'avant ce jugement même les sieurs........ avoient la qualité
d'accusateurs, je ne vois pas sur quel fondement le
grand-conseil a pu se mettre à la place des juges
ordinaires devant lesquels l'affaire retournoit d'elle-
même, et décernoit un décret qu'il n'appartenoit
qu'à eux seuls de prononcer, s'ils l'avoient jugé à
propos.

C'est là le véritable nœud de la difficulté que je
trouve dans la procédure du grand-conseil. Dans
quelque temps, et dans quelques circonstances que
l'on suppose qu'il ait donné le décret dont il s'agit,
il est bien difficile de comprendre par quel motif
il a pu s'attribuer la connoissance du fond d'une
affaire qui étoit pendante devant d'autres juges,
et dans laquelle tout son pouvoir consistoit à décider dans quel tribunal elle devoit s'instruire. Aucune ordonnance ne lui permet de retenir la connoissance des procès criminels, où la seule chose
qu'il ait à régler est la compétence des juges; mais
ce qui m'étonne encore plus, et à quoi je ne trouve
aucun dénouement, c'est qu'il paroît par votre lettre,
que le décret est fondé sur des faits postérieurs aux
jugemens de compétence, et qui, par conséquent,
étoient entièrement hors de la sphère du grand-
conseil.

Comme vous n'avez prévu aucune de ces difficultés dans votre lettre, et que je cherche inutilement à deviner ce qu'on y peut répondre en faveur
du grand-conseil, je prends le parti de vous les
expliquer, afin que, s'il est possible, vous m'en
donniez la solution que je serai fort aise d'apprendre,

par le désir que j'ai de n'avoir jamais qu'à louer ce qui se passe dans une compagnie à laquelle je suis si fort attaché. Vous prendrez, s'il vous plaît, la peine de joindre les informations et autres procédures qui ont été faites avant ou depuis le jugement de compétence, aux éclaircissemens que vous me donnerez sur ce sujet; et cependant je crois qu'il est de votre prudence de ne pas aller plus loin, quant à présent, dans cette affaire, pour ne pas augmenter inutilement un édifice qu'il sera peut-être nécessaire de détruire, et que je souhaite cependant de pouvoir laisser subsister, sans blesser les règles de la justice.

Du 23 septembre 1729.

Le conflit de juridiction qui s'étoit formé entre le maître des ports de Montpellier, juge subordonné à votre compagnie, et la sénéchaussée de la même ville, a été décidé en votre faveur, parce qu'on a reconnu que le cas qui faisoit la matière de ce conflit, étoit arrivé incidemment aux fonctions d'un garde de tabac. Le même arrêt par lequel le roi a expliqué ses intentions sur ce sujet, enjoint au sieur Coste, prévôt des maréchaux, d'exécuter les ordres qu'il recevra de votre part ou de celle de M. le procureur-général; et comme l'on pourroit donner trop d'étendue à cette injonction, faute d'en bien entendre le motif, j'ai cru devoir vous en faire part, afin que vous soyez en état de la renfermer dans ses véritables bornes.

Il est certain, en général, que les officiers de maréchaussée sont obligés d'obéir aux ordres qu'ils reçoivent des chefs des compagnies ou des procureurs-généraux, et de prêter main-forte à l'exécution de leurs arrêts. C'est la disposition de toutes les anciennes et nouvelles ordonnances, qui a été encore expliquée par un dernier arrêt du conseil, rendu il

y a quelques années. Mais le véritable esprit et l'u-
nique objet de cette disposition est d'assurer promptement à la justice la personne des coupables, ou de
ceux qui sont en décret, et de prévenir toutes les
violences ou voies de fait qui pourroient retarder ou
empêcher l'exécution des jugemens.

Tant que vous vous renfermerez dans cet esprit,
on ne sauroit donner trop d'autorité à la place que
vous remplissez sur les prévôts des maréchaux; mais
il ne s'ensuit pas de là que vous puissiez obliger
ces officiers à s'armer en quelque manière contre
d'autres juridictions, qui croient être en droit de
faire le procès aux accusés que vous prétendez aussi
être de votre compétence. Ce seroit, si l'on peut
parler ainsi, allumer une espèce de guerre civile
entre les ministres de la justice, et, pour parler
plus simplement, employer la force dans un cas où
la loi seule doit décider.

Les prévôts des maréchaux sont en quelque manière les ministres et comme les troupes auxiliaires
de tous les tribunaux, auxquels ils sont également
redevables de leur service; et quand ces tribunaux se
trouvent avoir des droits ou des prétentions contraires, ce n'est point aux officiers des maréchaussées
qu'il appartient de décider le conflit qui se forme
entre deux juridictions différentes, ni même de le
préjuger en prêtant leur secours à l'une contre l'autre;
ce conflit doit être réglé avant toute chose par une
autorité supérieure aux deux juridictions; et comme
il n'y a que le roi qui ait cette supériorité à l'égard
d'une compagnie telle que la vôtre, il est réservé à
Sa Majesté seule de décider souverainement de la
compétence des juges; et c'est alors seulement que
le prévôt des maréchaux est absolument obligé d'exécuter les ordres du seul tribunal qui a obtenu la
préférence par le jugement du roi.

Cette règle étoit d'autant plus inviolable dans l'occasion présente, que l'accusé étant actuellement dans
les prisons, et pouvant y être recommandé à la requête du procureur du roi en la maîtrise des ports,

il n'y avoit plus rien qui exigeât, pour le bien de la justice, que le prévôt des maréchaux prêtât main-forte à l'exécution des arrêts de la cour des aides, et tant que le conflit subsistoit, vous n'étiez pas en droit de l'obliger à agir non contre l'accusé qui étoit déjà prisonnier, mais contre la sénéchaussée qui prétendoit être compétente pour connoître de l'accusation.

Si le sieur.......... s'étoit donc contenté de vous représenter qu'il ne lui appartenoit pas de prendre parti en cette occasion, ni de se déclarer plutôt pour une juridiction que pour l'autre, il vous auroit parlé suivant les véritables règles; sa conduite n'auroit été que louable bien loin d'être repréhensible, et il n'auroit mérité aucune injonction.

Si l'on en a usé autrement à son égard, c'est parce qu'il n'est pas demeuré dans une exacte neutralité entre le sénéchal de Montpellier et le maître des ports. Non-seulement il a pris la précaution inutile, et par là suspecte, de consigner à deux archers la porte des prisons sans aucune nécessité apparente, mais il a continué de les y laisser, même depuis l'arrêt de la cour des aides et les ordres qu'il avoit reçus de vous; en quoi il a péché contre la règle que je viens de vous marquer, puisqu'il prenoit par là, en quelque manière, le parti de la sénéchaussée contre la juridiction du maître des ports, soutenue d'une autorité supérieure; au lieu qu'il devoit faire retirer ces archers, et attendre, sans rien faire de sa part, que le conflit eût été décidé.

Tel est le véritable fondement de l'injonction qui a été faite à cet officier, et je suis entré dans tout ce détail, afin que votre compagnie ne crût pas pouvoir conclure de cette injonction, que dans le cas d'un conflit entre elle et un tribunal qui ne lui est pas subordonné, elle est en droit d'obliger le prévôt des maréchaux à lui prêter main-forte contre les officiers de cette autre juridiction.

Au surplus, je n'approuve point et je ne dois pas approuver qu'elle rende des arrêts pareils à ceux qu'elle a donnés dans l'affaire présente, pour imposer à un prévôt des maréchaux la nécessité de forcer des prisons et d'en enlever un accusé, dont elle prétend que le procès est de sa compétence; ce sont des voies de fait plus dignes des officiers qui exercent la profession des armes, que de ceux qui ne sont établis que pour rendre la justice par des moyens plus doux et plus réguliers. La voie que votre compagnie a prise étoit même prématurée et contraire au respect qui est dû au roi, seul juge des conflits qui se forment entre des tribunaux indépendans l'un de l'autre. À la vérité, si, après un jugement du roi favorable à votre compagnie, les officiers de la sénéchaussée avoient refusé encore de vous remettre le prisonnier, c'auroit été le seul cas où vous auriez pu avoir recours à des voies de contrainte, afin que, suivant le style ordinaire des arrêts qui se rendent en pareil cas, la force demeurât à la justice; mais le conflit subsistant encore, il n'étoit pas temps d'employer des remèdes si violens et dont on ne doit jamais user qu'à la dernière extrémité.

Je vous prie donc de faire part de cette lettre à votre compagnie, afin qu'après y avoir appris, et le véritable esprit de l'injonction qui a été faite au prévôt des maréchaux, et les règles qu'elle doit suivre dans de semblables occasions, elle se conduise à l'avenir avec toute la gravité et toute la modération qui convient à sa véritable dignité, et qui ne peut servir qu'à rendre sa juridiction encore plus favorable par la sagesse avec laquelle elle usera de son autorité.

Vous prendrez aussi la peine de communiquer cette lettre à messieurs du parquet, qui m'avoient écrit sur l'affaire dont il s'agit, et avec lesquels je compte que cette réponse vous sera commune.

Du 17 octobre 1729.

J'AI reçu votre lettre du 30 septembre dernier, avec la copie qui y étoit jointe des informations et autres procédures faites en la maîtrise particulière des eaux et forêts de Dijon, au sujet du meurtre commis par le nommé . . . . , dit . . . . , dans la personne du sieur . . . .

Il paroît clairement par ces informations que le fait est arrivé à l'occasion de la pêche : ainsi, il n'est pas douteux que la connoissance en appartient en première instance au maître particulier des eaux et forêts , suivant l'ordonnance de 1669.

Il est encore certain que le cas étant aussi grave qu'il l'est, et les juges qui en sont saisis ne pouvant se dispenser de condamner le coupable au dernier supplice, il ne peut y avoir que deux degrés de juridiction dans l'affaire présente ; ainsi le premier degré étant constant, il ne s'agit ici que du second et dernier degré.

Est-ce dans la chambre de la tournelle qu'on le doit trouver ? Est-ce dans le tribunal des juges réformateurs ? C'est à quoi se réduit toute votre difficulté.

Pour y répondre avec plus de connoissance , il faudroit qu'après avoir conféré sur le point dont il s'agit avec messieurs de la tournelle et messieurs les juges réformateurs des eaux et forêts , vous m'eussiez expliqué également les raisons des uns et des autres, si leurs sentimens étoient contraires; mais comme il n'est pas possible de différer de prendre un parti sur la difficulté qui se présente jusqu'à ce que le parlement soit rassemblé, le bien de la justice demande que je vous explique dès à présent ce que vous pouvez faire sur ce sujet : je ne le ferai cependant que par provisions , et en me contentant de vous répondre sur le cas particulier dont il s'agit : je me réserve de faire de plus amples réflexions sur ce sujet, lorsqu'après avoir entendu les raisons des deux tribunaux, il s'agira de fixer une règle générale sur ce qui fait naître votre doute.

Le droit commun est pour la tournelle, même dans ce qui regarde les crimes commis à l'occasion de la chasse. Il y a deux déclarations d'Henri IV qui confirment ce droit : les auteurs les plus favorables, l'autorité des juges réformateurs et les officiers mêmes qui sont établis pour en soutenir les intérêts au parlement de Paris, ont reconnu plusieurs fois le même droit, et il n'y avoit point eu de doute sérieux sur ce sujet avant un arrêt du conseil de l'année 1680, auquel quelques-uns des juges réformateurs voulurent donner des interprétations éloignées du véritable esprit de cet arrêt; et les sentimens ayant été partagés à cet égard entre les différens parlemens où il y a des juges en dernier ressort pour les matières de réformation; on proposa au roi de faire cesser cette diversité de jurisprudence par la déclaration du 13 septembre 1711, dont vous m'avez envoyé la copie. Il paroît même, par des mémoires qui sont restés entre mes mains sur ce qui se passa en ce temps-là, que ce furent les juges réformateurs de Dijon qui demandèrent cette loi, et j'ai lieu de croire que la chambre de la tournelle ne s'y opposa pas.

Mais, comme cette déclaration étoit contraire au droit commun aussi bien qu'à l'usage du parlement de Paris, et que d'ailleurs son effet naturel étoit de rendre l'expédition plus lente et moins gratuite qu'elle ne doit l'être pour le bien de la justice dans ce qui regarde la punition des grands crimes, je crus être obligé comme procureur-général, d'en représenter les inconvéniens à M. le chancelier de . . . . ; lorsque cette déclaration me fut adressée en 1712 : il voulut bien déférer à mes raisons et consentir qu'elle ne fût point enregistrée au parlement de Paris.

Mais, comme elle l'a été au parlement de Dijon,

peut-être par des raisons tirées de ces usages qui ne me sont pas assez connus pour en pouvoir porter mon jugement, il paroît certain que cette loi doit y être exécutée dans tous les cas où il s'agit d'un crime commis à l'occasion de la chasse.

Il semble d'abord qu'elle devroit être étendue aux cas qui arrivent au sujet de la pêche, et que les raisons paroissant égales des deux côtés, il y auroit lieu d'appliquer à un cas ce qui a été décidé pour l'autre.

Mais deux raisons également considérables m'empêchent de penser ainsi, au moins quant à présent :

La première, est que, quelque respect qu'on doive à une déclaration du roi, il faut avouer néanmoins que la décision de celle du 13 septembre 1711 est entièrement opposée aux lois antérieures et aux principes du droit commun : ainsi, on ne peut la considérer comme une loi favorable qui puisse être facilement étendue d'un cas à un autre; elle est au contraire d'un droit étroit et singulier. Ainsi, cette loi ne s'étant expliquée que sur ce qui regarde la chasse, sans faire aucune mention de la pêche, on ne peut par provision que se renfermer dans la lettre de la loi, et c'est le cas de cette règle de la jurisprudence, que, dans les matières qui sont de rigueur, un cas omis par la loi ne peut pas être suppléé par le juge.

Une seconde raison qui me confirme dans ce sentiment, est que, de tous les défauts, le plus grand est celui de pouvoir; ce qui n'est jamais plus véritable que dans les matières criminelles, où la première chose qui doit être certaine est la compétence du juge, afin qu'il ne s'expose pas à rendre un jugement qui décide de la vie ou de la mort d'un homme dans le temps que son autorité peut justement être révoquée en doute. C'est le cas où vous vous trouvez dans l'occasion présente. Le pouvoir des juges réformateurs est au moins très-problématique. Ils prétendront peut-être que l'esprit de la loi est pour eux, mais la lettre ne leur est pas favorable; et pour être en état d'exercer la puissance de vie et de mort, il faut que l'esprit et la lettre de la loi concourent également en faveur du juge.

Tant qu'il y a du doute sur ce point, le tribunal qui a le droit commun pour lui, doit l'emporter sur une juridiction extraordinaire qui n'établit pas suffisamment l'exception de ce droit ou le privilége qu'elle veut faire valoir en sa faveur.

Ce sont là les principales raisons qui me portent à croire que c'est seulement comme chef de la tournelle ou comme président de cette chambre, que vous devez recevoir et juger les appellations interjetées ou à interjeter de tout ce qui a été ou qui sera fait dans la maîtrise particulière des eaux et forêts, au sujet du meurtre dont on y a commencé la poursuite.

Je n'ai pas besoin de répéter encore ici que, quoique je donne, quant à présent, la préférence à l'un des deux tribunaux sur l'autre, mon intention n'est pas que cette espèce de décision provisoire soit tirée à conséquence, lorsqu'il sera temps d'établir avec une pleine connoissance de cause, et après une mûre délibération, la règle générale qui sera suivie à l'avenir dans des cas semblables.

Du 8 novembre 1729.

J'AI examiné le mémoire que vous m'avez adressé contre le sieur ...., prévôt général de la maréchaussée à Montauban, et les réponses de cet officier sur la communication que je lui en ai fait donner.

L'article 12 du titre 1.er de l'ordonnance de 1670, qui porte que les prévôts des maréchaux ne pourront connoître des crimes commis dans les villes de leur résidence, contient trois dispositions qu'il est nécessaire d'expliquer :

La première concerne les vagabonds, gens sans
aveu et sans domicile, dont le prévôt est toujours
juge compétent, en quelque lieu qu'ils soient arrêtés.

La seconde concerne les crimes commis par des
gens de guerre dans leurs marches, lieux d'étape
ou d'assemblée, et la même règle a lieu dans ce
second cas comme dans le premier. Il n'est pas nécessaire de parler ici des vols de grand chemin,
parce que ces crimes ne pouvant être commis que
hors des villes, ils ne sont jamais dans le cas de
l'exception marquée à la fin de l'article 12 de l'ordonnance de 1670.

La troisième disposition concerne les vols avec
effraction, le port d'armes, la fausse monnoie, etc.
C'est seulement à cette dernière disposition que l'exception dont il s'agit doit être appliquée; mais le
prévôt ne pouvant être censé avoir son domicile
dans le même temps en plusieurs villes différentes,
cette exception ne s'applique qu'à celle où il réside
personnellement; et non pas à tous les lieux où
les brigades de la maréchaussée sont établies.

Il est vrai néanmoins que, quoiqu'il n'y ait qu'une
brigade placée dans une ville où il se trouve un
siége présidial, et que le prévôt des maréchaux ou
son lieutenant ne fasse pas sa demeure dans cette ville,
il ne conviendroit pas qu'il y prît connoissance d'un
crime commis sous les yeux de ce présidial, à qui
il appartient naturellement d'y pourvoir, et qui le
peut faire plus promptement et plus aisément qu'un
prévôt des maréchaux absent, et peut-être éloigné
de cette ville.

Lorsque les officiers présidiaux déclarent le prévôt
incompétent, il leur est défendu de retenir la connoissance de la cause pour la juger en dernier ressort : ils ne peuvent pas même en ce cas ordonner
que le procès sera instruit et jugé à l'ordinaire dans
le siége du bailliage ou de la sénéchaussée auquel
le présidial est uni. Tout leur pouvoir se réduit et

tout leur devoir consiste à déclarer le prévôt des maréchaux compétent quand il l'est, et incompétent quand il ne l'est pas, sauf après cela aux parties civiles ou publiques à porter l'affaire dans le tribunal où, suivant les règles ordinaires, elle doit être poursuivie. Si le jugement de compétence est rendu en faveur du prévôt, il ne peut plus faire aucun acte d'instruction sans l'assistance de son assesseur; l'article 22 du titre 2 de l'ordonnance de 1670 y est formel.

La séance du prévôt régle le rang de la signature aux jugemens prévôtaux : comme il siége après le président, il doit signer dans le même ordre.

Le roi ayant établi des greffiers des maréchaussées, il est de la règle que les minutes des procès prévôtaux leur soient remises après que les jugemens sont rendus.

Lorsque le prévôt néglige l'instruction des procès des accusés, et les laisse languir en prison, il est simplement du devoir des officiers présidiaux de m'en informer, parce qu'ils n'ont aucune juridiction sur ceux des maréchaussées.

Le sieur .... assure qu'il n'a point encore jugé de procès où il y eût une partie civile : ainsi, il n'a pu être dans le cas de se taxer des vacations.

Le roi ayant choisi les officiers présidiaux pour juger les compétences des prévôts, vous ne pouvez vous plaindre de l'extension que le sieur .... veut donner à sa juridiction, puisque vous êtes en droit de l'empêcher par vos jugemens de prendre connoissance des cas dont il n'est pas juge compétent, sauf à lui ou aux accusés à se pourvoir contre vos jugemens s'ils le jugent à propos.

La compétence ne doit être jugée qu'au présidial, dans le ressort duquel la capture a été faite, suivant l'ordonnance de 1670, qui a dérogé à toutes les ordonnances antérieures, et il est nécessaire que le sieur .... se conforme à cette règle tant qu'elle subsistera, et jusqu'à ce qu'il ait plu au roi d'en établir une nouvelle et peut-être meilleure.

Je lui envoie une copie de cette lettre, afin qu'il se conforme de son côté comme vous le ferez du vôtre, aux règles qui y sont rappelées ou expliquées.

Du 14 novembre 1729.

LORSQU'UN conseiller ou un autre membre d'un siege présidial est accusé de fautes ou de malversations commises dans les fonctions de sa charge, il n'y a que le parlement qui soit en droit d'en prendre connoissance; mais lorsqu'il ne s'agit que de voies de fait ou d'autres cas dont il est accusé, non comme officier, mais comme un simple particulier le pourroit être, il n'a aucun privilége que la dispense de subir la juridiction du juge ordinaire auquel la connoissance en doit appartenir.

Du 3 janvier 1730.

LA question que vous me proposez, par rapport à deux anciennes accusations jugées par contumace contre le nommé.........., n'a rien d'embarrassant par rapport à vous :

La première, qui regardoit un assassinat prémédité, qu'on l'accuse d'avoir commis il y a vingt-deux ans, ayant été instruite et jugée par le présidial, ce seroit fort irrégulièrement que vous commenceriez à en prendre connoissance après une prévention de vingt-deux ans acquise contre vous, ou contre vos prédécesseurs, par le présidial ;

La seconde ayant eu un viol pour objet, et ce crime n'étant point du nombre de ceux que l'ordonnance a déclarés cas prévôtaux, vous ne pourriez pas non plus être compétent à cet égard, quand même il s'agiroit d'un crime récent.

Ainsi, encore une fois, il ne peut y avoir ici aucune difficulté par rapport à ce qui vous regarde ; mais comme il est fâcheux pour le bien de la justice, qu'un homme, qui paroît avoir été une fois condamné pour deux grands crimes, échappe au châtiment qui lui est dû, j'écris au procureur du roi au présidial de Rhodez de faire faire les recherches les plus exactes pour retrouver, s'il se peut, et la procédure qui a été faite autrefois dans ce siége pour l'assassinat prémédité, et celle qui a été faite par le juge de la temporalité de Rhodez pour le crime de viol. Vous devez suspendre jusque-là le jugement du nouveau procès commencé contre le même accusé, et ce n'est pas un grand mal qu'un homme de ce caractère séjourne long-temps dans les prisons.

Du 5 février 1730.

L'ARTICLE du for de Bearn que vous citez dans votre lettre du 20 janvier, et l'arrêt du conseil qui en ordonne l'exécution, peuvent fort bien s'entendre des actes judiciaires qui se passent dans le tribunal, et non pas des expéditions courantes qui se font dans l'hôtel du juge, et qu'il seroit dangereux de suspendre entièrement pendant le temps des féries : ainsi, vous avez raison de croire que la disposition de ces réglemens n'a rien de contraire à la règle que je vous ai marquée.

L'exempt de la maréchaussée qui réside à Pau ne paroît pas avoir eu tort de vous demander un ordre par écrit pour faire les visites et les recherches nocturnes dont vous aviez jugé à propos de le charger. Comme cela ne regarde pas directement son ministère, surtout lorsqu'il n'y a encore aucun décret à l'exécution duquel il seroit obligé de prêter main-forte, il ne pouvoit avoir de titre à cet égard que votre ordre par écrit, et il auroit été même en faute s'il avoit voulu sans cela arrêter des domiciliés ou faire quelque autre procédure contre eux. Vous savez d'ailleurs que les ordonnances refusent aux prévôts des maréchaux la connoissance des cas prévôtaux qui arrivent dans la ville où ils font leur résidence : ainsi, toutes sortes de raisons concouroient en faveur de la précaution que l'exempt de la maréchaussée a cru devoir prendre pour sa décharge.

Au surplus, il n'y a aucune loi ni autre réglement qui oblige les prévôts des maréchaux à faire leur résidence dans le lieu où le parlement est établi, ni qui leur défende d'en sortir sans l'agrément du premier président; le lieu de leur demeure a été fixé, autant qu'on l'a pu dans le centre de chaque généralité, et il y a plusieurs exemples de provinces où le prévôt-général réside, non dans la ville où le parlement tient sa séance, mais dans une autre ville de la même province; ces officiers même devroient être presque toujours en campagne, s'ils faisoient leur devoir; et, bien loin d'avoir besoin d'une permission particulière pour sortir du lieu de leur résidence, il faudroit au contraire qu'ils eussent un ordre d'y demeurer pour le pouvoir faire légitimement.

Pour ce qui regarde le prévôt-général du pays que vous habitez, on ne l'a jamais obligé jusqu'à présent de s'établir à Pau, et on l'a placé dans le lieu où l'on a cru qu'il seroit plus à portée de recevoir les avis et de donner les ordres nécessaires dans son département. Tout ce que vous pourriez demander à cet égard, et qui seroit en effet fort convenable, seroit que l'on établît au moins un lieutenant de la maréchaussée à Pau; mais l'augmentation de dépenses à laquelle cet établissement donnera lieu y pourra mettre un grand obstacle; si néanmoins la chose vous paroît absolument nécessaire, vous pouvez m'envoyer un mémoire plus détaillé sur ce qui regarde la distribution des maréchaussées dans votre ressort, et je verrai ce qu'il sera possible d'obtenir à cet égard pour le bien du public.

Du 17 février 1730.

Les deux questions sur lesquelles vous me consultez consistent à savoir :

Premièrement, si un accusé présent, et des complices absens, ayant été jugés présidialement par une même sentence, le premier contradictoirement et les autres par coutumace, le conseiller, au rapport duquel cette sentence a été rendue, est en droit de faire l'instruction et le rapport des compétences qui regarde les complices, lorsqu'ils sont arrêtés, ou qu'ils se remettent volontairement en prison.

En second lieu, si vous êtes obligé de faire juger votre compétence dans les cas portés par l'article 12 du titre premier de l'ordonnance de 1670, lorsque l'instruction se fait par coutumace, et, supposé que vous y soyez obligé, si le cas étant déclaré présidial, l'instruction vous appartient, ou si elle appartient au commissaire nommé par le président, jusqu'à ce que les accusés aient été pris ou qu'ils se soient représentés ?

A l'égard de la première question, il est certain que le conseiller au rapport duquel la sentence présidiale a été rendue contradictoirement contre le principal accusé, et par coutumace contre ses complices, n'a pas droit de faire l'instruction, ni le rapport des compétences à l'égard des condamnés par coutumace, quand ils se représentent, ou lorsqu'ils sont arrêtés dans la suite ; parce que, comme vous l'observez, il n'y a point de juridiction présidiale jusqu'à ce que la compétence soit jugée au rapport du lieutenant-criminel; et que ce jugement devant décider si le cas est présidial, les fonctions du conseiller rapporteur sont tellement suspendues jusqu'à ce qu'il ait été rendu, que, supposé que le cas soit jugé présidial, le procès doit lui être distribué de nouveau, la contumace étant anéantie par la représentation, ou par la capture de l'accusé.

Pour la seconde question ; la différence que vous mettez entre les prévôts des maréchaux qui doivent faire juger une seconde fois leur compétence, quand les accusés contumaces sont arrêtés ou viennent à se représenter, et les raisonnemens que vous faites à cet égard, ne sont pas justes.

L'artice 17 du titre premier de l'ordonnance oblige les lieutenans-criminels à faire juger leur compétence dans les cas énoncés dans l'article 12 du même titre. Par là, toutes les règles établies à l'égard des prévôts des maréchaux leur deviennent communes avec les lieutenans-criminels, qui ont la concurrence avec eux, et même la prévention dans les cas marqués par l'ordonnance. Ainsi, la déclaration de 1680, qui impose aux prévôts des maréchaux la nécessité de faire juger leur compétence à l'égard d'un accusé absent, et de la faire juger de nouveau lorsqu'il se représente, ou qu'il a été arrêté, doit s'exécuter de la même manière à l'égard des lieutenans-criminels ; il est inutile de dire qu'ils sont fondés en droit commun et en juridiction ordinaire. Cela est vrai, quand ils ne jugent qu'à la charge de l'appel ; mais quand il s'agit des cas qu'ils ont le pouvoir d'instruire et de juger en dernier ressort, ils exercent une juridiction extraordinaire, de même que les prévôts des maréchaux, et par conséquent ils sont assujettis aux mêmes règles.

Du 14 mars 1730.

J'ai appris par plusieurs lettres de M. le procureur-général, que l'industrie des accusés, ou celle de leur conseil, a imaginé depuis quelque temps un nouveau genre d'évocation qu'il auroit été difficile de prévoir, et qui est fondé sur les parentés et alliances du seigneur dans la justice duquel un procès criminel a été poursuivi ; je lui ai envoyé, il n'y a pas long-temps, un arrêt du propre mouvement du

5 *

roi, par lequel Sa Majesté a ordonné que, sans s'arrêter à un si mauvais détour, il seroit passé outre au jugement du procès du nommé..........; et si l'on n'a pas compris dans cet arrêt trois autres accusés, qui sur le même prétexte ont fait signifier de pareilles cédules évocatoires, c'est parce que je n'étois pas informé du fait quand j'ai envoyé l'arrêt à M. le procureur-général, et que je ne l'ai appris que par une lettre qu'il m'a écrite le quatre de ce mois; mais, en vérité, la prétention de l'évoquant est si absurde dans le cas dont il s'agit, qu'il n'est pas nécessaire de la condamner expressément par une déclaration générale, ni même par des arrêts particuliers.

L'évocation ne peut jamais être fondée que sur les parentés et alliances de ceux qui sont intéressés et parties dans le procès qu'on veut évoquer : or, d'un côté, le seigneur, dans la justice duquel un procès criminel a été instruit, n'y a aucun intérêt personnel, ses officiers n'y ayant agi que pour la vengeance publique; et, de l'autre, il n'est point partie, et il ne doit pas l'être en cause d'appel, où le procureur-général est la véritable et seule partie, comme entrant en cause pour le procureur fiscal du seigneur auquel il doit prêter le secours de son ministère, quand il y a quelque nouvelle réquisition à faire sur ce sujet.

La question est d'ailleurs décidée par les principes et l'esprit de la déclaration du 31 mars 1710, qui établit en général, que nul ne pourra évoquer du chef des parens ou alliés des procureurs-généraux, quoiqu'ils soient parties nécessaires dans tout procès criminel; cette règle doit être appliquée à plus forte raison à des seigneurs qui ne sont pas même parties personnellement dans la poursuite des procès qui s'instruisent dans leurs justices.

La même loi déclare nulle toutes les cédules évocatoires signifiées dans les cas qu'elle exprime, et ordonne qu'il sera passé outre par les cours au jugement des procès, ainsi qu'elles l'avoient pu faire

avant lesdites cédules; ainsi, soit par cette raison,
soit parce que le parlement ne sauroit douter des
intentions du roi, après l'arrêt que j'ai envoyé à
M. le procureur-général, et qui est un préjugé plus
que suffisant pour tous les cas semblables, cette compagnie ne doit faire aucune difficulté de mépriser
des cédules évocatoires et frivoles, et de procéder
au jugement des procès criminels dans lesquels on les
a fait ou on les feroit signifier.

Vous prendrez donc la peine de faire part de cette
lettre à la chambre de la tournelle, et même, si vous
le jugez à propos à toute votre compagnie, parce
qu'elle contient une règle, dont il est bon que tous
les juges soient instruits, et surtout messieurs de la
grand'chambre, qui sont juges en plusieurs occasions
des affaires criminelles.

Du 30 mars 1730.

La commission du grand-conseil, dont vous vous
plaignez, n'a rien d'extraordinaire, et si vous n'en
avez pas vu de semblable depuis que vous remplissez
la fonction de prévôt des maréchaux, c'est apparemment parce qu'il ne s'est pas présenté, de votre
temps, un cas aussi équivoque que celui qui a donné
lieu à cette commission.

Personne n'ignore que, suivant les ordonnances
anciennes et nouvelles, ce tribunal a deux sortes de
droits à l'égard des prévôts, des maréchaux ou des
présidiaux :

Le premier, et celui qui a été le seul objet de la
déclaration du 23 septembre 1678, est le cas d'une
demande en cassation, formée par des accusés contre
un jugement de compétence, et c'est alors seulement
qu'il n'est pas permis au grand-conseil de surseoir la
continuation de la procédure et de l'instruction qui
se fait en vertu du jugement de compétence, ni

de commettre par provision pour cette instruction
un autre juge que celui qui a été déclaré compétent.

Le second genre de pouvoir qui appartient au
grand conseil, suivant l'article 7 du titre 3 de l'ordonnance de 1669, est de connoître des réglemens
de juges qui se forment entre les lieutenans-criminels
ou les autres juges ordinaires et les prévôts des maréchaux. Dans ce cas, en recevant une pareille demande, il faut nécessairement que ceux qui ont droit
d'admettre cette demande, nomment la juridiction
dans laquelle l'instruction sera continuée par provision jusqu'à sentence définitive, exclusivement pendant le cours de l'instance en réglement de juges;
c'est la règle prescrite par l'article 2 du même titre
de l'ordonnance de 1669, et cette règle s'applique
également à tous les tribunaux qui peuvent connoître
des demandes en réglement de juges.

Si vous étiez dans le premier cas, c'est-à-dire,
dans celui d'une demande en cassation d'un jugement de compétence rendu en votre faveur, vous
auriez raison de vous plaindre de ce que le grand-
conseil, en vous liant les mains par rapport à la
continuation de votre procédure, auroit commis un
autre juge pour faire l'instruction en votre place.

Mais vous n'êtes pas dans ce premier cas : vous
vous trouvez, au contraire, dans le second, c'est-à-
dire, dans celui d'une demande en réglement de
juges qui se forme entre votre juridiction et celle du
juge du sieur............ Or, dans ce cas, comme
je viens de vous le dire, le grand conseil a le pouvoir sans difficulté, ou de commettre une des deux
juridictions qui ont pris connoissance du même fait,
ou d'en commettre une troisième pour ne rien préjuger entre les deux premières, et c'est le parti qu'il
a pris dans l'occasion présente.

Il n'y a donc rien que de régulier et de très-con-
forme à l'ordonnance dans la commission qui vous
a été signifiée, et le procureur du roi de la maréchaussée à qui cette commission l'a été comme à vous,

n'a point d'autre parti à prendre que celui de se présenter au grand-conseil pour y soutenir votre juridiction, si elle lui paroît bien fondée comme vous le croyez.

La chose peut néanmoins être fort douteuse à en juger, non-seulement par l'exposé de la commission du grand-conseil, mais par la sentence même de compétence, dont vous m'avez envoyé la copie. Je ne vois point dans les motifs qui y sont exprimés, que le crime dont il s'agit y ait été qualifié d'assassinat prémédité; on n'y fait mention que d'excès graves, qu'on dit à la vérité avoir été commis de dessein prémédité, mais toute préméditation ne rend pas un cas prévôtal; il faut pour cela qu'elle tende, non pas à de simples excès, mais à ôter la vie à celui qui en est l'objet, en sorte qu'elle puisse donner lieu de regarder justement l'action dont elle a été suivie comme un assassinat prémédité. Ce n'est que dans le concours de ces deux choses, c'est-à-dire, d'un attentat qui attaque la vie même, et d'un attentat prémédité, que votre compétence peut être bien établie, et vous savez que tout s'interprète à la rigueur contre les juges en dernier ressort : c'est tout ce que je peux vous dire en général sur ce sujet, n'ayant point vu les informations; et comme vous en êtes pleinement instruit, je vous laisse à examiner si vous devez abandonner de vous-même votre juridiction dans l'affaire présente, ou la soutenir au grand-conseil.

Au surplus, il seroit inutile que vous m'envoyassiez ces informations et le reste de votre procédure; vous devez seulement faire remettre le tout au greffe de ce tribunal, comme la commission vous y oblige, et je verrai dans la suite s'il sera nécessaire que je m'en fasse rendre compte.

Du 8 avril 1730.

Le privilége qui a été accordé par la déclaration de 1692 aux officiers de maréchaussée que cette déclaration regarde, est fondé sur un motif plus puissant que la finance qui devoit être payée au roi par ces officiers. On a considéré que leurs fonctions les exposant à avoir souvent des différends avec le présidial du lieu de leur résidence, et y ayant une jalousie de juridiction perpétuelle entre les uns et les autres, il convenoit de leur donner pour juge un présidial avec lequel ils n'eussent rien à démêler; et c'est dans cette vue qu'on a renvoyé leurs causes et contestations au présidial le plus prochain. Qu'ils aient payé ou non la finance que le roi exigeoit d'eux en faisant cette déclaration, c'est l'affaire de Sa Majesté, et votre siége n'est pas en droit d'y entrer. Au surplus, il seroit inutile de faire ici une distinction entre les anciens et les nouveaux officiers de maréchaussée, parce que les nouveaux ayant été créés avec tous les droits et toutes les prérogatives dont les anciens jouissoient, ils sont en état de profiter du même privilége, par rapport à leurs affaires personnelles; et, quoique le titre des bailliages de Franche-Comté ait été changé en certaines matières par l'établissement des présidiaux postérieurs à la déclaration de 1692, l'esprit de la loi ne dépendant point de ce titre, il n'y a pas lieu de douter que les officiers de maréchaussée ne puissent jouir de leur attribution, avec cette seule différence que ce qui auroit été appelé seulement bailliage avant l'érection des présidiaux, doit être qualifié à présent du titre de présidial. Ainsi, vous ne devez faire aucune difficulté de déférer aux demandes que le sieur....., lieutenant de la maréchaussée de Lons-le-Saulnier, a formées ou qu'il pourra former dans ses causes personnelles pour être renvoyé au présidial le plus prochain, par-devant lequel même il peut faire assigner directement ceux avec qui il aura des contestations.

Du 13 avril 1730.

PAR ce que vous m'exposez dans votre lettre du.......... il paroit que le prévôt des maréchaux a différé trop long-temps de faire juger sa compétence dans le cas dont il s'agit : il étoit inutile pour cela d'attendre que les monitoires eussent été publiés en différentes paroisses, et la compétence devoit être jugée sur les premières informations qui ont donné lieu au décret. L'édit de 1680, loi dont l'autorité est supérieure à celle du réglement fait aux grands jours en 1689, oblige les prévôts des maréchaux à faire juger leur compétence, même à l'égard des accusés défaillans, avant que de commencer aucune procédure pour l'instruction de la contumace : c'est donc immédiatement après le procès-verbal de perquisition que la compétence doit être jugée en ce cas, comme le réglement des grands jours l'a fort bien expliqué. Mais, soit que le prévôt des maréchaux n'ait pas assez bien compris les règles qu'il devoit suivre en cette occasion, soit qu'il y ait eu de la négligence de sa part ou trop de désir de fortifier la preuve avant que sa compétence fût mise en délibération, soit enfin que la peine de rassembler des juges en nombre suffisant ait retardé l'expédition de cette affaire, il est sans difficulté que vous ne pouvez pas suppléer la peine de nullité, qui n'est prononcée dans le cas dont il s'agit, ni par l'ordonnance de 1670, ni par les lois postérieures; ce qui ne pourroit avoir lieu qu'à l'égard des procédures pour l'instruction de la contumace, qu'un prévôt des maréchaux auroit faites avant que de faire juger sa compétence.

Ainsi, rien ne vous empêche de le juger dans l'occasion présente, et votre jugement n'en sera pas

moins régulier en lui-même pour avoir été trop long-
temps différé, sans que vous ayez eu aucune part au
retardement.

<hr />

Du 19 avril 1730.

J'ai eu de la peine à trouver le temps d'examiner
le mémoire que vous m'avez envoyé, pour montrer
que les juges ordinaires, et même ceux des seigneurs
hauts justiciers, peuvent prévenir les prévôts des
maréchaux, quoiqu'il s'agisse d'un cas prévôtal. Il
faudroit faire une longue dissertation pour répondre
en détail à tout ce qui est contenu dans ce mémoire;
mais comme je n'en ai pas le loisir, et que, d'ailleurs,
les principes sont certains en cette matière, je me
contenterai de vous les rappeler ici en peu de paroles.

Il y a deux espèces de cas qui sont de la compétence des prévôts des maréchaux : les uns sont prévôtaux par la nature du crime, les autres ne le sont
que par la qualité du coupable. Il est certain, à
l'égard des derniers, que tous les juges ordinaires
peuvent en connoître, concurremment et par prévention avec les prévôts des maréchaux. Toute la difficulté se réduit donc à savoir s'il en est de même à
l'égard des premiers, c'est-à-dire, des cas qui sont
prévôtaux par la nature du crime.

Sans examiner ici quel étoit, sur ce point, l'esprit
des anciennes ordonnances, ce qui demanderoit une
plus ample, mais inutile discussion, il est constant
que la dernière jurisprudence est contraire aux juges
ordinaires, et favorable aux prévôts des maréchaux.

Tout cas royal n'est pas prévôtal, mais tout cas
prévôtal par sa nature est cas royal; et il n'en faut
pas davantage pour faire voir que les juges ordinaires, qui sont inférieurs aux bailliages ou sénéchaussées, ne peuvent prendre connoissance d'un pareil
cas; l'exclusion portée par l'article 11, en faveur des

baillis et sénéchaux et des juges présidiaux profite,
sans difficulté, aux prévôts des maréchaux, soit parce
que les cas prévôtaux, par leur nature, ne sont qu'une
dépendance et une extension des cas royaux, soit
parce que les prévôts des maréchaux, ayant la concurrence avec les juges présidiaux, ils jouissent, lorsqu'ils les préviennent, des mêmes priviléges et des
mêmes prérogatives contre les juges ordinaires.

Tel est le véritable esprit de l'ordonnance de 1670,
dans les articles que vous en citez, et l'article 16 du
titre de la compétence des juges en est une preuve
si claire, que vous en serez vous-même convaincu,
si vous y donnez une nouvelle attention.

Cet article ne fait aucune distinction entre les cas
royaux et les cas prévôtaux ; il comprend également
les uns et les autres dans sa disposition, et il n'autorise les juges ordinaires à informer et à décréter que
lorsque le coupable d'un cas royal ou prévôtal a été
pris en flagrant délit ; or, dans cette occasion comme
dans toute autre, l'exception suppose et confirme la
règle ; ainsi, on ne sauroit douter que par le droit
commun, et hors la circonstance de flagrant délit, le
juge ordinaire ne soit exclu d'un tel cas.

S'il pouvoit rester encore, après cela, quelque difficulté sur ce sujet, elle seroit pleinement levée par
la déclaration du 29 mai 1702, dont je ne saurois
ignorer l'esprit, puisque c'est moi qui l'ai dressée.

Les articles 2 et 3 de cette loi marquent clairement la distinction des espèces de cas prévôtaux,
dont les uns sont en même temps cas royaux par
la nature du crime, et dont les autres ne sont de
la compétence du prévôt des maréchaux, que par
la qualité des personnes qui les ont commis.

La connoissance des premiers, suivant l'article 2,
est accordée aux seuls baillis et sénéchaux ou aux
présidiaux concurremment avec les officiers de la maréchaussée et par provision sur eux. Ainsi, aux termes
de cette disposition, tous les autres officiers, soit du
roi ou des seigneurs particuliers, sont suffisamment
déclarés incompétens à l'égard des crimes de ce genre.

Il ne reste donc que les derniers cas, je veux dire, ceux qui ne sont regardés comme prévôtaux que par la qualité des coupables, dont tout juge royal ou seigneurial puisse connoître concurremment et par prévention avec les prévôts des maréchaux, et autres officiers semblables; c'est à quoi le droit commun réduit, en cette matière, le pouvoir des juges subalternes.

Mais qu'arrivera-t-il, lorsque le coupable d'un cas royal ou prévôtal, par sa nature, aura été pris en flagrant délit, liera-t-on les mains au juge immédiat, et l'empêchera-t-on d'informer et de décréter? Cela seroit directement contraire au bien de la justice. Si par cette raison on autorise un tel juge à faire ces premières démarches, sera-ce aux baillis et sénéchaux, ou aux prévôts de maréchaux, et autres juges en dernier ressort? On a cru que dans le doute il falloit favoriser le droit commun et les juges qui ne prononcent qu'à la charge de l'appel, soit parce que c'est le parti le plus équitable pour l'accusé, soit parce qu'il est naturel de décider, que l'inférieur prévient pour son supérieur immédiat, qui est censé avoir agi par son ministère, et qu'on demeure toujours par là dans le même ordre ou dans le même genre de juridiction.

Tels ont été les véritables motifs de l'article 16 du titre premier de l'ordonnance de 1670, et c'est ce qui a été expressément confirmé par le dernier article de la déclaration de 1702; mais quelque favorable que soit cette disposition, c'est néanmoins une exception de la règle générale qui rend les premiers juges incompétens en pareille matière; ainsi elle est de droit étroit, et elle doit être renfermée exactement dans le cas pour lequel elle a été introduite, c'est-à-dire, dans celui du coupable arrêté en flagrant délit.

Personne ne s'est avisé jusqu'à présent de faire, par rapport à l'art. 16, la distinction que vous proposez sur ce sujet, entre les cas qui ne sont que prévôtaux, suivant votre manière de parler, et ceux qui sont en même temps royaux et prévôtaux.

Il n'est pas douteux que les cas de la première espèce, c'est-à-dire, ceux qui ne le sont que par la qualité des accusés, ne puissent être de la connoissance de tous les juges, comme je vous l'ai déjà marqué plus d'une fois; mais ce n'est point de ces cas qu'il est question dans l'article 16, ni dans le dernier article de la déclaration de 1702, c'est uniquement de ceux qui, par leur nature, sont ou simplement royaux, ou en même temps royaux ou prévôtaux, et à l'égard desquels les juges ordinaires sont incompétens, si ce n'est dans l'espèce du coupable arrêté en flagrant délit. Si vous aviez bien compris cette vérité, qui renferme tout l'esprit de l'ordonnance de 1670 et de la déclaration de 1702, sur le point dont il s'agit, vous n'y auriez plus trouvé de difficulté.

Tout se réduit donc à ces quatre principes, qui sont comme autant de règles certaines dans cette matière :

1.º Dans les cas qui ne sont prévôtaux que par la qualité des personnes, toutes sortes de juges du territoire sont compétens concurremment avez les prévôts des maréchaux, et même par prévention sur ces affaires.

2.º Si le cas, par sa nature, n'est pas royal sans être aussi prévôtal, les seul baillis et sénéchaux ont droit d'en connoître à l'exclusion de tous autres officiers inférieurs, et même des prévôts des maréchaux.

3.º Si le cas est en même temps royal et prévôtal par sa nature, la concurrence a lieu entre les seuls baillis et sénéchaux à la charge de l'appel, et les prévôts des maréchaux jugent en dernier ressort avec la prérogative de la prévention en faveur des premiers. Je ne parle point ici des présidiaux, parce qu'il n'y en a point dans votre province.

4.º La seule exception des deux dernières règles a lieu dans le cas du coupable, d'un cas ou royal seulement, ou royal et prévôtal par la nature du

crime, lorsque ce coupable a été pris en flagrant
délit; et lors, quand même il s'agiroit d'un cas qui
seroit également royal et prévôtal, c'est la seule juridiction du bailliage ou de la sénéchaussée qui profite de la procédure du juge immédiat, par lequel
elle est réputée avoir prévenu le prévôt des maréchaux.

J'ai été bien aise de résumer ainsi d'une manière claire
et précise les règles générales de cette matière, pour
n'être pas obligé de revenir dans la suite, et afin que,
connoissant parfaitement le véritable esprit de nos
lois sur ce point, vous n'ayez plus qu'à les suivre
en sûreté avec tout le zèle que vous avez, pour la
justice et pour le bien public.

Il me reste de vous dire un mot sur la difficulté
que les cavaliers de maréchaussée font de donner
main-forte aux huissiers chargés de l'exécution des
décrets décernés par les juges ordinaires. La distinction qu'on a faite jusqu'à présent sur ce sujet, est
que, lorsque ce sont MM. les procureurs-généraux
qui donnent des ordres directement aux officiers ou
aux archers de maréchaussée, ces officiers ou ces
archers sont obligés d'y obéir sur-le-champ; mais
on n'a pas cru qu'il convînt qu'un simple huissier
ait la liberté de les faire marcher à son gré, soit
parce qu'on les détourneroit souvent sans raison de
leur service, soit à cause des autres inconvéniens
qui en pourroient arriver, et qui en sont arrivés
en effet. Il faut en ce cas que les huissiers porteurs
de décrets, s'adressent aux prévôts des maréchaux
ou à l'officier qui les représente dans le lieu, afin
qu'il puisse donner les ordres nécessaires et convenables à ceux qu'il commande.

Du 30 septembre 1730.

J'AI reçu la lettre que vous m'avez écrite le 20 de ce mois, et j'ai été surpris d'apprendre que, n'entendant pas bien ma lettre du 15 de ce mois, vous vous disposez à rendre au premier jour, en présence du prévôt de la maréchaussée, un nouveau jugement de compétence, sur les accusations formées contre......... Je ne vous ai point mandé qu'il vous fût nécessaire de rendre un tel jugement ; et quand même cette formalité seroit nécessaire, il faudroit la remplir en l'absence du prévôt des maréchaux, et non pas en sa présence ; je vous ai seulement marqué que vous deviez faire amener............ dans la chambre du conseil, afin qu'on lui prononce de nouveau, en votre présence', le jugement de compétence que vous avez rendu le 4 juillet dernier ; et qu'on lui fasse signer le procès-verbal qu'on dressera de cette nouvelle prononciation, ou, s'il le refuse, qu'on l'interpelle de le signer ; et qu'ensuite vous deviez rendre, conjointement avec le prévôt de la maréchaussée, un jugement, par lequel vous déclarerez nulles toutes les procédures qui ont été faites contre......... depuis le 4 juillet ; c'est à quoi se réduit tout ce que je vous ai écrit, et tout ce que vous devez faire sur ce sujet.

A l'égard de l'autre affaire prévôtale que vous êtes prêt à juger, il n'est pas douteux que le prévôt de la maréchaussée n'ayant point déclaré à l'accusé, au commencement de son premier interrogatoire, qu'il entendoit lui faire son procès en dernier ressort, suivant les dispositions de l'art. 24 de la déclaration du roi du 5 février 1731, ce procès ne peut être instruit et jugé qu'à la charge de l'appel ; et qu'ainsi le jugement de compétence qui a été rendu sur les accusations formées contre ce premier, et toutes les procédures qui ont été faites depuis ne sont pas régulières. Prenez la peine de m'envoyer une copie de ce jugement, afin que je le fasse réformer, et sursoyez au jugement définitif, jusqu'à ce que je vous aie fait savoir le parti qui aura été pris sur cette affaire.

***

Du 9 novembre 1730.

Je vois par votre lettre, et par le mémoire de M. de.......... qui y est joint, qu'il y a de grandes raisons pour porter à la grand'chambre les incidens criminels du procès qui a été évoqué du parlement de........... en celui de..........; mais comme il n'y a point de contestation précisément formée sur ce sujet, et que l'ordre naturel est que les deux chambres entre lesquelles il peut naître un conflit de juridiction se concilient entr'elles, ou qu'elles conviennent de s'en rapporter à ma décision; je ne crois pas qu'il soit à propos que je m'explique, quant à présent, sur ce sujet, et je laisse à la grand'chambre et à la tournelle la liberté de prendre les voies ordinaires pour prévenir ou pour terminer l'incident dont il s'agit.

***

Du 17 novembre 1730.

Je blâme fort les dispositions générales où vous me marquez que les officiers du présidial de.......... sont à votre égard, s'il est vrai qu'elles soient telles que vous le croyez; mais dans le fait particulier dont il s'agit, ils ont raison de penser que l'affaire n'est pas de votre compétence, et qu'elle est entièrement de celle du lieutenant-criminel.

Tous juges, suivant l'ordonnance, à l'exception des consuls des marchands, sont juges des rebellions

commises incidemment à l'exécution de leurs jugemens, et il n'en faut pas davantage pour décider que
celles dont vous m'expliquez les circonstances,
n'ayant été exécutées que pour enlever à la justice un
accusé décrété par le lieutenant-criminel de......,
c'est à ce juge qu'il appartient d'en prendre connoissance.

L'attroupement, le port d'armes, la violence publique, ne sont que des circonstances de la rébellion ;
mais c'est cette rébellion en elle-même qui caractérise
la nature du crime et le genre de l'accusation ; il
n'arrive guère de rébellion considérable où de pareilles circonstances ne se trouvent, et si elles suffisoient pour faire regarder ces sortes de cas comme
des crimes prévôtaux, il n'y auroit presqu'aucune rébellion qui pût être de la connoissance du juge dont
l'autorité a été méprisée, quoique cette connoissance
lui soit attribuée par l'ordonnance sans aucune
restriction.

Il faut donc distinguer nécessairement le cas d'un
attroupement ou d'une émotion populaire, qui forme
par elle-même l'objet principal de l'accusation, et le
cas d'un attroupement ou d'une émotion populaire,
qui n'est que l'accessoire d'une rébellion. Vous êtes
compétent, sans doute, dans le premier cas; mais
vous ne l'êtes pas dans le second, parce que l'accessoire ne doit pas l'emporter sur le principal, et que
tout ce qui est incident à une rébellion à justice, est
sans difficulté de la compétence du juge qui a droit
de connoître de la rébellion.

Ainsi, suivant ces principes, qui ne sont pas douteux, vous ne devez pas insister sur le jugement de
votre compétence, et vous n'avez qu'à laisser agir
le lieutenant-criminel, suivant son devoir, pour faire
justice de la rébellion dont il s'agit, et de toutes les
circonstances qui l'ont accompagnée.

L'exempt qui prêtoit main-forte à l'exécution du
décret de ce juge a dû lui remettre son procès-verbal
de rébellion, ou s'il ne l'a pas encore fait, vous
devez l'obliger à le faire ; et, en cas qu'il ordonne,

comme cela est des règles, que cet exempt et les cavaliers qui l'accompagnoient soient entendus par
forme de déposition sur les faits contenus dans le
procès-verbal, il ne vous est pas permis d'y mettre
aucun obstacle. Prenez la peine de me faire savoir ce
que vous aurez fait en conséquence de cette lettre, au
sujet de laquelle je n'écris pas encore au lieutenant-
criminel de.........., afin que vous puissiez paroître lui rendre justice de vous-même; ce qui est
beaucoup plus convenable pour vous, que s'il pouvoit penser que c'est moi qui vous y ai obligé.

Du 10 décembre 1730.

Je me suis fait rendre compte des contestations
qui se sont formées entre vous et les officiers de la
maréchaussée à la résidence du Mont-de-Marsant.

En retranchant les faits que vous avancez contre
ces officiers et dont j'apprends par une lettre de
M......... que vous n'êtes pas en état, selon
vous-même, de rapporter la preuve, le surplus des
difficultés se réduit à trois articles :

Premièrement, vous vous plaignez de ce que le
prisonnier dont vous parlez est resté pendant quatre
jours, après le jugement de compétence, dans les
prisons d'où il devoit être transféré. Le fait n'est pas
contesté; mais je suis informé que c'est la négligence
de votre greffier qui y a donné lieu, faute d'avoir
expédié la sentence aussitôt qu'il auroit dû le faire,
quoique les officiers de la maréchaussée l'en eussent
sollicité. Je sais que la chose a été éclaircie, que vous
en êtes demeuré d'accord : vous n'avez donc pas eu
raison de l'imputer aux officiers de la maréchaussée;
mais vous êtes encore moins excusable d'avoir ordonné que, faute de transférer l'accusé dans vingt-
quatre heures, il auroit les chemins pour prisons, la
négligence du prévôt des maréchaux à faire la translation d'un prisonnier, ne pouvant pas autoriser les

juges à rendre un jugement qui met le prisonnier en état de se soustraire, s'il le veut, à la justice.

2.º Vous prétendez nommer un commissaire du présidial, pour assister à l'instruction que font les officiers de maréchaussée. Cette prétention est contraire à la règle et à l'usage : les officiers de maréchaussée ne doivent point avoir un double assesseur, et ne sont obligés de se servir des officiers des siéges présidiaux que quand leur assesseur est hors d'état de remplir ses fonctions, soit par maladie ou par quelqu'autre légitime empêchement.

3.º La permission que vous demandez de condamner les officiers de la maréchaussée aux dépens, dommages et intérêts, lorsqu'ils prétendent, mal-à-propos, que le cas dont il s'agit est prévôtal, est aussi insoutenable que le seroit la demande du prévôt des maréchaux, s'il prétendoit vous faire condamner à ses dommages et intérêts, toutes les fois que vous l'auriez déclaré mal-à-propos incompétent. Les juges ne sont responsables de leurs jugemens que lorsqu'on peut leur reprocher une corruption ou une partialité si déclarée, qu'elle donne lieu de les prendre justement à partie; et proposer le contraire, c'est agir contre le véritable intérêt de votre profession.

Enfin, il est extraordinaire que vous vous plaigniez de la multiplicité des jugemens de compétence, puisque c'est une preuve de l'attention des officiers de maréchaussée à arrêter et à punir les criminels.

Ainsi toutes vos plaintes n'ont aucun prétexte, et vous devriez ne penser qu'à bien remplir vos devoirs au lieu de vous occuper du soin de faire de tels reproches, dont le peu de fondement marqué un esprit inquiet et jaloux de la juridiction de ceux dont vous vous plaignez si mal à propos.

Du 7 février 1731.

J'aurois fort souhaité, comme je vous l'ai déjà marqué, que cette espèce de conflit de juridiction qui se forme entre la grand'chambre et la chambre de la tournelle du parlement de.........., pour savoir à laquelle de ces deux chambres l'appel de la procédure criminelle faite à la requête de M. de........ doit être porté, eût pû se terminer dans l'intérieur de votre compagnie, suivant la forme prescrite par l'art. 2 du réglement qu'elle a fait en l'année 1710; mais, puisque les deux chambres désirent également que je m'explique sur ce qui partage leurs sentimens, sans exciter aucune chaleur dans leurs esprits, je commencerai par leur témoigner la satisfaction que j'ai de la sagesse et de la modération qui régnent également dans les deux mémoires que j'ai reçus de part et d'autre.

Pour entrer après cela dans le fond de la difficulté, je crois qu'on peut la reduire à deux points, dont l'un forme une question générale, et l'autre une question particulière.

La question générale est de savoir si tous les procès évoqués des autres parlemens, et renvoyés dans celui de.............; doivent être portés à la grand'chambre, sans aucune distinction entre les affaires civiles et les affaires criminelles, ou s'il y a lieu de faire une espèce de partage dans cette matière entre les deux chambres, ensorte que dans le cas même de l'évocation, la connoissance des procès civils appartienne à l'une, et la connoissance des procès criminels appartienne à l'autre.

La question particulière se réduit à décider, si, indépendamment de ce que l'on peut penser sur la question générale, les circonstances propres à l'affaire dont il s'agit sont favorables à la juridiction de la grand'chambre ou à celle de la tournelle.

Sur le premier point, je vois beaucoup de raisons que l'on peut alléguer de part et d'autre.

D'un côté, la lettre de l'art. 2 de la déclaration du cinq juillet 1724, conforme en ce point à un réglement de 1675, et où l'on prétend qu'on ne peut suppléer une distinction entre les affaires civiles et les affaires criminelles, que la loi pouvoit faire, et qu'elle n'a pas faite:

De l'autre, le texte de cet article même, où le roi ayant marqué expressément en deux endroits, par rapport à d'autres matières, que la grand'chambre en connoîtroit, tant au civil qu'au criminel, n'a pas fait la même addition par rapport aux affaires évoquées; d'où l'on peut conclure que son intention a été de laisser les choses à cet égard, dans les termes du droit commun, qui est pour la grand'chambre dans les matières civiles, et pour la tournelle dans les affaires criminelles.

En parcourant le reste de la même déclaration, il seroit facile d'en tirer encore plusieurs autres argumens pour l'une et pour l'autre juridiction, et l'usage qui pourroit avoir interprété la loi, n'est ni assez ancien, ni assez constant de part et d'autre, pour me mettre en état de m'expliquer dès-à-présent sur cette question.

Elle est vraiment du nombre de celles qui, n'étant point clairement décidées par la lettre de la loi, ne peuvent régulièrement être bien réglées que par l'autorité d'une loi nouvelle qui fixe ce qui détermine le sens de la première. Les deux chambres peuvent donc, si elles le jugent à propos, m'envoyer un mémoire plus ample sur cette première difficulté, et y joindre même de plus grands éclaircissemens sur l'usage et la possession, afin que je sois plus en état d'avoir l'honneur d'en rendre compte au roi, et que S. M. puisse vous expliquer ses intentions avec une entière connoissance de cause, par la déclaration qu'elle fera expédier sur ce sujet.

La deuxième question qui est propre à l'affaire particulière dont il s'agit, ne demande pas tant d'examen, et elle souffre beaucoup moins de difficultés.

C'est un principe certain, que suivant la disposition de l'ordonnance, tout juge, et même ceux qui n'ont connoissance que des matières civiles, sont compétens pour connoître des rébellions qui empêchent l'exécution de leurs jugemens; et alors, le criminel n'étant que l'incident et l'accessoire du civil, il en suit, pour ainsi dire, le sort, et se régle par le même juge.

C'est par cette raison que M. le........... s'est adressé aux juges saisis des contestations civiles qui s'étoient formées entre lui et madame sa sœur; et en effet, il ne pouvoit s'adresser à aucun autre juge, qu'à celui dont le jugement n'avoit pas été exécuté, à cause de la rébellion dont il se plaignoit.

Or, ce qui a lieu en première instance, entre le juge inférieur des matières civiles, et le juge inférieur des matières criminelles, est aussi la règle que l'on doit suivre en cause d'appel entre le tribunal supérieur qui connoît du civil, et le tribunal supérieur qui connoît du criminel.

Ainsi, le civil étant ici le véritable objet de la contestation, et le criminel n'en étant que l'accessoire, soit dans le premier, soit dans le second degré de juridiction où la même règle doit être également observée, le fait particulier me détermine entièrement pour la grand'chambre dans l'espèce présente, et l'exemple même de ce que j'ai toujours vu pratiquer en pareil cas au parlement de......., à l'instar duquel le roi a eu intention de régler la discipline du parlement de.......... achève de me confirmer dans ce sentiment.

Vous prendrez, s'il vous plaît, la peine de faire part de ce que je vous écris, à MM. de la grand'chambre; et, comme j'écris dans les mêmes termes à M. le président de..........., qui communiquera aussi ma lettre à MM. de la tournelle, je ne doute pas qu'elle ne termine entièrement une difficulté, qui, comme je vous l'ai déjà dit, a été traitée de part et d'autre avec tant d'honnêteté, que je ne saurois trop vous répéter combien j'en ai été édifié.

Du 27 février 1731.

Pour décider la question qui s'est formée entre les officiers du présidial de Bourges et le sieur........, conseiller au même siége, et assesseur de la maréchaussée, il faut remonter plus haut que l'arrêt du 5 mai 1685.

L'article 27 du titre 2 de l'ordonnance de 1670 porte que les dépens adjugés par un jugement prévôtal seront taxés par le prévôt en présence du rapporteur : ainsi, il n'est pas vrai que le prévôt des maréchaux soit regardé en général comme incapable de taxer les frais des procès qu'il a instruits, ou comme suspect en cette matière ; on a voulu seulement qu'il se fît assister du rapporteur, comme naturellement plus instruit de ce qui regarde le détail de ces sortes de taxes, qu'un des prévôts des maréchaux n'est présumé l'être.

C'est apparemment par la même raison et dans la vue d'abréger, que l'arrêt du 5 mai 1695 a ordonné que, quand il s'agiroit de frais qui doivent être pris sur le domaine du roi, les exécutoires seroient décernés par les lieutenans-criminels, même dans les affaires des maréchaussées ; mais il n'en résulte point que ce soit par suspicion contre les prévôts des maréchaux que cet ordre ait été établi.

Ainsi, le sieur........ se trouvant le plus ancien conseiller du présidial, sa qualité d'assesseur ne doit nullement l'empêcher de jouir du droit que son ancienneté lui donne, parce que, encore une fois, la préférence accordée aux lieutenans-criminels sur les prévôts des maréchaux dans la matière présente, est fondée seulement sur une plus grande présomption de capacité et d'expérience; présomption qui est attachée ici à l'âge et aux services du sieur............, et à laquelle sa qualité d'assesseur ne peut donner aucune atteinte.

<hr>

Du 28 mars 1731.

Je ne m'attendois guère à voir le premier président d'un parlement devenir le défenseur de la juridiction des prévôts des maréchaux, contre celle des juges qui lui sont subordonnés. Il faut avouer néanmoins que vos réflexions ne sont pas sans fondement, surtout dans un pays où les juges ordinaires font si mal leur devoir; et l'inconvénient que vous relevez est le seul qui m'ait frappé, lorsqu'il a été question de dresser la dernière déclaration sur les cas prévôtaux. Mais tout bien considéré, il n'a pas paru que la négligence de certains officiers dût être un titre pour étendre les juridictions des prévôts des maréchaux au-delà de ses bornes légitimes; et d'ailleurs, la vie des hommes est quelque chose de si précieux, qu'il ne doit y avoir qu'un petit nombre de cas où on la fasse dépendre d'un prévôt des maréchaux qui n'a point de lettres, et de quelques officiers d'un présidial, qui souvent n'en ont guère plus. Il y a tant d'exemples anciens et nouveaux de leur peu de capacité dans les matières criminelles, sans parler des autres causes qui se joignent souvent à leur ignorance, pour rendre leur jugement suspect, qu'il y a toujours sujet de trembler, quand on pense que la vie et l'honneur des hommes sont confiés à un si petit nombre d'officiers, et souvent d'avocats ou de gradués pour en décider souverainement, pendant qu'il faut dix juges dans un parlement pour juger la plus légère contestation civile.

Le seul moyen de concilier toutes les vues qu'on peut avoir dans cette matière, pour le bien de la justice et pour la sûreté publique, est de veiller également et continuellement sur la conduite des juges ordinaires, comme sur celle des prévôts des maréchaux, afin de les obliger tous à remplir leur devoir; ce qui deviendra encore plus possible par le réglement auquel on travaille actuellement, sur les frais des procès criminels, réglement que je regarde comme une suite nécessaire de la dernière déclaration, sans quoi elle ne seroit pas aussi utile au public qu'on doit le désirer.

C'est avec beaucoup de réflexion qu'on a retranché l'assassinat prémédité du nombre des cas prévôtaux, conformément aux vœux des plus grands magistrats qui avoient été consultés par le feu roi dans le temps de la rédaction de l'ordonnance de 1670; ce n'est pas que l'assassinat, véritablement prémédité, ne soit un très-grand crime; mais, outre que ce n'est pas l'énormité du crime qui décide en général de la compétence des prévôts des maréchaux, comme il seroit facile de le faire voir par plusieurs exemples, l'expérience a fait voir qu'il n'y avoit point de nom dont on abusât davantage que de celui d'assassinat prémédité : on donnoit ce titre à tout homicide pour saisir le prévôt des maréchaux, et c'étoit la source-là plus commune des conflits de juridiction qui se forment dans cette matière. Il n'y a rien d'ailleurs de si difficile que de bien caractériser ce qui doit être regardé comme un assassinat prémédité, et souvent on n'est en état d'en bien juger, qu'après l'entière instruction du procès, en réunissant toutes les circonstances qui peuvent concourir à prouver la préméditation : c'est ce qui a donné lieu de croire que comme dans le doute il faut prendre le parti le plus sûr, et qui prévient le plus les réglemens de juges et les conflits de juridiction, en matière criminelle il valoit mieux prendre le parti de faire juger à la charge de l'appel, un assassinat véritablement prémédité, que de donner lieu aux prévôts des maréchaux et aux présidiaux de juger en dernier ressort un simple homicide, sous prétexte qu'on lui a donné mal à propos le titre d'assassinat prémédité.

A l'égard du vol ou du sacrilége avec effraction, la nouvelle déclaration ne fait que suivre et fixer le véritable sens de l'ordonnance de 1670, mal-interprétée par les prévôts des maréchaux et par le grand-conseil même, où l'on avoit divisé les circonstances que l'ordonnance réunit. Le véritable objet des prévôts des maréchaux est de punir, non pas en général tous les crimes, ni même les plus noirs, mais ceux qui attaquent directement la sûreté publique, et qu'on ne peut empêcher que par le secours de cette force légitime qui réside dans les prévôts des maréchaux; c'est pour cela que toute voie de fait qui se passe dans l'intérieur des maisons ou autres lieux, et qui n'est point comprise dans ce que le droit romain désignoit par le terme *vis publica*, n'est point véritablement de la sphère des prévôts des maréchaux; c'est faute d'entendre bien ce principe, que l'on forme souvent dans cette matière des difficultés qui disparoissent quand on s'attache au véritable objet de la juridiction prévôtale.

Mais, encore une fois, comme je vous l'ai déjà marqué, le point capital est que chaque genre d'officiers remplisse bien ses obligations dans ce qui lui appartient; les prévôts des maréchaux auront encore assez d'ouvrage, en se renfermant dans les bornes naturelles de leur autorité, telles qu'elles ont été fixées par la dernière déclaration; et à l'égard des juges ordinaires, si le parlement a soin d'en faire quelques exemples dans les occasions où ils l'auront mérité, on verra insensiblement renaître entr'eux et les prévôts des maréchaux, une émulation qui ne peut être qu'utile à la justice.

<hr>

Du 30 avril 1731.

La prétention que vous avez de connoître d'un vol fait avec effraction, par un soldat, dans la ville de Besançon, est fondée sur deux raisons: la première est la nature du crime, la seconde est la qualité de l'accusé.

A l'égard de la première, vous convenez assez que la nouvelle déclaration sur les cas prévôtaux vous est contraire, parce que le vol dont il s'agit n'est pas accompagné des circonstances qui doivent concourir à présent pour faire du vol avec effraction un cas prévôtal.

A l'égard de la qualité de la personne, tout crime commis par un soldat n'est pas, par cette seule raison, un cas prévôtal; il faut encore pour cela, suivant l'article 12 du titre premier de l'ordonnance de 1670, et suivant l'article 3 de la déclaration du 5 février dernier, qu'il s'agisse d'un soldat qui ait commis un crime, ou dans la marche de sa troupe, ou dans les lieux d'étape ou d'assemblée, ou de séjour pendant la marche; et comme aucune de ces circonstances ne peut s'appliquer à un soldat qui commet un crime dans le lieu où son régiment est en garnison et où il est censé avoir une espèce de domicile, je ne vois rien, dans la qualité de la personne non plus que dans la nature du crime, qui puisse vous autoriser à juger en dernier ressort le fait dont il s'agit.

Pour ce qui est de savoir, si vous devez en laisser la connoissance au maire, comme juge ordinaire, ou la retenir pour ne prononcer qu'à la charge de l'appel, je ne suis pas assez instruit, ou de l'étendue de la juridiction du maire de Besançon, ou des dates des procédures qui pourroient faire connoître si vous l'avez prévenu, ou si vous avez été prévenu par lui, pour résoudre cette difficulté; et d'ailleurs elle est entièrement de la compétence du parlement de Besançon, auquel votre juridiction et celle du maire sont également subordonnées.

Enfin, la question que vous me proposez, pour savoir si l'assassinat prémédité, que la dernière déclaration a retranché du nombre des cas prévôtaux, doit être au moins réputé cas royal, mérite beaucoup de réflexion; et elle sera décidée par le roi dans la révision en entier du titre premier de l'ordonnance de 1670,

à laquelle je travaille actuellement, suivant les instructions de Sa Majesté, la déclaration du 5 février
dernier n'ayant eu pour objet que les articles de ce
titre, qui regardent les cas prévôtaux.

Du 3 mai 1731.

CE n'est ni par oubli, ni par une erreur de copiste
que l'assassinat prémédité n'a pas été compris dans la
déclaration du 5 février dernier au nombre des cas
qui sont prévôtaux par la nature du crime ; c'est
après beaucoup de réflexions que le roi a jugé à propos de déroger en ce point à la disposition de l'ordonnance de 1670, soit à cause de la grande difficulté
qui se trouve souvent à juger, dès l'entrée du procès,
si le meurtre, qui est le sujet de l'accusation, a véritablement tous les caractères d'un assassinat prémédité, ou s'il ne les a pas, soit à cause de la multitude de conflits de juridiction qui naissoient tous les
jours sur ce sujet, par la liberté que les prévôts des
maréchaux se donnoient de qualifier tout homicide
d'assassinat prémédité. Il n'est donc pas douteux que
ce genre de crime ne soit véritablement retranché,
par la nouvelle loi, du nombre des cas prévôtaux.

Il l'est encore moins, que ce n'est pas le temps
où le crime a été commis qu'il faut considérer, lorsqu'il s'agit de décider du pouvoir du juge, et que
c'est beaucoup plus le temps où il doit user de son
pouvoir, soit pour l'instruction ou pour le jugement
du procès ; ainsi, comme le prévôt des maréchaux,
qui pouvoit être compétent lorsque le crime a été
commis, a cessé de l'être depuis par la dernière déclaration du roi, vous êtes obligé, en vous confor-
mant à cette loi, de déclarer cet officier incompétent ;
après quoi il vous restera à examiner, si le procès
doit être délaissé à la sénéchaussée de Cahors pour
y être jugé à la charge de l'appel, ou renvoyé au
sénéchal de Figeac, juge du lieu du délit.

La décision de cette dernière difficulté dépend de savoir, si le juge de Figeac, que je suppose être subordonné au sénéchal de Cahors, a commencé des procédures sur le fait dont il s'agit, ou s'il est demeuré jusqu'à présent dans une entière inaction.

Dans le premier cas, c'est à lui que vous devez renvoyer la connoissance de l'affaire, en déclarant le prévôt des maréchaux incompétent.

Dans le second cas, le sénéchal de Cahors doit en connoître par droit de dévolution, suivant l'article 7 du titre premier de l'ordonnance de 1670 ; il en seroit autrement, si le sénéchal de Figeac étoit un juge indépendant de la sénéchaussée de Cahors, parce qu'alors les officiers de cette sénéchaussée, n'étant pas en droit de suppléer à sa négligence, le présidial ne pourroit que lui renvoyer la connoissance de l'accusation.

Au surplus, le roi fera examiner dans la suite, si l'assassinat prémédité n'étant plus regardé comme cas prévôtal, ce crime doit au moins être mis au nombre des cas royaux.

Du 13 mai 1731.

J'ai reçu, etc. Les crimes commis par les soldats ne sont de la compétence du prévôt des maréchaux ou du présidial, suivant l'ordonnance de 1670 et suivant la dernière déclaration sur les cas prévôtaux, que lorsqu'ils sont commis dans la marche des troupes, ou dans les lieux de séjour ou d'assemblée ; mais il n'en est pas de même à l'égard des crimes que les soldats peuvent commettre dans les lieux où leur troupe est en garnison ou en quartier d'hiver, et c'est apparemment le cas où vous vous trouvez.

Il y a d'ailleurs dans le même cas un accusé principal, qui n'est point sujet par sa personne à la juridiction prévôtale, et il n'en faudroit pas davantage, suivant les anciennes règles et la nouvelle déclaration, pour faire décider que l'ordinaire attire ici l'extraordinaire, et que le procès en entier ne peut être jugé qu'à la charge de l'appel; enfin l'assassinat prémédité n'étant plus mis au nombre des cas prévôtaux, toutes sortes de raisons concourent dans l'espèce présente en faveur du lieutenant-criminel; c'est donc à lui d'achever d'instruire le procès dont il s'agit, pour le juger ensuite avec vous à la charge de l'appel au parlement de Bordeaux.

Du 28 août 1731.

Pour bien juger du conflit de juridiction sur lequel vous me demandez ma décision, aussi bien que M. le procureur-général de la cour des aides de Rouen, il faudroit avoir vu les informations et les autres qui ont été faites, soit par les officiers du bailliage du Pont-l'Evêque, soit par ceux de l'élection du Pont-Audemer; mais s'il faut se déterminer par les mémoires que vous m'avez envoyés de concert pour soutenir, d'un côté, la compétence du parlement, et de l'autre, celle de la cour des aides, je vous dirai que la question ne me paroît pas susceptible d'une grande difficulté.

Il y a deux principes certains en cette matière:

Le premier, est que le droit commun est pour les parlemens et les juges ordinaires, dont on peut dire qu'ils ont tout ce qui ne leur a pas été ôté; les cours des aides au contraire, et les tribunaux qui leur sont subordonnés, ne sont que des juges de privilége, qui ne peuvent prétendre que ce qui leur a été expressément accordé.

Le second principe, est que ce n'est point par le motif du crime que l'on décide de la compétence des juges; c'est par la nature et les effets de l'action extérieure dans laquelle consiste le crime.

De ces deux principes, le premier seroit suffisant pour faire rejeter la prétention de la cour des aides dans l'occasion présente. Il y a des lois, à la vérité, qui lui attribuent la connoissance de la levée des tailles et des voies de fait, des violences et des rébellions qui peuvent arriver incidemment, ou à la collecte de la taille, ou à l'exécution des contraintes qui s'exercent contre les taillables; mais il n'y en a aucune qui établisse que tout crime, qui aura pour motif une haine conçue à l'occasion de la taille, soit de la compétence de la cour des aides, et par conséquent ce cas ne lui étant pas attribué expressément, il demeure dans les termes du droit commun, c'est-à-dire, que la connoissance en appartient aux juges ordinaires.

Le second principe achève de prouver clairement cette vérité; le pouvoir des juges doit être appuyé sur quelque chose de plus connu et de plus sensible que les mouvemens secrets du cœur humain, et c'est ce qui a fait que la compétence des tribunaux a toujours été réglée par les caractères extérieurs des actions, et non par le principe intérieur de ces actions : ainsi, pour appliquer cette notion générale au cas dans lequel vous vous trouviez, si les collecteurs de la taille avoient été traversés ou troublés dans leurs recouvremens, s'il y avoit eu quelque révolte ou contr'eux, ou contre des porteurs de contrainte, alors la juridiction des élus et celle de la cour des aides seroient appuyées sur quelque chose de réel et d'extérieur, qui, ayant pour objet une matière dont elle est juge, seroit certainement de sa compétence. Mais elle la porteroit trop loin si elle prétendoit que, parce qu'une action criminelle paroît fondée sur un désir de vengeance qui est né à l'occasion de la taille, elle peut en prendre connoissance, quoique cette action n'ait troublé en rien la levée de la taille, et qu'elle ne puisse y nuire que par les conséquences qu'on en peut craindre.

S'il étoit permis d'étendre ainsi la compétence des juges par de simples raisonnemens, on pourroit prétendre que la connoissance de toute mauvaise action qu'un particulier commettroit contre un juge, pour se venger d'une prétendue injustice qu'il croiroit en avoir reçue, appartiendroit au tribunal dont ce juge seroit un des membres ; et, pour ne point sortir de l'espèce présente, il s'en suivroit de la même manière de raisonner que la plupart des crimes qui se commettent entre les paysans, ayant pour origine des inimitiés conçues à l'occasion de la taille, les élections et les cours des aides seroient toujours en droit d'en connoître.

A la vérité, comme des menaces d'incendie, et encore plus l'exécution de ces menaces, si la chose devenoit plus fréquente, mettroient un grand obstacle à la levée des impositions ; ce seroit une raison qui pourroit engager le roi par voie de direction et d'administration supérieure, à en attribuer pour un temps la connoissance à l'intendant, pour faire plus d'impression sur l'esprit des gens de la campagne, et y répandre plus de terreur ; mais, lorsqu'on examine la question dans les règles ordinaires de l'ordre public, qui fixe la compétence des tribunaux par des principes certains plutôt que par des raisons arbitraires de convenance, il n'y a pas lieu de douter que l'affaire particulière dont il s'agit, ne regarde entièrement les juges ordinaires, sans que la faveur de la prévention qui paroît être ici du côté de l'élection, puisse être d'aucun poids, parce que cette faveur suppose toujours qu'il y ait eu compétence des deux côtés, et qu'il ne s'agisse que de la préférence demandée par le juge le plus diligent.

S'il y a d'ailleurs une accusation de vol, jointe à celle d'incendie, devant les juges ordinaires, c'est encore une nouvelle raison pour faire pencher la balance de leur côté.

Je ne doute donc pas que M. le procureur-général de la chambre des comptes et cour des aides de Rouen ne se désiste sans répugnance, d'une prétention qu'il n'a apparemment soutenue que par ménagement pour sa compagnie. Si vous croyez, de concert avec lui, qu'il faille donner un arrêt du conseil pour trancher la difficulté, vous n'avez qu'à m'en envoyer un projet.

Du 6 décembre 1731.

J'AI reçu la lettre par laquelle vous m'informez de la rébellion qui a été commise par le nommé........ et sa femme, à l'exécution du décret décerné contre lui par le parlement de Bretagne. Il est vrai que les trois prétendus officiers de milice bourgeoise qui sont venus se mêler dans la querelle, sont fort chargés par le procès-verbal des huissiers porteurs du décret; mais, comme d'un autre côté ils ont prétendu par le procès-verbal qui a été dressé de leur part, qu'ils s'étoient retirés aussitôt qu'on leur avoit fait voir que les huissiers agissoient en vertu d'un arrêt du parlement, et que d'ailleurs ils sont avoués en quelque manière par M........., lieutenant de roi et commandant dans la place, il auroit été à souhaiter, comme M.........l'a écrit à M........., que l'on eût trouvé moyen d'appaiser cette affaire par rapport auxdits officiers de milice bourgeoise, à quoi on auroit dû se porter d'autant plus volontiers, que les huissiers auroient dû prendre plus de précautions pour entrer à heure indue dans la maison d'un bourgeois, et que d'ailleurs la force étoit enfin demeurée à la justice. Mais il est vrai qu'à la rigueur les trois particuliers qui sont survenus dans cette maison doivent être décrétés, parce que, suivant le procès-verbal des huissiers, auquel on est obligé d'ajouter foi en pareille matière, bien loin de s'être retirés, comme ils le disent, aussitôt qu'ils ont su de quoi il s'agissoit, il paroît que c'est alors qu'ils ont voulu faire les plus grandes violences aux huissiers, et favoriser la rébellion de.......... et de sa femme. Je crois cependant qu'en réunissant toutes les circonstances dont je viens de vous parler, et en rabattant toujours quelque-chose d'un procès-verbal de rébellion, où les huissiers ne sont que trop accoutumés à user d'exagération, il auroit suffi de

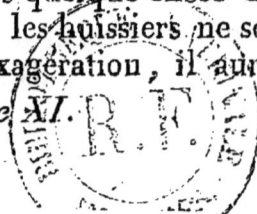

décerner un ajournement personnel contre les trois survenans; mais il y a lieu de croire par votre lettre que le parlement aura statué ainsi qu'il l'aura jugé à propos, avant que vous ayez reçu cette lettre; et le plus grand fruit que vous en pourrez tirer vraisemblablement, sera de ne retenir ces trois particuliers en prison, qu'autant de temps qu'il en faudra pour leur faire subir l'interrogatoire sur lequel il n'y aura qu'à les mettre en liberté. On ne sauroit avoir trop d'attention à prévenir les querelles qui peuvent naître entre la justice ordinaire et les officiers militaires, dont il ne faut pas souffrir les entreprises marquées, mais sans les repousser avec une vivacité qui laisse un mauvais levain dans les esprits, d'où il peut arriver à la fin que les sujets du roi ne s'en trouvent pas mieux.

Du 13 décembre 1732.

J'ai reçu les deux lettres que vous m'avez écrites le 7 et le 20 novembre dernier, au sujet de la sentence rendue au présidial de Lyon le 17 octobre précédent, dans l'affaire du nommé.........., et je n'ai pas trouvé que vous y répondissiez pleinement aux plaintes qui m'ont été faites, à l'occasion de cette sentence.

Le lieutenant de la maréchaussée de Lyon peut avoir arrêté.......... bien légèrement; et il ne paroît pas qu'il eût aucun prétexte pour prétendre que les vols dont ce particulier étoit soupçonné, fussent de sa compétence. Mais s'il a eu tort dans le fond, vous n'étiez pas autorisé par là à l'avoir dans la forme, et c'est sur quoi vous ne sauriez bien justifier le jugement qui a été rendu dans votre siége; il ne faut point même d'autres raisons pour ne pas approuver ce jugement, que celles dont vous vous servez pour le soutenir.

Vous les réduisez à deux principales.

La première est la capture de l'accusé faite sans décret, et même sans information préalable. Il est vrai que le lieutenant de la maréchaussée avoit fait cette faute, mais elle étoit couverte par le décret qu'il avoit rendu le 15 octobre; et, sans examiner la date qu'il a donnée à ce décret, il est certain que vous ne pouviez pas l'ignorer dans le temps de votre sentence, puisqu'il y est visé. Or, quand ces sortes d'irrégularités ont été une fois réparées, on ne les regarde plus comme des nullités essentielles, et il seroit même dangereux d'en user autrement. A l'égard des procédures faites par les officiers de maréchaussée, qui sont souvent obligés d'arrêter sur-le-champ des voleurs ou des vagabonds, avant que d'avoir pu procéder régulièrement contr'eux, et pourvu qu'ils aient bien fait dans le fond, et qu'ils aient décrété aussitôt qu'ils l'ont pu, on ferme les yeux sur une capture, qui, à la rigueur, n'est pas régulière, mais qui se soutient par la vue de l'intérêt public.

Votre seconde raison paroît encore moins solide que la première; vous la tirez de ce que lieutenant de la maréchaussée a omis d'interroger l'accusé sur sept ou huit chefs d'accusation qui résultoient de l'information. Ce défaut, si le lieutenant de la maréchaussée y est tombé, n'opère point la nullité de l'interrogatoire, c'est seulement une faute d'omission qui peut être réparée par des interrogatoires postérieurs, et tout ce que vous pouviez faire à cet égard, se réduisoit à ordonner, avant faire droit sur la compétence du prévôt, que.......... seroit interrogé sur les faits sur lesquels il ne l'avoit pas encore été.

Vous avez donc porté trop loin la rigueur, lorsque vous avez déclaré nulle une procédure, dont le premier défaut étoit couvert, et dont le second n'en opéroit pas la nullité et la rendoit seulement imparfaite, par une omission qu'il étoit aisé de réparer.

Vous ne paroissez pas d'ailleurs être parfaitement

7 *

instruit du véritable objet des jugemens de compétence, et des bornes dans lesquelles le pouvoir des présidiaux est renfermé à cet égard.

Le droit qu'ils ont d'examiner si le prévôt des maréchaux est compétent, ne les constitue point juges du fond de l'affaire, ni même de l'élargissement provisoire des accusés. Il est vrai que, comme ils ne peuvent juger de la compétence du prévôt que sur une procédure valable, il leur est permis de la déclarer nulle lorsqu'elle l'est en effet; mais en ce cas ils doivent ordonner qu'elle sera recommencée, pour rendre ensuite leur jugement de compétence; c'est à quoi se réduit toute leur autorité, sans qu'ils y puissent rien ajouter qui influe sur le fond même de l'accusation.

Ainsi, le jugement que vous avez rendu en faveur du nommé.......... n'est pas soutenable, soit parce que vous avez supposé des nullités dans la procédure du lieutenant de la maréchaussée, qui étoient ou réparées ou réparables, soit parce que vous n'avez pas même pris le parti d'ordonner, avant faire droit, que la procédure qui vous paroissoit nulle seroit recommencée, pour procéder ensuite au jugement de compétence, ce qui auroit dû être votre unique objet; soit enfin parce que, sans rien statuer sur ce point, vous avez dépouillé le prévôt des maréchaux de l'affaire dont il s'agissoit, et vous en avez même entamé le fond, en ordonnant que le nommé.......... seroit mis en liberté; c'est une dernière irrégularité de votre sentence, qui mérite d'autant plus d'être relevée, que, selon vous-même, cet accusé paroissoit coupable de quelques vols, qui, quoique légers, méritoient néanmoins qu'on le laissât en prison. La règle en pareil cas, est que c'est par le titre de l'accusation, et non pas par la validité de la procédure, qu'il faut juger de l'état où l'accusé doit demeurer; et il n'est rien de si commun dans l'usage du parlement de Paris, que de déclarer toute une procédure nulle, et d'ordonner néanmoins que l'accusé tiendra prison pendant qu'on travaille à la recommencer.

Je me suis plus étendu sur cette matière que je ne l'aurois fait avec d'autres officiers, parce qu'il est important qu'un siége aussi considérable, et d'ailleurs aussi distingué que le vôtre, maintienne aussi avec plus d'attention les règles de l'ordre public en matière criminelle. Au surplus, comme vous ne pouvez plus réparer ce que vous avez fait, et qu'il ne seroit pas juste de laisser plus long-temps l'état d'un accusé dans l'incertitude où il est actuellement, il faudra que ce soit le roi qui interpose son autorité pour remplir toute justice en cette occasion, soit à votre égard, soit à l'égard du prévôt des maréchaux, soit par rapport au prisonnier qui est depuis long-temps dans les liens de la justice, et c'est ce que Sa Majesté fera incessamment.

Du 17 février 1733.

J'ENVOIE au procureur du roi en votre siége, l'arrêt par lequel Sa Majesté a cassé et annulé le jugement de compétence que le présidial de.........a rendu dans l'affaire du nommé.........; et je ne doute pas que vous ne vous conformiez à cet arrêt avec le respect qui lui est dû.

Les défenses et les injonctions qu'il contient, vous instruiront suffisamment des règles dont vous vous êtes écarté en cette occasion; il seroit inutile surtout de rien ajouter aux deux premières qui n'ont pas besoin d'une plus grande explication. Mais, comme j'ai vu par votre lettre, et par votre mémoire, que vous n'entendiez pas assez les principes dont il s'agit dans ce qui regarde la dernière, je dois vous dire, pour vous donner une plus grande instruction sur ce sujet, que l'art. 16 du tit. 1 de l'ordonnance de 1670 ne regarde que les baillis et sénéchaux, et non pas les juges présidiaux auxquels ceux qui sont instruits des véritables maximes de l'ordre judiciaire n'ont jamais pensé à en faire l'application.

La lettre de cet article le fait suffisamment connoître, puisqu'il n'y est fait mention que des baillis ou sénéchaux ; et que les présidiaux n'y sont pas même nommiés.

La déclaration du 29 mai 1702 s'explique d'une manière encore plus claire, s'il est possible, lorsqu'elle défend aux prévôts des maréchaux d'entreprendre sur la juridiction des baillis et sénéchaux, ou de leurs lieutenans-criminels dans le cas de l'article 16 du tit. 1. de l'ordonnance de 1670, dans lequel la connoissance du crime appartiendra aux baillis et sénéchaux dans le ressort desquels il aura été commis, préférablement et privativement aux prévôts des maréchaux. Or, c'est un principe certain, quoique vous paroissiez ne le pas savoir, que l'exclusion des prévôts des maréchaux emporte celle des présidiaux, parce que le droit de ces siéges en matière criminelle étant renfermé, suivant les anciennes et les nouvelles ordonnances, dans la concurrence avec le prévôt des maréchaux, il est évident que tout crime dont ces officiers ne sauroient prendre connoissance, ne peut être aussi de la compétence des présidiaux.

Enfin, l'art. 22 de la dernière déclaration du roi sur les cas prévôtaux ou présidiaux, laisse encore moins lieu de douter du véritable esprit des lois précédentes. Le roi ne s'y est pas contenté de marquer que la capture en flagrant délit, ou la priorité du décret décerné par le juge ordinaire, établit la compétence du lieutenant-criminel, non pas du présidial, mais du bailliage de la sénéchaussée ; il en ajoute la raison par ces termes : « soit censé avoir » prévenu le prévôt des maréchaux par la diligence » du juge inférieur ».

Or, si la diligence de ce juge a prévenu le prévôt des maréchaux, elle a aussi prévenu le présidial qui ne peut prétendre que l'égalité et la concurrence avec cet officier.

Ce qui vous a donc trompé, est d'avoir confondu ce

que le lieutenant-criminel fait comme lieutenant du bailli ou du sénéchal avec ce qu'il fait, comme représentant le présidial.

Lorsqu'il agit en cette dernière qualité, il conserve sans doute tous les droits du présidial qui est censé procéder par le ministère de cet officier ; mais il faut pour cela, qu'il n'ait pas été prévenu par la capture de l'accusé en flagrant délit, et par le décret émané du siége inférieur, en quoi la condition du présidial, ou du lieutenant-criminel qui le représente, est entièrement égale, comme je l'ai déjà dit, à celle du prévôt des maréchaux; mais au contraire, lorsque le juge ordinaire a prévenu le présidial dans les deux cas que je viens de marquer, sa diligence profite au lieutenant-criminel, non comme représentant le présidial, mais comme lieutenant du bailli ou du sénéchal ; et, pour exprimer la chose en d'autres termes, c'est alors le bailliage ou la sénéchaussée qui est censée avoir prévenu et le prévôt des maréchaux et le présidial, par la diligence du juge inférieur, comme l'art. 22 de la déclaration du 5 février 1731 le fait entendre pleinement.

Attachez-vous donc dorénavant à bien comprendre et à suivre exactement ces principes. Quoique vous vous en fussiez éloignés dans l'affaire du nommé..... en qualité de juges présidiaux, je n'ai pas cru néanmoins que cela fût suffisant pour vous priver en cette occasion du droit qui vous appartient en qualité d'officiers de la sénéchaussée de ....; et je suis persuadé que l'erreur dans laquelle vous êtes tombés, faute d'avoir fait la distinction que je viens de vous expliquer, n'empêchera pas que vous ne rendiez une exacte justice dans l'affaire dont le jugement vous est renvoyé.

Du 24 février 1733.

Je vous envoie l'arrêt par lequel Sa Majesté a cassé et annulé le jugement de compétence que le présidial de.......... a rendu dans l'affaire du nommé........., afin que vous présentiez cet arrêt aux officiers de votre siége auxquels je recommande de s'y conformer exactement, après quoi vous aurez soin de le faire exécuter, en poursuivant le procès dont il s'agit, non pas au présidial, mais à la sénéchaussée où il doit être jugé, à la charge de l'appel au parlement de.........

Du 25 juin 1733.

J'ai reçu dans son temps la lettre que vous m'écrivîtes au mois d'avril dernier, au sujet du défaut que j'avois trouvé dans la sentence que le siége de Fontenay-le-Comte a rendue à l'égard de la nommée....., mais il m'a échappé de m'expliquer plus précisément avec vous sur la raison pour laquelle on a voulu excuser ce défaut.

Il est vrai que dans l'affaire du chevalier de....... et du nommé........., j'écrivis qu'il n'y avoit qu'à déclarer le prévôt des maréchaux incompétent et mettre les accusés en liberté, cette affaire devant être regardée comme entièrement civile.

Mais premièrement, c'étoit sur le fondement de ma lettre que les juges pouvoient en user ainsi, et il ne s'ensuit pas de là qu'ils soient en droit de rendre d'eux-mêmes de pareils jugemens dans toutes sortes d'affaires.

Secondement, lorsque j'écrivis sur l'affaire du chevalier de......... au prévôt des maréchaux, je supposai, comme je le crois encore, qu'au défaut du prévôt, qui n'étoit pas compétent, c'auroit été aux officiers de la sénéchaussée de Fontenay-le-Comte qu'il auroit appartenu de connoître du fond de l'accusation si l'affaire avoit été véritablement criminelle : ainsi, ces officiers devant être considérés en cette occasion, non-seulement comme juges de la compétence du prévôt des maréchaux, mais comme les juges naturels d'un fait dont le prévôt des maréchaux ne pouvoit prendre connoissance, il n'étoit pas douteux qu'ils ne fussent en droit d'ordonner l'élargissement des accusés.

Mais il n'en étoit pas de même dans l'affaire de........., à l'égard de laquelle les officiers de la sénéchaussée de Fontenay-le-Comte, n'étant juges que de la compétence du prévôt des maréchaux, ils n'ont pu, en le déclarant incompétent, ordonner que l'accusé seroit mis en liberté, au lieu de se contenter de le renvoyer devant son juge naturel.

Vous prendrez donc, s'il vous plaît, la peine de leur faire bien entendre la distinction que je viens de vous marquer, afin qu'ils la suivent exactement à l'avenir.

Du 3 juillet 1733.

M........,......... m'a rendu compte de la lettre que vous lui avez écrite, par laquelle vous lui marquez que les motifs qui ont déterminé MM. les officiers du présidial de........ à casser une procédure faite par l'assesseur de la maréchaussée à la résidence de.......... sont insérés dans le jugement rendu le 15 mai dernier.

On ne sauroit avoir trop d'exactitude, quand il s'agit d'examiner une procédure criminelle ; mais il ne faut pas aussi que cette exactitude dégénère dans une espèce de critique portée jusqu'à la minutie, surtout quand on y veut trouver le fondement de la cassation d'une procédure déjà faite.

Il est aisé d'appliquer cette réflexion aux motifs du jugement qui a été rendu par les officiers du présidial dans l'affaire du nommé...............

Il suffit que l'absence du prévôt des maréchaux soit certaine pour autoriser l'assesseur à y suppléer; il n'y a aucune loi qui lui ordonne de faire mention de cette absence, à peine de nullité, et il n'appartient pas aux juges de faire ainsi des nullités à leur gré; ainsi un pareil oubli de la part de l'assesseur feroit tout au plus la matière d'une injonction, si votre siége étoit en droit de lui en faire.

Les ratures et les interlignes qu'on a remarquées dans l'information et dans l'interrogatoire faits par l'assesseur, forment en apparence un objet plus considérable; mais cependant, comme elles ne renferment rien de suspect, et qu'elles ne tombent sur aucun endroit qui soit important, il y a eu trop de rigueur à déclarer la procédure nulle sur ce fondement. Ces ratures et ces interlignes ne sauroient être regardées que comme un vice de clerc que l'on a corrigé avec trop peu de précaution, et dont il auroit suffi de prévenir les suites par un simple avertissement.

Il n'y a aucune ordonnance qui défende aux juges de faire visiter les accusés en leur présence, pour savoir s'ils ont déjà essuyé une flétrissure : le rapport du chirurgien ne devient pas nul, parce qu'il se trouve inséré dans le procès-verbal et dans l'interrogatoire du juge; et, quoique cette forme de procéder ne soit pas ordinaire, on ne peut pas dire que sa singularité en opère la nullité.

Ainsi, je ne saurois trop recommander aux officiers du présidial de.........., auxquels je compte que vous communiquerez cette lettre, de ne pas multiplier arbitrairement les nullités, et de s'arrêter sur ce sujet aux dispositions écrites dans les ordonnances, édits et déclarations du roi, ou dans les arrêts de réglement; ils peuvent seulement, lorsqu'ils trouvent des irrégularités ou des singularités qui n'emportent point la nullité des procédures faites par les officiers de la maréchaussée, arrêter qu'il m'en sera rendu compte, afin que je puisse donner à ces officiers les ordres et les instructions qui leur seront nécessaires.

Du 18 juillet 1733.

LA question sur laquelle vous me consultez par votre lettre du 4 de ce mois, n'est pas susceptible de difficulté.

Le prévôt des maréchaux ne peut jamais être déclaré compétent, puisqu'il a été prévenu par le juge ordinaire du lieu du délit. La perquisition et le procès-verbal du brigadier de la maréchaussée, qui a fait quelques diligences, presque dans le même temps que le juge ordinaire, ne peuvent être ici d'aucune considération, parce qu'en matière criminelle, c'est à l'information et au décret qu'est attachée la prévention. Ainsi, le prévôt des maréchaux n'ayant ni informé ni décrété, et le juge ordinaire ayant fait non-seulement l'un et l'autre, mais ayant porté sa procédure jusqu'à rendre une sentence définitive par contumace, il n'est pas douteux que la prévention est ici toute entière du côté de ce juge.

Il reste de savoir pour quelle juridiction il doit être censé avoir prévenu, attendu que le jugement du crime, qui est l'objet de l'accusation, excède son pouvoir, et il y a deux principes certains sur cette question :

L'un, que le juge ordinaire ne prévient jamais pour le prévôt des maréchaux ;

L'autre, qu'il ne prévient que pour le juge ordinaire supérieur, qui a la connoissance des cas royaux ; et ce principe est pleinement renfermé dans les dispositions de l'article 16 du titre premier de l'ordonnance de 1670, de la déclaration du 29 mai 1702, et de l'article....... de la déclaration du 5 février 1731.

Ce n'est donc ici ni au prévôt des maréchaux, ni

au présidial, que la connoissance du crime doit appartenir, c'est au lieutenant-criminel et à la sénéchaussée;
mais, comme le juge ordinaire a fait plus qu'il ne devoit
et qu'il ne pouvoit, en ordonnant le récolement des
témoins et en rendant un jugement définitif, il faudra
que la sénéchaussée déclare ce récolement nul aussi
bien que ce qui l'a suivi, et ordonne que cette procédure sera refaite par le lieutenant-criminel, pour
procéder ensuite à la confrontation des témoins à
l'accusé.

Je vous ai déjà expliqué en une autre occasion les
mêmes principes que je viens de vous rappeler, et si
vous aviez relu ma lettre du 17 février dernier, vous
n'auriez pas eu besoin de recevoir de nouveau les
mêmes instructions sur cette matière.

Du 20 juillet 1733.

Si la commission que vous avez donnée au sieur
de........., dans le procès dont vous me parlez
par votre lettre du 10 de ce mois, ne lui donne que
le droit de faire l'instruction, il est sans difficulté
qu'il n'a pu décerner un décret par le défaut de pouvoir. Il est d'usage presque dans tous les siéges, que
les lieutenans-criminels décrètent seuls, comme plusieurs y ont été autorisés expressément par des arrêts
du parlement de Paris; mais c'est parce qu'ils ont
une juridiction propre, au lieu qu'un commissaire,
n'ayant qu'une juridiction déléguée, doit se renfermer
étroitement dans les termes de sa délégation, et à la
rigueur le décret n'est pas compris dans l'instruction;
il la précède au contraire et en est le fondement.
Ainsi, vous devez réformer ce qui a été mal fait en
votre absence, et donner un nouveau décret; ce qui
emportera aussi la nullité des procédures que votre
subdélégué peut avoir faites en conséquence de son
décret.

Du 12 *novembre* 1733.

LE sieur..........; prévôt-général en la maréchaussée de........., m'a envoyé un mémoire contenant plusieurs difficultés qui se sont formées entre
vous, les autres officiers de cette ville et lui, au sujet
d'un procès criminel qui a été jugé le 17 du mois de
septembre dernier.

Ces difficultés consistent à savoir si vous pouvez
assister aux jugemens de compétence qui regardent
le prévôt des maréchaux; si vous avez pu être rapporteur du procès qui donne lieu aux plaintes de cet
officier; enfin, si les épices des procès criminels doivent
être partagées entre le prévôt et les officiers de votre
siége; ensorte qu'il en appartienne la moitié au prévôt,
et l'autre moitié au présidial.

La première difficulté est décidée contre votre
prétention par l'article 7 du réglement rendu par le
roi le 30 septembre 1730, entre les officiers du présidial de Pamiers.

Le même arrêt de réglement fait tomber aussi la
seconde, puisqu'il est évident que si vous ne pouvez
être juge dans le cas dont il s'agit, vous pouvez encore
moins en être rapporteur.

La décision de la troisième, qui concerne le partage
des épices entre les officiers du présidial et le prévôt
des maréchaux, dépendroit beaucoup de l'usage qui a
été observé jusqu'à présent dans ce siége. Mais il y
a une question supérieure à examiner, qui consiste à
savoir si les épices qui font naître cette difficulté ont
pu être légitimement taxées.

C'est une question douteuse, de savoir si des accusés peuvent être condamnés aux dépens lorsqu'ils
n'ont point d'autre partie que le procureur du roi, et
la règle générale est que cette condamnation ne doit
pas avoir lieu, quoiqu'il y ait des parlemens où l'on
tolère un usage contraire. Mais ce qui n'est pas

douteux, c'est que les épices ne peuvent jamais être comprises, non plus que les droits et vacations des juges et des greffiers, dans les exécutoires qui se décernent contre la partie civile pour le paiement des frais des procès criminels, c'est la disposition précise de l'article 16 du tit. 25 de l'ordonnance de 1670. La même règle doit avoir lieu; à plus forte raison, en faveur des accusés, et encore plus, s'il est possible, lorsqu'ils ont été déchargés de l'accusation. Ainsi, la véritable solution de la difficulté qui s'est formée entre le présidial et le prévôt des maréchaux sur le partage des épices, est qu'il n'en est dû ni à l'un ni à l'autre en cette occasion.

Pour ce qui est du paraphe que le prévôt des maréchaux prétend que vous avez fait de deux pièces qui ne pouvoient servir qu'à faire juger si vous deviez être rapporteur ou non, la règle générale est qu'aucune pièce ne doit être paraphée que par le juge en qui réside le pouvoir de faire l'instruction, ou à qui ce pouvoir est délégué par une délibération du siège où le procès est pendant; ainsi, ce que vous avez fait dans l'occasion présente ne peut être regardé comme une procédure régulière. Mais, comme il ne s'agit point ici d'un paraphe qui puisse servir dans une instruction criminelle, et que c'est par un premier mouvement de vivacité que vous vous êtes porté à parapher ces pièces, seulement pour en connoître l'existence en cas qu'il se formât quelque contestation judiciaire sur ce sujet entre vous et les autres officiers du siége, je veux bien excuser ce que vous avez fait en cette occasion, et d'autant plus que vous n'aurez pas lieu de rien faire de semblable, puisque vous ne serez plus ni rapporteur ni juge des affaires où il s'agira de statuer sur la compétence du prévôt des maréchaux.

Du 21 novembre 1733.

Il est sans difficulté que la présence de l'assesseur n'est pas nécessaire dans les informations que les prévôts des maréchaux font avant le jugement de compétence. L'ordonnance de 1670 ne requiert cette présence que pour l'interrogatoire de l'accusé dans le cas marqué par l'article 12 du titre 2; et pour la confection du procès après les jugemens de compétence, l'article 28 de la dernière déclaration sur les cas prévôtaux n'a rien de contraire aux dispositions de l'ordonnance à cet égard; il ne fait qu'étendre aux accusations de duel ce qui avoit été réglé pour les autres cas, et l'on n'y a employé que les termes d'interrogatoire et d'instruction, sans y faire mention des informations qui précédent le jugement de compétence : il est vrai qu'il s'est glissé une erreur dans cet article qu'il faudra réformer incessamment ; mais elle ne regarde que les interrogatoires. Ainsi, le conseil d'Artois n'auroit pas dû omettre de faire mention de l'information que le prévôt des maréchaux a faite seul et sans assesseur avant le jugement de compétence, et cette information doit être regardée comme valable dans le cours de l'instruction, et lorsqu'il sera question de rendre le jugement définitif.

Du 28 novembre 1733.

J'ai reçu la lettre que vous m'avez écrite au sujet du meurtre qui a été commis en la personne du nommé Deshayes, habitant du lieu de Bazeilles.

Si ce malheureux avoit été tué au corps-de-garde, en voulant désarmer la sentinelle, ou un autre garde en faction, il auroit été bien tué, suivant les règles de la guerre, et le garde pourroit même n'avoir pas besoin de lettres de rémission; mais ceux qui sont accourus du corps-de-garde dans un cabaret, ne s'étant pas contentés d'appaiser le bruit, et ayant non-seulement couru mal à propos après de jeunes gens qui s'enfuyoient, mais ayant tiré encore plus mal à propos au travers de la porte de la maison où les jeunes gens s'étoient réfugiés, le lieutenant-criminel de Sédan a pu prendre connoissance du fait qui ne sauroit plus être regardé comme militaire; et la seule ressource qui reste aux accusés est d'avoir recours à la clémence du roi, pour obtenir des lettres de rémission, qui pourront souffrir quelque difficulté, par les mêmes raisons qui rendent le fait de la compétence du juge ordinaire.

Du 9 *février* 1734.

J'ai reçu la lettre que vous m'avez écrite au sujet du sieur..........., assesseur en la maréchaussée de.......... L'édit du mois de décembre 1594, par lequel les charges d'assesseur des prévôts des maréchaux ont été créées, attribue expressément à ces officiers la séance aux présidiaux, avec voix délibérative dans les affaires des maréchaussées; aucune loi postérieure n'a dérogé à cet édit : il y a plusieurs arrêts de réglement qui en ordonnent l'exécution dans le point dont il s'agit, et l'ordonnance même de 1670 a supposé que les assesseurs des prévôts des maréchaux étoient juges des affaires prévôtales, puisqu'elle ordonne dans l'article 16 du titre 2, que les récusations qui seront proposées contre les assesseurs avant la sentence de compétence, seront jugées au rapport d'un officier du présidial; ainsi, la prétention que vous avez contre l'assesseur du prévôt des maréchaux de.......... est entièrement insoutenable.

Ne faites donc plus difficulté de l'admettre à exercer les fonctions de sa charge, c'est-à-dire, à entrer dans votre siége, à y prendre séance après le dernier des conseillers, avec voix délibérative dans les affaires qui sont instruites par le prévôt des maréchaux.

Du 21 mai 1734.

Je suis étonné que MM. les officiers du conseil supérieur de.......... fassent difficulté d'ordonner à leur greffier d'insérer dans les copies des jugémens de compétence qu'il délivre aux procureurs du roi des maréchaussées, la mention de la prononciation qu'il est tenu d'en faire dans les prisons aux accusés, conformément à l'article 3 de la nouvelle déclaration.

Cet article porte que le greffier satisfera à cette formalité, à peine de nullité. Il résulte de cette disposition que si la prononciation n'avoit pas été faite, le jugement de compétence, ensemble tout ce qui s'en seroit suivi, seroit nul.

Il est donc nécessaire que l'officier de la maréchaussée qui doit continuer l'instruction, soit instruit juridiquement que l'on s'est conformé à la loi. D'ailleurs les juges qui doivent procéder au jugement définitif ne peuvent se dispenser d'examiner si la procédure est en règle, et ils ne manqueroient pas d'objecter que le jugement de compétence n'a pas été prononcé à l'accusé, ce qui les engageroit à annuler la procédure qui, quoique bonne en elle-même, paroîtroit vicieuse par la faute du greffier.

J'ajouterai une troisième observation qui est décisive, c'est que le greffier doit fournir aux procureurs du roi des maréchaussées des copies des jugemens de compétence, revêtues de toutes leurs formes, qui soient conformes aux minutes : or, s'il retranchoit la mention de la prononciation qu'il est tenu d'en faire et d'insérer au bas des minutes, il est sans difficulté que les copies qu'il délivreroit ne seroient pas fidelles.

Je ne vois rien d'ailleurs dans tout cela qui inté-resse en aucune manière l'honneur et la dignité du conseil de......... Il n'est jamais venu dans l'es-prit de personne qu'il ne fût pas honorable à un tri-bunal que l'on fît mention de la prononciation ou de la signification de ses jugemens : j'avoue que j'ai de la peine à comprendre quelle peut être votre délicatesse sur ce point.

Obligez donc le greffier du conseil supérieur à observer exactement une formalité qui est essentielle, et jugée telle par une déclaration concertée avec ce conseil même. Il est en vérité fort bizarre qu'un greffier s'imagine qu'il lui soit permis de délivrer des expéditions qui ne représentent pas la minute exac-tement et parfaitement.

Du 1.er juin 1734.

Je viens d'apprendre que vous avez refusé de pro-céder à un jugement prévôtal, sous prétexte qu'il n'y avoit que six conseillers, quoique ces six conseillers, avec le lieutenant et l'assesseur de la maréchaussée, formassent le nombre de huit juges.

Je ne puis concevoir quelle peut être la raison de votre refus, surtout après la lettre par laquelle je vous écrivis dans le mois de février dernier, que l'assesseur devoit avoir rang, séance et voix délibé-rative au présidial, lors des jugemens qui se rendent pour des cas prévôtaux. Il formoit donc, dans le cas présent, un septième juge gradué avec les six conseil-lers au présidial, et le lieutenant de la maréchaussée, qui devoit assister aussi au procès du nommé.......; y en ajoutoit un huitième ; et il est fort extraordi-naire, après cela, que vous ayez retardé l'expédition d'un procès criminel par un incident si mal placé en toutes manières. On prétend aussi que les rap-porteurs gardent souvent des mois entiers les procé-dures dont ils sont chargés de faire le rapport pour

parvenir aux jugemens de compétence, c'est une négligence qui n'est pas excusable : un jugement de
compétence ne peut être trop prompt, et le temps
de trois jours après que les procédures ont été dis-
tribuées à un conseiller est plus que suffisant pour
le mettre en état d'en faire son rapport à la chambre.
Vous aurez donc soin d'ordonner au greffier de votre
siège de marquer sur le registre des dépôts le jour
que les procédures auront été apportées, et le jour
qu'elles auront été mises entre les mains du rapporteur qui s'en doit charger, afin que le procureur du
roi envoie à M............ l'extrait de ces deux endroits du registre, en lui adressant la copie du jugement de compétence, et que je puisse juger par là si
vous vous serez conformé exactement à ce que je
viens de vous marquer ; vous me rendrez compte
au surplus de ce qui regarde le premier article de
cette lettre.

Du 1.er juin 1734.

Le procureur du roi en la sénéchaussée de......
a envoyé à M.......... la copie du jugement de
compétence intervenu en ce siége contre plusieurs
particuliers accusés de fabrication et d'exposition de
fausse monnoie, et il lui a écrit en même temps
que........., l'un des coupables, avoit déclaré au
lieutenant-criminel, lors de l'interrogatoire que cet
officier lui a fait subir, qu'il avoit des secrets importans à révéler, et qui intéressoient le bien de l'état,
mais qu'il ne vouloit les déclarer qu'à Sa Majesté
seule.

Quoiqu'il y ait grande apparence que..........
n'a eu pour objet que de tâcher de retarder son
jugement, cependant comme il s'agit d'exposition et
de fabrication de fausse monnoie, et qu'il ne seroit
pas absolument impossible que cet accusé ne donnât
des avis dont on pourroit se servir utilement pour

8 *

arrêter le cours d'un genre de crime qui devient trop commun, le roi m'ordonne de vous mander que vous vous transportiez à......, le plus tôt qu'il vous sera possible, pour recevoir, par ordre de Sa Majesté, les déclarations que......... voudra faire, et vous me rendrez compte sur-le-champ de ce qu'il vous aura dit, afin que l'on puisse voir promptement l'usage qu'il conviendra d'en faire.

Cet accusé paroît avoir écrit à Sa Majesté une lettre qui a été déposée au greffe du présidial; vous me l'enverrez en même temps, si elle est cachetée, sinon il suffira que vous en fassiez faire une copie que vous m'adresserez.

Du 1.er juin 1734.

Je vous envoie un arrêt rendu du propre mouvement du roi, par lequel Sa Majesté attribue au parlement de.......... la connoissance d'un incendie arrivé chez le sieur......, la nuit de Noël dernier.

Comme ces sortes de crimes deviennent fort fréquens dans.........., vous tiendrez la main à ce que le juge qui sera commis sur les lieux pour faire l'instruction y travaille avec le plus d'exactitude et de diligence qu'il sera possible.

L'on m'a mandé qu'il s'étoit commis dans cette province, depuis quelques années, différens incendies qui n'ont été suivis d'aucune procédure; ainsi, il est nécessaire que vous en écriviez à vos substituts pour vous en rendre compte, et pour leur recommander de remplir leur devoir avec plus de vigilance qu'ils ne l'ont fait par le passé.

Du 1.er juin 1734.

COMME l'incendie n'est ni cas royal ni cas prévôtal, je n'ai pu me déterminer à donner au lieutenant de la maréchaussée un arrêt pour connoître de celui qui est arrivé chez le sieur............, la nuit de Noël.

Mais la négligence des juges ordinaires qui n'ont fait aucune procédure dans cette occasion, et la nécessité de faire un prompt exemple dans un pays où le genre de crime dont il s'agit commence à devenir fréquent, m'ont porté à renvoyer au parlement de.......... la connoissance de cette affaire criminelle.

Le parti que je prends fera presque le même effet que ce que vous aviez proposé, et empêchera les plaintes que le parlement de.......... auroit pu faire, si l'on avoit dépouillé les juges ordinaires d'un crime dont ils auroient connu, à la charge de l'appel en ce parlement.

Du 6 juin 1734.

M.......... enverra incessamment au procureur du roi de votre siége un arrêt du conseil qui, en cassant un jugement en dernier ressort, intervenu au présidial de.......... contre le nommé.........., ordonne qu'il sera procédé de nouveau, en votre siége, au jugement du procès de cet accusé.

Vous connoîtrez par la lecture de cet arrêt, et surtout par les injonctions qu'il renferme, quelle est la faute des officiers du présidial de.......... qui a obligé le conseil à casser leur jugement; ainsi, je n'ai pas besoin de vous avertir de ne pas tomber dans un pareil inconvénient, et d'avoir soin de vous conformer à la disposition de l'article 19 de la déclaration du 5 février

1731 , en marquant précisément de quels crimes vous
déclarerez l'accusé convaincu, et en ne le jugeant
qu'à la charge de l'appel, si les crimes que vous trouverez suffisamment prouvés, ne sont pas du nombre
des cas prévôtaux par leur nature.

Comme il seroit contre l'équité qu'un simple défaut
de formalité qui a donné lieu à la cassation du jugement rendu au présidial de........ exposât l'accusé
à être condamné à de plus grandes peines, vous ne
devez pas porter votre sévérité plus loin que celle des
officiers de ce présidial, en cas que le nommé......
vous paroisse coupable des crimes dont il est accusé.

Au surplus, vous ne sauriez apporter trop de diligence pour faire finir cette affaire, et vous devez
procéder au jugement de ce procès, toutes autres
affaires cessantes.

Du 5 juillet 1734.

M............ m'a rendu compte du jugement
par lequel vous avez déclaré le prévôt des maréchaux
incompétent pour faire le procès au nommé.........
qui étoit accusé d'avoir commis un vol avec effraction
extérieure.

Le motif qui vous a déterminé à rendre ce jugement, est tiré de ce que le procès-verbal d'effraction avoit été dressé par le lieutenant de la maréchaussée de.......... hors de son ressort, et il est
sans difficulté, que cette raison devoit vous porter à
casser ce procès-verbal ; mais il ne falloit pas en demeurer là, et il étoit nécessaire de pourvoir à la
manière de faire le procès à l'accusé.

Pour m'expliquer plus clairement sur ce sujet, je
dois vous dire, qu'à la vérité, le lieutenant de la
maréchaussée de............ avoit agi incompétemment, parce qu'il avoit procédé hors de son département ; mais, si cet officier n'étoit pas compétent,
il ne s'ensuit pas de là que la juridiction prévôtale

en général fût incompétente pour connoître du crime dont il s'agit ; le lieutenant qui a instrumenté hors de son territoire, n'a pu préjudicier par là au prévôt des maréchaux du lieu où le procès-verbal a été dressé.

Ainsi, en déclarant ce procès-verbal nul et incompétemment fait, vous deviez ordonner qu'avant faire droit sur le fond de la compétence, par rapport à la juridiction prévôtale, le corps du délit seroit constaté par un nouveau procès-verbal qui seroit dressé par l'officier de la maréchaussée, dans le département duquel le vol avoit été commis.

Telle est la règle que vous devez suivre, lorsque s'agissant d'un cas prévôtal, soit par la qualité des accusés, ou par la nature du crime, il se trouve néanmoins un défaut personnel de pouvoir dans l'officier qui a fait la procédure ou un vice de forme qui suffit pour la rendre nulle.

Il n'en est pas de même, lorsqu'il est question de crimes qui ne sont pas prévôtaux, ou dans le cas de concurrence avec d'autres juges dans lesquels, suivant les ordonnances, et principalement suivant la déclaration du 5 février 1731, la préférence doit être adjugée aux présidiaux, baillis et sénéchaux, ou autres jugés ordinaires, à l'exclusion des prévôts des maréchaux.

Vous pouvez et vous devez, dans ces différens cas, déclarer les prévôts des maréchaux incompétens, en renvoyant le procès aux juges qui en doivent connoître ; mais tout ce que ces officiers ont fait avant ce jugement de compétence, doit subsister ; parce que, suivant la déclaration du 5 février 1731, ils ont le pouvoir d'informer, de décréter, d'arrêter même les accusés de toutes sortes de crimes, et de les interroger.

Si leur procédure ne se trouve pas bonne, suivant l'ordonnance, il suffit dans ce cas que vous mettiez cette réserve dans votre jugement, sauf à être statué par le siége auquel le procès est renvoyé sur la validité ou la nullité de la procédure ; c'est au moins la règle que vous devez suivre par provision jusqu'à ce que le roi se soit expliqué sur cette difficulté qui n'a pas été prévue par les ordonnances.

Je n'ai pas besoin d'ajouter ici, qu'il faut toujours ordonner l'envoi ou la remise de la procédure entière au greffe du siége où l'affaire est renvoyée.

Du 7 juillet 1734.

J'AI examiné la copie que vous m'avez envoyée de la dénonciation du nommé.............qui prétend que........., cavalier de la maréchaussée, qui l'avoit arrêté, l'a volé en chemin.

Quoique les faits dont il s'agit soient très-graves, le parlement n'a pu néanmoins commettre le lieute-nant-criminel de....... pour en informer, puisque la connoissance des fautes, abus et malversations que les officiers et archers de la maréchaussée sont accusés d'avoir commis dans l'exercice de leurs fonctions, appartient au siége de la connétablie, suivant la disposition des ordonnances.

Il est vrai que vous pouvez, et vous devez même veiller sur la conduite des officiers et archers de la maréchaussée; mais, lorsque vous apprenez qu'ils se sont écartés de leur devoir, il faut que vous m'en rendiez compte, afin que je donne les ordres néces-saires pour les faire punir.

Il seroit donc de la règle de casser l'arrêt qui est intervenu en la tournelle, sur vos conclusions; ce-pendant, comme vous me marquez qu'il n'a point encore été envoyé sur les lieux, je veux bien l'ignorer, à condition qu'il n'en sera fait aucun usage, et que vous m'enverrez la dénonciation en forme qui a été faite par.........

Je la ferai remettre au procureur du roi du siége de la connétablie, afin qu'il fasse la poursuite de cette affaire.

Du 8 juillet 1734.

Par l'examen que j'ai fait des procédures criminelles sur lesquelles le sieur.......... a été condamné, j'ai reconnu que le présidial de..........
a eu tort de se déclarer compétent pour instruire le
procès en dernier ressort, puisqu'il ne s'agissoit que
d'un meurtre.

Le présidial n'auroit pas été plus en droit de se
réserver la connoissance de cette affaire, s'il avoit été
réellement question d'un assassinat prémédité, ce
genre de crime n'étant plus du nombre des cas prévôtaux, suivant la déclaration du cinq février 1731;
ainsi, le jugement de compétence, et tout ce qui s'en
est ensuivi, est absolument nul.

Mais quelqu'irrégulier qu'il soit, le sieur.......,
ne peut être écouté qu'il ne soit mis en état; et s'il
est assez hardi pour se constituer prisonnier, le présidial doit statuer de nouveau sur la compétence, et
renvoyer cette accusation criminelle en la sénéchaussée
de....... pour y être jugée, à la charge de l'appel.

Si l'accusé veut se servir alors pour défenses des
lettres qu'il prétend avoir obtenues de M. l'évêque
de......., vous vous adresserez à M. le procureur-
général au parlement de........., à qui j'ai écrit
par ordre du roi, comme à tous les autres procureurs-
généraux, pour leur marquer les règles qu'ils doivent
suivre dans des cas semblables, c'est-à-dire, à l'égard
de ceux qui ont obtenu des grâces à l'entrée de cet
évêque; vous ne ferez rien sur ce sujet, jusqu'à ce
que le substitut de M. le procureur-général ait reçu
de lui les ordres ou les instructions qu'il lui enverra,
suivant celles qu'il a reçues de moi.

Du 12 *juillet* 1734.

M. .... m'a rendu compte d'un acte que vous avez fait signifier aux officiers de la maréchaussée, par lequel vous les avez sommés de délaisser à la sénéchaussée de .... la connoissance d'un vol commis avec effraction extérieure par ...., qui est en prison dès l'année 1728, et dont le procès est depuis plus d'un an entre les mains du sieur de ....; qui a refusé jusqu'à présent d'en faire le rapport.

Vous prétendez que, comme l'accusé a été décrété de prise de corps en l'année 1713, pour un vol de bestiaux, par le juge de ...., qui n'a fait aucune autre procédure, le prévôt ne peut lui faire le procès par rapport à un vol avec effraction qu'il a commis depuis, ce qui est conforme, suivant vous, à la disposition de l'article 17 de la déclaration du cinq février 1731.

Pour raisonner de cette manière, il faudroit que vous ignorassiez les premiers principes des matières criminelles, suivant lesquels il seroit absurde de prétendre qu'un crime qui est prescrit par le laps de vingt années, et qui ne peut par conséquent donner lieu à aucune condamnation, quand même la preuve s'en trouveroit complète, puisse néanmoins faire priver le prévôt de la connoissance d'un crime nouveau qui est de sa compétence.

C'est à vous de voir comment vous pourrez rectifier votre conduite en cette occasion; elle est d'autant plus suspecte, qu'il paroît qu'on diffère depuis long-temps, sous de vains prétextes, de juger cet accusé, qu'il est à craindre qu'on ne veuille épargner.

Ne manquez donc pas de me rendre compte au plus tôt d'un procédé qui paroît si extraordinaire, et je jugerai, par votre lettre, s'il ne sera pas nécessaire d'aller plus loin à votre égard.

Du 24 juillet 1734.

M. . . . . m'a rendu compte d'une lettre qui lui a été écrite par l'assesseur de la maréchaussée de votre ville, où il lui mande que vous ne croyez point pouvoir, sans un ordre de moi, casser les procédures, que le prévôt de la maréchaussée a faites avec un conseiller qu'il a pris pour assesseur, et qu'il n'a point fait commettre par le président de votre siége.

Il est sans difficulté que ces procédures sont absolument nulles, puisqu'il est décidé par les art. 22 du tit. 2 de l'ordonnance de 1670, et 28 de la déclaration du 5 février 1731, que le prévôt des maréchaux doit s'adresser au président du siége où le procès s'instruit, afin de faire commettre un conseiller de ce siége ou un officier de robe longue, pour faire les fonctions d'assesseur, en cas d'absence de celui de la maréchaussée; ce qui doit avoir lieu aussi lorsque l'assesseur de la maréchaussée est malade, ou qu'il refuse d'assister le prévôt.

Vous devez donc casser au plus tôt les procédures dont il s'agit; mais comme le prévôt s'est fondé, pour en user ainsi qu'il a fait, sur la déclaration du 20 mars 1720, et à laquelle il n'a pas fait attention que celle du 5 février avoit dérogé, cette légère inadvertance n'empêche pas qu'il ne puisse être chargé lui-même de recommencer les procédures que vous aurez déclarées nulles; et je ne doute pas qu'à l'avenir, il ne se conforme aux dispositions des ordonnances qui regardent la matière présente.

Du 24 juillet 1734.

J'AI fait mander au prévôt de la maréchaussée de. . . . . , de se conformer exactement à l'arrêt intervenu contre lui au parlement de . . . . , et je ne doute pas qu'il n'y satisfasse incessamment, s'il ne l'a déjà fait.

Au surplus, il est vrai que les prévôts des maréchaux sont obligés d'exécuter les ordres qu'ils reçoivent des parlemens pour prêter main-forte, soit en matière criminelle ou en matière civile; mais il ne s'ensuit pas de là que, lorsque ces officiers commettent quelques fautes dans les fonctions de leurs charges, tous les parlemens aient l'autorité de leur faire le procès.

Ils ne sont sommés à cet égard, qu'aux officiers du siége de la connétablie, et en cas d'appel au parlement de ...., suivant la disposition de plusieurs ordonnances, édits et déclarations du roi; et cette disposition a tous les jours son effet, lorsque les juges ordinaires ou des parlemens même entreprennent de recevoir une accusation contre un officier ou un cavalier de la maréchaussée qui s'est rendu coupable dans l'exercice de ses fonctions; le roi ordonne en ce cas, que le procès sera instruit par les officiers du siége de la connétablie, sans s'arrêter aux procédures qui pourroient avoir été faites par d'autres juges.

Du 3 août 1734.

Par la réponse que vous avez faite à la lettre que je vous ai écrite le cinq du mois dernier, je vois qu'outre la nullité dont vous avez fait mention dans le jugement de compétence que vous avez rendu dans l'affaire de ...., vous prétendez qu'il y en avoit encore une seconde.

Elle consiste, suivant vous, en ce que le lieutenant de la maréchaussée de .... n'a point pris des experts pour constater l'effraction que cet accusé avoit commise.

Je ne sais sur quel fondement vous prétendez qu'un juge soit dans l'obligation de se servir d'experts dans ce cas ; et c'est peut-être la première fois qu'on ait avancé une pareille proposition.

Comme il ne faut avoir que des yeux pour dresser un procès-verbal de cette espèce, le juge peut le faire, sans appeler des experts, et en cas qu'il y ait quelques circonstances dont on ne puisse bien juger que par l'avis des maçons, des charpentiers, ou des fermiers, ce qui est assez difficile à imaginer, il dépend de la prudence du juge de faire visiter les lieux par ceux qu'il juge à propos de commettre à cet effet.

Au reste, puisque .... s'est trouvé impliqué dans une accusation poursuivie en votre siége, le procureur du roi a bien fait de s'adresser à M. le procureur-général au parlement de ...., pour obtenir un arrêt qui attribue, à votre siége, la connoissance du vol fait avec effraction extérieure hors du ressort de votre bailliage, conformément à ce qui est porté par l'article 17 de la déclaration du 5 février 1731.

Du 26 août 1734.

LA difficulté que vous me proposez par votre lettre, consiste à savoir si la procédure qui a été faite contre différens particuliers accusés de fabrication et d'exposition de fausse monnoie, doit être cassée, parce que le procès-verbal de capture des nommés............, au bas duquel est le réquisitoire du procureur du roi en la maréchaussée, ne se trouve pas signé en toutes ses pages par cet officier.

Il ne peut y avoir de doute dans cette affaire ; un procès-verbal de capture n'est que le récit de ce qui s'est passé lorsque des accusés ont été arrêtés, soit à la clameur publique, ou autrement, et il ne peut être signé que par ceux qui y ont été présens ; il n'est donc pas assujetti aux mêmes formalités que les plaintes; et cela n'empêche pas que lorsqu'il énonce, comme dans le cas présent, le genre de crime pour lequel des accusés ont été arrêtés en flagrant délit, le procureur du roi ne soit en droit de requérir qu'il soit informé des faits qui y sont contenus. Ses conclusions en ce cas tiennent lieu de plainte; et il n'est pas nécessaire que les faits dont il faut informer y soient expliqués en détail, parce qu'elles sont relatives au procès-verbal qui contient ces faits.

C'est ainsi qu'on en use tous les jours dans les procès-verbaux de rébellion, au bas desquels les procureurs du roi requièrent qu'il soit informé des faits qu'ils énoncent. La seule chose qu'on doit observer dans les affaires qui s'engagent de cette manière, c'est qu'avant que d'entendre les témoins, il faut leur faire lecture du procès-verbal qui prend à cette égard la place de la plainte, parce qu'il leur fait connoître la nature du fait sur lequel ils doivent déposer.

Ainsi, supposé qu'il n'y ait point d'autre difficulté qui ait suspendu votre jugement, rien ne doit vous empêcher de le rendre incessamment tel qu'il appartiendra sur le fond de l'accusation.

Du 27 août 1734.

M..........m'a rendu compte d'une lettre que le sieur..........lui a écrite pour lui mander qu'il n'a pu encore faire statuer sur sa compétence au sujet du sieur..........., parce que les lettres de grâce que cet accusé a obtenues de M. l'évêque de..........vous paroissent être un obstacle par-dessus lequel vous ne croyez pas devoir passer sans des ordres précis.

Cet obstacle est bien aisé à lever; vous devez ignorer des lettres qui n'ont été obtenues que par surprise, et procéder par conséquent au jugement de compétence, comme si l'accusé n'avoit pas pris une voie qui ne peut lui être utile et dont vous ne devez faire aucune mention.

Du 19 septembre 1734.

Vous avez bien fait de déférer à la proposition que M.......... vous a faite de différer le jugement de compétence dans l'affaire du sieur............ jusqu'après les interrogatoires de ceux qui ont été arrêtés depuis peu au château de............; vous verrez par ces interrogatoires, s'il y a connexité entre les crimes dont ils sont soupçonnés ; et ceux dont le sieur............ est accusé.

Au surplus, je ne vois pas sur quoi peut être fondée l'inquiétude que vous a donnée le mémoire qui a été envoyé par M. le procureur-général au prévôt des maréchaux. Il est conforme aux instructions que je lui ai adressées par ordre du roi sur les grâces accordées par M. l'évêque de............

Il est sans difficulté que, lorsqu'il s'agit d'un crime rémissible, les juges doivent examiner si les lettres de l'évêque de............ sont obreptices ou subreptices par la fausseté de l'exposé, et c'est ce qui a lieu à l'égard de toutes sortes de lettres de rémission, même de celles qui sont accordées par le roi ; mais vous n'êtes point ici dans le cas où cet examen est nécessaire, parce que le crime dont le sieur...... est accusé, n'est pas rémissible ; et vous aurez vu, sans doute, par le mémoire de M. le procureur-général, que l'intention du roi est, qu'en ce cas on n'ait aucun égard aux lettres de rémission surprises de M. l'évêque de............

Rien ne doit donc retarder plus long-temps le jugement de compétence qu'il s'agit de rendre ; et vous avez raison de croire que le sieur............ étant gentilhomme, le prévôt des maréchaux ne peut être déclaré compétent à son égard, selon la déclaration de 1731, suivant laquelle le jugement doit être rendu, sans qu'il soit nécessaire pour cela de donner un effet rétroactif à cette déclaration, puisque le jugement que vous prononcerez y sera postérieur, et que le premier jugement qui a été rendu sur ce sujet, en l'absence du sieur..........., ne subsiste plus depuis sa capture, suivant l'édit de 1680.

Mais les jugemens qui regardent ses complices, ayant été rendus et exécutés dans un temps où le prévôt des maréchaux étoit compétent, sont entièrement hors d'atteinte, et irrévocables dans le droit comme dans le fait; il n'y a donc point de conséquences à tirer contre ces jugemens de ce qui se passera à l'égard du sieur...........; et le doute que vous voulez former à cet égard, n'est pas fondé sur des raisons plus solides que votre prétendue inquiétude sur le mémoire de M. le procureur-général.

A l'égard des nouveaux accusés qui ont été arrêtés, s'il s'en trouve qui aient été complices du sieur.... dans les crimes dont il est accusé, ce qui sera jugé par rapport à lui sur la compétence ou l'incompétence du prévôt des maréchaux, décidera aussi du tribunal où le procès leur sera fait; et pour ceux qui ne se trouveront point ses complices, ce sera à vous après avoir vu les procédures criminelles, de statuer sur la compétence du prévôt des maréchaux à leur égard, ainsi que vous croirez le devoir faire, suivant les règles de la justice.

Du 21 septembre 1734.

La seconde lettre que vous m'avez écrite n'ajoute rien à la première que j'ai reçue de vous au sujet de la procédure que vous avez commencée contre.... Il paroît constant que, le 11 août dernier, les cavaliers de la maréchaussée de............ sont allés arrêter ce particulier dans le bourg et paroisse de....;

qu'ils l'ont conduit dans les prisons de............,
où ils l'ont écroué à la requête du procureur du roi
de la maréchaussée; qu'ils ont déposé au greffe de
la maréchaussée leur procès-verbal de capture, et les
effets qu'ils avoient trouvés sur l'accusé; que comme
le lieutenant de la maréchaussée étoit obligé de
monter à cheval avec ses brigades, pour aller au-
devant de M. le premier président, il pria l'assesseur
de la maréchaussée d'aller faire subir l'interrogatoire
à............, ce qu'il fit sur-le-champ, et que vous
ne lui fîtes subir un nouvel interrogatoire que postérieurement.

Il résulte de ces faits que le prévôt des maréchaux
a connu de cette accusation criminelle avant vous.

Il est vrai que l'article 9 de la déclaration du 5
février 1731 adjuge la préférence aux juges présidiaux, lorsqu'ils auront informé et décrété avant le
prévôt des maréchaux ou le même jour; mais cet
article ne doit s'entendre que lorsqu'il s'agit d'une
accusation qui a été également poursuivie, d'un côté,
par-devant les juges présidiaux, et de l'autre, par-
devant le prévôt des maréchaux, ou le même jour.
Vous n'êtes point dans ce cas, puisque, de votre
part, vous n'avez rien fait contre le nommé.......,
et vous avez seulement voulu profiter de la capture
que les officiers de la maréchaussée avoient faite
pour vous approprier le fruit de leur diligence. Si
votre prétention avoit lieu, il en résulteroit que vous
préviendriez toujours les officiers de la maréchaussée,
puisqu'étant maître des prisons, vous auriez soin
d'ordonner aux geoliers de vous avertir dès qu'il arriveroit un prisonnier arrêté par la maréchaussée,
en flagrant délit ou à la clameur publique; et, décrétant sur-le-champ, sans avoir fait aucune procédure de votre part, vous vous mettriez en état de
pouvoir dire que vous avez décrété ou avant le prévôt, ou le même jour.

La démarche que vous avez faite en vous pressant
d'interroger......... étoit donc prématurée et suspecte d'une affectation à vous rendre maître de cette

affaire que je ne saurois autoriser. Mais outre l'inutilité et la nullité de votre procédure, elle a un autre
défaut qui est encore plus considérable, et qui consiste en ce que vous avez fait juger votre compétence
sans avoir prononcé aucun décret contre l'accusé, ce
qui est une suite de la précipitation avec laquelle
vous avez procédé en cette occasion.

Toutes ces nullités ont donc porté le roi à casser
les procédures que vous avez faites; et, comme la
connoissance de cette accusation criminelle devoit
appartenir au prévôt des maréchaux, Sa Majesté la
lui a renvoyée par l'arrêt qu'elle a fait rendre dans
son conseil, et que M.........doit à présent vous
avoir fait signifier.

Vous y déférez sans doute, comme vous le devez;
mais cela ne suffira pas pour effacer l'impression que
votre conduite dans cette affaire a faite sur mon esprit,
et c'est à quoi vous ne pourrez parvenir que par
votre attention à profiter dans la suite des instructions
que vous m'avez obligé de vous donner.

<hr>

Du 21 septembre 1734.

M.........m'a rendu compte d'un jugement
rendu le 7 août dernier, par lequel vous avez déclaré le prévôt des maréchaux compétent pour faire
le procès à........., attendu qu'il étoit soldat de
milice lorsqu'il fut décrété de prise de corps.

Ce jugement est contraire à la disposition de l'article 3 de la déclaration du 5 février 1731, qui est
entièrement conforme à l'art. 12 du titre 1.er de
l'ordonnance de 1670, et qui ne concerne que les
crimes commis par les gens de guerre, tant dans leur
marche que dans les lieux d'étape, d'assemblée ou de
séjour pendant leur marche, et ne peut s'appliquer à
ceux que les gens de guerre commettent dans les gar-
nisons, quartiers d'hiver ou autres endroits.

La contravention à la loi que ce jugement renferme

auroit porté le roi à le casser, ainsi que Sa Majesté l'a déjà fait plusieurs fois à l'égard des jugemens intervenus dans un cas pareil, et notamment le 5 avril 1734, comme vous le verrez par l'arrêt du conseil dont je vous envoie une copie.

Mais comme, dans le nombre des crimes que..... est accusé d'avoir commis, il se trouve un vol de grand chemin par rapport auquel vous auriez dû déclarer le prévôt des maréchaux compétent, Sa Majesté a jugé à propos de faire rendre en son conseil un arrêt pour lui attribuer la connoissance de tous les crimes dont est question.

Au surplus, ayez soin de vous conformer à l'avenir à la disposition des articles de l'ordonnance de 1670, et de la déclaration de 1731, qui regardent la matière présente.

Du   novembre 1734.

J'ai reçu la lettre que vous m'avez écrite pour me rendre compte de la difficulté qui s'est formée entre le lieutenant-criminel de votre siége et le prévôt des maréchaux, à l'occasion du procès du nommé......, faux-monnoyeur, qui a été arrêté par la maréchaussée le 5 du mois dernier, et qui a été conduit le 7 dans les prisons de Besançon.

Pour résoudre cette difficulté, il ne faut que bien entendre l'article 5 de la déclaration du 5 février 1731, dont vous réclamez l'autorité.

Il est vrai que cet article adjuge la préférence aux baillis ou sénéchaux, lorsqu'ils auront informé et décrété avant le prévôt des maréchaux, ou le même jour; mais il faut pour cela qu'il s'agisse d'une accusation qui ait été également poursuivie, d'un côté, par-devant les baillis ou sénéchaux, et, de l'autre, par-devant le prévôt des maréchaux; vous n'êtes nullement dans ce cas, puisque de votre part vous

9*

n'avez rien fait contre le nommé........avant qu'il ait été arrêté, et vous avez seulement voulu profiter de la capture que les officiers de la maréchaussée avoient faite, pour vous approprier le fruit de leur diligence.

Si votre prétention avoit lieu, il en résulteroit que vous préviendriez toujours les officiers de la maréchaussée, puisque dès que vous auriez connoissance d'un particulier arrêté en flagrant délit, ou à la clameur publique, et que l'on seroit obligé de faire passer par votre ville pour le conduire à Besançon, vous auriez soin de rendre sur-le-champ une plainte que vous feriez suivre d'une information et d'un décret, et par là vous vous mettriez en état de pouvoir dire que le lieutenant-criminel auroit décrété avant le prévôt des maréchaux.

Comme une pareille prétention ne doit pas être autorisée par le roi, Sa Majesté a pris le parti de rendre un arrêt, par lequel elle renvoie au prévôt des maréchaux le procès du nommé........., et cet arrêt vous sera signifié incessamment.

Vous y déférerez sans doute comme vous le devez; mais si vous voulez effacer l'impression que cette affaire peut laisser dans mon esprit, attachez-vous dorénavant à mériter la préférence sur le prévôt des maréchaux, par une véritable diligence, et non pas par une affectation défavorable à vouloir profiter du travail d'autrui.

Du 21 *février* 1735.

La lettre que vous m'avez écrite le 10 du mois de janvier dernier, pour vous plaindre du prévôt-général de la maréchaussée de.......... a deux objets : le premier concerne l'élargissement des nommés.........., qui a été prononcé par cet officier seul, sans avoir pris l'avis de votre présidial;

le second est fondé sur ce que cet officier n'a pas fait signifier sur-le-champ au nommé.......... le jugement de compétence intervenu contre lui.

Quant au premier objet, il n'est pas douteux qu'après les vingt-quatre heures de capture les prévôts des maréchaux ne peuvent faire élargir un prisonnier sans l'avis du présidial dans le ressort duquel il a été arrêté, et j'aurai soin de mander au prévôt-général de la maréchaussée de........., de se conformer exactement à la disposition des ordonnances à cet égard; mais comme la capture des particuliers dont il s'agit n'avoit pas été faite dans l'étendue de votre présidial, il est singulier que vous ayez osé critiquer ce que cet officier a fait dans cette occasion, et vous deviez bien juger que quand je serois informé des véritables circonstances de l'affaire, je ne balancerois pas à désapprouver votre procédé.

Pour ce qui est du second objet de votre lettre, s'il y a de la faute, c'est à votre siége seul qu'elle doit être imputée.

La règle est que l'expédition des jugemens de compétence soit remise au plus tard dans les vingt-quatre heures au prévôt des maréchaux, ou au procureur du roi en la maréchaussée, qui doit ensuite faire signifier ce jugement à l'accusé.

Il n'y a point d'inconvénient que cette signification soit faite par un huissier de votre siége, quoiqu'elle ne dût pas être regardée comme nulle, si elle étoit faite par un cavalier de la maréchaussée; et si vous désirez que l'on conserve votre usage sur ce point, vous devez, d'un côté, obliger votre greffier à délivrer sur-le-champ au procureur du roi en la maréchaussée, ou au prévôt, ou à son lieutenant, l'expédition des jugemens de compétence; et, de l'autre, enjoindre à vos huissiers de prêter leur ministère pour la signification de ces jugemens, dès qu'ils en seront requis; mais lorsque le retardement vient de votre part, ou de celle des officiers qui vous sont soumis, il est fort injuste que vous en vouliez faire tomber le reproche sur les officiers de la maréchaussée.

« Votre siége est tombé d'ailleurs dans deux fautes considérables en cette occasion :

La première consiste en ce que l'on y a différé jusqu'au 18 décembre dernier à statuer sur la compétence du prévôt des maréchaux par rapport à....., quoique la procédure fût en état dès le 4 septembre.

Le temps des vacances ne devoit point retarder l'expédition de cette affaire, et si le siége n'étoit pas assez nombreux pour rendre le jugement de compétence, vous auriez dû avoir recours à des gradués, que vous ne pouvez valablement refuser d'appeler au défaut de conseillers du siége, malgré la délicatesse mal placée que j'ai ouï dire que vous aviez sur ce sujet.

La seconde résulte de ce que, lors du jugement de compétence de............, un des avocats du roi au présidial y a assisté, quoiqu'il soit expressément défendu aux gens du roi, qui ont même des offices de conseillers réunis aux leurs, d'être juges des procès, soit civils ou criminels, dans lesquels le ministère public est nécessaire.

Le roi a donc cru qu'il convenoit de casser ce jugement de compétence par un arrêt de son conseil, que vous aurez soin de faire enregistrer quand il vous sera présenté.

Du 8 juillet 1735.

J'ai de la peine à comprendre sur quel fondement vous avez pris connoissance du rapt dont le sieur.... est accusé.

Vous convenez, d'un côté, que le délit a été commis dans l'étendue du ressort de Saint-Marcelin, et, de l'autre, que ce siége est un bailliage royal, ce qui de droit commun lui donne la connoissance des cas royaux, tels que le rapt.

Vous prétendez cependant que la connoissance de celui dont il s'agit peut vous appartenir, attendu la négligence et l'inaction des officiers de Saint-Marcelin, et vous fondez votre prétention sur ce que le présidial de Valence est supérieur au bailliage de Saint-Marcelin.

Mais premièrement vous ne pouvez avoir cette qualité que dans les matières présidiales; et le rapt, quoique cas royal, n'est pas un cas prévôtal ou présidial : ainsi, votre siége ne peut connoître d'un crime de cette nature, que comme sénéchaussée et non comme présidial, d'où vous devez conclure que le crime n'ayant pas été commis dans l'étendue de la sénéchaussée de Valence, votre incompétence étoit certaine dans l'affaire présente.

Quand même il s'agiroit d'un cas présidial, vous seriez encore incompétent pour en connoître, parce que le rapt dont il s'agit a été commis hors de cette sénéchaussée, et que, suivant la déclaration du 29 mai 1702 et l'art. 8 de celle du 15 janvier 1731, les présidiaux ne peuvent connoître des cas prévôtaux qui sont de leur compétence en cette qualité, concurremment avec les prévôts des maréchaux, que lorsque le lieu du délit est dans l'étendüe de la sénéchaussée ou du bailliage dans lequel le siége est établi.

Je ne vois donc aucun prétexte pour soutenir votre juridiction en cette occasion, et j'écris à M. le procureur-général au parlement de Grenoble de donner ordre à son substitut au bailliage de Saint-Marcelin de poursuivre l'accusation de rapt dont il s'agit, à moins qu'attendu la négligence des officiers de ce siége, il ne juge à propos d'en faire commettre un autre par le parlement, mais sans avoir égard à la procédure que vous avez faite sans pouvoir.

Du 23 juillet 1736.

J'AI examiné avec beaucoup d'attention, le mémoire que vous m'avez envoyé, sur la difficulté qui s'est élevée au sujet du procès criminel du nommé........, que les officiers de l'hôtel-de-ville de Dijon réclament, et que la tournelle hésite à leur renvoyer; j'ai vu aussi le mémoire que ces officiers m'ont adressé de leur part pour soutenir leur compétence, et, après y avoir fait toutes les réflexions nécessaires, il m'a paru plus convenable, et peut-être plus court, de répondre à votre consultation en mettant des apostilles, ou des remarques, à la marge du mémoire de la tournelle dans les endroits qui pouvoient en mériter, que de m'expliquer sur cette matière par une lettre qui auroit été d'une longueur extraordinaire. Je vous renvoie donc votre mémoire en cet état, afin que vous preniez la peine de faire part de mes remarques à MM. de la tournelle; et je vous prie de leur dire que, si je ne m'y suis pas expliqué en faveur du parti auquel ils paroissent plus incliner, j'ai au moins la satisfaction de n'avoir fait en cela que suivre le préjugé d'un de ses arrêts, et donner la préférence à sa décision précédente sur ce qu'elle ne m'a proposé que comme un doute.

Du 28 octobre 1736.

JE n'ai pas eu besoin de répondre expressément à la lettre que vous m'avez écrite, au sujet de quelques accusés qui étoient dans les prisons du parlement de Dijon, et que vous avez cru devoir réclamer; et, comme ils vous ont été rendus dans la suite en conséquence de ce que j'avois écrit sur ce sujet à MM. du parlement, la réponse, que je vous ai faite aussi par les choses, valoit mieux pour vous que celle que j'aurois pu vous faire par des paroles; mais si vous craignez que la même difficulté ne se représente dans d'autres occasions, vous pouvez, en cas que cela arrive, vous adresser à M. le procureur-général qui, étant muni de la réponse que j'ai faite au parlement, sera en état de vous conduire suivant les principes que j'ai expliqués dans cette réponse, sur une matière qui admet

beaucoup de distinctions, et sur laquelle par conséquent, il ne seroit pas possible d'établir une règle
générale et uniforme.

Du 20 décembre 1736.

J'AI l'honneur de vous écrire, par ordre du parlement, au sujet d'une difficulté qui se présente, et
sur laquelle la compagnie n'a pu se concilier.

La question, monseigneur, est de savoir :

Si les présidens et conseillers qui ont des procès pendans
au présidial peuvent être juges des affaires où le corps du présidial est partie ? Nous nous trouvons actuellement, monseigneur, dans ce cas. Il y a une contestation pendante à la
chambre de la tournelle, entre le procureur du roi du présidial
et le procureur fiscal des régaires du chapitre de la cathédrale
de cette ville. Ils prétendent réciproquement devoir connoître
d'un assassinat commis, il y a environ dix ou douze jours,
dans une maison que le présidial dit être dans le fief du roi,
et que le chapitre, au contraire, soutient être dans le sien.
Il y a encore, dans la même chambre, un procès où le corps
du présidial est intéressé. Enfin, monseigneur, on admit, il
y a environ............., à la seconde des enquêtes, après
une plaidoirie contradictoire, une requête tendante à prendre
à partie les officiers du présidial; et on a su, depuis peu de
jours, qu'ils avoient résolu de se pourvoir au conseil en cassation d'arrêt sur le fondement que de dix juges qui avoient
assisté au jugement, deux avoient des procès au présidial.

A l'égard, monseigneur, de la contestation au sujet de la
connoissance de l'assassinat, nous avons cru que ceux qui
avoient des procès au présidial, n'étoient point obligés de se
récuser, ne s'agissant que d'une simple compétence où le présidial est peu ou point intéressé, les véritables parties étant le
domaine du roi et le chapitre, puisqu'il s'agit de savoir, dans
la mouvance de qui est la maison où le crime a été commis;
mais à l'égard de l'autre espèce, dont je viens, monseigneur,
de vous parler, et dans laquelle les officiers du présidial sont
véritablement intéressés, puisque l'on a permis de les prendre
à partie, la compagnie a cru, monseigneur, devoir vous prier
de lui prescrire la règle qu'elle doit suivre.

Du 12 janvier 1737 (1).

LE corps du présidial de Rennes ne doit pas être partie dans la constestation qui s'est formée entre le procureur du roi en ce siége, et le procureur fiscal des régaires du chapitre de Rennes. Les véritables parties dans cette affaire, suivant ce que vous m'en expliquez, sont le roi d'un côté, et le chapitre de l'autre. Il n'est pas même trop régulier, que le procureur du roi au présidial de Rennes soit partie au parlement; c'est à M. le procureur-général de prendre son fait et cause, et de soutenir le droit du roi; comme réciproquement, c'est au chapitre de Rennes de prendre le fait et cause de son procureur fiscal. Ainsi, la question que vous me proposez par votre lettre du 20 décembre, ne peut pas avoir lieu dans une telle espèce.

A l'égard de la seconde question, ou plutôt du second cas que vous m'expliquez par la même lettre, je ne dois pas vous en dire mon sentiment, s'il est vrai que les officiers du présidial veuillent se pourvoir en cassation contre l'arrêt qui a été rendu; mais par provision, j'inclinerois fort au parti qui vous paroît le plus conforme à la règle.

(1) Lettre du procureur-général du parlement de Rennes, à laquelle la réponse ci-dessus se rapporte.

Du 7 juin 1737.

LES difficultés que vous me proposez par votre lettre consistent à savoir si vous devez faire l'instruction dont vous vous êtes chargé par l'arrêt du 5 avril dernier, sur les procédures qui ont été faites par le

prévôt-général de la maréchaussée de........, ou
s'il faut que vous recommenciez ces procédures.

Cet arrêt les a regardées comme valables, puisqu'il
ne les a point détruites en vous renvoyant l'affaire,
et elles l'étoient en effet en ne les considérant que par
rapport au pouvoir du juge qui les a faites, puisque,
suivant l'article 21 de la déclaration du 5 février 1731,
les prévôts des maréchaux ont droit d'informer, de
décréter et d'interroger à l'égard de toutes sortes de
crimes ; ainsi tout ce qu'ils font jusqu'au jugement de
compétence est légitime. Si ce jugement leur est favorable, ils peuvent achever leur ouvrage, sinon il n'y a
que ce qu'ils pourroient avoir fait depuis ce jugement
qui doive être déclaré nul.

A la vérité, si, dans la procédure qu'ils ont faite
avec un pouvoir suffisant, il se trouvoit des défauts de
forme qui rendissent cette procédure nulle ; comme
de pareils défauts ne peuvent jamais se couvrir, il
faudroit nécessairement en ce cas prononcer la nullité
de la procédure, et ordonner qu'elle seroit recommencée.

Vous devez conclure de ces deux principes ou réflexions générales, que, soit à l'égard des accusés qui
étoient originairement de la compétence du prévôt-
général de la maréchaussée de........, soit à l'é-
gard de ceux qui se sont trouvés n'en être pas,
comme........, vous devez suivre les derniers
erremens des procédures commencées par cet officier,
à l'exception néanmoins de celles qui se trouveroient
nulles par un défaut de formalité, ou parce que le
prévôt des maréchaux les auroit faites depuis le jugement de compétence, et contre les accusés à l'égard
desquels il a été déclaré incompétent.

Les procédures de l'un et de l'autre genre doivent
être cassées, en ordonnant que vous les recommencerez : tout le reste doit subsister, et les procédures
régulières que vous édifierez sur le fondement de
celles qui ont été faites légitimement par le prévôt des
maréchaux, ne sauroient être vicieuses.

Du 23 décembre 1737.

J'ai lu avec attention toutes les procédures dont vous m'avez envoyé la copie, et qui ont été faites par les jurats de........., au sujet de l'évasion du nommé........, Irlandais, dont il semble que la chambre de la tournelle à laquelle vous présidez, soit portée à se retenir la connoissance ; et, pour répondre à la consultation qu'elle vous a prié de me faire sur ce sujet, je remarquerai d'abord qu'on ne peut mieux juger de la compétence de cette chambre, qu'en examinant les raisons que M. le procureur-général a employées pour l'établir dans le réquisitoire dont vous m'avez envoyé la copie, aussi bien que lui.

Je n'y en trouve qu'une seule ; et elle est fondée sur ce que le nommé........ ayant interjeté appel au parlement du décret de prise de corps que les jurats avoient décerné contre lui, on a fait apporter au greffe de la tournelle les procédures qui avoient servi de motif à ce décret. Mais j'ai de la peine à comprendre comment M. le procureur-général a pu conclure de ce seul fait, que l'accusation principale devoit être regardée comme dévolue au parlement, et que par conséquent il étoit en droit de prendre aussi connoissance de l'évasion du prisonnier, comme d'un incident de cette accusation.

C'est au contraire un principe certain et reconnu dans tous les tribunaux, que le simple appel d'un décret ne dépouille pas les juges inférieurs qui l'ont décerné, et ne saisit point les juges supérieurs du fond de l'accusation. Tant que l'accusé n'obtient point de défenses, rien n'empêche les premiers juges de continuer leur procédure, et même de juger le procès. C'est ce qui résulte de plusieurs dispositions de l'ordonnance de 1670, qu'il seroit inutile de rappeler ici, et qui font également voir que le fond d'un procès criminel n'est dévolu aux parlemens que par l'appel du jugement définitif, par lequel seul le juge inférieur est censé avoir consommé son pouvoir.

C'est avec raison que M. le procureur-général a regardé l'évasion du prisonnier comme la matière d'une accusation véritablement incidente au procès principal; mais c'étoit de ce principe même qu'on devoit conclure, qu'il n'appartenoit qu'aux jurats de prendre connoissance de cette seconde accusation, qui n'étoit que la suite et l'accessoire de la première.

Ainsi, n'y ayant rien dans les motifs du réquisitoire de M. le procureur-général qui puisse en cette occasion vous dispenser de suivre les règles ordinaires, Sa Majesté, à qui vous avez désiré que je rendisse compte de cette affaire, m'a ordonné de vous écrire que vous n'avez qu'à faire savoir aux jurats qu'ils peuvent continuer librement leur procédure; et, comme vous ne l'avez suspendue par aucun arrêt, il ne sera pas nécessaire non plus d'en rendre un pour les autoriser à reprendre des poursuites qu'ils n'ont interrompues que par respect pour la chambre de la tournelle.

Je n'ai pas besoin, après cela, de vous parler des considérations extrajudiciaires que vous avez mêlées dans votre lettre, parce qu'elles n'ont été faites qu'en supposant que le parlement pouvoit retenir la connoissance de l'affaire dont il s'agit, au lieu qu'elle doit être laissée entre les mains des jurats, comme je viens de vous le marquer.

Du   juin 1738.

Je vous envoie l'extrait d'une lettre que M........ m'a écrite au sujet d'un meurtre commis par le sieur........, afin que vous fassiez, s'il vous plaît, poursuivre l'affaire dont il s'agit avec toute la diligence et l'attention qu'elle mérite; et comme le meurtre dont il est question ne peut être regardé que comme un véritable assassinat, je crois qu'il convient

que vous fassiez commettre par le parlement le juge
royal du lieu le plus proche de celui où le crime a été
commis, parce qu'il s'agit d'un cas royal; et qu'une
telle poursuite tomberoit bientôt si on la laissoit entre
les mains des officiers d'un seigneur particulier.

Du 30 juin 1738.

J'ai reçu la lettre par laquelle vous m'apprenez
que le parlement avoit reçu le lieutenant-général
de.......... opposant à l'arrêt du 6 de ce mois,
qui attribuoit au juge ordinaire de......... la connoissance du crime d'assassinat dont le sieur......
est accusé; et je ne doute pas que la règle étant rétablie par cet arrêt, vous ne donniez toute l'attention
possible à faire en sorte qu'un si grand crime ne demeure pas impuni.

Les officiers de la juridiction de............, sous
prétexte d'une évocation que M........... a obtenue pour ses affaires particulières au parlement
de..........; y portent les appellations des procédures criminelles qui sont instruites à la requête du
procureur juridictionnel; le seul prétexte de cette
entreprise est que l'on a employé dans ces appellations
le nom de M..........., en qualité de seigneur
haut justicier, parce que les procureurs fiscaux ne
peuvent agir en cette qualité, que dans leur juridiction. Mais ce n'est que pour la forme qu'on emploie,
en ces occasions, le nom du seigneur, on pourroit
même s'en dispenser, l'usage étant, en matière de
grand criminel, que le procureur-général déclare qu'il
entre en cause pour le procureur fiscal, moyennant
quoi il n'est point nécessaire que le procureur fiscal
se rende partie.

Mais quand il le feroit, il n'auroit aucun intérêt personnel dans de pareilles affaires, et il ne pourroit y
appliquer son privilége personnel, sans vouloir changer l'ordre des juridictions, et faire perdre à des

accusés le droit d'être jugés par le parlement, qui est
leur juge naturel ; c'est cependant ce qui se passe par
l'abus que l'on fait de l'évocation de M.........
Depuis trois ou quatre ans, on a porté différentes procédures au greffe du parlement de........., et on
y a fait même transférer des accusés, dont quelques-
uns ont été condamnés à mort, d'autres aux galères
et autres peines ; on prétend même qu'il y a actuellement un accusé transféré dans ces prisons, pour un
crime commis dans la juridiction de..........,
quoique la connoissance de ces sortes d'affaires, soit
ou ait été, de tout temps, dévolue au parlement
de............., dans le ressort duquel cette juri-
tion est située, et qui n'en est distante que de deux
lieues.

Du 23 janvier 1739.

J'AI reçu la lettre que vous m'avez écrite à l'occasion du conflit que l'accusation formée contre deux
cavaliers de la maréchaussée de....../.. a fait naître
entre les échevins de........ et le siége de la connétablie. Comme ces deux cavaliers sont accusés de
malversation dans leurs fonctions, et qu'il est certain
que la connoissance de ces sortes de cas appartient
aux officiers de la connétablie, privativement à tous
autres juges, par une attribution générale et fort
ancienne qui a dérogé à tous les priviléges contraires,
et qui a été confirmée par plusieurs arrêts du conseil
et du parlement de........., je crois que vous devez
leur abandonner la connoissance de cette affaire, et
je les ai déjà chargés de la poursuivre avec toute
la vigilance et l'exactitude possible.

Du 11 *février* 1739.

Vous avez rendu au présidial de.........., le 26 octobre dernier, un jugement par lequel vous avez déclaré le lieutenant de la maréchaussée de la généralité de..........: incompétent pour faire le procès à........., quoiqu'elle fût accusée du crime d'exposition de fausse monnoie, et que la connoissance de ce crime ait été attribuée aux prévôts des maréchaux et à leurs lieutenans, non-seulement par l'art. 5 de la déclaration du roi du 5 février 1731, mais encore par l'art. 12 du titre 1.er de l'ordonnance de 1670. La faute que vous avez commise dans cette occasion est d'autant plus grande, que la loi à laquelle vous avez si expressément contrevenu est plus connue, et que vous devez moins l'ignorer; cependant, comme on m'a assuré que vous connoissiez votre erreur, et que vous auriez plus d'attention dans la suite à suivre exactement les dispositions des ordonnances et déclarations du roi, je veux bien me contenter de vous avertir, par cette lettre, que le jugement d'incompétence dont il s'agit ne doit point être tiré à conséquence en d'autres cas, ni donner aucune atteinte aux droits de la juridiction prévôtale, et, afin que l'on s'en souvienne mieux, vous aurez soin de faire transcrire cette lettre sur vos registres.

Du 16 *février* 1739.

J'AI appris que vous avez rendu au présidial de..... un jugement en dernier ressort le 11 septembre dernier, contre le nommé..........; et, par l'examen que j'ai fait des procédures qui en ont été le fondement, il m'a paru que ces procédures et les dispositions du jugement ne sont pas régulières: 1.º J'ai observé qu'on a entendu deux fois............ en déposition sur deux différens faits avant qu'il eût été rendu plainte du second fait.

2.º C'est en vertu d'une ordonnance du lieutenant-criminel seul qu'on a procédé à la seconde addition d'information, quoiqu'elle soit postérieure au jugement de compétence, et qu'après ce jugement on ne puisse ordonner ces sortes d'additions d'information que par une sentence présidiale rendue par sept juges, conformément à l'article 24 du tit. 2 de l'ordonnance de 1670.

3.º Vous avez renvoyé.......... de l'accusation de vol formée contre lui, quoiqu'il résultât des procédures un commencement de preuve contre lui.

4.º Il ne paroît pas qu'il eût été rendu plainte du coup de fusil qui a été tiré sur deux charretiers dans le grand chemin de.........., et dont vous avez déclaré.......... atteint et convaincu.

5.º Comme vous ne l'avez déclaré atteint et convaincu d'aucun cas prévôtal ou présidial, vous auriez dû faire mention dans votre jugement qu'il n'avoit été rendu qu'à la charge de l'appel, conformément à l'article 19 de la déclaration du roi du 5 février 1731, qui l'ordonne ainsi, à peine de nullité, et même d'interdiction contre les juges.

Enfin, vous n'auriez dû bannir.......... que du ressort présidial de.........., puisque vous n'avez pas prononcé contre lui cette peine à perpétuité.

Il y auroit donc lieu de casser un jugement si irrégulier par toutes sortes de raisons, mais comme celui que vous avez condamné a été apparemment mis en liberté, et qu'il seroit difficile de le retrouver, je me contente, quant à présent, de vous avertir de toutes les fautes dans lesquelles vous êtes tombé, aussi bien que les autres officiers de votre siége, en cette occasion, afin que vous travailliez à effacer, par une meilleure conduite, les impressions qu'un tel jugement peut faire sur mon esprit, et ne pas m'obliger à vous faire éprouver les marques du mécontentement du roi.

Du 16 février 1739.

J'ai appris que vous avez rendu deux jugemens au présidial de...... les 16 et 26 septembre dernier, et que par le premier vous avez déclaré le lieutenant de la maréchaussée à la résidence de la même ville compétent pour faire le procès à........., attendu qu'il s'agissoit de violences commises par des mendians-vagabonds valides, et incompétent pour continuer l'instruction du procès de........., auquel vous avez ordonné en même temps que les prisons seroient ouvertes. Par le second jugement vous avez déclaré les nommés........ atteints et convaincus d'excès et violences, et d'être des mandians-vagabonds valides, et vous les avez seulement condamnés à être attachés au carcan.

Ces deux jugemens ne sont pas plus réguliers l'un que l'autre : celui de compétence péche en deux points essentiels. Comme les trois particuliers dont il s'agit étoient co-accusés, et que........... avoit une profession, vous auriez dû déclarer indistinctement le lieutenant de la maréchaussée incompétent pour faire le procès à ces trois accusés, conformément à l'article 20 de la déclaration du roi du 5 février 1731. Mais, quand vous auriez pu diviser cette accusation, vous ne deviez prononcer que sur la compétence ou l'incompétence, et non pas sur le fond de l'affaire, comme vous l'avez fait à l'égard de..........., en ordonnant que les prisons lui seroient ouvertes.

Quant au jugement prévôtal, vous ne pouviez vous dispenser de condamner........ au bannissement, suivant la déclaration du roi du 27 août 1701, puisqu'ils étoient vagabonds. Soyez donc plus attentif dans la suite à exécuter les ordonnances et déclarations du roi, et tâchez d'effacer les impressions que ces jugemens laissent dans l'esprit contre les officiers qui composent votre juridiction.

Du 18 février 1739.

J'AI appris que vous refusiez à l'assesseur en la maréchaussée de la généralité de........:...., à la résidence de......., la séance au présidial de......, avec voix délibérative dans les affaires prévôtales. L'édit du mois de décembre 1594, par lequel les charges d'assesseur des prévôts des maréchaux ont été créées, attribue expréssement à ces officiers la séance aux présidiaux, avec voix délibérative dans les affaires de maréchaussée; aucune loi postérieure n'a dérogé à cet édit; il y a plusieurs arrêts de réglement qui en ordonnent l'exécution dans le point dont il s'agit, et l'ordonnance même de 1670 a supposé que les assesseurs des prévôts des maréchaux étoient juges des affaires prévôtales, puisqu'elle ordonne dans l'article 16 du titre 2, que les récusations qui seront proposées contre le prévôt avant la sentence de compétence seront jugées au rapport de l'assesseur, qui est encore regardé comme juge dans la suite du même article, puisqu'on y parle des récusations qui pourroient être formées contre lui. Ainsi, la prétention que vous avez contre l'assesseur du prévôt des maréchaux de......... est entièrement insoutenable; et si quelques-uns de ses prédécesseurs n'ont point assisté avec voix délibérative aux jugemens des procès prévôtaux, leur négligence ne peut pas priver celui qui remplit aujourd'hui leur place d'une faculté qui, étant de droit public, n'est sujette à aucune prescription.

Ne faites donc plus de difficulté d'admettre l'assesseur à exercer les fonctions de sa charge, c'est-à-dire, à entrer dans votre siége, et y avoir voix délibérative dans les affaires qui sont instruites par le prévôt des maréchaux.

Du 18 février 1739.

J'ai reçu la lettre que vous m'avez écrite sur le rang que vous prétendez avoir avec les officiers du présidial de............, et sur le refus qu'ils font de vous laisser assister avec voix délibérative aux jugemens des affaires prévôtales.

Sur le premier point, votre prétention ne m'a pas paru bien fondée, parce qu'elle est contraire à la déclaration du roi du 6 mai 1692, qui porte expressément que les officiers des maréchaussées n'auront aucun rang dans les assemblées publiques et particulières parmi les officiers des siéges présidiaux, lorsque ces officiers sont en corps; et à l'égard du second point, il est certain que vous devez assister et avoir voix délibérative aux jugemens des affaires prévôtales. J'écris à cette occasion aux officiers du présidial de............, et je compte qu'ils ne vous troubleront plus dans la jouissance de ce droit, qui vous est acquis par un usage général, et par l'édit du mois de décembre 1594.

Du 19 mars 1739.

J'ai appris que vous avez rendu, le 14 janvier dernier, un jugement en dernier ressort, par lequel, en déclarant le lieutenant de la maréchaussée de............; à la résidence de............, incompétent pour connoître de l'accusation formée contre le nommé.....; vous avez renvoyé la connoissance de cette accusation par-devant les officiers du bailliage de...... Comme les officiers des présidiaux ne sont autorisés par les ordonnances et déclarations du roi à prononcer en dernier ressort que sur la compétence des prévôts des maréchaux et de leurs lieutenans, et qu'il n'y a que les parlemens et autres cours supérieures qui puissent régler la compétence des juges ordinaires de leur ressort, vous n'auriez pas dû déterminer, comme vous l'avez fait en cette occasion, les juges ordinaires qui connoîtront du crime dont.......... est accusé, et vous aurez l'attention, dans la suite, de déclarer seulement les officiers de la maréchaussée incompétens pour connoître, dans de semblables circonstances des crimes dont il sera question, et de faire informer de votre jugement M. le procureur-général au parlement, par son substitut en votre siége, afin qu'il donne les ordres nécessaires aux juges des lieux où les crimes auront été commis, pour continuer les procédures commencées par les officiers de la maréchaussée, à moins qu'il ne juge plus à propos d'obtenir un arrêt du parlement qui en renvoie la connoissance à un autre siége.

Du 19 mars 1739.

Pareille lettre à l'occasion d'un jugement d'incompétence rendu le 17 février dernier en ce siége sur les procédures faites par les officiers de la maréchaussée de.......... contre.......... et son fils,...... et le nommé.........., par lequel jugement, la connoissance de l'accusation formée contre ces particuliers, a été renvoyée par-devant le bailli de la justice de..........

Du 18 avril 1739.

Pareille lettre à l'occasion d'un jugement d'incompétence rendu le 16 mars dernier, par lequel ces officiers avoient renvoyé la connoissance de l'accusation formée contre les nommés.......... par-devant le sénéchal de..........

Du 18 avril 1739.

J'ai appris que vous êtes dans l'usage de juger la compétence du prévôt de la maréchaussée de......
ou de........., et de ses lieutenans, sans les conclusions du procureur du roi en votre siége. Comme cet usage est contraire, non-seulement à celui de tous les présidiaux et des autres tribunaux du royaume, où l'on exige des conclusions des gens du roi dans toutes les affaires qui concernent la compétence des juges, mais encore aux dispositions des ordonnances qui ne permettent de rendre aucun jugement en matière criminelle que sur les conclusions des gens du roi, vous aurez l'attention, dans la suite, de faire communiquer ces sortes d'affaires au procureur du roi en votre siége, et de ne rendre aucun jugement de compétence sans ses conclusions.

Du 18 avril 1739.

J'ai reçu la lettre par laquelle vous demandez si vous devez déclarer nulles les informations par addition qui se trouveront avoir été faites en exécution d'ordonnances rendues par le prévôt de la maréchaussée, ou son lieutenant seul, postérieurement aux jugemens de compétence. Comme la nullité de ces sortes d'informations est une conséquence nécessaire de la disposition de l'article 24 du tit. 2 de l'ordonnance de 1670, il est certain que vous ne pouvez pas les laisser subsister, et que vous devez par conséquent les déclarer nulles, et ordonner en même temps qu'elles seront recommencées.

Du 18 *avril* 1739.

J'AI appris que vous avez rendu les 5 , 9 et 10 du mois dernier deux jugemens de compétence et deux jugemens prévôtaux sur les procédures faites par le prévôt de la maréchaussée de...... contre......, et par l'examen que j'en ait fait , il m'a paru que ces jugemens ne sont pas réguliers , 1.° comme les vols avec effraction ne sont plus au nombre des cas prévôtaux par leur nature que lorsqu'ils ont été commis avec effraction extérieure , comme d'ailleurs ces particuliers n'étoient point vagabonds , et qu'ils n'avoient pas été repris de justice , vous auriez dû faire mention dans les jugemens de compétence que les effractions faites pour parvenir aux vols dont on les accusoit étoient extérieures ;

2.° Il n'y a que les parlemens et autres cours supérieures qui soient dans l'usage de prononcer des condamnations criminelles pour les cas résultans du procès , et cet usage n'est même que toléré ; ainsi , vous auriez dû déclarer dans les jugemens prévôtaux les crimes dont.......... ont été convaincus , et s'il résultoit des procédures une preuve complète du vol avec effraction dont.......... étoit accusé , vous deviez le condamner au dernier supplice , conformément aux dispositions des ordonnances et déclarations du roi , qui prononcent cette peine pour ces sortes de vols , ou du moins aux galères à perpétuité , si quelques circonstances particulières pouvoient déterminer à modérer dans cette occasion la rigueur des ordonnances ; si, au contraire, on n'avoit pas acquis une preuve complète du vol avec effraction , vous ne deviez prononcer aucune peine contre.......... , et vous pouviez seulement ordonner qu'il en seroit plus amplement informé, ou que.......... seroit appliqué à la question, suivant le genre des preuves.

5.° Les criminels que l'on condamne aux galères étant censés payer le roi de leur personne, vous n'auriez pas dû condamner......... à une amende envers le roi en le condamnant aux galères.

Enfin, quoiqu'on doive punir de mort les vols avec effraction, on ne doit cependant pas condamner à la roue ceux qui en sont convaincus comme vous l'avez fait à l'égard de...........

Faites attention à ces différentes observations qui sont importantes, et soyez plus attentifs dans la suite à exécuter les dispositions des ordonnances et déclarations du roi.

- *Du 18 avril 1739.*

J'APPRENDS que vous avez rendu depuis peu une ordonnance par laquelle vous avez enjoint au greffier de la maréchaussée de............, à la résidence de.........., d'envoyer à votre greffe les minutes des procédures commencées par le sieur........., lieutenant de maréchaussée, à l'occasion du combat qui s'est passé entre les sieurs........., et vous avez ordonné que ce greffier y seroit contraint par corps. Comme vous n'ignorez point que les officiers de maréchaussée ne vous sont point subordonnés, et qu'ils ne peuvent être contraints à se dessaisir de leurs minutes que par des arrêts du parlement ou du conseil, ou par des ordres supérieurs, je suis surpris que vous abusiez ainsi de l'autorité qui vous est confiée, et je croirois devoir réprimer plus sévèrement une pareille entreprise, si je n'espérois pas que vous aurez dorénavant une meilleure conduite. Empêchez donc qu'on ne procède à l'exécution de l'ordonnance que vous avez rendue trop légèrement, et faites juger au parlement le conflit que cette affaire a fait naître entre vous et le sieur.........

Du 2 mai 1739.

J'ai reçu la lettre que vous m'avez écrite à l'occasion du jugement rendu en dernier ressort au présidial de........ contre le nommé......., le 11 septembre dernier; et je compte que vous aurez l'attention, lorsque vous jugerez les procès instruits en dernier ressort, et que vous ne déclarerez les accusés atteints et convaincus d'aucun cas prévôtal ou présidial, de faire mention dans les jugemens qu'ils ont été rendus à la charge de l'appel.

A l'égard des autres observations que je vous ai faites sur ce procès, comme il paroît que........ a été entendu en déposition, le 20 juin 1738, sur un fait dont il n'a été rendu plainte que le 8 août suivant, j'ai eu raison de vous marquer, par ma lettre du 16 février, qu'on avoit entendu ce premier deux fois en déposition sur deux faits différens, avant qu'il eût rendu plainte du second fait.

Je persiste aussi à croire qu'on ne devoit pas renvoyer......... de l'accusation de vol qui avoit été formée contre lui, et dont........ l'avoit chargé dans sa déposition, quoiqu'il y eût lieu de douter de la vérité de cette déposition; et je trouve les faits, dont il avoit été rendu plainte le 8 août, bien vagues pour en faire l'application au coup de fusil tiré par.... sur des charretiers dans le chemin de......., et pour l'en déclarer atteint et convaincu.

Quant à l'information par addition, faite en exécution d'une ordonnance rendue par le lieutenant-criminel de votre siége, postérieurement au jugement de compétence, cet officier étant autorisé par l'art. 46, du réglement de 1697 à rendre seul dans les affaires présidiales tous les jugemens préparatoires, cette ordonnance et cette addition d'information ne sont pas nulles, et il peut continuer seul l'instruction des affaires présidiales jusqu'à ce qu'il ait plu au roi de révoquer les dispositions du réglement de 1697, qui sont contraires à celles de l'ordonnance de 1670, et à l'usage de tous les siéges présidiaux du royaume.

Du 2 mai 1739.

J'AI reçu la lettre que vous m'aviez écrite à l'occasion du jugement en dernier ressort rendu au présidial de........ contre le nommé....... Comme il paroit que vous êtes autorisé par l'article 46 du réglement fait pour les présidiaux de .... en 1697, à rendre seul tous les jugemens préparatoires, l'ordonnance que vous avez rendue pour informer par addition contre ce particulier, et l'information que vous avez faite en conséquence, ne sont point nulles, et vous pouvez continuer de faire seul l'instruction des affaires présidiales jusqu'à ce qu'il ait plu au roi de révoquer le réglement de 1697, en ce qui est contraire dans ce réglement aux dispositions de l'ordonnance de 1670, et à l'usage de tous les siéges présidiaux du royaume; mais vous n'auriez pas dû entendre........ en déposition sur un fait dont il n'avoit pas encore été rendu plainte. Vous pouvez entendre plusieurs fois le même témoin en déposition sur des faits différens qui se découvrent pendant le cours de l'instruction d'un procès criminel, pourvu que l'on ait préalablement rendu plainte de chaque fait, et quand il n'y a pas eu de plainte d'un fait nouveau, vous ne pouvez entendre aucun témoin sur ce fait, ni dans une addition d'information, ni dans le récolement de ce témoin sur la première déposition; ainsi, je pense que la deuxième déposition de........ que vous avez reçue sur un nouveau fait, avant qu'il en eût été rendu plainte, n'étoit pas régulière, et je vous exhorte à procéder dans la suite avec plus d'attention à l'instruction des procès criminels dont vous serez chargé.

Du 21 mai 1739.

J'AI reçu la lettre par laquelle vous vous plaignez de la distribution que vous prétendez avoir été faite à un simple avocat par le sieur........, lieutenant de maréchaussée à........, d'un procès dont vous deviez faire le rapport en qualité de vicomte de......, et je ne trouve pas vos plaintes bien fondées. Ce ne sont point les officiers des maréchaussées qui font la distribution des procès criminels qu'ils ont instruits, ce droit appartient au lieutenant-général du siége où ces procès doivent être jugés, et c'est aussi le lieutenant-général du bailliage de........ qui a distribué le procès dont vous auriez voulu faire le rapport ; d'ailleurs, vous assistez fort rarement aux séances qui se tiennent au bailliage de......; vous ne vous y êtes point trouvé lorsqu'on a rendu le jugement de réglement à l'extraordinaire dans le procès dont il s'agit, et l'on avoit tout lieu de croire que vous ne vous y trouveriez pas non plus le jour qui avoit été indiqué pour faire le rapport de ce procès. Soyez plus exact à assister aux jugemens des affaires qui se portent au bailliage de........, si vous voulez, qu'en considération de votre qualité de vicomte, on vous distribue les procès criminels préférablement à des avocats.

Du 24 mai 1739.

J'AI appris que vous avez rendu, les 7 janvier, 27 et 30 avril derniers, et les 2 et 4 de ce mois, trois jugemens de compétence, et trois jugemens prévôtaux sur les accusations formées contre........., et par l'examen que j'en ai fait, il m'a paru que ces jugemens n'étoient pas réguliers :

1.º J'ai observé que vous avez commis par les jugemens de compétence un officier de votre siége pour faire les fonctions d'assesseur et pour rapporter les procès que cet officier devoit instruire conjointement avec le prévôt de la maréchaussée ou son lieutenant. Vous ne devez prononcer, par ces sortes de jugemens, que sur la compétence du prévôt des maréchaux, et vous ne devez point en même temps nommer un rapporteur. D'ailleurs, comme les anciennes ordonnances défendent aux officiers des parlemens de faire le rapport des procès criminels qu'ils auront instruits, et que les officiers des présidiaux et des autres siéges qui rendent des jugemens en dernier ressort doivent se conformer à cette disposition des ordonnances, vous ne deviez ni ordonner ni permettre que l'officier que vous aviez commis pour faire les fonctions d'assesseur feroit le rapport des procès à l'instruction desquels il auroit assisté.

2.º Il est indispensable de rendre un jugement de compétence contre chaque accusé : ainsi, vous auriez dû rendre un jugement de compétence contre chacun des complices de. . . . ., ou les comprendre nommément dans celui que vous avez rendu contre ce particulier.

3.º Les criminels contre lesquels on prononce la peine des galères étant censés payer le roi de leur personne, on ne doit pas les condamner en même temps à une amende envers le roi; par conséquent, en condamnant. . . . . . . aux galères, vous ne deviez pas les condamner à une amende.

4.º Comme les ordonnances et déclarations du roi ne prononcent que la peine du bannissement contre les vagabonds, je suis surpris que vous ayez condamné. . . . . aux galères, pour avoir mené une vie errante et vagabonde; et je crois devoir vous demander les raisons qui vous ont porté à prononcer dans de semblables circonstances.

5.º Je ne suis pas moins surpris des condamnations que vous avez prononcées contre....... Ce premier n'ayant été déclaré atteint et convaincu que de vols simples, je ne vois pas sur quel fondement on a pu le condamner à mort, à moins qu'il n'y ait eu des circonstances assez graves pour servir de motif à une condamnation si rigoureuse; c'est ce que vous aurez soin de m'expliquer incessamment.

Du 24 mai 1739.

J'AI reçu la lettre que vous m'avez écrite le 4 de ce mois, et je crois que comme ce sont ordinairement les lieutenans-criminels des présidiaux qui doivent instruire, à la charge de l'appel, les affaires dont les officiers de maréchaussée ont commencé l'instruction, dans les cas où ces derniers sont incompétens, la règle est que les lieutenans-criminels étant en quelque manière intéressés dans les jugemens de compétence des officiers de maréchaussée, ils doivent s'abstenir d'assister à ces sortes de jugemens.

A l'égard des autres articles de votre lettre, vous devez vous adresser à M. le procureur-général au parlement, qui fera faire à cette occasion tel réglement qu'il jugera à propos, et qui m'en rendra compte, s'il est nécessaire.

Du 19 juin 1739.

J'AI reçu la lettre que vous m'avez écrite le 18 du mois dernier, avec les pièces qui y étoient jointes; et je suis surpris que vous ayez attendu que l'instruction du procès de...... fût presque achevée pour douter de la compétence du sieur........, procureur du roi en la maréchaussée de la généralité de........, à la résidence de cette ville. A l'égard de vos observations, la première paroît n'avoir aucun fondement si l'on examine avec attention l'arrêt du conseil du 28 mars 1737, par lequel Sa Majesté a renvoyé par-devant vous, et en cas d'absence, par-devant votre lieutenant à la résidence de........, la connoissance des accusations formées contre....... et ses complices, et quand même cet arrêt ne porteroit pas que ces accusations seroient instruites et jugées à la requête du procureur de Sa Majesté en ladite maréchaussée, la compétence du sieur.......... seroit établie suffisamment, puisque votre lieutenant à la résidence de..........., ne peut faire aucune instruction qu'avec l'assesseur et le procureur du roi en la maréchaussée à la même résidence.

Votre seconde observation ne paroît pas mieux fondée. Les procureurs du roi n'agissant que comme parties publiques, et non pas en qualité de juges, ne sont pas régulièrement sujets à être récusés : c'est d'ailleurs aux parties intéressées de le faire, si elles croient en avoir le droit; et enfin, le soupçon qui peut résulter de ce que le sieur........ a été quelquefois consulté comme avocat par les fermiers-généraux dont il n'a pas d'appointemens fixes, suivant ce qui m'a été attesté, ne méritoit pas que vous en fissiez usage pour suppléer d'office une récusation que les accusés ne forment point.

Du 19 *juin* 1739.

J'ai reçu vos observations sur les différens articles de la lettre que je vous ai écrite le 18 avril dernier; et j'ajoute à cette lettre, que comme les officiers de maréchaussée ne doivent connoître des vols commis

avec effraction que dans les cas où l'effraction est
extérieure, vous devez sentir qu'il est indispensable
de faire mention de cette circonstance dans le dispositif des jugemens de compétence. Il est vrai que
l'édit du mois de janvier 1734 prononce la peine de
la roue pour les vols commis avec effraction : mais les
dispositions de cet édit qui concernent ces sortes de
vols ne s'exécutent plus à la rigueur; et il est d'usage,
dans tous les tribunaux du royaume, de condamner à
être pendu ou aux galères à perpétuité, suivant les
circonstances, ceux qui sont convaincus de ces vols :
c'est la règle que vous devez suivre. Réformez aussi
l'usage où vous êtes de prononcer des condamnations
criminelles pour les cas résultans du procès, et ayez
soin dorénavant de faire mention dans vos jugemens
des crimes dont les accusés seront convaincus. Je
compte, au surplus, que vous vous conformerez exactement dans la suite à ce que je vous ai marqué par
ma lettre du 18 avril dernier.

Du 20 juin 1739.

QUOIQUE les officiers de Ribeirac paroissent avoir
fait leur devoir dans le mouvement qui s'est élevé
dans ce lieu, au sujet d'un enlèvement de grains, je
crois néanmoins, que la connoissance en doit être
laissée au prévôt des maréchaux, conformément à
l'arrêt du conseil, dont vous avez joint un exemplaire
à votre lettre ; cet arrêt a été rendu avec beaucoup
de réflexion, et il a paru très-nécessaire d'attribuer
la connoissance de ces sortes d'émotions à ceux qui
ont la force en main, et qui sont plus en état de les
réprimer que les juges ordinaires ; au surplus, cette
attribution n'étant que passagère et devant cesser avec
la cause qui y donne lieu, on ne sauroit présumer
que les prévôts des maréchaux en abusent, et s'ils le
faisoient, il seroit bien aisé de les punir ; mais la

crainte d'un inconvénient, qui vraisemblablement n'arrivera point, n'a pas dû empêcher qu'on ne se servît de la voie la plus naturelle, pour assurer la liberté du commerce, et pour maintenir la tranquillité publique.

Du 21 juin 1739.

LA cause ou le motif de l'arrêt qui commet les prévôts des maréchaux pour connoître des émotions, attroupemens, qui pourroient troubler le commerce des grains, vous garantit pleinement le peu de durée d'une pareille attribution.

Elle cessera, sans doute, avec le mal qui y donne lieu; et c'est par cette raison même, que je ne sais s'il est fort à propos de revêtir cet arrêt de lettres-patentes: cela pourroit donner une idée de perpétuité à une commission purement passagère et presque momentanée. Si cependant vous persistez dans votre première pensée sur ce point, il sera bien aisé d'y avoir égard.

Du 27 juin 1739.

J'AI reçu la lettre que vous m'avez écrite le 9 de ce mois, à l'occasion du rang qui vous appartient en qualité d'assesseur en la maréchaussée lors du rapport des affaires prévôtales. Il est certain que vous êtes en droit d'assister au jugement de ces sortes d'affaires; mais le rang que vous devez y avoir n'a été réglé par aucun édit ou arrêt du conseil, et il ne paroît pas naturel que vous précédiez le doyen des conseillers du siége où les affaires prévôtales doivent être jugées, puisque le lieutenant de la maréchaussée ne peut le précéder.

Je crois devoir vous observer en même temps que comme les anciennes ordonnances défendent aux officiers des cours supérieures de faire le rapport des procès criminels dont ils auront fait l'instruction, et que les officiers des présidiaux et des autres siéges qui rendent des jugemens en dernier ressort sont obligés de se conformer à ces dispositions des ordonnances, vous ne devez point rapporter les affaires à l'instruction desquelles vous aurez travaillé ou assisté.

Du 3 juillet 1739.

J'ai appris que vous avez rendu, le 15 du mois dernier, un jugement par lequel, en déclarant le prévôt de la maréchaussée incompétent pour connoître des accusations formées contre le nommé....., vous avez renvoyé leur procès par-devant le lieutenant-criminel de votre siége, pour être jugé à la charge de l'appel. Vous pouviez bien prononcer, en dernier ressort, la première partie de ce jugement; mais il n'en est pas de même de la seconde, parce qu'il ne vous appartient pas de statuer en dernier ressort sur la compétence d'aucun des juges ordinaires, et, qu'en cas de doute, c'est au parlement d'y pourvoir; ainsi, vous auriez dû vous contenter de déclarer le prévôt de la maréchaussée incompétent, et c'étoit, après cela, au procureur du roi de votre siége à présenter sa requête au lieutenant-criminel pour faire informer, à l'ordinaire, des crimes dont il s'agit, supposé qu'ils soient, en effet, de la compétence de votre sénéchaussée; vous aurez donc soin de vous conformer dorénavant à cette règle, afin que s'il se trouvoit, dans certains cas, que le lieutenant de votre siége auroit connu mal à propos d'une pareille affaire, le parlement soit toujours en état de pouvoir réformer ce qu'il aura fait, au lieu qu'il n'en auroit pas le pouvoir, si vous aviez le droit de juger en dernier ressort, que le lieutenant-criminel doit en connoître.

Du 9 juillet 1739.

J'AI reçu la lettre que vous m'avez écrite, le 28 du mois dernier, à l'occasion du vol commis à ...., dont le nommé .... est accusé ; c'est une maxime constante, que les vols sont censés commis par continuation dans tous les lieux où les accusés portent les effets par eux volés, et, comme .... a été trouvé saisi, lorsqu'on l'a arrêté à Soissons, de la vaisselle d'argent qu'il avoit volée à ...., il n'est pas douteux que le vol, par lui commis, ne soit censé l'avoir été à Soissons ; ainsi, vous n'avez pas besoin de l'arrêt d'attribution que vous demandez, et vous êtes suffisamment autorisé, par les ordonnances, à faire le procès à ce particulier.

Du 26 juillet 1739.

J'AI reçu la lettre par laquelle, à l'occasion de ce qui s'est passé, en dernier lieu, dans une affaire de madame ...., vous me rappelez ce que vous m'écrivîtes en l'année 1734, au sujet, presque semblable, qui regardoit madame ...., et où il fut jugé que, suivant un arrêté fait au parlement de ....; en l'année 1710, les femmes des officiers de ce parlement devoient jouir du privilége de leurs maris en matière criminelle ; je ne voulus pas alors approuver expressément l'usage de votre compagnie sur ce point, et c'est le parti que je prendrai encore aujourd'hui : la règle générale y est contraire ; le privilége dont il s'agit est si personnel, et tellement dépendant des fonctions dont le mari seul est capable, qu'on ne doit pas l'étendre jusqu'à la femme, à laquelle on ne sauroit appliquer, en aucune manière, les raisons qui ont servi de fondement à ce privilége; c'est ce qui donna lieu au parlement de.........., de rendre un arrêt solennel, en 1628, par lequel il jugea qu'en matière criminelle, les femmes des ducs et pairs ne pouvoient jouir du privilége d'être jugées comme leurs maris, toutes les chambres assemblées; mais, comme dans l'occasion présente, il n'y a point de partie intéressée qui attaque l'arrêt par lequel on a jugé que l'affaire de madame.......... devoit être portée en la grand'chambre, je ne vois rien aujourd'hui qui oblige le roi à s'expliquer sur cette matière.

Du 27 juillet 1739.

J'AI appris que vous avez rendu le premier de ce mois un jugement en dernier ressort, par lequel vous avez déclaré le prévôt de la maréchaussée compétent pour faire le procès aux nommés..........; attendu qu'il s'agissoit de violences commises par des gens de guerre pendant leur marche. Par l'examen que j'ai fait de ce jugement, il m'a paru que....... étoit dragon au régiment de......, mais que...... étoit seulement valet d'un hautbois de ce même régiment; ainsi, n'y ayant qu'un des accusés qui fût de la compétence du prévôt des maréchaux, vous auriez dû, suivant l'esprit de l'article 19 de la déclaration de 1731, ou déclarer cet officier incompétent; ou prendre le parti de me rendre compte de cette affaire, pour me mettre en état de voir s'il ne convenoit pas de donner au prévôt des maréchaux un arrêt d'attribution qui le mît en état de faire le procès en dernier ressort aux deux accusés. Ayez donc

11*

plus d'attention dorénavant, ou à vous conformer aux principes de l'ordre public dans cette matière, ou à m'informer des cas qui vous font naître des doutes, afin que je puisse les résoudre.

Du 27 juillet 1739.

J'AI appris que vous êtes dans l'usage de juger la compétence de la maréchaussée de........., à la résidence de........., sur les conclusions du procureur du roi en la maréchaussée ; comme ces sortes de jugemens sont des jugemens présidiaux, il n'est pas douteux qu'ils doivent être rendus sur les conclusions du procureur du roi en votre siége, et je compte que vous aurez attention dans la suite de ne rendre aucun jugement de compétence que sur ses conclusions.

Du 27 juillet 1739.

J'AI reçu votre réponse à la lettre que je vous ai écrite le 24 mai dernier, à l'occasion des jugemens de compétence et prévôtaux rendus en votre siége sur les accusations formées contre........ et........ ; et, comme il me paroît, suivant ce que vous me marquez, que le parlement de......... est dans l'usage de condamner à une amende les criminels contre lesquels il prononce la peine des galères, vous pouvez suivre cet usage dans de semblables circonstances; mais vous devez réformer celui où vous êtes de commettre, par les jugemens de compétence que vous rendez, un officier pour faire les fonctions d'assesseur en l'absence de celui de la maréchaussée, pour faire le rapport des affaires prévôtales, et vous devez vous conformer à ce que je vous ai marqué à cet égard. Quant aux condamnations que vous avez prononcées contre....... et........, je trouverois celles qui concernent........ assez régulières, si, en déclarant ce premier atteint et convaincu d'avoir mené une vie errante et vagabonde, vous l'aviez, en même temps, déclaré suspect d'avoir commis le vol avec effraction dont il étoit prévenu, et dont on avoit acquis, suivant ce que vous me marquez, un commencement de preuve contre lui ; mais je persiste à croire que les condamnations qui concernent...... sont bien rigoureuses. On ne doit condamner à mort que les criminels qui, ayant déjà été condamnés aux galères pour vols, sont convaincus de récidive, et ceux qui sont convaincus de vols commis sur les grands chemins ou avec effraction, et d'autres crimes de cette nature. Il ne paroît pas que,......... eût été condamné aux galères ; on ne devoit pas même le regarder comme ayant été repris de justice, puisque la peine à laquelle il avoit déjà été condamné avoit été prononcée en pays étranger, et les vols commis avec de fausses clefs n'étant point réputés vols avec effraction, il est certain qu'il n'a été convaincu que de vols simples qui ne méritoient que la peine du fouet, de la flétrissure et du bannissement, suivant les dispositions de la déclaration du roi du 4 mars 1725. Soyez donc plus attentifs aux jugemens que vous rendrez dorénavant dans des matières si importantes ; ayez plus de soin de vous instruire des règles établies par les lois, pour ne pas devenir coupables vous-mêmes, en vous donnant le pouvoir de condamner arbitrairement les criminels, et sans un fondement légitime.

Du 13 août 1739.

Vous avez fort bien fait de me consulter avant que de donner aucun ordre aux officiers de la justice ordinaire de Riberac, au sujet de cette espèce d'émotion, qui y est arrivée à l'occasion du transport des blés. L'attribution expresse qui a été faite par le roi aux prévôts des maréchaux, par l'arrêt du conseil du 17 mai dernier, fait cesser les difficultés que vous m'avez expliquées par votre lettre du......... D'un côté, le lieutenant de la maréchaussée n'a pas été obligé de faire juger sa compétence, parce qu'elle est établie par l'arrêt même qui lui donne son pouvoir, et qui tient lieu de tout jugement de compétence; de l'autre, on ne peut pas appliquer ici la règle de la prévention, qui est favorable aux lieutenans-criminels, lorsque les officiers qui leur sont subordonnés ont prévenu ceux de la maréchaussée; cela seroit vrai, si l'on suivoit en cette occasion les règles du droit commun; mais le roi ayant jugé à propos de donner pour un temps une attribution particulière aux prévôts des maréchaux dans la matière dont il s'agit, ce seroit inutilement que le lieutenant-criminel voudroit profiter de la diligence des premiers juges, parce qu'aux termes de l'arrêt du 17 mai dernier, il les dépouille, aussi bien qu'eux, de la connoissance des affaires de la nature de celle qui est arrivée à Riberac.

Du 25 août 1739.

J'ai reçu votre lettre du 22 du mois dernier, avec la copie du décret qui y étoit jointe; et comme, par la lecture que j'ai faite de ce décret, il m'a paru que

vous avez enjoint aux officiers de la maréchaussée de
le mettre à exécution, quoique les juges inférieurs
ne puissent rien ordonner ni enjoindre à ces officiers,
et qu'ils doivent seulement les requérir de leur prêter
main-forte, je ne suis point surpris du refus que le
sous-brigadier de maréchaussée, résidant à . . . . ,
a fait de se charger de l'exécution de ce décret ;
ainsi, ayez soin de réformer le style de ce décret, et
d'y ajouter seulement que les officiers et cavaliers de
la maréchaussée sont requis de prêter main-forte à
son exécution. Si ce sous-brigadier persistoit alors
dans son refus, ce que je ne dois pas présumer,
prenez la peine de m'en informer, et je donnerai
volontiers les ordres nécessaires pour l'obliger à faire
son devoir.

Du 25 août 1739.

JE vous envoie les décisions que vous avez demandées sur plusieurs questions qui font naître souvent
des difficultés entre vous et les officiers du présidial
de . . . . , et je compte que ces éclaircissemens confirmeront, entre vous et ces officiers, la
paix et l'union qui sont si désirables pour le bien de
la justice.

*Questions sur lesquelles le prévôt de la maréchaussée
de....... prie Monseigneur le Chancelier de donner
sa décision, et réponses de M. le Chancelier.*

QUESTIONS.	RÉPONSES.
Les prévôts des maré-chaux peuvent-ils avoir une autre séance, lors du jugement des affaires pré-vôtales, que celle qui est	Non.

réglée par la déclaration du roi, du 30 octobre 1720 ?

Comme, suivant cette déclaration, le prévôt doit avoir la seconde place lors des jugemens des affaires prévôtales, ne doit-il pas aussi signer le second, et même avant le président, lorsque le rapporteur signe le premier ?

Il ne doit jamais signer qu'après le président.

Les interrogatoires qu'on fait subir aux accusés dans la chambre du conseil, en présence de tous les juges, ne doivent-ils pas être signés de tous les juges, ou du moins du président et du prévôt ?

Il suffit qu'ils soient signés par le président.

Ces interrogatoires, et les procès-verbaux de torture, doivent-ils être écrits par le greffier de la maréchaussée ?

Oui.

Le greffier du siége où les jugemens prévôtaux sont rendus peut-il assister à ces jugemens ?

Il ne paroît pas y avoir rien à faire : si cependant il est d'usage qu'il y assiste, on peut le permettre.

A qui l'exécution des jugemens prévôtaux appartient-elle ? qui doit en faire la prononciation ? et où cette prononciation doit-elle être faite ?

L'exécution est dévolue aux prévôts. Le greffier de la maréchaussée doit les prononcer, et la prononciation doit être faite dans la chambre ou dans la chapelle des prisons.

Les jugemens prévôtaux ne doivent-ils pas être intitulés du nom du prévôt,

Oui.

et finir ainsi : *Donné par nous prévôt-général ou lieutenant de la maréchaussée dans la chambre du conseil du présidial, ou du bailliage, ou de la sénéchaussée de........, où étoient........ président, lieutenans et conseillers du siége ?*

Enfin, lorsque les prévôts assistent à ces jugemens, leurs lieutenans peuvent-ils aussi y assister ?   Non.

Du 25 août 1739.

J'AI reçu les motifs du jugement d'incompétence rendu au présidial de............, le 25 mai dernier, sur les procédures commencées par les officiers de la maréchaussé contre............, et je ne trouve pas ces motifs bien fondés. Comme ce particulier étoit convenu dans les interrogatoires que ces officiers lui avoient fait subir, qu'il n'avoit ni profession ni domicile depuis plus de huit mois, votre compagnie auroit dû le regarder comme vagabond, et déclarer le prévôt des maréchaux ou son lieutenant, à la résidence de............, compétent pour faire le procès à ce misérable. Lorsque les accusés sont convenus dans leurs premiers interrogatoires qu'ils sont vagabonds, et qu'ils alléguent des faits contraires lors des interrogatoires qu'ils subissent dans la chambre du conseil, vous ne devez y avoir aucun égard, si ces faits ne sont pas justifiés par des pièces dignes de foi, ou vous devez leur accorder un délai pour rapporter les pièces nécessaires à cet effet.

Du 15 septembre 1739.

J'AI reçu les motifs des condamnations que vous avez prononcées contre........., et, par l'examen que j'en ai fait, il m'a paru que ces condamnations n'étoient pas régulières; quand il seroit vrai que les lois n'auroient pas réglé les peines qu'on doit prononcer pour chaque crime, il est certain qu'on ne peut en prononcer aucune que dans le cas où l'on a acquis la preuve complète de quelque crime contre un accusé. Cette maxime est confirmée par l'article 19 de la déclaration du roi du 5 février 1731, puisque, suivant les dispositions de cet article, les officiers des présidiaux et des maréchaussées sont obligés de marquer distinctement dans leurs jugemens les crimes dont les accusés sont atteints et convaincus, et qu'il n'est pas naturel de déclarer des accusés atteints et convaincus de crime dont on n'a pas acquis de preuves complètes contr'eux. En partant de ce principe qui est incontestable, je crois devoir vous observer que les témoins que vous avez entendus contre les nommés.........., ayant chacun déposé des faits différens, et les accusés n'étant convenus d'aucun de ces faits, vous ne deviez pas regarder ces particuliers comme convaincus de quelque crime, et vous ne pouviez, par conséquent, les condamner à aucune peine; vous étiez seulement autorisé à ordonner qu'ils seroient appliqués à la question pour tirer de leur bouche l'aveu de leur crime, et s'ils l'avoient soutenue sans rien avouer, vous ne pouviez ordonner qu'un plus amplement informé. Suivez donc plus exactement à l'avenir la lettre et l'esprit des ordonnances et déclarations du roi, et craignez de vous rendre coupables vous-mêmes, en vous donnant la liberté de condamner arbitrairement les accusés auxquels vous avez instruit le procès.

A l'égard du jugement prévôtal que vous avez rendu contre . . . . , comme vous m'avez marqué seulement, en général, que vous avez trouvé complète la preuve du vol de grand chemin dont il étoit accusé, et que je ne suis pas satisfait de ces éclaircissemens, vous aurez soin de m'envoyer un détail plus circonstancié de la nature de cette preuve.

Du 15 septembre 1739.

J'ai reçu la lettre que vous m'avez écrite au nom de votre compagnie, à l'occasion des requêtes que le procureur du roi de votre siége a données, tendant à faire déclarer nulles des procédures faites par le lieutenant de la maréchaussée avant que de juger sa compétence : il n'est pas douteux que les dispositions de l'article 12, du titre 2 de l'ordonnance de 1670, ne doivent s'exécuter à peine de nullité, de même que celles de plusieurs autres articles dans lesquels il n'est fait aucune mention de cette peine de nullité ; et comme vous ne pouvez asseoir vos jugemens de compétence sur des procédures qui sont nulles, il n'est pas douteux, non plus, qu'avant de juger la compétence du lieutenant de la maréchaussée, vous pouvez, et même vous devez, conformément aux réquisitoires du procureur du roi en votre siége, déclarer nuls les interrogatoires que le lieutenant de la maréchaussée a faits, et qui ne sont point conformes à l'ordonnance, avec toutes les procédures qui en dépendent. Mais les procédures que vous déclarerez nulles doivent être recommencées par le lieutenant de la maréchaussée, conjointement avec son assesseur, n'y ayant point d'autres officiers dans leur département qu'on puisse leur substituer ; à l'égard de l'amende portée par l'article 12 du titre 2, on peut la regarder comme une peine comminatoire qu'on ne prononce presque jamais, et vous devez en cela vous conformer à l'usage.

Du 15 septembre 1739.

J'AI appris qu'il est intervenu au présidial de....., le 4 juillet dernier, un jugement par lequel vous avez été déclaré compétent pour faire le procès au nommé..........; et, comme j'ai appris aussi que ce particulier n'avoit pas signé, et qu'il n'avoit pas même été interpelé de signer le procès-verbal de la prononciation qu'on lui a faite de ce jugement, en présence de tous les juges, je crois devoir vous marquer que ce procès-verbal et les procédures que vous avez faites depuis sont nulles, suivant les dispositions de l'article 25 de la déclaration du 5 février 1731; vous aurez donc soin de les déclarer nulles par un jugement prévôtal, que vous rendrez conjointement avec les officiers du présidial de ...., après avoir fait conduire.......... dans la chambre du conseil de ce siége, afin qu'on lui prononce de nouveau, en présence de tous les juges, le jugement de compétence dont il s'agit, et qu'on lui fasse signer le procès-verbal qu'on dressera de cette nouvelle prononciation, ou s'il le refuse, qu'on l'interpelle de le signer; vous aurez ensuite l'attention de lui faire signifier aussi de nouveau ce jugement; et, lorsque toutes ces formalités auront été remplies, vous recommencerez les procédures qui auront été déclarées nulles.

Par autre lettre écrite le même jour, aux mêmes officiers, est dit, à l'égard des procédures :

Vous aurez donc soin de les déclarer nulles par un jugement en dernier ressort, que vous rendrez conjointement avec le prévôt de la maréchaussée, après avoir fait entrer.......... dans la chambre du conseil, afin qu'on lui prononce, de nouveau, en votre présence, le jugement de compétence dont il s'agit, et qu'on lui fasse signer le procès-verbal qu'on dressera de cette nouvelle protestation, ou s'il le refuse, qu'on l'interpelle de le signer; vous aurez attention à observer exactement à l'avenir cette formalité dans les cas semblables.

Du 26 novembre 1739.

J'AI reçu les motifs que je vous avois demandés du jugement d'incompétence que vous avez rendu le 3 juillet dernier, sur les procédures commencées par le lieutenant de la maréchaussée de........., à la résidence de........ contre le nommé......., et je persiste à croire que ce jugement n'est pas régulier. Quoiqu'il semble nécessaire de constater les effractions par un procès-verbal, cependant cette formalité n'est pas absolument indispensable, et elle peut être suppléée par les dépositions de deux témoins, qui déclarent avoir vu l'effraction, ou par la déposition d'un témoin et l'aveu de l'accusé. Par l'examen que j'ai fait des procédures, sur lesquelles le jugement dont il s'agit est intervenu, j'ai observé que la déposition de........., et l'aveu de l'accusé dans l'interrogatoire que le lieutenant de la maréchaussée lui a fait subir le 19 juin, établissent suffisamment qu'il a été fait un trou au mur de la maison de........., et que ce trou a facilité l'ouverture de la fenêtre par laquelle......... s'est introduit dans cette maison pour y commettre le vol dont il est prévenu. Il est vrai que les dépositions des autres témoins ne sont pas si précises; mais elles ne détruisent pas celle de........., ni l'aveu de l'accusé, qui, dans l'interrogatoire que vous lui avez fait subir dans la chambre du conseil, n'a pas même contesté la vérité de cette effraction; ainsi, vous n'auriez pas dû dépouiller les officiers de la maréchaussée d'une affaire dont la connoissance leur appartenoit;

et je vous exhorte à faire plus d'attention aux jugemens d'incompétence que vous rendrez dans la
suite.

Du 26 novembre 1739.

J'ai reçu la lettre que vous m'avez écrite à l'occasion de l'arrêt que Sa Majesté a rendu le 19 septembre dernier, pour réunir les accusations du crime
de fabrication et d'exposition de fausse monnoie qui
y ont été formées contre.........; et je vois, par
cette lettre, que vous craignez qu'on ne conclue de
cet arrêt, qu'il n'y a aucuns cas prévôtaux dont vous
puissiez connoître concurremment et par prévention
avec les officiers de maréchaussée; d'un côté, vous
observez que par arrêt du parlement de.........
du 7 juin 1726, le lieutenant-criminel de votre siége
a été autorisé à recevoir seul les plaintes, et à faire
seul toutes les instructions antérieures aux jugemens
de compétence, à l'exclusion de tous les officiers du
présidial; et de l'autre, vous remarquez que suivant
l'arrêt du conseil du 19 septembre, les lieutenans-
criminels ne peuvent prévenir les officiers de maréchaussée qu'en qualité de lieutenans-criminels des
bailliages ou sénéchaussées; c'est de ces deux observations réunies, et surtout de la seconde, que
vous croyez qu'on pourroit tirer cette conséquence
que les présidiaux ne peuvent jamais prévenir les
officiers de maréchaussée, ni profiter par là de la
préférence que les ordonnances leur donnent sur ces
officiers, même dans le cas de la concurrence; à quoi
vous ajoutez, pour fortifier votre raisonnement, que
le même arrêt du conseil vous défend de statuer sur
la compétence des juges ordinaires, et par conséquent
sur celle de lieutenant-criminel de votre siége; vous
n'êtes pas moins exclus, par cette disposition, de connoître d'aucun cas prévôtal.

Je répète avec peine des doutes plus difficiles à expliquer qu'à résoudre.

L'obscurité qui vous a paru répandue sur cette matière, ne vient que de ce que vous n'avez pas distingué deux sortes de concurrences et de préventions :

La première est celle qui regarde le lieutenant-criminel de votre siége, en qualité de juge ordinaire, soit qu'il ait commencé lui-même la procédure qui peut lui assurer la prévention, soit qu'il ne fasse que profiter de la diligence du juge qui lui est inférieur;

La seconde est celle qui regarde le lieutenant-criminel, en tant qu'il est officier du présidial, et qu'il agit comme représentant ce siége.

C'est à la première espéce de prévention que doit s'appliquer la disposition de l'arrêt du conseil du 19 septembre dernier; il a été justement décidé, par cet arrêt, que lorsque le droit du lieutenant-criminel n'est fondé que sur la diligence des juges inférieurs, et qu'ils le représentent, il ne peut agir que comme juge ordinaire, conformément aux déclarations de 1702 et 1731, et par conséquent à la charge de l'appel; c'est en cette qualité qu'il est censé avoir prévenu le prévôt des maréchaux; et le jugement de votre siége, qui étoit contraire à une régle si certaine, a été cassé avec raison par le roi.

C'est au contraire à la seconde espéce de prévention que doit s'appliquer ce qui a été réglé par le parlement de............, lorsqu'il a ordonné que le lieutenant-criminel recevroit seul les plaintes, et qu'il feroit seul toutes les instructions antérieures au jugement de compétence; ces derniers termes font entendre clairement que les cas prévôtaux ou présidiaux ont été le véritable objet de cette disposition, qui ne regarde que l'intérieur de votre siége, et qui n'a point de rapport à ce qui doit être observé entre le présidial et le prévôt des maréchaux, en cas de concurrence et de prévention.

Il est certain, en ce cas, que la préférence est due au présidial, quand il a concouru avec le prévôt des maréchaux, ou qu'il l'a prévenu; mais il faut pour cela que le présidial, soit par lui-même, ou par le lieutenant-criminel qui le représente, ait connu d'abord de l'affaire en tant que le présidial, que le procureur du roi ait exposé dans sa requête qu'il s'agissoit d'un cas prévôtal; que le lieutenant-criminel ait déclaré à l'accusé au commencement du premier interrogatoire, qu'il entendoit lui faire le procès en dernier ressort, et qu'il ait fait ensuite statuer sur sa compétence, ou plutôt sur celle du présidial; c'est dans ces circonstances, et sous ces conditions, que ce siége peut connoître en dernier ressort des cas prévôtaux, et préférablement au prévôt des maréchaux, s'il en a égalé ou surpassé la diligence.

L'arrêt du conseil du 19 septembre ne contient rien qui donne la moindre atteinte à cette règle; et si vous en avez été alarmés, c'est faute d'avoir fait la distinction que je viens de vous marquer entre les cas où le lieutenant-criminel prévient comme juge ordinaire, et ceux où il prévient comme représentant le présidial.

Il n'est pas surprenant que n'ayant pas bien pris le principe de l'arrêt du conseil, vous vous soyez trompés dans la mauvaise conséquence que vous en avez tirée.

Ce que vous avez ajouté au sujet des défenses que le même arrêt vous fait de statuer sur la compétence des juges ordinaires, fait encore voir que vous n'avez pas bien compris les motifs de cet arrêt; il ne s'agit dans les défenses qu'il contient à cet égard que des cas où vous prononcez sur la compétence du prévôt des maréchaux ou sur celle du présidial; vous pouvez bien alors déclarer l'un ou l'autre compétent par un jugement en dernier ressort; mais lorsque vous les déclarez incompétens, il ne vous appartient pas en ce cas de rien décider sur la compétence des différens juges ordinaires qui peuvent connoître de l'accusation, parce que vous ne pourriez qu'en juger en dernier ressort, et c'est un pouvoir qui ne vous étant donné par aucune loi, est réservé au parlement. Vous devez donc, en ce cas, vous contenter d'ordonner que le procès sera poursuivi par-devant les juges qui en doivent connoître, et s'il vous paroit que ce soit au lieutenant-criminel que cette connoissance doit appartenir, soit parce qu'il s'agit d'un cas royal, soit parce que l'affaire lui est dévolue par la négligence du juge du lieu du délit, vous pouvez rendre un jugement séparé sur le réquisitoire du procureur du roi, par lequel il sera ordonné que le procès sera poursuivi par-devant le lieutenant-criminel, jugement qui n'aura plus rien d'irrégulier, parce qu'il ne sera rendu qu'à la charge de l'appel; le procureur du roi doit même en informer M. le procureur-général, afin qu'il soit en état d'y faire pourvoir par le parlement dans le cas où cela pourroit être nécessaire, et qu'il seroit inutile d'expliquer ici.

Tous vos doutes doivent être levés par les instructions que j'ai cru devoir vous donner en cette occasion, et je ne doute pas que vous ne vous conformiez exactement dans la suite aux règles que j'ai été obligé d'y rappeler.

Du 26 novembre 1739.

J'AI reçu les motifs que je vous avois demandés du jugement d'incompétence rendu en votre siége le 20 août dernier, sur les procédures commencées par le prévôt de la maréchaussée de............ contre le nommé............, et je persiste à croire que ce jugement n'est pas régulier. Il est vrai que tout enfant de famille peut dire qu'il a un domicile de droit chez son père; mais cela ne suffit pas, il doit encore prouver que dans le temps où on l'accuse d'être vagabond, il a un domicile de fait chez son père, ou qu'il y demeuroit peu de temps auparavant; il doit rapporter des certificats, dans lesquels on atteste que dans un temps peu éloigné, et non pas plusieurs années avant, il n'étoit point errant et vagabond, et c'est ce que.... n'a point fait ; il paroît, au contraire, par les certificats qui ont été joints à son procès, que ce premier avoit quitté la maison paternelle depuis trois ans, et qu'il avoit employé ce temps à courir de province en province, pour chercher les occasions de voler, ce qu'il avoit effectivement exécuté dans plusieurs villes du royaume ; vous devez donc regarder......... comme un véritable vagabond, et je vous exhorte à faire plus d'attention aux jugemens d'incompétence que vous rendrez à l'avenir.

<hr>

Du 26 novembre 1739.

J'AI reçu vos observations sur la conduite que j'ai cru devoir vous prescrire par la lettre que je vous ai écrite le 29 septembre dernier, et par l'examen que j'en ai fait, il m'a paru qu'il n'y avoit rien à changer à ce que je vous ai marqué. Quoique l'article 21 du titre 2 de l'ordonnance de 1670, porte que deux jours au plus tard après le jugement d'incompétence, l'accusé sera transféré dans les prisons du juge du lieu où le délit aura été commis, il n'autorise pas les officiers des présidiaux à déterminer dans les jugemens d'incompétence qu'ils rendent quels sont les juges du lieu du délit, c'est au prévôt des maréchaux de s'en instruire et d'exécuter les dispositions de cette loi sous les peines qui y sont exprimées. Il y auroit même un grand inconvénient à permettre aux officiers des présidiaux de désigner dans ces sortes de jugemens les juges ordinaires par-devant lesquels les accusés doivent être renvoyés, car ces jugemens étant rendus en dernier ressort, le parlement ne pourroit pas les réformer si ces officiers s'étoient trompés ; et je ne vous ai prescrit de faire informer M. le procureur-général au parlement, par son substitut en votre siége, des jugemens d'incompétence, à mesure qu'ils sont rendus ;

que pour éviter l'inconvénient que je viens de vous marquer, et afin que M. le procureur-général puisse donner les ordres nécessaires pour accélérer la poursuite et la punition des crimes.

Du 26 novembre 1739.

J'AI reçu les motifs que vous m'avez envoyés du jugement d'incompétence, rendu par vous, le 11 août dernier, sur les procédures faites par les officiers de la maréchaussée contre la nommée.......... Il me paroit que vous avez suivi dans cette occasion plutôt la lettre que l'esprit de l'article 22 de la déclaration du roi du 5 février 1731.

Il est nécessaire que le juge ordinaire fasse quelque diligence pour prévenir en faveur du juge supérieur les officiers de la maréchaussée dans le cas où l'accusé a été pris en flagrant délit; d'ailleurs, j'ai observé qu'en déclarant par ce jugement le prévôt de la maréchaussée incompétent pour connoître des accusations formées contre.........., vous avez ordonné que son procès lui seroit fait par vous, à la charge de l'appel. Vous pouviez bien prononcer en dernier ressort la première partie de ce jugement; mais il n'en étoit pas de même de la seconde, parce qu'il ne vous appartient pas de statuer en dernier ressort sur votre compétence, ni sur celle d'aucun des juges ordinaires, et qu'en cas de doute, c'est au parlement d'y pourvoir; ainsi, vous deviez vous contenter de prononcer sur la compétence ou sur l'incompétence du prévôt des maréchaux, et c'étoit après cela au procureur du roi de votre siége à présenter sa requête au lieutenant-criminel pour faire informer à l'ordinaire des crimes dont il s'agit, supposé qu'ils soient en effet de la compétence de votre sénéchaussée. Vous aurez donc soin de vous conformer dorénavant à cette règle, afin que, s'il se trouvoit, dans certains cas, que le lieutenant-criminel de votre siége auroit

12 *

connu mal à propos d'une pareille affaire, le parlement soit toujours en état de pouvoir réformer ce
qu'il aura fait, au lieu qu'il n'en auroit pas le pouvoir, si vous aviez le droit de juger en dernier ressort
que le lieutenant-criminel doit en connoître.

Du 29 novembre 1739.

JE vous renvoie les procédures que vous m'avez
adressées il y a quelque temps, et sur lesquelles est
intervenu, au conseil supérieur de..........., le 8
avril 1738, un jugement par lequel le prévôt de la
maréchaussée a été déclaré incompétent pour faire
le procès aux nommés............. Comme, par
l'examen que j'ai fait des procédures, il m'a paru
qu'il résultoit des dépositions de........... et de sa
femme une preuve considérable, que ces trois particuliers étoient les auteurs du vol commis avec effraction extérieure, au lieu de..........., la nuit du 23
au 24 décembre 1737, et que cette effraction étoit
d'ailleurs suffisamment constatée, je persiste à croire
que le jugement d'incompétence dont il s'agit n'est
pas régulier, et je suis surpris que vous désapprou-
viez la conduite que le prévôt de la maréchaussée a
tenue en entendant............ et sa femme en déposition, après avoir reçu leur déclaration dans un
procès-verbal qu'il avoit dressé à l'occasion du vol
fait chez eux. Une pareille déclaration ne formant
point une preuve régulière, il falloit nécessairement
entendre ces deux témoins en déposition, et ce n'étoit
pas le cas d'une simple répétition, qui n'auroit pu
réparer l'insuffisance de la déclaration : il est vrai que
ces dépositions paroissent fort suspectes ; mais il ne
s'ensuit pas de là qu'on dût dépouiller, sur ce fondement, le prévôt des maréchaux de l'instruction
d'une accusation dont la connoissance lui appartenoit. A l'égard des nullités que cet officier pouvoit
avoir faites dans ses procédures, elles n'autorisoient le

conseil supérieur de............ qu'à déclarer ces procédures nulles, et à ordonner qu'elles seroient recommencées : mais la compétence des officiers de la maréchaussée n'en étoit pas moins constante, et je compte que ce tribunal fera plus d'attention, dans la suite, aux jugemens d'incompétence qu'il rendra.

Du - décembre 1739.

JE vous envoie les décisions que vous avez demandées sur plusieurs questions qui font naitre souvent des difficultés entre vous et les officiers de la maréchaussée, et je compte que ces éclaircissemens confirmeront, entre vous et ces officiers, la paix et l'union qui sont si désirables pour le bien de la justice.

Questions sur lesquelles les officiers du bailliage de....... prient M. le Chancelier de donner sa décision, et réponses de M. le Chancelier.

QUESTIONS.

Les officiers de la maréchaussée peuvent-ils juger à............, conjointement avec des gradués, qu'ils y assemblent, les procès qu'ils ont instruits en conséquence des jugemens de compétence rendus aux bailliages de........?

Le prévôt et le lieutenant de la maréchaussée peuvent-ils prendre, en l'absence de leur assesseur, tel gradué qu'ils veulent choisir pour en faire les fonctions ?

RÉPONSES.

Non, ils doivent les juger conjointement avec les officiers du bailliage royal dans l'étendue duquel les crimes dont il s'agit ont été commis.

Non, ils doivent faire nommer un conseiller ou un gradué pour remplir ces fonctions par le président du siége où le procès doit être jugé.

QUESTIONS.

RÉPONSES.

Lorsque le fils d'un officier du siége où le procès doit être jugé a été choisi pour assesseur du prévôt ou du lieutenant de la maréchaussée, et qu'il doit assister, en cette qualité, aux jugemens prévôtaux, le père peut-il aussi assister à ces jugemens?

Oui, et, dans ce cas, la confusion de voix qui peut arriver entre le père et le fils n'oblige point à ajouter un huitième officier ou gradué.

Le prévôt de la maréchaussée doit-il présider aux jugemens préparatoires, interlocutoires et définitifs qu'il rend avec les officiers des bailliages de..........?

Non, il ne doit avoir que la seconde place, et il doit opiner immédiatement avant le lieutenant-général ou le plus ancien officier du siége qui préside, en l'absence du lieutenant-général, dans toutes les affaires prévôtales, même dans celles que le prévôt juge en exécution d'arrêt du conseil.

Est-ce le prévôt de la maréchaussée ou le chef du bailliage qui doit indiquer les assemblées de la compagnie pour les jugemens prévôtaux, et qui doit appeler, au défaut d'officiers, les gradués nécessaires?

C'est le lieutenant-général du bailliage, et, en son absence, le plus ancien officier du siége.

Du 15 mai 1740.

VOTRE lettre du......................................
Au surplus, vous avez raison de croire que la compétence du parlement de Bordeaux ne peut souffrir aucune difficulté en cette occasion, soit à cause de l'appel *à minimâ*, par lequel vous avez saisi cette

compagnie, soit parce que la sentence des premiers juges ayant été infirmée sur cet appel, ils ne peuvent plus prendre connoissance d'un procès dans lequel ils ont consommé leur pouvoir, d'une manière qui n'a pas été approuvée par leurs supérieurs.

Du 4 mars 1742.

Je croyois m'être expliqué d'une manière si claire dans la lettre que je vous écrivis, le 20 février dernier, sur la question qui consiste à savoir si les présidens et les conseillers de la grand'chambre, qui sont de service à la tournelle, doivent être appelés au jugement des affaires criminelles dans lesquelles les officiers de la chambre des comptes sont accusés, qu'il ne resteroit aucun doute sur ce sujet à la vue des raisons solides que j'avois cru devoir employer dans ma lettre pour autoriser ce sentiment ; mais, puisqu'on insiste encore sur un point qui ne paroît susceptible d'aucune difficulté, je suis obligé de répondre aujourd'hui aux objections qu'on a renfermées dans le mémoire qui a été joint à la lettre que le parlement m'a écrite sur cette matière.

Je ne sais d'abord pourquoi toute la compagnie s'est réunie pour m'écrire cette lettre, puisqu'il n'y a rien dans la question présente qui intéresse le parlement en général, les officiers de la chambre des comptes n'ayant pas le privilége d'être jugés par toutes les chambres assemblées, comme ceux du parlement. Ainsi, la difficulté dont il s'agit, n'intéressant que les présidens et les conseillers de la grand'chambre qui sont de service à la tournelle, ou tout au plus, la grand'chambre même, c'étoit de leur part que j'aurois dû recevoir le mémoire qui m'étoit adressé.

Je passe après cela aux raisons qui y sont expliquées, et il n'est pas difficile d'y répondre.

L'article 38 de l'ordonnance de Moulins, dont on a voulu emprunter un argument au commencement

de ce mémoire, est directement contraire à l'induction qu'on en tire. Le roi Charles IX y déclare qu'il
veut *en tout cas, qu'au jugement desdits procès cri-*
minels qui seront faits en ladite grand'chambre,
assistent les présidens et conseillers de la grand'-
chambre, étant du service de la tournelle. Ainsi, cet
article établit une règle générale, qui ne souffre ni
distinction ni exception; et cette règle est que, dans
tous les cas où par le privilége des personnes les
procès criminels sont de nature à être instruits ou
jugés en la grand'chambre, les officiers de cette chambre, qui sont actuellement à la tournelle, doivent
se réunir avec ceux qui sont actuellement à la grand'-
chambre.

Le fondement de cette règle, comme M. le premier
président de Lamoignon l'observa avec grande raison
dans les conférences qui furent tenues pour la rédaction de l'ordonnance de 1670, est que le droit des
gentilshommes en cette matière devoit être considéré,
non comme un privilége, mais comme la continuation
de l'ancien usage, parce qu'autrefois, et dans la première institution du parlement, toutes les affaires criminelles, indistinctement, étoient jugées en la grand'-
chambre, mais que dans la suite du temps, ayant
été établie une chambre de la tournelle pour y connoître particulièrement de ces matières, la grand'-
chambre avoit continué de prendre connoissance des
procès des gentilshommes, auxquels il joint, dans la
remarque suivante, les ecclésiastiques, les secrétaires
du roi, et les officiers royaux de judicature, qui ont
aussi conservé cette ancienne possession.

Ainsi, quand on voudroit user ici du terme *de*
privilége, c'est plutôt un droit de la grand'chambre
même, encore plus qu'une prérogative personnelle à
ceux dont les procès criminels doivent y être poursuivis ou jugés. Or, il n'est pas douteux que tous les
officiers qui sont naturellement les membres de la
grand'chambre, doivent participer également aux
droits et aux prérogatives de ce tribunal; et par conséquent l'ordonnance de Moulins, soit que l'on s'at-

tache à la lettre de l'article 58, soit que l'on en considère l'esprit et le motif, exclue suffisamment l'usage
qu'on en veut faire dans le mémoire qui m'a été
envoyé.

L'argument que l'on y a prétendu pouvoir tirer de
la comparaison qu'on a faite des termes de l'article 21,
et ceux de l'article 22 du titre 1.er de l'ordonnance
de 1670, est encore plus aisé à réfuter.

Il est vrai que dans l'art. 21, où il est question de
privilége (si l'on peut se servir de ce nom), dont
les ecclésiastiques, les gentilshommes, les secrétaires
du roi, et une partie des officiers de justice, sont en
possession, on s'est servi de ces termes : *Toute la
grand'chambre assemblée*, et il est vrai aussi que
dans l'article suivant, qui regarde les officiers de la
chambre des comptes de Paris, on a dit seulement
qu'ils ne pourroient être poursuivis, en matière criminelle, *qu'en la grand'chambre du parlement de la
même ville;* mais il ne s'en suit pas de cette différence
qu'on en ait voulu traiter les officiers moins favorablement que les personnes privilégiées qui sont
comprises dans la disposition de l'article précédent.
Ceux qui ont rédigé l'article 22, ont cru sans doute,
qu'il étoit inutile d'y répéter ces mots : *Toute la
grand'chambre assemblée*, soit parce que cela étoit
de droit, soit parce que l'expression qui en avoit été
faite dans l'article immédiatement précédent, influoit
sur celui qui le suit, et en déterminoit suffisamment
le véritable sens.

On peut même ajouter ici deux réflexions importantes, qui achèvent de dissiper jusqu'aux moindres
nuages sur ce sujet :

La première, est qu'il seroit absurde de penser que
le roi eût voulu accorder plus de privilége et d'avantage à de simples officiers d'un bailliage, ou d'une
sénéchaussée, ressortissans nûment au parlement,
qu'à ceux d'une cour supérieure, telle que la chambre des comptes de Paris, en sorte que les premiers
fussent jugés par toute la grand'chambre assemblée ;

pendant que ces seuls officiers ne le seroient que par les seuls officiers qui serviroient actuellement à la grand'chambre, sans y appeler ceux qui se trouveroient alors à la tournelle.

La seconde observation est à peu près semblable : il est certain que le législateur a voulu attribuer un plus grand privilége aux officiers de la chambre des comptes de Paris, qu'aux ecclésiastiques, aux gentilshommes, et à tous ceux qui sont dénommés dans l'article 21 du titre 1.er de l'ordonnance de 1670. Puisque les officiers de la chambre des comptes ont le droit de ne pouvoir être poursuivis extraordinairement, même en première instance, qu'en la grand'chambre, au lieu que tous les autres sont obligés d'essuyer une poursuite et un jugement en première instance, dans un tribunal inférieur, avant que de pouvoir jouir de la prérogative qui leur est accordée, seulement, en cas d'appel, comment pourroit-on donc présumer, que celui à qui on a voulu donner moins de droit, eût cependant plus d'avantage lorsqu'il est dans le cas d'user de son privilége, que celui à qui la loi a accordé beaucoup plus, en lui permettant d'exercer son droit, même par rapport à ce qui regarde la première instance ?

Je n'ai pas besoin d'observer ici que tout ce que je viens de remarquer sur le véritable esprit de l'ordonnance de 1670, s'applique naturellement, et de lui-même aux lettres-patentes expédiées, le 12 décembre 1759, en faveur des officiers de la chambre des comptes de Nantes, puisqu'on n'a fait que copier fidèlement la disposition de l'ordonnance de 1670, par rapport à la chambre des comptes de Paris, à l'instar de laquelle celle de Nantes a été créée.

Les argumens que l'on a cherché dans l'ordonnance de 1667, sont si foibles, si étrangers à la difficulté présente, et les auteurs du mémoire eux-mêmes paroissent l'avoir si bien senti, qu'ils ne méritent presqu'aucune réponse.

Il n'y a nulle conséquence à tirer des règles établies dans les matières civiles, à celles qui s'observent dans les matières criminelles ; c'est une distinction qui naît de la différence des choses mêmes, et qui n'a besoin d'être enseignée ni autorisée par aucune loi. Les principes qui décident de la compétence des juges en matière civile, n'ont rien de commun à ceux par lesquels elle se règle en matière criminelle; et l'on se tromperoit autant, si l'on vouloit chercher les premiers dans l'ordonnance de 1670, que si on s'efforçoit de trouver les derniers dans l'ordonnance de 1667. Il faut donc, dans chaque genre d'affaires, consulter la loi qui lui est propre; autrement tout deviendroit incertain si l'on vouloit dépayser, pour ainsi dire, les principes, en faisant des applications forcées d'une loi à une autre, quoique les objets en soient essentiellement différens.

Je ne parle point ici du passage d'un auteur moderne que l'on cite à la fin du mémoire, parce qu'il n'a pas encore acquis une assez grande autorité pour mériter qu'on se donne la peine de réfuter son sentiment.

Ainsi, les deux seuls objets qui puissent exiger ici une attention plus sérieuse sont, d'un côté, l'usage où le parlement de Bretagne a été, jusqu'à présent, de ne point appeler ceux de la grand'chambre qui sont à la tournelle, aux jugemens des procès criminels poursuivis contre des officiers de la chambre des comptes de Nantes ; et de l'autre, la crainte qu'on a que si, après avoir suivi d'abord cet usage dans les premiers jugemens qui ont été rendus sur l'accusation formée contre le président de.........; on établit une autre forme dans la continuation du même procès, les parties ne prennent prétexte de ce changement, pour demander la nullité de ce qui a été fait jusqu'ici dans cette affaire.

On pourroit dire d'abord que l'usage qu'on allègue n'est point prouvé ; mais en le supposant tel qu'on l'assure, comme je suis fort porté à le penser, il seroit fort aisé de prévenir l'inconvénient dont je vois qu'on est frappé, en faisant expédier des lettres-patentes par lesquelles il plairoit au roi de valider tout ce qui a été fait jusqu'à présent dans le procès du président de..........., en faveur de l'usage qu'on y a suivi, et d'ordonner en même temps que la véritable règle qui doit avoir lieu dans cette matière, sera observée, en réunissant tous les présidens et les officiers de la grand'chambre, soit dans le procès dont il s'agit, soit dans ceux de la même nature qui pourront survenir dans la suite.

Comme il n'auroit pas été convenable que je fusse entré dans de si grands détails en écrivant au parlement même, j'ai cru qu'il étoit plus à propos que ma réponse passât par votre canal, afin qu'après en avoir fait part à votre compagnie, vous puissiez me faire savoir ses dispositions sur ce que je viens de vous dire en dernier lieu; et je suis persuadé par avance qu'elles tendront toujours à ce qui est du bon ordre, comme de mon côté, je serai également disposé à entrer dans ses vues sur ce qui peut intéresser ou ménager son honneur et sa dignité.

Du 7 avril 1742.

M. le prévôt de......... peut n'avoir pas raison de prétendre que la négligence du juge seigneurial de .... le mette en droit de connoître du meurtre qui a été commis dans cette justice; mais le véritable moyen d'empêcher que ce crime ne demeure impuni, est que le parlement de....... y pourvoie sur votre réquisition, comme vous me marquez dans votre lettre qu'il est dans l'usage de le faire, et qu'il commette le juge royal le plus prochain pour suppléer à la négligence du juge du lieu du délit. J'ai de la peine à croire qu'il soit bien difficile de trouver des preuves, dès le moment que vous aurez donné des ordres nécessaires pour obliger votre substitut au siége royal qui sera commis par le parlement, à faire toutes les diligences possibles pour y parvenir; et il seroit bon même, soit dans cette vue, soit pour rendre les juges subalternes plus attentifs à faire leur devoir, qu'en faisant commettre le plus prochain juge royal du lieu de......... vous demandassiez aussi que le juge et le procureur fiscal de ce lieu fussent mandés au parlement, pour rendre compte de leur conduite dans l'affaire dont il s'agit. La crainte d'être exposés à une pareille mortification, seroit plus capable que toute autre chose, de réveiller l'attention des juges inférieurs dans les matières criminelles.

Au surplus, il est vrai qu'il n'y a que trop de négligence, non-seulement dans les justices seigneuriales, mais même dans les juridictions royales, par rapport à la poursuite des crimes; c'est un mal général, auquel on ne peut remédier aussi que par des moyens généraux; et c'est de quoi je suis fort occupé.

J'ajoute ici, qu'avant que de prendre le parti de demander que le parlement ordonne aux officiers de la justice de........ de venir lui rendre compte de leur négligence, je ne doute pas que vous ne vous fassiez envoyer les informations qu'ils ont faites pour vous mettre en état de bien juger si leur faute est assez grande pour mériter un pareil traitement.

***

Du 26 septembre 1742.

J'AI reçu la lettre par laquelle vous m'informez de tout ce qui s'est passé, soit devant les premiers juges, soit au parlement de........., au sujet du procès qui a été poursuivi contre le nommé........; sa femme et ses filles, pour le meurtre qu'il a commis dans la personne du nommé........, et je ne peux m'empêcher de vous dire qu'il n'y a rien de plus irrégulier que la procédure qui a été faite au parlement à l'égard du principal accusé; et les propositions que vous me faites à cette occasion.

Le premier juge n'ayant rendu sa sentence que par contumace, la capture ou la représentation de l'accusé anéantissoit de plein droit ce jugement; ainsi, l'accusation devoit être renvoyée devant le premier juge pour y achever l'instruction par la confrontation des témoins aux accusés, et rendre ensuite un nouveau jugement contradictoire. Mais au lieu de suivre une règle si connue et si inviolable, le parlement s'est mis en la place du premier juge, comme si la folie de l'accusé étoit une cause d'évocation qui dût troubler l'ordre commun des juridictions. J'ai de la peine à comprendre comment des juges aussi éclairés que ceux du parlement de.......... ont pu tomber dans une contravention si formelle à l'ordonnance, et comment elle a pu vous échapper à vous-même.

Il est vrai que les premiers juges auroient été obligés de prononcer la peine de mort contre le nommé...., parce qu'ils sont juges de rigueur, et qu'il ne leur est pas permis d'admettre la preuve du fait de démence, ce pouvoir étant réservé aux cours supérieures; mais cela ne dispensoit pas le parlement de laisser juger le fond du procès aux juges qui en étoient saisis, et ne le mettoit pas en droit d'instruire lui-même ce procès, dont le jugement n'ayant été rendu que par contumace, ne subsistoit plus après la représentation de l'accusé.

En supposant même que le parlement eût eu ce pouvoir, il se seroit encore trop pressé de faire des procédures qui tendoient à prouver le fait de la démence du coupable; c'est ce qui ne doit jamais être ordonné qu'après la confrontation des témoins, le fait de folie ou de démence de l'accusé devant être regardé comme un fait justificatif, dont la preuve ne peut être admise que sur le vu de tout le procès. Ainsi, ce que vous avez requis, et ce que le parlement a ordonné à cet égard, est aussi irrégulier, en toutes manières que prématuré; et, pour remettre les choses en règle, il faudroit commencer par le déclarer nul.

Cependant, comme on se trouve ici dans un cas où le fond peut l'emporter sur la forme, et qu'il seroit fâcheux de faire à présent le circuit inutile de renvoyer un insensé devant le premier juge pour le ramener ensuite au parlement, je crois que le seul moyen de concilier la règle avec cette considération, et d'empêcher que l'exemple qui vient d'être donné par le parlement ne tire à conséquence, est d'expédier un arrêt du conseil, par lequel le roi évoquera le procès criminel dont il s'agit, et, attendu les circonstances singulières de cette affaire, en attribuer la connoissance au parlement en première et dernière instances, moyennant quoi, après la confrontation des témoins, le parlement pourra, sur le vu du procès, et après avoir entendu l'accusé dans la chambre de la tournelle, ordonner qu'il sera fait preuve de sa démence, à l'effet de quoi les témoins qui en peuvent disposer seroient entendus par voie d'information, et l'accusé visité par les médecins et chirurgiens, pour être statué, ainsi qu'il appartiendra, sur le vu de l'information et du rapport qui aura été fait de l'état de l'accusé. Il ne restera plus, après cela, que de rendre un jugement de votre consentement, porté par vos conclusions, par lequel il sera ordonné que le nommé............ sera enfermé pour le reste de ses jours dans tel hôpital ou maison de force que les juges l'estimeront à propos. C'est ainsi que de pareilles affaires doivent être instruites et jugées.

Je passe présentement aux propositions que vous me faites par votre lettre; l'une, d'accorder des lettres de rémission au principal accusé; l'autre, d'en accorder de pardon à sa femme et à ses filles.

Vous n'avez pas fait réflexion sans doute, à l'égard du premier, que si un accusé est véritablement dans un état de folie, et presque de fureur, il n'étoit pas capable de crime, et par conséquent qu'il n'est pas dans un cas où il ait besoin de grâce, et où l'on puisse la lui accorder : il seroit contradictoire de le regarder en même temps, et comme fou et comme coupable, et il n'y a point d'exemple de lettres de rémission accordées à ceux dont la démence est avérée.

A l'égard de sa femme et de ses filles, la proposition de leur faire expédier des lettres de pardon est peut-être encore plus extraordinaire. Vous m'assurez qu'elles n'ont aucune part à l'action du nommé......; sur quoi donc seroit fondé un pardon qui les supposeroit coupables, au moins en partie ? Ainsi, en rejetant également ces deux propositions, il n'y a point d'autre parti à prendre que celui de faire enfermer l'auteur insensé du meurtre qui a été commis, et de décharger sa femme et ses filles de l'accusation formée très-mal à propos contre elles.

Mais avant que d'en venir là, il faut commencer par remettre l'affaire en règle, comme je viens de vous le dire, par un arrêt du conseil que je ferai expédier aussitôt que vous m'aurez envoyé la copie de toute la procédure qui a été faite contre......, sa femme et ses filles, tant par le premier juge qu'au parlement. Si cependant cette femme et ses filles étoient actuellement dans les prisons, ce que votre lettre ne marque point, la chambre des vacations pourroit dès à présent, supposé qu'elles soient entièrement innocentes, ordonner que par provision elles seroient mises en liberté, à la charge de se représenter à toutes assignations en état d'ajournement personnel.

Du 8 août 1743.

Vous n'ignorez pas sans doute que depuis que l'assassinat prémédité a été retranché du nombre des cas prévôtaux, il s'est formé une question entre les juges royaux et les juges des seigneurs, pour savoir si ce crime devoit être regardé ou comme un cas royal ou comme un cas ordinaire. Il y a des parlemens dans le royaume qui paroissent s'être déterminés en faveur de la dernière opinion. Je vous prie de me faire savoir ce que vous pensez sur ce sujet, et si, depuis la déclaration du 5 février 1731, il y a eu quelques arrêts de préjugé rendus au parlement de Paris, ou pour les juges royaux, ou pour les officiers des seigneurs.

Du 12 septembre 1743.

LE lieutenant-criminel de la sénéchaussée de.....
m'a écrit pour me demander si, quoique depuis la
déclaration de 1731 l'assassinat prémédité ne soit
plus regardé comme un cas prévôtal, il ne falloit
pas au moins le mettre au nombre des cas royaux;
c'est une question qui peut souffrir quelque difficulté, et sur laquelle il seroit aisé de trouver des
raisons pour soutenir les deux opinions contraires.
Mais, comme il ne convient pas que je m'explique
avec l'officier d'un siège particulier sur une question
qui lui est commune avec tous les lieutenans-criminels des sénéchaussées de votre ressort, et que,
pour bien décider cette question, il est nécessaire de
savoir l'usage qui s'y est observé sur le point dont
il s'agit depuis le changement survenu par la déclaration de 1731, je vous prie de me faire savoir si l'assassinat prémédité y est considéré comme un cas
royal, quoique non prévôtal, et si, lorsque la question s'en est présentée, le parlement a renvoyé les
accusations de ce crime par-devant les juges qui ont
la connoissance des cas royaux, ou s'il a autorisé les
officiers des seigneurs à en connoître. Quand j'aurai
reçu votre réponse, je serai plus en état de m'expliquer avec vous sur la règle qu'on doit suivre en cette
matière, et que les officiers de votre ressort doivent
apprendre par votre canal.

Du 15 octobre 1743.

DES deux difficultés qu'il s'agit de résoudre par
rapport au viguier, et qui font le sujet de votre lettre
du neuf de ce mois, il y en a une qui ne demande
aucun examen, et c'est celle qui regarde la quotité

des droits qui sont dus à cet officier, lorsqu'il se transporte hors de la ville.......... pour faire des instructions criminelles. Quelque distinction qu'il mérite par son application à remplir les devoirs de sa charge, on ne peut pas l'excepter de la règle commune à tous les officiers qui sont du même degré que lui; ainsi, dans les exécutoires qui se délivrent sur le domaine du roi, on ne peut régler ses vacations que sur le pied de cinq livres par jour, comme vous le marquez, avec raison, par votre lettre.

La seconde difficulté qui m'est venue dans l'esprit sur le compte que le viguier.............. m'a rendu d'une procédure qu'il paroît avoir faite avec beaucoup de zèle et d'activité, soit dans son territoire ou dans d'autres juridictions, paroîtroit mériter une plus grande discussion s'il s'agissoit de faire un réglement sur le pouvoir des juges, à l'égard des accusations de crimes commis hors de leur territoire, qui sont incidentes à d'autres accusations dont ils sont les juges naturels; mais puisqu'il est d'un usage constant en Provence, de regarder, en ce cas, les juges qui sont saisis de l'accusation principale, comme compétens pour en connoître, même de celles qui viennent à leur connoissance, en instruisant les premières, quoique le lieu du délit qui en fait la matière soit hors de l'étendue de leur juridiction, je crois que l'on peut continuer de tolérer cet usage qui convient fort au bien de la justice, quoiqu'il soit contraire à la rigueur des principes; ainsi, vous pouvez faire savoir au viguier........ qu'il peut continuer la procédure qu'il a commencée sur les différens crimes dont il a pris connoissance, et qu'au surplus, je suis très-fâché qu'il ne soit pas possible d'accorder à un officier qui paroît avoir tant de zèle et de bonne intention, des droits plus considérables que ceux qui sont portés par les réglemens du conseil.

Je ne vous parle point encore de la pensée que vous avez de faire rendre un arrêt de réglement pour l'avenir, sur ce qui a fait l'objet de ma difficulté; parce que cette pensée, quoique régulière en elle-même, peut mériter plus de réflexion, et que, s'il faut pourvoir au cas dont il s'agit, il sera plus à propos que ce soit par l'autorité du roi, en travaillant, comme j'ai déjà commencé de le faire, à une ordonnance générale pour réformer ou perfectionner le premier titre de l'ordonnance de 1670, sur la compétence des juges.

<hr>

Du 15 octobre 1743.

QUELQUE édifié que je fusse du zèle et de l'activité avec laquelle vous vous étiez conduit dans l'instruction des affaires criminelles dont vous me rendiez compte par votre lettre du 10 juillet dernier, je crois néanmoins devoir vous faire part d'une difficulté qui m'étoit venue dans l'esprit sur votre compétence, et qui étoit d'un ordre supérieur à celle qui ne regardoit que la fixation de vos vacations, en cas de transport dans les procès où il n'y avoit point de partie civile; et, comme je vis par votre seconde lettre que vous établissiez votre compétence à l'égard des crimes commis hors de votre territoire, et votre transport dans les lieux où ils l'avoient été, sur l'usage qui s'observoit à cet égard en Provence, je jugeai à propos d'en écrire à M........., procureur-général, pour être encore plus informé par lui de la vérité d'un usage commun à toute votre province; c'est ce qui m'a donné lieu de m'expliquer avec lui sur ce sujet, et vous verrez ce que j'en pense par la réponse que je lui fais et que je lui marque de vous communiquer. Ainsi, il ne me reste que de vous assurer du déplaisir que j'ai aussi bien que lui, de ne pouvoir étendre vos droits au-delà de ce qui est porté par les réglemens du conseil, et de vous donner par là une marque de la satisfaction que j'ai des services que vous rendez au public et à la justice.

Du 19 novembre 1743.

La question que vous me proposez par votre lettre du quatorze de ce mois, n'est pas difficile à résoudre : d'un côté, aucun des juges des deux seigneuries qui cherchent également à se décharger de la connoissance des accusations dont il s'agit, n'est compétent pour connoître de tous ces vols, quand même ils seroient véritablement juges du lieu du délit, parce que le dernier vol (il paroît même que c'est le principal), a été certainement commis hors de leur territoire. D'un autre côté, le juge royal est capable de connoître de tous ces vols, ou par lui-même ou en vertu du pouvoir que le parlement peut lui attribuer pour le bien de la justice, qui ne permet pas que l'on divise trois accusations formées contre deux co-accusés. Les excuses de ces juges ne sont pas admissibles : il est vrai que dans les arrêts du conseil qui regardent les frais des instructions criminelles, on n'y a exprimé que quatre grands crimes qui doivent être poursuivis aux dépens du domaine du roi ; mais, dans les mêmes arrêts, on a ajouté ces mots, et autres semblables ; et il n'est pas douteux que le vol, quoique commis sans effraction, est du nombre des crimes qui peuvent et qui doivent être poursuivis d'office à la requête de la partie publique, parce qu'il suffit pour cela, suivant la disposition des ordonnances, qu'un crime mérite par sa nature d'être puni d'une peine afflictive ou infamante.

Ainsi, le seul parti que vous ayez à prendre dans l'occasion présente, où il s'agit même d'un voleur d'habitude, est de faire rendre un arrêt sur votre réquisitoire, qui ordonne que les accusations des différens vols dont le nommé .... est accusé, seront poursuivies et jugées par le juge royal de......, qui y sera autorisé par cet arrêt, avec pouvoir de se transporter, s'il le faut, hors de son territoire.

Du 30 mai 1744.

J'AI relu depuis peu la lettre que vous m'avez écrite le 14 décembre dernier, sur la question qui consiste à savoir si depuis la déclaration de 1731, qui a retranché l'assassinat prémédité du nombre des cas prévôtaux, il doit cependant être toujours considéré comme un cas royal, et je ne peux qu'approuver entièrement la jurisprudence que le parlement de Bordeaux suit sur cette question, comme plus conforme aux principes, et plus convenable à l'intérêt public.

Du 1.er novembre 1744.

LE parlement de Flandre a très-bien fait de suspendre sa délibération sur la requête qui lui a été présentée par le sieur.......... Cette compagnie seroit absolument incompétente pour connoître d'un fait qui est arrivé à Paris hors de son ressort, quand même il ne s'agiroit point d'un cas dans lequel toutes les cours supérieures du royaume croient être en droit de se faire justice à elles-mêmes, d'une injure faite à leur corps, sans être obligées de l'aller demander à d'autres tribunaux. C'est ce que le sieur.......... n'ignore pas sans doute; mais il a paru, par toutes les démarches de cet officier, qu'il ne cherchoit qu'à éluder l'autorité de la chambre des comptes de Paris; et la requête qu'il a présentée en dernier lieu à une compagnie aussi notoirement incompétente que la vôtre l'est en cette occasion, est une preuve plus que suffisante des efforts qu'il fait pour se dérober aux poursuites qui se font contre lui en la chambre des comptes de Paris.

Il seroit fort inutile, après cela, de discuter les faits qu'il a avancés dans la protestation qu'il a faite

contre le corps du délit en cette affaire, et à laquelle
il faut joindre la signification encore plus injurieuse
qu'il a fait faire de cette protestation. Si vous étiez
plus instruit, aussi bien que les officiers de votre
compagnie, du détail de ce qui s'est passé entre la
chambre des comptes et le sieur............, vous
n'auriez pas de peine à comprendre pourquoi cette
chambre s'est crue injustement offensée par ces actes.
Mais, encore une fois, c'est ce qui ne regarde point
votre parlement, qui s'est conduit fort sagement,
lorsqu'il a jugé à propos de vous charger de m'écrire
sur une affaire dont cette lettre lui fera voir qu'il n'a
aucun droit de prendre connoissance.

Du 29 juillet 1746.

J'AI examiné avec attention le mémoire que vous
m'avez envoyé sur le procès criminel instruit contre.............., accusés de l'assassinat commis en
la personne du nommé............ garde des gabelles
à..........; et, j'avoue que j'ai de la peine à comprendre sur quel fondement le parlement a pu ordonner, par son arrêt du 3 septembre 1742, qu'il seroit
informé de l'assassinat de......, devant le lieutenant-
criminel de........, à qui il a aussi renvoyé toute
l'instruction du procès, en se réservant seulement le
jugement définitif.

Le parlement étoit incompétent pour connoître de
ce crime par la nature même du meurtre commis par
des faux-sauniers, dans la personne d'un employé aux
gabelles ; et il l'étoit encore plus, aux termes de
l'arrêt du conseil, qui avoit commis M.........,
intendant en............, pour l'instruction et le
jugement de l'accusation; et il n'est pas douteux que,
si l'on avoit été instruit au conseil des finances de ce
qui s'étoit fait au parlement, on n'auroit pas hésité à
casser l'arrêt que la tournelle avoit rendu.

Il est vrai que l'instruction qui a été faite par le

lieutenant-criminel de.........., en vertu de cet
arrêt, a fait découvrir un nouvel accusé de l'assassinat
de.........., et c'est le nommé.........., qui
paroît avoir été inconnu à M..........., et qui
étoit apparemment un des trois faux-sauniers, dont
il n'y en a eu que deux qui aient été poursuivis devant
cet intendant; mais il est coupable d'un crime dont
le parlement ne pouvoit connoître, et l'ignorance où
l'on a été à son égard dans le cours de la première
instruction faite contre ses complices, ne peut ni
changer la qualité du crime, ni suppléer au défaut
de pouvoir dans les juges; et comment, d'ailleurs,
pourroit-on séparer ce qui regarde l'accusé nouvellement découvert, c'est-à-dire.........., de ce qui
concerne le nommé.........., à qui M........
a fait le procès, et qui se trouve aussi chargé de
l'assassinat de.........., par la procédure du
lieutenant-criminel de........?

Je ne saurois donc approuver en aucune manière,
ni cette procédure, ni l'arrêt qui lui a servi de fondement; et je loue fort le scrupule qui vous a porté
à me consulter sur ce sujet, avant que de prendre
des conclusions qui ne pourroient en effet tendre qu'à
la mort contre l'un des coupables, au moins si elles
étoient fondées sur une procédure régulière.

L'expédient de donner des lettres-patentes par
lesquelles, en attribuant à la chambre de la tournelle
la connoissance de ce procès criminel, le roi valideroit
les procédures qui ont été faites sur le fondement de
l'arrêt du 3 septembre 1742, me paroît fort difficile
à adopter. Il n'y a point de plus grand défaut que
celui de pouvoir, et la nullité essentielle qui en résulte, forme un droit acquis aux accusés; il est bien
difficile de laisser subsister un corps entier de procédure, dont le fondement est vicieux, surtout, lorsqu'il
est question d'une accusation capitale, comme celle
dont il s'agit. J'aurois grand regret de voir condamner
à mort des accusés que leur seule ignorance, ou le
défaut de conseil, a empêché de se pourvoir contre
l'arrêt du parlement et la procédure qui l'a suivie,

dont ils auroient obtenu sans difficulté la cassation, s'ils l'avoient demandée; et, si j'étois à la place des juges, je serois bien éloigné d'en vouloir charger ma conscience.

Je crois donc que le premier pas que l'on doit faire dans la situation où est ce procès, est de ne rien laisser subsister de tout ce qui doit être regardé comme nul, et de remettre les choses dans l'état où elles étoient, lorsque l'arrêt du 3 septembre 1742 a été rendu; si la chambre de la tournelle veut le suivre, il lui sera honorable de se réformer elle-même : si elle ne croit pas pouvoir ou devoir le faire, ce sera au roi d'y pourvoir par son autorité; et, lorsque l'affaire aura été ainsi remise en règle, ce sera le temps d'examiner si le parlement, se trouvant saisi d'un autre procès instruit contre les mêmes accusés sur une accusation qui étoit entièrement de sa compétence, il sera à propos de lui attribuer celle qui ne commencera à en être que par l'attribution qui lui en sera faite par Sa Majesté.

C'est à quoi se réduit tout ce que je pense sur ce sujet, et je vous prie de me faire savoir à quoi vous vous serez déterminé, après vous être conseillé avec MM. de la tournelle, sur le parti qu'il convient de prendre au parlement dans l'état actuel du procès, afin que, si les juges paroissent disposés à ne point douter de leur pouvoir, je prenne les mesures nécessaires pour mettre les choses en règle, comme je l'ai déjà dit, par l'autorité de roi.

Du 4 novembre 1746.

LE prévôt de l'armée de Conti ayant commencé d'instruire le procès à quelques soldats du régiment de Monaco, accusés de fausse monnoie, ils ont découvert un grand nombre de complices, en sorte que, les occupations du prévôt de l'armée ne pouvant guère lui permettre de suivre une procédure aussi

considérable, il paroîtroit nécessaire de renvoyer la
connoissance de cette affaire dans un tribunal qui fût
en état d'instruire entièrement ce procès ; mais, comme
je ne sais si le parlement de Flandre est dans l'usage
de connoître du crime de fausse monnoie, et que la
le cour des monnoies de Paris réclame l'instruction
du procès dont il s'agit, je vous prie de me donner
incessamment les éclaircissemens nécessaires sur ce
sujet.

Du 6 juin 1747.

Je vous envoie la lettre que le sieur. . . . .
m'a écrite au sujet du meurtre de son fils, et celle
qu'il a reçue de votre substitut à. . . . ., afin
que vous preniez la peine de me rendre un compte
exact des circonstances du crime dont il s'agit, et que
vous me fassiez savoir en même temps sur quel fondement le lieutenant civil de. . . . . s'en attribue
la connoissance. Le crime qui est l'objet de l'accusation du sieur. . . . . n'a guère l'apparence d'un
cas royal, et il y a lieu de présumer que c'est un
simple meurtre commis à l'occasion de la chasse :
d'un autre côté, la restriction que le sieur. . . . . . .
a mise dans sa requête, en déclarant qu'il ne vouloit
faire les frais de la poursuite que devant le juge qu'il
en avoit saisi, et au parlement, a quelque chose de
fort singulier dans la bouche d'un père qui demande
vengeance contre le meurtrier de son fils ; et, supposé
que le cas fût véritablement royal, il seroit difficile,
suivant les règles qui s'observent dans la finance,
qu'on ne le regardât pas comme obligé de supporter
les frais d'un procès criminel où il s'est déclaré partie
civile ; c'est ce qui peut rendre la question de la compétence du juge importante en cette occasion, et je
ne saurois en bien juger qu'après avoir reçu les éclaircissemens que vous me donnerez sur tout ce que je
viens de vous marquer.

Du 23 mars 1748.

J'APPRENDS par votre lettre du 12 de ce mois, que M...........a fait mettre en liberté les prisonniers qui avoient payé les amendes que les officiers de police avoient prononcées contr'eux pour avoir joué à des jeux défendus; ainsi, c'est une affaire finie à leur égard, et je ne doute pas que, comme un pareil délit ne peut regarder un commandant militaire que lorsqu'il s'agit d'officiers qui sont sous ses ordres, M. .... ne s'abstienne, à l'avenir, de retenir en prison ceux qui n'y ont été mis qu'en vertu d'ordonnance des juges de police, et pour des faits qui sont purement de leur compétence.

Du 12 novembre 1748.

RIEN n'étoit plus renfermé dans l'objet de la commission qui a été confiée par le roi au sieur de........., que le fait dont vous avez voulu vous attribuer la connoissance, et pendant que vous reprochez aux autres un défaut de pouvoir, vous justifiez fort mal le vôtre. Le procès-verbal dont vous parlez dans votre mémoire, faisoit assez voir que les faux-sauniers qui ont abandonné leurs chevaux étoient plus de cinq, et le nombre même de ces chevaux l'indiquoit suffisamment.

Il s'agissoit d'ailleurs de rébellion à justice, puisque les six faux-sauniers avoient été attaqués par une partie des employés, et qu'ils les avoient repoussés par force et par violence, circonstance qui assuroit encore plus la compétence de la commission, suivant les arrêts du conseil.

La réclamation des chevaux qui a été faite en

votre siége, et apparemment sous des noms supposés; auroit dû vous paroître fort suspecte; et, dès le
moment qu'on vouloit la diriger contre des employés
dans les fermes, il vous auroit été bien aisé de juger
qu'il s'agissoit d'une affaire de contrebande, quand
même vous n'auriez eu aucune connoissance du procès-verbal qui établissoit clairement la vérité du
fait. Il est fort surprenant qu'on se soit porté à ordonner une information dans de telles circonstances,
comme si la présomption en pareil cas, devoit être
contre les commis, et en faveur de ceux qui s'en
plaignent, et dans le temps qu'ils n'osent pas prendre
la voie de l'inscription en faux, qui est la seule, suivant la déclaration du roi, par laquelle on puisse
attaquer les procès-verbaux des commis.

Le procureur du roi auroit donc dû, avant toutes
choses, s'informer exactement de la vérité du fait,
soit en s'en faisant rendre compte par les employés,
soit en s'adressant au commissaire du roi, dont le
subdélégué avoit reçu l'affirmation de ces commis. Il y
a donc, soit dans la conduite de cet officier, soit
dans la vôtre même, puisque vous l'avez adoptée
en suivant ses conclusions, une prévention et une
opiniâtreté qui ne sont susceptibles d'aucune excuse
apparente, et vous ne sauriez déférer trop promptement à la revendication qui a été faite de cette
affaire, comme étant du ressort de la commission,
sans vous exposer à voir rendre un arrêt du conseil
où l'on ne se contenteroit peut-être pas de réformer
votre procédure. Ayez donc soin, dans la suite, de
n'en plus faire d'aussi mal fondée; étudiez mieux
le véritable esprit des ordonnances et des arrêts du
conseil, pour apprendre à vous renfermer exactement
dans les bornes du pouvoir qui vous est accordé,
et à n'en faire usage que conformément aux mêmes
lois. . . . .

Du 11 *avril* 1750.

C'est une maxime certaine en général, que le juge, qui est saisi de la connoissance de l'accusation principale, est le seul qui soit compétent pour faire justice de l'évasion des prisonniers qui sont l'objet de cette accusation. Ainsi, la cour des aides de....., ayant été substituée par le roi au conseil de......., pour statuer sur l'appel des sentences rendues par les juges des fermes, c'est à cette cour qu'il appartient de connoître de l'évasion des trois faux-sauniers qui se sont sauvés des prisons de........

A l'égard du geôlier, s'il y avoit eu de la corruption, ou de la collusion de sa part avec ces prisonniers pour les mettre en liberté, ce seroit naturellement au conseil supérieur de........., qu'il appartiendroit de lui faire son procès, ce genre de délit n'étant point compris dans l'attribution qui a été faite à la cour des aides de......... et qui est de droit étroit; mais dès le moment qu'on ne peut reprocher qu'une simple négligence à ce geôlier, sa faute n'est pas assez grave pour mériter qu'on lui instruise son procès, suivant la rigueur des ordonnances. Il ne s'agit, par rapport à lui, que d'un fait de pure police ou de discipline, sur lequel le conseil de......... peut user à son égard de la voie de correction, plutôt que d'une véritable punition.

Enfin, pour ce qui regarde le nommé........, puisqu'il s'est joint aux faux-sauniers pour user de violence contre le geolier, il est dans le même cas qu'eux, comme leur complice; et l'on ne peut pas empêcher que la cour des aides de......... n'en prenne connoissance, sauf à le renvoyer à......., lorsqu'il aura été jugé à........., pour y être statué, s'il y échoit, sur les autres crimes dont ce particulier est accusé.

Du.................

POUR bien juger du conflit de juridiction sur lequel vous me demandez ma décision, aussi bien que M. le procureur-général de la cour des aides de........., il faudroit avoir vu les informations et les autres procédures qui ont été faites, soit par les officiers du bailliage de........., soit par ceux de l'élection de.........; mais s'il faut se déterminer par les mémoires que vous m'avez envoyés de concert pour soutenir de part et d'autre la compétence du parlement et celle de la cour des aides, je vous dirai que la question ne me paroît pas susceptible d'une grande difficulté.

Il y a deux principes certains en cette matière : le premier est que le droit commun est pour les parlemens et les juges ordinaires, dont on peut dire qu'ils ont tout ce qui ne leur a pas été ôté. Les cours des aides au contraire, et les tribunaux qui leur sont subordonnés, ne sont que des juges de privilége qui ne peuvent prétendre que ce qui leur a été expressément accordé.

Le second principe est que ce n'est point par le motif du crime que l'on décide de la compétence des juges, c'est par la nature et les effets de l'action extérieure dans laquelle consiste le crime.

De ces deux principes le premier seroit suffisant pour faire rejeter la prétention de la cour des aides dans l'occasion présente. Il y a des lois, à la vérité, qui lui attribuent la connoissance de la levée des tailles et des voies de fait, des violences et des rébellions qui peuvent arriver incidemment, ou à la collecte de la taille, ou à l'exécution des contraintes qui s'exercent contre les taillables ; mais il n'y en a aucune qui établisse que tout crime qui aura pour motif une haine conçue à l'occasion de la taille soit de sa compétence, et par conséquent ce cas ne lui étant point attribué expressément, il demeure dans les termes du droit commun, c'est-à-dire, la connoissance en appartient aux juges ordinaires.

Le second principe achève de prouver clairement cette vérité. Le pouvoir des juges doit être appuyé sur quelque chose de plus connu et de plus sensible que les mouvemens secrets du cœur humain, et c'est ce qui a fait que leur compétence a toujours été réglée par les caractères extérieurs des actions humaines, et non pas par les principes intérieurs de ces actions. Ainsi, pour appliquer cette notion générale au cas dans lequel vous vous trouvez, si les collecteurs de la taille avoient été traversés ou troublés dans leur recouvrement, s'il y avoit eu quelque révolte ou contr'eux, ou contre quelques porteurs de contraintes, alors la juridiction des élus et celle de la cour des aides seroit appuyée sur quelque chose de réel et d'extérieur qui, ayant pour objet une matière dont elle est juge, seroit certainement de sa compétence; mais elle la porteroit trop loin si elle prétendoit que parce qu'une action criminelle paroît fondée sur un désir de vengeance qui est né à l'occasion de la taille, elle peut en prendre connoissance, quoique cette action n'ait troublé en rien la levée de la taille, et qu'elle ne puisse y nuire que par des conséquences qu'on eût pu craindre.

S'il étoit permis d'étendre ainsi la compétence des juges par de simples raisonnemens, on pourroit prétendre que la connoissance de toute mauvaise action qui seroit commise contre un juge pour se venger d'une prétendue injustice qu'on croiroit en avoir reçue, appartiendroit au tribunal dont il est membre; et, pour ne point sortir de l'espèce présente, il s'ensuivroit de la même manière de raisonner, que la plupart des crimes qui se commettent entre les paysans ayant pour origine des inimitiés conçues à l'occasion de la taille, les élections et les cours des aides seroient toujours en droit d'en connoître.

A la vérité, comme des menaces d'incendie et l'exécution qui a suivi ces menaces, pourroient à la fin, si elles devenoient communes, mettre un grand obstacle à la levée des impositions, ce seroit une raison qui pourroit engager le roi, par voie de direction et d'administration supérieure, à en attribuer pour un temps la connoissance à l'intendant pour faire plus d'impression sur l'esprit des gens de la campagne, et y répandre plus de terreur. Mais toutes les fois que la question s'examinera dans les règles ordinaires de l'ordre public qui fixe la compétence des tribunaux par des principes certains plutôt que par des raisons arbitraires de convenance, il n'y a pas lieu de douter que l'affaire particulière dont il s'agit ne regarde clairement les juges ordinaires, sans que la faveur de la prévention qui paroît être du côté de l'élection puisse être d'aucun poids, parce que cette faveur suppose toujours qu'il y ait eu compétence des deux côtés, et qu'il ne s'agisse que de la préférence demandée par le juge le plus diligent.

S'il y a d'ailleurs une accusation de vol jointe à celle d'incendie, devant les juges ordinaires, c'est encore une nouvelle raison pour faire pencher la balance de leur côté.

§. II. — *Instruction, récusation, jugement, exécution.*

Du 4 juin 1724.

Toutes les difficultés sur lesquelles vous avez jugé à propos de me consulter par votre lettre du 18 du mois dernier, et que M. le procureur-général m'a aussi expliquées de son côté, ont été plus longues à discuter qu'elles ne me paroissent difficiles à éclaircir et à lever.

Je crois que la première consiste à savoir si M. le procureur-général peut demander de nouveau qu'il soit informé contre les procureurs du roi qui ont été dénoncés, quoiqu'il y ait déjà un arrêt rendu dès le 8 mars dernier, qui ordonne précisément la même chose, avec cette seule différence qu'il l'ordonne sans réquisition de M. le procureur-général, au lieu que celui qu'il demande aujourd'hui seroit rendu sur sa requête.

Je m'étendrai peu sur cette première difficulté, que je crois avoir résolue par avance dans les lettres que j'ai écrites avant l'arrêt du 8 mars. Cet arrêt subsistant en son entier, il n'est pas douteux que le ministère de M. le procureur-général l'oblige à en demander l'exécution, et toute la question se réduit à savoir comment cet arrêt doit être exécuté.

C'est ce qui regarde la seconde difficulté que vous m'avez proposée, pour savoir si M. le procureur-général peut diviser le procès, et le faire instruire séparément contre chacun des accusés.

Après y avoir fait bien des réflexions, je trouve beaucoup d'inconvéniens à ne former qu'un seul corps d'accusation contre tant d'officiers accusés.

1.º Le nombre et le degré de leurs fautes peuvent être très-différens; il est fort possible que les uns soient seulement coupables de quelques transgressions légères qui mériteront seulement qu'on les mande au parlement, et qu'on leur fasse de simples injonctions, pendant que d'autres seront tombés dans de véritables prévarications qui exigeront qu'on instruise leurs procès dans toutes les formes. Il n'y a point de complicité, et il ne peut y en avoir dans le cas de l'accusation dont il s'agit, il y a seulement de la conformité ou de la ressemblance dans le genre des fautes; mais, comme cette ressemblance est susceptible d'un grand nombre de différences, il paroît bien difficile de comprendre également tous les accusés dans une seule et même poursuite.

2.º Quand on supposeroit que tous les officiers qui sont accusés seroient également coupables de malversations qui méritassent une instruction régulière, on ne pourroit faire cette instruction contre

tous en même temps, sans tomber dans de grands
embarras qui produiroient au moins une lenteur ou
un retardement considérable dans le cours de la
procédure. Il pourra arriver, par exemple, que
quelques-uns des accusés soient décrétés de prise
de corps, pendant que les autres ne le seront que
d'ajournemens personnels ou d'assignés pour être
ouïs; que les premiers prennent le parti de s'éloigner, pendant que les autres se présenteront et demeureront interdits ou hors d'état de remplir leurs
fonctions, jusqu'à ce que la contumace soit instruite
contre les défaillans. Je sais bien que cela arrive nécessairement toutes les fois que, dans un procès,
il y a plusieurs coaccusés dont les uns sont présens
et les autres absens; mais c'est alors un inconvénient
inévitable qui résulte de la nature du crime dont
plusieurs personnes sont accusées comme principaux
auteurs ou comme complices. Mais, encore une fois,
il ne peut y avoir ici aucune complicité: ainsi, la
longueur, qui est souvent un inconvénient nécessaire
ou du moins inévitable dans le cas de la complicité,
seroit ici volontaire en quelque manière dans un cas
où il n'y en a point, parce que rien n'est plus facile
que de l'éviter, en divisant des accusations qui n'ont
entr'elles aucune véritable connexité.

3.º Plus on multiplie les accusés sans nécessité
dans un procès, plus on donne lieu à des longueurs
et souvent à des frais qu'il est beaucoup plus sûr et
plus sage de prévenir. Je suppose que dans l'affaire
présente, comme cela ne manquera pas d'arriver,
il y ait un certain nombre de témoins contre un
des accusés, un certain nombre contre un autre, et
que la même chose se rencontre par rapport à chacun
des prévenus, quand il faudra interroger chaque
accusé, on sera obligé de parcourir toutes les informations pour en extraire les faits qui ne concerneront que celui auquel il sera question de faire subir
un interrogatoire, et il sera nécessaire de recommencer le même travail à l'égard de chacun des
accusés successivement; ce qui ne se peut faire sans

y employer plus de temps et y prendre plus de peine que si ce qui regarde chaque accusé se trouvoit renfermé dans la même information. Le travail deviendra encore bien plus long et bien plus difficile lorsqu'il s'agira des confrontations ; et je n'ai pas besoin de m'étendre sur ce sujet, parce que tous ceux qui ont quelque expérience des instructions criminelles sentiront aisément combien cette difficulté est réelle et certaine.

Or, il n'y a personne qui ignore combien la longueur dans l'instruction d'un procès criminel est favorable aux accusés, et contraire au bien de la justice, surtout quand l'état des coupables leur donne un certain crédit pour détourner les preuves ou pour les affoiblir. Ainsi, toutes sortes de raisons me déterminent à penser qu'il est fort à propos de diviser, dès le commencement et sans attendre plus long-temps, les accusations dont il s'agit. On ne fera par là que revenir à la règle générale, qui veut que des accusations absolument indépendantes l'une de l'autre, et dans lesquelles il ne peut y avoir aucun soupçon de complicité, soient instruites séparément. On y gagnera même beaucoup par rapport à la promptitude ou à la facilité de l'instruction ; et, si l'on craint de détourner en même temps plusieurs conseillers de leurs fonctions ordinaires, par la nécessité de travailler séparément à chaque instruction, il est bien aisé d'éviter cet inconvénient, en commettant le même commissaire sur chaque accusation, et je suis persuadé qu'on le soulagera par là, bien loin de le charger davantage, parce qu'il aura plus tôt fait quatre instructions séparées qu'il en aura fait une seule commune. J'y trouve même cet avantage, que les procureurs du roi qui seront moins coupables, ou qui ne le seront point du tout, étant plus promptement expédiés et condamnés à des peines médiocres, ou déchargés de l'accusation, seront aussi plus tôt en état de reprendre leurs fonctions, et de rendre le service qu'ils doivent au public.

Je vois donc que pour terminer la première et la

seconde difficulté. le meilleur parti qu'on puisse prendre dans l'état où sont les choses. est que M. le procureur-général présente une requête, où. en supposant l'arrêt du 8 mars tel qu'il est, et en marquant la disposition où il est de le faire exécuter. il représente en même-temps toutes les difficultés et tous les inconvéniens qui naîtroient d'une instruction commune dans laquelle on envelopperoit également tous les accusés, et conclue à ce que chaque accusation soit poursuivie séparément, en s'en rapportant à la prudence du parlement de nommer le même commissaire pour procéder à toutes les informations, quoique faites séparément. ou d'en commettre de différens; après quoi, à mesure que l'information sera faite contre un des accusés, elle sera décrétée séparément, et l'instruction continuée de la même manière. si les faits paroissent assez graves pour mériter que le procès soit fait et parfait dans toute la rigueur de la justice.

Je ne crois pas avoir rien à répondre sur ce qui regarde la troisième difficulté, dont l'objet étoit de savoir si le dépôt des procurations, en vertu desquelles le sieur......... a présenté ses requêtes contre les procureurs du roi. devoit être fait en présence d'un commissaire du parlement. La question m'a paru clairement décidée par l'arrêt du 9 avril, qui le porte expressément, et par celui du 5 mai, qui rappelle et qui confirme la disposition du premier.

La quatrième, et peut-être la plus importante difficulté, est de savoir si l'acte du 27 mars 1723, qui a été ou qui doit être déposé au greffe par le sieur....., est une procuration suffisante pour donner le pouvoir de faire une dénonciation telle que celle qui est contenue dans ses requêtes.

Comme on ne sauroit trop assurer le fondement d'une procédure criminelle. j'aurois de la peine à regarder une telle procuration comme donnant un pouvoir suffisant à celui qui en est le porteur. La date en est bien ancienne, et une procuration perd beaucoup de sa force en vieillissant, surtout dans

14*

une matière si délicate : non-seulement celle dont il
s'agit est surannée, mais il y a plus de six ans qu'elle
a été passée. L'accusé peut avoir changé de conduite,
comme cela paroît déjà par la variation de quelques-
uns de ceux qui avoient signé la procuration en
1725. S'ils étoient tous bien éloignés du lieu où la
dénonciation se fait en leur nom, on auroit un prétexte pour ne pas prendre de nouvelles précautions ;
mais ils sont tous dans la même province, et rien
n'est plus facile que de savoir quelle est leur disposition présente : ainsi, la précaution de s'en instruire,
ou plutôt de s'en assurer par de nouvelles procurations,
peut paroître absolument nécessaire, et on ne peut
pas répondre à cette difficulté que le sieur.........
n'étant obligé, suivant l'arrêt du 8 mars, qu'à déposer les procurations dont il étoit porteur, il aura
satisfait pleinement à cet arrêt, en les déposant telles
qu'elles étoient entre ses mains dans le temps de
l'arrêt. Il n'étoit pas possible de prévoir la difficulté
qui naît de la date de l'acte du 27 mars 1723, avant
que cet acte eût été déposé ; et, dès le moment que
c'est le dépôt même qui produit le doute dont il
s'agit, il n'est pas à craindre qu'on puisse trouver
aucune contrariété entre l'arrêt du 8 mars dernier,
et celui qui ordonnera que le sieur......... sera
tenu de rapporter de nouvelles procurations spéciales
pour soutenir la dénonciation qu'il a formée.

Au surplus, dès le moment qu'il y aura de nouvelles procurations rapportées en bonne forme, qui
auront été déposées au greffe de la manière prescrite
par les arrêts du 9 avril et du 5 mai dernier, il n'est
pas douteux que M. le procureur-général ne soit dans
l'obligation d'agir contre chacun des procureurs du
roi qui demeureront valablement dénoncés, et sur
tous les faits qui seront compris dans la dénonciation
ou dans les requêtes qui en tiennent lieu. Je suis persuadé que ce magistrat, à qui j'envoie une copie de
cette lettre, se comportera avec tout le zèle que je lui
connois depuis long-temps pour le bien public.

Je ne m'explique point ici sur ce qui regarde le

renvoi à la grand'chambre, que le procureur du roi de Besançon a demandé, parce que cet incident ne concerne que le réglement de la discipline intérieure du parlement dans lequel je ne doute pas que la grand'chambre et la tournelle ne trouvent aisément les moyens de se concilier, par les voies qu'elles ont accoutumé de prendre en pareil cas, sans qu'il soit nécessaire de recourir pour cela à l'autorité du roi.

Du 27 novembre 1727.

S'IL est vrai que l'accusé soit innocent, comme je dois le supposer, après l'arrêt rendu en sa faveur, la tournelle a été en droit d'ordonner que M. le procureur-général nommeroit son dénonciateur; et ce n'est pas là ce qui m'a paru extraordinaire dans l'arrêt, c'est d'avoir commencé par condamner M. le procureur-général aux dépens, pendant qu'on suppose qu'il a un dénonciateur, puisqu'on l'oblige à le déclarer. Cette forme de prononcer est irrégulière, parce qu'elle tendroit à établir, que la condamnation directe doit tomber en ce cas sur le procureur-général, qui ne pourroit avoir de recours contre son dénonciateur; au lieu que la seule chose à laquelle il soit obligé est de nommer ce dénonciateur, qui doit ensuite être seul condamné aux dépens et aux dommages-intérêts de celui qui a obtenu la décharge de l'accusation. Je vois, en effet, par votre lettre, que c'est ce que la chambre de la tournelle a voulu faire; mais elle n'a pas bien exprimé son intention par les termes dont elle s'est servie, et il faut qu'à l'avenir elle réforme en ce point le style de ses arrêts, et qu'elle se contente d'ordonner que le procureur-général sera tenu de nommer son dénonciateur. Vous prendrez, s'il vous plaît, la peine de faire part de cette lettre à MM. de la tournelle.

Du 30 décembre 1727.

Je ne doute pas que votre compagnie n'ait eu une très-bonne intention, lorsqu'elle a ordonné qu'un des substituts de M. le procureur-général assisteroit à l'exécution des arrêts de condamnation qu'elle rend contre les coupables; mais si elle a eu principalement en vue de faire en sorte que les exécutions se fissent avec plus de décence et de régularité, par la présence d'un officier dont le caractère pourroit en imposer, il falloit commettre pour cette fonction un magistrat qui fût plus en état de procurer le bien qu'un substitut ne le peut faire; puisque n'étant point juge, et n'ayant pas le pouvoir de rien ordonner, son assistance ne sauroit contenir le peuple, et ne peut servir qu'à exposer quelquefois la justice à souffrir une insulte en sa personne. Je ne vois d'ailleurs aucun usage particulier à votre province, qui autorise ce que votre compagnie a ordonné à cette occasion, contre l'usage de tous les autres parlemens du royaume. La délibération de 1684 n'est pas un titre assez ancien pour tenir lieu de loi en cette matière, et d'ailleurs, par ce que vous m'écrivez, elle ne paroît avoir été exécutée que jusqu'à l'année 1692; ainsi, je crois qu'il ne convient point d'imposer un nouveau joug aux substituts, qui seroit fort pénible pour eux, et qui ne seroit d'aucune utilité pour la justice. Le parlement assurera plus convenablement l'exécution de ses arrêts, en commettant, quand il le jugera à propos, un officier de la maréchaussée, pour y assister avec un nombre suffisant d'archers, qui seront bien plus propres à réprimer l'insolence d'un condamné, ou celle de la populace, que ne le peut être un substitut de M. le procureur-général.

Du 21 janvier 1728.

J'AI été averti que , par le jugement présidial que vous avez rendu sur le procès criminel instruit devant vous au........., vous avez prononcé des peines qui sont trop peu proportionnées à l'énormité des crimes dont on l'accusoit, et dont on prétend qu'il y avoit des preuves suffisantes contre lui, puisque ces crimes sont, entre autres, un assassinat du nommé.......... et un viol que la fille n'a évité que par sa résistance , et en recevant des mauvais traitemens considérables du........., et que vous ne l'avez condamné qu'à un bannissement perpétuel de votre province, en cent livres d'amende envers le roi, et déclaré ses biens meubles acquis et confisqués à qui la confiscation appartient, au lieu que le procureur du roi avoit conclu à ce qu'il fût roué vif; rendez-moi compte des motifs que vous avez pu avoir pour rendre un pareil jugement.

Du 20 février 1728.

JE loue fort le zèle qui vous a porté à faire rendre l'arrêt de réglement que vous m'avez envoyé et dont l'objet a été de remédier à quelques abus qui s'étoient glissés dans la jurisprudence de votre parlement sur les matières criminelles; mais j'aurois souhaité que vous m'eussiez envoyé le projet de cet arrêt , avant que de le faire rendre, et que vous m'eussiez mis par là en état d'empêcher que sur certains points on ne passât d'une extrémité à l'autre, c'est-à-dire, d'une indulgence trop grande à un excès de sévérité.

Je distingue trois choses dans l'arrêt que vous avez fait rendre :

La première, est le terme de tous, *décrétés* de prise de corps;

La seconde, est l'obligation qu'on leur impose de se remettre dans *les prisons des juges* qui les ont décrétés et d'y *subir l'interrogatoire*, avant que de pouvoir être reçus appelans, soit par des lettres obtenues en chancellerie, soit par un arrêt rendu sur leur requête;

La dernière enfin, est la disposition qui porte, que les contumaces qui se représenteront après une sentence, confirmée même par arrêt, seront renvoyés aux premiers juges pour leur être le procès fait et parfait jusqu'à sentence définitive, à l'exception néanmoins du cas où la sentence auroit été rendue contradictoirement contre un ou plusieurs des accusés, et par contumace contre les autres.

De ces trois parties du même arrêt, la dernière est si correcte et tellement conforme à l'ordonnance et à l'usage, qu'elle ne mérite aucun nouvel examen de ma part, et que je ne puis que l'approuver entièrement.

Je voudrois pouvoir en dire autant des deux autres dispositions. Mais, pour commencer par ce qui regarde la première, dès le moment qu'on vouloit user d'une si grande rigueur à l'égard des accusés qui sont en décret de prise de corps, il auroit fallu du moins distinguer ceux qui sont décrétés pour des crimes capitaux, ou pour crimes qui méritent au moins une peine afflictive ou infamante (ce que l'on connoît par le titre même de l'accusation), de ceux qui ont été décrétés pour des fautes qui ne sont pas de la même nature. Cette distinction auroit été nécessaire pour justifier en quelque sorte la rigueur de l'arrêt dans la seconde disposition à laquelle je m'attache principalement, parce que c'est celle qui mérite une plus sérieuse et plus profonde discussion.

L'article 18 de l'ordonnance de Roussillon paroît avoir été le fondement de la règle que vous avez fait établir par l'arrêt rendu sur votre réquisition.

Cet article porte que, *les appelans de prise de corps décrétés sur les informations faites par les juges royaux, ne pourront être reçus appelans qu'après qu'ils se seront rendus actuellement prisonniers ès prisons des juges qui auront décrété ou du juge d'appel.*

Mais, 1.° quand cet article devroit encore servir de règle dans la matière dont il s'agit, il faudroit toujours y suppléer la distinction des crimes qui, par leur nature, méritent ou la mort, ou du moins une peine afflictive ou infamante, de ceux qui doivent être punis moins rigoureusement. Sans cela, comme il n'est que trop ordinaire aux juges inférieurs de donner très-légèrement des décrets de prise de corps, il arriveroit que des accusés qui auroient à peine mérité un décret d'ajournement personnel, seroient obligés à se mettre en prison avant que de pouvoir être reçus appelans : ce qui seroit contre l'esprit de l'ordonnance de 1670, selon laquelle les décrets de prise de corps ne doivent être décernés contre les domiciliés, que dans les cas qui sont de nature à être punis de peine afflictive ou infamante;

2.° En supposant toujours le même article de l'ordonnance de Roussillon comme une loi qui soit actuellement en vigueur, le parlement auroit dû au moins laisser le choix aux accusés, comme cet article le leur donne, de se remettre dans les prisons du juge qui les a décrétés de prise de corps, ou de se rendre dans celles du parlement. Mais, au lieu de suivre une disposition si équitable, l'arrêt que vous avez requis assujettit les décrétés de prise de corps à la nécessité de se remettre dans les prisons des juges de l'autorité desquels ils auront été décrétés. C'est leur imposer une loi trop rigoureuse, et qui peut être sujette à de grands inconvéniens dans tous les cas où l'on peut craindre qu'il n'y ait eu de la passion, de l'ignorance ou de la prévention dans les premiers juges, qui pourroient même précipiter leur jugement avant que le parlement eût eu le temps d'arrêter le cours de l'instruction en connoissance de cause, et rendre par là le mal plus difficile à réparer. C'est ce qu'on ne paroît pas avoir assez prévu dans l'arrêt de réglement que le parlement de Provence a rendu, et ce qui mérite, sans doute, qu'il en adoucisse la rigueur excessive en l'interprétant suivant l'article 18 de l'ordonnance de Roussillon, que l'usage général de tous les tribunaux a confirmée dans la liberté qu'elle laisse aux accusés sur le choix des prisons.

Au surplus, on peut encore douter avec beaucoup de raison, si, à l'égard même de ceux qui sont accusés d'un crime digne d'une peine afflictive ou infamante, la disposition du parlement d'Aix doit subsister telle qu'elle est, en y ajoutant seulement ce qui regarde le choix des prisons.

Vos lettres sur l'affaire de........, et celles que j'ai reçues de quelques autres magistrats de votre compagnie, m'ont donné lieu de croire que le parlement de Provence s'étoit conservé jusqu'ici dans l'usage de suivre à la rigueur l'article 18 de l'ordonnance de Roussillon, et de ne recevoir l'appel des décrétés de prise de corps, que lorsqu'ils sont actuellement en prison. Votre dernier réquisitoire et l'arrêt qui a été rendu en conséquence me confirment encore dans cette pensée, et je ne trouverois pas encore un grand inconvénient à laisser subsister un tel usage, comme fondé sur une ancienne ordonnance et conforme aux règles les plus austères, si l'on y ajoutoit qu'il n'aura lieu que dans les cas qui, par leur nature, méritent au moins une peine afflictive ou infamante.

Mais, après avoir examiné de nouveau tout ce qui regarde cette matière, et la pratique la plus commune des autres tribunaux, je ne sais si, pour ramener, autant qu'il est possible, la jurisprudence des parlemens à une entière uniformité, au moins dans ce qui regarde l'ordre judiciaire, il ne seroit pas mieux d'adoucir sur ce point la rigueur de la règle prescrite par l'arrêt que vous avez requis, afin de rendre votre style conforme à celui du parlement de Paris, et du plus grand nombre des autres cours du royaume. Je vois qu'on y a regardé l'ordonnance de Roussillon comme tacitement abrogée par l'ordonnance de 1670, qui semble avoir réduit tout le devoir des cours en cette matière, à l'obligation de ne donner *aucunes défenses*, de continuer l'instruction des procès criminels, *sans avoir vu les charges* et informations, si ce n'est qu'il *n'y ait* qu'un ajournement personnel. C'est sur le fondement de cette disposition ainsi expliquée, qu'on a cru que l'appel de ceux mêmes qui sont en décret de prise de corps pourroit être reçu, quoiqu'ils ne fussent pas encore en état; ainsi, l'on rend un premier arrêt où l'on ne fait que les recevoir appelans, et ordonner que les charges et informations seront apportées, pour se déterminer ensuite à accorder ou à refuser par un second arrêt les défenses demandées selon le titre de l'accusation et le mérite des charges.

L'ancienne rigueur des règles qu'on observoit autrefois à l'égard des décrétés de prise de corps, qui ne s'étoient pas remis en prison; a donc été réduite à deux cas par la jurisprudence la plus commune.

L'un, est celui d'un accusé, qui, n'ayant pu obtenir, des défenses pour arrêter le cours de la procédure, insiste à faire juger son appel à l'audience. Comme il a alors contre lui non-seulement le préjugé du décret, mais celui de l'arrêt qui lui a refusé des défenses, c'est une maxime inviolable, que toute audience lui est déniée jusqu'à ce qu'il se soit mis en état.

L'autre cas est celui d'une instruction portée jusqu'à une sentence définitive rendue par contumace; une pareille sentence ne pouvant être anéantie que par la représentation de l'accusé, on ne l'écoute point et on ne reçoit point son appel, jusqu'à ce qu'il soit actuellement prisonnier, et il faut nécessairement joindre une copie de son écrou à sa requête, pour le mettre en état de pouvoir être reçu appelant.

Telles sont les règles que l'interprétation de l'ordonnance de 1670, autorisée par l'usage le plus commun, a établies en cette matière; et, comme il est indécent que la même ordonnance s'exécute différemment dans les différens parlemens, le bon ordre semble demander que le parlement d'Aix se conforme sur ce point à l'usage général, et qu'en expliquant son arrêt de réglement, il établisse les règles que je viens de vous marquer.

Cependant, comme je ne vois point de loi précise qui condamne la rigueur dont il paroît avoir usé jusqu'à présent à l'égard des décrétés de prise de corps, en ne les recevant appelans que lorsqu'ils se sont mis en état, et que d'ailleurs il peut y avoir des raisons locales de laisser subsister son usage à cet égard, par des considérations propres et particulières à ce qui est de son ressort, je suspends encore mon jugement jusqu'à ce que vous m'ayez instruit plus exactement à cet égard.

Si, après avoir conféré sur cette lettre avec M. le premier président et MM. vos collègues, avec qui je suppose qu'elle vous sera commune, vous ne voyez aucun inconvénient à vous conformer à l'usage le plus ordinaire sur la manière de recevoir l'appel de ceux qui sont en décret de prise de corps, vous prendrez la peine de me faire savoir, de concert avec eux, s'ils estiment, comme vous, de faire rendre par votre compagnie un nouvel arrêt de réglement sur cette matière, et, en ce cas, vous m'en enverrez le projet.

Si, au contraire, ils croyoient qu'il seroit encore mieux d'y pourvoir par une déclaration du roi, je suivrai sur cela leurs sentimens et le vôtre, et je recevrai les ordres de Sa Majesté pour vous envoyer incessamment cette déclaration.

Du 6 mai 1728.

M. le procureur-général au conseil supérieur d'Alsace m'a porté ses plaintes, au sujet d'un arrêt rendu le 9 avril dernier dans la deuxieme chambre, par lequel le conseil a mis *néant* sur des réquisitions qu'il avoit faites pour l'instruction d'un procès qu'il poursuit contre le nommé............, juif, accusé de faux.

Sans entrer dans un long détail de ce qui résulte dés pieces que M. le procureur-général a jointes à sa lettre, je ne m'attacherai qu'aux faits qui ont rapport à ce qui fait le sujet de ses plaintes.

Je vois donc, d'abord, que le genre de faux, dont ce juif est accusé, consiste en ce que l'obligation qu'on prétend fausse, et qui a été détruite par un arrêt du conseil d'Alsace, paroît signée de deux témoins, qui ont donné un certificat par lequel ils attestent qu'ils n'étoient pas présens lorsque l'acte d'obligation, dans lequel on les a employés comme témoins, a été passé par-devant un notaire qui est mort depuis ce temps-là. C'est ce qui a donné lieu à la chambre où vous présidez, de décerner un décret de prise de corps contre le juif, et d'ajournement personnel contre les deux témoins.

Pour éluder par avance la preuve ou la suspicion qui résultoit de leur certificat, on prétend que le frère du notaire, qui avoit reçu l'obligation et qui s'appelle............, prébendier de l'église de Strasbourg, engagea ces mêmes témoins à passer un acte par-devant............, notaire, par lequel ils révoquent leur premier certificat, attestent le fait qu'ils avoient d'abord désavoué, et déclarent qu'ils étoient présens lorsque l'obligation a été passée. Le notaire et les témoins, qui avoient été long-temps fugitifs, s'étant enfin représentés, ou ayant été arrêtés, le juif a soutenu que l'obligation étoit véritable dans tous

ses points. Les témoins, au contraire, par une seconde variation, ont rétracté l'acte passé devant....,
et sont revenus à leur première déclaration.

Tel étoit l'état de l'affaire, lorsque M. le procureur-
général, croyant qu'il étoit de son devoir d'attaquer
cet acte soutenu par le juif, et démenti par les deux
témoins, a requis que.......... prébendier de Strasbourg,.......... notaire,.......... et........,
qu'on prétendoit avoir signé l'acte passé par ce notaire,
quoiqu'ils n'y eussent pas été présens, seroient tous
ajournés à comparoir en personnes; le conseil n'a eu
égard qu'à une partie de ses conclusions, et n'a décrété
d'ajournement personnel que le seul........ frère du
notaire décédé. Ce nouvel accusé ayant subi l'interrogatoire, et répondu d'une manière assez équivoque
sur l'assistance des nommés.......... et........
à l'acte passé devant.........., M. le procureur-
général a demandé de nouveau que ce notaire et ces
deux témoins fussent ajournés à comparoir en personnes. C'est sur ce dernier réquisitoire que la chambre à laquelle vous présidez a mis le *néant*, qui
excite M. le procureur-général à me porter des plaintes, dont je ne saurois me dispenser de vous faire
part.

En supposant tous ces faits, qui paroissent prouvés
par les pièces, il est bien difficile de concevoir quelles
peuvent avoir été les raisons des magistrats qui ont
rendu ce jugement, soit qu'on l'envisage dans la
forme, ou qu'on l'examine dans le fond.

Dans la forme, je crois qu'il est sans exemple qu'aucun tribunal ait prononcé, qu'il seroit mis *néant* sur
une requête ou sur des conclusions d'un procureur-
général. On ne le confond point ainsi avec les parties
ordinaires; le ministère qu'il exerce est si relevé
et si important pour le public, que ceux qui aiment
la justice doivent lui conserver toute la distinction
et tout l'honneur qu'il mérite, bien loin de le dé-
grader et de l'avilir par une forme de prononcer,
qui ne convient que quand on l'applique à un plai-
deur téméraire. Il semble même que ce soit de gaîté

de cœur qu'on se soit porté dans votre chambre à faire cette espèce d'injure à celui qui exerce le ministère public. Premièrement, il n'avoit point présenté de requête, il n'avoit donné que de simples conclusions, les juges étoient les maîtres, à la rigueur, de n'y avoir point d'égard ; mais il n'étoit pas nécessaire d'y statuer formellement, comme sur une requête donnée par une partie ordinaire. Quand même il y auroit eu une requête en forme, présentée par M. le procureur-général, il suffisoit d'ordonner qu'elle demeureroit jointe au procès pour y avoir tel égard que de raison; et c'est le style dont on se sert ordinairement en pareil cas, même à l'égard des requêtes présentées par de simples particuliers.

Les officiers de votre chambre diront peut-être que M. le procureur-général ayant pris de premières conclusions pour faire décréter................ et........., et la chambre ayant cru ne devoir déférer à ces conclusions que par rapport à........, il n'a pas dû reprendre les mêmes conclusions à l'égard des trois autres particuliers qui n'avoient pas été compris dans le décret. Mais, quand cette réponse seroit solide, elle ne justifieroit point la forme dans laquelle les juges ont prononcé, et d'ailleurs il n'est pas vrai, qu'en matière criminelle, il ne soit pas permis à un procureur-général de demander une seconde fois ce qui ne lui a pas été accordé la première.

M......... a pu croire que votre chambre avoit jugé à propos de ne donner d'abord un décret que contre.........; pour voir, par son interrogatoire, s'il y auroit lieu de décréter aussi le notaire et les deux témoins, que M. le procureur-général avoit compris dans ses conclusions; cet interrogatoire même donnant de nouveaux soupçons contre les témoins, étoit une nouvelle raison de penser que les juges se porteroient alors plus volontiers à les décréter, qu'ils ne l'avoient fait sur la première réquisition du procureur-général.

Toutes les circonstances paroissent donc se réunir

ici pour m'empêcher d'approuver dans la forme le jugement extraordinaire que votre chambre a rendu en cette occasion.

Mais ce qui me touche encore plus, c'est que ce jugement ne paroît pas moins suspect dans le fond, puisqu'on y a refusé au procureur-général une instruction conforme à la règle, et qui tendoit au bien de la justice par un plus grand éclaircissement du fait.

Toutes les fois qu'on peut concevoir un doute légitime sur la vérité d'un acte, et que ce doute tombe sur la présence des témoins, il est des premiers élémens de la procédure de mettre ces témoins en décret, pour découvrir la vérité, s'il est possible, par leurs interrogatoires.

Par une suite nécessaire, il faut aussi entendre le notaire juridiquement, c'est-à-dire, comme accusé ou comme soupçonné, et ce n'est souvent que par la comparaison de ces interrogatoires, par les différences, ou par les contrariétés qui s'y trouvent, que l'on parvient à éclaircir un fait obscur et difficile à approfondir. Ainsi, ou il ne falloit point recevoir l'accusation formée contre l'acte passé par............, ou après l'avoir une fois reçue, les juges étoient obligés de prendre toutes les voies possibles, pour connoître si elle étoit bien ou mal fondée.

Il y a d'ailleurs une inconséquence et une espèce de contradiction, au moins apparente, dans la conduite de votre chambre sur ce point; d'un côté, elle juge qu'il y en a assez pour donner un décret contre............, qui n'est accusé que d'avoir fait passer l'acte dont il s'agit; et de l'autre, on n'ordonne rien contre les témoins prétendus de cet acte, ni contre le notaire qui l'a signé, quoiqu'ils fussent encore plus coupables que............, et qu'ils méritassent de plus grandes peines, si le fait pour lequel............étoit décrété se trouvoit véritable; et c'est dans toutes ces circonstances qu'on met un *néant* injurieux sur une réquisition d'un procureur-général, qui ne contenoit rien que de juste et de nécessaire, suivant les règles de l'ordre public.

Je ne puis concevoir, encore une fois, quels ont été les motifs d'une conduite si singulière et dans la forme et dans le fond, et ce n'est pas sans peine que je veux bien suspendre encore mon jugement, jusqu'à ce qu'après avoir lu cette lettre dans votre chambre, vous m'avez expliqué ce qu'elle peut alléguer pour sa justification. Elle a d'autant plus d'intérêt d'y travailler, que je sais depuis long-temps qu'il y a bien des officiers dans votre compagnie, quoique peu nombreuse, qui n'édifient pas le public, soit par leur capacité, soit par la régularité de leur conduite. J'attends donc incessamment la réponse que vous me ferez sur ce sujet, et je compte que tout ce qui regarde l'affaire du juif et de ses complices ou co-accusés, demeurera suspendu jusqu'à ce qu'après avoir reçu tous les éclaircissemens que vous me donnerez sur cette affaire, je sois en état de vous faire savoir ce qu'il y aura lieu d'y ordonner à l'avenir, pour parvenir à y rendre une exacte justice.

Du 9 juillet 1728.

QUOIQU'IL n'y ait point eu d'appel *à minimâ* de la sentence du premier juge de........, à l'égard des accusés qui ont été déchargés de l'accusation principale, et que le parlement ne paroisse saisi de l'appel du même jugement qu'en ce qu'il a condamné deux faux témoins à la mort, il n'en est pas moins nécessaire que la chambre de la tournelle voie le procès en entier; l'appel éteignant le jugement, en matière criminelle l'affaire doit être portée au tribunal supérieur dans le même état où elle étoit devant les juges inférieurs; et, comme ils auroient pu condamner les accusés qu'ils ont regardés comme innocens, si les preuves leur avoient paru suffisantes, et ne pas condamner les témoins, s'ils n'y avoient pas trouvé de fondement solide, la chambre de la tournelle est en droit, sans difficulté, d'exercer le même pouvoir; le défaut d'appel *à minimâ* n'y met aucun obstacle, parce que le genre d'appel se supplée tous les jours en procédant au jugement d'un procès criminel. Vous ne pouvez donc vous dispenser de voir tout le procès comme les premiers juges l'ont vu, et de faire les mêmes opérations qu'ils ont faites, sans quoi le second degré de juridiction seroit inutile, et les premiers juges auroient un trop grand pouvoir, puisqu'il dépendroit d'eux de changer à leur gré la face d'une affaire, et de la réduire à n'être plus envisagée que sous une face, pendant qu'elle peut l'être encore sous plusieurs.

Du 26 juillet 1728.

APRÈS avoir vu la procédure qui a été faite par le lieutenant-général de police de la ville de Grenoble, contre une aventurière qui prétend être de la maison de Gordon en Ecosse, et qui se dit veuve du sieur........., officier dans les troupes d'Angleterre, j'ai été surpris de trouver à la suite de cette procédure une ordonnance du parlement, qui porte que cette femme sera tenue de justifier son état, dans trois semaines, par-devant le lieutenant-général de police, et qu'il sera cependant sursis à l'exécution du décret de prise de corps qu'il a décerné contr'elle. Comme je ne puis concevoir par quelle raison le parlement a pu rendre un jugement qui, en arrêtant le cours de la justice, donne lieu à une affronteuse, reconnue pour telle dans tous les lieux où elle a passé, de se soustraire, par la fuite, aux recherches que l'on fait contr'elle, et de se procurer l'impunité, vous prendrez, s'il vous plaît, la peine de m'expliquer les motifs de la conduite du parlement; et, s'il n'y en a point de bons, comme il y a lieu de le présumer par toutes les circonstances de cette affaire, vous en parlerez de ma part à celui qui préside à la chambre où le premier jugement a été rendu, afin qu'il y fasse prendre une nouvelle délibération, pour remettre l'affaire en règle, et la renvoyer purement et simplement au lieutenant-général de police.

J'ai été encore surpris de voir que vous ayez souffert que votre substitut ait donné une requête au parlement dans cette affaire, et que vous ayez vous-même pris des conclusions sur cette requête. Vos substituts n'ont point droit de présenter directement des requêtes au parlement, si ce n'est lorsqu'il y a un conflit de juridiction, formé entre leur tribunal et un autre siége; mais, hors de ce cas, ils ne peuvent que remettre leurs mémoires entre vos mains, et c'est à vous seul qu'il appartient de donner ensuite la requête que vous croyez convenable pour le bien de la justice. Les conclusions que vous avez prises sur la requête de votre substitut sont aussi irrégulières que tout le reste. Ce qu'il demandoit étoit évidemment conforme à la règle, quoique ce ne fût pas à lui de le demander en son nom au parlement, et il est inouï qu'en pareil cas on oblige la partie publique à entrer en quelque manière dans un procès préliminaire avec une accusée, pour savoir si elle sera obligée de déférer à un décret décerné contr'elle. Le parlement, qui a suivi vos conclusions, est tombé dans la même irrégularité. Si je savois le nom de celui qui a présidé à ces délibérations, je lui en écrirois comme je le dois; mais ne le sachant point, je ne puis que vous charger de lui montrer ma lettre, qui lui sera commune avec vous, afin qu'il fasse cesser au plus tôt tous les obstacles qu'on a mis à la continuation d'une procédure si simple en elle-même, et si nécessaire pour empêcher qu'une aventurière n'aille de ville en ville abuser, comme elle l'a fait à Paris et ailleurs, de la crédulité de ceux qui se laissent surprendre à ses artifices.

Du 2 août 1728.

J'AUROIS répondu plus tôt à votre lettre du 24 mai dernier, sans une incommodité qui m'a empêché, pendant un temps considérable, de vaquer aux affaires qui pouvoient être susceptibles de quelque difficulté ; ma santé étant à présent meilleure, j'ai examiné avec attention cette lettre et le mémoire qui y étoit joint, pour justifier la chambre à laquelle vous présidez, sur les plaintes que M. le procureur-général m'a faites de l'arrêt qu'elle a rendu le 9 avril dernier, dans le cours du procès qui s'instruit contre le juif nommé........., et je dois à présent vous expliquer le jugement que j'en ai porté.

Des deux points auxquels se réduisent ces plaintes, il y en a un sur lequel j'ai trouvé que votre compagnie se justifioit pleinement, et l'autre où il m'a paru que les motifs de son jugement pouvoient souffrir beaucoup de contradiction.

Le premier ne regarde que la forme dans laquelle on a prononcé sur les conclusions de M. le procureur-général, en ordonnant qu'il seroit mis *néant* sur sa réquisition. S'il est vrai, comme je dois le croire, par la manière dont vous m'en assurez, que ce soit M. le procureur-général qui ait exigé lui-même de la chambre où le procès étoit pendant, qu'elle mît *néant* sur sa réquisition, et que les juges ne s'y soient portés, contre leur inclination et leur premier sentiment, que par complaisance pour lui et dans le désir d'éviter tout ce qui pouvoit l'engager à se plaindre d'eux ; cet officier a eu grand tort de ne pas m'expliquer ce fait, qui alloit à la décharge des juges, et qui pouvoit donner lieu de croire, qu'il les avoit forcés, en quelque manière, à lui fournir un prétexte pour se plaindre de leur conduite. Il dira peut-être, pour s'excuser à cet égard, qu'il n'a pas cru que les juges pussent jamais se porter à cette extrémité, et qu'en leur faisant dire qu'il falloit donc qu'ils missent *néant* sur sa réquisition, s'ils ne vouloient pas y déférer, il s'étoit flatté que la crainte de tomber dans cet inconvénient les engageroit à donner une nouvelle attention aux motifs de ses conclusions, et à y avoir égard ; mais, quand il auroit eu cette pensée, il auroit dû en ce cas m'en informer, et m'avouer qu'il avoit été pris au mot contre son attente. C'est ainsi qu'il auroit dû s'expliquer avec moi sur ce sujet, et je ne manquerai pas de lui faire savoir que je ne saurois excuser le silence qu'il a gardé dans la lettre qu'il m'a écrite sur une circonstance si importante.

Le second point sur lequel roule le mémoire que vous m'avez envoyé, regarde le fond même du jugement, et tend à me faire voir la justice des raisons qui ont engagé votre chambre à ne pas avoir égard aux conclusions réitérées que M. le procureur-général avoit prises contre........., notaire, et les nommés......... et ...., prétendus témoins de l'acte que ce notaire a passé.

Quelque prévention que j'aie pour ce qui a paru juste au plus grand nombre des juges, j'avoue que ces raisons font peu d'impression sur mon esprit.

Toute énonciation fausse qui se trouve dans un acte suffit pour le faire regarder et condamner comme faux, et surtout quand elle tombe sur ce qui appartient à la forme essentielle de l'acte, comme la présence des témoins instrumentaires. Je sais que par un mauvais usage il arrive souvent aux notaires de tomber dans la même faute qu'on reproche ici à........., et que lorsque le fait n'est point relevé, les juges ferment les yeux sur un abus qui, cependant, ne devroit pas être toléré ; mais toutes les fois que cet abus paroît clairement aux yeux de la justice, et qu'il y a des preuves suffisantes de l'absence des témoins qu'on a employés comme présens dans un acte, il n'est pas permis aux juges d'user de dissimulation à cet égard, et ils doivent encore moins le faire dans les villes, où les actes sont valables avec la signature d'un notaire et de deux témoins, parce qu'il est beaucoup plus facile au notaire d'y trouver partout deux témoins, qu'il ne lui est aisé d'avoir un second notaire pour recevoir l'acte avec lui.

Ce principe souffroit d'autant moins de difficulté dans l'affaire présente, que la chambre à laquelle vous présidez l'a reconnu et l'a suivi dans cette affaire même, à l'égard de l'obligation reçue par............, notaire, qui est le principal objet du procès instruit contre........... Le seul moyen de faux qu'on ait allégué contre cet acte, consiste en ce qu'on y a employé comme témoins deux hommes qui n'y étoient pas présens ; et votre compagnie a reconnu, en admettant ce moyen unique, qu'il n'en falloit pas davantage pour l'obliger à instruire le faux, tant à l'égard de la partie qui se sert de l'acte, qu'à l'égard des témoins.

La suite de l'instruction a fait connoître, qu'il y avoit eu un autre acte passé par-devant........., notaire, qui n'avoit été fait que pour couvrir, s'il étoit possible, le vice du premier, parce qu'on n'y a fait comparoître les deux prétendus témoins de ce premier acte, que pour déclarer qu'ils y avoient été présens, quoiqu'ils eussent attesté le contraire par un certificat signé d'eux, qui fait partie du procès. Le procureur-général apprend, en cet état, que l'acte passé devant.........., avoit le même défaut que l'obligation reçue par.........., c'est-à-dire, que............ et..........., qui ont signé cet acte comme témoins, n'étoient pas présens lorsqu'il a été passé ; il croit qu'il est du devoir de son ministère d'approfondir ce fait, il prend dans cette vue des conclusions pour faire décréter, non-seulement....., prébendier de Strasbourg, qui paroissoit être l'auteur de ce nouvel acte, mais........notaire, et les deux témoins supposés. Votre chambre se contente d'ordonner que............ sera ajourné à comparoir en personne ; cet accusé est interrogé, et à la vue de son interrogatoire, qui confirme les soupçons qu'on avoit déjà contre............ et les deux témoins, le procureur-général insiste et requiert de nouveau qu'ils soient décrétés. Voilà ce qu'on lui refuse ; a-t-il raison de s'en plaindre ? C'est ce qu'il est facile de décider par la discussion des raisons que votre chambre allégue pour justifier son refus.

Elle dit d'abord, que la faute.......... est une faute si commune dans la province d'Alsace, qu'elle n'a pas cru devoir la relever, et qu'elle l'a regardée comme la matière d'un réglement qui pouvoit être requis par le procureur-général, plutôt que comme le sujet d'un procès criminel, qu'il dût faire instruire à sa requête.

Mais si cela est, pourquoi la même chambre a-t-elle donc ordonné que le procès seroit fait au juif....... et aux deux témoins du premier acte, qui n'avoit pas d'autre défaut que le second ? Il est vrai qu'elle n'a rien ordonné à l'égard du notaire, mais c'est parce qu'il étoit mort ; s'il avoit été vivant, auroit-elle pu se dispenser de le décréter, et pouvoit-elle déclarer faux un acte qu'il avoit reçu, sans l'entendre auparavant comme accusé ? Si les juges avoient suivi alors les mêmes principes qu'ils alléguent aujourd'hui, pour justifier le jugement dont on se plaint, ils auroient dû se contenter de déclarer nulle l'obligation contractée par.......... au profit de.........., sans ordonner que cette obligation et les certificats donnés par les deux faux témoins seroient remis au greffe et communiqués au procureur-général, ce qui a obligé cet officier à commencer une procédure criminelle. Toutes les raisons qu'on allégue pour épargner l'acte passé par............; pouvoient être employées de la même manière, pour engager les juges à garder le silence sur la fausseté de l'obligation reçue par.........., et il paroît une contradiction manifeste entre le jugement qui a imposé au procureur-général la nécessité de poursuivre le premier fait, et le refus que les mêmes juges ont fait de le mettre en état d'instruire le second par les décrets qu'il demandoit.

Il seroit inutile de dire, que dans le premier fait il y avoit deux certificats, par lesquels les deux témoins

de l'obligation déclaroient eux-mêmes qu'ils n'y avoient
pas été présens, au lieu qu'on ne trouvoit rien de semblable à l'égard du second fait. Il est vrai que les nommés......... et......... n'ont point encore fait,
sur le second acte, de déclaration semblable à celle
que......... et......... ont donné par rapport
au premier. Mais, au défaut de cette preuve, il y en
avoit d'équivalentes dans le procès, puisque les
mêmes......... et......... ont déclaré dans
leurs interrogatoires, que......... et.........
n'étoient point dans la chambre où le second acte fut
passé, et il importe peu que la preuve vienne de la
part des témoins mêmes de l'acte, ou qu'elle résulte
de la déclaration des deux autres accusés ; elle forme
toujours le même soupçon de faux contre l'acte, et ce
soupçon ne mérite pas moins d'être approfondi dans
un cas que dans l'autre.

Je reviens donc toujours à ce que j'ai déjà dit ; ou
il ne falloit point instruire le premier fait, ce que
personne ne peut soutenir et ne soutient en effet, ou
il y avoit une égale nécessité d'approfondir le second :
le même défaut se trouvoit dans tous les deux ; et
encore une fois j'ai de la peine à concevoir, que les
mêmes juges, qui se sont crus obligés de faire justice
d'une première fausseté, se soient crus en droit de
faire grâce à une seconde, qui étoit précisément du
même genre que la première.

Mais il y a ici quelque chose de plus ; non-seulement
la seconde fausseté méritoit autant l'animadversion
de la justice que la première, si on les considère toutes
deux en elles-mêmes, mais quand on auroit pu, dans
d'autres circonstances, fermer les yeux sur la dernière,
il étoit impossible de la dissimuler dans l'état où étoit
l'affaire, parce que cette seconde fausseté bien approfondie servoit infiniment à confirmer et à fortifier la
preuve de la première.

1.° On se mettoit par là en état de détruire l'argument que l'accusé prétendoit tirer de l'acte passé par-
devant.......... pour établir la vérité de l'obligation ; il paroissoit par cet acte, que les témoins

prétendus de l'obligation y avoient assisté en effet,
et cet acte même avoit beaucoup plus d'autorité par
la forme, que le certificat contraire donné précé-
demment par les mêmes témoins. L'accusation du
dernier acte étoit donc absolument nécessaire pour
ôter toute ressource au juif, qui se servoit de cet acte
pour le justifier.

2.º Non-seulement l'intégrité de la preuve le demandoit ainsi; mais il falloit encore le faire pour
mettre les juges en état d'imposer une peine proportionnée à cet accusé, en faisant voir, par une instruction parfaite, qu'il avoit commis deux faussetés au
lieu d'une, et qu'il méritoit d'être doublement puni,
et pour avoir fait une première fausseté, et pour en
avoir fait une seconde, dans la vue de soutenir la
première.

Dire, comme on le fait dans les motifs, qu'il
suffisoit de décréter............comme le véritable
auteur de la seconde fausseté, c'est ne pas bien entendre les véritables règles des instructions criminelles;
on ne doit y négliger aucune des voies qui tendent à
rendre la preuve complète, et toutes les fois qu'il y a
plusieurs complices du même crime, il est inouï qu'on
n'en décrète qu'un seul, pendant qu'on peut les
décréter tous, et tirer de leur confession ou de la
comparaison de leurs réponses, des inductions propres
à mettre la vérité dans tout son jour et à établir une
parfaite conviction. Quand même on auroit pu faire
un choix entre les différens complices, il auroit été
bien plus essentiel de mettre en décret le notaire et
les deux témoins instrumentaires, dans lesquels réside
toute la foi de l'acte, que de se contenter d'agir contre
celui qui n'en avoit été que le promoteur: il n'étoit
pas même possible d'en user autrement sans blesser
toutes les règles, parce qu'on ne peut jamais détruire
un acte comme faux, sans entendre et le notaire et
les témoins qui en ont attesté la vérité. Les juges
devoient encore moins hésiter à suivre, sur ce point,
la règle ordinaire, depuis qu'ils ont vu l'interrogatoire subi par le nommé............; et moins ils

trouvoient de preuves dans cet interrogatoire, plus ils étoient obligés à en chercher de nouvelles, en décrétant les autres complices, conformément aux conclusions réitérées de M. le procureur-général.

En vain cherche-t-on à couvrir ce défaut, en disant, comme on le fait, dans les motifs, qu'il n'y avoit point d'accusation de faux expressément formée par le procureur-général contre l'acte reçu par...... On confond par là le faux principal avec le faux incident; il est vrai qu'à l'égard du second genre de faux, il y a une forme prescrite par l'ordonnance, qui est propre à cette espèce d'accusation; il faut qu'il y ait une inscription de faux formée au greffe, que le défendeur ait été sommé de se servir de la pièce, et qu'il y ait eu des moyens de faux fournis par le demandeur; mais toutes ces formalités cessent absolument lorsqu'il s'agit d'un faux principal, qui n'en exige point d'autre qu'une simple requête à fin de permission d'informer, ou quelqu'autre réquisition équivalente. Or, dans la bouche de celui qui exerce le ministère public, toute accusation de faux est regardée comme une accusation de faux principal, et toutes les réquisitions qu'il peut faire, de quelque nature qu'elles soient, suffisent pour engager cette espèce d'accusation et pour donner lieu à l'instruire. C'est ainsi que lorsqu'on voit que des témoins qui ont assisté à la célébration d'un mariage, ont fait une déclaration fausse sur la qualité ou sur le domicile des parties contractantes, le procureur-général requiert un décret contr'eux, et cette réquisition est regardée comme une plainte ou une accusation, qui devient le fondement solide du procès, qu'on instruit ensuite contre les faux témoins.

J'ajoute à ces réflexions que, quoique l'acte de......, considéré en lui-même, fut la matière d'un faux principal, ce faux principal n'étoit néanmoins que l'incident et l'accessoire de la première accusation de faux, formée contre l'obligation passée par-devant........ Il est arrivé dans cette affaire, comme dans plusieurs autres de même nature, que l'accusé a voulu couvrir une fausseté par une autre, c'est-à-dire, qu'il s'est servi d'un second acte faux pour établir la vérité du premier. Or, toutes les fois que ce cas se présente, le ministère public n'est point obligé de prendre d'autre voie, pour commencer la seconde accusation, que de donner des conclusions contre ceux qui ont eu part à la seconde fausseté, lorsqu'il trouve, dans la première instruction, des preuves assez fortes pour l'engager à requérir un décret contr'eux. L'accusation de faux, contre l'acte de............, a donc été suffisamment intentée par le procureur-général ; les juges n'étoient pas en droit d'exiger qu'il le déclarât d'une autre manière qu'il ne l'a fait sur ce sujet, et c'est sans aucun fondement qu'on prétend, dans les motifs, que cet acte n'a pas été accusé de faux, et qu'il ne l'est pas encore aujourd'hui. Les conclusions prises contre le notaire et les deux témoins de cet acte, renferment une accusation formelle de la part du ministère public, et on n'en n'a jamais exigé davantage en pareille matière.

Enfin, tout ce qu'on ajoute, dans les motifs, pour justifier............, en disant qu'il passe pour honnête homme, qu'on ne l'accuse point d'avoir engagé...... et.......... à faire l'acte qu'ils ont passé devant lui, ni d'avoir altéré le sens de leur déclaration, et que, d'ailleurs, ils attestent eux-mêmes qu'ils ont passé cet acte sachant ce qu'il contenoit et en rejetant toute la faute sur le nommé.........., prébendier ; tout cela, dis-je, n'empêche point que cet acte ne soit toujours faux dans ce qu'il énonce sur la présence des témoins, et que, par conséquent, il ne soit précisément de la même nature que le premier acte, contre lequel les juges n'ont pas fait la moindre difficulté d'instruire l'accusation de faux. Les circonstances qu'on relève, pour distinguer la conduite du second notaire, de celle du premier, auroient donc bien pu donner lieu de modérer la peine qui auroit été prononcée contre lui ; mais elles ne pouvoient empêcher qu'on ne le mît en décret, quand ce n'auroit été, comme je l'ai déjà dit, que pour rendre la preuve entière et complète sur l'une et sur l'autre accusation.

Ainsi, plus j'examine tout ce qui s'est passé dans cette affaire, et plus je relis même les motifs du jugement qui a été rendu par les officiers de votre chambre, plus je demeure convaincu qu'ils n'ont pu refuser à la partie publique, l'éclaircissement et l'instruction qu'elle demandoit, et qu'elle avoit raison de demander; en sorte que, si votre chambre justifie assez bien, dans la forme du procédé, le *néant* qu'elle a mis sur les dernières conclusions de M. le procureur-général, elle ne peut jamais soutenir, dans le fond, un refus aussi contraire aux règles de l'ordre public, que celui qu'il a essuyé en cette occasion. Je ne sais s'il sera possible de le réparer, sans tomber dans une contrariété de jugemens dont l'accusé seroit en état de profiter, et cela ne pourroit guère avoir lieu, supposé que, dans la suite de l'instruction, il survînt de nouvelles preuves qui donnassent aux juges une raison suffisante pour revenir à des conclusions qu'ils ont rejetées si formellement; c'est ce qui fait encore mieux sentir l'inconvénient du *néant*, qu'ils ont eu la facilité de mettre sur les conclusions de M. le procureur-général; ils se sont privés, par là, de la faculté qu'ils devoient toujours se conserver, d'avoir égard à ces mêmes conclusions, lorsqu'ils le jugeroient à propos, et c'est ce que les juges ne doivent jamais faire.

Mais, quoique le mal paroisse à présent être presque sans remède, j'ai cru devoir m'étendre, autant que je l'ai fait, sur ce sujet, pour rétablir le véritable principe qu'on doit suivre en pareille matière, et pour montrer aux juges de votre chambre combien il est de leur devoir et de leur honneur de s'en instruire, plus qu'ils ne paroissent l'avoir fait jusqu'à présent. Je suis persuadé qu'ils n'ont eu que des intentions très-droites; mais l'amour de la justice est inutile, ou du moins il n'est pas aussi utile qu'il le doit être, si l'on n'y joint une connoissance exacte des règles, et surtout de celles qui ont lieu dans une matière aussi importante que l'instruction et le jugement des procès criminels. J'espère qu'ils profiteront des avis que vous leur donnerez sur ce sujet, de ma part, en leur communiquant cette lettre, et qu'ils me mettront en état de n'avoir plus, dans la suite, qu'à louer leur capacité, autant que leur droiture, dans l'administration de la justice.

Du 15 août 1728.

QUAND les ordonnances se sont reposées sur les procureurs-généraux, du soin de recevoir les dénonciateurs qu'ils jugent à propos d'écouter, ce n'a pas été, sans doute, pour les autoriser à prendre, pour dénonciateurs, tous ceux qui se présentent à eux, sans examen et sans discussion, ni de leurs caractères, ni de leur faculté ; elles ont supposé qu'ils feroient, sur cela, les diligences nécessaires pour le bien de la justice, et pour la décharge de leur ministère. Il n'y a point de bon procureur-général qui ne soit très-attentif sur ce point, et qui veuille recevoir une dénonciation, à moins qu'elle ne soit faite par une personne notoirement solvable, et qui, en cas qu'il ait du doute sur ce sujet, n'exige une caution de celui qui se rend dénonciateur. Si vous n'avez pas pris une semblable précaution dans l'affaire présente, je vous trouve fort à plaindre, parce qu'il vous sera difficile de trouver même une espèce d'excuse, en disant que vous n'avez pas su le peu de faculté du dénonciateur.

Les dépositions sont secrètes, à la vérité, par rapport aux accusés, et même par rapport aux juges, mais elles ne le sont pas pour vous ; et il est contraire aux règles de la justice et de l'équité naturelle, de faire entendre, comme témoin, la femme d'un dénonciateur qui est tellement intéressé, dans la poursuite qui se fait sur sa dénonciation, que c'est lui qu'on rend responsable des dommages et intérêts contre lequel il n'a pu administrer des preuves suffi-santes pour le faire condamner.

Du 26 août 1728.

J'AI toujours présumé que vos intentions avoient été droites dans l'affaire des demoiselles.........., et tout ce que vous m'expliquez par votre dernière, pour vous justifier des reproches que l'on vous fait sur la qualité de leur dénonciateur, fortifie encore la prévention que je dois naturellement avoir pour vous en pareille matière; mais il faut convenir que vous êtes au moins fort malheureux dans l'événement qui se passe aujourd'hui, parce que, si vous n'avez rien à vous reprocher dans le fond, je ne puis cependant m'empêcher de voir que les apparences ne vous sont pas favorables, et que la plupart de ceux qui en jugeront, pourront bien n'avoir pas pour vous la même équité et les mêmes égards que vous trouverez toujours en moi. La conséquence que vous devez donc tirer de cette aventure, est qu'au lieu de vous étendre, comme vous le faites, sur la difficulté de trouver des dénonciateurs solvables, vous devez redoubler votre attention et votre vigilance pour n'en plus admettre d'aussi suspects, et d'aussi peu convenables que celui dont vous vous êtes servi en cette occasion.

Au surplus, je ne sais ce que désigne cette pré-tendue protection dont vous craignez, assez mal à propos, que les demoiselles.......... n'abusent, même auprès de moi; si je voulois ajouter foi à ce qui m'a été dit sur ce sujet, j'aurois lieu de croire que, supposé qu'il y ait eu de la protection dans cette affaire, elle a été plus contre les demoiselles...... que pour elles. Je ne me suis point arrêté à des soup-çons vagues, et c'est par cette raison, que je n'ai voulu en faire aucun usage dans la lettre que je vous ai écrite; profitez donc des avis que je vous donne, et laissez-moi le soin de résister à ces prétendues protections, dont j'espère que la justice n'aura jamais rien à craindre dans ce qui passera par mes mains.

Du 10 septembre 1728.

JE sais toute la différence que l'on doit mettre entre un juge inférieur, tel qu'un lieutenant-général de police, et un parlement aussi distingué que l'est celui de Grenoble. Personne n'est plus prévenu que je le suis en faveur des cours supérieures, et ne présume plus volontiers que la seule vue de la justice et de l'ordre public dirige tous leurs jugemens. Je voudrois bien qu'il me fût possible de me renfermer dans cette présomption générale, par rapport à ce qui s'est passé dans l'affaire de la prétendue........., et n'avoir qu'à suivre mon inclination naturelle qui me porte toujours à soutenir les supérieurs lorsqu'ils se sont commis avec leurs inférieurs; mais j'avoue avec un véritable déplaisir, que plus on m'a obligé d'approfondir cette affaire par les différentes lettres qui m'ont été écrites sur ce sujet, plus j'ai été forcé de reconnoître que la régularité de la procédure n'avoit pas répondu en cette occasion à la droiture des intentions du parlement. Et quelque désagréable que soit pour moi-même le détail des réflexions que j'ai été obligé de faire à cet égard, je dois néanmoins y entrer, soit par considération pour votre compagnie dont il ne me conviendroit pas de désapprouver la conduite sans lui en marquer les raisons, soit pour empêcher qu'elle ne se commette, à l'avenir, dans de pareilles occasions; ce qui est toujours pénible à un corps justement jaloux de sa dignité.

La première chose qui m'a frappé dans l'ordonnance que le parlement a rendue pour surseoir la procédure du juge de police, c'est le défaut de pouvoir qui, comme vous le savez, est le plus grand de tous. Votre compagnie ne dispute point au lieutenant-général de police, le droit de connoître, en dernier ressort, de ce qui regarde les vagabonds et gens sans aveu. Il est vrai que, suivant les règles de la bienséance même pour le bien public, le parlement conserve toujours une espèce d'inspection sur la manière dont le lieutenant de police exerce ce droit qui lui est attribué par les ordonnances; mais tout ce qu'il peut faire à cet égard consiste à agir par voie de direction plutôt que de décision, c'est-à-dire, que celui qui est à la tête du parlement, peut mander le lieutenant-général de police pour se faire rendre compte de ses procédures, et lui donner les avis qu'il juge nécessaires pour la sûreté et la tranquillité publique; et si le lieutenant-général n'y déféroit pas comme il le doit, je serois alors dans l'obligation de lui apprendre son devoir; mais il ne s'ensuit pas de là que le parlement puisse rendre des arrêts ou des ordonnances dans une matière où l'appel ne sauroit être porté devant lui, et où le lieutenant-général de police est regardé comme juge d'attribution.

Je vous laisse à juger par ces principes, si j'ai pu approuver, non pas un avis ou des instructions extrajudiciaires donnés au lieutenant de police par celui qui présidoit au parlement, mais une ordonnance en forme qui surseoit la procédure commencée par cet officier, dans une affaire où le parlement ne pouvoit agir comme juge supérieur dans l'ordre de la juridiction contentieuse, et n'y avoit, comme je viens de le dire, qu'une autorité de simple direction.

Quand même votre compagnie auroit eu un pouvoir plus étendu, et quand l'appel de la procédure du juge de police auroit pu y être porté dans les formes ordinaires, j'aurois encore de la peine à concevoir par quelle raison on auroit pu se porter à accorder une surséance à une personne du caractère de celle qui la demandoit. Je vois, à la vérité, que cette surséance n'a été accordée que sur le vu de la procédure du lieutenant de police ; mais c'est cela même qui augmente la difficulté, bien loin de la résoudre.

En effet, cette procédure suffisoit pour faire concevoir de grands soupçons contre la nommée............. et pour justifier la conduite du lieutenant de police, qui l'avoit regardé, avec raison, comme une avanturière, le seul prétexte qu'elle alléguoit pour donner quelque couleur à son voyage et au séjour qu'elle faisoit à Grenoble, étoit de dire qu'elle y venoit pour demander le paiement de deux billets à ordre qu'elle prétendoit avoir été signés par M.......... et endossés par le sieur de..........; un fait si contraire à toute vraisemblance devoit d'abord ouvrir les yeux au parlement, ou du moins former dans son esprit le même soupçon qu'il avoit fait naître dans celui du lieutenant-général de police ; c'est la première réflexion que j'ai faite en lisant les interrogatoires de la prétendue..........

Ce soupçon étoit encore considérablement augmenté par la fausseté de la défaite qu'elle avoit voulu donner au commissaire de police, pour s'exempter de représenter les billets dont il s'agissoit, en disant qu'elle les avoit remis à M. de.........., conseiller au parlement. Fait entièrement désavoué par ce magistrat qui avoit déclaré au commissaire de police, qu'il n'avoit jamais vu.......... et qu'elle ne lui avoit donné aucun papier ; ainsi, d'un côté, la supposition de deux billets à ordre, prétendus signés par M.........., répugnoit à toute sorte de vraisemblance, et de l'autre, on voyoit une personne inconnue, qui avoit fait une fausse déclaration pour appuyer un fait presque incroyable. J'avoue encore une fois, que dans de telles circonstances, j'ai eu de la peine à comprendre comment on a pu croire dans le parlement, qu'une femme de ce caractère pouvoit mériter qu'on sursît la poursuite qui se faisoit contre elle sur un fondement si légitime.

Mais il y a encore quelque chose de plus, et c'est

la troisième réflexion que j'ai faite à la vue de la procédure. On ne pourroit point accuser, ici, le lieutenant-général de police d'avoir agi avec trop de vivacité et de précipitation ; il apprend qu'une femme inconnue et qui pouvoit être une aventurière, à l'occasion de laquelle il avoit reçu différens avis, est arrivée à Grenoble ; il remplit les devoirs de sa charge en la faisant interroger ; ses réponses la lui rendent justement suspecte, surtout par rapport au fait des prétendus billets de M..........; on la presse de représenter ces billets qu'elle déclare avoir apportés avec elle ; elle avance, pour s'en dispenser, un fait absolument faux et démenti par un magistrat du parlement ; même le lieutenant de police pouvoit, sans doute, dans de telles circonstances, la faire arrêter, et cependant il prend encore la précaution de ne l'ordonner, que supposé qu'elle persiste dans le refus qu'elle avoit fait de représenter ses billets ; il n'y a rien certainement de plus mesuré qu'une telle conduite ; et j'ai lieu d'être d'autant plus surpris du peu de protection dont elle a été suivie au parlement, qu'en accordant, comme il l'a fait, une surséance de trois semaines à une femme si violemment soupçonnée, en lui donnant le moyen de se soustraire à la justice, et d'aller mettre en usage de pareilles suppositions dans d'autres provinces, pour y abuser, comme elle l'a fait déjà plusieurs fois, de la confiance de ceux qui ont été la dupe de ses artifices.

Bien loin que les pièces qu'elle avoit jointes à sa requête, pussent dissiper les soupçons qui résultoient contre elle de la procédure du juge de police, je les aurois regardées si j'avois été juge de l'affaire, comme servant au contraire à fortifier ces mêmes soupçons.

1.° Une partie des lettres qu'elle rapportoit n'ont paru aux yeux du parlement, que tronquées, et ce n'étoit que des fragmens plus qu'équivoques par la précaution qu'on avoit prise de déchirer une partie de ces lettres.

2.° La lettre même de M........., qui paroissoit

son meilleur titre, faisoit naître une nouvelle suspicion contre elle, par les condradictions qui se trouvent en cette lettre, et les réponses d'.........
dans ses interrogatoires, M. de.......... donne
au mari de cette femme la qualité de négociant à
Londres; et, au contraire, dans ses réponses elle lui
attribue le titre d'officier de cavalerie du premier
régiment du roi d'Angleterre; selon la lettre de
M. de.........., son mari doit être mort au mois
de mars 1727, et mort en chemin lorsqu'il venoit
la joindre en France; et, si on l'en croit dans son
interrogatoire du 21 juin, son mari est mort depuis
environ deux ans dans la ville de Londres; ainsi
les pièces mêmes qu'elle rapportoit pour sa justification, formoient encore de nouveaux doutes, comme
je viens de le dire, au lieu de résoudre les premiers,
et devoient rendre le parlement aussi prévenu contre
elle, que favorable à la procédure du lieutenant
de police.

Je souhaiterois donc de tout mon cœur, qu'il eût
examiné cette affaire avec autant d'attention et d'exactitude, que j'ai cru être obligé de le faire en y cherchant,
même avec soin, tout ce qui pouvoit aller à la décharge de l'ordonnance rendue par le parlement; je
n'aurois pas eu le déplaisir d'être forcé, en quelque
manière, à relever toutes ces circonstances, qui m'ont
fait voir, malgré moi, que le parlement a deux choses
à se reprocher sur ce sujet : l'une, d'avoir agi sans
pouvoir; l'autre, d'avoir interrompu le cours d'une
procédure qu'il n'auroit pas dû arrêter, quand même
il auroit pu en prendre connoissance comme juge
d'appel. La forme et le fond me font donc une égale
peine en cette occasion, qui n'empêche pas cependant
que je ne rende toute la justice qui est due à la droiture et à la bonne intention des juges; il seroit absurde d'avoir le moindre doute, sur ce sujet, dans
les circonstances de cette affaire, et, s'il y a eu quelque surprise dans l'ordonnance qui a été rendue, on
peut dire en faveur des magistrats qui y ont eu part,
que c'est un esprit d'équité ou de compassion qui les

a séduits par une impression dont les meilleurs juges sont souvent susceptibles. Rien n'est plus capable de les mettre en garde contre cette espèce de tentation délicate, que ce qui s'est passé dans les suites de cette affaire, où la fraude et l'imposture de l'aventurière dont il s'agit ont été pleinement découvertes ; je n'ai donc pas besoin d'y joindre mes exhortations. A l'égard des juges qui ont rendu l'ordonnance dont on m'a porté des plaintes, je suis persuadé qu'ils redoubleront d'eux-mêmes leur vigilance et leur attention, pour éviter de pareilles surprises à l'avenir, et que votre compagnie me donnera toujours le plus grand plaisir que je puisse sentir, je veux dire celui de n'avoir qu'à approuver et à louer sa conduite dans l'administration de la justice.

Du 28 octobre 1728.

Je n'ai pas répondu plutôt aux lettres qui m'ont été écrites au sujet du nommé............, parce qu'on a perdu beaucoup de temps à chercher les pièces qui pouvoient avoir rapport à cette affaire, et qu'on n'a pu même les retrouver; mais comme on peut s'en passer absolument pour lever les difficultés sur lesquelles vous m'avez consulté, je ne veux pas différer plus long-temps de vous expliquer mon sentiment sur ces difficultés.

La première ne mérite presque pas ce nom. Il est vrai que le nommé............ a essuyé un premier jugement qui le condamne aux galères; mais comme ce n'est point sur le crime d'assassinat, dont il s'agit aujourd'hui, qu'il a été jugé, on ne peut pas dire qu'il soit dans le cas de la règle ordinaire, *non bis in idem*, et il n'est pas sans exemple qu'on ait tiré des galères un homme accusé d'un crime beaucoup plus grand que celui qui avoit donné lieu à sa condamnation, pour mettre la justice en état de lui imposer une peine proportionnée à la nature de cet autre crime.

Il est vrai que le prévôt des maréchaux auroit dû
vous représenter l'ordre du roi, qui lui avoit été
adressé par M.........., pour retirer des galères
le nommé.........., et l'amener dans vos prisons;
mais, après tout, la déclaration du prévôt et la présence de l'accusé vous mettent suffisamment en droit
de lui instruire son procès, pourvu d'ailleurs que
votre siége soit compétent, et que le crime ait été
commis dans l'étendue de la sénéchaussée de Nimes.

À l'égard de la difficulté qui consiste à savoir, si
la déposition ou l'interrogatoire du nommé.........
que vous avez condamné aux galères, comme complice de même assassinat, peut servir contre......?
Vous avez raison de croire que, quand même il auroit
été récolé sur son interrogatoire ou sur sa déposition,
il n'en résulteroit aucune preuve que l'on pût appliquer au nommé.........., parce que..........,
étant mort civilement, ne peut plus être confronté, et
que son témoignage ne mériteroit aucune attention;
il en seroit autrement, s'il y avoit eu une contumace
instruite contre........., pendant laquelle........
eut été condamné aux galères perpétuelles, il faudroit
suivre en ce cas la disposition des articles 22 et 23
du titre 17 de l'ordonnance de 1670, qui porte que
si quelqu'un des témoins est mort civilement pendant la contumace, sa déposition subsistera, et qu'il
en sera fait une confrontation littérale à l'accusé;
mais comme il ne paroît pas, par ce que vous m'écrivez, qu'il y ait jamais eu de contumace instruite
contre......... au sujet de l'assassinat, l'affaire
doit être décidée suivant les régles ordinaires, qui ne
permettent pas qu'on ait égard à une déposition ou à
un interrogatoire, lorsque le témoin ou le co-accusé
n'est pas en état d'être confronté à celui à qui on
instruit le procès.

Rien ne vous empêche donc à présent de l'instruire
au nommé.........., et de le condamner aux
peines qu'il pourra mériter, eu égard aux preuves qui
se trouveront légitimement et suffisamment établies
contre lui.

Du 28 novembre 1728.

UNE incommodité, qui ne m'a pas permis pendant long-temps de vaquer, comme je l'aurois souhaité, à mes occupations ordinaires, m'a empêché de répondre plus tôt à la lettre que vous m'avez écrite pour justifier la sentence de décharge que vous avez prononcée en faveur du nommé.......... et.........., son fils; ma santé étant meilleure à présent, je vous dirai d'abord, après avoir revu tout ce qui m'a été écrit sur ce sujet, que vous n'avez point touché dans votre lettre le véritable point de la difficulté sur laquelle vous me demandez mon sentiment.

Il ne s'agit point ici de savoir, si les conclusions d'un procureur du roi, en matière criminelle, peuvent forcer en quelque manière les suffrages des juges, et les obliger à ordonner tout ce qu'il lui plaît de requérir. Quelque considération que méritent ceux qui exercent le ministère public, il est certain néanmoins qu'ils n'ont qu'une voix excitative, qui n'impose aux juges aucune nécessité de la suivre, si ce n'est autant qu'ils la trouvent conforme aux règles de la justice; ils peuvent donc condamner des accusés que le procureur du roi est d'avis d'absoudre, comme ils peuvent absoudre ceux qu'il croit qu'il y a lieu de condamner; et, s'il n'y avoit de reproches à vous faire en cette occasion, que de n'avoir pas suivi aveuglément des conclusions qui étoient soumises à votre jugement, il me seroit bien aisé de m'expliquer comme je souhaiterois le pouvoir faire en votre faveur.

Mais, encore une fois, il ne s'agit point d'examiner si vous avez manqué à l'égard du procureur du roi, ou s'il a droit de se plaindre de vous, par rapport aux fonctions de sa charge? Toute la question consiste à savoir, si vous ne vous êtes point écarté de ce que vous devez à la règle et au bien de la justice, en accordant une liberté et une décharge prématurée aux accusés dont il s'agit; or, c'est sur quoi je vois avec peine, que vous ne sauriez justifier pleinement votre conduite.

C'est un principe certain, en matière criminelle, que tout cas, qui est regardé comme prévôtal, est censé aussi mériter une peine afflictive ou infamante, qui ne peut être prononcée ou dont l'accusé ne peut être déchargé qu'après une instruction régulière. Il seroit absurde de prétendre qu'une faute, qui ne mérite qu'une aumône ou une condamnation de dommages et intérêts, en un mot, une peine qui peut s'ordonner à l'audience sur le simple vu des informations, pût être regardée comme un cas prévôtal ; et, par une conséquence nécessaire, dès le moment que le crime mérite ce nom, il est contraire à toutes les règles de prononcer la condamnation ou l'absolution des accusés, sans qu'ils aient subi la rigueur d'une instruction.

Ce principe une fois supposé, je ne puis que vous laisser juger vous-même si la sentence, dont le procureur du roi m'a porté ses plaintes, peut jamais se soutenir.

Les nommés.........., père et fils, ont été traités dans votre siége, et avec raison, comme accusés en deux qualités différentes, c'est-à-dire, premièrement, comme vagabonds et mandians; et en second lieu, comme suspects d'avoir volé une fourchette d'argent; c'est par rapport à la première qualité que le procureur du roi a cru qu'ils devoient être jugés prévôtalement. Votre siége l'a décidé ainsi, et par là il a jugé implicitement, que le cas étant prévôtal, étoit, par lui-même, du nombre de ceux qui méritent une peine afflictive, et qui, par conséquent, exigent une instruction régulière, soit pour la condamnation ou pour la décharge de l'accusé. On peut dire même, que votre siége l'a jugé ainsi, explicitement, en ordonnant par la sentence du 26 juillet dernier, comme cela est de style dans tous les jugemens de

compétence, que le procès seroit fait et parfait prévôtalement en dernier ressort aux nommés.........

Il étoit donc certain, et par le titre de l'accusation,
et par le jugement de compétence, que les accusés
devoient subir une entière instruction de quelque
manière qu'on jugeât le procès dans la suite; cependant, malgré la nécessité que la règle et votre propre
jugement vous imposoient à cet égard, vous avez
rendu un jugement sur de simples interrogatoires et
sans aucune instruction, par lequel vous avez accordé
à ces accusés, non-seulement une liberté provisoire,
mais une décharge entière et définitive des accusations
formées contr'eux, et cela dans le temps que les conclusions du procureur du roi vous indiquoient qu'il
pouvoit avoir d'autres témoins à faire entendre, puisqu'il requéroit que ceux qui avoient déja été entendus, et ceux qui pourroient l'être dans la suite, fussent
récolés et confrontés.

La nature et le fond de l'accusation ajoutent encore
beaucoup à ce que je viens de remarquer sur l'irrégularité de votre jugement, considéré du côté de la
forme; et, par rapport aux règles de l'ordre public, il
ne faut que lire les interrogatoires, pour voir que
les accusés sont des personnages fort suspects. Le père
ne s'accorde pas avec le fils, sur le lieu de leur domicile, que l'un dit être à Bruxelles et l'autre à Liége;
ils ne sauroient rendre aucune bonne raison de leur
conduite, ni rapporter aucun certificat de personnes
connues et dignes de foi, qui leur soit favorable. Ils disent, qu'ils sont partis de Liége depuis trois mois, pour
aller en Espagne, et, pendant tout ce temps, ils n'ont
fait autre chose que d'aller de Liége à Paris, de Paris
à Auxerre, et d'Auxerre à Troyes. La ville d'Auxerre
n'est point d'ailleurs sur la route de Paris en Espagne,
et cependant ce n'est qu'à Auxerre qu'ils disent qu'ils
ont changé de résolution, faute d'argent pour l'exécuter; ils avouent enfin avoir mandié chez les fermiers
et chez les curés des lieux où ils ont passé. Ainsi, tout
paroissoit concourir à les faire regarder comme de
véritables vagabonds et gens sans aveu et sans profes-

sion, comme ils en conviennent eux-mêmes par rapport au défaut de profession.

C'est entre les mains de gens de ce caractère qu'on saisit une fourchette d'argent, qu'ils disent avoir trouvée sur le grand chemin. Ils l'ont exposée en vente chez deux orfèvres de la ville de Troyes, et ils se sont sauvés de chez le dernier dès le moment qu'ils ont vu qu'on y retenoit la fourchette qu'on soupçonnoit d'avoir été volée; on m'assure même que dans ce temps-là il y avoit eu plusieurs recommandations faites aux syndics des orfèvres, pour argenterie perdue ou volée, ce qui augmentoit encore le soupçon.

J'avoue que, dans toutes ces circonstances, le fond me touche peut-être encore plus que la forme, et que j'ai de la peine à concevoir comment des juges, qui ont d'ailleurs bonne réputation, ont pu avoir la facilité de décharger purement et simplement des accusés de cette espèce sans nulle instruction, et cela dans le temps qu'il y avoit tout au plus six jours que le jugement de compétence avoit été rendu, et que par conséquent on ne pouvoit imputer aucune négligence, ni aucun retardement à la partie publique.

Vous n'avez donc pas eu lieu d'être surpris, après cela, de la sécheresse de la première lettre que j'ai écrite sur ce sujet; et s'il y a quelque chose de surprenant ici, c'est que sachant que toute la procédure étoit entre mes mains, vous ayez pu m'écrire, comme s'il s'agissoit ici d'accusés innocens, qu'un procureur du roi, par entêtement, voulut accabler par la rigueur de la forme. Le sieur......... n'a rien fait avant votre jugement définitif, que de se conformer aux règles les plus indispensables et aux devoirs les plus essentiels de son ministère; mais, encore une fois, ce n'est point par rapport aux égards que mérite ce ministère, lorsqu'il se borne à demander la plus exacte justice, que je blâme votre conduite dans cette affaire; c'est uniquement parce que vous n'y avez pas suivi les principes les plus communs de l'ordre judiciaire que vous auriez dû soutenir, quand même le procureur

du roi les auroit abandonnés, et que vous deviez encore moins négliger pendant qu'il vous les rappelloit
par ses conclusions.

A la vérité, l'ordre public ne lui accorde pas le
droit d'appeler d'un jugement prévôtal ; mais, s'il a
excédé les bornes de son pouvoir par l'appel qu'il a
interjeté de votre jugement, sa bonne intention
l'excuse pleinement d'une démarche qu'il n'a faite
que pour le bien de la justice. C'est, en effet, ce qui
me donne lieu de remettre les choses en règle par un
arrêt qui, en cassant votre sentence du 2 août, renvoie les accusés par-devant d'autres juges, pour leur
être le procès fait et parfait suivant la rigueur des
ordonnances. J'aurois bien voulu pouvoir vous épargner la mortification d'un tel arrêt ; mais la nécessité
de conserver l'ordre public, qui est principalement
confié à mes soins dans ce qui regarde l'administration de la justice, doit l'emporter sur toute autre
considération, et c'est ce qui m'a déterminé à prendre la seule voie par laquelle on pouvoit réparer l'irrégularité de votre sentence. J'espère que vous profiterez des avis que j'ai été obligé de vous donner à
cette occasion, et que par là vous m'épargnerez la
peine d'en faire à des juges que je considère d'ailleurs,
et dont je voudrois pouvoir toujours approuver la
conduite.

Du 15 janvier 1729.

COMME je vois que vous n'avez pas bien pris le sens
de ma lettre du 10 décembre dernier où je ne m'étois
expliqué qu'en un mot, croyant être aisément entendu dans une matière si commune, j'entrerai ici
dans un plus grand détail pour vous faire connoître
plus exactement les règles que vous devez suivre dans
les cas pareils à celui de l'affaire de mademoiselle de........

Il est vrai que le parlement est seulement obligé

de voir les charges et informations, lorsqu'il s'agit de donner des défenses d'exécuter des décrets de prise de corps, ou de les convertir en des décrets plus légers, et personne n'a jamais pensé qu'en pareil cas, les cours supérieures dussent exiger que les accusés subissent un interrogatoire. Vous pouviez donc bien juger que ce n'étoit pas là le sens de ma lettre, et il ne vous étoit pas difficile de le pénétrer, si vous y aviez fait plus de réflexion.

J'ai suppposé comme un principe certain et connu de tous les juges, que c'est par le titre de l'accusation qu'il faut décider si l'on doit surseoir l'exécution d'un décret de prise de corps : lorsque le cas est léger, et ne mérite aucune peine afflictive ou infamante, il est sans difficulté que les défenses peuvent être accordées, quoique le fait qui sert de fondement à l'accusation, soit pleinement prouvé par les dépositions des témoins ; au contraire, lorsque la matière est grave et mérite une peine de la qualité de celles que je viens de marquer, la règle est de refuser les défenses sur le seul titre de l'accusation ; quoique les preuves du fait ne soient pas encore suffisamment établies ; à plus forte raison cette règle, doit avoir lieu lorsqu'il s'agit d'un crime capital, et qui a été regardé comme si punissable, que les rois se sont interdits à eux-mêmes le pouvoir d'user de leur clémence.

Si l'on peut adoucir quelquefois la rigueur de la règle, c'est lorsque les interrogatoires des accusés, qui sont leur défense naturelle, font voir que l'accusation a été présentée aux yeux de la justice sous une face odieuse qui ne s'accorde pas avec l'exacte vérité ; alors, comme le titre de l'accusation reçoit un changement, et ne subsiste plus le même, les juges peuvent se porter à adoucir les décrets, et à mettre les accusés dans l'état où ils auroient dû être d'abord, si l'on avoit mieux connu la véritable nature du fait qui donne lieu à l'accusation.

Mais en quel tribunal des interrogatoires capables de produire un tel effet, doivent-ils être subis ? C'est

ce qui ne m'est pas venu seulement dans l'esprit d'expliquer par ma lettre, parce que je n'ai pas pensé qu'il
y eut aucun magistrat qui pût croire que ce fût ailleurs
que devant les juges qui sont saisis du fond de
l'accusation.

Toutes ces notions générales étant ainsi supposées,
il m'est facile à présent de vous mettre pleinement au
fait de ce que j'ai voulu vous faire entendre par ma
lettre du 10 décembre dernier, et je n'ai besoin pour
cela que de vous tracer, en peu de mots, la conduite
que la chambre de la tournelle auroit dû suivre dans
l'affaire de mademoiselle de........, pour se conformer exactement aux règles de l'ordre public en
cette matière.

Premièrement, elle n'auroit dû juger des défenses
qui lui étoient demandées contre les décrets décernés
par le premier juge, que par le titre même de l'accusation; et, comme cette accusation a eu pour objet,
dans son principe, un crime non-seulement capital,
mais irrémissible par sa nature, elle devoit refuser les
défenses qu'on lui demandoit, les accusés qui n'avoient
pas encore été interrogés, n'ayant pu rien dire qui
fût capable de changer ou d'affoiblir le titre de
l'accusation.

Secondement, quand il y auroit eu d'ailleurs quelque doute sur le genre de crime et sur le degré de la
faute que les accusés avoient commis, il n'étoit pas
encore temps d'approfondir ce doute, parce que la
règle générale, en pareille matière, est qu'on ne
supplée rien en faveur d'un accusé qui ne s'est pas
encore présenté. Il falloit donc, en refusant les
défenses, mettre les accusés dans la nécessité de se
remettre en état devant les premiers juges et d'y
subir des interrogatoires où ils auroient expliqué
leurs défenses sur le titre de l'accusation; et, supposé
que ses défenses eussent été solides, alors on auroit
pu adoucir la rigueur des décrets, encore auroit-il
fallu pour cela, que ce que les accusés auroient dit à leur
décharge, eût été porté à un tel degré d'évidence,

qu'il fût impossible de les regarder comme coupables de ce rapt de violence qui est si sévèrement condamné par les ordonnances de nos rois ; car, tant qu'il seroit resté le moindre doute sur ce sujet, la règle eût été de les laisser jusqu'au jugement du procès dans l'état où les premiers juges les avoient mis.

J'ai donc craint de trouver deux défauts au lieu d'un dans ce qui s'est passé à la tournelle, au sujet des décrets décernés dans l'affaire de mademoiselle de . . . .

Le premier, est d'avoir accordé des défenses ou des conversations de décrets à des personnes accusées d'un crime capital ; et ce premier défaut paroissoit déjà constant dès le temps que je vous écrivis.

Le second, est de l'avoir fait sans qu'aucun interrogatoire subi par les accusés eut pû mettre les juges en état de penser que l'on avoit donné à l'accusation un titre qu'elle ne méritoit pas. Je cherchois à douter, en faveur du parlement, de ce second défaut, et c'est pour cela que je vous ai demandé si les accusés avoient été interrogés.

Votre réponse m'apprend qu'ils ne l'ont encore été en aucun tribunal ; ainsi, les deux défauts se réunissent ; et, si je ne saurois m'empêcher de les relever, je ne dois pas approuver davantage que l'on fasse subir des interrogatoires aux accusés, par-devant M. de . . . . ; comme la tournelle paroit l'avoir arrêté ; et, à en juger par ce qui est porté par votre lettre, il n'est pas permis aux parlémens de s'attribuer le droit d'interroger les accusés, dont le procès est pendant par-devant les premiers juges saisis du fond de l'accusation.

Ce seroit évoquer en quelque manière le principal, ce que le parlement ne peut faire qu'en jugeant l'appel à l'audience, et seulement dans les matières légères qui ne méritent aucune instruction ; il n'y a qu'un seul cas dans lequel les cours supérieures peuvent ordonner de pareils interrogatoires, quoiqu'elles ne seroient pas actuellement saisies du fond de l'affaire, c'est celui qui est marqué par l'arrêt de réglement du 16 août 1707; et il faut pour cela, comme cet arrêt le porte, qu'il s'agisse d'une affaire qui soit de nature à être civilisée, et qu'on n'ordonne l'interrogatoire qu'afin de tirer un plus grand éclaircissement de la bouche de l'accusé, avant que de renvoyer les parties à se pourvoir à fins civiles; comme ce cas n'a pas été prévu dans l'ordonnance de 1670, on a toléré cette espèce d'instruction, quoiqu'irrégulière à la rigueur, parce qu'elle tend à l'éclaircissement de la vérité et au bien de la justice, dans un cas où d'ailleurs elle a paru innocente, parce qu'il s'agit d'une affaire qui doit être civilisée, mais à la réserve de cette seule espèce; et de quelques cas extraordinaires où il y a un péril évident dans le retardement, on n'a jamais cru qu'un accusé pût être interrogé au parlement sur le fondement d'un décret décerné par un juge inférieur saisi du fonds de l'accusation.

Ainsi, non-seulement la tournelle agiroit contre la règle, mais elle se commettroit même si elle persistoit à faire interroger les accusés par-devant M. . . . .; qu'ils jouissent à la bonne heure de l'indulgence qu'on a eue pour eux en adoucissant leurs décrets, mais il faut, à cela près, que la règle soit suivie dans tout le reste, et que s'ils peuvent se justifier, ils le fassent par une instruction régulière devant les premiers juges, sans qu'il soit dit qu'une accusation de rapt de violence, formée par une mère, ait été jugée à l'audience de la tournelle, et sur le simple fondement d'un interrogatoire subi mal à propos au parlement. La distinction que l'on veut faire ici entre les différens motifs que peut avoir eu un enlèvement, ne sauroit être absolument rejetée, mais il faut au moins qu'elle soit rétablie par une procédure juridique, sans quoi les juges auroient le pouvoir arbitraire de faire évanouir, par des conjectures et par de simples raisonnemens, des accusations de cette importance. L'affaire présente en fournit un exemple, puisqu'il ne faut que lire la lettre qui m'a été écrite par M. de . . . ., sur ce sujet, pour être persuadé

que ce n'est point sur les faits résultans de la procédure criminelle, mais sur les connoissances extraordinaires que MM. du parlement se sont déterminés
en cette occasion, suivant plutôt ce qu'ils savoient
comme hommes, que ce qu'ils lisoient comme juges;
et, quoique j'aie tout lieu de croire qu'ils l'aient fait à
bonne intention, l'exemple en est cependant assez
dangereux, pour m'obliger à vous charger de faire
part de cette lettre à votre chambre, afin qu'on s'y
conforme plus exactement à des règles qui doivent
être inviolables dans les matières criminelles, et auxquelles il n'est jamais trop tard de revenir.

Du 31 janvier 1729.

La consultation que vous me faites, par votre lettre
du 19 de ce mois, roule sur trois points :

Dans le premier, il s'agit de savoir si vous pouvez
porter directement au parlement une accusation formée contre plusieurs procureurs du roi, de votre
province, pour des fautes commises par eux dans les
fonctions de leurs charges, où s'il faut nécessairement, qu'en pareil cas, le procès leur soit fait en
première instance, dans un bailliage, sans que le
parlement en puisse connoître autrement que par
appel.

Le second point consiste à examiner, si c'est à la
tournelle où à la grand'chambre que vous devez porter une semblable accusation, supposé qu'il y ait lieu
de la former en première et dernière instance au parlement.

Le troisième, enfin, est de savoir la conduite que
vous devez suivre par rapport aux faits qui vous ont
donné lieu de me consulter sur ces deux questions
générales.

La première question n'est pas susceptible de difficulté. Le parlement est incontestablement en droit

de faire le procès, en première instance, à tous les officiers royaux qui lui sont immédiatement soumis, lorsqu'ils sont accusés de malversations commises dans l'exercice de leurs fonctions ; et l'opinion la plus commune, et la mieux autorisée, est qu'il en est non-seulement le juge, mais le seul juge compétent, soit parce qu'ayant reçu le serment de ces officiers, c'est à lui qu'il appartient de connoître de l'infraction de ce serment, soit parce qu'il seroit à craindre que l'officier accusé ne trouvât trop de faveur ou trop de haine dans son propre siége. L'usage de tous les parlemens du royaume est uniforme sur ce point, et personne n'a jamais révoqué en doute leur autorité en cette matière. Le parlement de Besançon n'a donc rien perdu de ses droits à cet égard, lorsque la Franche-Comté a passé sous la domination du roi, et il a conservé, par le droit commun de la France, ce qui lui étoit acquis auparavant par le droit singulier de sa province.

Le second point ne seroit pas plus susceptible de doute, au parlement de Paris, où la question a été décidée par une déclaration du feu roi, donnée le 26 mars 1676, par laquelle il a été ordonné que, lorsque le procureur-général voudroit former une accusation contre des officiers du caractère de ceux que je viens de vous marquer, il seroit à son choix de les porter à la grand'chambre ou à la tournelle, ainsi qu'il le jugeroit le plus à propos. Mais, comme vous ne me marquez point qu'il y ait jamais eu une pareille loi faite pour votre parlement, ni qu'il y ait aucun usage qui puisse y en tenir lieu, je crois que le plus sûr, en pareil cas, pour ne pas commettre votre ministère avec une des chambres du parlement, seroit de vous adresser à la tournelle, comme au tribunal auquel, de droit commun, appartient la connoissance des affaires criminelles, quoiqu'il y eût de grandes raisons pour autoriser la grand'chambre à connoître des prévarications ou des malversations des officiers royaux qui lui sont immédiatement soumis.

A l'égard du troisième point, qui consiste à savoir

ce que vous devez faire sur les dénonciations que les lieutenans-criminels font au parlement, des exactions dont ils accusent les procureurs du roi des bailliages de Franche-Comté, il faudroit, pour en bien juger, avoir vu la requête des lieutenans-criminels, et être instruit de la nature des faits qu'elle contient.

Tout ce que je puis donc vous répondre en général sur ce sujet, est que s'il ne resulte de tous les faits expliqués par cette requête qu'une espèce d'abus général qui s'est glissé également dans tous les bailliages, dont les procureurs du roi aient cru pouvoir prendre légitimement certains droits qui cependant ne sont pas bien établis, ce n'est pas tant un véritable crime, qu'une erreur ou une simple faute, qui doit faire le sujet d'un réglement rendu par la grand'-chambre sur votre réquisition, plutôt que la matière d'une poursuite extraordinaire; mais si, au contraire, il s'agit d'exactions commises, non par ignorance, mais par une avidité punissable, qui ne puisse être excusée par aucun usage, en ce cas vous devez faire faire le procès aux coupables, et porter pour cela votre accusation à la chambre de la tournelle.

Du 7 février 1729.

Comme je suis persuadé que tous les faits énoncés dans votre sentence, sont bien prouvés au procès, je ne puis que louer la juste sévérité de la condamnation qu'ils ont prononcée pour des excès qui font horreur; l'exemple seroit bien plus grand et plus salutaire, si les coupables étoient dans les liens de la justice; mais je présume qu'il n'a pas été possible de les arrêter, et que c'est ce qui a fait que les juges ont été réduits à rendre une sentence par contumace, qui ne laisse pas d'être utile par la terreur qu'elle peut répandre.

Au surplus, vous pouvez être sûr de trouver toujours dans mon ministère la protection que vous en devez attendre, quand vous l'aurez méritée, comme vous avez fait en cette occasion, par votre zèle pour la justice.

_____

Du 9 février 1729.

J'ai reçu la lettre que vous m'avez écrite pour répondre au mémoire de M............, que je vous ai envoyé; et, après l'avoir lue, je n'entrerai point avec vous dans l'examen des anciens faits qui sont contenus dans ce mémoire pour faire voir la source de l'inimitié que l'on prétend être entre vous et la famille de M.......... : la discussion de ces faits seroit longue, difficile, et peut-être même impossible, parce qu'il faudroit pour cela pouvoir sonder le secret des cœurs, ce qui est référé à Dieu seul. Je m'arrêterai donc uniquement à l'objet présent du même mémoire, je veux dire à la distribution que vous avez faite du procès que M......... a à la tournelle, et j'avoue que quoique vous sachiez mieux que personne présenter les faits sous la face qui vous est la plus favorable, je n'ai pas trouvé que vous ayez discuté celui dont il s'agit d'une manière assez simple et assez satisfaisante pour me dispenser de vous demander encore de plus grands éclaircissemens.

Je vois d'abord qu'il y a un premier fait incertain, c'est le degré de parenté ou d'alliance qui est entre vous et M.......... Il soutient que vous êtes son allié du quatrième au cinquième degré, et vous m'assurez au contraire que vous ne l'êtes que du cinquième au sixième; c'est un fait qui s'éclaircira par les pièces que M.......... doit me faire remettre incessamment. Mais, en supposant que vous fussiez plus éloigné d'un degré qu'il ne le prétend, je ne saurois approuver que dans une matière criminelle, où l'ordonnance étend plus loin que dans les matières civiles les effets de la parenté ou de l'alliance, par rapport à la récusation des juges, et où ils doivent porter la délicatesse jusqu'à l'excès, vous ayez pris sur vous de faire une fonction qui vous étoit en quelque sorte étrangère, et que vous n'exerciez que pour suppléer au défaut du président .... qui ne pouvoit la remplir, au lieu d'attendre qu'il y ait eu un président non-récusable, ou de prier l'ancien de MM. les présidens de la grand'chambre de faire la distribution en votre place.

Je remarque en second lieu que vous étiez d'autant plus obligé de prendre ces précautions, pour ne donner aucune prise sur votre conduite, que vous convenez tacitement dans votre lettre qu'il y avoit au moins de la froideur entre vous et M..........., en y parlant de l'arrêt qui confirmoit une sentence rendue contre M. ...., en faveur du nommé .... Vous observez que c'est la dernière affaire de M.......... dont vous ayez été juge, et vous ajoutez que vous l'avez toujours évité depuis, ce qui suppose que vous aviez au moins des raisons de délicatesse et de bienséance pour vous abstenir de faire la fonction de juge. Or, il paroît extraordinaire qu'ayant eu la prudence ou le ménagement d'en user ainsi de vous-même, vous ayez voulu reprendre tout d'un coup le caractère de juge, ou du moins celui de président, à l'égard de la même partie, dans une fonction qui, à la vérité, n'est pas un jugement, mais que les parties regardent souvent et avec raison comme plus importante pour elles que le suffrage d'un seul juge sur le fond de leur affaire.

Les circonstances de la distribution peuvent être la matière d'une troisième réflexion qui me frappe encore plus que les deux autres, et sur laquelle vous vous êtes expliqué bien superficiellement dans votre lettre.

Je suppose l'usage de votre parlement tel que vous me le marquez; c'est-à-dire, qu'au défaut des présidens d'une chambre on a recours à ceux de la grand'chambre, et surtout à vous, pour faire distribuer un procès. Mais il ne paroît pas dans l'affaire

17.*

présente que M............ ait été bien instruit ou
bien persuadé de la vérité de cet usage; je vois au
contraire que M. le président........., n'étant pas
en état de commettre un rapporteur, présenta sa requête au doyen de la chambre pour faire distribuer
son procès; que le doyen, ne voulant pas prendre
la chose sur lui seul, remit cette requête entre les
mains de M............ pour en faire le rapport;
et que le lendemain ce conseiller, au lieu de rapporter la requête, dit qu'il n'en étoit plus question,
parce qu'il avoit appris que vous lui aviez distribué
le procès. Vous avez trop de pénétration pour ne
pas sentir combien ce fait peut être mal interprété
pour vous : il en résulte que pendant qu'une des
parties fait une démarche bonne ou mauvaise pour
faire distribuer son procès par le doyen de la tournelle, on trouve le moyen de vous faire apporter
le registre sur lequel vous nommez un rapporteur.
Pour lever le soupçon qui naît de cette conduite,
vous auriez dû m'expliquer plus en détail comment
la chose s'est passée, parce que, quelque supposition qu'on fasse, il paroît d'abord difficile de la bien
expliquer en votre faveur. En effet, qui est-ce qui
vous a prié de distribuer ce procès? Ce ne peut
être certainement M........., lui qui faisoit ses diligences auprès du doyen dont il croyoit pouvoir
recevoir un rapporteur. Est-ce donc la partie adverse de M.......... qui vous a prié de distribuer
le procès? Mais en ce cas avez-vous dû y procéder
sans en faire avertir M..........., surtout dans
un cas singulier, tel que celui du défaut du président de la tournelle, et où vous ne pouviez agir
que par une espèce de subrogation à la fonction d'un
autre? Présumera-t-on même que vous ayez ignoré
absolument les démarches qui se faisoient auprès du
doyen de la tournelle, et si vous les avez sues, n'é-
toit-il pas de votre justice et de votre équité de faire
dire à M.......... qu'il se trompoit, et que c'étoit
à vous qu'il appartenoit de remplacer M. le président ....? Indépendamment même de toutes

ces circonstances, n'auriez-vous pas dû le faire avertir, quand ce n'auroit été que pour savoir de lui s'il n'avoit personne à excepter dans le nombre des conseillers de la tournelle; précaution que les présidens attentifs ne manquent guère de prendre, surtout quand les parties sont présentes? Enfin, est-ce d'office et sans être requis par aucune des parties que vous avez fait la distribution dont il s'agit? C'est ce qui est peu vraisemblable, et qui seroit encore plus suspect que tout le reste.

Au reste, quand je vous fais toutes ces questions, et que je raisonne ainsi sur chaque supposition différente, je ne prétends pas porter encore aucun jugement sur votre conduite; je veux seulement vous marquer sur quoi vous auriez dû vous expliquer plus exactement, au lieu de vous contenter d'alléguer pour toute réponse l'usage de votre compagnie, qui vous met en droit de suppléer dans la distribution des procès, ce qui ne peut être fait par les présidens des chambres où ils sont pendans. Prenez donc la peine de me donner au plus tôt tous les éclaircissemens que je viens de vous demander : je souhaite d'y trouver votre justification aussi bien que sur un dernier fait qui est indépendant des réflexions que je viens de faire.

Vous avez vu à la fin du mémoire de M.......; qu'il se plaint de n'avoir pu obtenir du greffe du parlement un extrait de la distribution que vous avez faite de son procès, quelques efforts qu'il ait faits pour y parvenir; en sorte qu'il a été contraint de faire un commandement au greffier, et d'obtenir trois arrêts de la tournelle pour l'obliger à faire son devoir, mais que ces arrêts mêmes lui ont été inutiles, le greffier ayant toujours persisté dans son refus. Ce dernier fait paroît fort extraordinaire. Il est difficile de concevoir qu'un greffier refuse une expédition qui est de droit, et qu'il est de son intérêt de délivrer, à moins qu'il ne soit arrêté par des ordres supérieurs. Mais qui est-ce qui a pu donner de tels ordres? C'est sur quoi j'attends votre réponse; car vous n'avez pas

jugé à propos d'en faire aucune sur ce fait dans votre
lettre. Ce n'est pas la première fois que je remarque
que vous croyez que le silence ou une manière légère
et superficielle de répondre suffise pour dissiper le
soupçon que l'on peut avoir sur votre conduite ; et
je dois vous avertir, une fois pour toutes, que cela ne
m'en impose point, et que toutes les fois que l'on
me fera des plaintes contre vous, vous ne parviendrez
à vous justifier dans mon esprit qu'autant que votre
justification sera complète par une discussion exacte
et bien approfondie de tous les faits qui peuvent faire
naître le moindre soupçon. Vous devez cet éclaircissement parfait, non-seulement à votre propre réputation, mais au désir sincère que j'ai de ne trouver
rien de répréhensible dans la conduite des magistrats,
et surtout de ceux qui remplissent des places aussi
importantes que la vôtre.

Du 28 février 1729.

J'ai différé de faire réponse à la lettre que vous
m'avez écrite, le 9 de ce mois, au sujet des requêtes
que les lieutenans-criminels de votre ressort vous ont
présentées contre les procureurs du roi, parce que je
m'attendois de recevoir, d'un jour à l'autre, une
lettre de M. le procureur-général, où il m'expliqueroit les difficultés qui l'arrêtoient encore, et que
j'avois de la peine à imaginer, après la lettre que je
lui ai écrite, le 31 janvier dernier, à laquelle je n'ai
pas douté qu'il ne se conformât, parce qu'il ne m'a
fait aucune représentation sur ce que je lui ai écrit ;
mais, puisqu'il demeure dans le silence à mon égard,
et dans l'inaction sur la requête des lieutenans-criminels, malgré les excitations réitérées qu'il a reçues
de votre part sur ce sujet, je ne dois pas suspendre
plus long-temps ma réponse à votre lettre, et il me
sera facile de la faire après la communication que vous

avez eue de celle que j'ai écrite à M. le procureur-général.

Vous y avez vu qu'il ne m'avoit point envoyé la copie des deux requêtes présentées par les lieutenans-criminels, et qu'ainsi, n'étant pas suffisamment instruit de la nature des faits portés par ces requêtes, je n'avois pu lui répondre qu'en lui laissant le soin de distinguer les cas qui pouvoient ne demander qu'un réglement pour réformer des abus qu'un mauvais usage avoit introduits, et ceux qui pouvoient exiger qu'on fît le procès dans les formes, aux officiers suspects d'exaction véritablement punissable.

Les deux requêtes, dont vous m'avez envoyé la copie, me mettent en état de vous faire une réponse plus précise. J'y vois, et principalement dans la seconde, non-seulement des choses qui méritent d'être réformées par un réglement, mais des malversations criantes qui méritent une punition exemplaire, à quoi on ne sauroit parvenir que par une instruction régulière. Il est fâcheux, à la vérité, d'être obligé d'entreprendre tant d'officiers à la fois, et d'en mettre peut-être une grande partie hors d'état de rendre le service qu'ils doivent au public; mais il seroit encore plus dangereux d'accorder l'impunité au nombre des accusés, et d'ailleurs il n'est pas encore temps de délibérer sur ce sujet; ce sera sur le vu des informations, que la chambre de la tournelle pourra distinguer exactement les degrés des fautes, et faire un juste discernement entre les officiers qui mériteront d'être poursuivis avec la dernière rigueur, et ceux qui n'auront besoin que d'un simple avertissement pour rentrer dans le bon chemin.

Vous jugez assez, par ce que je viens de vous dire, et vous l'avez déjà vu par ma lettre à M. le procureur-général, que, dès le moment qu'il s'agit de prendre la voie extraordinaire, je ne révoque pas en doute la compétence de votre tribunal, et je l'écrirai de nouveau à M. le procureur-général, pour faire cesser absolument les difficultés sur lesquelles il n'a que trop insisté.

A l'égard de la forme de prononcer sur les requêtes des lieutenans-criminels, vous n'avez pas besoin, pour y statuer, ni d'une réquisition formelle de M. le procureur-général, ni même d'un consentement de sa part; vous ne devez pas non plus vous servir de la formule qui est dans le projet d'arrêt que vous m'avez envoyé, et que M. le procureur-général regarderoit comme une espèce d'injonction dont il seroit fort blessé; mais le seul parti que vous pouvez prendre sans aucune difficulté, est d'ordonner qu'il sera informé, à la requête de M. le procureur-général, des faits contenus dans les deux requêtes des lieutenans-criminels, qui demeureront déposées au greffe pour y servir et valoir ce que de raison, après qu'elles auront été paraphées et signées des lieutenans-criminels, si fait n'a été. C'est ainsi qu'on en use dans tous les cas où des parties articulent des faits qui ne peuvent être intruits qu'à la requête du ministère public.

Au reste, j'ai été surpris de ce qu'on a laissé mettre aux lieutenans-criminels dans leur requête, qu'ils s'étoient assemblés pour convenir des poursuites qu'ils feroient contre les procureurs du roi de leurs siéges. Toute assemblée qui se fait sans la permission du roi est illicite, et, quoiqu'il y ait lieu de présumer que les lieutenans-criminels ont eu bonne intention, il est néanmoins dangereux d'accoutumer des officiers à se croire en droit de se lier et de s'unir les uns avec les autres, pour former comme une espèce d'association contre d'autres officiers. Ainsi, afin de ne point paroître tolérer une pareille énonciation, vous devez obliger les lieutenans-criminels à refaire leur requête, pour en retrancher l'endroit où ils parlent de leur assemblée; moyennant quoi, rien ne vous empêchera plus de rendre un arrêt conforme à ce que je viens de vous marquer.

Je ne crois pas avoir besoin d'ajouter ici que votre chambre aura bien le droit de punir les malversations ou les exactions dont elle trouvera des preuves dans le procès qui sera instruit contre les officiers accusés; mais que, s'il paroît nécessaire, dans la suite, de rendre un nouvel arrêt de réglement général pour prévenir des abus semblables à ceux qu'elle aura punis, ce sera à la grand'chambre qu'il appartiendra de faire ce réglement sur la réquisition de M. le procureur-général.

Du 5 mars 1729.

Je m'attendois à recevoir de vous une lettre qui contiendroit une réponse exacte et bien détaillée sur chacune des difficultés que je vous avois expliquées en grand nombre par ma lettre du 9 février dernier : c'étoit le véritable moyen de vous justifier pleinement dans mon esprit, en ne laissant subsister aucun des nuages qui pouvoient y avoir fait quelque impression. Mais je vois avec peine que votre dernière réponse n'est guère moins superficielle que la première, qui m'avoit donné lieu d'exiger de vous que vous entrassiez dans une discussion plus profonde de tous les doutes que les plaintes de M...... pouvoient faire naître sur votre conduite.

Vous distinguez dans ma lettre trois articles principaux, sans suivre chacun de ces articles dans ses différentes branches, ce qui auroit été cependant fort nécessaire pour me donner les éclaircissemens que je vous demandois.

Sur le premier article, c'est-à-dire, sur le degré de l'alliance qui est entre vous et M........., vous répondez d'une manière bien vague et bien générale, quoiqu'il vous eût été très-facile d'approfondir la vérité du fait, même depuis ma dernière lettre, et que j'aie lieu de croire que vous en savez plus que vous n'en dites sur ce sujet, si les faits dont on m'offre de me rapporter la preuve se trouvent véritables.

Vous vous étendez assez inutilement sur le second article, puisque j'ai toujours présumé que l'usage où vous êtes de distribuer les procès qui sont dans les différentes chambres du parlement, en l'absence ou en cas de récusation des présidens, étoit certain, et que c'est en le supposant réel que j'ai raisonné avec vous par ma lettre.

Enfin, dans le troisième article, vous excusez assez mal le greffier garde-sacs. Plus il est jeune et a peu d'intelligence, plus il est difficile de croire qu'il eût osé résister aux arrêts réitérés qui lui ordonnoient de remettre à M. .... l'extrait du registre de distribution dont il s'agissoit, s'il ne s'étoit senti soutenu par une autorité supérieure.

Ainsi, les éclaircissemens que vous me donnez n'étant pas suffisans, vous ne devez pas être surpris si, après vous avoir écrit deux lettres sur la même affaire, sans avoir reçu de vous des réponses qui soient vraiment satisfaisantes, je cherche ailleurs de plus grandes instructions : je ne m'adresse pour cela à aucune personne qui puisse vous être suspecte; et aussitôt que tous les faits auront été pleinement discutés par celui que je charge de ce soin, je vous ferai savoir ce que je pense sur les plaintes de M..... et sur vos réponses.

P. S. Je ne puis m'empêcher d'ajouter ici une nouvelle réflexion qui m'a échappée dans ma dernière lettre, et que je viens de faire en relisant le mémoire de M............, et votre lettre du 20 janvier dernier. Vous êtes si attentif à saisir habilement tout ce qui peut vous être avantageux, que vous avez voulu mettre à profit jusqu'à une faute de copiste qui a produit un faux sens dans un endroit du mémoire de M............ Il y a tout lieu de croire que, dans la minute de ce mémoire, après ces mots : *Il lui fit l'honneur de la faire demander en mariage pour son fils aîné*, qui sont à la douzième page de ce mémoire, qu'on avoit mis par la voie du sieur..........., parce qu'on voit, en effet, par la suite du même mémoire, que ce fut par lui que madame............. reçut la première proposition de ce mariage; cependant le copiste, ayant oublié les mots que je viens de vous marquer, les termes de *parent et ami commun des parties, conseiller au parlement*, etc., qui devoient se rapporter à M..........., se sont trouvés joints à ces mots : *son fils aîné*, ce qui ne forme aucun sens raisonnable. Mais, quoique vous ayez trop

d'esprit pour n'avoir pas aperçu cette faute et le contre-sens
qu'elle produisoit, vous avez jugé à propos d'en tirer avantage, pour tourner en ridicule le fait avancé par le mémoire,
et pour faire voir qu'il ne rouloit que sur une supposition
grossière, puisque M. votre fils aîné n'avoit jamais été conseiller au parlement, et c'est sur cela que vous me priez de
juger de la vérité de tout le reste de cet article. Je ne relève
point ici tout ce qu'on pourroit dire sur une défaite si singulière, et je souhaite qu'en effet vous ayez été trompé par le
contexte mal formé de cet endroit du mémoire, quoique cela
ne soit pas trop vraisemblable : mais vous pouvez juger si de
pareilles réponses n'exigent pas de moi que je cherche encore de plus grands éclaircissemens sur l'exposé du même
mémoire.

Du 5 avril 1729.

L'ORDONNANCE de 1670 ne permet pas de recevoir
une plainte présentée au nom d'un absent, sans que
celui qui la présente ait une procuration spéciale à
cet effet; la même règle s'observe et doit s'observer
dans le cas d'une dénonciation faite par un absent;
on ne sauroit trop assurer ce premier pas dans l'ordre
de la procédure, et plus il y a de personnes dont on
veut rechercher la conduite, plus il est nécessaire de
ne laisser rien d'équivoque sur le nombre et la qualité de leurs dénonciateurs, dès le moment qu'ils ont
jugé à propos de se déclarer par une requête; vous
devez donc suivre ici exactement la forme prescrite
par l'art. 4 du tit. 3 de l'ordonnance de 1670, c'est-
à-dire, que vous devez obliger le fondé de pouvoir
à représenter les procurations spéciales qu'il a, et à
ordonner qu'elles demeureront déposées au greffe,
après que ces procurations auront été paraphées et
signées, tant par lui que par le commissaire qui sera
chargé de dresser un procès-verbal de ce dépôt. Il
ne convient point ni que des accusés qui peuvent
se trouver innocens, ni qu'un procureur-général puisse
être obligé à essuyer quelque jour un procès, pour
savoir si celui qui a signé les requêtes, avoit un
pouvoir suffisant d'eux, ou s'il n'en avoit pas.

La difficulté que M. le procureur-général forme à cet égard est donc bien fondée; je vous l'avois même fait assez entendre par ma lettre du 28 février dernier, où je vous avois marqué qu'il falloit obliger les lieutenans-criminels, qui se rendent ici dénonciateurs, à signer les requêtes et à en parapher toutes les pages; et on y a pu parvenir, à la vérité, par le ministère de leurs procureurs; mais il faut qu'il établisse sa qualité par des procurations spéciales jointes aux requêtes, sans quoi sa signature et son paraphe sont inutiles, ou du moins ne peuvent donner de recours que contre lui.

Aussitôt que vous aurez satisfait à cette formalité, je ne doute pas que M. le procureur-général ne fasse tout ce qui sera du devoir de son ministère pour répondre à vos bonnes intentions. J'aurois souhaité qu'il l'eût fait plus tôt; mais son grand âge mérite qu'on ait pour lui tous les égards qui lui sont dus, après avoir rempli une si longue et si honorable carrière.

Du 5 avril 1729.

J'AI examiné avec attention les représentations que vous m'avez faites, au sujet de l'arrêt que le parlement a rendu sur la requête des lieutenans-criminels contre les procureurs du roi, et je suis bien fâché d'être obligé de vous dire que, s'il y a quelque défaut dans cet arrêt, c'est à vous seul que vous devez l'imputer, puisqu'il n'a tenu qu'à vous de le faire rendre d'une manière encore plus régulière en présentant votre requête à la chambre de la tournelle, comme vous pouviez le faire dès le 9 janvier dernier, lorsque la première requête vous fut communiquée, ou du moins après ma lettre du 31 janvier, qui vous ôtoit tout prétexte de différer d'agir dans cette affaire.

Au surplus, entre les irrégularités que vous prétendez trouver dans cet arrêt, il y en a plusieurs qui

ne me touchent point, et qui ne méritent presque
pas d'être discutées.

1.º Je conviens avec vous que, suivant l'ordonnance, les plaintes qui sont présentées en forme de
requête n'ont de date que du jour qu'elles ont été
répondues ; mais comme on peut répondre une requête, ou par une simple ordonnance, ou par un
arrêt, la seule conséquence qu'on puisse tirer de
cette maxime véritable en elle-même, est que les
requêtes de lieutenans-criminels ne doivent avoir
de date que du jour de l'arrêt, et je ne crois pas
qu'il y ait personne qui pense différemment sur
ce sujet, même parmi les juges qui ont rendu cet
arrêt. Ainsi, je ne sais pourquoi vous faites une remarque si peu nécessaire.

2.º Il est vrai qu'il auroit été plus régulier de marquer le nom de chacun des procureurs du roi sur
lesquels tombe l'accusation, comme on l'a fait à
l'égard des procureurs du roi de Dôle et d'Ornans ;
mais, outre que les personnes de ces officiers sont
assez désignées par le titre de leur charge et par
le nom de leur siége, qui sont tous spécifiés dans
les requêtes des lieutenans-criminels auxquels l'arrêt
est relatif, cette difficulté tombera d'elle-même dans
la suite, par l'information dans laquelle il sera
facile de faire une désignation plus individuelle de
la personne des accusés. Votre critique auroit néanmoins quelque apparence, si l'arrêt portoit, qu'il
sera informé contre les procureurs du roi, etc. Mais
cet arrêt, ne marquant point ceux contre lesquels
il sera informé ; et ordonnant seulement qu'il sera
informé des faits contenus dans les requêtes, il
paroît par là que la chambre de la tournelle n'a
pas jugé encore à propos d'indiquer formellement
les personnes des accusés, et qu'elle s'est réservée de
le faire lorsqu'elle aura vu les informations, et cela
par une espèce de ménagement qui ne sauroit être
blâmé. Cette réflexion répond suffisamment à toutes
les difficultés que vous proposez sur ce qu'il pourroit y avoir des procureurs du roi qui ne fussent pas

encore reçus dans le temps que les requêtes ont été présentées, ou sur ce qu'il peut y en avoir qui soient morts depuis ce temps-là, ou enfin, sur ce que, dans les faits qui ont été allégués, il peut s'en trouver qui soient des crimes prescrits; tout cela sera suffisamment éclairci par les informations, et il est inutile d'agiter, quant à présent, ces difficultés.

3.º Quoique par la forme ordinaire, en cas de dénonciation, soit qu'elle s'adresse au procureur-général et qu'on l'inscrive dans son registre, il n'est pas défendu néanmoins à des dénonciateurs, surtout dans le cas dont il s'agit, où les lieutenans-criminels peuvent être regardés comme parties instigantes ou excitatrices, de donner la forme d'une requête à leur dénonciation; et pourvu que cette requête soit déposée au greffe, elle n'autorise pas moins un procureur-général à faire informer des faits qui y sont contenus, que si la dénonciation avoit été faite à l'ordinaire sur son registre.

4.º Le doute où vous êtes sur la qualité des faits qui ont été dénoncés, et dont vous craignez qu'il n'y en ait quelques-uns qui soient plutôt de la compétence de la grand'chambre que de celle de la tournelle; ne forme pas une difficulté plus solide que la précédente; ce sera par l'information que l'on connoîtra s'il y a quelques articles dans la conduite des procureurs du roi qui soient la matière d'un réglement civil, plutôt que le sujet d'une instruction criminelle; et, plus vous différez de faire procéder à cette information, plus vous faites durer une incertitude qui n'a point d'autre effet, que de vous empêcher d'agir comme vous l'auriez dû faire il y a long-temps.

5.º Vous n'êtes pas en droit de reprocher à la tournelle qu'elle ait rendu un arrêt sans vos conclusions dans une matière qui, par elle-même, est sujette à communication. Cette chambre n'a cessé, depuis près de trois mois, de vous exciter à prendre des conclusions, ou à présenter une requête à l'occasion de celle des lieutenans-criminels ; vous avez eu la première de leur requête dès le 8 janvier dernier, et je ne doute pas que la seconde ne vous eût été remise pareillement, pour peu que vous eussiez paru disposé à agir sur la première. Or, comme le refus ou l'inaction d'un procureur-général ne doit pas arrêter le cours de la justice, lorsque les juges l'ont excité plus d'une fois à interposer son ministère, il n'est pas surprenant que MM. de la tournelle aient enfin pris le parti de rendre un arrêt tel que celui qu'ils ont donné, et vous n'avez aucun sujet de vous en plaindre.

6.° La seule chose qui puisse mériter quelqu'attention dans vos remontrances contre cet arrêt, est qu'on ait souffert qu'il n'y eût que le lieutenant-criminel honoraire de Besançon qui signât les requêtes, comme ayant charge des autres lieutenans-criminels, sans exiger de lui qu'il déposât au greffe les procurations spéciales qu'il a dû avoir des autres lieutenans-criminels pour faire une dénonciation en leurs noms ; mais il est encore temps de réparer cette omission, en obligeant le sieur......... à remettre au greffe ses procurations après qu'elles auront été paraphées par lui et par un des conseillers au parlement. J'écris à MM. de la tournelle de prendre cette précaution, qui est conforme à la règle prescrite par l'ordonnance, à l'égard des plaintes qu'on ne doit point recevoir sans une procuration spéciale de celui qui se plaint ; et il en est de même des dénonciations, surtout quand elles sont faites par une requête.

Mais, quoiqu'il soit plus régulier de satisfaire à cette formalité, vous n'en êtes pas moins obligé de poursuivre, sans aucun retardement, l'exécution de l'arrêt que la chambre de la tournelle a rendu. Je m'attends donc que vous le ferez incessamment, sans m'obliger à vous écrire de nouvelles lettres sur ce sujet, et que vous me donnerez la satisfaction de voir, par votre vigilance et votre attention à suivre exactement une affaire si importante, que votre zèle ne se ralentit point par le nombre des années, et que

vous conservez toujours la même ardeur pour le bien
de la justice que vous aviez dans un âge moins
avancé.

Du 30 mai 1729.

La question que le placet du nommé............
vous a donné lieu d'agiter, peut être en effet susceptible d'avis différens; je crois néanmoins que la
règle la plus sûre pour la décider, est de distinguer
le cas du bannissement perpétuel et celui du bannissement à temps.

Dans le premier cas, la mort civile et la confiscation de tous les biens étant une suite de la condamnation, la peine publique doit l'emporter sur la
peine particulière, c'est-à-dire, sur les réparations ou
sur les dommages et intérêts qui sont adjugés à la
partie civile; les raisons en sont renfermées dans
ces deux mots, *Mort civile*, qui met le condamné
hors d'état de pouvoir prendre aucune mesure utile
pour la libération; *confiscation des biens*, qui, le
dépouillant de tout, laisse une entière liberté, et à
la partie civile, et à ses autres créanciers, d'exercer
leurs droits sur ce qu'il possédoit avant sa condamnation, outre que ce seroit diminuer en quelque
manière sa peine publique, de ne la faire commencer
à avoir lieu, que lorsque les réparations civiles auroient été payées.

Il n'en est pas de même dans le second cas, parce
que la peine publique peut se concilier alors avec la
peine particulière. Le bannissement à temps ne pro-
duisant point une mort civile, le condamné est en
état d'agir par lui-même pour le recouvrement de ses
effets et pour trouver le moyen de s'acquitter de ses
dettes; il demeure toujours propriétaire de ses biens,
qui ne sont point confisqués par ce genre de condamnation; et l'on peut lui imputer le défaut de paiement
qui donne lieu de le retenir en prison. Enfin, il n'est

point à craindre que l'on diminue la peine publique par trop d'égards pour la partie civile qui a poursuivi sa vengeance particulière, parce que le temps du bannissement ne commence à courir que du jour que le condamné est mis en liberté, en sorte que, par ce moyen, l'intérêt public et celui de la partie civile sont également en sûreté.

C'est, suivant ces principes, que, d'un côté, il a été jugé, par un arrêt rendu sur mes conclusions, en l'année 1697, lorsque j'étois avocat-général au parlement de Paris, que, malgré l'opposition de la partie civile, le nommé.........., condamné au bannissement perpétuel, seroit mis en liberté ; et que, de l'autre, j'ai toujours vu pratiquer au parlement de Paris, que ceux qui avoient été condamnés au bannissement à temps n'étoient élargis qu'après avoir satisfait aux réparations civiles auxquelles ils avoient été condamnés, la peine du bannissement demeurant comme en suspens jusque-là, et ne commençant à courir que du jour qu'ils avoient été mis en liberté.

Je ne puis donc qu'approuver entièrement l'arrêt que le parlement a rendu dans l'affaire du nommé....., pourvu qu'on n'en abuse pas pour conclure, de cet arrêt, qu'il faudroit rendre un jugement semblable dans un cas où il s'agiroit d'une condamnation au bannissement perpétuel, ce qui seroit contraire à la distinction que je viens de faire, et qui doit être regardée comme la règle la plus sûre que les juges puissent suivre, en attendant que le roi ait décidé clairement cette question par une nouvelle loi.

Du 4 juin 1729.

Toutes les difficultés sur lesquelles vous avez jugé à propos de me consulter par votre lettre du dix-huit du mois dernier, et que M. le procureur-général m'a aussi expliquées de son côté, ont été plus longues à discuter, qu'elles ne me paroissent difficiles à éclaircir et à lever.

Je vois que la première consiste à savoir si M. le procureur-général peut demander de nouveau qu'il soit informé contre les procureurs du roi qui ont été dénoncés, quoiqu'il y ait déjà un arrêt rendu dès le 8 mars dernier, qui ordonne précisément la même chose, avec cette seule différence, qu'il l'ordonne sans réquisition de M. le procureur-général, au lieu que celui qu'il demande aujourd'hui, seroit rendu sur sa requête.

Je m'étendrai peu sur cette première difficulté que je crois avoir résolue, par avance, dans les lettres que j'ai écrites avant l'arrêt du 8 mars; cet arrêt subsistant en son entier, il n'est pas douteux que le ministère de M. le procureur-général l'oblige à en demander l'exécution, et toute la question se réduit à savoir comment cet arrêt doit être exécuté.

C'est ce qui regarde la seconde difficulté que vous m'avez proposée pour savoir si M. le procureur-général peut diviser le procès, et le faire instruire séparément contre chacun des accusés.

Après y avoir fait bien des réflexions, je trouve beaucoup d'inconvéniens à ne former qu'un seul corps d'accusation contre tant d'officiers accusés.

1.º Le nombre et le degré de leurs fautes peuvent être très-différens; il est fort possible que les uns soient seulement coupables de quelques transgressions légères qui mériteront seulement qu'on les mande au parlement, et qu'on leur fasse de simples injonctions, pendant que d'autres seroient tombés dans de véritables prévarications qui exigeront qu'on instruise leur procès dans toutes les formes; il n'y a point de complicité, et il ne peut y en avoir dans le cas de l'accusation dont il s'agit; il y a seulement de la conformité et de la ressemblance dans le genre de fautes; mais, comme cette ressemblance est susceptible d'un grand nombre de différences, il paroît bien difficile de comprendre également tous les accusés dans une seule et même poursuite.

2.° Quand on supposeroit que tous les officiers qui sont accusés seroient également coupables de malversations qui méritassent une instruction régulière, on ne pourroit faire cette instruction contre tous en même temps, sans tomber dans de grands embarras qui produiroient au moins une lenteur ou un retardement considérable dans le cours de la procédure. Il pourra arriver, par exemple, que quelques-uns des accusés soient décrétés de prise de corps, pendant que les autres ne le seront que d'ajournement personnel, ou d'assigné pour être ouïs; que les premiers prennent le parti de s'éloigner pendant que les autres se présenteront, et demeureront interdits ou hors d'état de remplir leurs fonctions jusqu'à ce que la contumace soit instruite contre les défaillans. Je sais bien que cela arrive nécessairement toutes les fois que dans un procès il y a plusieurs co-accusés, dont les uns sont présens et les autres absens; mais, c'est alors un inconvénient inévitable qui résulte de la nature du crime dont plusieurs personnes sont accusées comme principaux auteurs ou complices; mais, encore une fois, c'est ce qui ne se trouve point dans l'occasion présente. Ainsi, la longueur, qui est souvent un inconvénient nécessaire, ou du moins inévitable dans le cas de la complicité, seroit volontaire en quelque manière dans un cas où il n'y en a point, parce que rien n'est plus facile que de l'éviter en divisant des accusations qui n'ont entr'elles aucune véritable connexité.

3.° Plus on multiplie les accusés sans nécessité, dans un procès, plus on donne lieu à des longueurs, et souvent à des frais, qu'il est beaucoup plus sage et plus sûr de prévenir. Je suppose que dans l'affaire présente, comme cela ne manquera pas d'arriver, il y a un certain nombre de témoins contre un des accusés, un certain nombre contre un autre, et que la même chose se rencontre par rapport à chacun des prévenus; quand il faudra interroger chaque accusé, on sera obligé de parcourir toutes les informations pour en extraire les faits qui ne concerneront que

18 *

celui auquel il sera question de faire subir un interrogatoire, et il sera nécessaire de recommencer le
même travail à l'égard de chacun des accusés successivement, ce qui ne se peut faire sans y employer
plus de temps, et y prendre plus de peine; que, si ce
qui regarde chaque accusé se trouve renfermé dans
la même information, le travail deviendra encore
bien plus long et plus pénible, lorsqu'il s'agira des
confrontations. Je n'ai pas besoin de m'étendre sur
ce sujet, parce que tous ceux qui ont quelque expérience des instructions criminelles, sentiront aisément combien cette difficulté est réelle et certaine;
car il n'y a personne qui ignore combien la longueur,
dans l'instruction d'un procès criminel, est favorable
aux accusés, et contraire au bien de la justice, surtout quand l'état des coupables leur donne un
certain crédit pour détourner les preuves, ou pour
les affoiblir; ainsi, toutes sortes de raisons me déterminent à penser qu'il est fort à propos, dès le commencement et sans attendre plus long-temps, de
séparer les accusations dont il s'agit. On ne fera par
là que revenir à la règle générale qui veut que des
accusations, absolument indépendantes les unes des
autres, et dans lesquelles il ne peut y avoir aucun
soupçon de complicité, soient instruites séparément;
on y gagnera même beaucoup par rapport à la promptitude, ou à la facilité de l'instruction. Si l'on craint
de détourner, en même temps, plusieurs conseillers
de leurs fonctions ordinaires, par la nécessité de
travailler séparément à chaque instruction, il est bien
aisé d'éviter cet inconvénient en commettant le même
commissaire sur chaque accusation, et je suis persuadé qu'on le soulagera par là, bien loin de le
charger davantage, parce qu'il aura plus tôt fait quatre
instructions séparées qu'il n'en aura fait une seule
commune; j'y trouve même cet avantage que les
procureurs du roi, qui seront moins coupables, ou
qui ne le seront point du tout, étant plus promptement expédiés et condamnés à des peines médiocres
ou déchargés de l'accusation, seront aussi plus tôt en

état de reprendre leurs fonctions, et de rendre le service qu'ils doivent au public.

Je crois donc que, pour terminer la première et la seconde difficultés, le meilleur parti qu'on puisse prendre dans l'état où sont les choses, est que M. le procureur-général présente une requête, où, en supposant l'arrêt du 8 mars tel qu'il est, et en marquant la disposition où il est de le faire exécuter, il expose en même temps toutes les difficultés et tous les inconvéniens qui naîtroient d'une instruction commune, dans laquelle on envelopperoit également tous les accusés, et conclue à ce que chaque accusation soit poursuivie séparément en se rapportant à la prudence du parlement de nommer le même commissaire pour procéder à toutes les informations, quoique faites séparément, ou d'en commettre de différens ; après quoi, à mesure que l'information sera faite contre un des accusés, elle sera décrétée séparément, et l'instruction continuée de la même manière, si les faits paroissent assez graves pour mériter que le procès soit fait et parfait dans toute la rigueur de la justice.

Je ne crois pas avoir rien à répondre sur ce qui regarde la troisième difficulté dont l'objet étoit de savoir si le dépôt des procurations en vertu desquelles le sieur.......... a présenté ses requêtes contre les procureurs du roi, devoit être fait en présence d'un commissaire du parlement ; la question m'a paru clairement décidée par l'arrêt du 9 avril, qui le porte expressément, et par celui du 5 mai qui rappelle et qui confirme la disposition du premier.

La quatrième, et peut-être la plus importante difficulté, est de savoir si l'acte du 27 mars 1723, qui a été et qui doit être déposé au greffe par le sieur..........., est une procuration suffisante pour donner le pouvoir de faire une dénonciation telle que celle qui est contenue dans ses requêtes. Comme on ne sauroit trop assurer le fondement d'une procédure criminelle, j'aurois de la peine à regarder une telle procuration, comme donnant un pouvoir suffisant à

celui qui en est le porteur : la date en est bien ancienne, et une procuration perd beaucoup de sa force
en vieillissant, surtout dans une matière si délicate ;
non-seulement celle dont il s'agit est surannée, mais
il y a plus de six ans qu'elle a été passée ; l'accusé
peut avoir changé de conduite dans cet intervalle, et
le dénonciateur peut avoir changé d'intention, comme
cela paroît déjà par la variation de quelques-uns de
ceux qui avoient signé la procuration en 1723 : s'ils
étoient tous bien éloignés du lieu où la dénonciation se
fait en leur nom, on auroit un prétexte pour ne pas
prendre de nouvelles précautions de s'en instruire au
plus tôt, et s'en assurer par de nouvelles procurations ;
mais ils sont tous dans la même province, et rien
n'est plus facile que de savoir quelle est leur disposition présente ; ainsi, la précaution de s'en instruire
au plus tôt et s'en assurer par de nouvelles procurations,
peut paroître absolument nécessaire, et on ne doit pas
répondre à cette difficulté en disant que le sieur..........
n'étant obligé, suivant l'arrêt du 8 mars, qu'à déposer les procurations dont il étoit porteur, il aura
satisfait pleinement à cet arrêt, en les déposant telles
qu'elles étoient entre ses mains dans le temps de
l'arrêt ; il n'étoit pas possible de prévoir la difficulté
qui naît de la date de l'acte du 17 mars 1723, avant
que cet acte eût été déposé ; et, dès le moment que
c'est le dépôt même qui produit le doute dont il s'agit,
il n'est pas à craindre qu'on puisse trouver aucune
contrariété entre l'arrêt du 8 mars dernier, et celui
qui ordonnera que le sieur.......... sera tenu de
rapporter de nouvelles procurations spéciales pour
soutenir la dénonciation qu'il a formée.

Au surplus, lorsqu'il y aura de nouvelles procurations rapportées en bonne forme, qui auront été déposées au greffe de la manière prescrite par les arrêts
du 9 avril et du 5 mai dernier, il n'est pas douteux
que M. le procureur-général ne soit dans l'obligation
d'agir contre chacun des procureurs du roi, qui demeureront valablement dénoncés, et sur tous les faits
qui seront compris dans la dénonciation, ou dans les

requêtes qui en tiennent lieu. Je suis persuadé que ce magistrat, à qui j'envoie une copie de cette lettre, s'y portera avec tout le zèle que je lui connois depuis long-temps pour le public.

Je ne m'explique point ici sur ce qui regarde le renvoi à la grand'chambre, que le procureur du roi de........ a demandé, parce que cet incident ne concerne que le réglement de la displine intérieure du parlement, dans lequel je ne doute pas que la grand'chambre et la tournelle ne trouvent aisément les moyens de se conciler par les voies qu'elles ont accoutumé de prendre en pareil cas, sans qu'il soit nécessaire de recourir pour cela à l'autorité du roi.

Du 16 juin 1729.

J'AI différé de vous faire réponse, parce que je voulois vous envoyer une décision faite sur la même difficulté; mais, comme on n'a pu la recouvrer, je vous expliquerai de nouveau les principes par lesquels elle doit être réglée.

L'art. 22 du titre 2 de l'ordonnance de 1670, est ce qui fait naître le doute, et c'est aussi ce qui doit le résoudre; cet article porte en général, que, lorsque le prévôt aura été déclaré compétent, il sera tenu de procéder incessamment à la confection du procès avec son assesseur, sinon avec un conseiller du siége, qui sera commis par le président. Les prévôts des maréchaux, raisonnant avec plus de subtilité que de solidité sur quelques termes de cet article, ont prétendu que votre information n'étant point comprise à la rigueur dans le terme du procès qui s'applique naturellement à ce qui fait partie de l'instruction, ils pourroient, même après le jugement de compétence, faire une addition d'information, sans être assistés de l'assesseur ou du conseiller qui en tient la place; mais l'esprit de l'ordonnance et ses termes mêmes bien entendus résistent à cette interprétation.

Ce qui fonde la nécessité de la présence de l'assesseur, est la nature et l'importance du procès;
comme il s'agit d'y rendre un jugement en dernier
ressort, on a cru que dès le moment que le prévôt
avoit été déclaré compétent, il étoit de l'ordre public
que, n'étant pas gradué, il ne fît rien dans la suite
de l'affaire qu'en la présence d'un assesseur, qui a cette
qualité et qui supplée par là à ce qui peut manquer
au prévôt des maréchaux; ainsi, de quelque espèce
que soient les procédures qui suivent le jugement
de compétence, soit qu'il s'agisse d'information, d'interrogatoire, de récolement ou de confrontation, le
même principe ou le même esprit de l'ordonnance
s'applique également à tous, et il exige nécessairement la présence de l'assesseur.

Il est vrai que l'ordonnance s'est servie du terme
de procès; mais nos lois ne prennent pas toujours
ce terme dans l'exacte rigueur, et il y a un grand
nombre de cas où toutes sortes de procédures y sont
exprimées sous ce nom, parce qu'en effet elles sont
comme autant de parties différentes dont le tout,
c'est-à-dire, le corps entier du procès, est composé;
il faut bien remarquer d'ailleurs, que, dans le cas
présent, l'ordonnance ne s'est pas servie du terme
d'instruction du procès, elle a employé celui de *confection du procès*, expression qui n'excepte rien,
qui renferme tout ce qui entre dans le procès,
et qui le rend, pour ainsi dire, parfait; or, on ne
peut pas douter que l'addition d'information ne soit
comprise sous cette notion générale, et c'est par cette
raison que, comme on ne doit jamais chicaner avec
la loi, et qu'il faut toujours expliquer ses termes par
son esprit, il a déjà été décidé, plus d'une fois, que,
soit qu'il s'agisse d'information ou de toutes autres
procédures, les prévôts des maréchaux ou leurs lieutenans ne peuvent rien faire sans l'assistance de l'assesseur, après le jugement de compétence.

Ainsi, pour appliquer cette règle au cas sur lequel
vous m'avez consulté, je ne puis qu'approuver la disposition où votre siége me paroît être de déclarer nulle

l'addition d'information qui a été faite par le prévôt des maréchaux d'Amiens, ensemble le récolement et la confrontation des témoins depuis qu'il a été déclaré compétent, et d'ordonner, dans cette information, que les témoins seront ouïs de nouveau, et récolés et confrontés devant les accusés; que, dans cette occasion, la peine de nullité est tacitement renfermée dans la disposition de la loi, parce que, dès le moment qu'elle exige la présence de l'assesseur comme nécessaire, on ne peut regarder que comme nul ce qui s'est fait en son absence; mais, comme il manque ici quelque chose à la clarté du style de l'ordonnance, vous pouvez vous dispenser d'ordonner que la procédure déclarée nulle sera refaite aux dépens du prévôt des maréchaux.

<hr>

Du 23 juin 1729.

Il est vrai que, dans les règles ordinaires, on n'oblige point les greffiers à envoyer les minutes des procédures criminelles qui sont dans leur dépôt, et il y a même des déclarations du feu roi qui ont défendu aux parlemens d'ordonner l'apport des minutes, si ce n'est en cas qu'elles soient arguées de faux; mais le roi ne se lie jamais les mains à lui-même par les bornes qu'il juge à propos de mettre au pouvoir qu'il accorde à ses officiers; il ne doit rendre compte à personne des motifs qui l'obligent à en user comme il a cru le devoir faire dans l'affaire présente : je puis seulement assurer votre compagnie que dans celles qui passeront par mes mains, il ne le fera, s'il veut me faire l'honneur de m'en croire, que pour de grandes et importantes considérations dont il est le seul juge. Je compte donc que vous ferez part au parlement de ce que je vous écris, et qu'il y trouvera de quoi se rassurer pleinement sur les inquiétudes qu'on a voulu lui donner en cette occasion. A l'égard du greffier, il n'a pas d'autre parti à prendre, que celui d'exécuter promptement l'arrêt qui lui a été signifié, comme il a raison de s'y croire indispensablement obligé.

Pour ce qui est des représentations que vous me faites sur le parti que le nommé.......... a pris de se pourvoir au conseil, vous avez encore raison de penser qu'il auroit pu choisir une route plus naturelle, en se remettant dans les prisons de Rennes, pour y purger la contumace, et faire tomber par là des arrêts que la seule représentation auroit anéantis de plein droit; mais l'ordre public lui ouvroit encore une autre voie pour revenir contre ces arrêts, et c'est celle de la cassation : il a choisi entre les deux celle qu'il a cru lui être la plus convenable. L'événement, que je ne saurois prévoir encore, donnera lieu de juger plus sûrement, s'il s'est bien ou mal conduit; mais le conseil n'a pas dû lui fermer la bouche, puisque les deux voies entre lesquelles il pouvoit hésiter lui étoient toutes deux également permises.

Du 25 juin 1729.

J'ai reçu la lettre que vous m'avez écrite au sujet de deux difficultés dont vous me demandez la décision. La première regarde le rapport des procès-verbaux que vous prétendez vous appartenir ; l'autre concerne les épices qui proviennent de ce rapport, et que vous croyez être en droit de partager. Ces deux questions sont également faciles à résoudre.

A l'égard de la première, la règle est que, quand un procès est en état d'être jugé, le président le distribue à tel des officiers du siége qu'il juge à propos de choisir pour en faire le rapport; et l'assesseur ne doit point avoir part à ce choix, parce que s'il rapportoit des procès dans lesquels ils est comme le conseil et le guide du prévôt des maréchaux, par rapport à la régularité de l'instruction, on pourroit craindre qu'il n'omît d'en relever les nullités qu'il auroit une espèce d'intérêt personnel à cacher.

A l'égard des épices, si l'usage de votre siége est de les laisser en entier au rapporteur, la décision de la première difficulté emporte celle de la seconde; si, au contraire, toutes les épices, ou une portion des épices, se partagent entre tous les officiers qui ont assisté au rapport du procès, il ne seroit pas juste, en ce cas, de vous en refuser votre part, sous prétexte que vous êtes exclus de la fonction de rapporteur; mais je crois que vous agitez à cet égard une question assez inutile, parce qu'il est bien rare que, dans les procès de maréchaussée, il y ait une partie civile qui puisse donner lieu à une taxe de dépens.

Du 30 juin 1729.

PAR la lettre que vous m'avez écrite le 19 de ce mois, et par celle que MM. de la tournelle m'ont adressée le 22 suivant, je crois qu'il reste encore deux difficultés à aplanir, pour mettre enfin en mouvement l'accusation la plus difficile à commencer, dont j'aie jamais entendu parler.

La première difficulté regarde l'obligation qu'on doit imposer au sieur . . . ., de rapporter des procurations spéciales et non surannées des lieutenans-criminels, aux noms desquels il a fait sa dénonciation contre les procureurs du roi de tous les bailliages de la province.

La seconde difficulté roule sur trois de ces procureurs du roi, à l'égard desquels MM. de la tournelle croient que vous êtes en état de présenter votre requête pour faire informer contr'eux.

Sur le premier point, vous avez raison de penser que votre premier objet doit être de bien assurer, avant toutes choses, le fait du pouvoir que le sieur . . . . prétend avoir de faire cette dénonciation au nom des lieutenans-criminels, qui paroissent se joindre à lui en cette occasion, en l'obligeant de rapporter une procuration spéciale en bonne forme de ces officiers, à laquelle on ne puisse reprocher ni le laps de temps ni aucun autre défaut. Je ne puis donc qu'approuver le fond et la substance de votre requête à cet égard; je crois seulement que vous devez l'abréger et la simplifier, en retranchant d'abord ce que vous y dites de mes lettres: elles peuvent bien vous servir à diriger les opérations que vous avez à faire; mais il ne convient point de les citer sans nécessité, comme des instructions nécessaires dont les juges avoient besoin aussi bien que vous, parce qu'après tout vous devez savoir par vous-même, aussi bien qu'eux, tout ce qui est contenu dans ces lettres. Un second retranchement, encore plus important que le premier, doit tomber sur ce qui peut faire quelque peine aux juges, et qui semble ne servir dans cette requête qu'à faire entendre qu'il a manqué quelque chose à la régularité des premiers arrêts qu'ils ont rendus sur les requêtes présentées par le sieur.........; ainsi, votre requête ne sauroit être trop courte, et rien n'est plus aisé que de la rendre telle, puisqu'il n'y a qu'à y exposer, d'un côté, comme vous le faites, la nécessité d'assurer le premier pas ou le fondement d'une procédure criminelle, et, de l'autre, les défauts que vous avez observés dans les procurations rapportées par le sieur......, soit par rapport au temps qui s'est écoulé depuis l'année 1723, soit par rapport aux autres circonstances que vous relevez dans votre projet de requête; après quoi, il ne vous restera plus que de requérir que, dans tel temps qu'il plaira à la cour de fixer, le sieur......... sera tenu de remettre au greffe de nouvelles procurations spéciales en meilleure forme que les premières, pour en être dressé procès-verbal par le commissaire que la tournelle nommera, et être, ces procurations, signées et paraphées par le sieur..........., le commissaire et le greffier, en présence d'un de vos substituts, qui observera aussi de sa part la même formalité.

A l'égard du second, comme je vois que vous convenez, dans un de vos projets de requête, que la forme est suffisamment remplie de la part du sieur.......... à l'égard des procureurs du roi de Dôle, de Besançon et d'Ornans, je ne vois rien qui doive vous faire hésiter un seul moment à demander dès à présent qu'il soit informé contre ces trois procureurs du roi par le même commissaire, ou par des commissaires différens, ainsi que la tournelle le jugera plus à propos, en telle sorte que les informations contre chacun de ces trois officiers soient faites séparément.

Je ne doute pas que vous ne vous conformiez exactement à ce que je viens de vous marquer; et j'espère que la première lettre que vous m'écrirez sur ce sujet, m'apprendra que l'accusation est enfin formée contre ces trois procureurs du roi, et qu'à l'égard des autres, vous avez fait rendre un arrêt préparatoire pour vous mettre en état de les poursuivre de la même manière, aussitôt que le sieur.......... aura satisfait à toutes les précautions que vous êtes en droit d'exiger de lui dans une affaire de cette nature.

Du juin 1729.

J'APPROUVE entièrement les principes que vous m'expliquez par votre lettre du 20 juin, à l'occasion du placet de la femme de.........; le parlement peut bien différer, pendant un délai fort court, le commencement de la peine du bannissement, pour donner à ce condamné le temps de mettre quelque ordre à ses affaires, sans craindre d'être ramené sur-le-champ dans les prisons; mais quand une fois il a commencé à subir la peine publique, il n'y a que le roi seul qui puisse, ou en suspendre, ou en abréger, ou en faire cesser le cours, et je n'ai rien à ajouter à ce que vous pensez sur ce sujet.

Du 17 juillet 1729.

QUOIQUE le silence me paroisse la meilleure ma-nière de répondre au mémoire qui m'a été donné sur les causes de ce qu'on appelle, dans ce mémoire, l'anéantissement de la juridiction attribuée à la tour-nelle du parlement de Dijon, sur lequel vous m'avez envoyé, il y a long-temps, vos observations, j'ai cru cependant, après l'avoir relu dans ces derniers temps, que je devois vous écrire au moins sur deux points qui méritent quelque attention, et qui sont contenus dans les remarques que vous avez faites sur ce mémoire.

Le premier est ce que vous y observez, que les officiers des bailliages, aussi bien que ceux des jus-tices inférieures, *se maintiennent dans la possession de ne pas fournir les états des procédures crimi-nelles commencées et jugées dans leurs siéges, malgré l'ordonnance et les arrêts multipliés du par-lement.*

Le second est l'usage établi dans votre compagnie, de porter à la *chambre des enquêtes les appels des permissions d'informer, informations et décrets,* suivis d'une sentence définitive rendue sans récolement ni confrontation.

A l'égard du premier article, si l'ordonnance et les arrêts redoublés de votre parlement n'ont pu ré-duire jusqu'à présent les officiers des bailliages et ceux des justices subalternes à exécuter ponctuelle-ment l'article 19 du titre 6 de l'ordonnance de 1670 et l'article 20 du titre 10 de la même ordonnance, c'est apparemment parce que dans les arrêts qui ont été rendus sur ce sujet, on n'a pas eu soin de pro-noncer des peines assez rigoureuses contre les officiers qui sont chargés d'exécuter ces articles, ou que, si l'on en a prononcé d'assez fortes pour les y con-traindre, on a négligé, par indulgence, de les faire

exécuter; ainsi, il me paroît absolument nécessaire
que vous fassiez rendre un nouvel arrêt sur votre
réquisition, par lequel il sera enjoint aux procureurs
du roi et aux greffiers des siéges inférieurs au parlement de satisfaire exactement, chacun dans ce qui
les regarde, aux dispositions des articles de l'ordonnance que je viens de vous citer, à peine d'interdiction contre les uns et les autres, et en outre de cent
livres d'amende contre les greffiers; après quoi, s'ils
refusent encore d'obéir à cet arrêt, vous n'aurez qu'à
en faire rendre un autre en exécution du premier,
par lequel les peines seront déclarées encourues par
les officiers négligens à remplir leur devoir sur ce
sujet; vous pouvez même, si vous le jugez à propos,
leur envoyer d'avance la copie de cet article de ma
lettre, pour leur faire voir qu'ils n'ont aucune ressource à espérer, s'ils persistent encore dans leur
désobéissance.

Les prétentions réciproques de la grand'chambre
et de la tournelle sur le tribunal auquel il appartient
de rendre des arrêts de réglement ne doivent pas
vous embarrasser en cette occasion; car, comme il ne
s'agit ici que de l'exécution des précédens arrêts qui ont
été donnés sur cette matière, vous devez, sans doute,
vous adresser à la chambre, dont ses arrêts et surtout
les derniers, sont émanés. Je crois seulement que,
si c'est la grand'chambre qui les a rendus, vous ne
devez avoir recours à cette chambre que pour le
premier arrêt, qui renouvellera les injonctions et
les peines prononcées contre les officiers négligens;
mais à l'égard du second, comme il ne contiendra
qu'une application particulière du premier à ceux
de ces officiers qui se trouveront actuellement en
faute, ce sera à la chambre de la tournelle qu'il
appartiendra de le rendre.

Je comprends que le second article peut être susceptible de difficulté, non pas dans le fond même
de la règle, qui n'est pas douteuse dans la matière
dont il s'agit, mais dans la manière de la remettre en
vigueur.

Il est certain qu'une sentence rendue en matière criminelle, après l'information et le décret, sur le seul interrogatoire de l'accusé, sans que le procès ait été réglé à l'extraordinaire, et qu'il y ait eu récolement et confrontation, ne peut faire que le sujet d'une appellation verbale qui, par conséquent, doit être nécessairement portée à l'audience de la tournelle; ainsi, l'usage différent qui s'est introduit dans votre compagnie, ne peut être regardé que comme un abus, non-seulement par rapport à l'ordre public, dont il donne atteinte aux premiers principes en cette matière, mais par rapport à l'intérêt des parties qu'on engage sans raison et même sans prétexte à essuyer la longueur et les frais d'un procès par écrit.

Mais, comme il n'y a pas une grande union entre les différentes chambres de votre parlement, et que l'expérience m'a fait voir souvent combien elles sont jalouses de leur pouvoir, je conçois que vous pourrez avoir de la peine à faire entendre à la chambre des enquêtes, qu'elle doit se rendre justice d'elle-même, et renoncer volontairement à un usage abusif, en consentant que les appellations interjetées dans le cas dont il s'agit, soient portées à la tournelle.

Après tout, il faut néanmoins que les règles de l'ordre public et l'intérêt légitime des parties l'emportent sur une délicatesse mal fondée de la part des juges : ainsi, c'est à votre prudence de prendre les mesures nécessaires pour faire cesser, s'il se peut, par voie de conciliation, un abus qui ne peut être toléré; et MM. des enquêtes feront d'autant plus sagement de se rendre à vos représentations sur ce sujet, que, s'ils vouloient persister à soutenir leur usage, je ne pourrois me dispenser de recevoir les ordres du roi pour le réformer, par une déclaration qui rétabliroit les véritables règles à cet égard. Vous prendrez donc, s'il vous plaît, la peine de m'informer des dispositions que vous aurez trouvées sur ce point dans votre compagnie, et principalement dans la chambre des enquêtes, afin que sur le compte que vous m'en rendrez, je puisse prendre, en connoissance de cause, le parti qui me paroîtra le plus convenable.

* * *

Du 2 novembre 1729.

Si le lieutenant-criminel étoit partie en son nom dans une affaire qui intéresseroit les droits de sa charge, il est certain que le sieur........., son beau-frère, seroit obligé de s'abstenir d'en prendre connoissance. Mais, lorsqu'il ne s'agit que d'un jugement de compétence dans lequel, ni le prévôt des maréchaux, ni le lieutenant-criminel ne sont regardés comme parties, et où la question se décide uniquement par les principes de droit public, sans aucune demande personnelle de la part de ces officiers, qui n'y ont aucun intérêt particulier, la qualité de beau-frère ne doit pas faire exclure le sieur.......... du nombre des juges, autrement tous les officiers du siége seroient également récusables, lorsque la question de compétence a pour objet un crime dont ils seroient les juges naturels, si le cas n'étoit pas prévôtal, parce qu'on pourroit dire qu'ils auroient une espèce d'intérêt à en ôter la connoissance au prévôt des maréchaux, pour se la réserver en entier, c'est-à-dire, quant à l'instruction et au jugement du procès. La loi n'a pas présumé qu'un intérêt de cette nature pût faire impression sur l'esprit des juges, ni les empêcher de ne consulter, en pareil cas, que les règles de l'ordre public. La même présomption favorable s'applique au sieur......... dans le cas où il se trouve; ainsi, vous ne devez faire aucune difficulté de l'admettre dorénavant au jugement de compétence, malgré l'alliance qu'il a avec le lieutenant-criminel, qui est bien exclu personnellement d'assister à ces jugemens, de même que le prévôt des maréchaux, parce qu'il s'agit de leur compétence, mais sans que cette exclusion puisse être étendue aux parens ou

alliés de l'un ou de l'autre, qui ne peuvent être récusés que dans les causes où ces officiers sont parties
pour des intérêts qui leur sont véritablement propres
et particuliers.

Du 14 novembre 1729.

La règle générale est qu'il faut instruire en même
temps toutes les parties d'un procès criminel, et faire
marcher la procédure d'un pas égal contre tous les
accusés présens ou absens. L'article 17 du titre 26 de
l'ordonnance de 1670 n'a rien de contraire à cette
règle ; il regarde, non l'instruction, mais le jugement
du procès ; et le véritable cas de cet article est celui,
où de deux accusés présens, il y en a un de condamné à la mort ou à la question, pendant qu'à
l'égard de l'autre on a ordonné seulement qu'il seroit
sursis au jugement jusqu'après l'exécution de la sentence à l'égard du premier. Il n'y a donc aucune disposition dans cet article bien entendu, qui dispense
les juges de procéder à l'entière instruction du procès
à l'égard de tous les accusés, avant que de rendre leur
jugement. Il est vrai cependant, qu'il y a des cas où ils
peuvent le rendre contre les accusés présens, en ordonnant que la contumace sera instruite contre les accusés
absens ; mais, pour prendre ce parti, il faut qu'il y ait
deux conditions qui concourent ; l'une, qu'il soit nécessaire pour le bien public de faire un prompt exemple, et de prévenir tout ce qui pourroit s'y opposer
contre l'ordre de la justice ; l'autre, qu'on n'espère
point de découvrir de plus grandes preuves par les
poursuites qu'on fait contre les défaillans, pour les
arrêter ou pour les obliger à se représenter.

Ainsi, pour appliquer ces règles générales à la
matière présente, comme il y a déjà deux mois que le
crime a été commis, et que vous n'êtes plus en état
d'en faire faire un exemple sur-le-champ, le parti
le plus régulier est d'attendre que la contumace soit

instruite contre les accusés fugitifs, pour rendre un jugement contradictoire contre le nommé......., prisonnier, et par défaut contre les contumaces; l'instruction à leur égard doit être bien avancée; ainsi, le retardement auquel ils donnent lieu ne sauroit être considérable, et il ne faut pas se priver sans nécessité d'un moyen qui peut servir à fortifier la preuve, et à rendre un jugement plus complet, s'il arrivoit, contre votre attente, qu'on arrêtât les accusés qui sont en fuite.

Au surplus, il seroit assez inutile que je parlasse, quant à présent, à M. le procureur-général du grand-conseil au sujet des tentatives que les accusés pourroient faire en ce tribunal. Il ne seroit pas en droit d'empêcher qu'on expédiat en leur faveur une commission qui ne se refuse à personne; mais, supposé que les accusés prennent cette voie, et qu'ils vous fassent signifier une commission de cette nature, prenez la peine de m'en avertir aussitôt, et je recommanderai pour lors à M. le procureur-général du grand-conseil de faire juger l'affaire le plus promptement qu'il sera possible.

Du 3 mars 1730.

C'EST aux sieurs de........ et de........ de voir s'ils veulent courir le risque de se remettre en état, s'ils veulent se justifier sur une accusation aussi grave que celle qui a été formée contr'eux; en cas qu'ils prennent ce parti, ils peuvent proposer leurs moyens de suspicion contre le siége de Vannes; s'ils en ont d'assez forts et d'assez généraux pour exclure tous les officiers de ce siége, et pour obtenir que le procès soit renvoyé dans une autre sénéchaussée, ce sera au parlement d'approfondir la vérité des faits et la qualité des moyens que ces accusés pourront alléguer pour parvenir à cette fin. Mais il n'en est pas de la suspicion contre tout un siége, comme de

19 *

la récusation proposée singulièrement contre quelques juges ; il faut, dans le dernier cas, que le juge récusé ait communication de la requête présentée par la partie qui le récuse, et qu'il fasse sa déclaration dans la chambre sur les faits que cette requête contient ; mais quand il est question d'un tribunal entier qu'on suspecte, il dépend de la prudence du parlement d'avoir égard aux moyens proposés par les parties, lorsqu'il en connoît la vérité ou la solidité et qu'il en résulte un soupçon suffisant de partialité ou d'affectation contre le siége entier, sans qu'il soit absolument nécessaire d'entendre ce siége, comme on entendroit un officier qui seroit récusé. Le cas où cette formalité peut devenir essentielle, est lorsque les faits articulés par les parties sont de telle nature qu'ils ont besoin d'un plus grand éclaircissement, et que cet éclaircissement ne peut se tirer que de la bouche même des juges qu'on veut rendre suspects ; alors on peut ordonner que les requêtes qui énoncent ces sortes de faits soient communiquées aux juges du tribunal sur lequel on veut répandre des soupçons équivoques, afin que le siége assemblé puisse faire sa déclaration précise sur les faits qui servent de fondement à la suspicion, et que, sur le vu de cette déclaration, il soit statué avec plus de connoissance de cause par le parlement, soit pour renvoyer l'affaire devant ses juges naturels, si leur conduite paroît exempte de soupçon, soit pour en attribuer la connoissance à un autre siége, s'il y a des raisons suffisantes ponr en dépouiller le premier.

Je ne vois point d'autres règles à suivre en pareil cas que celles que je viens de vous marquer, et comme il m'a paru que vous aviez quelque doute sur ce sujet, j'ai cru qu'il étoit nécessaire de les expliquer exactement en répondant à votre lettre.

Du 11 mars 1730.

JE suis informé qu'une jeune fille mineure et de condition, ayant porté sa plainte en justice, d'avoir été subornée par le fils d'un gentilhomme, elle avoit obtenu la permission d'en informer ; mais que le père de ce jeune homme, ayant appris les pour-suites que l'on faisoit contre son fils, avoit, de son côté, formé sa plainte, de ce que son fils, qui est aussi mineur (quoique plus âgé que la fille), avoit été suborné, et qu'il avoit obtenu du même juge la permission d'informer de la subornation ; que pendant ce temps le jeune homme avoit disparu. On ajoute, que cette affaire ayant été portée à l'audience, le juge a rendu une sentence par laquelle il a déclaré la fille accusatrice, et le jeune homme accusé, après l'avoir décrété de prise de corps ; que le père s'étoit porté appelant de ce jugement au parlement ; mais qu'ayant demandé des défenses d'exécuter le décret décerné contre son fils, il n'avoit pu y réussir. On m'assure que l'affaire ayant été portée à l'audience de la tournelle, l'avocat de la fille avoit soutenu, que pour plaider il étoit nécessaire que le jeune homme décrété de prise de corps fût en état, et que d'ailleurs, ce n'étoit point lui qui étoit appelant, mais son père, et que dans une pareille matière un père ne pouvoit être appelant pour son fils, etc. ; que l'avocat du père soutenoit le contraire, et que les juges, au nombre de douze, ayant été aux opinions, ils avoient été partagés, ce qui les avoit engagés à appointer cette affaire. Si le fait est tel qu'on me l'expose, j'ai bien de la peine à concevoir quels peuvent avoir été les motifs de la conduite des juges, et quelque effort que je fasse pour pénétrer dans leur esprit, il ne se présente rien à mes réflexions qui puisse leur être favorable.

1.º C'est une maxime qui n'a jamais été révoquée

en doute, qu'on ne plaide point par procureur en matière civile, et à plus forte raison en matière criminelle, n'y ayant rien de si personnel que toute espèce de crimes ou de délits; cependant, je vois que la chambre de la tournelle a souffert qu'un père plaidât la cause de son fils absent, qui n'avoit pas même interjeté appel du décret de prise de corps décerné contre lui.

Un second principe, aussi constant que le premier, est, qu'un accusé qui est en décret de prise de corps, ne sauroit lui-même, quand il soutiendroit sa cause personnellement, obtenir audience, jusqu'à ce qu'il se soit remis en état, ou qu'il ait obtenu des défenses d'exécuter le décret de prise de corps.

Cependant, au grand étonnement du public, les suffrages des juges ont été partagés sur deux points qui, encore une fois, sont comme deux axiomes en matière de jurisprudence criminelle. C'est la première difficulté dont je souhaite de trouver le dénouement dans votre réponse.

Non-seulement dans de telles circonstances on ne devoit écouter ni le père ni le fils; mais, quand il auroit été possible de s'écarter en cette occasion des deux maximes inviolables que je viens de vous rappeler, l'arrêt que la chambre de la tournelle a rendu seroit encore très-irrégulier.

Il ne peut jamais y avoir de partage en matière criminelle, il faut nécessairement que l'avis le plus nombreux l'emporte de deux voix sur l'avis contraire, pour former un arrêt; autrement, soit qu'il y ait une parfaite égalité de suffrages des deux côtés, soit qu'il y ait une voix de plus pour un sentiment que pour l'autre, l'avis le plus doux doit prévaloir, non-seulement dans les jugemens définitifs, mais dans ceux qui ne sont que d'instruction; c'est la disposition expresse de l'article 12 du titre 25 de l'ordonnance de 1670; ainsi, dans l'affaire qui fait le sujet de cette lettre, l'avis le plus doux étant sans doute celui qui tendoit à laisser plaider le fils, ou son père pour lui, quoiqu'il ne fût point en état, c'étoit le parti qui devoit l'emporter, et il y avoit arrêt de plein droit pour cette opinion. Ç'auroit été, à la vérité, très-mal juger dans le fond que de décider ainsi; mais la rigueur de la forme y assujettissoit nécessairement les juges, et il n'y a pas long-temps que la même question a été décidée par un arrêt du conseil, en cassant un arrêt contraire à cette règle, que le parlement de Toulouse avoit rendu.

A la vue de tant de défauts, qui rendroient cet arrêt inexcusable, si les faits qu'on m'a exposés sont exactement conformes à la vérité, je souhaite de tout mon cœur que, soit par des circonstances qui ne m'ont pas été expliquées, ou par d'autres raisons, vous puissiez détruire une première impression que je ne reçois qu'à regret, et dont je reviendrai avec un véritable plaisir, si vous pouvez l'effacer absolument.

Du 8 avril 1730.

Il y a deux choses certaines dans ce que vous m'écrivez par votre lettre du 26 mars dernier.

L'une, que la malice des paysans qui ont coupé l'avenue de leur seigneur est, en effet, d'autant plus noire, qu'elle est plus gratuite.

L'autre, que la sévérité de MM. de la tournelle est bien grande, lorsqu'ils désirent de pouvoir traiter un accusé qui a abattu un chêne comme celui qui auroit tué un homme.

Il est juste, sans doute, de punir ceux qui dégradent une maison, ou un bois, dans la seule vue de faire le mal pour le mal; mais il faut que la qualité des peines soit proportionnée à la nature des crimes, et à l'intérêt plus ou moins grand de la société qu'ils blessent dans des degrés différens. Quand on aura épuisé toute la rigueur de la loi contre celui qui aura coupé un arbre, que restera-t-il contre le criminel qui aura ôté la vie à son semblable ?

Je suis donc bien éloigné de proposer au roi une loi pareille à celle que MM. de la tournelle paroissent désirer aussi bien que vous; l'on ne doit pas compter pour rien la perte de la liberté, la peine de la servitude et l'infamie, qui sont inséparables de toutes condamnations aux galères, et si j'étois juge d'un fait semblable à celui que vous m'expliquez, je renverrois volontiers au roi le pouvoir qu'il me donneroit de prononcer la peine de mort dans un cas où je serois bien fâché d'en faire jamais usage, quoique j'aime autant mes avenues que chacun peut aimer les siennes en Normandie.

Du 14 avril 1730.

J'ai reçu la lettre que vous m'avez écrite le 20 du mois dernier, au sujet de l'usage dans lequel le parlement de........ se trouve, de n'avoir égard, en matière criminelle, aux dépositions des parens ou alliés de l'accusé, que lorsqu'elles tendent à la conviction, et de les rejeter lorsqu'elles le justifient. Je suis entièrement de votre avis; mais il ne paroît nullement nécessaire de rien ordonner de nouveau sur ce sujet. La lettre de l'ordonnance est si précise, et elle exclut tellement toute distinction par son silence, qu'il est inutile de faire parler de nouveau le législateur pour rejeter celle qui s'est introduite dans votre compagnie. Il y a deux manières plus convenables pour réformer sa jurisprudence sur ce point; l'une, que ce soit elle qui se corrige elle-même par un arrêt de réglement qu'elle rendra, et qu'elle enverra aux juges de son ressort; l'autre, que je vous écrive une lettre pour ramener les juges au véritable esprit de la loi. Je vous laisse le choix entre ces deux voies, et je préférerai volontiers celle qui vous paroîtra la meilleure.

Du 12 mai 1730.

La lettre par laquelle vous me consultez sur une formalité plus importante qu'elle ne le paroît d'abord, me fait entendre que M. le procureur-général ne s'est pas prêté, aussi facilement que vous l'auriez désiré, aux vues que vous aviez sur ce sujet; il ne m'en a rien écrit de sa part; mais je n'ai pas besoin qu'il le fasse pour concevoir les motifs qui ont pu l'arrêter en cette occasion.

Je doute, premièrement, qu'il appartienne à votre chambre seule d'établir une règle générale sur un point qui fait une partie essentielle de tout procès criminel; le droit commun de tous les parlemens du royaume, et la discipline particulière de votre compagnie réservent à la grand'chambre le pouvoir de faire des réglemens, et il y auroit même beaucoup d'inconvénient à ne pas suivre cet ordre dans la matière présente. Comme il y a plusieurs procès criminels qui sont de nature à être jugés à la grand'chambre, il ne seroit pas convenable de l'assujettir à observer un réglement auquel elle n'auroit eu aucune part, et il seroit encore plus indécent qu'elle suivît une règle contraire, et qu'une instruction, qui doit être uniforme, se fît d'une manière dans une chambre, et d'une manière opposée dans une autre.

Je pourrois m'arrêter à cette première réflexion, et attendre que la grand'chambre et la tournelle m'eussent consulté de concert pour répondre à la question que vous me proposez.

Mais, pour ne vous pas laisser plus long-temps dans l'incertitude sur ce sujet, je dois vous dire, que l'usage du parlement de Dijon, sur lequel vous voudriez régler celui de votre compagnie, me paroît un abus à réformer plutôt qu'un exemple à suivre.

Il est, en quelque manière, du droit naturel qu'un accusé puisse proposer sa défense en présence de tous

ses juges, et les réponses qu'il fait dans ses interrogatoires à un seul commissaire, ne remplissent pas
entièrement tout ce que l'équité demande qu'il soit
permis à un accusé de faire pour sa justification; il
arrive même quelquefois que, lorsque des juges ont
vu tout le procès, le dernier interrogatoire qu'ils font
subir aux accusés dans la chambre, donne de plus
grands éclaircissemens sur la vérité et la qualité des
faits, qui font le sujet de l'accusation.

Ce n'est pas seulement pour l'accusé que la nécessité de ce dernier interrogatoire a été établie, c'est aussi
contre lui et pour le bien de la justice même. La con-
tenance plus ou moins ferme de l'accusé, le ton de sa
voix, l'embarras, l'hésitation ou la variation de ses
réponses, également remarqués par tous les juges,
sont des circonstances qui, jointes à tout le reste,
servent à affermir leur jugement; enfin, il peut arriver souvent que les dernières déclarations d'un accusé, qui n'est qu'en état d'ajournement personnel,
donnent de nouvelles lumières contre des accusés
plus coupables, qui ont mérité d'être dans les liens de
la justice.

Toutes ces réflexions font sentir l'importance d'une
formalité que vous regardez peut-être avec trop d'in-
différence, mais que nos lois n'ont pas considérée de
la même manière. L'ordonnance de 1670 l'avoit suffisamment établie; mais plusieurs tribunaux n'en ayant
pas bien entendu le véritable esprit, le feu roi fut
obligé d'y suppléer par différentes déclarations, qui
confirment pleinement cette règle générale que, dans
quelqu'état que soit l'accusé, il doit nécessairement
être entendu en présence de tous les juges.

Si cette règle est importante en elle-même, et si
elle a été jugée telle par toutes les lois qui l'ont établie ou confirmée, il en résulte nécessairement que,
lorsque l'accusé est en liberté, on ne peut se dispenser
de le sommer, dans une forme régulière, de se trouver
dans le tribunal le jour qu'il doit y être interrogé;
en user autrement et se contenter d'une assignation

vague donnée sur le perron du palais, comme j'apprends, par votre lettre, qu'on le fait à Dijon, c'est éluder la loi plutôt que l'exécuter, et rendre inutile la sage précaution qu'elle a prise, lorsqu'elle a voulu que tout accusé fût entendu par tous ceux qui doivent le juger, et par conséquent, qu'il fût assigné valablement à cet effet, afin qu'il puisse comparoître pour user de son droit, ou que s'il ne comparoît pas, son absence soit sans excuse.

Je ne vois donc rien à changer dans l'usage qui a été observé jusqu'à présent, à cet égard, au parlement de Besançon; et, s'il y a un changement à faire sur ce sujet, c'est uniquement dans ce qui se pratique au parlement de Dijon, auquel je ne manquerai pas d'en écrire incessamment.

Pendant que j'achevois cette lettre, j'en ai reçu une de M. . . . ., par laquelle il me marque qu'il n'a pas cru devoir adhérer à ce que vous lui proposiez sur le point dont il s'agit, jusqu'à ce qu'il eût eu le temps de m'en écrire, et de savoir si l'usage de Dijon me paroîtroit préférable à celui de votre compagnie. Il ne me dit rien du tout sur la première difficulté que j'ai touchée au commencement de celle-ci, par rapport au tribunal qui devoit faire le réglement proposé, et il ne me paroît pas, même par sa lettre, que cette pensée lui soit venue dans l'esprit.

Du 7 septembre 1730.

DEPUIS que vous m'avez envoyé les pièces par lesquelles les officiers du présidial de. . . . . . prétendent pouvoir suppléer au défaut de prestation de serment de la part de celui qui a fait la fonction de greffier, dans le procès du nommé. . . . . . . et autres accusés; j'ai examiné plusieurs fois, avec attention, les différens partis que l'on pouvoit prendre sur la difficulté qui naît de ce défaut, et j'ai même consulté ceux qui ont le plus de lumières et d'expérience dans ce qui regarde la procédure criminelle ; mais plus j'y ai fait de réflexion, plus la première impression que j'avois reçue, lorsque je lus le mémoire que vous avez fait sur ce sujet, s'est fortifiée dans mon esprit, et moins j'ai trouvé de solidité dans toutes les raisons dont les officiers du présidial de.......... se servent pour excuser un défaut qui ne peut jamais être couvert.

Ces raisons se réduisent à trois, dont il n'y en a qu'une qui puisse mériter quelqu'attention.

Premièrement, l'habitude où ils sont de se servir, dans les instructions, des commis du greffier, et de les regarder comme capables d'instrumenter sur la foi du serment prêté par celui qu'ils représentent, mérite plutôt le nom d'abus que celui d'usage, et vous ne sauriez trop leur recommander de ma part, de le faire cesser totalement à l'avenir.

Secondement, le serment que le nommé........ a prêté, à l'occasion des séances extraordinaires que le présidial va tenir dans le...... ou dans le......, a bien pu l'autoriser, pendant la durée de ces séances passagères, à exercer la fonction de greffier, mais il ne lui en a point donné le caractère habituel et permanent, et le pouvoir qu'il avoit acquis par là est expiré avec la commission même pour laquelle il l'avoit reçu.

Troisièmement, il est vrai que ce commis a une autre qualité qui subsiste toujours, je veux dire celle de greffier ordinaire de la police et de commissaire-enquêteur, d'où les officiers du présidial conclurent qu'ayant prêté serment en justice, en cette qualité, il a pu être dispensé d'en prêter un nouveau pour l'exercice de la commission que vous lui avez confiée. Mais, quoique cette excuse soit beaucoup plus spécieuse que les deux premières, et qu'elle eût fait d'abord quelqu'impression sur mon esprit, je ne crois pas, néanmoins, qu'elle soit solide, le serment qu'un officier prête n'étant jamais que relatif à la fonction publique pour laquelle on l'exige de lui. Il est toujours nécessairement limité à cette fonction, et renfermé dans les mêmes bornes ; il en est du pouvoir du greffier comme de celui du juge, et, de même qu'un juge n'est regardé que comme un simple particulier dans toutes les matières qui ne sont pas de sa compétence, un greffier ne peut aussi être considéré comme tel, que dans les affaires qui regardent la juridiction où il exerce ses fonctions et à laquelle il a prêté serment.

L'extension que l'on voudroit donner ici à celui qu'on a reçu du nommé.........., pour sa charge de greffier de police et pour celle de greffier des commissaires-enquêteurs, seroit même d'autant plus extraordinaire, qu'il ne s'agit point, en cette occasion, d'une procédure qui ait été faite d'autorité de la sénéchaussée, dont la juridiction de la police et les fonctions de commissaires-enquêteurs sont regardés comme faisant une partie; il est question de ce qui s'est fait en vertu d'une commission extraordinaire que le roi vous a adressée, et qui n'a rien de commun avec le pouvoir ordinaire de la sénéchaussée de.......; vous auriez pu choisir également tout autre juge pour l'instruction et le jugement du procès dont il s'agit, et, par conséquent, la qualité de greffier commis par vous, n'ayant aucun rapport avec celle de greffier de la police à............, et les sources de ces deux fonctions étant très-différentes, il ne me paroît pas possible d'appliquer à l'exercice de votre commission un serment que le nommé.......... n'a prêté qu'à l'égard des affaires qui se traitent dans la juridiction de la police, ou par-devant les commissaires-enquêteurs de..........

Ainsi, l'article 7 du titre 6 de l'ordonnance de 1670 a ici une entière application, et le défaut de prestation de serment ne pouvant être couvert ni excusé par aucune raison suffisante, il en résulte une nullité si essentielle et si absolue, que le roi même ne pourroit y suppléer sans blesser les règles les plus inviolables de la justice; ce seroit ôter à des accusés un droit qui leur est acquis suivant les règles de l'ordre public; et la forme des instructions criminelles est si rigoureuse parmi nous, qu'il seroit contraire à l'humanité comme à la justice, d'employer l'autorité du roi à priver un accusé de la ressource qu'il peut y avoir dans l'irrégularité de la procédure ; et, d'ailleurs, toute preuve qui n'est pas revêtue de la forme nécessaire, devant être regardée, dans les vrais principes, comme si elle n'existoit pas, elle ne peut jamais servir de fondement à une condamnation légitime ; plus l'accusation est grave, plus ce raisonnement a de force dans l'esprit des bons juges, et je ne comprends pas qu'il puisse y en avoir aucun qui voulût condamner un accusé à la mort, sur le fondement d'un arrêt par lequel on auroit voulu valider ce qui étoit en soi si essentiellement nul que le vice en étoit irréparable.

Je sais qu'il est très-fâcheux d'être obligé de faire une nouvelle procédure qui pourroit bien ne pas produire les mêmes preuves que la première ; mais, sans répéter ici qu'il n'y a pas de véritable preuve où il n'y a point de forme régulière, et que, par conséquent, on ne perdra rien dans l'exacte vérité, en ne perdant que ce qui est absolument nul, je regarde cet inconvénient comme un malheur inévitable ; et, après tout, il vaut mieux ne pas condamner un coupable, que de le condamner sur une preuve qui ne peut pas mériter véritablement ce nom.

Je m'arrête donc au seul parti régulier que l'on puisse prendre dans l'état présent du procès, et je crois, comme vous l'avez pensé d'abord, que toute la procédure, qui a été faite par le ministère d' un prétendu greffier qui ne l'étoit pas, doit être déclarée nulle et recommencée d'une manière plus régulière ; vous ne négligerez rien, sans doute, pour faire en sorte que la preuve en souffre le moins qu'il sera possible, et je ne puis que me reposer entièrement sur votre vigilance, et sur votre exactitude à cet égard.

Du 19 *mars* 1731.

Aussitôt que j'eus reçu la procédure que vous avez faite contre le nommé............, je l'examinai avec beaucoup d'attention, et je voulois sur-le-champ faire réponse aux lettres que vous m'avez écrites sur ce sujet; mais des affaires extraordinaires, et qui m'ont occupé presque continuellement depuis plus de quinze jours, ne m'ont pas laissé le loisir de vous faire une réponse qui ne pouvoit pas être courte; cela m'a donné lieu de recevoir une dernière lettre de votre part, où vous vous expliquez encore avec plus d'étendue, pour justifier, s'il se pouvoit, la procédure dont il s'agit. C'est donc avec une entière connoissance de cause que je profite d'un premier moment de loisir pour vous marquer le jugement que j'ai porté de cette procédure.

Je suis d'abord persuadé que vous n'avez rien fait à l'égard du nommé.......... que dans un esprit de justice et de zèle pour le bien public. Je connois la droiture de vos intentions, et je vois même que bien loin d'agir avec dureté contre le coupable, vous êtes plutôt tombé dans un excès d'humanité et de compassion à son égard, en différant son jugement pendant près d'une année, pour lui laisser le temps d'obtenir sa grâce du Roi.

Je ne doute pas d'ailleurs que cet huissier ne fût véritablement coupable; mais je le crois comme homme, et je ne l'aurois pas cru comme juge, si j'avois été en votre place, parce que toutes les fois qu'il s'agit de statuer sur un procès criminel, on n'est censé savoir que ce que l'on connoît dans les formes et par une preuve juridique.

Cette preuve n'est nullement complète dans le procès du nommé.............., et ce qui vous a induit en erreur, aussi bien que les autres juges, est d'avoir confondu les écritures ou signatures privées

qui peuvent servir à la conviction avec les actes
argués de faux qui forment le corps du délit dans
une accusation de fausseté.

L'article 2 du titre 8 de l'ordonnance ne tombe
que sur le premier genre de pièces ; et, outre que cela
paroît assez par les termes généraux qui sont à la tête
de ce titre et qui en désignent la matière, l'article 1.er
le marque encore plus expressément par ces mots :
« les écritures et signatures privées qui pourront servir
à la preuve ». Il ne s'agit donc point dans ce titre des
pièces qui sont l'objet d'une accusation de faux, et
auxquelles on fait, pour ainsi dire, le procès ; il n'est
question que de celles qui servent à la conviction du
crime de quelque nature qu'il soit, et qui déposent,
pour ainsi dire, par écrit contre l'accusé. Sa reconnoissance suffit, sans doute, à cet égard, et fait cesser
absolument la nécessité de la vérification. Les pièces
sont regardées en ce cas comme des témoins, dont
la déposition a toute sa force, quand l'accusé déclare
qu'il n'a aucun reproche à former contre eux.

Il n'en est pas de même à l'égard du second genre
de pièces, c'est-à-dire, de celles qui sont arguées de
faux et qui forment le corps du délit, pièces dont il
n'est pas encore question dans le titre 8 de l'ordonnance, et qui sont l'objet du titre suivant, où il
s'agit d'un crime de faux, tant principal qu'incident.
Le procès doit être instruit en ce cas suivant les
règles de toutes les autres instructions, c'est-à-dire,
par information, récolement et confrontation, c'est
ce qui résulte évidemment de la disposition des
articles 1er, 3, 13, 14, 15 et 16 du même titre,
et il y en a deux raisons principales.

La première est que dans les accusations de faux,
le procès se fait également et à la pièce prétendue
fausse et à la personne de l'accusé, qui ne peut même
être convaincu qu'autant que la fausseté qu'on l'accuse
d'avoir fabriqué ou falsifié se trouve pleinement
établie par une preuve légitime : or, l'acte ne pouvant parler ni pour sa défense ni pour sa condamnation, il ne peut être convaincu, pour ainsi dire,

que par une instruction régulière et parfaite , c'est-à-dire, par voie d'information , de récolement et de confrontation.

La seconde , est que le crime de faux pouvant donner lieu , non-seulement à des peines afflictives ou infamantes , mais à une condamnation capitale contre l'accusé, comme on l'a vu dans l'occasion même dont il s'agit , les juges sont obligés de suivre en cette matière la règle qui a lieu à l'égard de tous les crimes publics , je veux dire que la seule confession du coupable ne suffit pas pour mettre la justice en état de le condamner, suivant cet ancien axiome de la jurisprudence *non auditur perire volens*. L'aveu de l'accusé est sans doute un grand commencement de preuve; mais il faut nécessairement que pour achever sa conviction , on y joigne des preuves qui ne dépendent pas de sa seule reconnoissance ; sans quoi il ne peut être regardé comme suffisamment convaincu , ni par conséquent justement condamné.

Je suis donc très-fâché d'être obligé de vous dire que l'instruction qui a été faite contre le nommé..... est évidemment défectueuse et irrégulière dans le point le plus essentiel de tous, c'est-à-dire, dans ce qui regarde la nécessité de constater le corps du délit, en faisant le procès à la pièce arguée de faux, et la plénitude de la preuve nécessaire pour pouvoir prononcer une peine proportionnée à la nature du crime.

Je ne connois point ceux que vous avez chargés de la poursuite et de l'instruction du procès qui a été fait au nommé........ ; mais s'ils ne sont pas plus versés dans les matières criminelles qu'il y a lieu de le croire , à en juger par ce procès, vous ferez fort bien de donner votre confiance , dans des cas semblables , à des sujets qui aient plus d'expérience et de capacité. En général même , quoique le style ordinaire des arrêts du conseil soit de laisser à messieurs les intendans le choix des officiers ou des gradués avec lesquels ils doivent juger les procès criminels dont la connoissance leur est attribuée, le meilleur usage qu'ils puissent faire de la liberté qu'on leur laisse, est de rendre leur jugement avec un tribunal tout formé, et dont les officiers sont accoutumés de rendre de pareils jugemens, et cette règle de prudence doit encore plus avoir lieu dans des villes telles que celles de........, où l'on a la facilité de trouver un siége considérable, et qui vaut ordinairement mieux qu'une commission formée de sujets choisis dans différens corps ou ordres, et qui n'ont pas la même habitude de marcher ensemble et de suivre les mêmes principes.

Il me reste de vous dire un mot de la légèreté de la matière qui a été le sujet de la condamnation du nommé.........; vous m'avez marqué, à cet égard, qu'on auroit pu trouver beaucoup d'autres prévarications commises par cet huissier, chez qui la fausseté étoit devenue un péché d'habitude; mais si cela est, il falloit donc réunir les différens faits qu'on pouvoit rassembler contre lui, et la crainte de charger un fermier de quelques frais de plus, ne devoit pas vous empêcher de donner un fondement encore plus solide à la condamnation capitale que vous avez prononcée contre cet accusé.

Vous ajoutez, et avec raison, que des faussetés commises par un officier dans les fonctions de sa charge sont dignes de mort à la rigueur, quelque légère qu'en soit l'objet; mais vous auriez pu prendre un tempérament qui auroit concilié en cette occasion la règle étroite avec un sentiment naturel d'humanité; c'étoit de rendre compte de l'état de l'affaire avant que de la juger, et de savoir si le roi ne se porteroit point à faire grâce en considération de la légèreté de la matière. On vous auroit vraisemblablement répondu de suivre la règle à la rigueur, en condamnant l'accusé à la peine de mort suivant la loi, et de faire surseoir l'exécution, afin que le roi eût le temps de commuer cette peine en celle des galères, qui auroit été plus proportionnée à la qualité du fait pris dans toutes les circonstances; c'est ainsi qu'il en a été usé, il n'y a pas long-temps, dans des cas presque semblables, et je l'ai vu pratiquer plusieurs fois au parlement par un mélange de justice et d'équité.

A l'égard de l'affaire du nommé........., la procédure que vous avez faite est beaucoup plus aisée à justifier; par les raisons que vous m'avez expliquées, et qu'il seroit inutile de répéter. Ce qui m'avoit été exposé d'une prétendue cessation de paiement d'alimens à cet huissier, me paroît encore plus mal fondé que la difficulté qu'on pouvoit former sur la procédure, et la chose ne mérite pas que j'entre dans un plus grand détail à cet égard.

Au surplus, ne cherchez point à deviner d'où me sont venus les avis qui m'ont donné lieu de vous écrire sur ces deux affaires, vous pouvez être assuré qu'ils ne partent d'aucune main ennemie, ou qui puisse vous être suspecte; le grand point est de mettre tout à profit, comme je suis persuadé que vous le ferez, pour continuer de servir le roi et le public, non-seulement avec zèle et avec droiture, mais avec toutes les précautions qu'un ministère aussi important que le vôtre peut exiger. Je ne doute pas que ce ne soit votre intention, et si je suis entré dans un grand détail avec vous sur les défauts d'une de vos procédures, c'est parce que je sais que vous êtes fort capable d'en faire un bon usage.

Du 5 mai 1731.

Vous n'êtes point obligé à la rigueur de vous abstenir de la poursuite de l'affaire du procureur du roi de........., quoiqu'il soit de vos parens; ceux qui exercent le ministère public n'étant point récusables, parce qu'ils sont regardés comme parties principales et nécessaires, plutôt que comme juges, dans les matières criminelles qui s'instruisent à leur requête; ainsi, je ne puis que laisser à votre discrétion d'en user sur ce point comme vous le jugerez à propos, et j'ai assez bonne opinion de M. de la ...., pour être persuadé que si vous persistez à lui remettre le soin de cette affaire, il s'en acquittera très-dignement.

Du 28 juin 1731.

J'APPROUVE entièrement le parti que vous me paroissez avoir résolu de prendre par rapport aux peines trop légères que les juges de Gex ont prononcées contre ceux qui sont coupables d'impiétés aussi affreuses que celles qui ont été commises dans l'église de Saconnex, et je loue encore plus les motifs de religion et de respect pour les saints mystères, qui vous inspirent en cette occasion une si juste sévérité.

Du 21 septembre 1731.

JE ne crois pas, en effet, qu'il convienne que M....... soit entendu comme témoin dans l'information qui se fait contre M. de........, conseiller au parlement de Douai. Sa fonction le rend souvent dépositaire du secret des familles; et, si l'on pouvoit l'obliger à le révéler, il perdroit une confiance qu'il est bon de lui conserver, et par le moyen de laquelle il peut prévenir beaucoup de mauvaises pratiques et empêcher certaines personnes de devenir plus coupables. Les mêmes réflexions peuvent s'étendre jusqu'au commis de M........ Ce seroit inutilement que le maître garderoit le secret, s'il étoit permis de le faire révéler par le commis.

Du 8 octobre 1732.

Il est hors de doute, qu'en aucun cas il n'est permis à un juge de réparer après coup des omissions ou des nullités qui lui sont échappées dans le cours de l'instruction. C'est à lui de veiller sur lui-même et sur le greffier dont il se sert, pour empêcher qu'il ne s'y glisse aucun défaut de procédure ; mais il s'en aperçoit trop tard, lorsque les actes sont entièrement consommés, et il n'y a plus d'autre parti à prendre que celui de casser, par délibération du siége, tout ce qui est nul et vicieux, suivant l'ordonnance, pour le recommencer ensuite d'une manière plus régulière.

S'il se trouve des nullités dans la procédure, ce que je ne puis savoir exactement n'ayant pas vu le procès, il n'y aura qu'à déclarer nul ce qui l'est véritablement, suivant la disposition de l'ordonnance, et faire recommencer la partie de l'instruction qui aura été déclarée nulle.

Je prends la précaution de vous marquer qu'il faudra déclarer nul dans la procédure tout ce qui l'est en effet, *suivant l'ordonnance*, et je me sers de cette expression pour vous marquer que l'examen des nullités doit être fait avec une grande attention, pour ne pas tomber dans l'inconvénient d'aller trop loin en cette matière.

Je n'entends pas bien, par exemple, ce que vous voulez dire, quand vous remarquez que dans l'écrou du nommé............il n'est pas fait mention de sa qualité, d'où vous concluez que tout le procès est nul, parce que l'écrou en est la base et le fondement.

Il faudroit savoir premièrement, ce que c'est que cette qualité, dont on a omis de faire mention, et je ne conçois pas que cette omission, telle qu'elle soit, puisse être d'une si grande conséquence, n'y ayant point d'erreur ni de doute même sur la personne.

Cette omission peut d'ailleurs avoir été réparée et couverte par toute la suite de l'instruction, où la véritable qualité de.......... doit être marquée en plusieurs endroits.

Il n'est pas vrai, d'ailleurs, qu'un défaut d'expression dans un écrou soit un vice radical qui rende toute la procédure nulle, c'est le décret et non point l'écrou qui est la base d'une instruction criminelle; et les erreurs de nom et de qualité qui peuvent se glisser dans un écrou sont du nombre de ces défauts qui peuvent se réparer par des actes postérieurs, sans opérer la nullité de toute la procédure faite depuis l'écrou.

Je vous en dis assez pour vous faire connoître qu'il ne faut pas aller trop vite ni trop loin en pareille matière, et qu'il y a autant d'inconvénient à annuler ce qui peut être bon, qu'à laisser subsister ce qui est mauvais.

Examinez donc avec la plus scrupuleuse attention, aussi bien que les officiers du présidial, tout ce qui vous paroît régulier dans la procédure dont il s'agit, et jugez-en par l'ordonnance beaucoup plus que par vos simples raisonnemens.

Il me reste de prévenir ici la difficulté qui peut naître à l'égard de l'instruction qui reste à achever contre le nommé........., et ses complices. C'est, sans doute, au sieur.........., assesseur, qui a commencé cette instruction, qu'il appartient de l'achever, supposé que tout ce qu'il a déjà fait jusqu'à présent soit jugé devoir subsister.

Ainsi, ou toute la procédure sera regardée comme régulière, et alors il n'y aura qu'à suivre ce que je viens de vous marquer :

Ou il y en aura une partie qui sera déclarée nulle,

comme cela pourroit bien arriver, à l'égard de l'interrogatoire et de la déposition dont vous parlez dans votre lettre, si l'on y trouve le défaut que vous relevez, et en ce cas, il faudra commettre un conseiller du siége, soit pour refaire la partie de la procédure qui aura été déclarée nulle, soit pour achever l'instruction, à laquelle le sieur.......... n'a pas encore procédé.

Vous ferez part de cette lettre aux officiers du présidial de..........

Du 12 *mars* 1733.

Vous avez raison de croire que la procédure qui a été faite par les commissaires du conseil d'Artois, qui ont entendu des témoins flamands dans l'affaire dont vous me rendez compte par votre lettre du 6 de ce mois, n'est pas régulière : l'ordonnance, à la vérité, n'a parlé des interprètes que par rapport aux accusés ; mais la même règle doit avoir lieu, sans doute, à l'égard des témoins, parce qu'il y a les mêmes raisons pour la suivre à leur égard. Les fonctions de juge et celles d'un interprète, comme de tout autre expert, sont incompatibles et ne peuvent se réunir dans la même personne. Un juge se commet, d'ailleurs, lorsqu'il sort des bornes de son état pour faire une fonction étrangère qui est même en quelque manière au-dessous de lui, et il s'expose aux reproches qu'on lui pourroit faire dans la suite, de n'avoir pas bien entendu ou d'avoir mal rendu la déposition d'un témoin. Cependant, comme il n'y a point de loi expresse qui établisse la nécessité de l'usage des interprètes à l'égard des témoins qui n'entendent pas le français, je ne crois pas qu'il y eût lieu de prononcer la nullité des dépositions qui ont été reçues par des commissaires sans interprète, et surtout dans un cas où il ne paroît pas que personne s'en plaigne, et qu'il en soit arrivé aucun inconvénient ;

mais à l'avenir s'il se présente des cas semblables, il faudra se servir du ministère d'un interprète à l'égard des témoins qui ne savent pas la langue française, et suivre, sur ce point, ce qui a été prescrit par l'ordonnance à l'égard des interprètes dont elle a établi l'usage à l'égard des accusés. On ne peut pas dire que ce soit donner une véritable extinction à la loi; ce sera seulement en faire l'application à un cas qui est uniforme dans son esprit. Vous pouvez faire part de ce que je vous écris, et à votre compagnie, et aux juges de son ressort qui peuvent en avoir besoin, afin qu'ils aient soin de s'y conformer à l'avenir.

Du 20 *mars* 1733.

L'ARTICLE premier du titre 22 de l'ordonnance de 1670 suffiroit seul pour résoudre la difficulté que le procureur du roi de votre siége a voulu faire naître sans aucun fondement; le crime de fabrication ou d'exposition de fausse monnoie n'a point été mis par le roi au nombre de ceux pour lesquels on instruit le procès aux morts. Il est bien vrai que ce crime peut être qualifié, en un sens, du crime de lèse-majesté; mais dans la matière présente on n'entend par ce nom que les attentats qui attaquent directement la majesté divine ou humaine, et ce qu'on appelle crime de lèse-majesté au premier chef. Quoique le duel ait été aussi déclaré crime de lèse-majesté par les ordonnances, il a fallu néanmoins en faire une mention expresse dans l'article premier du titre 22 de celle de 1670, et l'on en auroit usé de la même manière à l'égard du crime de fausse monnoie; si le roi avoit voulu que la mémoire de ceux qui en sont accusés pût être attaquée après leur mort.

La prétention du procureur du roi est encore plus mal fondée, si l'on y joint la considération que vous relevez. Il ne s'agit pas ici d'un procès à instruire, il s'agit d'un procès instruit et jugé. On ne fait pas deux fois le procès au même accusé et pour le même crime; la maxime *non bis in idem* est une règle inviolable en matière criminelle. Quand on pourroit former encore une accusation si irrégulière, on ne pendroit pas une seconde fois ceux qui l'ont déjà été, le nouveau procès qu'on leur feroit ne pourroit tendre qu'à acquérir par leur moyen des preuves contre ceux qui ne sont pas encore jugés. Mais quelles preuves tireroit-on de la bouche d'un curateur, qui ne peut que nier ce qu'on objecte au mort, ou déclarer qu'il n'en sait rien ?

Ainsi, sans vous arrêter à une difficulté si destituée de toute apparence, vous n'avez qu'à passer outre à l'instruction et au jugement du procès, avec ceux qui sont accusés, sauf à tirer contr'eux, s'il y avoit lieu de le faire, telles inductions qu'il appartiendroit du testament de mort du nommé......., qui a été exécuté à Nancy.

A l'égard de la confiscation des biens situés dans le royaume qui peuvent avoir appartenu au même... et à........, il seroit inutile d'agiter si elle peut avoir lieu sur le fondement du jugement rendu à Nancy, parce que c'est une question qui ne vous regarde en aucune manière, dès le moment que vous ne pouvez être juge de leur crime.

Du 19 août 1733.

J'AI reçu la lettre que vous m'avez écrite le 30 juin dernier, pour m'expliquer les formes qu'on observe dans votre compagnie pour l'instruction et le jugement des duels dans lesquels un des combattans a été tué, sans que l'autre ait pu être arrêté. Les éclaircissemens que vous me donnez sur ce sujet n'empêchent pas que je ne persiste dans ce que je vous ai écrit le 21 juin dernier. Il est entièrement irrégulier de diviser une accusation de duel, et de la juger contre un des accusés, sans la juger à l'égard de l'autre. Il faut que ces deux accusations, qui n'en font qu'une dans la vérité, marchent toujours d'un pas égal; et, si l'on en usoit autrement, il pourroit en naître un grand inconvénient, et une espèce de contradiction dans une matière où il est impossible que l'un des accusés soit traité comme coupable, et que l'autre soit considéré comme innocent, ou comme n'étant pas suffisamment convaincu.

C'est ce qui arriveroit cependant si, après que le cadavre du mort a été définitivement condamné, le contumace se représentoit et trouvoit le moyen de se justifier du crime de duel, ou d'affoiblir la preuve de telle manière qu'on fût obligé de le renvoyer absous, ou d'ordonner qu'il seroit plus amplement informé; seroit-il convenable qu'il parût deux jugemens sur un crime qui, encore une fois, est indivisible, dont l'un auroit jugé qu'il y a eu un véritable duel, et dont l'autre auroit décidé ou qu'il n'y en avoit point, ou du moins que la preuve n'en étoit pas suffisamment établie.

C'est à quoi il est évident que votre forme de procéder peut réduire ces sortes d'accusations; ainsi, elle doit être absolument changée en ne prononçant rien contre le mort qu'après la contumace pleinement instruite contre le vivant, et par un seul et même jugement. On ne doit même dans ce cas condamner le cadavre ou la mémoire du mort, que lorsqu'il y a une preuve convaincante du crime de duel; et il faut apporter la même exactitude au jugement du procès, que s'il s'agissoit de condamner un accusé présent.

Ainsi, pour peu qu'il manque quelque chose à l'entière conviction du juge, on ne doit ordonner qu'un plus amplement informé, afin que si l'accusé se représente dans la suite, le jugement de condamnation ou d'absolution soit toujours le même à l'égard des deux accusés.

Ayez donc soin de tenir la main à l'observation de cette règle, que toute accusation de duel doit être instruite et jugée conjointement à l'égard de tous ceux qui en sont accusés; et c'est une des raisons qui m'ont porté à vous écrire, qu'au lieu de faire le procès au cadavre, lorsque l'autre accusé est contumax, il falloit se contenter de l'instruire à la mémoire; et, en général, ce n'est pas dans ces sortes de cas que la diligence est nécessaire en matière criminelle; elle n'est bien placée que lorsque les deux accusés étant également dans les liens de la justice, on peut décider de leur sort avec une entière connoissance de cause.

Du 24 novembre 1733.

POUR bien juger des difficultés que vous me proposez par votre lettre du 16 de ce mois, il faudroit avoir vu le procès criminel qui les a fait naître, ou du moins, il faudroit avoir sur ce sujet une instruction plus détaillée que je ne la trouve dans votre lettre; ainsi, je me contenterai de vous marquer en général quelles sont les règles qu'on doit suivre sur ce qui fait la matière de ces difficultés, et je vous laisserai après cela, comme aux autres juges, le soin d'en faire une juste application au procès dont il s'agit.

En général, il est certain que les exploits doivent être contrôlés dans les affaires criminelles comme dans les affaires civiles, sans que l'on puisse mettre au rang des actes qui se signifient de procureur à procureur, ceux qui se signifient et qui doivent se signifier à la partie civile ou à l'accusé. Il n'y a qu'une seule exception à cette règle en faveur des procureurs du roi ou des procureurs fiscaux, dont les exploits sont exempts du contrôle, lorsqu'ils agissent véritablement d'office, et pour demander la vengeance publique; cette exception a été répétée dans plusieurs déclarations du feu roi, que je n'ai pas dans le lieu d'où je vous écris, mais qu'il vous sera facile de vérifier.

Ainsi, un des premiers éclaircissemens que je ne trouve point dans votre lettre, consiste à savoir si c'est à la requête d'une partie civile, ou à la requête de la partie publique que le procès a été poursuivi contre le receveur des fermes et les autres accusés, que vous avez à juger. Dans le premier cas, la règle générale est pour la formalité du contrôle ; dans le second cas, l'exception n'est pas moins certaine. Mais j'ai lieu de présumer que vous êtes dans le premier, c'est-à-dire, que le procès a été instruit à la requête d'une partie civile ; car, sans cela, il n'y auroit pas le moindre prétexte pour former un doute, qui paroît cependant avoir presque partagé les sentimens des juges.

Mais, en raisonnant dans cette supposition, il reste à savoir si les significations qu'on a omis de faire contrôler étoient nécessaires, et si le défaut de contrôle est ici de quelque importance pour la validité de la procédure, ou s'il n'est pas suffisamment couvert ; il me suffira, comme je vous l'ai déjà dit, de vous marquer les principes généraux sur ces différens points, sauf aux juges à en tirer les conséquences convenables.

La signification n'est point une formalité nécessaire à l'égard des sentences ou des décrets qui prononcent le réglement à l'extraordinaire, en ordonnant le récolement et la confrontation des témoins. L'ordonnance n'exige pas une telle signification, et elle ne se pratique point dans l'usage, par rapport à tous les accusés qui sont en prison ; à l'égard de ceux qui sont en liberté, il est plus régulier, lorsqu'on les assigne pour subir la confrontation, de leur donner copie de la sentence qui l'ordonne ; mais, à la rigueur, la signification de l'ordonnance en vertu de laquelle ces accusés sont assignés, est suffisante ; ainsi, le défaut de contrôle, dans une signification qui n'étoit nullement nécessaire, ne mérite pas d'être relevé.

Pour ce qui est de la signification des requêtes qui ont été jointes au procès, elle est nécessaire en elle-même, et sujette à la formalité du contrôle, lorsque les requêtes sont présentées par une partie civile.

Mais comme ces requêtes ne font point partie de l'instruction criminelle, et qu'elles sont en quelque manière hors du procès, on ne peut tirer de l'omission du contrôle aucune conséquence par rapport à la validité de la procédure, qui subsiste par elle-même si elle est bien faite d'ailleurs, indépendamment des requêtes qui ont pu être bien ou mal signifiées.

Mais, pour savoir ce qu'il y a lieu de faire à l'égard de ces requêtes en particulier, il faut distinguer deux cas :

Ou l'accusé en a eu effectivement connoissance, quoique la signification de ces requêtes n'ait pas été contrôlée, et il y a répondu ;

Ou il n'y a fait aucune réponse, en sorte que l'on ne peut prouver qu'il en ait eu connoissance, que par une signification que le défaut de contrôle rend nulle.

Dans le premier cas, le vice de l'omission du contrôle est couvert au moins par rapport au jugement du procès principal, sauf à condamner les huissiers ou sergens qui sont en faute aux peines portées par les édits et déclarations qui ont été publiés sur le contrôle.

Dans le second cas, on peut, ou n'avoir aucun égard à la requête, ou si elle contient des moyens qui méritent l'attention des juges, le mal causé par l'omission du contrôle est aisé à réparer par une nouvelle signification de la même requête qui soit contrôlée, et sur laquelle on ordonne de nouveau que la requête demeurera jointe au procès, en accordant à l'accusé un nouveau délai, pour y répondre s'il le juge à propos.

C'est à quoi se réduisent toutes les règles par lesquelles on peut résoudre toutes les difficultés que vous m'avez expliquées. Je m'en rapporte absolument à la sagesse de votre compagnie sur l'application qu'elle en fera, avec plus de connoissance que je ne le puis faire, au procès particulier que vous êtes sur le point de juger.

Du 12 janvier 1734.

Je suis bien persuadé du zèle que le parlement de Bretagne aura toujours pour la punition des crimes, et de l'attention avec laquelle il ne cessera jamais de veiller sur ce qui se passe dans une matière si importante. S'il étoit même à propos, dans le temps présent, de faire faire une recherche extraordinaire des crimes qui sont demeurés impunis, je ne doute pas que Sa Majesté ne suivît très-volontiers l'exemple de ce que le feu roi fit dans cette vue, en l'année 1608, à mon égard; je serai toujours disposé à procurer au parlement de Bretagne toutes les marques de distinction qu'il peut attendre de la bonté du roi, et de quelque part que viennent les avis que je recevrai sur la matière de la punition des crimes, par les différentes relations que j'ai dans votre province; le seul usage que j'en veuille faire est de procurer aux juges, qui sont compétens pour en connoître, tous les secours dont ils peuvent avoir besoin pour le bien de la justice, et pour affermir la sûreté publique. Je regarde comme un des principaux devoirs de ma place, l'obligation d'y veiller continuellement, et le parlement ne peut qu'y gagner par l'attention que j'aurai toujours à lui conserver tout ce qui lui appartient, et à lui donner des marques de la parfaite considération avec laquelle je suis.

Du 30 janvier 1734.

Toutes les pièces que vous avez envoyées à M........., au sujet du procès que vous avez instruit au nommé.........; comme à ses complices, et la lettre que vous m'avez écrite le 24 de ce mois, me font voir que le doute sur lequel une partie des officiers du présidial de.........a voulu attendre ma décision, se réduit à savoir qui prévaudra, ou de la charge faite par ledit exécuté à la question et confrontation postérieure, ou de la décharge référée en son testament suppliciaire, pour être, ladite décision, jointe au procès et s'y conformer.

S'il s'agissoit d'une simple question de forme, c'est-à-dire, de la validité ou de la nullité d'une procédure, je me porterois volontiers à expliquer aux juges de ce procès la règle qu'ils devroient suivre, parce que la difficulté se réduiroit alors à un point de droit qui consisteroit à savoir quel est le véritable esprit de l'ordonnance dans ce qui appartient à la formalité extérieure des instructions criminelles, ou comment la loi doit être entendue et exécutée.

Mais ce n'est pas là l'objet de la contestation que l'on a jugé à propos de me faire, elle ne roule point sur la forme des actes que j'ai vus, dans laquelle je n'ai rien trouvé que de régulier. Le doute qu'on m'expose regarde le fond même du procès qui reste à décider à l'égard des accusés, dont le jugement a été sursis jusqu'après l'exécution du nommé......, et c'est sur quoi je ne pourrois expliquer mon sentiment, sans blesser, en quelque manière, les règles de la justice et de l'ordre public.

Je ne suis point juge du procès dont il s'agit, et je ne saurois l'être, non-seulement parce que je n'en ai vu qu'une légère partie, mais parce que pour donner son avis ou sa décision sur le fond d'un procès criminel, il faut avoir ouï les accusés dans l'interrogatoire qu'ils subissent en présence de tous les juges, et il faut aussi avoir entendu les juges mêmes dans leurs opinions, personne ne devant être assez hardi, ou présumer assez de lui-même, pour entreprendre de juger seul un procès criminel, et surtout quand il s'agit de la vie ou de la mort des hommes.

Ainsi n'étant point juge, et ne pouvant l'être en aucune manière, du procès dont le dernier état a fait naître le doute que vous m'avez expliqué, je serois bien fâché d'influer en rien dans les suffrages des

juges. Ils sont dans le cas où un magistrat est obligé
de prendre sur lui le poids de la décision, en ne se
déterminant que par ses lumières et par les sentimens que son honneur et sa conscience lui inspirent.

C'est donc à vous, et aux officiers du présidial
de....., de comparer exactement, soit par la forme,
soit par le fond, les déclarations que le condamné a
faites pendant ou après la question, et qu'il a réitérées dans ses confrontations à deux autres accusés,
avec les dernières déclarations qu'il a faites en mou-
rant, pour se décharger aussi bien que ceux qu'il
avoit avoués pour complices. Il ne suffira pas même
de comparer ainsi des déclarations si contraires les
unes aux autres, et les juges seront obligés d'en faire
aussi la comparaison avec le reste du procès, c'est-à-
dire, avec toutes les preuves qu'ils ont regardées
comme suffisamment acquises contre le nommé......,
et avec les soupçons qui peuvent aussi y être répandus
contre ses co-accusés; soupçons dont je ne saurois
parler, puisque je n'ai point vu toute la procédure
qui a précédé le procès-verbal de question.

Tout cela doit être examiné avec l'attention la plus
scrupuleuse, et pesé au poids du sanctuaire, avant
que de former un jugement. Je crois ceux qui sont
chargés de les rendre, trop gens de bien, et trop ama-
teurs de la justice, pour avoir besoin que je les exhorte à prendre toutes ces précautions dans une matière si importante. C'est à quoi se réduit tout ce que
je puis vous répondre dans une occasion où ne m'é-
tant pas possible de donner la décision que l'on me
demande, je dois éviter avec soin de vouloir prévenir celle des officiers du présidial de........, et la
vôtre, parce qu'elle ne doit partir que d'un jugement
entièrement propre à ces officiers, et qui soit aussi
libre qu'éclairé.

Du 26 décembre 1734.

Ce que vous m'avez écrit sur les procès criminels commencés contre le sieur. . . . ., procureur du roi au bailliage de Besançon, et contre le sieur. . . . ., procureur du roi au bailliage de Dôle, ne satisfait pas pleinement à la difficulté sur laquelle je vous ai écrit, non plus que le mémoire qui étoit joint à votre lettre.

La mort des dénonciateurs est ici une circonstance très-indifférente, puisque leurs héritiers sont responsables de leurs dénonciations, et le sieur. . . . ., à présent lieutenant-criminel à Besançon, n'a pu s'exempter de cette charge par un désaveu aussi insoutenable que celui qu'il a voulu faire; et, d'ailleurs, dès le moment qu'on a fait des informations, et qu'il y a eu des décrets décernés contre les officiers accusés, M. le procureur-général ne seroit pas dispensé de poursuivre ces deux procès par la variation tardive des dénonciateurs ou de leurs héritiers.

Vous avez donc raison de dire que des raisons de ce genre peuvent être regardées comme un prétexte, plutôt que comme une excuse légitime.

La seule réflexion qui mérite quelque attention est qu'on prétend que feu M. . . . . avoit autorisé, en quelque manière, les deux procureurs du roi dont il s'agit, à tomber dans les contraventions qui font la matière de l'accusation; mais, outre qu'il faudroit avoir vu les informations pour bien juger du mérite de cette raison, il paroît, par ce qu'on reconnoit dès-à-présent, qu'elle ne peut s'appliquer au sieur. . . . ., qui paroît chargé de faits qu'on ne sauroit excuser par un tel prétexte, puisqu'il s'agit de faussetés dans les fonctions de sa charge, à quoi il ne prétendra pas, sans doute, que feu M. . . . . l'ait autorisé.

Tout cela, d'ailleurs, quelque tour qu'on y donne, ne regarde que M. le procureur-général; c'est à lui de juger s'il doit continuer ou suspendre ses poursuites; mais, quelque parti qu'il prenne, et afin même qu'il puisse le prendre avec connoissance, il faut commencer par lui communiquer les interrogatoires.

Il y a quelque chose d'assez suspect dans le retardement dont on a usé à cet égard, et je ne doute pas que vous ne donniez ordre incessamment au greffier, de remettre à M. le procureur-général, les deux interrogatoires, avec les pièces qui peuvent y être jointes.

Au surplus, tout cela n'empêche pas que le parlement ne rende un arrêt de réglement sur la réquisition de M. le procureur-général, pour faire cesser des abus qui peuvent être réformés par cette voie, sans être assez graves, pour mériter une instruction criminelle.

J'envoie la copie de cette lettre à M. le procureur-général, afin qu'il se conduise selon ce que je viens de vous marquer.

Du 4 juillet 1736.

Je vous prie de m'envoyer une copie entière, sur du papier commun, de l'arrêt qui a été rendu au parlement de. . . . ., sur le procès instruit à la requête du sieur. . . . ., contre le sieur. . . . ., son fils, sa femme et sa fille; vous prendrez, s'il vous plaît, la peine de me faire savoir s'il est vrai que les minutes de ce procès aient été apportées au greffe du parlement de. . . . . . ., et de me faire savoir pourquoi on en a usé de cette manière : la règle générale y est contraire; on ne doit envoyer au greffe du tribunal supérieur, que des expéditions ou des grosses de procédures criminelles;

et, s'il y a quelques raisons qui aient obligé le parlement de. . . . . à s'écarter de cette règle,
c'est ce que je vous prie de m'expliquer incessamment. Je me rappelle en ce moment qu'il y a une
déclaration particulière pour le ressort du parlement
de. . . . ., qui défend expressément d'ordonner l'apport des minutes, si ce n'est en matière
de faux ou de prévarication d'officiers.

Du 4 juillet 1737.

J'APPRENDS qu'il n'est point d'usage, au parlement
de Bretagne, de condamner à une aumône applicable
au pain des prisonniers; et, comme l'on dit que les
prisons de Rennes sont actuellement remplies de prisonniers, dont il y en a plusieurs malades, qui manquent de secours, je vous prie de me faire savoir sur
quoi l'usage de votre compagnie peut être fondé à cet
égard.

Du 3 décembre 1737.

VOUS savez, Monsieur, l'aventure d'un joueur
de harpe, et la part qu'on veut que madame la du-
chesse. . . . . . . ait eue à son évasion. Les jurats,
le procureur-syndic de la ville, et d'autres encore
m'en ont écrit; on doit même m'envoyer une copie
de la procédure; mais je ne saurois être mieux instruit que par vous de ce qu'il y a de réel dans cette
aventure. Il est vrai que madame. . . . . auroit
aussi bien fait de ne pas aller en si grand cortége
dans une prison, et les jurats auroient prévenu tout
inconvénient, s'ils avoient pris le parti de lui représenter qu'on ne parloit point à un prisonnier qui étoit
en décret de prise de corps sans la permission du
juge; et que, comme cela pourroit faire du bruit, ils

croyoient devoir consulter M. le procureur-général, avant que de la laisser entrer ; mais il ne laisse pas d'être fâcheux que tout retombe sur le malheureux geôlier, à qui la tête a fort bien pu tourner à la vue d'une si nombreuse compagnie ; et il y a grande apparence que le prisonnier en a profité pour prendre l'habit de quelque domestique., et se sauver à la faveur de ce déguisement. Tout le monde me paroît donc avoir tort dans cette affaire : mettez-moi en état d'en connoître la juste mesure, et cependant ne me laissez pas ignorer aussi le degré du crime ou de la faute qui avoit donné lieu de décréter le joueur de harpe, parce que cela peut beaucoup influer dans le jugement qu'on doit porter sur toute l'affaire. S'il ne paroît que de la surprise dans l'évasion de ce prisonnier, et qu'il n'y ait aucun soupçon de connivence de la part du geôlier, je crois que vous penserez qu'il y a lieu de le traiter avec plus d'indulgence.

Du 23 décembre 1737.

J'AI deux choses à faire dans cette lettre, Monsieur : l'une, de vous instruire du parti que j'ai pris sur la consultation que la chambre de la tournelle a chargé M. le président de........... de me faire ; l'autre, de répondre à la grande lettre que vous m'avez écrite sur le fond des deux affaires qui ont donné lieu à cette consultation.

Par rapport au premier objet, je crois qu'il me suffiroit presque de vous envoyer, comme je le fais, la copie de ma réponse à la lettre de M. le président de...........; vous y verrez que je m'y suis renfermé dans ce qui regarde la forme., à l'égard de la compétence de la tournelle, et que j'ai évité d'y traiter des questions extrajudiciaires qu'on ne m'avoit proposées, ou plutôt indiquées, qu'en supposant que cette chambre étoit en droit de se rendre juge des deux accusations dont il s'agit.

Le prétexte en étoit si frivole, qu'on voyoit bien qu'il cachoit un autre motif, qu'on vouloit moins m'expliquer que me laisser deviner. C'est précisément ce que je n'ai pas voulu faire, et vous en sentez aisément les raisons.

Il ne convenoit pas que, dans une lettre qui doit devenir, en quelque manière, publique, je m'engageasse à traiter la question qui a passé apparemment par l'esprit de plusieurs de MM. de la tournelle, sur un privilége qu'ils ont cru apercevoir en cette occasion ; question très-inutile à émouvoir dans le parlement de........... En effet, quand même on supposeroit, sans fondement, que les femmes des ducs et pairs ont les mêmes priviléges que leurs maris, cette supposition ne pourroit être favorable qu'au parlement de Paris, seul juge, avec les pairs de France, d'un pair qui a le malheur d'être accusé.

C'est à quoi la chambre de la tournelle ne paroît pas avoir fait attention ; mais je n'ai pas cru devoir y suppléer dans ma réponse, parce que ces sortes de questions ne doivent pas être traitées sans nécessité, et que le fait dont il s'agit, quoique très-blâmable en lui-même, n'est pas assez grave pour exiger de semblables discussions ; mais, appréciant, comme je le fais, votre sagesse et votre grande discrétion, je sais que je ne risque rien en allant plus loin avec vous, que je ne l'ai fait avec MM. de la tournelle.

Après vous avoir ainsi expliqué le véritable esprit de la réponse que je leur ai faite, je passe à la lettre que vous m'avez écrite, et qui ne me laisse rien à désirer, ni sur le fond de l'accusation principale, à laquelle on a donné le titre, peut-être trop honorable, de rapt de séduction, ni sur l'incident de l'évasion du prisonnier.

Je pense, comme vous, sur le premier point, que la nature du délit ne méritoit pas qu'on le solennisât autant qu'on l'a fait ; et, si je ne craignois de faire un jugement téméraire, je serois tenté de croire que le jeune conseiller qui a été le grand mobile de toute cette affaire, n'auroit peut-être pas moins besoin de correction que l'étranger qu'il a poursuivi si vivement.

A l'égard du second point, c'est un épisode qui est devenu plus intéressant que le véritable sujet de la pièce; et la principale actrice y paroît entièrement inexcusable : dessein mal conçu, mal exécuté et mal soutenu après l'exécution. Il n'est pas permis de vouloir jouer ainsi avec la justice, encore moins de s'en vanter et de l'afficher, pour ainsi dire. Madame...... le sent bien à présent, et il seroit à désirer qu'elle l'eût fait plus tôt.

Mais quoique, à la rigueur, les discours qui lui sont échappés pussent donner lieu à un décret d'assigné pour être ouïe; cependant la légèreté de l'accusation formée contre le prisonnier qui s'est évadé, l'inutilité de l'éclat dans une affaire d'imagination et d'imprudence, qui ne peut guère produire qu'une condamnation à des dommages et intérêts, et la disposition où est madame.......... de réparer entièrement tout le préjudice qu'elle peut avoir causé par une démarche très-inconsidérée; mais qu'elle a regardée, quoique fort mal à propos, comme une bonne œuvre, ont fait croire à M. de..........., comme à moi, que le meilleur parti étoit de finir cette affaire par une espèce d'accommodement secret, où la justice seroit exactement conservée dans le fond, et dont on ne retrancheroit qu'une forme, qui, après avoir donné lieu d'émouvoir des questions inutiles, et fait naître des incidens ou des difficultés qu'on ne peut prévoir, se termineroit enfin, comme je viens de le dire, à une réparation pécuniaire.

Ce qu'il y a de plus pressé est de pourvoir à ce qui regarde le geôlier et sa femme, tous deux plus malheureux que coupables, et victimes, en cette occasion, de la faute d'autrui; il n'y a pas d'apparence que les jurats qui en sont bien instruits veuillent user, à l'égard de ces deux accusés, qui doivent être le seul objet de leur jugement, d'une rigueur qui seroit contraire aux premiers principes de l'équité et de l'humanité. Vous pouvez même en conférer avec M. de. . . . . Le sous-maire, qui est homme de condition et de très-bon esprit, pour voir, avec lui, de quelle manière on peut terminer cette affaire, sans blesser les règles de la justice, en sorte qu'elle ne soit plus portée au parlement, bien entendu néanmoins que madame. . . . . fera, de sa part, tout ce qu'elle doit et paroît résolue de faire, suivant ce que je vous ai déjà marqué ; soyez-en le juge vous-même, et prenez la peine de m'expliquer, par un petit mémoire séparé, tout ce que vous croirez qu'il est juste d'exiger d'elle en cette occasion.

Au surplus, vous pouvez, sans montrer cette lettre à MM. de la tournelle, faire tel usage que vous trouverez à propos de ce qu'elle contient, pour modérer leur vivacité dans cette affaire, sur laquelle ils n'auroient dû prendre aucun parti, sans le concerter avec vous, ou, s'ils vouloient me consulter, il auroit fallu le faire avant que de rien engager par la démarche de M. le procureur-général.

Tout ce qui s'est passé me confirme donc dans le jugement que j'ai porté lorsque je vous ai écrit, que c'étoit ici une affaire où l'on pouvoit dire que tout le monde avoit tort : tâchons, s'il se peut, de n'y en avoir aucun, ni vous ni moi, et c'est à quoi l'on ne peut parvenir qu'en prenant les mesures nécessaires pour faire ensorte que toute justice y soit remplie dans le fond, et peut-être mieux qu'elle ne l'auroit été par un jugement rendu dans les formes ordinaires.

P. S. Je fais réflexion, en signant ma lettre, que, s'il étoit possible de satisfaire ceux qui sont intéressés dans la première accusation, et de finir par là les deux affaires en même temps, ce seroit peut-être ce que l'on pourroit faire de mieux. Il seroit apparemment question, pour y parvenir, d'acquitter les frais qui ont été faits, et de donner quelque chose à la fille, qui a été séduite ou séductrice ; et je serois fort porté à y condamner une dame d'ailleurs respectable, mais qui, ayant fait la faute de se mêler de ce qui ne la regardoit point, ne doit pas hésiter à acheter un désistement qui ôteroit tout prétexte de se plaindre, ou même de parler d'elle, après une aventure si désagréable; et, d'un autre côté, cette affaire; je veux dire l'accusation de rapt, ne fait pas assez d'honneur à M. de,.............., pour le rendre difficile sur un pareil accommodement.

<hr />

Du 24 décembre 1737.

J'AI lu avec attention toutes les procédures dont vous m'avez envoyé la copie, et qui ont été faites par les jurats de.........., au sujet de l'évasion du nommé........., dont il semble que la chambre de la tournelle à laquelle vous présidez, soit portée à se retenir la connoissance; et pour répondre à la consultation qu'elle vous a prié de me faire sur ce sujet, je remarquerai d'abord qu'on ne peut mieux juger de la compétence de cette chambre, qu'en examinant les raisons que M. le procureur-général a employées pour l'établir dans le réquisitoire dont vous m'avez envoyé la copie aussi bien que lui.

Je n'y en trouve qu'une seule, et elle est fondée sur ce que le nommé............. ayant interjeté appel au parlement du décret de prise de corps que les jurats avoient décerné contre lui, on a fait apporter au greffe de la tournelle les procédures qui avoient servi de motif à ce décret; mais j'ai de la peine à comprendre comment M. le procureur-général a pu conclure de ce seul fait, que l'accusation principale devoit être regardée comme dévolue au parlement, et que par conséquent il étoit en droit de prendre aussi connoissance de l'évasion du prisonnier, comme incident de cette accusation.

C'est au contraire un principe certain et reconnu dans tous les tribunaux, que le simple appel d'un décret ne dépouille pas les juges inférieurs qui l'ont décerné, et ne saisit point les juges supérieurs du fond de l'accusation, tant que l'accusé n'obtient point de défenses ; rien n'empêche les premiers juges de continuer leur procédure, et même de juger le procès.

C'est ce qui résulte de plusieurs dispositions de l'ordonnance de 1670, qu'il seroit inutile de rappeler ici, et qui font également voir que le fond d'un procès criminel n'est dévolu aux parlemens, que par l'appel d'un jugement définitif par lequel seul le juge inférieur est censé avoir consommé son pouvoir.

C'est avec raison que M. le procureur général a regardé l'évasion d'un prisonnier comme la matière d'une accusation véritablement incidente au procès principal ; mais c'étoit de ce principe même qu'on devoit conclure qu'il n'appartenoit qu'aux jurats de prendre connoissance de cette seconde accusation, qui n'étoit que la suite et l'accessoire de la première.

Ainsi, n'y ayant rien dans les motifs du réquisitoire de M. le procureur-général qui puisse en cette occasion vous dispenser de suivre les règles ordinaires, Sa Majesté, à qui vous avez désiré que je rendisse compte de cette affaire, m'a ordonné de vous écrire que vous n'avez qu'à faire savoir aux jurats qu'ils peuvent continuer librement leur procédure, et, comme vous ne l'avez suspendue par aucun arrêt, il ne sera pas nécessaire non plus d'en rendre un pour les autoriser à reprendre des poursuites qu'il n'ont interrompues que par respect pour la chambre de la tournelle.

Je n'ai pas besoin après cela de vous parler des considérations extrajudiciaires que vous avez mêlées dans votre lettre, parce qu'elles n'ont été faites qu'en supposant que le parlement pouvoit retenir la connoissance de l'affaire dont il s'agit, au lieu qu'elle doit être laissée entre les mains des jurats, comme je viens de vous le marquer.

Du 31 janvier 1738.

Tout ce qui s'est passé dans la chambre de la tournelle au sujet de l'accusation d'assassinat poursuivie par M. le procureur-général, contre les sieurs de la ...... et ......, paroît si extraordinaire, que j'ai cru enfin être obligé d'avoir l'honneur d'en rendre compte à Sa Majesté.

Pour reprendre les choses de plus loin, je vous dirai d'abord, que je fus assez surpris, lorsqu'on m'informa, il y a quelques mois, de la légèreté du décret qui avoit été donné contre ces accusés, parce que c'est sur le titre de l'accusation qu'on doit régler la qualité des décrets, beaucoup plus que sur le degré de la preuve; et d'ailleurs, la tournelle devoit d'autant moins hésiter à prononcer un décret plus proportionné à la nature du crime, qu'il s'agissoit d'accusés que Sa Majesté avoit fait mettre en prison par un ordre émané immédiatement de son autorité. Mais comme je sus presque dans le temps, qu'on avoit fait de nouvelles informations qui augmentoient encore les soupçons qu'on avoit déjà contre les accusés, je présumai que sur le vu de ces informations, et sur la réquisition de la partie publique, la tournelle ne manqueroit pas d'aggraver le décret trop léger qu'elle avoit d'abord décerné.

C'est cependant ce qui n'a pas encore été fait, quoique la manière dont les accusés se sont défendus dans leurs interrogatoires, paroisse plus propre à les rendre suspects qu'à les justifier; mais ce qui m'a encore plus surpris, c'est d'apprendre que M. le procureur-général étant entré le vingt-un de ce mois dans la chambre de la tournelle, pour y requérir qu'il fût ordonné qu'un acte d'accommodement passé entre le sieur...... et les accusés, comme ils en conviennent eux-mêmes dans leurs réponses, seroit apporté au greffe, et qu'en procédant au récolement des témoins, il leur seroit fait lecture d'un second réquisitoire dans lequel M. le procureur-général avoit suppléé plusieurs circonstances qui ne lui étoient pas encore connues dans le temps du premier, afin que les témoins fussent en état d'ajouter, lors de leur récolement, ce qu'ils pouvoient savoir sur ces circonstances, la chambre de la tournelle a rendu un arrêt par lequel elle a ordonné, sans s'arrêter au réquisitoire de M. le procureur-général, qu'il seroit procédé à l'exécution de l'arrêt qui ordonnoit le récolement et la confrontation des témoins.

Je m'arrêterai principalement ici à ce qui regarde le premier objet de la réquisition de M. le procureur-général, parce que c'est celui qui mérite une plus grande attention; je crois, en effet, que c'est peut-être la première fois qu'on ait refusé à un procureur-général la permission ou les ordres nécessaires pour faire apporter au greffe, dans un procès criminel, une pièce qui peut servir à la conviction, et surtout une pièce aussi importante qu'un accommodement, qui, suivant les règles du droit, est souvent regardé comme un aveu tacite du crime. Je sais que les accusés, qui en ont senti la conséquence, ont cherché dans leurs interrogatoires à éluder l'induction qu'on pouvoit tirer contr'eux de cet acte, en y donnant le tour qu'ils ont cru pouvoir leur être plus favorable, ou en supposant qu'ils l'avoient signé par surprise sans en avoir bien fait la lecture; mais c'étoit précisément, ou du moins en partie, par cette raison, qu'il falloit voir la pièce même pour être en état de juger des véritables conséquences qui pouvoient en résulter, soit contre les accusés, soit à leur décharge, et refuser dans de telles circonstances d'ordonner qu'une pièce de cette qualité soit apportée au greffe; il semble que ce soit vouloir étouffer la voix de la partie publique, et lui ôter tous les moyens d'éclaircir et de faire connoître la vérité, ce qui est encore plus l'objet de son ministère, que la vengeance publique.

Je ne saurois vous dissimuler d'ailleurs, qu'il me

revient de tous côtés, que l'opinion qu'on a du crédit
des accusés à............, peut être ici un grand obstacle à la découverte de cette vérité, qu'il seroit
si important de connoître dans l'occasion présente.
Je suis bien persuadé que ce crédit ne fait aucune
impression sur MM. de la tournelle; mais il en peut
faire sur d'autres, et surtout sur des témoins, lorsqu'ils voient d'un côté un décret si léger dans une
accusation si grave, et lorsqu'ils apprendront de
l'autre, qu'on a refusé au ministère public un éclaircissement aussi nécessaire et aussi naturel que celui
qu'il demandoit.

J'ajouterai ici, qu'un nouveau fait qui vient d'arriver à............, semble montrer assez combien on
est persuadé, quoique par une mauvaise prévention,
que l'on peut tout entreprendre impunément contre
le sieur............. Après les égards qu'on a eus pour
les sieurs de la............ et............, vous n'ignorez
pas, sans doute que le sieur de la............, qu'on
prétend être l'ami de ces accusés, étant à cheval
dans la ville de............ y a attaqué, le pistolet à
la main, le sieur............, et que celui-ci ayant cru
ne pouvoir sauver sa vie qu'en saisissant un paysan
qu'il mettoit toujours entre lui et le sieur de la.....
le dernier après avoir caracolé autour d'eux pour
tâcher de ne tirer que sur....., a enfin lâché son
coup, qui heureusement n'a pas porté, mais dont
on prétend que le paysan a eu seulement une partie
du visage brûlée; c'est au moins de cette manière
que le fait m'a été expliqué.

Dans toutes ces circonstances, j'ai cru ne pouvoir
me dispenser de rendre compte au roi de ce qui est
contenu dans cette lettre; et les grandes conséquences
du refus qui a été fait à M. le procureur-général ont
fait tant d'impression sur l'esprit de Sa Majesté,
qu'elle a jugé à propos de rendre un arrêt, dont
j'envoie une expédition en forme au magistrat, qui
ordonne que les motifs de celui que le parlement a
rendu le vingt-un de ce mois, et une expédition de
toute la procédure qui a été faite dans le procès

criminel dont il s'agit, seront incessamment envoyés au greffe du conseil, toutes choses cependant demeurant en état, ainsi qu'il est plus au long expliqué dans cet arrêt.

Il ne seroit pas naturel que ce magistrat fût chargé de dresser les motifs d'un arrêt qui a rejeté son réquisitoire; ainsi il n'y a que les juges mêmes qui puissent rédiger ces motifs; c'est à quoi vous aurez soin, s'il vous plaît, de faire travailler incessamment, pour les envoyer ensuite au greffe du conseil, ou me les adresser, si vous l'aimez mieux.

A l'égard de l'expédition de la procédure criminelle, c'est l'affaire du greffier auquel M. le procureur-général doit faire signifier l'arrêt du conseil, avec commandement d'y satisfaire incessamment.

Il ne me reste après cela, que de désirer de trouver d'assez grands éclaircissemens dans les motifs de la chambre de la tournelle, pour me mettre en état de juger plus sûrement de la conduite de cette chambre, et de voir si elle peut mériter l'approbation de Sa Majesté.

Du 15 février 1738.

J'ai reçu la lettre par laquelle vous me marquez que vous avez fait signifier l'arrêt du conseil que je vous ai adressé, comme je l'ai vu encore, par la copie que vous avez jointe à votre lettre, de la signification qui en a été faite; j'y vois, en même temps, que MM. de la tournelle font dresser les motifs de l'arrêt qu'ils ont rendu le vingt-un du mois dernier, pendant que le greffier travaille de son côté à faire une expédition de la procédure criminelle qui a été faite contre les sieurs de la..... et.....; et qu'enfin, toute l'instruction demeure suspendue conformément à l'arrêt rendu par S. M.

A mon égard, je ne puis qu'attendre qu'elle soit entièrement exécutée, et que j'aie tout vu pour

pouvoir porter mon jugement sur ce qui s'est passé
dans une affaire qui paroît si extraordinaire; et je suis
d'autant plus obligé de prendre ce parti, que vous
ne me donnez par votre lettre aucun éclaircissement
véritable sur ce sujet.

Par rapport à la légèreté du décret, vous ne répondez pas seulement à ce qu'il y avoit de plus essentiel dans la première lettre que je vous ai écrite,
je veux dire, à cette maxime certaine, que ce n'est
point par le degré de la preuve qu'on doit juger de
la qualité des décrets qu'il est à propos de décerner,
et que c'est sur le titre de l'accusation, lorsqu'elle est
capitale; j'avois ajouté par la même lettre, que cette
règle devoit souffrir d'autant moins de difficulté dans
l'occasion présente, qu'il s'agissoit d'accusés qui
étoient déjà en prison par l'ordre du roi.

Vous gardez un profond silence sur tout cela, et
vous vous contentez de me dire que la preuve me
paroîtra bien légère, quand j'aurai vu la procédure
criminelle. Je ne puis savoir encore quelle impression
elle fera sur mon esprit, mais, cependant, j'ai déjà vu
les interrogatoires des accusés, dans lesquels il m'a
paru qu'ils se défendoient assez mal sur des articles
importans; je crains toujours que cette affaire n'ait
été examinée superficiellement, mais, encore une fois,
c'est sur quoi je suspends mon jugement, jusqu'à ce
que je puisse le fixer moi-même en voyant la procédure.

Vous m'assurez encore par votre lettre, que vous
ne vous êtes pas aperçu du crédit des accusés, et que
si je pouvois voir ce qui se passe sur les lieux, je
penserois comme vous, que ce crédit est bien médiocre.

Mais comment puis-je mieux en juger que par les
effets; je vois que sur une accusation capitale, on
ne décerne qu'un décret d'ajournement personnel;
je vois qu'on rejette le réquisitoire de M. le procureur-général qui ne demande que ce qui est juste,
et qu'on ne sauroit jamais lui refuser.

Je vois, enfin, que dans le temps qu'on en use

avec tant d'indulgence à l'égard des accusés, l'espérance de l'impunité engage un homme, qu'on dit être de leurs amis, à entreprendre d'assassiner en plein jour et dans une rue le même homme qu'on a voulu l'année dernière assassiner dans son lit ; il est, en vérité, bien difficile sur de pareils faits de fermer entièrement l'oreille à ceux qui parlent ici du crédit et de la protection que les premiers accusés ont trouvée à........., et cela mérite bien au moins qu'on se donne le temps et qu'on cherche les moyens d'approfondir une affaire de cette nature ; c'est ce qui a été le véritable motif de l'arrêt que je vous ai envoyé ; et je souhaite fort de pouvoir être bien convaincu, dans la suite, que les soupçons qui sont principalement fondés sur la conduite des juges, surtout à votre égard, se trouvent téméraires par le compte qu'ils en rendront.

La proposition que vous me faites de renvoyer la connoissance du procès à M. le premier président et à d'autres commissaires choisis dans le parlement de........., semble faire entendre que vous-même ne trouvez point ces soupçons entièrement mal-fondés ; mais, outre que la nomination des commissaires dans une affaire criminelle, dont le parlement est déjà saisi, auroit quelque chose d'extraordinaire, et dont on craindroit peut-être les conséquences ; il n'est pas temps de s'expliquer encore sur ce sujet, et c'est ce qui ne pourra être bien placé qu'après que j'aurai vu la procédure criminelle et les motifs de l'arrêt du 21 janvier dernier.

J'avoue qu'en lisant cet arrêt, et depuis que je l'ai lu, je n'ai pas compris, et je ne comprends pas encore, pourquoi vous ne m'en avez pas écrit un seul mot ; c'est cependant un point sur lequel vous gardez encore le silence dans votre dernière lettre ; il semble donc que dans une affaire aussi singulière que celle dont il s'agit, tout concourt à former des nuages, et que rien ne puisse servir encore à les dissiper, c'est ce qui arrivera peut-être dans la suite ; mais, en attendant, je peux vous assurer que M. .... ne s'est jamais expliqué avec moi d'une manière qui pût vous faire de la peine ; et s'il ne vous a point parlé de la lettre qu'il m'a écrite au sujet de l'arrêt du 21 janvier, c'est, suivant toutes les apparences, parce qu'il n'a pas douté que vous ne m'en rendissiez compte, comme cela étoit en effet bien naturel.

Du 31 mars 1738.

J'aurois fort souhaité que la lecture des motifs qui m'ont été envoyés, et l'examen de toutes les procédures qui m'ont été adressées en exécution de l'arrêt du conseil, du 31 janvier dernier, eussent pu justifier entièrement aux yeux de Sa Majesté, celui que la chambre de la tournelle avoit rendu, le 21 du même mois, au sujet d'un réquisitoire de M. le procureur-général.

Mais, pour commencer par ce qui regarde les motifs, il a paru que les juges n'en alléguoient point d'autres par rapport au premier chef de ce réquisitoire, que l'irrégularité d'une réquisition qui tendoit d'un côté à obliger des accusés à produire un acte contre eux-mêmes, et de l'autre à faire contraindre par corps le nommé..........., qui n'étoit point un dépositaire public, à rapporter le même acte.

La première de ces deux remarques auroit pu être juste, si M. le procureur-général n'avoit pris des conclusions à cet égard que contre les accusés ; et si cela étoit, le roi auroit porté le même jugement que la chambre de la tournelle sur ce réquisitoire ; mais comme il l'a dirigé en même temps contre la personne de.........., il étoit aisé à la tournelle de séparer en cette occasion ce qui n'étoit pas régulier de ce qui l'étoit, et de n'avoir égard qu'à la partie du réquisitoire qui tomboit sur........., au lieu de le rejeter tout entier contre cette règle de droit, *utile per inutile non vitiatur*, comme ce qui est juste pouvoit être refusé à un procureur-général, sous prétexte que par un excès de zèle; il y a joint une demande qui n'étoit pas aussi légitime. Les juges ne sont obligés de suivre les conclusions des gens du roi, qu'en ce qu'elles contiennent de juste et de conforme aux règles de l'ordre public; et l'on ne comprend pas ce que l'on a voulu dire dans les motifs, lorsqu'on y a avancé que les réquisitions faites d'un côté contre les accusés, et de l'autre contre........; par M. le procureur-général, ne formoient qu'un tout indivisible; c'est au contraire un des premiers principes de l'ordre judiciaire, que dans les réquisitoires de la partie publique, comme dans les demandes des parties ordinaires, les juges doivent prendre ce qui est bon, ne retrancher que ce qui est mauvais, sans vouloir rejeter également l'un et l'autre, parce qu'on les a mêlés dans la même requête.

Le même raisonnement a paru détruire encore l'observation qu'on fait dans les motifs, sur ce que...... n'étant point dépositaire public de l'acte dont il s'agissoit, il ne pouvoit être contraint par corps à la représenter.

1.° Si les juges trouvoient que le ministère public avoit été trop loin en requérant cette contrainte, ils pouvoient retrancher cet excès par leur jugement, en suivant d'ailleurs ce qu'il y avoit de régulier dans le réquisitoire, et c'est ce qui arrive tous les jours dans des cas semblables.

2.° Il n'est pas même exactement vrai, que lorsqu'il s'agit de la représentation de pièces qui peuvent servir à conviction dans un procès criminel, les juges ne puissent prononcer la contrainte par corps contre d'autres que des dépositaires publics, de la même manière qu'un témoin peut être contraint par corps à déposer; et, dans la nouvelle ordonnance que le roi vient de faire sur les instructions de faux, vous trouverez que Sa Majesté a laissé aux juges la liberté d'ordonner que ceux mêmes qui ne sont pas dépositaires publics, seront contraints, par corps, à rapporter les pièces qui peuvent établir la preuve de la fausseté.

On prétend, à la vérité, dans les motifs, que le refus qui a été fait par la chambre de la tournelle, d'admettre le réquisitoire de M. le procureur-général même, par rapport au premier chef, ne tire à aucune conséquence pour la conviction du crime, attendu qu'il sera toujours en droit de prendre les avantages qu'il jugera à propos, de l'aveu des accusés, d'avoir passé l'acte d'accommodement dont il s'agit; mais cette réflexion n'a pas paru bien solide, parce qu'il y a une différence entière entre une pièce représentée aux juges, qui peuvent en peser exactement toutes les expressions, et l'aveu que des accusés font en général de l'avoir passée, en y ajoutant des restrictions par lesquelles ils prétendent en éluder l'induction. Il est vrai que leur confession peut être divisée; mais comment peut-on le faire avec connoissance, lorsqu'on ne voit point l'acte même auquel ils prétendent appliquer leurs réponses ou leurs restrictions? C'est vouloir deviner dans le temps qu'il ne tient qu'aux juges de voir; et, comme je l'ai déjà remarqué dans une autre lettre, bien loin que les restrictions, dont l'aveu des accusés a été accompagné, rendissent la vue et l'examen de la pièce même ou inutile ou peu nécessaire, c'étoit au contraire pour cette raison qu'il devenoit encore plus indispensable de la faire représenter, pour être en état de juger si elle pouvoit servir à conviction, ou si au contraire, comme ils l'ont prétendu, elle tendoit à leur décharge.

Enfin, une dernière réflexion qu'on a faite sur ce sujet, et qui peut être d'une grande importance, c'est que si l'arrêt du 21 janvier subsistoit, on pourroit douter que M. le procureur-général fût en droit de représenter lui-même l'acte d'accommodement qui a fait la matière du premier chef de son réquisitoire; parce que les accusés ne manqueroient pas de prétendre que M. le procureur-général ayant été débouté de la demande qu'il auroit formée pour faire remettre cette pièce au greffe, le parlement a jugé par là qu'elle ne devoit point faire partie du procès.

Ainsi, par toutes sortes de considérations, et en

s'attachant même uniquement au premier chef du réquisitoire qu'il vient d'examiner, le bien de la justice a paru demander que le roi remit le procès criminel dont il s'agit dans l'état où il étoit avant l'arrêt du 21 janvier dernier, non par aucun principe de défiance contre les juges qui l'ont rendu, et dont je crois que les intentions ont été bien droites, mais pour faire cesser un des obstacles qui pourroient empêcher que l'instruction du procès ne fût entièrement complète, et pour ne pas laisser subsister un exemple d'un refus fait à un procureur-général, de faire apporter des pièces dont on peut tirer des inductions contre les accusés.

Il seroit assez inutile après cela, de discuter avec autant d'attention le second chef du réquisitoire de M. le procureur-général, et les motifs qui paroissent avoir déterminé les juges à n'y avoir point d'égard ; je me contenterai donc de vous dire que, quoiqu'il y ait sans doute des raisons plausibles pour soutenir le sentiment que la tournelle a embrassé sur ce point, il seroit aisé néanmoins de justifier, par des réflexions peut-être encore plus solides, la précaution que M. le procureur-général avoit cru devoir prendre pour faire en sorte que les témoins fussent en état de suppléer ce qui pouvoit manquer à leur déposition, faute d'avoir été interrogés sur des circonstances qui n'étoient pas connues dans le temps de la première information. Quand on a dit dans les motifs, que M. le procureur-général auroit pu faire déposer de nouveau les mêmes témoins par rapport à ces circonstances, on n'a pas pris garde qu'il est permis à la vérité de faire entendre deux fois le même témoin par rapport à un fait véritablement nouveau ; mais qu'il n'en est pas ainsi, lorsqu'il ne s'agit que de quelques nouvelles circonstances du même fait ; et si M. le procureur-général avoit pris cette voie, elle auroit été beaucoup plus difficile à excuser et à soutenir que le tempérament qu'il avoit proposé ; en tout cas, si une telle voie paroissoit régulière à la chambre de la tournelle, elle auroit donc dû la réserver au moins à

22*

M. le procureur-général, au lieu de le débouter purement et simplement de son réquisitoire.

Il me reste de vous dire un mot de ce qu'on allègue dans les motifs, pour justifier la légèreté du décret qui a été décerné contre les accusés.

Il est vrai que la chambre de la tournelle n'est pas obligée de se défendre sur cet article, parce que c'est de celle des vacations que ce décret est émané, et que depuis l'ouverture du parlement, M. le procureur-général n'ayant point pris de conclusions pour faire aggraver le même décret, on ne peut à la rigueur faire un reproche sur ce sujet à la chambre de la tournelle; mais tout cela n'empêche pas que le décret, considéré en lui-même, ne soit trop léger, et l'on ne s'est pas expliqué sur ce sujet, dans les motifs, d'une manière aussi claire et aussi correcte que je l'aurois désiré. Le seul titre de l'accusation ne suffit pas, à la vérité, pour autoriser les juges à donner un décret de prise de corps, ni même un moindre décret, si ce n'est dans quelques cas particuliers qui ont été remarqués par l'ordonnance de 1670; mais, lorsqu'il y a eu un procès-verbal du corps du délit et une information faite, la règle générale est, comme je vous l'ai déjà décrit, que quoiqu'il n'y ait encore que des soupçons et des indices contre l'accusé, c'est le titre de l'accusation, et non pas le degré de la preuve, qui doit décider de la nature du décret.

J'ai reconnu d'ailleurs, en examinant toutes les informations qui m'ont été envoyées, que si les témoins qui ont été entendus dans la seconde information, sur le coup de fusil qu'on prétend avoir été tiré pendant la nuit dans la chambre de.........., ne forment pas une preuve suffisante, comme cela arrive souvent lorsqu'il s'agit d'un fait nocturne, il y auroit d'un autre côté, de très-grands commencemens de preuve dans une première information, faite par le juge des lieux contre les mêmes accusés, sur le dessein qu'on prétend qu'ils avoient conçu de maltraiter le fils de.........., et d'attenter même à sa vie; il

y a, entr'autres, un témoin qui déclare avoir entendu les accusés former entr'eux le complot de
le désarmer.......... et de le tuer avec sa propre
épée; plusieurs circonstances attestées par d'autres
témoins, et qu'il seroit trop long d'expliquer en
détail, concourent encore à affermir et à fortifier
cette déposition.

Rien n'étoit donc plus naturel que de joindre
l'attentat médité sur la personne du fils, avec celui
qu'on prétend avoir été porté plus loin contre celle
du père; et quand même on auroit voulu les séparer
(ce qui n'auroit pu se faire sans blesser les règles
de la justice) il y en avoit assez dans les preuves résul-
tantes de l'information faite par rapport au fils, pour
fonder un décret de prise de corps contre les accusés; et encore plus, s'il est possible, comme je
vous l'ai déjà marqué, contre des accusés qu'il ne
s'agissoit pas de faire arrêter de nouveau, puisqu'ils
étoient dans les prisons par ordre du roi.

Il y auroit peut-être encore bien d'autres réflexions
à faire sur le procès dont il s'agit, et sur tout ce
qui s'y est passé; mais j'en ai déjà assez dit, pour
ne pas m'étendre davantage sur une matière si peu
agréable, et dans laquelle je dois présumer, comme
je le fais très-volontiers, que tous les magistrats qui
y ont eu part, n'ont eu que des intentions louables,
quoiqu'ils aient pu penser différemment; mais sans
cesser de rendre justice à la droiture de leurs cœurs,
j'ai cru que le roi ne jugeant pas à propos de laisser
subsister l'arrêt du 21 janvier, il convenoit, par
toutes sortes de raisons, de renvoyer le procès dont
il s'agit, dans un autre tribunal, suivant l'usage ordinaire. C'est ce que Sa Majesté a approuvé, et elle a
jugé que c'étoit au parlement de Toulouse que le
renvoi devoit en être fait; j'adresse donc l'arrêt qui
a été rendu sur ce sujet à M. le procureur-général
en ce parlement, afin qu'il le fasse signifier, ce qui
sera beaucoup plus décent que si cette signification
se faisoit à la requête de M. le procureur-général
en votre parlement même.

Vous pouvez juger par la manière dont je vous écris, avec combien de peine je suis obligé de vous annoncer la résolution que le roi a prise en cette occasion. J'aurois fort souhaité qu'il eût été possible de trouver un autre moyen de remédier aux inconvéniens que l'arrêt du 21 janvier dernier auroit produits, si on l'avoit laissé subsister ; mais, comme après tout, je suis persuadé qu'il n'a été rendu que faute d'en avoir bien senti toutes les conséquences, il ne diminuera rien de mon estime pour les juges dont la chambre de la tournelle est composée, et pour vous, monsieur, en particulier, dont je connois parfaitement la droiture et la vertu.

Du 31 mars 1738.

J'AI reçu dans son temps la lettre que vous m'avez écrite au sujet du procès qui s'instruit au parlement de ...., contre trois gentilshommes accusés d'avoir voulu assassiner le nommé......... : vous y avez discuté avec la justesse d'esprit et la sagesse qui vous sont naturelles, tout ce que l'on pouvoit dire, soit sur la nature du procès, soit sur la disposition des esprits, qui semble y avoir porté des deux côtés un peu plus de chaleur et de vivacité qu'il n'auroit été à désirer, quoique je sois persuadé que leurs intentions aient été également droites et également fondées sur l'amour de la justice, qu'ils paroissent seulement avoir envisagée par des faces différentes : si je ne vous l'ai pas marqué plus tôt, c'est parce que je n'ai pas voulu faire réponse à votre lettre avant que d'avoir pu trouver le temps d'examiner attentivement et les motifs du parlement, et toutes les procédures criminelles qui m'ont été envoyées en exécution de l'arrêt rendu au conseil le 31 janvier dernier.

Je n'entrerai point cependant, avec vous, dans le détail de toutes les réflexions que cet examen m'a

donné lieu de faire, ni des résolutions que le roi
a cru devoir prendre sur ce sujet, parce que vous
les trouverez toutes expliquées dans la lettre que
j'écris à M. le président........., et dont je joins
la copie à celle-ci; je me contenterai d'y ajouter ici
ce qui regarde deux points dont je n'ai pas cru
devoir faire mention dans celle que j'écris à ce président :

Le premier, est le choix des juges auxquels on auroit
pu renvoyer la connoissance du procès, en l'évoquant
du parlement de.........;

Le second, est ce qui regarde M.......... en
particulier.

Par rapport au premier point, j'aurois fort souhaité
que le roi eût pu entrer dans le tempérament que
vous m'avez proposé par votre lettre, et qui étoit de
former une commission composée des magistrats les
plus éclairés et les plus estimés dans le parlement
de..........., auxquels Sa Majesté attribueroit la
connoissance de cette affaire ; mais il a paru, d'un
côté, qu'il seroit d'un exemple dangereux de nommer
des commissaires pour juger un procès criminel qui
est poursuivi contre des gentilshommes, et où il
s'agit d'une accusation capitale. On s'est récrié dans
tous les temps contre ces sortes d'attributions extraordinaires, et elles ont fait plus d'une fois la matière des remontrances des parlemens. Quoiqu'il y
ait des raisons singulières dans l'occasion présente
pour appuyer votre pensée sur ce point, l'exemple
n'en tireroit pas moins à conséquence, et je ne
craindrai pas moins de vous dire qu'il ne convient
pas trop d'accoutumer ceux qui ont l'honneur d'a-
voir part au gouvernement à en donner de pareils ;
d'un autre côté, j'ai bien de la peine à croire que
MM. de la tournelle eussent vu une telle attribution
avec moins de peine qu'un renvoi au parlement
de.........; j'en jugerois bien différemment si
j'étois à leur place. Dépouiller une chambre entière
de la connoissance d'un procès dont elle a été saisie

très-légitimement, pour le renvoyer par-devant d'autres juges choisis un à un, pour ainsi dire, dans la même compagnie, c'est faire une espèce d'affront, ou du moins de reproche personnel, à chacun des magistrats dont cette chambre est composée, parce que c'est donner lieu au public de dire qu'on les a regardés tous comme personnellement suspects ; au lieu qu'en renvoyant simplement l'affaire dans un autre parlement, on ne fait que suivre le style ordinaire du conseil, qui, en détruisant un arrêt rendu dans une compagnie, renvoie toujours la connoissance du procès dans un autre tribunal du même genre ; en sorte qu'en ce cas le renvoi ne paroît fondé que sur la forme et sur l'usage ordinaire, sans qu'il en résulte aucun soupçon contre la personne des juges. Ainsi, cette considération, jointe à la première, m'a donné lieu de penser que la vivacité des esprits et la crainte des suites qu'elle pourroit avoir par rapport à M............, formoient une nouvelle raison pour exclure le parti de nommer des commissaires, bien loin de favoriser cette vue.

Pour passer, après cela, au second article qui regarde M........., les interpellations que M........ a faites sur son sujet, à quelques témoins, ont servi encore d'un motif secret pour renvoyer le procès dont il s'agit au parlement de........., qui sera en état d'y pourvoir, au lieu que des commissaires n'auroient jamais pu le faire. Au surplus, je ne saurois comprendre comment un magistrat, qui a autant de lumières et d'expérience que M........., a pu avoir la facilité de se prêter aux réquisitions qui lui ont été faites par ces interpellations ; outre qu'elles étoient entièrement étrangères à l'accusation, et qu'il seroit d'une très-dangereuse conséquence d'exposer le ministère public à devenir suspect par des interpellations qui pourroient être faites de concert entre un accusé et un témoin, M........... avoit devant les yeux l'exemple de ce qui se passa, il n'y a pas long-temps, au parlement de..........., même dans le procès criminel poursuivi par M..........., contre le sieur.......... Vous savez que le lieutenant-criminel, ayant fait des interpellations aux témoins, qui retomboient sur M.........., et qui tendoient à le rendre accusé, au lieu qu'il étoit accusateur, le parlement les regarda comme une entreprise, de la part de ce juge, sur les priviléges de tous les officiers du parlement, et ordonna qu'elles seroient rayées et biffées. Or, quelque différence qu'il y ait entre un lieutenant-criminel et un conseiller au parlement, il est certain que l'un n'a pas plus de pouvoir que l'autre, de recevoir, sans être commis par le parlement, des déclarations qui contiennent une espèce d'accusation contre des membres de cette compagnie. Ce n'est donc pas sans raison que M.......... a pris feu à cette occasion, et je suis très-fâché que M......... y ait donné lieu. Mais, tout cela même fait voir combien il est convenable que le procès dont il s'agit sorte du parlement de........., où il seroit fort à craindre que les uns prissent le parti pour M......., et les autres pour M....... L'énonciation pourra faire d'abord quelque bruit, mais il s'apaisera bientôt, suivant les apparences, par l'éloignement de l'objet qui a échauffé les esprits.

Il y a encore un autre fait qui regarde M........ On prétend qu'il avoit entre ses mains l'acte d'accommodement qui avoit été passé entre........... et les accusés, lorsqu'il a engagé M. le procureur-général à requérir que cet acte fût apporté au greffe; mais, comme j'écris une lettre particulière sur ce sujet à M. le président........., parce qu'il en a fait mention dans la lettre que j'ai reçue de lui, il me suffira, à cet égard, de vous envoyer, comme je le fais, la copie de cette lettre, afin que vous soyez également au fait de tout ce que j'ai pensé et écrit sur cette triste affaire: vous méritez cette attention de ma part, par la place où vous êtes, et encore plus par la manière dont vous la remplissez.

Du 24 mai 1739.

J'ai appris que vous avez rendu les 11 et 25 mai dernier, deux jugemens prévôtaux sur les accusations formées contre......... Par l'examen que j'en ai fait, il m'a paru que ces jugemens n'étoient pas réguliers, et que vous n'auriez pas dû condamner à mort........., ni.........., qui ne méritoient cette peine, ni par leur qualité, ni par la nature des crimes dont ils ont été atteints et convaincus. Les voleurs ne méritent la peine de mort que lorsqu'ayant déjà été condamnés aux galères pour vol, ils sont convaincus de récidive; et ils ne la méritent, par la nature du crime, que lorsqu'ils sont convaincus de vols commis avec effraction ou sur les grands chemins.........; et......... n'étoient dans aucune de ces circonstances; ils n'avoient point été repris de justice; .... n'a été convaincu que de vols simples; et......... ne l'a été que d'avoir eu connoissance du dessein formé par ses enfans de commettre le vol avec effraction, pour lequel ils ont été condamnés au dernier supplice; de les avoir fortifiés dans ce dessein, et d'avoir voulu profiter de l'argent qui provenoit de ce vol, mais elle n'avoit point aidé à commettre ce vol, et elle étoit même absente lorsqu'il a été commis. Vous ne pouviez donc pas condamner ces deux premiers à mort, et vous devez vous reprocher d'avoir répandu si légèrement leur sang. La vie des hommes est trop précieuse pour la leur faire perdre si légèrement, et vous devez prévenir, par une conduite plus régulière, les effets du mécontentement du roi.

Du 14 mai 1739.

QUOIQUE les charges d'assesseur des prévôts des maréchaux aient été supprimées, et que leurs fonctions ne s'exercent que par commission, vous ne devez pas douter que ceux auxquels on donne ces sortes de commissions, et qui sont obligés de se faire recevoir au siége de la connétablie, ou par les officiers des lieux que ceux de ce siége commettent à cet effet, ne soient en droit de jouir des priviléges accordés aux assesseurs en titre d'office, et d'avoir séance et voix délibérative en qualité d'assesseurs aux jugemens des affaires prévôtales, avant les gradués que vous prenez pour remplir le nombre de juges requis par les ordonnances ; je compte que vous ne contesterez plus ce droit à l'assesseur du prévôt de la maréchaussée de la généralité de..........

Du 3 juillet 1739.

J'AI appris que vous avez rendu, les 29 mai 1738 et 29 janvier dernier, deux jugemens ; l'un présidial, et l'autre prévôtal, par lesquels, en déclarant .... atteints et convaincus de vols commis sur les grands chemins, vous les avez seulement condamnés aux galères ; ils méritoient, suivant les ordonnances, d'être condamnés à la roue, s'ils étoient véritablement convaincus de ces crimes, et s'ils ne l'étoient pas, ils ne devoient pas même être condamnés aux galères ; vous aurez donc soin, s'il vous plaît, de m'informer des motifs que peut avoir eu un jugement qui paroît si extraordinaire, et de me faire savoir pourquoi vous n'avez pas mieux profité de la lettre que j'écrivis au prévôt-général de la maréchaussée de . . . . , le 4 janvier dernier, par laquelle je lui avois mandé qu'on ne devoit prononcer aucune peine, lorsque la preuve des crimes n'étoit pas complète, et qu'on ne pouvoit ordonner que la question ou un plus amplement informé, suivant la nature des crimes et le genre des preuves.

Du 27 juillet 1739.

J'ai appris que vous avez rendu, le 15 mai dernier, deux jugemens prévôtaux, par lesquels vous avez ordonné un plus amplement informé indéfini contre . . . . ; et comme j'ai appris aussi que vous n'avez point interrogé ces deux particuliers avant que de rendre ces jugemens, je crois devoir vous marquer qu'ils sont très-irréguliers, et qu'on ne doit jamais ordonner qu'il sera plus amplement informé contre un accusé, des crimes dont il est prévenu, qu'après la visite de tout le procès, et après avoir interrogé l'accusé en présence de tous les juges, quand même on auroit déjà ordonné qu'il en seroit plus amplement informé pendant un temps limité, et que, depuis, il ne seroit survenu aucune preuve.

Du 27 juillet 1739.

J'ai appris que vous avez rendu, le 18 du mois dernier, deux jugemens prévôtaux, par lesquels en déclarant atteints et convaincus . . . . et . . . . de vol commis avec effraction, vous les avez condamnés seulement au fouet, à la flétrissure et au bannissement; et en déclarant la femme de . . . . et . . . . suspects seulement, l'un d'être complice du vol commis avec effraction, et l'autre d'avoir favorisé la désertion d'un soldat du régiment de . . . . , vous les avez aussi condamnés au bannissement. Je suis fort surpris des dispositions de ces jugemens, et je crois devoir vous rappeler les règles dont il paroît que vous vous êtes écarté dans cette occasion.

1.° Lorsque la preuve d'un crime n'est pas complète, il est certain qu'on ne doit prononcer autre chose qu'un plus amplement informé, et ordonner que les accusés seront appliqués à la question, suivant la nature des crimes et le genre des preuves; ainsi, puisque vous n'avez pas trouvé la femme de......... et......... suffisamment atteints et convaincus d'avoir commis les crimes dont ils étoient accusés, et que vous vouliez les déclarer seulement suspects de les avoir commis, vous ne deviez point les condamner au bannissement.

2.° Les ordonnances et les déclarations du roi prononcent la peine de mort pour les vols commis avec effraction.

Enfin, c'est une maxime constante qu'on doit condamner à une amende envers le roi les criminels contre lesquels on prononce la peine du bannissement; ainsi, en supposant même que vos jugemens eussent été véritablement proportionnés au degré des preuves et à la nature des crimes, vous auriez dû condamner à une amende tous les criminels contre lesquels vous avez prononcé des peines par ces deux jugemens.

Faites donc plus attention aux jugemens que vous rendrez à l'avenir, et ayez soin de vous y conformer exactement aux ordonnances et à l'usage.

Du 19 *décembre* 1739.

J'ai reçu les nouveaux motifs que vous m'avez envoyés du jugement prévôtal rendu par vous le 29 janvier dernier contre.........; et par l'examen que j'en ai fait, il m'a paru que la preuve du vol commis sur le grand chemin, dont ce particulier a été déclaré atteint et convaincu, n'étoit pas bien complète. La déposition de la nommée..........., qui avoit été volée, pouvoit former une demi-preuve de ce vol; mais la déposition de..........., qui avoit rencontré.......... sur le grand chemin, peu de temps après le vol, ni les variations de l'accusé dans ses interrogatoires et lors des confrontations, ne suffisoient pas pour suppléer à ce qui manquoit à l'intégrité de la preuve; vous auriez dû seulement ordonner que ce premier seroit appliqué à la question préparatoire, et réserver en même temps les preuves en entier. Si.......... n'avoit rien avoué à la question, vous auriez pu le condamner, à la vérité, aux galères à perpétuité; mais, comme cette condamnation n'auroit pu être fondée que sur les cas ordinaires dont l'accusé étoit convaincu, vous auriez dû alors faire mention dans votre jugement, qu'il n'étoit rendu qu'à la charge de l'appel. Soyez donc plus attentif à ne condamner que sur des preuves bien claires, et à vous conformer exactement aux règles établies par les déclarations du roi.

Du 19 décembre 1739.

J'AI reçu les deux lettres que vous m'avez écrites les 11 et 22 du mois dernier, avec les procédures qui y étoient jointes, et je trouve la condamnation que vous avez prononcée contre le sieur.........., juge de.........., bien légère, eu égard à la prévarication qu'il avoit commise, en exigeant une somme de 300 liv., pour une seule vacation qu'il avoit employée à mettre le scellé sur les effets d'un prieur, sans que personne l'en eût requis, et les héritiers de ce prieur s'y étant même opposés; je remarque d'ailleurs, qu'en le condamnant au blâme, vous l'avez, en même temps, interdit pendant un an de ses fonctions. Ces deux dispositions de votre sentence impliquent contradiction, le blâme étant une peine infamante, qui

emporte de droit, non-seulement l'interdiction de
l'officier blâmé, mais l'incapacité perpétuelle de remplir une charge de judicature.

À l'égard du jugement en dernier ressort que vous
avez rendu le 24 octobre dernier contre. . . . . .,
par l'examen que j'ai fait des procédures qui ont
servi de fondement à ce jugement, il m'a paru
qu'aucun des vols dont on l'accusoit n'étoit bien
clairement prouvé. le vol d'étoffes commis chez . . . .
et le vol des pistolets commis chez. . . . . . sont les
deux principaux crimes qui vous ont déterminé à le
condamner au dernier supplice. L'on ne peut pas
dire que le premier ait été commis avec effraction,
puisqu'il n'y a point eu d'autre effraction que des
carreaux d'un chassis de papier qui ont été déchirés;
d'ailleurs, la preuve est bien complète que. . . . . .
a été trouvé saisi des étoffes volées chez. . . . . .
mais non pas qu'il les eût volées. La preuve des effractions faites au toit de la maison de . . . . . . est
aussi complète; mais. . . . . est le seul témoin
que cette effraction ait été faite pour parvenir au vol
dont il s'agit. Je suis même d'autant plus surpris, que
dans ces circonstances vous vous soyez déterminé à
condamner. . . . . à mort, que par les confrontations de la demoiselle. . . . . . . et de. . . ,
il paroît que ce malheureux avoit l'esprit égaré; ce
qui auroit dû vous rendre plus réservé à le condamner. Enfin, j'ai observé que dans les confrontations de. . . . . . à . . . . . ., les officiers qui ont
été chargés de cette partie de l'instruction, ont fait
plusieurs interpellations d'office à l'accusé; c'est à
sa réquisition et aux témoins seulement que le juge
est obligé, suivant l'ordonnance, de faire des interpellations; ainsi, vous auriez dû déclarer nulles
celles qui ont été faites à l'accusé; ce qui emportoit
la nullité des confrontations entières où ce défaut se
trouvoit.

J'ai aussi été informé d'un autre jugement en dernier
ressort que vous avez rendu contre. . . . . .; je sais
qu'il étoit accusé de vol et d'assassinat commis sur

le grand chemin ; mais quoiqu'il n'eût été d'abord condamné qu'à la question préparatoire, et qu'il n'y ait rien avoué, vous l'avez condamné ensuite aux galères à perpétuité ; ainsi, c'est sur un simple crime, dont la preuve n'étoit pas complète, que vous l'avez condamné, ce qui est absolument contraire à la règle, parce que pour pouvoir prononcer une peine contre un accusé, il faut qu'il y ait au moins un de ses crimes, dont la preuve soit parfaite.

S'il arrive quelquefois que des soupçons violens d'un crime grave, qui n'est pas suffisamment prouvé, engagent les juges à augmenter la peine que le même accusé peut mériter pour un autre crime dont il est pleinement convaincu, il faut pour cela qu'il soit accusé de plusieurs crimes dont il y en ait un au moins qui soit bien prouvé ; mais, lorsque l'accusation ne tombe que sur un seul crime, les juges ne peuvent ordonner qu'un plus amplement informé, pour tâcher d'acquérir la preuve qui leur manque, n'étant jamais permis de condamner un accusé sans preuves suffisantes.

Il me reste une dernière observation à faire sur la forme, dans laquelle vous avez prononcé contre........ les condamnations dont il s'agit ; l'usage de prononcer des condamnations pour les cas résultans du procès, est réservé aux officiers seuls des cours et des conseils supérieurs, et les officiers des autres tribunaux du royaume doivent déclarer, dans leurs sentences et jugemens, les crimes dont les accusés sont atteints et convaincus ; c'est ce que vous auriez dû faire dans le procès dont il s'agit, et si vous aviez suivi cette forme de prononciation, vous n'auriez pas condamné......... aux galères à perpétuité. Faites attention à toutes ces observations qui sont importantes, et soyez plus circonspect dans les condamnations que vous prononcerez à l'avenir en matière criminelle, surtout en dernier ressort.

Du 20 juillet 1740.

La manière dont vous justifiez l'arrêt que la tournelle a rendu dans l'affaire du nommé..........
ne paroît pas entièrement satisfaisante, ni dans le
droit ni dans le fait.

Dans le droit, ce n'est point précisément par le
degré de la preuve, que les juges doivent se déterminer à accorder des défenses à un accusé, ou à ordonner qu'il sera mis par provision en liberté ; c'est
le titre de l'accusation qui doit être principalement
considéré en cette occasion ; et quand il s'agit d'un
crime qui mérite peine afflictive ou infamante, il n'est
pas dans les règles d'accorder l'élargissement à un
accusé, sur sa simple requête, c'est tout ce que l'on
pourroit faire en prononçant, avec plus de connoissance de cause, sur son appel.

Dans le fait, le temps des trois jours qui s'étoient
écoulés entre l'emprisonnement du nommé.......
et la requête qu'il a présentée au parlement, étoit bien
court, pour rendre les jurats suspects de quelque
négligence, et servir de fondement à la liberté prématurée qu'on a accordée à cet accusé ; on étoit vraiment dans le cas d'appliquer la règle dont je viens
de vous parler, c'est-à-dire, de se déterminer par la
considération du titre de l'accusation, pour ne pas
précipiter un élargissement provisoire avant que d'a-
voir laissé aux premiers juges un temps convenable
pour faire une information.

Enfin, quelque confiance que MM. de la tournelle
doivent avoir dans votre témoignage, elle ne les dispense point de voir eux-mêmes la procédure criminelle, avant que d'ordonner l'élargissement d'un
homme décrété de prise de corps, sur une accusation
de vol ; et l'arrêt qu'ils ont rendu est visiblement nul
dans la forme, outre la précipitation que j'y ai déjà
remarquée.

Au surplus, on ne peut qu'attendre ce que produira la procédure qui a été commencée par les jurats, et que cet arrêt, quoique peu régulier d'ailleurs, ne les empêche pas de continuer; mais il est bon que vous fassiez part de ce que je vous écris à MM. de la tournelle, afin que dorénavant ils soient plus attentifs à observer les règles de l'ordre public dans cette matière.

Du 21 novembre 1741.

Je n'ai aucune idée d'avoir reçu les deux enquêtes faites en exécution d'un arrêt du parlement de....., que vous dites m'avoir envoyées il y a plus de deux mois, et l'on n'en a rien trouvé parmi mes papiers; mais quand je les aurois reçues, il auroit été bien difficile qu'elles eussent empêché le roi de rendre l'arrêt du 3 octobre dernier, dont vous avez joint la copie à votre lettre, et il s'en faut bien que les raisons dont vous vous servez, pour justifier l'arrêt qui a ordonné les enquêtes, me paroissent aussi solides que vous l'avez espéré.

Il est vrai que le premier moyen dont le procureur du roi, en la maîtrise particulière de.........., s'est servi pour attaquer cet arrêt, sous prétexte qu'on avoit laissé passer le terme fatal de trois mois, sans statuer définitivement sur l'appel interjeté par le nommé.........., auroit dû paroître fort méprisable s'il avoit été le seul, et il seroit inutile d'en expliquer ici les raisons, parce qu'elles sont fort bien expliquées dans votre lettre; mais ce n'est pas aussi ce moyen qui a dû faire impression sur l'esprit de M. le contrôleur-général, par les mains duquel seul cette affaire a passé. Il y en avoit un beaucoup plus fort, et auquel vous ne paroissez répondre que foiblement dans la même lettre, c'est celui qui se tire de ce que le parlement a voulu prendre connoissance d'une prétendue demande en garantie, formée incidemment par le nommé..........

On n'a pu donner que très-improprement, et même abusivement, le nom de la garantie à une demande de la qualité de celle qui avoit été formée par ce particulier. C'est un principe certain qu'il n'y a point de garantie en matière criminelle, parce que toute demande en garantie suppose que celui qui veut l'exercer est obligé ou tenu personnellement de défendre à l'action principale, quoiqu'il prétende avoir droit de la faire retomber sur un autre, ou d'en être indemnisé par celui qui en est véritablement responsable. Mais, si un accusé soutient qu'il est innocent, il n'y a point d'obligation résultante contre lui d'un crime ou d'un délit qu'il n'a pas commis; si ce qu'il avance est véritable; et d'un autre côté, si celui sur qui il veut faire retomber l'accusation se trouve véritablement coupable, on ne peut pas dire non plus, en parlant correctement, que le dernier soit véritablement garant du premier, et il ne peut, résulter, tout au plus, de la prétention de celui-ci, si elle se trouve bien fondée, qu'une action en dommages et intérêts, sous prétexte que c'est le véritable auteur du délit, qui a été l'occasion de l'accusation qu'on avoit d'abord formée contre le premier accusé.

Ainsi, les principes que vous avancez sur la liaison et la connexité de l'action principale avec la demande en garantie, et sur ce qu'il est de la règle ordinaire que ces deux demandes soient portées dans le même tribunal, sont certains en général; mais ils n'ont point d'application au cas dans lequel vous voulez en faire usage, parce qu'il n'étoit point question ici de recours ni de garantie, et que la demande incidente du nommé......... ne devoit être regardée que comme une accusation nouvelle, ou plutôt comme une simple dénonciation sur laquelle le parlement de......... devoit se contenter d'ordonner, avant faire droit sur l'appel de........., que sa requête seroit remise entre les mains du procureur du roi, en la maîtrise particulière de........., pour être fait par lui telle réquisition et poursuites qu'il appartiendroit par-devant les officiers de cette maîtrise. Par-là votre

23*

compagnie auroit rempli pleinement toutes les vues qu'elle pouvoit avoir dans cette occasion, en se réservant le jugement d'un appel dont elle étoit légitimement saisie, et en remettant entre les mains des officiers de la maîtrise, le soin de statuer sur une nouvelle dénonciation, qui devenoit un objet principal, et qui ne pouvoit être considérée comme l'incident ou l'accessoire de l'appel; il n'étoit pas même impossible que la seconde accusation ne fît pas tomber la première, parce qu'il pouvoit se faire que..........
eût commis des délits dans les bois, et que ceux qu'il accusoit en eussent commis aussi; en sorte que l'interlocutoire, prononcé par le parlement, n'aboutissoit véritablement à rien, la condamnation des prétendus coupables, dénoncés par........., n'opérant point sa décharge, qui dépendoit uniquement de l'examen des preuves acquises contre lui, et sur lesquelles il avoit été condamné par les officiers de la maîtrise. Il est même assez singulier, pour ne rien dire de plus, que le parlement ait autorisé, en cette occasion, la voie de procéder par enquête; elle ne convient jamais dans tous les cas où il s'agit de délits qui doivent être punis, suivant les ordonnances, sur une procédure poursuivie à la requête de la partie publique, et non pas sur le récit, toujours suspect en pareille matière, de témoins produits respectivement par les parties.

Je suis donc persuadé que, quand vous aurez fait toutes ces réflexions, vous ne serez plus surpris de l'arrêt qui a été rendu au conseil. Il est fâcheux, à la vérité, pour le parlement, que son arrêt ait été détruit; mais malheureusement c'est cette compagnie qui y a donné lieu, en ne faisant pas assez d'attention à la nature de la nouvelle demande formée par..........., qui, encore une fois, devoit être considérée comme une espèce de dénonciation, et non pas comme une demande en garantie.

Au surplus, comme les juges sont des hommes, et par conséquent sujets à se tromper, au lieu de s'affliger de ce qu'on a réformé leur jugement, ils doivent travailler plutôt à mettre à profit une erreur excusable, pour éviter d'y retomber à l'avenir, et pour s'appliquer davantage à bien connoître les principes de la matière qui est soumise à leur décision : c'est l'usage que j'espère que votre compagnie fera aussi bien que vous de l'arrêt qui l'a mortifiée. Elle ne doit pas craindre qu'il lui fasse aucun tort dans mon esprit, parce qu'il n'est pas extraordinaire que les meilleurs juges se laissent quelquefois éblouir par la face sous laquelle ils ont commencé à envisager une affaire, et c'est ce qui est arrivé en cette occasion, où l'on a raisonné sur les principes des garanties ordinaires, sans s'apercevoir que ce n'étoit pas de quoi il s'agissoit véritablement.

Du 19 avril 1742.

Votre lettre du huit mars, la copie que vous y avez jointe de toute la procédure criminelle qui a été faite contre les nommés . . . . . . et leurs complices; enfin, le mémoire qui l'accompagnoit, m'ont mis en état de vous expliquer mon sentiment avec une entière connoissance sur la régularité ou l'irrégularité de cette procédure, et je le fais aussitôt que mes autres occupations m'ont permis de l'examiner.

Le premier écrou des accusés, les interrogatoires qu'ils ont subis ensuite, la nomination du rapporteur, le jugement qui, en ordonnant un nouvel écrou, règle la forme de procéder, le récolement et la confrontation des témoins faits avant que ce jugement ait été signifié, enfin, la confrontation des accusés les uns aux autres, dans laquelle on a omis de faire mention de la lecture de leur récolement, sont tous les objets des observations qui ont été faites successivement par différens mémoires sur les défauts de la procédure.

À l'égard du premier, il n'est pas douteux que l'écrou des accusés qui a été fait le premier juillet 1741, ne soit absolument nul; il auroit dû être précédé d'une ordonnance du juge qui auroit équipollé à un décret, et c'est ce qui n'avoit point été fait; ainsi, la démarche de l'huissier qui a fait cet écrou sur le fondement d'une prétendue requête ou réquisition du procureur du roi qui n'existoit point, a été justement regardée par les juges comme inexcusable, et il seroit inutile de s'étendre sur cette première nullité, parce que c'est une question décidée par le jugement qui a réglé la forme de procéder.

Les interrogatoires des accusés qui forment le second objet n'ont rien d'irrégulier; il est permis d'interroger, sans décret préalable, tout accusé qui est pris en flagrant délit, ou qui a pu être arrêté légitimement sans être décrété, et il ne paroît pas que les officiers du présidial de........ aient formé aucun doute sur la validité de ces interrogatoires.

Il en est presque de même du troisième objet, qui regarde le choix de la nomination que vous avez faite du rapporteur. Il n'y a point de forme rigoureuse prescrite par les ordonnances sur ce point, un mandement ou une commission peut être donnée par une lettre, et votre absence autorise la forme ou la manière de commettre que vous avez suivie en cette occasion; je vois d'ailleurs que la difficulté qui a été relevée sur cet article a paru si légère, que ceux même qui en avoient fait l'objection, y ont répondu par de meilleures raisons.

Le quatrième objet, c'est-à-dire, le jugement qui régle la forme de procéder, est donc celui qui mérite véritablement une attention sérieuse, et le seul, à proprement parler, qui soit susceptible de quelque difficulté.

Sans répéter ici tout ce qui a été dit contre ce jugement, ou pour le soutenir, toutes les réflexions que j'ai faites sur ce sujet me déterminent à le regarder comme nul, suivant les véritables principes de l'ordre judiciaire en matière criminelle.

Ceux qui l'ont pensé ainsi, ont eu raison de dire, que le décret, ou une ordonnance qui en tienne lieu, est la base et le fondement, non-seulement de toute instruction régulière, mais du jugement qui l'ordonne par récolement et confrontation; la lettre et l'esprit de l'ordonnance concourent également à établir elle maxime.

Un coupable ne devient véritablement accusé que par le décret; ni la simple capture, ni les interrogatoires qui la suivent ne lui impriment pas encore cette qualité; il faut que le juge l'ait déclaré tel, et c'est ce qu'il ne fait qu'en décernant un décret contre lui; il faut encore que ce décret lui soit connu, et que c'est en qualité d'accusé et de décrété qu'il va comparoître et répondre devant son juge : enfin, s'il n'est pas présent, c'est encore le décret et la copie qu'on en laisse au domicile de l'accusé dans le temps du procès-verbal de perquisition qui doivent précéder nécessairement l'instruction de la contumace, et le jugement qui, en la déclarant bien instruite, ordonne que les témoins seront récolés, et que le récolement vaudra confrontation.

Le texte d'un grand nombre d'articles de l'ordonnance de 1670, et la suite même des titres de cette ordonnance, comme les officiers du présidial de.... l'ont fort bien remarqué, affermissent tellement la solidité de ces principes, que comme il n'est pas permis d'en douter, il ne reste plus, pour en tirer de justes conséquences, que d'en faire l'application à l'espèce présente.

Il est certain d'abord, qu'avant le jugement du trente-un août qui a réglé la forme de procéder, il n'y avoit point encore de décret contre les accusés; que par conséquent, ils ne pouvoient avoir aucune connoissance de ce qui n'existoit pas avant ce jugement; qu'ils n'étoient donc pas encore véritablement constitués accusés, et qu'ils n'avoient subi aucun interrogatoire en cette qualité.

Ainsi, les préliminaires ou les procédures préalables, qui, suivant l'esprit et la lettre même de l'ordonnance, doivent précéder le réglement à l'extraordinaire, et en être comme la préparation, manquoient absolument dans l'affaire présente; la conséquence

naturelle qui en résulte est donc, qu'en accumulant
dans le même jugement le décret de prise de corps,
ou ce qui en tenoit lieu, et la disposition qui ordonne le récolement et la confrontation, quoiqu'elle
doive être précédée du décret, et en être même séparée par des procédures intermédiaires, comme
l'information lorsqu'elle n'a pas été faite avant le
décret et les interrogatoires des accusés, on est tombé
dans une contravention formelle à l'ordonnance ; elle
a supposé manifestement que toutes ces procédures
préparatoires seroient faites lorsqu'on donneroit le
réglement à l'extraordinaire, puisque l'article premier
du titre des récolemens et confrontations, qui suit
celui des interrogatoires, commence par ces mots :
*Si l'accusation mérite d'être instruite, le juge or-
donnera que les témoins. . . . . .seront récolés en
leurs dépositions, etc.* Or, comment le juge peut-il
connoître légitimement que l'accusation mérite d'être
instruite, s'il n'y a eu un décret préalable contre
les accusés, et s'ils n'ont été valablement entendus
en vertu de ce décret ?

Je ne saurois donc m'empêcher d'être entièrement
de l'avis de ceux des officiers du présidial de......
qui ont regardé le jugement du trente-un août 1741,
en ce qu'il ordonne le récolement et la confrontation
des témoins, comme un jugement prématuré qui étoit
nul par conséquent, et qui n'avoit pu servir de base
à une procédure régulière.

Je pourrois me dispenser après cela, d'examiner
les deux derniers objets que j'ai distingués d'abord,
parce que si le réglement à l'extraordinaire est entièrement nul, tout ce qui l'a suivi tombe pareillement comme un édifice élevé sur un fondement
ruineux qui ne sauroit se soutenir.

Mais, indépendamment de cette raison qui se suffiroit à elle-même, sans avoir besoin d'aucune autre,
je vois par votre lettre et par les mémoires qui y
sont joints, que la nullité du récolement et de la
confrontation d'un témoin qui ont été faits par le

commissaire avant la signification du jugement du trente-un août, est également reconnue de tous côtés ; et à l'égard des confrontations respectives des accusés, où l'on a omis de faire lecture de leur récolement, la nullité qui résulte de cette omission est encore si évidente, lorsqu'on joint la disposition de l'article 33 à celle de l'article 18 du titre 15 de l'ordonnance, qu'on ne peut pas former un doute raisonnable sur ce sujet.

La foiblesse même des raisons qui ont été employées par ceux qui ont voulu excuser une si grande irrégularité, est plus propre à affermir le sentiment contraire qu'à l'ébranler ; la nécessité de faire lecture du récolement des témoins ou des co-accusés lors de la confrontation, ne dépend point de ce que les uns ou les autres peuvent avoir dit ou n'avoir pas dit dans leur récolement ; la règle établie par l'ordonnance est générale, et elle n'admet aucune distinction ; autrement, chaque juge deviendroit le maître de faire lire le récolement dans le temps de la confrontation ou de mettre cette lecture à son gré ; ainsi, l'exécution de la loi deviendroit absolument arbitraire et dépendante de la bonne ou de la mauvaise manière de penser de chaque juge, ce qui seroit le plus grand inconvénient qu'on puisse craindre dans les choses qui appartiennent au style et à la forme judiciaire.

Je compte donc que vous ferez part de cette lecture aux officiers du présidial de........ que vous avez pris pour adjoints dans le procès dont il s'agit ; et je ne doute pas que vous ne vous portiez, comme eux, à déclarer nul tout ce qui est contraire à la disposition de l'ordonnance, comme je viens de vous le marquer, et à ordonner que la procédure irrégulière sera recommencée, afin qu'il ne manque rien au moins du côté de la forme à une instruction dont l'objet est si intéressant.

Du 18 *septembre* 1742.

J'ai reçu la consultation que vous me faites par votre lettre du 28 de ce mois, sur la question qui est traitée dans le mémoire que vous y avez joint : elle est susceptible d'un doute si raisonnable, que je ne suis pas surpris de la diversité et de la contrariété des opinions qui se sont formées entre les juges. Mais, pour me mettre en état de résoudre la difficulté dont il s'agit, il seroit nécessaire que vous ajoutassiez deux choses au mémoire que vous m'avez envoyé pour m'en instruire.

1.° Vous me marquez que l'avis qui a prévalu est celui des juges qui ont pensé que des accusés, quoique déchargés de l'accusation, doivent cependant être confrontés à un nouvel accusé sur des interrogatoires qu'ils ont subis pendant qu'ils l'étoient eux-mêmes, et sur les récolemens qui ont suivi ces interrogatoires. Mais qu'entendez-vous par ces termes, *que cet avis a prévalu?* y a-t-il un jugement formé, arrêté et signé suivant les suffrages du plus grand nombre, en sorte qu'on puisse dire que la question n'est plus entière, puisqu'elle est décidée définitivement à la pluralité des voix? et, lorsque vous parlez d'*avis donnés*, dont l'un est plus nombreux que l'autre, n'entendez-vous parler que d'une espèce de discussion préliminaire qui se fait quelquefois parmi les juges avant que de procéder véritablement à opiner en forme, et plutôt pour agiter une question *in utramque partem*, que pour la résoudre par l'autorité d'un jugement.

Si vous êtes dans ce second cas, il est encore temps que je m'explique sur la difficulté que vous m'avez proposée, et que je vous marque de quel côté la règle qu'on doit suivre me paroît être.

Si au contraire vous êtes dans le premier cas, il seroit assez superflu que je traitasse une question déjà décidée. Mon sentiment pourroit, à la vérité, n'être pas inutile, par rapport à l'avenir; mais, le cas dont il est question est si rare, que cette utilité seroit bien médiocre. Il me vient, néanmoins, dans l'esprit que, comme, en matière criminelle, les nullités ne se couvrent point, et que lorsqu'il est temps de procéder au jugement d'un procès, les juges qui l'examinent alors plus attentivement peuvent se réformer eux-mêmes lorsqu'ils aperçoivent des défauts dans l'ordre de la procédure qui leur avoient échappé aupara-vant, vous avez cru peut-être que, si je n'approu-vois pas l'avis qui a prévalu, vous seriez encore en état d'y remédier sur une remontrance ou une ré-quisition qui seroit faite par le procureur du roi, pour être reçu opposant au jugement qui fait naître votre scrupule, afin de détruire par là ce qui s'est fait en conséquence de ce jugement, et de pouvoir recommencer une nouvelle procédure conformément à l'avis le moins nombreux qui avoit été proposé dans la première délibération; comme je ne fais sur tout cela que raisonner par conjectures, je vous prie de le fixer, en m'expliquant précisément le véritable état, où sont les juges, de cette affaire, et l'usage que vous voulez faire de ma décision.

2.º Pour être en état de mieux juger des consé-quences de cette décision, de quelque côté que je croie devoir la faire pencher, il seroit à propos que je visse les interrogatoires des trois accusés qui ont été déchargés, les récolemens qui ont été faits sur ces interrogatoires, et les confrontations de ces mêmes accusés avec ceux qui l'étoient comme eux, et qui étoient présens; la vue même des pièces éclaire plus l'esprit et fournit souvent des réflexions plus solides que lorsqu'on sait seulement qu'une procédure a été faite sans la lire telle qu'elle est.

Ainsi, je vous prie de m'envoyer incessamment une expédition de tous les actes de procédure que je viens de vous indiquer; et, lorsque je les aurai reçus avec les autres éclaircissemens que je vous demande, il me sera plus facile de vous expliquer mon sentiment sur le doute qui fait la matière de votre consultation.

Du 27 janvier 1743.

JE diffère depuis long-temps de répondre à la consultation que vous me fîtes par votre lettre du 20 septembre dernier, sur une difficulté survenue dans le procès qu'il s'agissoit d'instruire au nommé......, pour savoir si cet accusé ne s'étant représenté que depuis le jugement par lequel deux de ses co-accusés ont été renvoyés absous et un autre condamné à une peine non infamante, ces trois particuliers devoient être confrontés à.......... sur les interrogatoires qu'ils avoient subis pendant qu'ils étoient encore accusés, ou s'il falloit les entendre de nouveau comme témoins, les récoler sur leurs dépositions, et les confronter ensuite à.........

La question me parut si subtile et si nouvelle, non-seulement pour moi, mais encore pour ceux qui sont continuellement occupés des matières criminelles, que je crus devoir vous demander de nouveaux éclaircissemens. Vous me les avez envoyés dans le temps, et la matière a depuis été pleinement discutée par ceux dont j'avois jugé à propos de prendre l'avis sur cette question. Ils me l'ont fait attendre assez long-temps, et le premier qu'ils m'avoient donné en a exigé un second; en sorte que c'est seulement depuis quelques jours que je me suis trouvé en état de pouvoir examiner à fond tout ce qu'on pouvoit dire pour et contre, sur le doute dont vous m'aviez informé.

Il s'en faut beaucoup que ce doute ne soit pleinement dissipé dans mon esprit; la question me paroît toujours fort problématique; les avis contraires peuvent être soutenus par des raisons presque également spécieuses, et il faut avouer que le cas dont il s'agit a été entièrement omis dans l'ordonnance, et qu'on ne peut bien le résoudre que par l'autorité d'une loi nouvelle qui fasse prévaloir celui des deux sentimens opposés que le roi jugera être le plus convenable au bien de la justice et à l'intérêt public.

Mais, c'est sur cette réflexion même que je crois devoir fonder la réponse la plus simple, et en même temps la plus sûre que je puisse faire à votre consultation. Il me suffit, en effet, de considérer qu'il n'y a point de loi sur la question qui s'est présentée devant vous, et qu'on ne peut la traiter que par des raisonnemens, plus propres à former les doutes qu'à les résoudre. Pour être en état d'en conclure qu'on ne sauroit donner atteinte au jugement par lequel une des opinions l'a emporté sur l'autre, la matière étant arbitraire par le silence de la loi, la pluralité des suffrages a formé le jugement, et c'est par conséquent le cas où l'on doit s'en tenir à l'autorité de la chose jugée.

Il n'y a donc rien qui doive empêcher qu'on n'exécute le jugement qui a été rendu, et ce n'est point ici le lieu de dire, comme on le fait quelquefois, qu'il est toujours temps de revenir à la règle, lorsqu'en procédant au jugement définitif les juges s'aperçoivent qu'ils ont été trompés dans un jugement d'instruction : cela est vrai lorsque la règle est certaine; mais, c'est ce qui ne se trouve point dans la question présente. Et à quoi serviroit-il de rétracter le jugement qui a ordonné le récolement et la confrontation des trois accusés qui n'ont plus cette qualité, puisqu'après cette rétractation même il faudroit toujours en revenir à agiter, de nouveau, une question qui ne pourroit être décidée que par la pluralité des suffrages, suivant les différens principes que les juges auroient encore la liberté de se former à eux-mêmes sur un cas qui n'a été ni prévu ni réglé par aucune loi?

Je crois néanmoins que comme, après tout, les

nommés............ n'ont parlé contre.........., dans leurs interrogatoires, que dans un temps où ils étoient encore ses co-accusés, ce qui pourroit affoiblir le poids de leur témoignage, le récolement et la confrontation qui en ont été ou qui en seront faits par rapport à.......... ne doivent pas empêcher que les juges n'examinent avec l'attention la plus scrupuleuse les égards que l'on doit avoir à leur témoignage; c'est ce qui dépend entièrement de leur religion; et, quoique ce soit par la faute de........ qu'il a perdu les avantages qu'il auroit pu trouver dans une confrontation faite pendant que ces trois particuliers étoient encore accusés, il est certain que le mélange des qualités d'accusé et de témoin doit toujours mettre les juges en garde jusqu'à un certain point, et redoubler, au moins, l'attention qu'exige le jugement des procès criminels.

Du 17 avril 1743.

J'AI reçu la lettre que vous m'avez écrite au sujet de la déclaration faite depuis le récolement et la confrontation, par un témoin essentiel qui a été entendu en déposition, dans l'instruction d'une accusation fort grave et poursuivie à votre requête.

L'ordonnance défend absolument d'avoir aucun égard à ces sortes de déclarations. Ainsi, quelque importante que soit celle dont il s'agit, vous ne devez point la faire joindre au procès, ni requérir qu'il soit ordonné qu'elle soit réitérée par-devant un officier du siége; mais il reste à savoir quel parti les juges doivent prendre à l'égard d'un pareil témoin, et, comme il paroît que sa déclaration n'est pas absolument contraire à ce que le même témoin avoit dit dans sa déposition et dans son récolement, à quoi il n'a fait qu'ajouter des circonstances aggravantes, il pourroit être trop dur de la traiter comme un faux témoin, et il suffira de le condamner à la peine portée par l'article 21 du titre de l'ordonnance de 1670. Au surplus, sa foi devient si suspecte et si équivoque par une telle déclaration, que son témoignage ne peut plus servir de fondement à une condamnation capitale, ni même à un jugement qui porteroit que les accusés subiroient la question préparatoire, à moins qu'il n'y eût des preuves suffisantes pour aller jusque-là, indépendamment de la déposition et du récolement du témoin dont il s'agit.

Du 15 septembre 1743.

Il y a déjà quelque temps que le sieur........ m'écrivit pour me faire des représentations sur ce qu'on avoit réduit à la somme de cinq livres par jour, ce qui lui étoit dû pour un transport qu'il avoit été obligé de faire aux lieux d'Eguilles, de Saint-Canat et de Lambesc, dans l'instruction d'un procès qui se poursuivoit devant lui contre plusieurs accusés de vols commis avec effraction dans des bastides qui sont situées, les unes dans son territoire, et les autres dans les lieux que je viens de nommer. Je lui fis réponse : « qu'il falloit examiner, avant
» toutes choses, une difficulté d'un ordre supérieur
» à celle qu'il me proposoit, et qu'elle consistoit à
» savoir, s'il avoit pu se transporter hors de l'étendue
» de sa juridiction, et y faire des instructions, sans
» y être autorisé par un arrêt du parlement? C'est
» à quoi il a cru satisfaire suffisamment en m'écrivant, par une dernière lettre, qu'il lui a paru
» que le bien de la justice exigeoit de lui ce transport; que quand un juge, qui connoît des crimes
» commis dans son territoire, découvre, à cette occasion, d'autres crimes commis ailleurs par les
» mêmes accusés, il peut en connoître, comme par
» droit, de suite, sans être obligé d'avoir recours
» pour cela à l'autorité du parlement, et il s'explique

» même de telle manière sur ce sujet, qu'il s'emble
» que l'usage qui s'observe en Provence soit favo-
» rable à sa prétention. C'est ce qui fait que je
» crois devoir vous demander, s'il est vrai que les
» juges inférieurs soient en possession d'agir de la
» même manière dans votre province, et si le par-
» lement souffre qu'ils fassent des procédures sans
» sa permission dans des lieux qui ne font pas partie
» de leur territoire.

   » Si cela étoit, il n'y auroit pas lieu de donner
» atteinte aux instructions que le viguier d'Aix a
» faites à Eguilles, à Saint-Canat et à Lambesc,
» parce qu'il auroit agi sur la foi d'un usage toléré
» jusqu'à présent dans votre ressort.

   » Mais, si le fait de cet usage n'étoit pas véritable,
» et si l'on suivoit en Provence, sur le point dont
» il s'agit, la même règle qui s'observe ailleurs, ce
» seroit à vous de faire réformer, sur votre réquisi-
» tion, ce que cet officier a fait par un zèle très-
» louable en lui-même, mais peu éclairé. Cela seroit
» fâcheux, à la vérité, soit par la mortification que
» l'on donneroit par là à un juge qui me paroît plein
» de bonnes intentions, soit par la crainte du dé-
» périssement des preuves, attendu la nécessité où
» l'on seroit de recommencer une procédure que l'of-
» ficier, dont il s'agit, paroît avoir faite avec beau-
» coup de soin et même de succès. Mais, après tout,
» les nullités qui se trouvent dans une procédure ori-
» minelle forment un droit acquis aux accusés pour
» la faire anéantir, et il vaut toujours mieux la dé-
» truire, aussitôt qu'on en est informé, que de faire
» croître le mal en différant d'y remédier jusqu'au
» temps où le procès entier est dévolu au parle-
» ment ».

   Tout se réduit donc à savoir exactement l'usage
qui a eu lieu jusqu'à présent en Provence, sur le
point qui fait le sujet de la difficulté; mais, quand
même il seroit tel que le viguier d'Aix le suppose,
je crois qu'il seroit à propos que le parlement le
réformât au moins pour l'avenir, parce que c'est une

règle certaine, qu'aucun juge ne peut exercer sa juridiction hors de son territoire, et qu'il n'y a point de plus grand défaut que le défaut de pouvoir.

Du 27 août 1746.

La question que vous me proposez par votre lettre du 21 de ce mois, n'est pas difficile à résoudre. Il est certain qu'en matière criminelle l'appel éteint la condamnation, et que l'accusé qui meurt avant le jugement de l'appel de la sentence rendue contre lui, meurt *integro statu*, comme s'il n'y avoit eu aucune peine prononcée contre lui; il n'est pas douteux que toutes les peines qui avoient été prononcées contre le nommé....., par la sentence du bailliage de......., ne soient éteintes par sa mort.

Il est vrai que si ceux qui ont souffert des usures qu'il a exigées d'eux, s'en étoient plaints en justice, et qu'ils eussent obtenu des condamnations pécuniaires contre lui, ces condamnations subsisteroient en leur entier, et pourroient être exécutées contre ses héritiers, en cas que la sentence des premiers juges fût confirmée par le parlement, parce que ces sortes de condamnations ne sont que des réparations personnelles, qui ne dépendent point de la partie publique. C'est à quoi se réduisent les sentimens des auteurs que vous avez cités dans votre lettre; mais il ne paroît point qu'il y ait eu aucune partie civile dans le procès qui a été instruit au nommé.......; il n'a été poursuivi qu'à la requête de votre substitut uniquement chargé de la vindicte publique, et par conséquent, toutes les peines auxquelles il a fait condamner cet usurier sont aussi des peines publiques, qui ont été éteintes d'abord provisoirement par l'appel du condamné, et ensuite définitivement par sa mort; il n'y a donc plus de procès criminel à juger, ce qui n'empêche pas cependant que ceux qui ont été vexés

par les usurés de..........., ne puissent se pourvoir contre ses héritiers, mais par la voie civile seulement, pour demander les restitutions, les impu-
tations, ou les réparations qui peuvent leur être
dues. C'est la seule ressource qu'il leur reste ; mais
c'est ce qui ne regarde point le ministère public, qui
ne peut plus agir contre un accusé dont la mort a
effacé le genre de condamnation, qui étoit le seul
objet de ce ministère. Vous ferez part, s'il vous plaît,
de cette lettre à MM. de la tournelle, qui auroient
pu résoudre par eux-mêmes une question si facile à
décider.

Du 10 janvier 1747.

Le doute que vous me proposez par votre lettre
du 30 du mois dernier, n'est pas difficile à résoudre.

Il est certain que les procureurs du roi dans les
siéges inférieurs, ne sauroient être trop diligens à
interjeter appel *à minimâ* des jugemens qui se rendent en matière criminelle, lorsqu'ils croient qu'il
y a lieu de le faire ; et il est vrai aussi que M. le
procureur-général doit être fort attentif à se faire
rendre compte des mêmes jugemens par ses substituts, afin d'être en état de suppléer à leur diligence,
lorsqu'il le juge nécessaire ; mais il n'est pas moins
constant qu'en général on ne peut opposer aucune
fin de non-recevoir à un procureur-général, lorsqu'il
croit devoir appeler *à minimâ* des sentences rendues
par les premiers juges ; et il seroit bien difficile de
trouver des cas où cette règle générale pût souffrir
une exception légitime. Si toutes les parties ont la
faculté, pendant plusieurs années, d'interjeter appel
des jugemens contraires à des prétentions qui ne
regardent que leurs intérêts particuliers, il seroit fort
extraordinaire de vouloir donner des bornes plus

étroites à cette faculté dans la personne d'un procureur-général, qui n'agit jamais que pour l'intérêt
public contre lequel on ne prescrit point.

Cette réflexion seule suffiroit presque pour répondre à la consultation que vous me faites ; et si
j'entre dans un plus grand détail sur cette matière,
c'est non-seulement par les égards qui sont dus à
une chambre entière, qui me propose ses doutes,
mais parce qu'en répondant à ces difficultés, j'aurai
encore occasion de confirmer la maxime générale que
je viens de vous rappeler..........

Vous paroissez d'abord frappés du laps de temps
qui s'est écoulé depuis la sentence du siége de......
jusqu'à l'appel interjeté par M. le procureur-général ;
mais vous pouvez faire réflexion, que le public ne
doit jamais souffrir de la négligence, de la lenteur,
ou peut-être de la connivence des officiers subalternes
qui sont chargés de veiller à la défense de ses intérêts, et de procurer la vengeance des crimes. S'il
y avoit eu une partie civile dans le procès criminel
qui a été instruit au bailliage de.......... contre
le nommé.........., et qu'on ne pût opposer à
cette partie qu'un silence de dix-huit mois, il n'est
pas douteux que son appel ne pût et ne dût être
admis, suivant la disposition des ordonnances ; comment seroit-il donc possible de regarder la partie
publique comme non-recevable à interjeter appel
à minimâ d'une sentence rendue en matière criminelle, dans un cas où une partie ordinaire ne pourroit être exclue par le seul laps de temps du droit
d'en appeler ?

Une seconde difficulté fondée sur l'exécution de
la sentence rendue dans le siége de.........., et
sur le paiement des frais reçus par le procureur du
roi, semble faire aussi beaucoup d'impression sur
votre esprit, mais elle ne mérite pas plus d'attention
que la première ; il seroit également contraire et à
l'ordre et au bien public, que la faute d'un officier
inférieur pût préjudicier à son supérieur, et lui faire
perdre le droit que le même ordre lui donne de

24 *

faire réformer par son ministère, non-seulement la conduite des juges subordonnés au parlement, mais celle de ses substituts même. Rien ne seroit plus dangereux que de laisser établir pour maxime, que le silence d'un procureur du roi, et la réception des frais qu'il a avancés, pût lier les mains à son supérieur, assurer ainsi l'impunité aux coupables, soit par la corruption, soit par la complaisance, ou même par la seule ignorance d'un officier inférieur; la justice exige au contraire, que lorsqu'un procureur-général n'a pas été assez promptement averti de l'indulgence excessive des premiers juges, ou de la facilité de son substitut, il puisse au moins, aussitôt qu'il en est informé, faire réparer la faute de ces officiers par le tribunal supérieur, et il n'y a point d'autre voie pour y parvenir que celle de l'appel *à minimâ*.

La troisième raison de doutes que vous m'expliquez, n'est fondée que sur un scrupule louable dans son principe, mais qu'il est aisé de lever par les notions les plus communes de l'ordre judiciaire.....

Vous craignez que, comme l'accusé dont il s'agit a subi la peine à laquelle le siége de........... l'avoit condamné, vous ne soyez exposé à pécher contre la maxime commune *non bis in idem*, si vous receviez un appel *à minimâ* qui vous obligera peut-être à prononcer dans la suite un jugement plus rigoureux contre le même accusé; mais vous êtes trop éclairés pour ne pas savoir que la règle *non bis in idem* ne sauroit s'appliquer qu'à des accusés qui ont éprouvé une condamnation prononcée irrévocablement et en dernier ressort. Jusque-là toutes les peines imposées par les premiers juges n'ont encore rien de fixe et d'immuable; l'appel de l'accusé ne suspend pas seulement, il éteint même le premier jugement; celui du procureur-général le met au moins en suspens, et lorsque le tribunal supérieur croit devoir réformer l'ouvrage des premiers juges, il est regardé comme non avenu, en sorte qu'il ne lui reste plus d'autre peine prononcée contre le coupable que celle qui lui est imposée par le parlement.

Ce seroit en vain qu'on voudroit opposer à une règle si certaine l'acquiescement de l'accusé, et l'exécution même qu'il a faite volontairement de la sentence rendue contre lui; il ne peut jamais, par sa conduite, rendre le premier jugement irréformable; ce seroit une grande question de savoir, s'il ne pourroit pas lui-même, malgré son acquiescement, réclamer encore contre sa condamnation, s'il avoit réservé des preuves qui pussent rétablir son entière innocence; mais jamais on n'a révoqué en doute que quelque parti qu'un accusé ait pris sur le jugement par lequel il a été condamné, un procureur-général ne soit toujours en droit de réclamer l'autorité du tribunal supérieur, pour faire réformer ce jugement quand il ne le trouve pas proportionné à la nature du crime..........

Il arrive même quelquefois, qu'à l'occasion d'un second crime commis par un accusé qui avoit essuyé une première condamnation pour un autre fait, un procureur-général juge à propos d'examiner le premier procès, et que, découvrant ou de nouvelles preuves, ou des défauts d'instruction dans la procédure des premiers juges, il n'interjette appel *à minimâ* d'une sentence qui avoit été exécutée par cet accusé; et l'on agiroit évidemment contre le bien de la justice, si dans un pareil cas on vouloit fermer la bouche à un procureur-général, sous prétexte qu'il l'ouvre trop tard; c'est de quoi je ne me souviens point d'avoir encore vu d'exemples dans aucun tribunal, et vous aimez trop le bien public pour vouloir donner le premier.

Enfin, la question que vous agitez est du nombre de celles que l'on peut regarder comme prématurées, ou comme inutiles; dans les cas mêmes où il ne s'agit que des parties ordinaires, on n'examine point si elles sont recevables dans leur appel, lorsqu'il n'est question que d'admettre leur première requête, ou de leur expédier un relief d'appel dans la chancellerie; l'appel est considéré comme une voie de

droit qui est ouverte à tout le monde, sauf à examiner dans la suite, lorsque l'intimé a comparu,
si l'appelant est recevable, ou s'il ne l'est point.
Pourquoi donc arrêteroit-on le seul procureur-général
dès le premier pas qu'il fait, et qu'il n'est pas même
obligé de faire, parce qu'il n'est point astreint à la
formalité d'une requête pour être reçu appelant *à
minimâ*. Il peut se faire remettre un procès jugé en
première instance, l'examiner attentivement, et mettre
ensuite au bas du vu de ce procès des conclusions,
par lesquelles il demande d'abord pour la forme
d'être reçu appelant *à minimâ* de la sentence qui lui
paroît trop douce, et requérir tout de suite une
condamnation plus sévère. C'est aux juges, après
cela, de voir par l'examen du procès, s'il y a lieu
d'avoir égard à l'appel *à minimâ*, et d'aggraver la
peine portée par la sentence. Il est vrai seulement,
qu'avant que de statuer sur le fond du procès, ils
doivent rendre un arrêt préparatoire, par lequel il
est ordonné que l'accusé sera tenu dans un temps
de se représenter, ou en prison, ou aux pieds de
la cour, selon la nature du décret originairement
prononcé contre lui ; mais après sa comparution, ou
les défauts ordinaires observés contre lui, les juges
sont en état de rendre un arrêt tel qu'ils croient
devoir le donner, suivant leurs lumières et leur conscience.

C'est la forme qui s'observe tous les jours au parlement de........., et le bien de la justice exige
en effet que ce soit par le fond qu'on se détermine
en pareil cas, sans s'arrêter à faire naître des questions préliminaires, qui ne servent qu'à retarder l'expédition dans celle de toutes les matières où elle
doit être la plus prompte.

Ainsi, le résultat de cette lettre, qui est devenue
plus longue que le sujet ne le méritoit, par l'attention que j'ai eue à discuter toutes les difficultés que
vous m'avez proposées, est que vous ne devez pas
hésiter plus long-temps à recevoir l'appel *à minimâ*

de M. le procureur-général, sauf à y avoir tel égard que vous le jugerez à propos, lorsqu'il sera question d'examiner le procès criminel dont il s'agit, et sans préjudice à lui de requérir, s'il le juge à propos, la permission d'informer des nouveaux faits qui peuvent être venus à sa connoissance.

Du 17 décembre 1747.

La lettre que vous m'avez écrite le............. me fait voir que l'usage qui s'observe au parlement de.........., est conforme, dans le fond, à la règle que j'ai rappelée par ma lettre du 24 du mois dernier, puisque ce ne sont point vos substituts qui sont chargés de soutenir le bien jugé des sentences rendues sur leurs poursuites, et que vous ne manquez jamais de prendre leur fait et cause; il n'y a donc pour perfectionner cet usage, qu'à en retrancher deux formalités également superflues: l'une est l'intimation qui se donne à vos substituts; l'autre est l'acte que vous faites signifier aux appelans, pour leur déclarer que vous prenez le fait et cause de ces officiers. On ignore absolument au parlement de............ deux procédures aussi inutiles; le procureur-général est censé intimé de plein droit, sur l'appel d'une sentence rendue en matière criminelle, lorsque son substitut y a été la seule ou la principale pièce par rapport à la punition du crime.

S'il s'agit d'un procès de grand criminel qui ait été jugé après un récolement et une confrontation, ou il y a un appel *à minimâ*, ou il n'y en a pas.

Dans le premier cas, le procès se communique au parquet sans arrêt qui l'ordonne, et le procureur-général y donne les conclusions qu'il juge à propos, en y marquant d'abord qu'il prend le fait et cause de son substitut.

Dans le second cas, ce procès se juge bien sans

passer par le parquet, à moins que le procureur-général n'ait des raisons particulières pour le demander,
ou que les juges le lui fassent mettre d'office ; ce qui a
lieu, principalement, lorsqu'ils remarquent qu'il
manque quelque chose, soit à la régularité, soit à
l'intégrité de la preuve, à quoi il est nécessaire de
faire suppléer par le ministère du procureur-général.

Lorsqu'il n'est question que d'une appellation verbale qui est interjetée d'une procédure, ou d'un
décret décerné sur la seule réquisition de la partie
publique, la cause est mise au rôle avec le procureur-
général, où elle s'expédie sur de simples placets, mais
toujours après que l'avocat de l'appelant en a com-
muniqué à un des MM. les avocats-généraux qui est
de service à la tournelle.

Il est aisé de comprendre qu'on retranche par là
beaucoup de procédures superflues, qui ne sont pas
même trop décentes par rapport à un procureur-général, et dont les frais se feroient en pure perte par
les appelans. Vous ne pouvez donc mieux faire que
de vous conformer à un usage si simple, et je ne
doute pas que MM. du parlement de..........
n'entrent très-volontiers dans ce que vous leur pro-
poserez sur ce sujet.

<hr>

Du 13 mars 1748.

Vous avez été instruit dans le temps de tout ce
qu'on a reproché au sieur.........., prévôt-général
de la maréchaussée en Provence, et qui lui a attiré
une interdiction de la part du roi. Il m'en porta
d'abord des plaintes fort vives, et il refusa de
prendre la route que je lui avois indiquée, pour
voir s'il pourroit parvenir à se justifier ; mais, après
avoir gardé long-temps le silence sur ce sujet, il
m'est revenu trouver depuis peu, et il m'a prié de
l'entendre sur tout ce qu'il avoit rassemblé, pour
excuser sa conduite.

De tout ce qu'il m'a dit dans cette vue, le fait qui m'a paru mériter le plus d'attention, est que dans tous les emprisonnemens et dans les écrous, qui forment, pour ainsi dire, à son égard, le corps du délit. il n'a fait que suivre l'exemple du sieur........, son oncle; il prétend qu'on en trouvera la preuve dans les registres de la geôle, qui ont été portés au greffe du parlement d'Aix, et qui renferment plusieurs écrous de prisonniers arrêtés sur des ordres donnés par son oncle, et conçus à peu près dans les mêmes termes que ceux dont on veut aujourd'hui lui faire un crime.

Il s'agit donc de vérifier exactement ce fait, et le sieur.......... m'a paru désirer exactement que ce fût vous qui en prissiez la peine. Il demande encore qu'on y appelle quelqu'un des officiers de sa compagnie, et je n'y vois aucun inconvénient; la présence de cet officier pourra même avoir cet avantage, que le sieur.......... n'aura aucun prétexte pour réclamer contre une vérification qui aura été faite, en quelque manière, contradictoirement avec lui.

Vous aurez donc soin, s'il vous plaît, de voir si les registres de la geole, qui ont été tenus du temps de M.........., sont encore au greffe du parlement; et en ce cas, vous ferez avertir un des officiers de la maréchaussée, du jour auquel vous vous y transporterez pour faire la recherche dont il s'agit. Il sera inutile que vous fassiez transcrire tous les écrous qui se trouveront faits en vertu de décrets décernés dans les formes ordinaires par M..........., et qui auront été le fondement d'une procédure régulière, il suffira de faire faire des copies des écrous qui paroîtront n'avoir été faits qu'en vertu des simples ordres de cet officier, soit que la cause de ces ordres n'y soit marquée, soit qu'il soit dit dans les écrous que les prisonniers ont été arrêtés de l'ordre du prévôt-général, comme vagabonds, ou comme déserteurs, ou comme soupçonnés de désertion ou pour filouterie au jeu.

Quand même les registres de la geôle auroient été reportés dans leur dépôt naturel, il ne seroit pas moins

nécessaire d'en faire faire des extraits, tels que je viens
de vous le marquer, et qui contiennent une copie entière de chaque écrou. Il faudra, dans l'un ou dans
l'autre cas, que ces extraits soient signés du greffier,
et en me les envoyant, vous pourrez y joindre les
remarques que vous jugerez convenables.

<hr />

Du 13 mars 1748.

Il y a long-temps que je ne vous ai rien écrit sur
l'affaire du sieur......., prévôt-général de........;
il avoit cessé de me voir, après qu'il eut refusé de s'en
retourner à............, comme j'avois cru qu'il devoit le faire, pour donner lieu d'éclaircir, contradictoirement avec lui, les faits par lesquels il prétendoit
justifier ou excuser sa conduite. Il y avoit un an que
je n'en avois entendu parler, lorsque j'ai appris qu'il
avoit trouvé le moyen, par la protection d'un de
MM. les maréchaux de France, de les intéresser tous
en sa faveur; ils engagèrent, en effet, deux d'entr'eux
à me venir parler pour lui, non pas, à la vérité, dans
la pensée de me le faire regarder comme un homme
irréprochable, mais seulement pour me demander
qu'on le mît en état de se justifier autant qu'il lui seroit
possible, en le renvoyant devant les juges que je
croirois devoir choisir pour lui faire son procès, s'il
l'avoit mérité.

Je leur répondis, qu'outre que le choix du tribunal
seroit embarrassant, et susceptible de beaucoup de
difficultés ou d'inconvéniens, les fautes du sieur.......
étoient du nombre de celles qui sont de nature à être
punies, plutôt par forme de correction et d'administration, que par la voie d'une instruction régulière;
et que d'ailleurs on m'avoit fait voir des preuves par
écrit, qui montroient au moins, dans la personne
de cet officier, une ignorance entière des règles et
un usage arbitraire de son autorité, qui pouvoient le

faire regarder comme incapable de bien exercer les fonctions de sa charge.

. Comme il n'a pas ignoré cette réponse, il s'est présenté devant moi, pour me dire qu'il vouloit absolument se justifier dans mon esprit, et qu'il espéroit d'y réussir par les nouvelles pièces qu'il étoit en état de me rapporter, et par d'autres moyens qu'il pourroit y joindre, si je voulois bien lui accorder une audience particulière, où il pût m'expliquer en détail tout ce qu'il avoit rassemblé pour effacer tous les soupçons qu'on avoit répandus contre lui..

C'est ce que je n'ai pas cru devoir lui refuser ; je lui ai donc donné, non-seulement une, mais deux audiences assez longues, et je ne suis pas encore à la dernière, suivant toutes les apparences.

Les faits généraux qu'il avance en sa faveur, sont :

1.º Que depuis dix-neuf ans qu'il est en charge, il a instruit deux ou trois cents procès criminels, sans qu'aucune de ses procédures ait jamais été cassée comme nulle ou irrégulière, d'où il conclut, qu'on ne peut pas l'accuser d'ignorance dans l'exercice habituel de ses fonctions ;

2.º Qu'une partie de ses procédures a souvent passé sous les yeux de MM. du parlement, et a été exposée à la critique sévère du parquet, sans qu'il lui soit jamais revenu qu'on y ait trouvé aucun défaut essentiel ;

3.º Que s'il y a eu des occasions où il ait agi d'une manière plus militaire, en faisant arrêter, sous des prétextes différens, des personnes qui pouvoient être suspectes, il ne l'a fait qu'en conséquence des ordres qu'il avoit reçus des ministres de la guerre, et à la charge de leur en rendre compte, ce qu'il prétend avoir exécuté très-exactement ; il ne m'a pas encore montré ces ordres généraux, et il en fait actuellement la recherche ;

4.º Qu'il jouit d'une réputation entière dans sa province, et que si l'on veut faire le procès à son esprit, personne au moins ne le fait à son cœur, dont la droiture est connue de tout le monde.

Mais comme, sans me contenter de ses qualités, j'ai voulu entrer dans un plus grand détail avec lui, il m'a dit un fait qui m'a paru mériter plus d'attention que tout le reste, c'est que dans tous les emprisonnemens et dans les écrous, qui forment, pour ainsi dire, à son égard, le corps de délit, il n'a fait que suivre ce qui avoit été pratiqué par M......, son oncle, au vu et su du parlement et des procureurs-généraux, qui vous ont précédé, sans qu'il y en ait eu aucune plainte, ni que cela ait fait le moindre tort à la réputation de son oncle qui, en effet, étoit fort considéré dans toute sa province et dans le parlement: il m'a montré, pour justifier ce fait, un certificat qui lui a été envoyé par les officiers de sa compagnie, parmi lesquels il y en a quelques-uns d'assez anciens pour avoir servi sous feu M..........; et, comme il avoit bien prévu que cette preuve me paroîtroit assez légère, il a ajouté, qu'il ne pouvoit pas m'en donner une autre, quant à présent, parce que les registres de la geole, qui ont été tenus pendant la vie de son oncle, avoient été portés au greffe du parlement; mais que si je voulois les faire examiner, on y trouveroit plusieurs écrous faits par l'ordre d'un ancien officier, et à peu près semblables à ceux dont on fait un crime au sieur..........

De toutes les excuses de cet officier, c'est, sans doute, celle qui mérite le plus d'être écoutée, et c'est par cette raison que je n'ai pu lui refuser de faire faire la vérification qu'il propose. Je me serois adressé naturellement à vous pour cela, mais, comme il prétend avoir un sujet de se plaindre de vous, dans un ordre que vous signâtes au mois d'août de l'année 1745, à l'occasion des combats des frondeurs, et dont les termes ne sont pas encore effacés de son esprit, il m'a prié de charger M......... de la vérification dont il s'agit; et j'ai cru que vous ne seriez pas fâché vous-même, de voir remplir cette commission par un collègue avec lequel vous êtes d'ailleurs si uni; qu'elle sera comme faite, en quelque manière, par vous-même.

Le sieur.......... m'a prié encore de trouver bon que la vérification du registre des écrous se fît en présence d'un des officiers de la maréchaussée, et j'ai eu d'autant moins de peine à y consentir, que par là cette vérification se trouvera faite, en un sens, contradictoirement avec lui.

Vous pouvez faire part de ce que je vous écris à M........, et je me contenterai, par cette raison, de lui parler de la vérification qu'il aura la peine de faire faire en sa présence, pour m'en envoyer ensuite le résultat.

Du 15 mars 1748.

La demande en cassation d'un arrêt du parlement d'Aix, qui avoit été formée par le nommé........., marchand de la ville de Marseille, fut rapportée audit conseil, et les motifs de cet arrêt, dont on y fit la lecture, dissipèrent pleinement tous les prétextes dont on s'étoit servi pour l'attaquer. La seule chose qui parut mériter quelque attention, fut que le greffier de la tournelle avoit omis de faire mention que les charges et les informations avoient été vues, ou que l'avocat-général, qui avoit porté la parole dans cette affaire, en avoit fait le récit; on ne pouvoit pas douter, à la vérité, que ces informations n'eussent été lues par les juges, et c'est ce que les motifs avoient fait voir clairement. Ainsi, on ne pouvoit imputer cette omission qu'à un simple défaut d'attention de la part du greffier; mais, comme l'on insinuoit dans les motifs que la lecture des charges et la mention de cette lecture n'étoient nécessaires, suivant la lettre de l'ordonnance de 1670, que dans les cas où il est permis aux parlemens d'évoquer le principal pour le juger à l'audience, MM. du conseil crurent qu'il étoit bon de faire savoir à MM. du parlement d'Aix,

que l'esprit de l'ordonnance est absolument contraire
à l'explication qu'on a voulu y donner par les motifs.
Si l'obligation imposée par l'ordonnance, dans le
point dont il s'agit, doit avoir lieu lorsque les juges
évoquent le principal en matière légère, pour y statuer sur-le-champ, il est évident que cette obligation
est encore plus grande dans les véritables principes,
lorsqu'ils sont saisis du fond d'une accusation, et
qu'ils croient devoir la rejeter, après avoir vu les
preuves sur lesquelles on vouloit l'appuyer. Vous
aurez donc soin, s'il vous plaît, de faire part à
MM. de la tournelle de ce que je vous écris, et de
recommander au greffier de cette chambre de faire
toujours mention de la lecture ou du récit des charges, dans quelques cas que les arrêts qui jugent ou
qui anéantissent une accusation puissent être rendus:
c'est une règle générale dont il ne doit jamais s'é-
carter.

Du 17 avril 1748.

LA délicatesse qui vous a arrêté par rapport aux
recherches que je vous avois écrit de faire sur ce qui
regarde le sieur..........., est peut-être portée trop
loin, soit parce qu'il ne s'agit point ici d'aucune procédure judiciaire, soit parce que, quand il en seroit
question, le ministère public n'est pas assujetti aux
règles ordinaires sur les récusations. Mais cependant,
comme, dans une affaire de cette nature, un excès
de circonspection n'est pas absolument blâmable, il
n'y a qu'à charger celui de vos substituts en qui vous
avez le plus de confiance, et qui est, à ce que je
crois, le sieur de............, de faire la perquisition
dont vous demandez d'être dispensé; et, tout bien
considéré, je crois qu'il sera assez inutile d'y appeler
un des officiers de la maréchaussée; il suffira, lorsque
les extraits seront faits, d'entendre le lieutenant du
prévôt des maréchaux, et de rédiger ses remarques

par écrit, pour me les envoyer avec les extraits sur lesquels je verrai moi-même ce que cet officier aura à me représenter : c'est ce que je viens de dire à M............, qui part incessamment pour la Provence.

Du 9 mai 1748.

J'ai vu par votre lettre du............, que la chambre de la tournelle a profité de l'avis que je vous avois prié de lui donner, et que dorénavant elle ne manquera pas d'obliger le greffier à faire une mention expresse, dans les arrêts qui interviennent à l'audience, du récit des charges et informations faites par les gens du roi : il doit en être de même, sans doute, des arrêts qui se rendent pour aggraver ou pour adoucir un décret prononcé par les premiers juges.

Du 20 septembre 1749.

J'ai examiné la procédure qui a été faite dans la justice de............, au sujet d'une querelle qui s'est élevée dans un cabaret, d'abord entre un boucher de la ville de......... et un habitant du village de........., et qui a eu des suites funestes, parce que les paysans de ce lieu et quelques sergens du régiment de............, qui buvoient dans le même cabaret, ont voulu s'en mêler, mal à propos des deux côtés ; je ne vois, à la vérité, aucune marque de partialité dans la conduite du juge de............, mais il peut bien y avoir une faute d'ignorance dans sa procédure. Il y est fait mention d'un jugement qui porte que les témoins seront récolés, et, si besoin étoit, confrontés, ce qui a aussi été ordonné à l'égard des accusés, pour les faire répéter sur leurs interrogatoires ; mais on n'y parle plus, après cela, que du récolement et de la répétition, en sorte qu'on n'y trouve aucun vestige de confrontation. Il y avoit pourtant lieu d'en faire une, puisqu'il y a plusieurs des combattans qui sont chargés par les témoins et par les accusés ; c'est un défaut très-apparent, suivant ce que je viens de vous dire, mais qui mérite que vous approfondissiez le soupçon qu'on peut en avoir ; et, s'il se trouvoit, en effet, une omission si grave dans l'instruction faite par le juge de ce lieu, vous seriez obligé d'interjeter appel de son jugement pour le faire déclarer nul, aussi bien que l'information plus ample qui a été faite en conséquence, et ordonner qu'il seroit procédé à la confrontation par le juge royal le plus prochain, pour être rendu ensuite, par le juge royal le plus prochain, tel nouveau jugement qu'il appartiendroit.

*

Du. . . . .

La lettre que vous m'avez écrite au sujet d'une difficulté qui s'est formée à la chambre de la tournelle, dans le cas d'un accusé contre lequel il a été ordonné qu'il seroit plus amplement informé, paroît supposer un principe qui n'est pas exactement conforme à la règle. Il semble que la décharge de l'accusation soit regardée, dans votre compagnie, comme étant de droit, et, en quelque manière, de style, lorsque l'accusé, contre lequel il n'est survenu aucune preuve nouvelle depuis l'arrêt de plus amplement informé, demande d'être renvoyé absous. La véritable maxime est qu'en ce cas il y a trois manières différentes de prononcer :

La première, et la plus favorable à l'accusé, est de le décharger absolument de l'accusation ;

La seconde, est de le mettre hors de cour et de procès, et c'est souvent celle qui convient le mieux, dès le moment qu'il y a eu assez de commencemens de preuves pour ordonner qu'il seroit plus amplement informé, et surtout quand on a ordonné en même temps que l'accusé demeureroit en prison pendant la durée du plus amplement informé;

La troisième, est d'ordonner qu'il sera plus amplement informé indéfiniment, c'est-à-dire, sans aucun terme fixe; jugement qui a lieu dans le cas où il y a eu des soupçons violens contre l'accusé, et où l'on croit, soit par cette raison, soit à cause de l'atrocité du crime, qu'il faut le laisser toujours, en quelque manière, dans les liens de la justice et dans la crainte de la peine qu'il peut avoir méritée.

L'exposition simple de ces trois différens partis, que les juges peuvent prendre, dans le cas même où il n'est survenu aucune preuve depuis l'arrêt de plus amplement informé, résout la question que vous m'avez proposée, puisque le choix que les juges peuvent et doivent faire entre ces trois manières de prononcer, supposent nécessairement une connoissance de cause, un examen, et, par conséquent, une nouvelle revue du procès, qui devient, en ce cas, la matière d'une nouvelle délibération.

§. III. — *Contumaces.*

Du 24 août 1720.

Vous avez fort bien fait de ne point comprendre dans la liste des officiers de votre compagnie le nom du sieur........., qui doit être réputé mort civilement du jour de sa condamnation, quoiqu'il ait cinq ans pour purger la contumace; mais, pendant que la condamnation subsiste, il ne peut être au rang des citoyens, et encore moins des magistrats; il n'en est pas de même des exilés par ordre du roi, qui, suivant les lois, conservent non-seulement leur dignité, mais encore leur domicile dans les lieux d'où ils sont relégués.

Du 14 mars 1730.

LE terme de procédure dont l'édit de 1680, s'est servi en défendant aux prévôts des maréchaux d'en faire aucune contre un contumax, avant que d'avoir fait juger l'incompétence, ne s'entend que des procédures nécessaires pour l'instruction de la contumace, et il ne doit pas s'appliquer à la première assignation qui se donne à l'accusé, lorsqu'il ne se trouve pas dans le lieu où l'on en fait la perquisition, en conséquence du décret de prise de corps. Cette assignation est une suite nécessaire du décret, qui doit porter régulièrement que si l'accusé ne peut être arrêté, il sera assigné à la quinzaine, sans que cette dernière disposition puisse être séparée de la première ; elle ne préjuge rien d'ailleurs par rapport au tribunal où la contumace doit être instruite, elle conserve également les droits de toutes les juridictions qui peuvent se regarder comme compétentes pour connoître du crime dont il s'agit, et tout son effet, à proprement parler, se réduit à constituer l'accusé en contumax, sauf à juger ensuite devant quels juges cette contumace doit être instruite. Il n'y a donc rien à changer dans l'usage qui a été observé jusqu'à présent à cet égard, et c'est sans fondement que les officiers du présidial de...... veulent relever aujourd'hui une difficulté qu'ils ont eu raison de ne pas faire jusqu'à présent, parce qu'elle est contraire, non-seulement à l'esprit, mais à la lettre bien entendue de l'édit de 1680.

Du 21 mars 1730.

J'AI recu la lettre que vous m'avez écrite le 28
février dernier avec le mémoire qui y étoit joint, sur
la difficulté qui vous a arrêté dans le jugement du
procès poursuivi par les jurats de Saint-Jean-de-Luz,
contre un particulier accusé d'assassinat.

Le prétendu défaut de procédure, qui a donné
lieu à une dissertation dans votre siége, ne mérite
pas ce nom. Il n'y a aucune disposition, ni dans
l'ordonnance de 1670, ni dans l'édit du mois de décembre 1680, qui établisse la nécessité de faire signifier
à un contumax, le jugement de compétence. Cet édit,
dont l'objet a été d'expliquer ce qu'il y avoit d'obscur
et d'équivoque dans la disposition de l'ordonnance,
n'a regardé, comme nécessaire en pareil cas, que la perquisition de l'accusé, et les assignations à quinzaine
et à huitaine. Ce sont les deux seules formalités essentielles qu'il faut remplir suivant les règles prescrites
par cet édit avant que de pouvoir déclarer la contumace
bien instruite, et ordonner qu'il sera procédé au récolement pour valoir confrontation; rien ne manque
donc à la régularité de la procédure, lorsque la perquisition a été bien faite, et que les assignations ont
été données valablement. On n'a jamais pensé qu'il
fût nécessaire de faire signifier le jugement de compétence à un accusé contumax, et cela ne serviroit
qu'à retarder inutilement le cours de la procédure,
en jetant les juges dans de nouveaux embarras sur
le lieu où cette signification devroit être faite. L'édit
de 1680, qui a imposé aux prévôts des maréchaux
l'obligation de faire juger leur compétence, même à
l'égard d'un contumax, ne porte point que ce jugement sera signifié, et les articles de l'ordonnance qui
parlent de la signification ne l'exigent qu'à l'égard de
l'accusé présent. Il étoit donc bien inutile d'examiner
si la sentence de compétence, qui a été rendue dans

25*

l'affaire dont il s'agit, avoit été signifiée à l'accusé; s'il falloit la rapporter ou faire signifier de nouveau ce jugement depuis que l'accusé s'étoit représenté, et si la signification qui lui en a été faite étoit régulière, ou si elle ne l'étoit pas. Toutes ces questions sont absolument inutiles, soit parce que la signification, en elle-même, n'est pas nécessaire, soit parce que, quand même la signification seroit requise dans le cas de la contumace, elle seroit anéantie de plein droit aussi bien que le jugement de compétence, dont elle n'est que la suite par la représentation de l'accusé.

Rien ne vous empêcheroit donc de passer outre au jugement du procès criminel sur lequel vous me consultez, s'il n'y avoit point d'autre difficulté dans ce procès, qu'un prétendu défaut de formalité qui n'en est pas un, suivant les règles que je viens de vous marquer.

Mais, ce qui forme véritablement une irrégularité essentielle dans votre instruction, c'est que vous n'avez pas rendu un nouveau jugement de compétence depuis que l'accusé s'est remis dans vos prisons, quoique l'édit du mois de décembre 1680 l'ordonne expressément. Il est peu vraisemblable qu'une loi si importante et si connue dans tous les siéges, aussi bien que par tous les prévôts des maréchaux, n'ait pas été adressée à votre sénéchaussée, et il y a une si grande négligence de la part des greffiers, à transcrire les édits et déclarations dans leurs registres, qu'on ne peut tirer un argument de ce que cet édit ne se trouve pas dans ceux de votre siége; l'usage d'ailleurs est si constant dans cette matière, depuis l'édit de 1680, qu'on ne sauroit présumer que des juges l'aient ignoré; et, comme il faut toujours préférer le parti le plus sûr en matière criminelle, vous n'en avez point d'autre à prendre, que de déclarer nul tout ce qui a été fait depuis l'interrogatoire de l'accusé, c'est-à-dire, le réglement à l'extraordinaire, le récolement et la confrontation, parce que le jugement de compétence étant la base et le fondement de toute instruction en dernier ressort, le défaut de ce jugement entraîne nécessairement la ruine de tout l'édifice que l'on a élevé avant que d'avoir posé ce fondement. Vous serez par là en état de remettre les choses en règle, par une nouvelle sentence de compétence; et il est d'autant plus important de rétablir ici une formalité si indispensable, que, comme il y a lieu de croire par votre mémoire que l'affaire a bien changé de face depuis la représentation de l'accusé, vous aurez lieu, en jugeant de nouveau la compétence, de voir si le crime est en effet un assassinat prémédité, qui mérite véritablement d'être instruit et jugé en dernier ressort : c'est une question dont je ne puis laisser l'examen qu'à votre honneur et à votre conscience, n'ayant point vu les informations ; mais vous savez que dans le doute, la balance de la justice doit pencher, en pareil cas, du côté le plus doux et le plus favorable à la juridiction ordinaire.

<hr>

Du 21 juin 1733.

Vous avez raison de croire, que la forme de procéder, pour purger la mémoire d'un condamné qui est décédé dans les cinq années de la contumace, doit être différente de celle qui s'observe pour faire le procès à la mémoire d'un accusé.

Dans ce dernier cas, il faut nécessairement créer un curateur à la mémoire du défunt, et l'instruction se fait avec ce curateur, comme elle auroit dû se faire avec le défunt même.

Mais, dans le premier, il n'y a plus de nouvelles procédures criminelles à faire, et l'ordonnance a renfermé dans un seul article tout ce qui doit être observé en pareil cas, lorsqu'elle a dit, *que le jugement des instances à l'effet de purger la mémoire d'un défunt seroit rendu sur les charges et informations, procédures et pièces sur lesquelles la condamnation par contumace seroit intervenue.* Il n'y a donc point de confrontation à faire en cette occasion, le procès criminel doit être vu et jugé dans l'état où il se trouve; et si la veuve ou les héritiers du défunt demandent à faire preuve des faits justificatifs, c'est par voie d'enquêtes, et sur le vu de la procédure criminelle, telle qu'elle est, sans y rien ajouter par la voie extraordinaire, que cette preuve doit être admise lorsqu'il y a lieu de le faire.

Du 19 août 1733.

Vous ne me marquez point, par votre lettre du 2 de ce mois, par qui l'appel de la sentence rendue sur l'accusation de duel, poursuivie contre les nommés......et......, a été interjeté.

Si c'est un des condamnés qui a interjeté cet appel, il n'y est pas recevable tant qu'il demeure en contumace.

Si c'est votre substitut, c'est à vous de voir s'il y a lieu d'aggraver la peine prononcée contre....., ou de soutenir que le procès soit jugé ainsi qu'il appartiendra, ce qui emporteroit de votre part une espèce d'acquiescement de la sentence.

Les juges doivent, de leur part, se conduire à peu près dans le même esprit; s'ils trouvent des preuves suffisantes pour aller plus loin que la sentence, ils peuvent l'infirmer et prononcer la peine qu'ils estimeront convenable.

Si la sentence leur paroît juste, à la rigueur ils pourront la confirmer en prononçant sur l'appel du procureur du roi; mais, en haine de la contumace, et parce qu'en pareille matière il peut toujours survenir de nouvelles preuves, quand ce ne seroit que par les interrogatoires du co-accusé, s'il étoit arrêté, le meilleur parti, et le seul même qui soit entièrement régulier, est de ne point juger le procès quant à présent, et d'attendre que le nommé......, se représentant, force les juges à décider de son sort.

Jusque-là l'affaire doit demeurer en suspens, et cet accusé ne sauroit se plaindre d'un retardement dont il est lui-même la cause, par la contumace dans laquelle il persévère.

Du 31 janvier 1736.

Vous avez très-bien fait de ne pas interjeter appel *à minimâ* d'une sentence rendue par contumace, qui peut être anéantie d'un moment à l'autre par la représentation ou par la capture du sieur.........

Au surplus, je m'en rapporte absolument à vos connoissances et à votre justice, sur la conduite que vous devez avoir à l'égard de cet accusé ; elle doit dépendre entièrement de la qualité des faits qu'on lui reproche, et de celle des preuves requises contre lui. S'il est innocent, ou coupable seulement de fautes légères, il faut se reposer sur lui du soin de se justifier, et ne pas souffrir cependant qu'il manque de respect à la justice, en se montrant à......... comme s'il n'étoit point condamné.

Si, au contraire, il vous paroit coupable de faits graves, c'est trop de le faire avertir de se cacher, ou de l'exhorter seulement de se remettre en prison, et l'effet doit précéder la menace, quand il s'agit de crimes qui peuvent mériter une peine afflictive ou infamante.

Du 27 avril 1740.

J'apprends que le sieur........., accusé d'avoir tiré dans la rue un coup de pistolet, qui, heureusement, ne porta pas sur le sieur........., et que le parlement de......... avoit condamné par contumace à un bannissement perpétuel hors de son ressort, a eu la témérité de se remettre dans les prisons. Je ne doute pas que vous ne donniez, aussi bien que le parlement, toute l'attention nécessaire à l'instruction et au jugement d'une affaire si grave, et dont les conséquences paroissent être très-dangereuses si le crime n'étoit pas puni, en cette occasion, aussi sévèrement qu'il le mérite. Vous prendrez la peine de m'informer de l'état où est actuellement cette affaire, et du jugement qui y sera rendu. Je ne sais pas trop néanmoins si c'est au parlement de le rendre, et si la représentation de l'accusé ne faisant pas cesser tous les jugemens rendus contre lui, il ne devroit pas être renvoyé à........., pour y être jugé à la charge de l'appel au parlement; mais, comme toutes les circonstances de la procédure sur laquelle est intervenu l'arrêt que le parlement a rendu par contumace, ne me sont pas actuellement présentes, je ne peux que m'en rapporter sur ce point à votre prudence, après vous avoir excité seulement à y faire les réflexions nécessaires.

Du 16 juillet 1743.

J'AI été informé que le sieur........., voulant interjeter appel d'une procédure criminelle faite contre lui par le maître particulier des eaux et forêts de........., qu'il prétend être incompétent, on a fait difficulté de recevoir son appel, et d'ordonner l'apport des charges et informations, parce que cet accusé est décrété de prise de corps, et que l'usage de votre compagnie est de ne point recevoir de semblables appels, à moins que l'accusé ne soit actuellement prisonnier dans les prisons du juge qui l'a décrété, et dans celles du juge supérieur devant qui il veut porter son appel. Cet usage est fondé, à la vérité, sur la disposition de l'article 18 de l'ordonnance de Roussillon de l'année 1563, et d'autres parlemens, comme ceux de......... et..........., s'y étoient conformés pendant long-temps; mais le

parlement de.........., qui étoit plus près de la
source, et d'autres parlemens, à son exemple, ont
cru au contraire que l'ordonnance de 1670, dont
l'objet avoit été de renfermer toutes les règles qui
doivent être observées à l'avenir dans les matières
criminelles, en dérogeant à toutes les lois précédentes, avoit fait cesser la disposition trop rigoureuse de l'ordonnance de Roussillon, en se contentant d'ordonner, comme elle l'a fait par l'art. 4 du
titre des appellations, que les cours ne pourroient
donner des défenses ou surséances de continuer l'instruction des procès criminels, dans les cas où l'accusé
est décrété de prise de corps, qu'après avoir vu les
charges ou informations, et sur les conclusions du procureur-général. Il y auroit même un grand inconvénient à en user d'une autre manière : on sait avec
quelle facilité les premiers juges se portent souvent
à décerner légèrement des décrets de prise de corps
dans les cas qui ne le méritent point ; cependant,
si l'on suivoit à la lettre l'ordonnance de Roussillon,
il faudroit que, dans ces cas mêmes, l'accusé se remît
en prison, avant que de pouvoir faire recevoir son
appel, pour obtenir ensuite des défenses tardives ;
après avoir été obligé de demeurer quelquefois un
temps considérable dans les liens de la justice, en
attendant que les charges et informations eussent été
apportées au greffe du parlement.

C'est pour toutes ces raisons que les parlemens
de........ et........ n'ont fait aucune difficulté
de réformer leur usage à cet égard sur des lettres
semblables à celles-ci, que je leur écrivis, il y a
déjà quelques années ; ainsi, les règles en cette matière
devant être égales et uniformes dans tous les tribunaux, je ne doute pas que le parlement de........
ne suive ces exemples, et ne se conforme très-volontiers à ce que je viens de vous marquer.

J'en écris aussi à M. le premier président, afin que
de concert avec vous et avec celui qui préside à la
tournelle, il voie s'il est nécessaire de faire un arrêté, par lequel, en changeant l'usage suivi jusqu'à

présent, on se contente de ce qui a paru suffisant
à l'ordonnance de 1670; ou, si ce changement se
peut faire en observant seulement à l'avenir la règle contraire dans les cas qui se présenteront, en
commençant par celui qui m'a donné lieu d'écrire
cette lettre.

Du 19 mars 1745.

LES héritiers du sieur.......... demandent au
roi des lettres-patentes pour être admis, nonobstant
le laps de temps, à purger la mémoire de ce gentilhomme condamné à mort par contumace par un jugement rendu il y a près de trente ans, comme vous
le verrez par le projet de lettres que je vous envoie.
Leur demande est si tardive, que je crains qu'elle
ne soit formée dans le dessein secret de nuire à un
tiers, et d'apporter peut-être quelque changement
dans l'ordre des successions : il paroît d'ailleurs presqu'impossible, après trente ans, de prouver l'innocence d'un accusé, et de détruire les preuves qui
ont servi de fondement à sa condamnation. Je vous
prie donc d'approfondir ce qui s'est passé dans le
temps de cette condamnation, ou dans ce qui l'a
suivie, et de vous faire remettre le procès sur lequel
elle est intervenue, afin qu'après avoir pris tous les
éclaircissemens nécessaires sur ce sujet, vous puissiez
me faire savoir si vous croyez qu'on puisse avoir
égard à la demande des héritiers du sieur........,
ou si elle doit être rejetée.

Du 17 août 1748.

J'AI reçu les deux lettres que vous m'avez écrites
en dernier lieu sur l'affaire de la nommée.........
La première regarde le procès criminel dans lequel

elle est accusée, avec sa sœur, et qui est demeuré en suspens jusqu'au jugement de l'appel comme d'abus de la célébration du mariage que le sieur de....... a eu la foiblesse de contracter avec la première de ces deux créatures. Vous avez joint à cette lettre la requête originale qu'elles ont présentée au parlement de Douai, pour être reçues appelantes de la sentence qui les a condamnées au bannissement, avec des copies de lettres particulières qu'elles ont attachées à cette requête.

Par votre seconde lettre, vous m'apprenez le jugement qui a été rendu sur l'appel comme d'abus, et vous m'envoyez une expédition de l'arrêt qui a déclaré la mariage non valablement contracté, avec une copie des lettres que le sieur de...... a eu l'imprudence de produire au parlement.

Pour répondre à ces deux lettres, je commencerai par le dernier objet, parce qu'il est le plus simple, et qu'il n'y a rien à faire, quant à présent, à cet égard. L'état des parties est fixé par l'arrêt qui vient d'être donné, et si le sieur de...... ou la nommée...... l'attaque par la voie de la cassation, ce sera alors que je serai obligé de vous demander des instructions plus amples sur ce sujet.

Quoique le premier objet paroisse d'abord plus composé et plus embarrassant, il n'est pas cependant susceptible de difficulté, au moins par rapport à la nouvelle requête qui a été présentée par les nommées......, la capture de celle qui s'appelle..... a fait tomber de plein droit une condamnation qui n'avoit été prononcée contr'elle que par contumace, et par conséquent la voie de l'appel n'est pas admissible à son égard, puisque la sentence dont elle demande d'être reçue appelante ne subsiste plus, et tout ce qu'elle peut faire à présent est de demander d'être déchargée de l'accusation qui avoit été formée à Lille contr'elle, sur quoi il y aura lieu d'ordonner que les témoins qui ont été entendus seront confrontés, pour être ensuite procédé au jugement.

A l'égard de sa sœur, tant qu'elle sera en contumace, son appel n'est pas recevable ; les choses demeurent donc à peu près dans le même état où elles étoient, lorsque j'ai cru, conformément à votre avis, qu'il falloit suspendre la poursuite et le jugement du procès criminel.

Le changement qui est arrivé depuis, consiste en deux choses :

La première, est l'incident que la requête, dont je viens de parler, fait naître aujourd'hui ; mais il ne fait qu'ajouter un second procès au premier, et n'en regarde pas directement le fond ;

La seconde, est le jugement de l'appel comme d'abus ; et, comme c'étoit l'attente de ce jugement qui avoit donné lieu de tenir en suspens le procès criminel, il semble qu'à présent rien ne devroit en arrêter le cours.

Mais comme il s'agit, dans ce procès, d'une accusation à laquelle on a mêlé des faits qu'il seroit dangereux d'approfondir par une instruction régulière, parce que la religion y est, en quelque manière, intéressée, et dont les copies des lettres qui ont été jointes à la dernière requête pourroient en augmenter le scandale, le parti le plus sûr est de surseoir encore à la continuation de la procédure, jusqu'à ce qu'après avoir revu tout ce que vous m'avez écrit et envoyé sur ce sujet, et que j'ai laissé à Versailles, je puisse vous faire savoir les intentions du roi.

Du 2 mars 1749.

VOTRE dernière lettre me fait voir que je n'avois pas bien pris l'espèce sur laquelle vous me consultez, par celle que vous m'avez écrite le 6 du mois dernier. J'avois supposé apparemment que le décret d'ajournement personnel que vous aviez décerné contre un des accusés avoit été converti en décret de prise de corps ; mais je m'étois trompé sur ce point, et je reconnois à présent que c'est sur la nécessité ou l'inutilité de cette conversion, ou d'un nouveau décret, que roule votre doute; il se réduit donc à savoir si, lorsqu'un accusé qui n'a été décrété que d'ajournement personnel, et qui a subi l'interrogatoire, ne se représente point pour subir la confrontation, il faut instruire la grande contumace contre lui, ou si l'on doit suivre la disposition de l'article 24 du titre des défauts et contumaces de l'ordonnance de 1670, ou celle de l'article 10 du même titre.

Je ne puis m'empêcher de remarquer d'abord qu'il n'y a guère d'articles dans cette ordonnance qui aient été rédigés avec moins d'attention que ceux dont il s'agit; et c'est ce qui a donné lieu à la diversité de jurisprudence, qui s'est introduite dans les différentes cours, par les conséquences plus ou moins justes qu'elles ont tirées de ces articles. Le parlement de......, plus instruit qu'aucun autre des véritables principes de l'ordre judiciaire dans les matières criminelles, s'est bien conformé à la règle écrite dans l'article 10 du titre des défauts et contumaces, par rapport aux accusés qui ont pour prison le lieu de la juridiction qui est saisie de leur procès, ou les chemins qui y conduisent; et la raison en est qu'on ne peut que se conformer, sur ce sujet, à une disposition aussi littérale que celle de cet article, outre que l'on peut la justifier en la regardant comme fondée sur une espèce d'exception de droit, favorable à l'expédition des procès, par laquelle l'accusé qui est dans un des cas marqués par l'ordonnance, est censé présent, attendu qu'il ne tient qu'à lui de l'être, comme il est obligé par la grâce qu'on lui a faite, en lui donnant pour prison le lieu où le procès s'instruit, ou le chemin par lequel il doit s'y rendre; et c'est par cette raison, que, dans ce cas, on s'est contenté d'ordonner qu'il seroit assigné par une seule proclamation affichée à la porte de l'auditoire. Il y a lieu de croire que le même motif a dicté la disposition de l'article 24, où le législateur a été encore plus loin, en ordonnant que

si l'accusé s'évadoit des prisons depuis son interro=
gatoire, il ne seroit ni ajourné ni proclamé à cri
public; et que néanmoins il seroit ordonné que les
témoins seroient récolés, et que le récolement vaudroit confrontation.

Mais a-t-on dû conclure de ces deux articles, qu'il
faut étendre la disposition de l'un ou de l'autre, au
cas d'un accusé décrété d'ajournement personnel,
qui ne comparoît point pour subir la confrontation? C'est ce que je ne saurois penser par plusieurs
raisons.

1.º Ce cas n'est compris dans l'un ni dans l'autre
des articles que je viens de rappeler, et il n'est pas
permis aux juges de suppléer en pareille matière au
silence de la loi, lorsqu'elle juge à propos de le
garder; c'est toujours à la règle générale qu'il faut
revenir; parce que les deux articles dont il s'agit,
ne sont que des exceptions de cette règle, et que
cette exception est de droit étroit, d'où il suit que
les juges n'ont pas le pouvoir de l'étendre d'un cas
à un autre.

2.º On ne peut pas dire pour favoriser cette extension, que la raison qui a donné lieu aux deux exceptions faites par l'ordonnance, s'applique au cas dont
il s'agit.

C'est en haine de la conduite d'un accusé qui
abuse de la tolérance avec laquelle on l'a traité, en
le dispensant de se mettre réellement en prison,
que l'art. 10 a établi qu'il seroit assigné par une
seule proclamation publique.

C'est à plus forte raison, par le même motif, qu'il
a paru juste de n'user d'aucun délai, et de n'observer
aucunes nouvelles formalités, à l'égard d'un accusé
qui se seroit évadé des prisons; mais c'est ce qui
ne peut convenir au cas d'un autre accusé qui n'est
qu'en état d'ajournement personnel, et qui n'est coupable envers la justice, que d'avoir manqué de se
présenter au jour marqué pour subir la confrontation;
il est en faute, à la vérité, mais en faute beaucoup

moindre que celle des accusés qui sont dans le cas
des art. 10 et 24, dont j'ai déjà parlé; et tout ce que
cette faute mérite est de changer son état, en con-
vertissant le décret d'ajournement personnel en décret
de prise corps, et, ce qui est beaucoup plus régulier, en ordonnant que, faute par lui d'avoir comparu sur l'assignation, il sera pris au corps, et mené
dans les prisons pour subir la confrontation; après
quoi, il se trouve, comme je vous l'ai marqué par
ma première lettre, dans le même état que s'il avoit
été originairement décrété de prise de corps, et, par
conséquent, il est nécessaire de suivre la règle générale à son égard, c'est-à-dire, d'instruire contre
lui la grande contumace.

3.° Ce que je viens de dire sur le pouvoir qui manque
aux juges pour étendre d'un cas à un autre, par raisonnemens, les exceptions qui ont été faites par l'ordonnance, est si certain, que, quelques années après
qu'elle eût été enregistrée au parlement de......,
il se présenta une espèce à laquelle il étoit bien plus
naturel d'appliquer la disposition de l'art. 24, qu'on
ne peut le faire dans l'occasion présente.

Un accusé ayant trouvé le moyen de s'évader des
prisons de la conciergerie, après avoir subi la confrontation, le parlement ne crut pas devoir prendre
sur lui l'interprétation de l'art. 24, quelque vraisemblable que parût l'extension qu'on auroit pu y
donner dans le cas dont il est question; il se con-
tenta d'arrêter que le feu roi seroit consulté, et la
réponse de Sa Majesté, bien loin d'être favorable à
cette extension, fut que l'on devoit instruire la grande
contumace contre l'accusé.

C'est sur ce fondement qu'est appuyée la jurisprudence du parlement de......; et si celle du parlement de...... y est contraire, comme votre lettre
me donne lieu de le croire, elle n'en est pas plus digne
d'être suivie.

Je vous ai suffisamment marqué les raisons en
vous expliquant celle de la jurisprudence contraire;

et j'y ajoute, que celle du parlement de........ ne paroît avoir pour prétexte qu'une subtilité dont il étoit bien aisé de faire sentir l'erreur.

Elle ne peut avoir eu pour fondement, qu'un raisonnement tiré de ce qu'un décret d'ajournement personnel sur lequel l'accusé à comparu, et a subi l'interrogatoire, ne peut plus être converti en décret de prise de corps; ce principe est vrai en lui-même, et il doit être observé tant qu'il ne survient rien de nouveau qui puisse donner lieu de changer l'état de l'accusé, l'interrogatoire qu'il subit n'empêche pas qu'il ne demeure *in reatu.* Le décret est purgé par sa comparution; mais l'accusation ne l'est pas, et il est toujours dans les liens de la justice. Quand il refuse de se soumettre à ses ordres, et de se présenter pour subir la confrontation, il mérite, par sa désobéissance, qu'on l'y contraigne par la voie d'un décret de prise de corps; il ne s'agit pas même en cela, à proprement parler, de la conversion d'un décret plus léger en un décret plus grave; et c'est par cette raison, comme je viens de le dire, que la véritable forme de statuer en ce cas, est d'ordonner que, faute par l'accusé de s'être représenté, il sera arrêté et conduit dans les prisons du juge qui lui fait le procès.

C'est ce qui fait évanouir absolument la subtilité, qui vraisemblablement a été le seul motif de la jurisprudence du parlement de......, à qui j'écrirai incessamment pour la faire réformer.

A votre égard, vous êtes intendant, à la vérité, dans l'étendue du parlement de......, pour la plus grande partie de votre généralité; mais vous n'en êtes pas plus obligé pour cela d'en suivre les maximes dans les matières criminelles; et vous devez d'autant plus leur préférer celle du parlement de.... que si on se pourvoit au conseil contre le jugement que vous rendrez dans l'affaire dont le roi vous a renvoyé la connoissance, vous y trouverez des juges pleins de principes sur lesquels la jurisprudence du parlement de.......... est fondée, et qui apparemment ne seroient guère disposés à approuver la

préférence que vous auriez donnée à celle du parlement de......

Je persiste donc, quoique par des motifs différens,
dans ce que je vous ai écrit par ma première lettre,
et l'erreur de fait ne change rien au fond de mon
sentiment sur le droit.

§. IV. — *Frais de Procédure.*

Du 23 juillet 1728.

J'ai reçu la lettre que vous m'avez écrite le 9 de
ce mois, au sujet des épices sur les arrêts rendus en la
chambre de la tournelle. La règle générale, en cette
matière, est que l'on ne met point d'épice en matière
criminelle, lorsque l'on juge un procès où le procureur du roi est seule partie ; et cette règle doit être
d'autant mieux observée en Bretagne, que le roi y
donne une somme à chaque conseiller qui sert à la
tournelle, comme cela se pratique au parlement de
Paris, pour le dédommager du service gratuit qu'il
rend en cette matière. Il est indifférent, après cela,
que l'accusé ait du bien ou qu'il n'en ait pas, parce
qu'il ne doit pas être condamné à payer les frais du
procès qu'on instruit contre lui ; encore moins les
épices des juges ; et, si l'usage du parlement de
Rennes est de condamner les accusés aux dépens,
lorsqu'ils ne sont poursuivis qu'à la requête de la
partie publique, c'est un abus qui ne peut pas en
autoriser un autre, comme il le feroit, si, sous ce prétexte, les juges prétendoient être en droit de faire
payer des épices aux accusés qu'ils condamnent.

Cette réponse, que j'aurois faite, il y a long-
temps, à votre lettre du 9 juin, et dont l'envoi a été
différé par des raisons inutiles à expliquer, vous marque assez ce que je pense sur la question que vous
m'avez proposée par votre lettre du 22 juin ; le fait

particulier que vous m'expliquez est compris dans la
règle générale que je viens de vous marquer ; j'y
ajoute seulement qu'il est inutile d'ordonner que les
frais de justice seront pris sur les amendes, parce que
cela est de droit; mais, ces frais ne comprennent pas
les épices qu'il n'est jamais permis de mettre sur les
procès où l'accusé n'a point d'autre partie que le procureur-général ou ses substituts.

<hr />

Du 15 mai 1729.

J'AI eu occasion de revoir, depuis peu, un projet
d'ordonnance que vous m'avez envoyé, il y a déjà
long-temps, au sujet des exécutoires qui se décernent
sur le domaine, pour le paiement des frais des instructions criminelles poursuivies à la requête des procureurs du roi, et pour plusieurs autres dépenses
également privilégiées. Le meilleur usage que j'aurois
pu faire de ce projet d'ordonnance étoit de le faire
entrer dans un réglement général, auquel je désire,
depuis long-temps, qu'on travaille sur cette matière;
mais, comme ce réglement n'est pas encore achevé,
et qu'en attendant il seroit toujours bon que votre
généralité pût jouir du bien que vous avez voulu lui
procurer par l'ordonnance dont vous m'avez envoyé
le projet, je prends le parti de vous écrire, que je
l'approuve entièrement, et que vous pouvez publier
votre ordonnance quand vous le jugerez à propos.
Je suppose que vous n'aurez pas manqué d'en faire
part à M. le contrôleur-général, sans la participation
duquel vous ne pourriez pas agir utilement en pareille matière.

Du 19 mai 1729.

Si votre substitut au bailliage de Bugey avoit fait ordonner que, faute de poursuites et de diligence de la part de,........, partie civile, le procès criminel dont il s'agissoit seroit poursuivi et instruit à sa requête, il seroit sans difficulté qu'on devroit faire payer sur le domaine les frais de son transport hors du lieu de sa résidence, sauf le recours du fermier du domaine contre la partie civile ; mais, dès le moment qu'il n'a pas pris cette précaution, et que l'instruction du procès a été faite entièrement à la requête de cette partie, l'exécutoire ne peut être décerné que contre elle, et je ne vois aucun moyen de venir au secours de ce malheureux substitut, qui, par un défaut de précaution, est tombé dans le cas de se manquer le premier à lui-même. Si cependant, après avoir bien examiné toute sa procédure dans l'esprit que je viens de vous marquer, vous croyez que l'on puisse faire quelque chose en sa faveur, j'entrerai bien volontiers dans votre sentiment, qui sera toujours, sans doute, conforme à la règle.

Du 19 mai 1729.

L'EXPLICATION que vous m'avez donnée de ce que j'avois bien compris dans votre lettre du 26 janvier de cette année, sur les exécutoires qui se décernent pour le paiement des frais de l'instruction des cas prévôtaux, me satisfait pleinement. Vous avez raison de croire que l'article 27 du titre 2 de l'ordonnance de 1670 ne peut regarder que les procès dans lesquels il y a une partie civile, ce qui n'arrive presque jamais dans les affaires prévôtales. A l'égard des procès où il n'y en a point, et dont les frais se prennent sur les domaines du roi, la révision que vous faites des exécutoires décernés en ce cas, tient lieu de toutes les formalités qu'on pourroit désirer dans cette matière. Je suis fâché que des occasions plus pressantes m'aient empêché de vous faire plus tôt cette réponse.

Du 22 mai 1729.

AVEC quelque exactitude que vous ayez pris soin de me rendre compte de toutes les circonstances de l'affaire de M. le président de........ et du sieur de........, son sénéchal, il seroit bien difficile de porter un jugement certain sur les fautes dont cet officier a été accusé, et sur les torts que M. le président de........ peut avoir eus de son côté par trop de chaleur et de vivacité; il faudroit, pour cela, avoir vu tout le procès, et c'est ce qui seroit fort inutile, puisque le parlement y a prononcé, ainsi qu'il a cru le devoir faire en connoissance de cause; mais il y a au moins deux articles qui ne sont susceptibles d'aucune difficulté :

Le premier, est que le parlement n'a pas été en droit de taxer des épices pour le rapport d'un procès où il n'y avoit point de partie civile, et où il ne s'agissoit que de statuer sur l'appel *à minimâ*, interjeté par vous ou par votre substitut, de la sentence rendue par le sénéchal de Rennes ;

Le second, que, par conséquent, vous avez raison de m'assurer que vous ferez rendre au sieur....... les pièces qu'il a produites, et qui sont encore au greffe, où on n'auroit pas dû les retenir si long-temps. Il n'y auroit pas eu de prétexte pour le faire, quand même on auroit pu taxer des épices sur un procès de la nature de celui dont il s'agit, tout ce que le greffier peut faire en pareil cas, se réduisant à ne point délivrer l'arrêt jusqu'à ce que les épices aient été payées. Il y avoit encore moins de raison, ou plutôt il étoit encore plus injuste de différer de rendre les pièces à la partie, dans un cas où il ne pouvoit être dû aucunes épices. Vous prendrez, s'il vous plaît, la peine de faire part de ce que je vous écris, non-seulement au greffier, mais au rapporteur du procès, et vous aurez soin d'empêcher qu'à l'avenir on ne puisse reprocher un pareil abus à une compagnie, qui doit être, en ce point, comme dans tout le reste, l'exemple de tous les siéges de son ressort.

Du 25 mai 1729.

SI vous aviez bien lu la lettre que je vous ai écrite, le 20 février, sur les frais du procès instruit contre les officiers de......., vous ne vous seriez pas récrié avec aussi peu de fondement que vous faites, sur le tort que l'on vouloit faire à votre réputation. Personne ne songe à l'attaquer, et l'affaire dont il s'agit n'en fournit pas même le moindre prétexte. Quand je vous ai dit, par ma lettre, que les dépens auxquels un accusé est condamné dans les affaires criminelles où vous êtes seul partie, sont censés vous être adjugés, et que vous êtes supposé en avoir fait l'avance, c'est une vérité que personne ne peut contester, et à laquelle votre honneur n'est nullement intéressé. A qui ces dépens seroient-ils adjugés, si ce n'est à la seule partie qui a fait condamner l'accusé? Je sais bien que, dans l'exacte vérité, vous n'avancez pas les frais en pareil cas, et que l'exécutoire qui se décerne par un mauvais usage de votre province, ne profite qu'aux officiers inférieurs qui ont travaillé à l'instruction; aussi, ne vous ai-je pas dit que ces dépens vous fussent réellement adjugés; j'ai dit seulement, comme cela est très-vrai, qu'ils étoient censés vous être adjugés, parce qu'on supposoit que vous en aviez fait l'avance; je n'ai regardé tout cela que comme une présomption de droit plutôt que de fait, et la seule conséquence que j'en ai tirée est qu'il résultoit au moins de cette supposition que c'étoit à vous de diriger les poursuites qui se font contre la partie condamnée. Vous devriez, en vérité, faire plus de réflexion à ce que vous écrivez, et être plus en garde contre une délicatesse dont le principe est louable, mais qui n'a ici aucun fondement, comme il vous sera facile de vous en convaincre en relisant avec plus d'attention les termes de la lettre que je vous ai écrite.

Au surplus, je conviens que vous ne pouvez pas, de votre seule autorité, réformer l'exécutoire que le parlement a décerné dans l'affaire des officiers de.........., et les réduire aux seuls frais que l'on passe aux officiers, quand il s'agit de les faire payer sur le domaine du roi.

Mais rien n'empêche que, sur votre remontrance, le parlement ne rende un arrêt qui les renferme dans des bornes légitimes, que l'on n'auroit jamais dû excéder.

Vous pouvez concerter les démarches que vous ferez sur ce sujet, avec M. le premier président et avec M. le président de la tournelle. Je ne doute pas qu'ils ne se conforment très-volontiers à la règle que je vous ai marquée.

Du 29 mai 1729.

Il n'y a point eu d'arrêt du conseil qui ait établi, par un ordre général, que les taxes des témoins dans les procès criminels instruits à la requête de vos substituts, seroient payées sur-le-champ; quelques intendans, par zèle pour la justice, ont rendu d'eux-mêmes des ordonnances sur ce sujet; j'ai excité les autres à suivre un si bon exemple, je croyois que tous l'avoient fait; mais, puisque vous savez qu'il y a des lieux où cette règle ne s'observe pas, je vous prie de m'en envoyer les noms, afin que je sois en état d'y pourvoir.

Du 11 juin 1729.

PUISQUE vous me demandez une explication plus ample de la règle que je vous ai marquée, au sujet des épices qui ont été mises sur l'arrêt rendu contre le sieur......, je vous dirai d'abord qu'il est sans difficulté qu'on ne peut taxer aucunes épices pour les procès qui ne sont poursuivis qu'à votre requête ou à celle de vos substituts. A l'égard des procès qui ont été instruits à la seule requête des procureurs-fiscaux des seigneurs, et qui sont portés au parlement, l'usage du parlement de......, que je n'ai jamais approuvé à cet égard, est que les juges se taxent des épices, qui sont payées par le seigneur du lieu où le procès a été instruit ou jugé en première instance. Si votre compagnie est dans le même usage, on peut le tolérer, jusqu'à ce qu'il ait plu au roi de faire un réglement sur cette matière, qui en a un très-grand besoin.

Du 26 juillet 1729.

J'AI reçu la lettre que vous m'avez écrite au sujet des plaintes que vous avez portées au roi contre M. le président de........ Après l'examen que j'ai fait de tout ce qui m'a été envoyé sur ce sujet, je trouve qu'on ne peut faire aucun usage de votre procès-verbal, soit parce qu'il ne vous appartient pas d'en dresser un contre votre supérieur, soit parce que les faits dont vous vous plaignez s'étant passés sans témoins, il est impossible d'en avoir la preuve, et que, dans le doute, la présomption doit être, pour un magistrat de la naissance et de la dignité de M. de....... Je sais d'ailleurs que, si vous passez pour avoir de la droiture, on vous regarde aussi, dans la province, comme un esprit qui n'a pas encore toute la maturité que l'âge vous donnera peut-être dans la suite, et à qui il est échappé plusieurs choses qui ne marquent pas une conduite aussi mesurée et aussi circonspecte qu'on doit l'attendre d'un officier, et d'un officier inférieur. La preuve sur laquelle vous avez condamné le sieur........ m'a paru bien légère, quand j'ai lu les informations et les interrogatoires qui ont servi de motif à votre jugement, outre qu'il n'est pas même bien certain que l'affaire fût de votre compétence. Ainsi, après avoir écrit à M. le président de......., comme j'ai cru le devoir faire, sur ce qui s'est passé, je ne peux que laisser tomber un procès-verbal qui ne sauroit avoir aucune suite régulière, et vous recommander de vous conduire avec toute la sagesse qui convient à des inférieurs par rapport à leurs supérieurs, que je crois d'ailleurs trop justes et trop éclairés pour vouloir vous faire un crime de n'avoir pas regardé leurs sollicitations comme des lois inviolables.

Au surplus, j'ai été surpris de voir, à la fin de votre sentence, que vous y avez condamné les accusés aux dépens.

Premièrement, une telle condamnation est absolument irrégulière dans une affaire où il n'y avoit point d'autre partie que le procureur du roi ; mais, d'ailleurs, quand même cette condamnation pourroit être excusée par de mauvais usages, je ne comprends pas comment, sur une procédure où il n'y avoit qu'une information composée, pour la plus grande partie, de témoins assignés mal à propos, qui déclarent n'avoir aucune connoissance des faits dont il s'agissoit, et sur quatre interrogatoires fort sommaires, les dépens ont pu monter à 213 livres, sans y comprendre les épices et le coût de la sentence.

Cette réserve des épices, et la taxe qui en est faite au bas de ce jugement, est encore plus irrégulière et plus répréhensible.

Non-seulement vous avez contrevenu par là à l'ordonnance de 1670, qui défend expressément à tous

juges de se taxer des épices dans les procès criminels
où il n'y a point de partie civile, mais vous avez
blessé aussi ouvertement les règles de l'ordre public
même, par rapport aux matières purement civiles,
où l'on ne peut taxer des épices que sur des procès
et instances qui ont été instruits par écrit. Or, la
sentence que vous avez rendue auroit dû régulièrement être donnée à l'audience ; une information et un
interrogatoire ne forment point un procès par écrit ;
et une affaire criminelle n'acquiert véritablement ce
caractère que lorsqu'il y a eu un réglement à l'extraordinaire, suivi d'un récolement et d'une confrontation ; jusque-là tous les jugemens qui se rendent ne
sont regardés que comme des sentences d'audience,
quoique les juges en aient délibéré à la chambre du
conseil, ce qu'ils peuvent faire dans certaines occasions, pour lire plus attentivement les informations
et les interrogatoires, sans que cette circonstance les
autorise à se taxer aucunes épices, quand même il y
auroit une partie civile.

Enfin, les épices que vous vous êtes taxé sont aussi
exorbitantes qu'irrégulières, pour la simple peine
de voir une information et quatre interrogatoires,
pièces qu'on peut lire en moins d'un quart d'heure,
et sur lesquelles il y a lieu de croire que vous prétendez encore être payé de vos vacations ; vous vous êtes
taxé quarante liv., en sorte qu'en y joignant les deux
tiers de la même somme pour le procureur du roi,
il en coûteroit plus de 300 livres à la partie condamnée, et cela pour une sentence qui auroit dû être
rendue à l'audience.

Tout cela me fait voir que ceux à qui je me suis
adressé pour m'informer de votre caractère ont eu
raison de m'écrire que vous êtes peu instruit des règles de votre état, et que la trop bonne opinion que
vous avez de vous-même vous empêche souvent de
suivre les lumières de ceux qui en ont plus que vous ;
mais, comme je ne dois pas souffrir des abus aussi
grands que ceux que je viens de vous marquer, je
suis obligé de vous avertir que vous n'avez point

d'autre parti à prendre que de rendre incessamment les épices et vacations que vous pouvez avoir reçues, ou d'en donner une décharge pure et simple, si elles ne vous ont point encore été payées, à la partie condamnée; à quoi le procureur du roi doit aussi se conformer de sa part, sinon je serai obligé de donner ordre à M. le procureur-général, de vous y faire condamner, sur sa réquisition, par un arrêt du parlement. Le meilleur conseil que je puisse vous donner est de prévenir un tel éclat.

A l'égard de l'évocation que vous demandez, la chose me paroît bien difficile; j'entendrai néanmoins ce que votre avocat au conseil aura à me représenter à cet égard.

Du 2 août 1729.

On ne peut être moins édifié que je le suis, de la consultation que vous me faites par votre lettre du 23 juillet 1729. Je suis surpris, et avec raison, de voir le doyen d'un présidial mettre en doute s'il observera une ordonnance aussi claire et aussi précise que celle qui défend à tous juges de comprendre leurs épices et vacations dans les exécutoires qu'il décerne en matière criminelle, lors même qu'il y a une partie civile, et, à plus forte raison, lorsqu'il n'y en a point. La condamnation aux dépens est même irrégulière en ce cas, et c'est un abus condamné par beaucoup d'anciennes et de nouvelles ordonnances, qui mérite d'être réformé de nouveau par le roi. Mais, pour me renfermer dans ce qui regarde les épices, il est vrai que, lorsqu'il y a une partie civile, et qu'elle a payé les épices en levant la sentence, elle peut les répéter contre la partie condamnée; mais cette règle n'a nulle application au procès où le procureur du roi est seul partie, et où il est absolument défendu aux juges, sans aucune exception, de se taxer des épices. Qui est-ce qui en feroit l'avance;

en levant la sentence? seroit-ce le procureur du roi?
C'est une pensée qui ne peut venir dans l'esprit d'aucun juge. Dire que le rapporteur doit avoir autant
de faveur que la partie civile, qui peut répéter les
épices contre le condamné quand elle les a payées,
c'est un raisonnement auquel je ferois trop d'honneur,
si je voulois y faire une réponse sérieuse. Renfermez-
vous donc aussi bien que votre compagnie, dans ces
deux règles certaines; l'une, que, lorsque le procureur du roi est seul partie, il n'est jamais permis aux
juges de se taxer des épices; l'autre, que quand il
y a une partie civile et des épices taxées, cette partie
peut bien en faire l'avance, si elle le juge à propos,
pour les répéter contre la partie condamnée; mais
que jamais les épices, non plus que les vacations,
ne peuvent être comprises dans les exécutoires qui se
décernent en matière criminelle.

<hr>

Du 12 août 1729.

La lettre que vous m'avez écrite, le 20 juin dernier, sur l'usage prétendu de ne pas remettre au
greffe les arrêts rendus en matière criminelle, jusqu'à
ce que les épices en aient été payées, m'a fait voir
que l'exposé des plaintes que j'avois reçues sur ce
sujet, par rapport au procès du nommé........,
n'étoit pas exactement conforme à la vérité, et je suis
fort aise d'apprendre, par votre témoignage, que les
rapporteurs ne méritent pas les reproches qu'on auroit pu leur faire sur ce sujet, si les plaintes que j'ai
reçues avoient été bien fondées. J'ai lieu de croire
néanmoins qu'il y a eu quelques conseillers qui n'en
ont pas aussi bien usé, à cet égard, que ceux dont
vous me parlez par votre lettre; mais, comme vous
m'assurez que l'esprit général de votre chambre est
entièrement contraire à un abus qui blesseroit autant
l'honneur des juges que la justice même, je ne crois
pas qu'il y ait aucune nouvelle précaution à prendre

sur cette matière, et je suis persuadé qu'à votre exemple, tous ceux qui présideront, après vous, à la tournelle, auront toujours la même attention à empêcher que l'exécution des arrêts ne soit jamais retardée d'un seul moment, sous prétexte du défaut de paiement des épices. Vous ne me marquez point si le nommé........ a été transféré à Bayonne, pour y subir la peine à laquelle il a été condamné; mais je dois présumer que cela est fait il y a long-temps, en exécution de l'arrêt rendu dès le 26 janvier dernier.

Du 1.er novembre 1729.

Il auroit été d'une longue discussion de répondre en détail à votre lettre du 31 août dernier, au sujet de l'usage où sont les juges de votre province de condamner les accusés aux dépens, et même au paiement des épices, quoiqu'ils n'aient point eu d'autres parties que vos substituts. La meilleure réponse, à cette lettre et à cet usage, est le réglement auquel le roi trouve bon qu'on travaille sur une matière si importante; mais, en attendant qu'il soit achevé, je me contenterai de vous dire, en peu de mots, qu'il faut distinguer deux choses en cette matière :

La première, est la condamnation aux dépens ou aux frais de l'instruction;

La seconde, est la taxe des épices et l'obligation imposée aux accusés de les payer.

A l'égard du premier point, quoique toutes les ordonnances, anciennes et nouvelles, fassent assez connoître, à ceux qui les savent bien entendre, que les accusés ne doivent jamais être condamnés aux dépens, lorsqu'ils n'ont pour parties que les procureurs-généraux ou leurs substituts; cependant il y a quelques provinces dans le royaume, où l'on suit un usage contraire, parce qu'on n'y a pas assez compris le véritable sens des ordonnances, qu'il seroit bon, en effet, d'expliquer encore plus clairement. M. le chancelier de......., dont vous parlez dans votre lettre, avoit pris des mesures pour parvenir à établir une jurisprudence uniforme sur ce point dans tout le royaume. La longue durée de la dernière guerre, et les différens changemens 'qui sont arrivés depuis dans l'état, ont empêché que cette vue n'ait eu encore son exécution. Je travaille actuellement à la suivre, comme je vous l'ai déjà marqué ; mais, comme, jusqu'à ce qu'elle ait été portée à sa perfection, il est difficile de changer d'anciens usages qui subsistent dans plusieurs provinces, je veux bien fermer les yeux, quant à présent, sur ce qui se passe, à cet égard, dans la vôtre, puisque vous m'assurez que les juges y ont toujours été en possession de condamner les accusés aux dépens, quoiqu'ils n'aient été poursuivis qu'à la requête de la partie publique.

Mais, il n'en est pas de même du second point. L'ordonnance de 1670 est si précise sur ce qui regarde les épices, qu'elle défend aux juges d'en exiger dans les procès criminels où il n'y a point de partie civile, et l'exaction des épices a quelque chose de si odieux en ce cas, qu'on ne peut jamais tolérer un pareil usage ; et, en effet, on ne le tolère point, puisque cette raison est souvent entrée dans les motifs qui ont porté le conseil à casser des arrêts de votre parlement même.

Prenez donc la peine de faire part à votre compagnie de ce que je vous écris sur ce point, afin qu'elle fasse cesser au plus tôt un si mauvais usage, soit dans son propre corps, soit dans les siéges qui lui sont subordonnés, ce qui sera beaucoup plus honorable pour elle, que si le roi étoit obligé d'interposer son autorité pour réformer un tel abus.

Du 6 novembre 1729.

Si le nommé....... avoit une partie civile dans
le procès criminel qui a été jugé par le parlement de
Grenoble, il est sans difficulté qu'il doit demeurer
en prison jusqu'à ce qu'il ait satisfait à la condamnation prononcée contre lui.

S'il n'avoit point de partie civile, la condamnation
au paiement des frais de justice est contraire aux règles établies par les ordonnances; mais, comme je
crois que votre province est une de celles où l'usage
contraire est toléré depuis long-temps; on ne peut
donner atteinte à cet usage dans le cas particulier
dont il s'agit, sauf à le réformer par le réglement
général, auquel le roi trouve bon qu'on travaille sur
cette matière; mais la tolérance d'un tel usage ne
doit pas aller jusqu'à ce qui regarde les vacations et
les épices des juges, qui ne peuvent avoir lieu en
aucun cas dans les procès poursuivis seulement à
votre requête ou à celle de vos substituts; ainsi,
supposé que le nommé...... paie les frais de justice tels que le roi les feroit acquitter sur son domaine, s'il en étoit tenu, on ne peut lui refuser sa
liberté.

A l'égard de la débauche abominable dont il s'est
rendu suspect dans les prisons, vous avez très-bien
fait de le faire mettre au cachot; et, s'il y a de quoi
le convaincre de ce crime et d'être un corrupteur
de la jeunesse, il ne faudroit le laisser sortir de
prison que pour l'enfermer par ordre du roi dans
quelque hôpital ou dans quelque maison forte,
comme on le pratique ordinairement en pareil cas.
Prenez donc la peine d'approfondir encore plus sa
conduite sur ce sujet, afin que sur le compte que
vous m'en rendrez, je puisse voir s'il y aura lieu de
vous adresser un ordre du roi tel que je viens de
vous le marquer.

Du 25 novembre 1729.

Je vous prie de m'envoyer un extrait des charges et informations, afin que j'écrive sur ce sujet à MM. de la tournelle, avec plus de connoissance de cause, pour ranimer leur zèle et leur attention pour l'observation rigoureuse des ordonnances qui ont été faites sur une matière si importante.

Au surplus, la manière dont vous excusez ce tribunal, par rapport à l'affaire dont il s'agit, ne les justifie point sur la condamnation de dépens prononcée contre l'accusé qu'ils ont mis hors de cour, et elle ne peut servir qu'à faire condamner sa conduite par rapport à un point beaucoup plus essentiel, je veux dire le jugement du fond de l'accusation; il est en vérité bien extraordinaire, que des magistrats ne rougissent point de reprocher à un accusé son ingratitude, parce qu'il se plaint d'une condamnation de dépens, pendant qu'il devoit leur rendre grâce de lui avoir sauvé la vie. On ne peut être plus scandalisé que je le suis d'une telle réponse, et elle ne me donne pas une grande idée de la justice des magistrats qui ont été capables de la faire.

Du 5 février 1730.

Le principal objet de la lettre que je vous ai écrite au sujet du procès des sieurs de..... et....., étoit l'excès d'indulgence que l'arrêt que la tournelle a rendu en faveur d'accusés contumaces, et dans une accusation de duel où il y avoit au moins des soupçons considérables contr'eux. Vous m'assurez que les juges profiteront de ce que je vous ai marqué à ce sujet, et c'est tout ce que j'ai désiré, en vous écrivant comme je l'ai fait.

A l'égard de l'article des dépens que je n'ai touché qu'en passant dans ma lettre, j'ai toujours compris la force du terme *de mettre un accusé hors de procès*, et cette expression est absolument semblable à celle dont on use en ce pays-ci, quand on met les accusés *hors de cour*, en y ajoutant souvent même ces mots, *et de procès*; mais c'est en attachant à cette forme de prononcer le même sens que vous y donnez, qu'il m'a paru extraordinaire d'y joindre une condamnation de dépens, parce qu'après tout, quoique, suivant ce style, l'accusé ne soit pas expressément déchargé de l'accusation, il est vrai de dire néanmoins, qu'il n'est pas non plus condamné, et il faudroit, dans la règle, qu'il le fût, pour prononcer contre lui une condamnation de dépens, qui n'est régulièrement que la suite et l'accessoire d'une condamnation principale. La formule de mettre les parties *hors de cour et de procès*, suppose, à la vérité, qu'il y a eu quelque doute dans l'esprit des juges; mais le doute produit bien plus naturellement une compensation de dépens qu'une condamnation, surtout lorsque cette condamnation même n'est fondée que sur un mauvais usage tel que celui de votre province sur les dépens auxquels les accusés sont condamnés, quoiqu'ils n'aient été poursuivis qu'à la requête de la partie publique.

C'est ce qui sera examiné plus à fond, lorsqu'il sera question de faire un réglement général sur les frais des procès criminels, à quoi je compte toujours de travailler incessamment.

Du 17 mai 1731.

LA règle générale est qu'on ne doit point condamner un accusé aux dépens, dans les affaires où il n'a été poursuivi qu'à la requête de la partie publique. Il est vrai que votre province est une de celles où l'on a suivi pendant long-temps un usage contraire; mais il est bon de revenir à l'uniformité sur ce point, comme sur bien d'autres; ainsi, j'approuve fort la difficulté que messieurs de la tournelle font d'accorder au procureur du roi de........ l'exécutoire qu'il demande, sur les biens de ceux qu'il a fait condamner au dernier supplice ou aux galères perpétuelles. C'est au procureur du roi à se faire rembourser sur le domaine des frais qu'il a avancés, et de s'adresser pour cela à M.........., qui réglera ses frais sur le pied des arrêts du conseil qui servent de loi en cette matière, et dont l'exécution lui est confiée en......

Du 4 septembre 1731.

Si le divertissement des tableaux et autres effets dont M........ a rendu plainte est un véritable vol, comme il paroît que le parlement l'a supposé, il est sans difficulté que le procureur du roi est obligé d'en achever la poursuite au défaut de M....., qui, cependant, ne peut se dispenser d'en supporter les frais, dès le moment qu'il a rendu plainte et qu'il ne s'en est pas désisté dans les vingt-quatre heures; c'est le seul moyen de concilier l'intérêt public avec le soin de ne pas charger, sans raison, le domaine du roi des frais d'un procès dans lequel il y a une partie civile.

Du 27 août 1734.

Vous entrez dans le véritable esprit des règles qui ont lieu pour les frais de la poursuite des procès criminels. Les dénonciateurs ne sont pas tenus d'en avancer les frais; mais, lorsque par l'événement leur dénonciation se trouve mal fondée, et que l'accusé est déchargé de l'accusation, il peut obliger le promoteur ou le procureur du roi, à la requête duquel son procès a été poursuivi, à lui nommer son dénon-

ciateur, qui répond en ce cas des dommages et intérêts de celui qu'il avoit dénoncé, et qui doit être
condamné à les payer.

Il est bien aisé après cela d'appliquer ces principes à l'affaire du sieur..... Si c'est le sieur.....
qui s'est rendu dénonciateur de cet ecclésiastique,
il n'est pas tenu, à la vérité, de payer les frais de
l'instruction ; mais s'il arrivoit que le sieur......
pût parvenir dans la suite à se faire décharger de
l'accusation, la condamnation aux dommages de cet
accusé ne pourroit tomber que sur le sieur......,
dénonciateur, et non pas sur vos officiers, à moins
qu'ils n'eussent donné lieu à une prise à partie bien
fondée, ce que l'on ne sauroit présumer.

<hr>

Du 14 septembre 1734.

PAR le compte que M...... m'a rendu de la ré-
duction qu'il a faite sur l'exécutoire que vous lui
avez présenté pour le paiement des frais du procès
instruit contre la nommée......., je vois qu'il n'a
fait que se conformer aux réglemens du conseil, qui
ne permettent pas d'allouer, dans ces exécutoires,
des articles dont le domaine ne doit pas être chargé,
comme les vacations ou les épices des officiers, et
autres choses semblables. Ainsi, vous devez vous en
tenir à ce qu'il a fait, au lieu de vouloir relever
une affaire finie il y a sept ans, et de le faire avec
une imprudence qui n'a servi qu'à me faire connoître la mauvaise facilité que vous avez eue de
donner un certificat de carence de biens, qui ne
vous empêche pas d'oser demander à présent la confiscation des biens d'un accusé, que vous avez déclaré n'en avoir point. Votre demande me paroît
donc encore plus téméraire que vos plaintes, et c'est
à vous de tâcher d'effacer, par une meilleure conduite, l'impression qu'une telle demande doit faire
sur mon esprit.

Du 18 septembre 1734.

L'USAGE de condamner les accusés aux dépens, lorsqu'ils n'ont point de partie civile, est contraire aux véritables règles de l'ordre public, et même à la disposition des ordonnances. J'espère que le roi le réformera incessamment par une déclaration qui vous sera envoyée dans le cours du parlement prochain.

Cet usage est encore plus insoutenable, lorsqu'on met les accusés hors de cour, et ce qui porte l'irrégularité jusqu'au dernier degré, est d'ordonner qu'un accusé, contre lequel on n'a trouvé aucune preuve suffisante pour le condamner, demeurera en prison jusqu'à ce qu'il ait payé des dépens qui ne peuvent emporter la contrainte par corps, même en matière criminelle, que lorsqu'ils sont la suite d'une condamnation principale.

Il est inouï d'ailleurs, dans les autres tribunaux, qu'on oblige, en aucun cas, un accusé à rembourser le prix du pain du roi, qui lui a été fourni pendant le cours de l'accusation; c'est une fourniture dont les parties civiles mêmes, lorsqu'il y en a, ne sont pas tenues, et qui ne tombe jamais en répétition.

Ce que l'on fait au parlement de Grenoble est même contraire aux intérêts du roi, puisqu'on continue de lui faire fournir le pain au prisonnier après le jugement définitif. C'est une avance que, dans bien des cas, le fermier du domaine ne peut retirer, et cet article est aussi extraordinaire que tout le reste.

Ainsi, pour rapprocher au moins les choses des véritables règles, en attendant qu'on ait reformé solidement des usages si abusifs, il est non-seulement de la charité, mais de la justice et de l'équité de venir au secours du sieur ...., curé de Saint-Julien-en-Quint, en lui faisant dire qu'il peut présenter une requête pour demander son élargissement, en payant une partie des frais pour lesquels on le retient en prison; et, quand il n'en paieroit

qu'un quart ou qu'un cinquième, vous devez consentir qu'il soit mis en liberté, à la charge de satisfaire au surplus, dans un temps qui peut être fixé
à une année.

Du 2 février 1736.

J'AI différé de répondre à vos deux lettres du...,
soit parce que j'ai voulu entendre auparavant ceux
qui pouvoient y avoir quelqu'intérêt, soit parce qu'il
y a si peu de règles certaines sur une partie des difficultés qui sont contenues dans vos deux lettres,
qu'il n'est pas aisé de donner une décision précise
sur cette matière.

Le premier des points sur lequel vous m'avez consulté consiste à savoir, sur quel pied les droits de greffier de la tournelle du parlement de Paris doivent
être payés pour l'expédition des procédures qu'il a été
obligé d'envoyer au greffe du parlement de Dijon,
dans l'affaire des officiers de Saint-Pierre-le-Moutier.

Le greffier en chef de ce parlement, dont vous
avez vu le certificat, m'a avoué qu'il n'étoit pas bien
instruit de la distinction qu'il faut faire entre les
cas où il y a une partie civile, et ceux où il n'y en
a point. En effet, la plupart des greffiers, même du
parlement de Paris, ne connoissent point cette distinction ; ils délivrent toujours des exécutoires sur
le même pied aux greffiers des siéges inférieurs, pour
le paiement des grosses qu'ils envoient, et ils ne
s'embarrassent pas de ce qui en arrive dans la suite.
Mais MM. les intendans, à qui ces exécutoires sont
présentés, refusent communément de les viser, et
ils les réduisent presque à la valeur du papier marqué, parce qu'en effet, ils ne sont autorisés par
aucun réglement à passer aux greffiers, ce qu'ils demandent à cet égard.

Il faut convenir d'ailleurs que les droits qu'on leur
taxe pour leurs expéditions ont été réglés sur un
pied trop fort; lors même qu'il y a une partie civile,

et, par conséquent, qu'on peut encore moins les leur passer, lorsque le procureur-général ou ses substituts sont les seules parties, et que les frais doivent se prendre sur les domaines du roi.

On travaille, à la vérité, actuellement à une déclaration qui contiendra un réglement fort étendu sur toutes les difficultés qui naissent par rapport aux frais des procédures criminelles ; mais, comme cet ouvrage n'a pas encore reçu sa dernière perfection, et qu'il n'y a point eu jusqu'ici de règle bien certaine sur l'article particulier qui fait votre difficulté, je crois que ce que vous pouvez faire de mieux est de vous conformer, par provision, à l'usage qu'on observe au parlement de Dijon, lorsqu'il s'agit de régler les droits des greffiers pour leurs expéditions, dans les cas où il n'y a point de partie civile; vous ne contreviendrez pas par là à des lois faites pour le parlement de Paris, puisqu'il n'y en a encore aucune sur ce point; et d'ailleurs, comme il s'agit ici d'un envoi de procédures au parlement de Dijon, qui seul a le droit de régler les frais de cet envoi, rien n'est plus naturel que de lui laisser suivre ses règles en pareil cas.

La même raison me fait penser aussi, sur le second point de votre lettre, que c'est sur le domaine du roi, dans le duché de Bourgogne, que l'exécutoire doit être décerné, puisqu'il est question de frais que l'on fait pour un procès renvoyé au parlement de cette province.

Les difficultés que vous proposez par votre seconde lettre ne méritent pas moins d'attention.

J'avois cru, à l'égard de la première, que tous les accusés qui ont été compris dans le procès commencé contre deux officiers principaux de Saint-Pierre-le-Moutier, ne manqueroient pas, à l'exemple de ces deux officiers, d'avoir recours à l'autorité du roi, contre les arrêts du parlement de Paris, dont les sieurs...... et...... ont obtenu la cassation, et de se faire renvoyer au même parlement qui a été établi juge de ces officiers; mais, comme il n'y en a encore qu'un des autres accusés qui ait pris ce parti, je pense, comme vous, qu'il sera nécessaire que Sa Majesté explique plus amplement ses intentions sur ce sujet, pour ne pas diviser un procès criminel et je compte qu'il y sera pourvu incessamment.

L'inconvénient du changement des rapporteurs est aisé à prévenir, en autorisant par un arrêt du conseil celui que vous aurez commis une fois, à continuer d'en remplir les fonctions, lors même qu'il ne sera plus de service à la tournelle.

Pour ce qui est de savoir s'il sera à propos de nommer un commissaire du parlement pour les instructions qui seront à faire sur les lieux, ou de déléguer les officiers du bailliage voisin, c'est une question prématurée et qui doit dépendre de la prudence des juges. Tout ce que l'on peut dire en général sur ce sujet, est que le second parti paroît le meilleur, comme le moins long et le moins onéreux au domaine du roi; mais que cependant c'est le bien de la justice qui en doit décider, et si cela arrivoit, je suis persuadé que celui qui seroit nommé commissaire, et M. l'intendant, n'auroient pas beaucoup de peine à se concilier sur les frais auxquels le transport de cet officier donneroit lieu.

Du 16 février 1736.

Il ne paroît pas trop juste, en effet, que le greffier de la tournelle du parlement de Paris soit traité comme celui d'un siége inférieur, subordonné au parlement de Dijon; mais on peut prendre un milieu sur ce point, entre ce que l'on donne aux greffiers dans le parlement de Paris, quand il y a une partie civile, et ce que celui de Dijon accorde aux greffiers des siéges inférieurs de son ressort; et c'est de quoi M. le procureur-général pourroit convenir avec M. l'intendant. La proposition de renvoyer le greffier de la tournelle du parlement de Paris à M. le contrôleur-général est celle, de toutes, qui lui feroit le plus de peine; et je crois qu'il ne conviendroit, ni au parlement de Dijon, ni à M. le contrôleur-général même, que l'on prît une voie si nouvelle.

Au surplus, il me semble que cela ne vous regarde guère, et que c'est l'affaire de M. le procureur-général, par le canal duquel on se concerte ordinairement en pareil cas avec un intendant, qu'il faut toujours éviter de commettre avec la compagnie même.

Du 24 janvier 1737.

J'ai reçu la lettre que vous m'avez écrite, au sujet de la demande faite par le syndic de la ville de Dax, par rapport aux frais du procès criminel qu'il est nécessaire d'instruire contre les coupables de l'empoisonnement du nommé........, Bavarois de nation. Ce qui vous a paru sans difficulté sur ce sujet, en souffre beaucoup en ce pays-ci, et ceux qui sont chargés de l'administration des finances ne conçoivent pas que le roi puisse être tenu de se rendre, en quelque manière, partie civile, pour venger la mort d'un Aubain, parce qu'il en recueille la succession. Si les véritables héritiers, suivant l'ordre du sang, doivent agir en pareil cas, c'est une obligation de bienséance plutôt que de nécessité. Il y en a beaucoup qui ne le font pas et qui laissent à la partie publique le soin de poursuivre la punition d'un crime dont ils profitent indirectement, par la succession qui leur est déférée. Il n'y a point de loi en vertu de laquelle on puisse les contraindre à agir plus noblement, et la seule peine que leur inaction puisse leur attirer, est la préférence qu'un des héritiers pourroit demander sur les autres, en se chargeant de poursuivre le meurtre de leur parent commun. Il paroît donc bien difficile d'exiger qu'un successeur réel, tel que le roi l'est à l'égard des

biens d'un Aubain, et par conséquent un successeur qui ne représente point la personne, et qui ne
doit rien à la mémoire du défunt, se charge d'une
poursuite à laquelle les successeurs mêmes, ordinaires
et légitimes, qui représentent la personne, et à qui
la voix du sang et de la parenté dicte, en quelque
manière, leur devoir, ne sauroient être contraints.
Les droits d'aubaine ne sont pas d'ailleurs entre les
mains du roi, et comment pourroit-on obliger le fermier de ces droits à faire une poursuite dont il n'est
pas chargé par son bail? Sa Majesté ne pourra lui
en refuser une indemnité; ainsi, la charge retombe-
roit toujours sur le domaine du roi, qui est naturellement tenu des frais des procès criminels. Je
ne vois donc ici aucune disposition à introduire une
règle nouvelle en cette matière, quoiqu'elle fût fondée
sur les raisons d'équité qui vous ont touché; et,
puisque la communauté de Dax n'a l'exercice de la
juridiction criminelle qu'à la charge de payer les
frais des procédures, lorsqu'il n'y a point de partie
civile, il faut bien qu'elle les supporte dans l'occasion
présente. Il est seulement fàcheux que le roi ait les
mains liées par un bail, qui l'empêche de faire don
à cette communauté de la succession du nommé....
Ce seroit le moyen le plus naturel de résoudre la
difficulté, mais le bail rend ce moyen impraticable.

Du 12 novembre 1737.

JE ne sais sur quoi peut être fondé l'usage qui s'observe au parlement de......, de donner des droits
au greffier pour le port des procès évoqués de ce parlement et renvoyés dans un autre. Je ne vois aucune
loi qui ait établi ou autorisé cet usage, et d'ailleurs
il paroît contraire aux règles communes, aussi bien
qu'à l'intérêt des parties.

L'évocation peut avoir lieu à l'égard de deux sortes

de procès, c'est-à-dire, des procès civils et des procès criminels.

Dans le premier cas, chacune des parties doit retirer ses sacs ou ses productions du greffe, en payant au greffier les droits qui lui sont dus pour la remise qu'elles y en ont faite; et il n'est ni nécessaire, ni convenable, qu'un officier public soit chargé de porter des sacs des parties d'un parlement dans un autre.

Dans le second cas, c'est par la voie du messager que les procédures extraordinaires doivent être envoyées au parlement, qui, par l'évocation, a été substitué au tribunal naturel des parties.

Le ministère du greffier ne trouve donc point ici sa place, ni par rapport aux procès civils, ni à l'égard des procès criminels ; et, comme ce ministère est onéreux aux parties, et qu'il n'y a point de loi qui l'ait rendu nécessaire, on n'a pas besoin aussi d'aucune loi pour abroger ce qui semble n'avoir été introduit que pour le seul intérêt des greffiers.

L'application de ces réflexions générales est aisée à faire dans le cas qui se présente aujourd'hui; il ne s'y agit que d'un procès civil, et par conséquent c'est au sieur......, ou à son procureur au parlement de......, de retirer ses sacs du greffe du parlement, en payant les droits qui peuvent être dus au greffier, auquel il donnera en même temps une décharge suffisante. La partie adverse du sieur...... en usera de la même manière, et par conséquent la difficulté qu'on a formée en cette occasion tombera d'elle-même, en rétablissant les choses dans l'ordre commun, sans qu'il en résulte aucun inconvénient pour le greffier de votre compagnie.

Du 29 août 1738.

JE vois par votre lettre du......, que le parlement de Bordeaux a fait, autant qu'il pouvoit dépendre de lui, une justice rigoureuse d'un meurtre aussi grand que celui qui a été commis dans la personne du sieur de......, et il est fâcheux qu'une affaire si grave n'ait pu être jugée que par contumace ; mais vous n'avez rien à vous reprocher sur ce sujet, après tous les ordres que vous avez donnés pour vous mettre en état de procurer un plus grand exemple.

Je ne comprends point sur quoi peuvent rouler les plaintes des huissiers sur le paiement de leurs salaires. M...... m'a assuré qu'il ne faisoit aucune difficulté de les payer dans les exécutoires qui doivent être visés par lui, et M......, qui est chargé particulièrement de tout ce qui regarde le paiement des frais des procès criminels, m'a dit plusieurs fois que M. le contrôleur-général a écrit à tous MM. les intendans, d'en user de la même manière ; ainsi, il est fort vraisemblable que les plaintes des huissiers ne sont fondées que sur ce qu'ils veulent être payés sur un pied plus fort, que celui qui est porté par les réglemens, auquel cas elles ne méritent aucune attention.

Du 27 février 1739.

A l'occasion d'une demande en cassation qui a été portée au conseil, et qui n'a pas réussi, j'ai vu un certificat que vous m'avez donné avec MM. vos confrères, et où vous attestez que lorsqu'un accusé qui a été décrété de prise de corps, est condamné à quelque peine et aux dépens, il est d'usage au parlement de......, d'ordonner que cet accusé tiendra prison jusqu'à l'entier paiement, ce qui est regardé comme une suite et une partie de la peine, lorsque cette clause est portée par l'arrêt. Comme il peut y avoir dans cet usage quelque chose qui ne s'accorde pas parfaitement avec les règles, j'ai cru devoir vous écrire, qu'en général c'est une maxime certaine que la condamnation aux dépens n'emporte pas plus la contrainte par corps en matière criminelle, qu'en matière civile, et qu'il n'y a de droit que les dommages et intérêts, ou les réparations civiles, qui puissent être exécutés avec cette rigueur. A la vérité il peut arriver des cas dans lesquels des juges estiment que les dépens peuvent suffire pour tenir lieu de dommages et intérêts, et c'est seulement alors qu'ils peuvent ajouter que l'accusé tiendra prison jusqu'à ce qu'il y ait satisfait; mais toutes les fois qu'il ne s'agit que de simples condamnations de dépens, la contrainte par corps ne peut avoir lieu, même contre ceux à l'égard desquels cette condamnation est prononcée en matière criminelle.

C'est peut-être aussi de cette manière que vous entendez l'usage attesté par votre certificat; mais comme vous ne vous y expliquez pas assez clairement sur ce point, vous prendrez, s'il vous plaît, la peine d'y suppléer par les éclaircissemens que vous me donnerez sur cette matière.

Du 18 *mars* 1739.

APRÈS l'explication que vous me donnez du certificat que vous avez délibéré avec MM. vos collègues, sur l'usage qui s'observe au parlement de.... dans les condamnations de dépens prononcées contre des accusés, je ne vois rien dans cet usage qui soit contraire à la règle sur les condamnations de dépens adjugés pour tenir lieu de dommages et intérêts, les dépens pouvant avoir le même privilége que les dommages et intérêts mêmes, lorsque les juges l'ordonnent ainsi.

Du 22 juillet 1741.

J'AI reçu la lettre que vous m'avez écrite, avec les observations que vous y avez jointes, au sujet d'un projet de taxe pour les témoins qu'on entend dans les procès dont les frais tombent sur le domaine du roi, et qui a été envoyé à M......, de même qu'à tous les autres intendans du royaume. Il m'a paru, comme à M. le contrôleur-général, que vous aviez pris l'alarme bien promptement et bien légèrement sur ce projet, que vous deviez ignorer, au lieu de vouloir l'examiner prématurément; ce n'est point en qualité de premier président que M...... l'a reçu, c'est seulement, comme je viens de vous le dire, en qualité d'intendant. Si, après avoir reçu toutes les instructions et tous les éclaircissemens nécessaires sur cette matière, le roi juge à propos d'y pourvoir par une déclaration, ce sera lorsqu'elle sera envoyée au parlement d'Aix qu'il pourra y faire ses observations; mais jusque-là vous devez demeurer tranquille, et vous reposer sur le gouvernement du soin d'examiner, s'il y a lieu de faire un réglement sur la taxe des témoins, et comment ce réglement doit être fait.

Du 6 août 1741.

J'AI reçu votre réponse au sujet de l'envoi des procédures qui ont été faites à la sénéchaussée de.... et au parlement de ...., dans l'affaire du nommé...... et de......; je suis touché comme vous, de la modicité des gages et des émolumens des commis au greffe criminel de ce parlement, et il seroit à souhaiter qu'on pût rendre leur condition meilleure; mais de pareilles considérations ne

lés autorisent point à prétendre des salaires qui ne
leur sont pas dus. Je ne vois pas sur quel fondement
ils voudroient en exiger pour des procédures dont
l'expédition n'a pas tombé sur eux, puisqu'elle a
été faite au greffe des premiers juges, et apportée
ensuite à celui de votre compagnie. C'est pourquoi
vous prendrez, s'il vous plaît, la peine de leur faire
savoir qu'une prétention si mal fondée ne doit pas
retarder davantage l'exécution de l'arrêt du conseil,
qui ordonne l'envoi de ces procédures. Pour ce qui
est de celles qui ont été faites en cause d'appel au
parlement de........, il n'est pas douteux qu'ils
en doivent être payés, et on leur délivrera, à cet
égard, un exécutoire sur la patrie, qui ne demande
pas mieux que d'y satisfaire.

Du 14 mars 1742.

C'EST par une pure inadvertance, qu'il a échappé
au sieur......., subdélégué général dans l'intendance de Flandre, de vous envoyer un arrêt du
conseil qui régle le pied sur lequel les salaires des
témoins, et autres frais semblables, seront taxés dans
les procès criminels, dont la charge tombe sur le
domaine du roi. Vous avez raison de croire que
c'est par des lettres-patentes adressées aux cours supérieures que le roi leur fait connoître sa volonté.
La matière dont il s'agit, a d'ailleurs été presque
toujours réglée par de simples arrêts du conseil,
parce qu'on l'a regardée comme une matière d'administration à laquelle le roi étoit principalement
intéressé. Ainsi vous devez regarder ce qui a été fait
par le sieur........, à votre égard, comme non
avenu, et cependant avoir attention à faire en sorte
que les frais de justice, dont il s'agit dans l'arrêt
du 23 janvier dernier, n'excèdent pas la mesure
fixée par cet arrêt dans les exécutoires qui seront
décernés au parlement, afin d'éviter ce qui pourroit

commettre cette compagnie, si elle alloit plus loin.
Cela n'empêchera pas que si vous trouvez quelque
inconvénient à suivre littéralement ce qui est porté
par l'arrêt du conseil, vous ne puissiez le leur représenter.

Du 10 mai 1743.

Des deux partis qui sont indiqués par votre lettre
du 5 de ce mois, par rapport aux meubles qui ont
été saisis et annotés sur un curé décrété de prise
de corps qui est en fuite, le premier seroit entièrement contraire aux dispositions de l'ordonnance,
comme vous le remarquez fort bien, et par conséquent il n'en faut pas davantage pour le faire
rejeter.

Le second est donc le seul qui puisse être mis en
pratique, et il auroit fallu y penser plus tôt pour éviter
les frais de garde.

A l'égard du paiement de ces frais, c'est à quoi
il ne peut être pourvu que lorsqu'on jugera le procès
du curé accusé; et s'il est d'usage, dans votre ressort,
de condamner les accusés aux dépens, les frais dont
il s'agit seront payés avec les autres, par la vente
des effets du condamné, sinon ce sera le fermier du
domaine qui sera tenu de les acquitter.

Du 17 juillet 1745.

La demande que vous me faites par votre lettre
du...... est susceptible d'une difficulté supérieure
à celle que l'on vous a faite sur les frais de votre
transport.

Elle consiste à savoir, si ce transport a été régulier, et si les lieux, dans lesquels vous avez fait des

procédures, font partie de votre territoire ; ou, en cas qu'ils n'y soient pas compris, s'il y a eu un arrêt du parlement qui vous ait autorisé à vous transporter hors de l'étendue de votre juridiction. Si vous en étiez sorti sans prendre cette précaution, votre procédure seroit nulle, et vous seriez, par conséquent, encore plus éloigné de pouvoir espérer le paiement de vos frais. Ainsi, prenez la peine de m'instruire exactement de ce fait, qui peut influer aussi beaucoup dans la pensée que vous avez de vous transporter encore une fois sur les lieux pour y procéder au récolement et à la confrontation des témoins.

Du 14 avril 1746.

J'AI reçu deux exemplaires de deux arrêts rendus sur votre réquisition le 30 mars dernier.

Le premier n'a rien que de bon, et ne fait que renouveler les dispositions de la déclaration du 14 mai 1724 ; mais l'essentiel n'est pas d'ordonner en pareille matière, c'est de faire exécuter, et je ne saurois trop vous recommander d'y tenir la main exactement.

Le second arrêt remédie à quelques abus sur les frais des procès criminels ; mais il faudroit y ajouter bien d'autres dispositions, pour faire un réglement vraiment utile sur cette matière.

Du 2 juin 1746.

QUOIQUE, suivant le droit commun du royaume, les accusés ne doivent pas supporter les frais des procédures criminelles, qui sont faites contr'eux à la requête de vos substituts, sans qu'il y ait aucune partie civile, je crois cependant que la jurisprudence du parlement de Bordeaux, comme celles de quelques

autres parlemens du royaume, est, que, dans ce cas
même, les accusés soient condamnés aux dépens.

Si cela est, la faute du juge et du greffier de Ville-
franche ne consisteroit pas en ce qu'ils ont voulu
être payés des frais de la procédure faite contre le
nommé ...., qu'ils ont été obligés de renvoyer
au greffe du lieutenant-criminel de Sarlat, à l'occasion des lettres de rémission obtenues par ce particulier; leur véritable tort est, à l'égard du greffier,
d'avoir exigé une lettre de change pour le paiement
de ses frais, et à l'égard du juge, de s'être fait remettre
un billet pour le paiement de ses vacations; ainsi, vous
avez raison de vouloir les obliger à réparer ces fautes,
qui mériteroient qu'on les privât absolument de ce
qu'ils ont voulu recevoir par d'aussi mauvaises voies.
Je vous laisse cependant le maître d'en user, sur ce
point, selon ce qui vous paroîtra convenable à l'é-
quité, après que ces officiers vous auront remis la
lettre de change et le billet du nommé .... Je
doute fort cependant qu'il soit rien dû au juge, ce
billet, qui a été fait à son profit, ne pouvant tomber
que sur ses vacations; et je ne sais si l'on souffre,
dans le ressort du parlement de Bordeaux, que les
vacations des juges, lorsqu'ils ne se transportent
point sur les lieux, soient comprises dans les exécutions qui se délivrent contre des accusés condamnés aux dépens, dans des procès poursuivis à
la requête de la seule partie publique.

Du 12 mai 1747.

QUOIQU'AU premier coup-d'œil, les droits que les
deux conseillers pensionnaires de la ville de Douay,
prétendent être en possession de prendre dans les
procès criminels, ne paroissent fondés que sur un usage,
ou plutôt sur un abus qui mérite d'être réformé, je
crois néanmoins qu'avant de répondre à la consultation que votre compagnie vous a chargé de me faire

sur ce sujet, il est juste d'attendre le mémoire que ces officiers doivent m'envoyer. Mais, comme il pourroit être utile, en cette occasion, de faire un réglement général et uniforme pour tous les conseillers pensionnaires de votre ressort, et qu'il paroît, par votre lettre, que les usages des villes de la Flandre française sont différens dans cette matière, vous aurez soin, s'il vous plaît, de vous faire remettre un état des droits qui sont établis dans chacune de ces villes ; et de me les envoyer, afin que je puisse voir s'il sera à propos d'y pourvoir, comme je viens de vous le dire, par un réglement général, ou s'il conviendra mieux de ne statuer que sur ce qui regarde le magistrat de la ville de Douay.

<hr />

Du 5 juin 1748.

J'AI examiné les deux questions que vous m'avez proposées par votre lettre du 3 août 1745, sur l'effet de la condamnation aux dépens en matière criminelle.

Vous demandiez par la première, si la contrainte par corps peut être ordonnée contre un accusé qui a été condamné aux dépens.

La seconde consistoit à savoir, si les femmes et les filles pouvoient être sujettes au même genre de condamnation.

La décision de ces deux questions dépend des mêmes principes.

En général, la condamnation aux dépens, même en matière criminelle, n'emporte point de droit, et par elle-même, la contrainte par corps. Ainsi, on ne peut pas approuver la règle générale que le parlement de...... a voulu établir autrefois par sa délibération du 28 mars 1672 ; et l'extension qu'il y a donnée, en ajoutant que cette règle auroit lieu, quoique la somme portée par l'exécutoire fût au-dessous de 200 livres, seroit encore plus difficile à soutenir.

Mais, si la contrainte par corps n'est pas une suite nécessaire de toute condamnation de dépens prononcée en matière criminelle, rien n'empêche néanmoins les juges d'ordonner ce genre de contrainte, pourvu qu'ils le fassent expressément, dans le cas où ils estiment qu'elle fait partie de la réparation du crime, et où cette contrainte est décernée en quelque manière par forme de peine.

Si MM. du parlement de...... s'étoient renfermés dans ces bornes, ils se seroient conformés à l'esprit de l'ordonnance de 1667. Elle exempte les septuagénaires de la contrainte par corps; mais elle en excepte les cas de stellionat, de recelé, des dépens en matière criminelle, en y ajoutant ces termes remarquables, *et que les condamnations soient par corps*: ce qui montre clairement que l'ordonnance a supposé que, dans cette matière même, les contraintes par corps n'avoient lieu que lorsqu'elles avoient été prononcées par les juges. Ainsi, ils ont le pouvoir de le faire; mais lorsqu'ils n'usent pas de ce pouvoir, il n'est pas permis de suppléer ce qu'ils n'ont pas cru devoir ordonner. Il s'agit donc ici d'une matière arbitraire, qui dépend du fait, beaucoup plus que du droit; et l'on ne peut pas faire une nécessité de ce qui est de pure faculté.

La décision de cette première question renferme celle de la seconde, et il n'y a point de distinction à faire entre les hommes et les femmes, lorsque la contrainte par corps est fondée sur un crime ou sur un délit. On peut seulement observer que, comme les femmes sont naturellement moins susceptibles de cette sorte de condamnation que les hommes, par la foiblesse de leur sexe et par d'autres considérations, les juges ne doivent les y soumettre, même en matière criminelle, que dans les circonstances les plus aggravantes; et c'est ce qu'on ne peut laisser qu'à leur prudence et à la circonspection qui doit toujours accompagner leurs jugemens.

Je compte que cette lettre vous suffira pour lever

les doutes que vous m'avez proposés ; et, comme il est nécessaire que les juges inférieurs au parlement soient instruits des mêmes règles, votre compagnie croira sans doute devoir rendre un arrêt de réglement qui fixe la jurisprudence sur ce point, sans qu'il soit nécessaire de prendre pour cela la voie d'une déclaration du roi.

§. V. — Cassations et Révisions.

Du 8 avril 1730.

Vous pouvez m'envoyer les motifs de l'opinion qui a prévalu dans le jugement que la tournelle vient de rendre en faveur du sieur de . . . . . . ; comme il est assez vraisemblable que celui qui a perdu son procès pourra se pourvoir au conseil contre l'arrêt dont il s'agit, il est bon que je sois instruit d'avance des raisons qu'on peut alléguer pour soutenir cet arrêt. La même considération m'empêche de vous expliquer, quant à présent, ce que j'en pense ; ainsi, je me contente de vous assurer du plaisir que j'aurai toujours à être instruit par vous de ce qui se passe dans votre chambre, et à y trouver des occasions de seconder votre zèle pour le bien de la justice.

Du 25 mai 1730.

Dans la dernière lettre que vous m'avez écrite au sujet de l'affaire du sieur . . . . . ., vous avez oublié de remarquer les véritables causes du retardement de l'expédition de cette affaire au conseil. Non-seulement les motifs du parlement de . . . . . . se sont fait attendre long-temps, par les raisons qui vous sont connues ; mais, lorsqu'on a voulu rapporter l'affaire,

28 *

on a trouvé qu'il manquoit une partie de la procédure criminelle. J'ai été obligé de vous écrire pour la faire venir; elle est arrivée dans le temps que M......, rapporteur de la demande en cassation, a été nommé par le roi à l'intendance de...... Il a fallu nommer un nouveau rapporteur, qui a eu besoin de temps pour examiner une affaire si étendue; il sera prêt à en faire le rapport aussitôt après les fêtes dans lesquelles nous entrons. Si cependant le parlement de........, touché de la longue détention du sieur......, croit que dans l'état où est le procès, il puisse, sans blesser les règles de la justice, lui accorder un élargissement provisoire, je m'en rapporte d'autant plus volontiers à sa sagesse sur ce point, que quand je vous ai marqué, il y a déjà du temps, que le parti le plus sûr étoit d'attendre l'événement de la demande en cassation, c'est un conseil que j'ai donné et non pas un ordre, dans la seule vue d'avertir le parlement d'éviter de se commettre en cette occasion.

<hr />

Du 1.ᵉʳ *août* 1735.

DEUX raisons ont empêché le conseil du roi de statuer sur l'élargissement des sieurs......, officiers de......, quoiqu'il ait été obligé de casser les arrêts du parlement de......, en vertu duquel ces officiers avoient été arrêtés.

La première, est que l'élargissement des accusés regarde le fond du procès criminel, sur lequel le conseil ne prononce jamais en pareil cas, et dont il n'est point censé saisi par une demande en cassation.

La seconde raison, que dans l'affaire dont il s'agit, les moyens de la forme ayant été l'unique objet de l'attention du conseil, qui n'avoit point ordonné que les informations et autres charges seroient apportées et examinées avant que de statuer sur la cassation qui étoit demandée, les juges n'auroient pu être en état de statuer sur la liberté des prisonniers, quand même ils auroient pu prendre connoissance du fond de l'accusation.

Ainsi, la requête à fin d'élargissement ayant été renvoyée par le conseil, comme tout le reste, au parlement de......, c'est à cette compagnie de se faire apporter toutes les procédures qui doivent être remises à son greffe, suivant l'arrêt du conseil, et d'examiner si, avant que de les avoir vues, elle peut ordonner que les prisonniers seront remis en liberté, ou si elle doit différer de le faire jusqu'à ce qu'elle ait pu juger, en voyant ces procédures, de ce qui conviendra le mieux au bien de la justice. Outre que le parlement de...... ne me consulte point sur ce sujet, je n'aime pas à influer par de simples lettres, et sans avoir vu moi-même le fond d'une affaire, sur les suffrages des juges. Je me contenterai donc de vous dire, parce que c'est une maxime certaine, et qui ne dépend point de la connoissance du fond du procès, que si le parlement de...... prend le parti de voir les charges avant que de statuer sur la liberté des prisonniers, il peut le faire en leur absence comme en leur présence, et sans ordonner préalablement qu'ils seront transférés dans les prisons de...... Ce qui regarde leur translation dépendra en ce cas de ce qui sera ordonné sur le vu des procédures criminelles.

Si on met les deux officiers dont il s'agit en état d'ajournement personnel, ou si on leur donne les chemins pour prisons, il ne sera pas question de faire de translation.

Si l'on croit que ces officiers doivent toujours demeurer dans les liens de la justice, ce sera alors que la translation effective, et les frais qui en sont la suite, pourront avoir lieu.

Mais tout cela n'étant plus l'objet des délibérations du conseil, je ne puis que laisser à votre justice, aussi bien qu'à celle du parlement de......, le soin d'examiner ce qu'elle péut exiger, et du ministère public, et de l'office de juge en cette occasion.

———

Du 4 février 1736.

J'AI différé de répondre à votre lettre du 16 janvier, parce que j'ai été obligé, pour le pouvoir faire, de me rappeler toute la suite du procès des officiers de......, et de ce qui s'est passé, soit au parlement de......, soit au conseil du roi, sur ce sujet.

Par les nouvelles réflexions que j'y ai faites, je vois qu'en effet il peut manquer quelque chose au pouvoir du parlement de......, par rapport aux accusés, dont le procès ne lui a pas été renvoyé expressément par l'arrêt du conseil. On ne douta point, lorsque cet arrêt fut rendu, que le succès de la demande en cassation, présentée par les sieurs......, n'engageât tous les autres accusés à suivre la même route, et à former une demande qui, étant fondée sur les mêmes moyens que celle des deux premiers accusés, ne pouvoit manquer de réussir; cependant il est arrivé, contre l'attente du conseil, et peut-être par les raisons qui sont expliquées dans votre mémoire, qu'aucun de ces accusés n'a pris ce parti, si l'on en excepte le nommé......, greffier de......, qui a été renvoyé au parlement de......, après avoir obtenu au conseil la cassation des arrêts du parlement de......, qui pouvoient le regarder.

Ainsi, vous avez raison de penser qu'il sera nécessaire que le roi explique plus amplement ses intentions sur l'attribution qui a été faite au parlement de......, et je compte que Sa Majesté voudra bien le faire incessamment, moyennant quoi, la plus grande partie des difficultés que vous avez si sagement relevées dans votre mémoire ne pourront plus vous arrêter.

À l'égard de la requête par laquelle les sieurs.....
demandoient leur élargissement, je ne vois rien qui
empêche le parlement de........ d'y statuer dès à
présent, puisque cette requête lui est expressément
renvoyée par l'arrêt du conseil, que toutes les procédures qui ont été faites contre ces accusés ont été
portées au greffe de ce parlement, et qu'il ne faut,
pour y statuer, que voir dans ces procédures les
faits qui regardent ces deux mêmes accusés personnellement.

La seule chose qui vous faisoit de la peine, à cet
égard, étoit la crainte de faire prendre aux autres
accusés le parti de ne point se pourvoir au conseil,
supposé que la requête à fin d'élargissement, qui a
été présentée par les sieurs......, fût rejetée. Vous
avez raison de prévoir qu'en ce cas les autres accusés,
ne craignant plus le parlement de......, parce qu'il
est dessaisi de leur affaire, et ne craignant pas davantage le parlement de......, parce qu'il n'en est
pas encore véritablement saisi, pourroient bien se
déterminer à garder le silence, et à se procurer par
là une espèce d'impunité.

Mais, comme cet inconvénient cessera par l'attribution plus ample qu'il paroît nécessaire de donner
au parlement de......, vous pouvez, quand vous le
voudrez, achever l'examen des procédures qui sont
entre vos mains, et faire le rapport de la requête des
sieurs......

Je vois toujours, avec plaisir, combien vous donnez d'attention aux affaires dont vous êtes chargé, et
avec combien de justesse d'esprit vous sentez et vous
savez exposer toutes les difficultés dont elles peuvent
être susceptibles.

Du 15 septembre 1736.

JE ne suis pas plus instruit que vous du fond de l'affaire des officiers de..... Les arrêts du parlement de....... n'ont été détruits que sur des moyens de forme, dont le principal étoit le défaut de pouvoir dans les juges. Il seroit donc bien difficile que je pusse vous communiquer une connoissance que je n'ai point. Si j'étois obligé de l'acquérir, je ne pourrois le faire que par l'examen de toute la procédure; mais, comme elle est entre vos mains, ce seroit chez vous-même que vous devriez chercher les lumières que vous voulez emprunter ailleurs.

Ainsi, sans entrer dans un plus grand détail sur ce sujet, je crois, après avoir bien lu la lettre de votre substitut au bailliage de........, qu'il vous est aisé de marquer à cet officier, aussi bien qu'au lieutenant-criminel du même siége, les règles générales qui doivent diriger toute leur conduite.

Ou le lieutenant-général et le lieutenant-particulier de......, qui ne sont point du nombre des officiers décrétés par le parlement de......., ne se trouvent chargés que de faits qui n'auront aucun rapport avec les accusations intentées contre les officiers décrétés par le parlement de........, et, en ce cas, le parlement de...... ne pourroit en prendre connoissance, sans excéder les bornes de son pouvoir, puisque ce qui ne regarde que le lieutenant-général et le lieutenant-particulier de........, ne fait point parti des accusations que le roi a renvoyées au parlement de......;

Ou il arrivera précisément le contraire, c'est-à-dire, que les faits qui regarderont ces deux mêmes officiers pourront aller aussi à la charge des officiers décrétés par le parlement de......, et alors il sera nécessaire que le roi augmente le pouvoir du parlement de......, en lui attribuant aussi la connoissance de ce qui regarde ces deux officiers, afin qu'il puisse décréter contre eux et les faire entrer dans le procès des autres officiers de........, pour rendre la preuve et l'instruction plus complète à leur égard.

Ce sera donc aux officiers commis par le parlement de......, d'entrer dans l'esprit que je viens de vous marquer. Ils ne manqueront pas, sans doute, de vous rendre compte de ce qui résultera de leur procédure; et, si vous croyez, dans la suite, être dans le cas d'avoir besoin d'une nouvelle attribution, vous me trouverez disposé à vous procurer tous les secours qui vous seront nécessaires pour le bien de la justice.

Du 31 janvier 1738.

Je ne doute pas que vous ne soyez instruit du refus que la chambre de la tournelle a fait, d'avoir égard à un réquisitoire présenté par M. le procureur-général, dans le procès criminel qui s'instruit contre les sieurs........ et........, où il demandoit, entr'autres choses, qu'un acte d'accommodement, passé entre le sieur...... et ces trois accusés, dont il peut résulter des soupçons de l'assassinat qui est le titre de l'accusation, seroit porté au greffe; les conséquences de ce refus ont paru si grandes à Sa Majesté, qu'elle a jugé à propos de faire expédier incessamment un arrêt qui ordonne, que les motifs de celui que le parlement a rendu le 21 de ce mois seront envoyés au greffe du conseil, avec une expédition de toute la procédure criminelle; toutes choses cependant demeurant en état; et cet arrêt enjoint à M. le procureur-général, de faire les diligences et les poursuites nécessaires pour son exécution; je lui adresse aujourd'hui cet arrêt, et je le charge encore, par ma lettre, de le faire signifier, en donnant aussi connoissance, par une autre lettre, à M. le président de......, et de l'arrêt du conseil, et de ce que j'écris

sur ce sujet, à M. le procureur-général ; mais, comme
le zèle de ce magistrat ne m'a pas paru bien vif dans
toute la suite de cette affaire, et que, d'ailleurs, il
pourroit arriver que la crainte de se commettre avec
la tournelle, lui serviroit de prétexte pour suspendre
ses démarches, je prends la précaution, quoique surabondante, suivant toutes les apparences, de vous
écrire que, si M. le procureur-général hésitoit sur ce
qu'il doit faire en cette occasion, vous pouvez le tirer
de tout embarras, en lui disant de vous remettre
l'arrêt du conseil, que vous feriez, en ce cas, signifier
au greffier de la tournelle, de l'ordre du roi, comme
un arrêt qui est, en effet, émané du propre mouvement de Sa Majesté ; après quoi, il faudroit bien,
qu'en exécution de cet arrêt ce fût M. le procureur-
général qui fît faire un commandement au même
greffier, d'envoyer incessamment une expédition de
la procédure criminelle au greffe du conseil, et il n'y
auroit, sans doute, aucune répugnance, dès le moment que la première signification de l'arrêt auroit
été faite de l'ordre du roi. Vous aurez donc soin, s'il
vous plaît, de vous concilier sur tout cela avec lui,
en cas de besoin ; l'essentiel est que la volonté du roi
soit promptement connue aux officiers de la tournelle,
et que tout demeure en suspens jusqu'à ce que Sa
Majesté ait expliqué plus précisément ses intentions.
Vous ne ferez néanmoins usage de cette lettre, qu'en
cas que cela vous paroisse nécessaire, et il vous sera
bien facile de savoir, par M......., en lui recom-
mandant et en lui promettant le secret, quelles sont
les dispositions de M. le procureur-général.

Du 17 février 1738.

LORSQUE je reçus la copie de l'arrêt par lequel la
chambre de la tournelle a rejeté un réquisitoire de
M. le procureur-général, dans le procès criminel qui
s'instruit contre les sieurs....... et......., j'aurois

bien voulu avoir le temps de vous écrire sur ce sujet,
avant que de prendre aucun parti; j'aurois été fort
aise d'être par là en état d'en juger mieux, par un
témoignage aussi exempt de passion et de partialité
que le vôtre; mais, la situation pressante où se trouvoit alors le procès, ne me laissant pas le loisir de
prendre cette précaution, je fus obligé de me déterminer, sur-le-champ, à proposer au roi de rendre
l'arrêt que Sa Majesté a donné, et qui ne tend qu'à
avoir de plus grandes instructions, et à tenir tout en
suspens jusqu'à ce que je les aie reçues.

C'est ce qui me donne le temps de vous demander
à quoi l'on peut attribuer tout ce qui s'est passé d'extraordinaire dans une affaire où il semble qu'il y ait
beaucoup de mouvement dans les esprits, soit pour
diminuer la peine contre les accusés, soit pour engager le parlement à les traiter avec la plus grande
indulgence.

Je suis d'autant plus obligé de vous consulter sur
ce sujet, que je suis informé d'un nouveau fait qui
regarde M...... personnellement, et qui est d'une
si grande importance, que je ne saurois en être instruit trop exactement. J'avois appris d'abord ce fait
par une espèce de confidence, pour laquelle même on
avoit exigé de moi le secret; mais, par une lettre que
je viens de recevoir de M.....; je vois que ce fait est
à présent presque public à Bordeaux, et je n'ai pas
besoin de vous l'expliquer en détail, parce que vous
en êtes mieux instruit que personne, comme ayant vu
les confrontations dans lesquelles se trouvent les interpellations dont M....... se plaint. Elles seroient
en effet bien extraordinaires, si elles étoient telles
qu'il l'expose; mais il seroit inutile d'en parler plus
à fond, quant à présent, parce qu'il faut connoître
exactement le fait avant que d'en pouvoir raisonner.

Je vous prie donc de me faire savoir ce qui en est,
et de me donner, en même temps, toutes les instructions que vous jugerez nécessaires, pour me mettre
pleinement au fait de ce qui regarde l'affaire dont il
s'agit.

J'ajouterai seulement ici que, quand il se passe des choses extraordinaires dans l'instruction d'un procès criminel, qui semblent marquer une espèce de prévention de la part des juges, il est assez naturel de les attribuer au trop grand crédit des accusés ; mais il se peut faire aussi qu'il y entre d'autres motifs, tel que le seroit celui de l'animosité contre un officier qui exerce le ministère public, et l'un ne vaudroit pas mieux que l'autre ; mais, encore une fois, je ne veux porter aucun jugement précis sur ce sujet, dans le moment présent, et j'attendrai ce que vous m'en écrirez, aussi bien que l'apport de la procédure criminelle, pour fixer mes idées sur un objet qui mérite tant d'attention.

Du 31 *mars* 1738.

Les motifs qui ont été envoyés par la chambre de la tournelle, en exécution de l'arrêt du conseil, du 31 janvier dernier, n'ont pas paru suffisans pour soutenir l'arrêt que cette chambre avoit rendu le 21 du même mois, au sujet du réquisitoire de M. le procureur-général, dans le procès criminel des sieurs.........; le roi a donc cru devoir évoquer cette affaire du parlement de Bordeaux, et la renvoyer au parlement de Toulouse, pour y être instruite et jugée comme avant l'arrêt du 21 janvier. J'envoie à M. le procureur-général une copie de l'arrêt que Sa Majesté a jugé à propos de rendre à ce sujet, et j'y joins aussi une copie de la lettre que j'écris à M. le président de......., pour entrer dans une plus grande discussion des motifs qui m'avoient été envoyés par la chambre de la tournelle ; ces deux copies, que je charge M. le procureur-général de vous communiquer, vous mettront pleinement au fait de tout ce qui s'est passé ici sur cette affaire.

J'avois été d'abord frappé du fait qui m'avoit été écrit par rapport à vous, je veux dire que l'acte, dont M. le procureur-général a requis le dépôt, étoit entre vos mains avant son réquisitoire; mais le détail des faits que vous m'avez expliqués à cet égard, et surtout la délicatesse qui vous a porté à croire que vous ne deviez pas abuser de la confiance que...... avoit eue en vous personnellement, pour s'en aller, en vous remettant volontairement un acte, qu'il étoit de son intérêt de ne faire paroître que lorsqu'il auroit été forcé de le faire, m'a convaincu de la régularité de votre conduite en cette occasion.

Au reste, l'arrêt que le roi vient de rendre est la justification la plus authentique que vous puissiez désirer; mais, quelque favorable que fut cet arrêt au ministère public, dont il est juste de soutenir les droits, je n'ai pu m'empêcher de sentir quelque répugnance à donner ce dégoût à la chambre de la tournelle. Il est même fort à craindre que, dans le mouvement que cette affaire a causé à Bordeaux, on ne vous sache mauvais gré de ce qui s'est passé en cette occasion, et qu'on ne vous regarde comme en étant la cause secrète. Je ne saurois donc trop vous conseiller, non-seulement de ne pas triompher du succès, mais de vous expliquer avec tant de retenue et de précaution sur ce sujet, que votre sagesse puisse adoucir les esprits, et empêcher les suites d'une division qui pourroit être fâcheuse et pour vous et pour la justice même.

Du 31 *mars* 1738.

J'ai reçu la lettre par laquelle vous me rendez compte de l'état où est actuellement le procès qui s'instruit à Nérac, contre le sieur......, accusé d'avoir voulu assassiner, en plein jour, le sieur......., dans une rue de cette ville; et je ne doute pas que vous ne continuiez à veiller à la poursuite d'un si grand crime, avec toute l'attention qu'il mérite.

La vérité du fait qui regarde M........, et que

vous rappelez encore dans la même lettre, est certaine ; et il en convient sans peine, parce qu'en effet, on ne sauroit blâmer la délicatesse qui l'a empêché de faire usage de l'acte que le fils de . . . . avoit remis entre ses mains. Il a craint, non sans raison, qu'on ne dît, comme cela étoit vrai, qu'il tenoit cet acte de . . . . . . , et que cela n'exposât encore ce particulier au ressentiment de ceux qu'il prétend avoir juré sa perte, et de leurs partisans ; c'est ce qui lui a fait croire qu'il convenoit beaucoup mieux que . . . . . . ne parût représenter l'acte dont il s'agit, que comme y étant forcé par l'autorité de la justice, et par la menace de la contrainte par corps ; c'est une manière de penser qui n'a rien de répréhensible. Vous vous seriez peut-être conduit vous-même, sur ce sujet, comme M . . . . . ., si vous vous fussiez trouvé dans les mêmes circonstances ; et cela fait voir, en passant, qu'il est bon de ne condamner personne sans l'entendre.

Du 14 avril 1738.

Je ne suis pas surpris que le dernier arrêt du conseil, qui a cassé celui du parlement de Bordeaux, dans l'affaire du sieur de . . . ., afflige MM. de la tournelle, et j'aurois fort souhaité qu'il eût été possible de leur épargner cette mortification ; mais il seroit fort injuste qu'ils l'imputassent à M . . . ., les raisons qui ont servi de motifs à cette cassation étant toutes tirées de l'arrêt même du parlement, sans que ce qui peut regarder personnellement M . . . . . . y ait aucune part ; au surplus, l'arrêt du conseil ne pouvoit être rendu que du propre mouvement du roi ; il auroit été facile, à la vérité, de le faire sur la réquisition de M. le procureur-général, mais on l'auroit commis par là avec sa compagnie, et c'est par ménagement, pour elle et pour lui, que j'ai cru devoir éviter cette forme de statuer, le roi étant le maître de suppléer au défaut de réquisition du ministère public, comme on le fait tous les jours dans les tribunaux ordinaires.

***

Du 28 avril 1738.

Les réflexions que vous faites sur l'arrêt qui casse celui que le parlement de Bordeaux avoit rendu le 21 janvier dernier, dans l'affaire des sieurs........ et......, ne viennent que de ce que vous n'avez pas fait assez d'attention au véritable motif qui a donné lieu de détruire cet arrêt. Il y en avoit deux apparens: l'un, tiré du refus fait à M. le procureur-général, de faire remettre au greffe l'acte d'accommodement passé entre les accusés et.......; l'autre, fondé sur ce qu'on n'avoit pas voulu ordonner, comme il l'avoit demandé, que son second réquisitoire seroit représenté aux témoins lors du récolement. Si le dernier de ces motifs avoit concouru avec le premier, pour faire casser l'arrêt du parlement de Bordeaux, il est sans difficulté, qu'en détruisant cet arrêt, il auroit fallu annuler aussi tout ce qui l'avoit suivi, comme le récolement et la confrontation des témoins; mais ce n'est pas ainsi qu'on a jugé au conseil de ces deux motifs; le second n'a pas paru capable de produire la cassation de l'arrêt du parlement. La question que la seconde partie du réquisitoire de M. le procureur-général a donné lieu d'agiter, étoit une question vraiment problématique; et je vois, en effet, qu'elle partage ici les sentimens des meilleurs praticiens. Or, de quelque manière qu'une pareille question soit décidée par un parlement, il est impossible qu'il en résulte un moyen de cassation. Le premier motif est donc le seul qui ait opéré celle de l'arrêt du parlement de Bordeaux, c'est-à-dire, le refus qu'il avoit fait d'avoir égard à la première partie du réquisitoire de M. le procureur-général, qui n'avoit pour

objet que de faire apporter au greffe l'acte d'accommodement dont je viens de parler ; mais, comme
ce chef n'avoit aucun rapport avec la forme de procéder au récolement des témoins, il n'étoit pas possible d'y trouver un prétexte pour donner atteinte à
ce récolement, et c'est ce que j'ai fait assez entendre
dans presque toutes les lettres que j'ai écrites sur cette
affaire, et où j'ai toujours eu attention de marquer
la distinction que je mettois entre les deux parties du
réquisitoire de M. le procureur-général.

Au surplus, ce que je viens de dire suffit aussi pour
vous faire entendre qu'on ne pouvoit pas, par la même
raison, casser les confrontations où se trouvent les
interpellations qui vous ont si justement blessé ; ce
sera au parlement de Toulouse d'y pourvoir, et de
statuer aussi sur la manière de réparer l'inconvénient
qui peut être arrivé, faute d'avoir représenté à plusieurs témoins votre réquisitoire.

<hr />

Du 28 mars 1743.

JE vous prie de me faire savoir incessamment, si
un accusé, qui s'est d'abord nommé......, qui a dit
depuis s'appeler......., et qui a été condamné aux
galères à perpétuité, par le prévôt des maréchaux de
Saintes, a été attaché à la chaîne, et est parti pour
Marseille, ou s'il est encore dans les prisons, ou à
Saintes, ou à Bordeaux ?

Dans le second cas, vous aurez soin, s'il vous plaît,
de lui faire demander s'il entend se pourvoir contre
la condamnation intervenue en dernier ressort contre
lui, et qui paroît avoir été prononcée sur une procédure susceptible de beaucoup de difficultés ; s'il est
dans cette disposition, il faudra suspendre son départ
pour Marseille.

Dans le premier cas, vous pourrez seulement faire
dire à sa famille, s'il en a une qui vous puisse être

connue, qu'elle peut faire examiner son affaire, et lui faire savoir l'avis de ceux qu'elle aura consultés, afin qu'il puisse se pourvoir ainsi qu'il le jugera à propos.

Du 24 avril 1743.

On a rapporté hier au conseil une requête, présentée par le sieur......, greffier en chef de la sénéchaussée de Marseille, par laquelle il demande la cassation de deux arrêts rendus contre lui, au mois de septembre dernier, par la chambre des vacations du parlement d'Aix; les deux arrêts ont paru fort extraordinaires à tout le conseil, et les moyens par lesquels on les attaque du côté de la forme, sont fort apparens au premier coup-d'œil; on a cru cependant que, plus l'affaire dont il s'agit est singulière dans toutes ses circonstances, plus il convenoit de ne pas précipiter le jugement de la demande en cassation, afin de n'y statuer qu'en cas qu'il n'y eût aucune raison suffisante pour justifier des arrêts qui paroissent si contraires à l'ordonnance et aux règles ordinaires de la justice; c'est ce qui a fait prendre le parti d'ordonner que la procédure qui a été faite à Marseille, par un conseiller au parlement, à la requête du sieur......, en vertu d'un premier arrêt de la même chambre des vacations, seroit apportée au greffe du conseil, et que vous y enverriez les motifs des deux arrêts dont la cassation est demandée; vous jugez bien que, dans cet état, il ne conviendroit, en aucune manière, que l'on fît quelques nouvelles poursuites contre le sieur............, pour l'obliger à exécuter le dernier des arrêts contre lesquels il réclame; les égards même que j'ai pour votre compagnie, me feroient désirer que vous puissiez profiter du temps qui se passera jusqu'à ce qu'on ait satisfait à l'arrêt qui a été rendu hier, pour voir si, dans une affaire où le sieur n'a produit d'autre partie que vous

ou votre substitut, il ne seroit pas possible de la terminer par un espèce d'accommodement, par lequel
on procureroit, d'un côté, au sieur......, une satisfaction convenable par rapport à un emprisonnement
de sa personne, qui paroît avoir été fait sans aucun
titre, et que la chambre des vacations a même déclaré
nul, pendant que, d'un autre côté, on préviendroit
l'inconvénient de donner un avantage à un officier
aussi inférieur que le sieur......, sur ceux qui sont
ses supérieurs et ses juges naturels, si l'on étoit obligé
de détruire les arrêts dont il se plaint.

<hr />

Du 9 juin 1744.

Il faudroit écrire un volume entier pour répondre
en détail à toutes les réflexions que vous avez faites
dans votre lettre du 22 mai dernier, au sujet de l'arrêt du conseil qui a détruit celui que le parlement
de...... auroit rendu contre M.......; mais, outre
que je n'ai pas le temps d'entrer dans cette discussion, je ne pourrois le faire sans m'ouvrir par avance
sur une matière qui, comme vous me l'annoncez par
la même lettre, et comme je l'apprends aussi par une
lettre du parlement même, doit repasser encore sous
mes yeux, et être soumise de nouveau au jugement
du conseil. Je me contenterai donc de m'expliquer
en peu de mots sur ce qu'il y a de plus essentiel dans
vos représentations, et qui peut mériter une réponse
présente de ma part.

J'avoue d'abord tout ce que vous pensez de mes
sentimens et de l'attention que j'aurai toujours à conserver la dignité de votre compagnie, et à lui donner
des preuves de la grande et juste considération dont
je suis rempli pour elle; c'est ce qui a fait que j'ai été
très-affligé, lorsque j'ai vu que, dans l'état où la demande en cassation formée par M...... a été portée
au conseil, les règles de l'ordre public sur les formes
judiciaires ne permettoient pas de laisser subsister

l'arrêt qui étoit attaqué ; mais je ne m'attendois pas alors qu'un jugement, qu'il n'auroit pas été bien difficile de prévoir, exciteroit une si grande fermentation et une douleur si vive dans les esprits de votre compagnie. J'ai vu casser un grand nombre d'arrêts de tous les parlemens du royaume depuis que j'ai l'honneur de présider au conseil du roi ; aucune de ces compagnies ne s'est crue déshonorée par là, et la cassation, qui est l'objet de votre lettre, devoit d'autant moins toucher le parlement de......, qu'il a été notoire qu'elle étoit uniquement fondée sur des moyens tirés de la forme et sur des nullités qui échappent quelquefois aux yeux des meilleurs juges. Il n'est point vrai, comme il semble qu'on vous l'ait dit, qu'aucun de ceux qui ont opiné au conseil, ait eu le moindre soupçon sur la justice des motifs qui avoient animé votre zèle et excité la sévérité du parlement dans l'arrêt qu'il avoit rendu ; le fond n'a nullement influé dans la forme, et quiconque a pu dire le contraire, a cherché sans fondement à vous alarmer sur ce sujet.

Pour ce qui est de la forme, je ne m'arrêterai point à discuter tout ce que vous m'avez expliqué sur ce sujet ; je dois le faire moins que jamais, dans la disposition où est votre compagnie de me rendre juge une seconde fois de la même affaire ; et d'ailleurs je me suis tellement expliqué sur ce sujet, dans la lettre que je vous écrivis aussitôt après l'arrêt du conseil, que je ne pourrois qu'en faire ici une répétition inutile.

Je garderai encore plus le silence sur l'usage qu'il paroît qu'on veut faire de votre ministère, pour présente r ce même objet sur une face plus favorable ; je ne peux que me reposer, à cet égard, sur les réflexions que la sagesse de votre compagnie lui inspirera, quand elle délibérera définitivement sur les avantages et les inconvéniens de cette démarche ; et, si elle s'y détermine, après avoir bien prévu tous les inconvéniens qui peuvent arriver dans la suite, j'examinerai tout ce qui viendra de votre part, avec aussi peu de pré-

29*

vention que si je n'avois pas été obligé de donner mon avis dans le temps du premier jugement qui est intervenu. Une compagnie aussi éclairée que la vôtre n'a pas besoin de conseil, et quand elle voudroit en prendre un, ce ne seroit pas dans son juge qu'elle devroit le chercher.

Ainsi, le seul point sur lequel je dois m'expliquer, quant à présent, est la proposition que vous me faites, aussi bien qu'elle, de faire renvoyer au greffe du parlement de...... les procédures qui ont été apportées en minute, et qui sont encore actuellement dans celui du conseil.

C'est par cette proposition que vous avez commencé votre lettre, et je trouve la même chose dans celle du parlement; mais j'ai eu de la peine à la concilier avec ce que je vois à la fin des mêmes lettres, au sujet de l'opposition que vous paroissez vouloir former à l'arrêt qui a été obtenu par M...... Les procédures, dont l'inspection a paru nécessaire pour mettre le conseil en état de statuer sur la requête de M......, ne le seront pas moins, lorsqu'il sera question de prononcer sur votre opposition. Comment donc pourroit-on commencer par renvoyer ces procédures à......, pour les faire revenir ensuite au greffe du conseil; et à la requête de quelle partie ce renvoi seroit-il ordonné? Bien loin qu'il pût être fondé sur une requête que vous présenteriez à cet effet, ce seroit cette requête même qui y mettroit un obstacle invincible, parce qu'elle ne pourroit avoir pour motif raisonnable, que votre opposition à l'arrêt du conseil; et il n'y a personne qui ne dise d'abord qu'il est impossible de se dessaisir d'une procédure qu'il sera nécessaire de revoir, quand il s'agira de juger cette opposition. En effet, pour avoir égard à votre requête sur le renvoi des procédures dont il s'agit, il faudroit commencer par rétracter l'arrêt que M...... a obtenu, puisque cet arrêt porte, expressément, que les procédures qui sont au greffe du conseil seront portées dans celui du parlement de......, auquel le jugement du fond de l'accusation a été renvoyé.

La raison que vous tirez du besoin que vous croyez
avoir d'examiner de nouveau ces procédures, pour en
tirer vos moyens d'opposition, paroîtroit vraisemblablement aux yeux du conseil plus spécieuse que solide. Vous savez par avance en quoi consistent les
nullités qui ont forcé, en quelque manière, le conseil à détruire l'arrêt du parlement de......, et la
révision des procédures ne vous apprendroit rien de
nouveau sur les défauts de forme qui ont donné lieu
de les déclarer nulles en partie. Si vous avez de bons
moyens pour répondre à ces défauts, ou du moins
pour les excuser, ce ne sera pas dans les procédures
que vous trouverez ces moyens; vous n'en avez pas
eu besoin pour me le faire envisager dès à présent,
avec beaucoup d'étendue, dans la lettre que vous m'a-
vez écrite; et enfin, si vous croyez absolument qu'un
nouvel examen de ces procédures puisse vous être
utile, quoique cela soit bien difficile à comprendre,
il seroit bien aisé de vous en faire donner une expédition ou une simple copie par le greffier du conseil
qui en est le dépositaire; mais cette précaution paroît
d'autant plus superflue, que, quand vous aurez une
fois présenté votre requête d'opposition, et qu'il s'a-
gira d'en expliquer plus à fond les moyens, vous
viendrez, sans doute, en ce pays-ci pour instruire
une affaire que vous prenez si fortement à cœur; et
alors je trouverai très-bon que vous revoyiez, tant
qu'il vous plaira, au greffe du conseil, les minutes
mêmes des procédures qui y sont déposées.

Je ne saurois achever cette lettre sans vous dire
que je ne sais ce que c'est que les mauvais discours
qu'on a tenus, selon vous, contre le parlement de......,
à l'occasion de l'arrêt du conseil. Vous faites une pein-
ture si pathétique de l'impression dont ils ont été suivis en Provence, que je crains fort que la vivacité du
climat et votre éloquence naturelle n'aient travaillé,
sans que vous vous en soyez aperçu, à vous faire envisager les choses sous des images si tristes. Revenez
au vrai simple, et vous serez bientôt rassuré contre
des frayeurs qui partent d'un bon principe, mais qui,

quoique louables par leurs motifs, sont quelquefois portées trop loin. Les hommes seroient bien malheureux, s'ils se croyoient perdus pour la moindre inadvertance qui échappe à l'humanité.

Au surplus, je n'ai pas attendu votre lettre pour parler à M...... comme vous le désirez; je le fis presque dans le moment que l'arrêt du conseil venoit d'être rendu, et il n'eut pas de peine à convenir de lui-même qu'il n'étoit pas possible qu'il conservât sa charge, et qu'il se présentât jamais aux yeux de votre compagnie. C'est à elle, après cela, de prendre les résolutions qu'elle jugera les plus convenables, et elle me trouvera toujours également attentif sur tout ce qui pourra intéresser véritablement sa dignité.

* * *

Du 9 juin 1744.

Deux raisons m'ont empêché de répondre plus tôt à la prière que M......, procureur-général, m'a faite de renvoyer au greffe de votre compagnie les procédures criminelles qui regardent M......, et qui ont été apportées en minute au greffe du conseil.

La première, est que l'arrêt qui a été obtenu par cet accusé, ordonne expressément que ces procédures seront renvoyées au greffe du parlement de......, auquel la connoissance du fond de l'accusation a été attribuée; et il est aisé de sentir qu'on ne sauroit se dispenser de faire exécuter cet arrêt, tant qu'il ne surviendra rien de nouveau qui puisse donner lieu d'y faire quelque changement.

La seconde, a été qu'il falloit donc nécessairement attendre, sur ce sujet, les résolutions que le parlement pourroit prendre, et je n'ai pu commencer à les entrevoir que par votre lettre du 12 du mois dernier, et par une autre lettre beaucoup plus longue que j'ai reçue, en même temps, de M. le procureur-général.

Vous me faites entendre, comme lui, qu'il est disposé à réclamer contre un arrêt qui a été rendu sans l'appeler; en quoi on n'a fait que suivre l'usage ordinaire du conseil en pareille matière, outre que dans les affaires criminelles la procédure doit se suffire à elle-même, soit pour être approuvée, soit pour ne l'être pas. Mais, si l'intention de M. le procureur-général est, en effet, de former opposition à l'arrêt du conseil, sur quoi je ne peux que me rapporter à vos réflexions et aux siennes, je ne sais comment on peut concilier ce dessein avec la prière qu'il me fait, et à laquelle votre compagnie se joint, par rapport au renvoi des procédures qui sont actuellement dans le greffe du conseil. Elles ne seront pas moins essentielles pour le jugement de l'opposition, si M. le procureur-général juge à propos de la former, qu'elles l'ont été pour statuer sur la requête de M........ Ainsi, on ne pourroit les renvoyer à...... que pour les faire revenir sur-le-champ à......, et par conséquent l'opposition même de M. le procureur-général est le plus grand obstacle qui puisse empêcher l'effet de sa demande présente, à l'égard de ces procédures. Mais, comme je me suis expliqué plus en détail sur cet article, dans la réponse que je lui ai faite, je ne peux que me reposer sur lui du soin de vous en faire part; et au surplus, je vous prie d'être persuadé que si, après avoir bien pesé tout ce que l'on peut dire pour et contre la démarche à laquelle M. le procureur-général paroît se préparer, et avoir fait toutes les réflexions nécessaires sur les divers événemens dont elle peut être suivie, vous croyez devoir lui laisser prendre sur cela le parti qu'il jugera le plus convenable, je donnerai la même attention à cette affaire, que si je n'avois pas déjà été obligé d'en expliquer mon sentiment. Je n'ai eu à y combattre que ma prévention naturelle pour un jugement émané d'une compagnie aussi éclairée que la vôtre. Je connois toute la droiture de ses intentions, et rien ne sera jamais plus conforme à mon inclination, que de pouvoir trouver des occasions où je sois en état, sans blesser les règles de la justice, de lui donner des marques de la grande et parfaite considération avec laquelle je suis.

Du 25 novembre 1748.

LES deux questions que vous me proposez par votre lettre du 21 de ce mois, ne sont pas difficiles à résoudre.

A l'égard de la première, le roi n'a pas eu intention de rien innover par les lettres qu'il a accordées au baron de........, dans les formes qui s'observent au parlement de Flandre, en matière de révision. Il n'y a donc qu'à se conformer, dans le cas présent, à la disposition de la déclaration du 15 décembre 1708, qui fixe, à ce que je crois, le dernier état de la jurisprudence, dans ce qui regarde la manière de procéder au jugement des révisions.

A la vérité, il y a une partie de cette disposition qu'on ne sauroit appliquer au baron de........, parce que son procès n'a pas été jugé dans aucune des chambres du parlement de Douay; mais, comme le point de la déclaration de 1708, est l'obligation de juger des révisions dans trois chambres assemblées, on ne peut que suivre exactement cette règle, en appelant également au jugement du procès, les trois chambres dont le parlement est à présent composé, et par ce moyen, la difficulté qui regarde le privilége de la noblesse s'évanouira entièrement, puisque le sieur de........ sera jugé, non-seulement par la première chambre, mais par tout le parlement.

La seconde question est encore plus facile à décider; il n'est pas douteux que tout porteur de lettre de révision est obligé de se remettre en état, c'est-à-dire, en prison, lorsqu'il a été originairement décrété de prise de corps, ou que le jugement qui a été rendu contre lui, l'a condamné à une peine afflictive ou infamante.

Au surplus, vous avez raison de croire, qu'on ne sauroit trop se presser de juger l'affaire dont il s'agit, pour prévenir le temps de l'évacuation des places, et de la restitution des pièces qui ont été transportées de Malines à Douay.

§. VI. — *Lettres de grâces.*

Du 2 octobre 1729.

On ne peut que louer toutes les marques de réjouissance que le parlement et la ville de Rouen ont données dans une occasion aussi intéressante pour le public, et même pour les particuliers, que celle de la naissance d'un dauphin; mais, comme la joie, quelque légitime qu'elle soit, ne doit pas exclure la justice, et qu'elle peut encore moins suppléer au défaut de l'autorité, il seroit bien difficile que le roi pût approuver l'arrêt par lequel le parlement a cru pouvoir faire grâce à une mère, accusée d'avoir celé la grossesse de sa fille, et facilité la mort de l'enfant que cette fille avoit mis au monde. La clémence est une vertu réservée au roi, et le seul partage des juges, est la justice qui ne doit pas moins régler les mouvemens de leur joie que leurs autres actions publiques. Un ou deux exemples, qui ont pu être ignorés, ne sauroient prescrire contre des principes si inviolables; il auroit fallu une approbation expresse du roi pour les autoriser; et ce n'est pas ici le cas où le silence peut être regardé comme un consentement. Cette conséquence, qu'on tire de ce qui s'est passé en d'autres occasions, seroit à la rigueur une raison suffisante pour obliger le roi à s'expliquer de telle manière sur ce qui vient d'arriver au parlement, que le silence ne pût plus à l'avenir être pris pour une approbation. Mais, toute rigueur doit cesser dans une conjoncture qui ne peut inspirer que la douceur et l'indulgence. S'il est pardonnable à des magistrats d'oublier, pour un moment, les limites de leur pouvoir, c'est sans doute dans le premier transport d'une joie qui ne connoît point de bornes. Mais, si Sa Majesté veut bien dissimuler cette espèce d'excès, dont le principe est si louable, il faut néan-moins, pour en prévenir les conséquences, que les choses rentrent dans le cours des règles ordinaires, et que l'autorité de Sa Majesté supplée ce qui a manqué à celle du parlement de Rouen : ainsi, la prisonnière trop heureuse, que cette compagnie a fait mettre en liberté, peut avoir recours à la clé-mence du roi; et je présume de sa bonté qu'il se portera volontiers, en faveur de la joie présente, à lui accorder une grâce dont la nature de son crime l'avoit rendue indigne dans toute autre circonstance. Je compte que vous ferez part de cette lettre à votre compagnie, quand vous serez à Rouen.

Du 9 janvier 1732.

Suivant les principes du droit commun, et les règles établies par l'article 25 de l'ordonnance de Moulins, par l'article 199 de celle de Blois, par l'article 13 du titre 16 de l'ordonnance de 1670, et enfin par la déclaration du 27 février 1703, l'a-dresse des lettres de rémission doit être faite aux baillis et sénéchaux, qui sont les seuls officiers dont les ordonnances fassent mention à cet égard. Vous n'êtes donc pas en droit de vous plaindre de ce que les lettres de grâces obtenues par un particulier, accusé d'avoir tué un garde-chasse dans l'étendue de votre maîtrise, ont été adressées au bailli de.....; il y a même plusieurs auteurs qui ont soutenu que les juges extraordinaires, quoique royaux, n'étoient pas susceptibles de l'adresse des lettres de rémission, et l'on pourroit trouver des arrêts favorables à ce sen-timent. Les exemples du contraire, que vous alléguez, peuvent n'être pas décisifs, parce que le roi est toujours le maître de l'adresse de ses lettres, et qu'il peut y avoir eu des raisons singulières, dans certains cas, pour en adresser de la nature de celles dont il s'agit aux officiers des maîtrises, de la même manière que le roi peut s'écarter des règles ordinaires, en attribuant à des juges une juridiction qui ne leur appartient pas naturellement. Ainsi, toutes les réflexions que vous faites, quand elles seroient aussi fortes qu'elles vous le paroissent, se trouveroient prouver seulement que le roi peut vous adresser des lettres de rémission, quand il lui plaît, mais non pas qu'il soit obligé de le faire ; et dans l'espèce présente, Sa Majesté n'ayant fait que suivre l'ordre commun, vous ne pouvez ni empêcher que les officiers...... ne procèdent à l'entérinement des lettres de rémission qui leur ont été adressées, ni refuser à celui qui les a obtenues, la liberté de faire porter au greffe de ce bailliage une expédition, et non pas la minute des procédures que vous avez faites contre lui.

Du 17 décembre 1732.

L'ADRESSE qui a été faite au parlement des lettres de rémission au sujet desquelles vous m'avez écrit, est entièrement conforme à la règle, et l'on n'en use jamais autrement en pareille matière. Dès le moment que le premier juge a rendu sa sentence, son pouvoir est entièrement consommé ; le fond de ce procès étant dévolu au parlement, par l'appel fait des accusés ou de la partie civile, c'est sans doute à ce tribunal, comme saisi de l'affaire, que ces lettres de rémission, qui y sont pendantes, doivent être adressées ; et d'ailleurs, comme il y a des cas où il est permis aux cours supérieures de ne pas avoir égard aux lettres de grâce, il faut bien nécessairement qu'elles en prennent connoissance pour les entériner, si la matière y est disposée, ou pour statuer sur le fond de l'accusation.

après avoir reçu les ordres du roi, si ces lettres se trouvent avoir été surprises sur un faux exposé. Telle est la règle à laquelle vous devez vous soumettre, et qui encore une fois n'a jamais été révoquée en doute.

<hr />

Du 11 juin 1734.

J'ai reçu les lettres que vous m'avez écrites au sujet des grâces que l'évêque d'Orléans prétend avoir droit d'accorder, lorsqu'il fait son entrée solennelle, et j'ai eu l'honneur d'en rendre compte au roi, pour être en état de vous faire savoir ses intentions.

Les différens avis que Sa Majesté a reçus, soit sur la multitude ou sur la qualité des grâces que les derniers évêques d'Orléans ont cru pouvoir accorder, lui ont paru mériter qu'elle fît examiner la nature et les preuves de ce privilége, avec toute l'attention que l'importance de la matière demande pour y pourvoir avec une entière connoissance, suivant les vues que sa religion et sa sagesse lui inspireront ; mais comme, en attendant qu'elle ait pris une dernière résolution sur ce sujet, il est nécessaire que vous soyez instruits des règles que vous devez suivre, par rapport à ceux qui viennent d'obtenir les grâces que M. l'évêque d'Orléans accordoit, Sa Majesté m'ordonne de vous écrire que son intention est qu'il ne soit rien innové, quant à présent, dans cette matière, et que vous vous conformiez exactement au mémoire instructif que M. le chancelier de Pontchartrain envoya, par l'ordre du feu roi, en l'année 1707, à tous MM. les procureurs-généraux des parlemens, au sujet de l'entrée de M. Fleuriau, dernier évêque d'Orléans ; j'en rappelerai ici les principaux points, parce que je ne vois pas, par vos lettres, que ce mémoire soit entre vos mains.

Il leur marqua d'abord que, quoiqu'à la rigueur le privilége dont il s'agissoit pût paroître exorbitant, la piété du feu roi le portoit à vouloir bien en laisser jouir l'évêque d'Orléans, et se contenter de prendre les précautions nécessaires, soit pour en prévenir les abus, soit pour en régler l'effet et l'usage, en faisant donner des instructions à ses officiers sur la forme qui devoit être observée à l'égard des lettres accordées par l'évêque d'Orléans.

On ne prévit alors que deux abus principaux, qui méritent encore aujourd'hui la même attention.

Le premier est l'étendue qu'on a voulu donner à ce privilége, en l'appliquant indistinctement à toute sortes de crimes rémissibles ou irrémissibles.

Le second est la facilité de donner des grâces sur toutes sortes d'exposés vrais ou faux, sans que l'évêque d'Orléans puisse se garantir des surprises qui ne sont que trop communes en cette matière, si ce n'est par la précaution qu'il prend de mettre dans ses lettres, qu'elles n'auront aucun effet qu'autant que l'exposé se trouvera conforme à la vérité.

A l'égard du premier abus, comme il n'est pas permis de prétendre que l'évêque d'Orléans puisse remettre des crimes que le roi se refuse à lui-même le pouvoir de pardonner, Sa Majesté veut, à l'exemple du feu roi, que toutes les grâces qui pourroient avoir été obtenues de cet évêque, pour des crimes de la nature de ceux pour lesquels les ordonnances du royaume portent qu'il ne sera point accordé des lettres de rémission, soient regardées comme nulles et non avenues, l'intention de Sa Majesté étant en ce cas que les accusés soient poursuivis par les parties civiles ou par la partie publique, ainsi qu'ils l'auroient pu être avant que d'avoir voulu abuser d'une indulgence qui excède manifestement le pouvoir de l'évêque d'Orléans, en supposant même la validité de son privilége.

La même règle s'applique encore au second abus; la surprise par laquelle plusieurs criminels ont obtenu, sur des faux exposés, une grâce dont ils étoient indignes, est un nouveau crime qui aggrave le premier, bien loin de l'effacer; et vous entrerez dans l'esprit non-seulement de toutes les lois, mais même de M. l'évêque d'Orléans, lorsque, sans avoir égard à des grâces de cette espèce, vous exercerez la rigueur de votre ministère contre des accusés qui doivent être regardés comme doublement coupables.

Il faut avoir seulement une grande attention à examiner les moyens d'obreption ou de subreption qui peuvent se trouver dans leurs lettres, et je crois n'avoir pas besoin de vous rien recommander à cet égard; mais il est important que vous en avertissiez vos substituts, afin qu'ils ne rejettent pas trop légèrement ces sortes de lettres, et qu'ils ne s'exposent pas par là à des condamnations de dommages et intérêts.

Aux deux premiers abus du prétendu privilége de l'évêque d'Orléans que je viens de marquer, il faut en ajouter un troisième, dont on assure qu'il se trouve plusieurs exemples dans l'occasion présente.

Quelque étendue qu'on veuille donner à ce privilége, il ne peut jamais comprendre que la rémission du crime, et non pas l'absolution d'une peine déjà prononcée suivant les lois du royaume.

L'indulgence que l'évêque d'Orléans exerce à l'égard des coupables, au lieu de celle que l'église demandoit autrefois au prince, peut avoir lieu tant qu'il plaira au roi de le permettre; mais soustraire un condamné à la punition qui lui a été imposée dans toutes les formes prescrites par les ordonnances, ce seroit exercer une espèce de supériorité sur des jugemens qui par leur nature sont irrévocables. Le roi peut seul y déroger par la plénitude de sa puissance, non pas tant en pardonnant le crime, qu'en déchargeant le condamné de la peine qui lui a été imposée; et c'est ce qui fait même que l'enregistrement des lettres qui opèrent cette décharge n'exige aucune connoissance de cause, parce qu'elles dépendent uniquement de la volonté absolue et de l'autorité suprême du souverain.

S'il se trouvoit donc qu'on eût surpris des grâces de M. l'évêque d'Orléans, après une condamnation contradictoirement prononcée en dernier ressort, comme ces grâces sortent du genre des lettres de rémission, et qu'elles tombent dans celui de lettres

de rappel de ban ou de galères, ou de lettres de ré-
habilitation, elles excèdent visiblement le pouvoir d'un
évêque, qui ne sauroit jamais avoir le droit d'anéantir
des jugemens, et d'empêcher, par une grâce qui vient
trop tard, qu'ils n'aient tout leur effet; ainsi, sans avoir
égard à des lettres données dans ces circonstances,
vous devez tenir la main à l'exécution des jugemens,
comme si elles n'avoient pas été obtenues; vous
pouvez seulement, afin qu'elles ne deviennent pas
une espèce de piége pour ceux qui croient s'être mis
en sûreté par de semblables lettres, avoir l'attention
de les faire avertir de se conformer aux jugemens
rendus contr'eux, sans quoi vous ne pourrez vous
dispenser de les poursuivre.

Il me reste à vous expliquer les intentions de Sa
Majesté, conformes à celles du feu roi, sur l'effet
des grâces accordées par l'évêque d'Orléans dans les
cas où elles n'ont aucun des défauts que je vous
ai marqués, et sur la forme qu'on doit observer à
l'égard de ces lettres.

Leur effet est de mettre les accusés à couvert, non-
seulement de toutes les peines corporelles ou infamantes qui pourroient leur être imposées, ou qui
l'auroient même été par des jugemens de contumace,
mais de toutes les condamnations d'amende, ces sortes
de condamnations faisant partie de la peine publique.

Il n'en est pas de même des réparations civiles, ou
des dommages intérêts; ceux à qui il en a été adjugés
peuvent en poursuivre le paiement devant les juges
qui en doivent connoître. Les lettres de M. l'évêque
d'Orléans en contiennent une réserve expresse, et
quand elles n'en feroient pas mention, il ne seroit
pas juste que les accusés, à qui cet évêque donne
des grâces, fussent traités plus favorablement que
ceux qui obtiennent du roi des lettres de rémission.

Celles du même évêque ne sont pas sujettes à la
formalité de l'enregistrement, ni par conséquent à
celle de la représentation du coupable; le prélat qui
les accorde n'a droit de les adresser à aucun tribunal,

et il n'y en a aussi aucun qui doive les recevoir ou en ordonner expressément l'exécution : l'effet en est négatif, pour ainsi dire, plutôt que positif; et elles doivent être regardées moins comme un titre décisif, qui emporte de droit une décharge absolue, que comme une exception que les accusés peuvent opposer aux poursuites qu'on voudroit faire contr'eux. Dans le mémoire instructif que M. le chancelier de Pontchartrain envoya par ordre du feu roi en 1707, il les compare, avec raison, à des quittances qu'un débiteur conserve pour arrêter les poursuites de son créancier.

Si ceux qui ont obtenu ces lettres les font signifier, ou à vos substituts, ou à vous-même, comme quelques-uns l'ont déjà fait, une telle signification ne doit être regardée que comme un avis donné au ministre, qui l'excite nécessairement à examiner, premièrement, si le cas dont a voulu faire grâce étoit rémissible, ou s'il ne l'étoit pas; secondement, si l'exposé du coupable est conforme aux charges, ou lorsqu'il ne l'est pas, jusqu'à quel degré la dissimulation ou la surprise ont été portées, pour voir si elles tombent sur des circonstances assez essentielles pour changer la nature de l'action; et enfin, s'il ne s'agit que de la rémission du crime, et si les lettres tendent à anéantir une condamnation contradictoirement prononcée et en dernier ressort.

C'est par cet examen que vous serez en état de faire l'application des règles que je vous ai expliquées, et de voir si l'un des trois différens abus que j'ai distingués d'abord, vous met dans la nécessité d'agir contre l'accusé, ou contre le condamné, ou si vous devez prendre le parti de fermer les yeux, et de demeurer dans le silence, qui est le seul genre d'approbation que vous puissiez donner aux grâces dont il s'agit.

Vous enverrez, s'il vous plaît, les mêmes instructions à vos substituts; et vous leur recommanderez surtout de ne rien faire dans une matière si grave, sans vous en avoir rendu compte auparavant, afin que vous puissiez leur donner des ordres conformes aux règles que le roi me charge de vous expliquer par cette lettre, et qui doivent être suivies jusqu'à ce que Sa Majesté juge à propos de prendre une autre résolution sur cette matière.

Du 17 août 1734.

La lettre circulaire dont je vous envoie la copie, vous marque la conduite que vous devez suivre à l'égard du nommé......, qui a obtenu des lettres de grâce de M. l'évêque d'Orléans; il est dans celui de tous les cas que j'ai distingués par ma lettre, qui souffre le moins de difficulté, puisqu'il n'a obtenu sa grâce que sur un faux exposé qui, suivant les lettres mêmes, rend la grâce inutile. Vous devez donc écrire aux juges de rendre une sentence de condamnation par contumace, et de là faire exécuter par effigie, afin que l'accusé soit bien instruit qu'on n'a point d'égard à ses lettres. Ce sera à lui après de voir s'il lui convient de se représenter.

Du 16 décembre 1736.

Comme je ne savois si le procès criminel sur lequel le sieur......, ci-devant recteur de......, a été condamné à mort par le lieutenant-criminel de....., ne seroit point porté à la chambre des vacations; j'écrivis pendant qu'elle se tenoit à M. le président de......, qui y présidoit, que le roi paroissoit disposé à accorder des lettres de commutation de peine à cet accusé, encore que la sentence fût confirmée, non pas à la vérité en faveur d'un si indigne prêtre, mais pour épargner au clergé la honte d'un spectacle qu'un pareil supplice donneroit au public; et j'y ajoutai que Sa Majesté, qui vouloit néanmoins se faire rendre compte des preuves établies contre l'accusé, m'avoit ordonné de lui écrire que son intention étoit qu'il fût sursis à l'exécution de l'arrêt, s'il étoit tel que je viens de le marquer, afin que Sa Majesté eût le temps de se déterminer, si elle le jugeoit à propos, à faire expédier des lettres de commutation de la peine de mort en celle d'une prison perpétuelle. J'écrivis alors à peu près dans les mêmes termes à M. le procureur-général, en le chargeant de m'envoyer une copie de la procédure criminelle, lorsqu'elle auroit été apportée au greffe du parlement.

Comme la chambre des vacations a fini avant que le procès pût être en état d'y être rapporté, et que depuis l'ouverture du parlement c'est vous qui présidez à la chambre de la tournelle, le roi m'ordonne de vous faire savoir que, quoique, suivant les informations qui m'ont été envoyées, les crimes de l'accusé le rendent à la rigueur indigne de toute espèce d'indulgence, Sa Majesté veut bien, comme je vous l'ai déjà fait entendre, accorder aux instances réitérées du clergé et de M. l'évêque de....., la grâce de lui épargner l'ignominie du supplice auquel le coupable pourra être condamné, et le convertir en une prison assez rigoureuse, pour lui faire expier par une longue captivité l'horreur de ses crimes ; mais les lettres de commutation de la peine de mort ne pouvant être expédiées qu'après que cette peine aura été prononcée par un jugement irrévocable, l'intention du roi est qu'il soit sursis à l'exécution de l'arrêt, en cas qu'il soit rendu de cette manière. J'écris dans le même esprit à M. le procureur-général, et je le charge de conférer avec vous sur la forme qu'il conviendra le mieux, suivant l'usage du parlement, de donner à cette affaire. Je n'entre donc point avec vous dans un plus grand détail à cet égard, parce que je compte qu'il vous fera part de ma lettre, et je me contente de vous assurer que je suis véritablement.

Du 16 décembre 1736.

Vous avez raison de penser qu'à la rigueur le sieur........; ancien recteur de ...., seroit indigne de toute indulgence, et tout ce que vous m'avez envoyé ne le fait que trop voir; mais ce n'est pas aussi à sa personne, c'est à l'honneur du clergé et aux instances réitérées de son évêque, que M. le cardinal de...... s'est laissé toucher, quand il a porté le roi à user de clémence en cette occasion; et, comme les mêmes motifs subsistent, Sa Majesté a résolu de commuer la peine de ce malheureux et scandaleux prêtre, s'il est condamné à mort, en une prison perpétuelle.

On ne peut pas prévenir le jugement, en cette occasion, par une grâce qui seroit entièrement prématurée, puisqu'il faut qu'il y ait une peine prononnoncée, pour mettre le roi en état de convertir cette peine en une autre. Ainsi, il est absolument nécessaire d'attendre l'arrêt que le parlement rendra sur la sentence de....., et se réduire, quant à présent, à prendre les mesures nécessaires pour suspendre l'exécution de cet arrêt, s'il prononce la peine de mort. C'est dans cet esprit que j'écris à M. le président de......, qui est à la tête de la tournelle, pour lui faire part du genre de grâce que Sa Majesté a résolu de faire au coupable, afin qu'il fasse surseoir l'exécution de l'arrêt dans le cas que je viens de vous marquer, jusqu'à ce que les lettres de commutation de peine vous aient été envoyées, comme elles le seront aussitôt que vous m'aurez informé du jugement qui aura été rendu, et que vous m'en aurez envoyé une expédition en papier.

Je compte aussi de vous envoyer incessamment une lettre de cachet pour vous, et une autre pour la tournelle, par laquelle le roi expliquera sa volonté sur la surséance, afin que vous puissiez vous en servir, si

30 *

l'usage de votre compagnie est que ces sortes de surséances lui soient annoncées par des lettres de cachet du roi ; j'ajoute cette restriction, parce qu'il y
a des compagnies où l'on se contente, en pareil cas,
d'apprendre les intentions de Sa Majesté par une
lettre que j'écris en son nom, et il y a des magistrats à qui cette voie fait plus de plaisir que celle
des lettres de cachet.

Comme cela est égal par rapport au roi, vous me
ferez savoir, de concert avec M. le président de......,
ce que vous aimerez le mieux à cet égard, et vous
ferez bien d'en conférer aussi avec M. le premier
président, à cause du parti que l'accusé pourroit
prendre de demander à être jugé aux deux chambres, c'est-à-dire, par la grand'chambre entière.
Quand même cela arriveroit, la lettre de cachet
adressée à la tournelle, avant le renvoi requis par
l'accusé, seroit suffisante ; si néanmoins M. le premier
président désire qu'il y en ait une adressée à la
grand'chambre, il sera aisé de vous en envoyer une
seconde avec cette adresse.

Du 16 décembre 1736.

LA promesse que M. le cardinal de...... vous a
faite d'épargner au clergé la honte du spectacle que
le supplice du sieur....... pourroit donner au public, a prévalu sur l'énormité du scandale que ce
misérable curé a causé depuis long-temps par un dé-
réglement aussi affreux que celui dont les preuves
sont établies dans le procès criminel que M. le procureur-général m'a envoyé ; ainsi, le roi est déterminé
à user d'une indulgence peut-être trop grande, s'il
m'est permis d'en parler ainsi, en accordant à cet
indigne prêtre des lettres de commutation de la peine
de mort, s'il y est condamné, en celle d'une prison
perpétuelle. Je prends avec M. le président de....
et M. le procureur-général, les mesures nécessaires

pour faire surseoir à l'exécution de l'arrêt, s'il est aussi rigoureux qu'il y a lieu de le présumer, et je compte qu'aussitôt qu'on m'aura envoyé la copie de cet arrêt, les lettres de commutation de peine seront expédiées. Jouissez de la satisfaction, s'il en est une en pareil cas, d'avoir obtenu ce que vous désiriez; mais ne demandez plus désormais un genre de grâce dont je crains les suites et les conséquences, par rapport à beaucoup de mauvais prêtres qui restent encore en.....; la véritable gloire, et l'intérêt solide du clergé est d'abandonner ceux qui ont profané la sainteté de leur caractère par des désordres scandaleux, de les regarder comme ne lui appartenant plus, et de désirer qu'une rigueur salutaire contienne, par la terreur des peines temporelles, ceux que la crainte des peines spirituelles ne sauroit arrêter. C'est le crime qui cause le scandale, et non pas la peine, qui seule au contraire peut le réparer.

Du 16 juillet 1738.

LE roi a reçu les représentations que le parlement a cru devoir lui faire, au sujet des ordres qu'il a plu à Sa Majesté de faire expédier pour suspendre l'exécution de l'arrêt de condamnation à mort qui a été rendu, le 12 du mois dernier, contre le nommé......, et elle m'ordonne de vous faire savoir, qu'il n'y a point de lois ni d'ordonnances qui mettent des bornes, ni qui en puissent mettre à la clémence du roi, surtout lorsque la condamnation étant une fois prononcée, suivant la rigueur des lois, Sa Majesté juge à propos d'adoucir cette rigueur, et de diminuer la peine que la justice n'a pu s'empêcher de prononcer. On ne doit pas prendre trop à la lettre les termes de l'article 21 du titre 25 de l'ordonnance de 1670. Cet article porte à la vérité que les jugemens seront exécutés le même jour, mais cette

disposition doit être entendue sous la condition
tacite, et qui est, pour ainsi dire, de droit, qu'il ne
survienne aucun ordre de Sa Majesté pour suspendre l'exécution du jugement; ainsi, cet article, pris
dans son véritable sens, signifie seulement qu'il ne
dépend pas des juges de différer d'eux-mêmes de
faire exécuter leurs jugemens, sans quoi le roi seroit
toujours dépouillé d'un des plus nobles attributs de
la majesté royale, qui est de pouvoir modérer la rigueur des peines, comme elle peut les remettre entièrement. C'est sur des principes si conformes à
l'humanité qu'il fut ordonné, du temps de Tibère,
que les condamnations prononcées par le sénat ne
pourroient être exécutées avant le dixième jour, et
que ce terme fut même étendu jusqu'à trente jours
par une loi des empereurs Galien, Valentinien et
Théodose, en la loi 20 du titre *des peines* au code
Justinien; et ce qu'il y a de plus remarquable à ce
sujet, est que cette loi a pour objet les jugemens
rendus par le prince même. Les empereurs, qui en
sont les auteurs, ayant voulu se laisser à eux-mêmes
le temps de réfléchir sur une condamnation rigoureuse, pour se réserver la liberté de tempérer les
premiers mouvemens de leur justice par des adoucis-
semens dignes de leur modération; à la vérité, nous
n'avons pas adopté dans nos mœurs la disposition de
ces lois, quoique d'ailleurs si respectables, mais du
moins on en a suivi l'esprit dans les surséances que
nos rois ont souvent jugé à propos de mettre à l'exécution des arrêts de condamnation au dernier supplice; et c'est par là qu'on a su concilier l'intérêt public, qui exige un prompt exemple dans les matières
criminelles, avec l'usage d'une commisération si convenable à l'équité et à la bonté de nos rois; c'est ce
qui se pratique tous les jours à l'égard du parlement
de......, comme à l'égard des autres parlemens du
royaume, sans qu'il y en ait aucun qui fasse la moindre difficulté, et je ne sais si les représentations du
parlement de...... ne sont pas les premières dont

on ait vu l'exemple en pareille matière. Ainsi, le roi m'ordonne de vous faire savoir que son intention est que la surséance d'être exécutée, et que les lettres de commutation de peine que Sa Majesté a bien voulu accorder au nommé........ soient enregistrées aussitôt qu'il les aura présentées à cette compagnie.

À l'égard du crime qui a donné lieu à la condamnation de cet accusé, le terme d'assassinat est du nombre de ceux dont on abuse souvent en l'appliquant à tout genre de meurtre, quoiqu'il ne convienne qu'à ceux qui sont l'effet d'une préméditation prouvée; et, après avoir moi-même examiné le procès, je n'ai rien trouvé qui porte ce caractère. L'homicide qu'on l'accuse d'avoir commis est arrivé dans une querelle fortuite, et la preuve m'en a paru avoir quelque chose de si équivoque et de si obscur, que je n'ai pu, en voyant le procès, m'empêcher d'entrer dans le sentiment de ceux qui ont cru qu'il falloit chercher encore de plus grands éclaircissemens, avant que de pouvoir prononcer une peine capitale contre les accusés. Je respecte, comme je le dois, la pluralité des suffrages, et je mets avec plaisir la présomption du côté des juges; mais, si j'avois eu avec eux le malheur de partager la triste fonction de juger un pareil procès, j'aurois trouvé bien autant de soupçons contre le nommé......, qui a été déchargé de l'accusation par le parlement, que contre le nommé...... qu'il a condamné.

Ce sont ces différentes considérations, qui, après un examen réitéré plusieurs fois, m'ont porté à croire que c'étoit ici le cas où, dans le doute, le roi devoit pencher du côté de la clémence, non pas pour accorder une grâce entière à l'accusé, mais pour modérer une peine, qu'il m'auroit paru bien difficile de prononcer; et Sa Majesté étant entrée dans ces sentimens, il ne reste plus au parlement de...... que de déférer à une grâce qui n'a besoin d'autre motif que de la volonté du souverain, et qui en a d'ailleurs de si puissans dans l'état où l'affaire s'est trouvée du côté de la preuve. Je compte que vous ferez part de cette lettre à votre compagnie, et je ne doute pas qu'elle ne se conforme sans aucune peine et avec joie, à la clémence de Sa Majesté.

Du 27 juillet 1740.

J'ai reçu la lettre par laquelle vous me rendez compte des lettres de rémission qui ont été présentées par le nommé...... au sujet du meurtre par lui commis en la personne du nommé...... Il est difficile de penser qu'il n'y ait pas eu de réflexion dans l'action qui a été commise par cet accusé, et c'en est assez pour lui refuser grâce tant qu'il sera contumax. Mais, comme, d'un autre côté, on peut dire qu'il n'avoit pas dessein de le tuer......, quoique celui-ci soit mort des coups qu'il a reçus, si dans la suite cet accusé se représente, ou s'il est arrêté, ce sera alors que l'on pourra examiner s'il y a lieu d'adoucir la peine à laquelle il aura été condamné. Vous pouvez donc faire dire aux juges qui sont saisis de cette affaire, qu'ils peuvent achever l'instruction et rendre leur sentence par contumace.

Du 23 septembre 1741.

Vous vous souvenez, monsieur, que c'est sur votre intercession que le sieur...... a obtenu du roi des lettres de commutation de la peine de mort à laquelle il avoit été condamné par le parlement de....... en celle du bannissement à perpétuité. Il m'a envoyé depuis peu un placet où il se plaint de ce qu'on le retient toujours dans les prisons de........, quoique ses lettres de commutation de peine ajent été enregistrées. J'ai écrit à M......

procureur-général, pour en savoir la raison, et il m'a répondu qu'on a cru devoir refuser la liberté à ce gentilhomme, jusqu'à ce qu'il eût payé 500 livres de dommages-intérêts auxquels il a été condamné envers la veuve et les enfans de celui qu'il a tué. A la vérité; on peut soutenir à la rigueur que le bannissement perpétuel emportant la mort civile du condamné, on ne sauroit plus avoir d'action que sur ses biens et non sur sa personne, la peine publique devant l'emporter en pareil cas sur la peine particulière; mais, d'un autre côté, il seroit fâcheux de priver la famille de celui qui a été tué des réparations civiles qui lui ont été adjugées, en sorte que la règle qui devroit être naturellement pour la partie souffrante se tourneroit contr'elle et ne serviroit qu'à favoriser le coupable. Je crois donc, dans ces circonstances, devoir vous proposer de faire une œuvre de charité, en excitant les plus proches parens du sieur........., dont il me semble que le frère aîné passe pour être assez à son aise, à lui procurer où à lui faire trouver la somme de 500 livres pour réparer, autant qu'il se peut, le mal qu'il a fait, moyennant quoi il recouvrera aussitôt sa liberté.

Du 5 août 1742.

J'AI examiné les motifs que vous m'avez envoyés pour justifier la régularité du jugement que vous avez rendu le 4 mai dernier, au sujet des lettres de rémission présentées par les nommés........; mais, je n'ai pu trouver ce jugement conforme ni à l'esprit de l'ordonnance de 1670, ni à la déclaration du 22 novembre 1683. Suivant ces deux lois, les juges doivent procéder à l'entérinement des lettres de rémission expédiées en la grande chancellerie; signées de Sa Majesté, et contresignées par un des secrétaires d'état, lorsque l'exposé se trouve conforme aux charges, et que les circonstances de cet exposé ne sont pas tellement différentes qu'elles changent la qualité de l'action, quoique le mot d'abolition ne se trouve pas employé dans les lettres. Les cours mêmes ne peuvent faire de remontrances au roi qu'après l'entérinement, et les premiers juges n'ont que le droit de me faire des représentations. Le roi n'a donc pas jugé à propos de laisser subsister la sentence que vous avez rendue, et l'a cassée par un arrêt du conseil qui vous sera signifié de l'ordre de Sa Majesté, et vous n'avez d'autre parti à prendre que de procéder, en conformité de cet arrêt, à l'entérinement des lettres présentées par les accusés.

Du 19 *août* 1742.

JE suis fort étonné d'apprendre que quoique l'arrêt du conseil du 20 juillet dernier ait été signifié au greffe de la sénéchaussée de......., il n'a point encore été procédé à l'entérinement des lettres de rémission accordées aux nommés......, et qu'il semble qu'on ne cherche qu'à prolonger encore la détention de ces malheureux prisonniers. On prétend à votre égard que vous vous étiez taxé vingt-quatre livres pour les conclusions que vous aviez données lors du jugement du 4 mai dernier, qui a été cassé par l'arrêt du conseil; que cependant les officiers de votre siége prétendent que vous devez en donner de nouvelles, et que vous refusez de le faire. Vous aurez soin de me rendre compte incessamment de votre conduite sur les faits exposés, et je pourrois bien vous obliger à venir me rendre ce compte en personne, si je n'apprends pas la fin de cette affaire par la réponse qui sera faite par le sénéchal à la lettre que je lui écris aujourd'hui.

Du 2 mars 1743.

La difficulté que vous me proposez sur le dispositif des lettres de commutation de peine, accordées aux nommés ...., tombe absolument par la lecture du dispositif même : le roi y décharge d'abord expressément les deux accusés des peines prononcées contre eux, savoir, ... de la peine de mort; et ...., de celle des galères perpétuelles et de la flétrissure; Sa Majesté commue ensuite la peine de mort, prononcée contre le premier, en celle des galères perpétuelles, et celle des galères à perpétuité, prononcée contre le second, en celle des galères à temps. Il ne peut être question de flétrissure par rapport à l'un ni à l'autre de ces accusés.

À l'égard du premier, qui étoit condamné à mort, la disposition de la déclaration du 24 mars 1724 ne sauroit recevoir d'application, parce qu'on ne peut pas dire qu'il soit véritablement condamné aux galères, n'y ayant aucun jugement qui prononce cette peine contre lui, mais seulement des lettres du prince qui commuent la peine de mort en celle des galères, sans y ajouter celle de la flétrissure qui ne sauroit se suppléer ni être infligée qu'en vertu d'un jugement qui la prononce.

Par rapport au second, il étoit, à la vérité, régulièrement condamné aux galères et à la flétrissure, conformément à la déclaration du mois de mars 1724; mais, le roi ayant eu la bonté de le décharger de ces peines, et de commuer seulement celle des galères à perpétuité en celle des galères à temps, la peine de la flétrissure est entièrement anéantie, et le secrétaire du roi qui a dressé ces lettres, s'est conformé à l'usage qui s'observe en cette matière au parlement de........, où l'on ne fait flétrir les condamnés aux galères qu'en vertu des jugemens qui prononcent l'une et l'autre peine, et non lorsque c'est par une grâce du roi, qu'une peine plus grave est convertie en celle des galères à perpétuité ou à temps.

Du 13 janvier 1744.

IL y a de si violens soupçons de préméditation dans l'action commise par le nommé........ qu'il n'est pas possible de lui accorder les lettres de rémission qu'il demande, et la plus grande grâce qu'on puisse lui faire, sera d'adoucir la peine de mort qui doit naturellement être prononcée contre lui. Mais, comme on ne peut commuer une peine jusqu'à ce qu'elle soit devenue irrévocable par un arrêt ou par un jugement en dernier ressort, vous pouvez faire savoir aux juges qui sont saisis de la connoissance du procès qu'ils peuvent achever l'instruction et rendre leur sentence définitive. Lorsque l'accusé aura été jugé et transféré à la conciergerie, je verrai si l'on peut avoir quelque indulgence pour lui, et jusqu'à quel point on la peut porter.

Du 5 juillet 1744.

JE vois bien par votre lettre du .... que le meurtre dont on accuse le nommé .... doit être regardé comme entièrement involontaire ; mais, vous ne me marquez point s'il a été décrété sur l'information dont on vous a envoyé une copie. Si cela étoit, il faudroit qu'il obtînt des lettres de rémission au petit sceau, et c'est une précaution qu'il devroit toujours prendre, quand même il n'auroit pas été décrété, parce que sans cela il demeureroit exposé aux poursuites que l'on pourroit faire contre lui dans un temps où il n'auroit peut-être plus la même facilité de prouver son innocence ; c'est ce que vous prendrez, s'il vous plaît, la peine de lui faire savoir.

L'usage qu'on observe dans votre compagnie de ne point faire exécuter par effigie les sentences rendues par contumace qu'après qu'elles ont été autorisées par le parlement, pourroit faire la matière d'une assez longue discussion, s'il s'agissoit ou de confirmer ou de réformer cet usage. Après avoir examiné tout ce que l'on peut dire pour le combattre ou pour le soutenir, et en attendant qu'il soit nécessaire de faire cet examen, on peut dire que le silence des ordonnances anciennes et nouvelles est un grand préjugé contre un usage qui n'a lieu que dans un très-petit nombre de parlemens du royaume, et qui est ignoré dans tous les autres ; mais, quand même il devroit être approuvé, il faudroit au moins les enfermer dans de justes bornes, et c'est ce qu'il ne me paroît pas que l'on fasse au parlement de......

Qu'en conséquence de cet usage on examine si la procédure des premiers juges est régulière, et qu'on la réforme si elle ne l'est pas, il n'y a rien jusque-là de répréhensible dans la jurisprudence du parlement, et vous en tirez même la raison la plus apparente qu'on puisse alléguer pour justifier cette jurisprudence ; mais, qu'on la porte jusqu'à réformer la sentence des premiers juges par le mérite du fond, non pour aggraver la peine, ce qui peut se faire très-régulièrement sur l'appel *à minimâ* de M. le procureur-général, mais pour adoucir la condamnation, c'est ce qui est entièrement contraire au bon ordre et aux premiers principes d'une saine jurisprudence. Tout est contre le contumax, tant qu'il ne se représente point ; on ne présume rien en sa faveur, et il y a même des cas dans les accusations de duel, où les tribunaux les plus éclairés, ne trouvant aucune preuve de l'accusation, ont cru devoir porter la sévérité jusqu'à prononcer un bannissement pour la désobéissance de celui qui avoit refusé de se représenter pour se purger d'une pareille accusation, sur laquelle sa fuite forme toujours une espèce de soupçon. Rien n'est donc plus irrégulier que de modérer d'office la peine à laquelle un contumax, qui demeure dans cet état, a été condamné. Ainsi, il me paroît fort nécessaire que vous confériez sur ce sujet non-seulement avec les magistrats qui sont de service à la tournelle, mais avec M. le premier président de votre compagnie, pour leur donner lieu d'examiner s'il n'est pas fort à propos de réformer sa jurisprudence sur le point dont il s'agit, en faisant un arrêté par lequel il sera dit que lorsque la procédure des premiers juges se trouvera régulière, il ne sera plus permis de réformer leur jugement rendu par contumace, pour adoucir la rigueur de la condamnation prononcée contre l'accusé. Le cas d'une sentence où un juge ignorant avoit accumulé la peine des galères et celle d'un bannissement contre le même accusé est un cas si singulier, et peut-être si unique, qu'on ne sauroit s'en servir pour établir une règle générale; un simple avertissement donné par M. le procureur-général à un juge capable de tomber dans une pareille absurdité, est plus que suffisant pour en prévenir les suites.

Du 3 avril 1745.

L'ACTION commise par le nommé ...... m'a paru trop grave pour lui faire accorder, dès à présent, des lettres de rémission. Il est vrai que les témoins qui ont déposé peuvent être suspects, mais, c'est un reproche que l'accusé aura la liberté de proposer contre eux à la confrontation, s'il prend le parti de se représenter, mais qui ne doit pas être suppléé en faveur d'un contumax. On ne peut donc que laisser l'accusé dans l'état où il est jusqu'à ce que ces circonstances dans lesquelles le meurtre a été commis

soient plus éclaircies par une instruction contradictoire : il sera temps alors d'examiner s'il convient de
lui accorder une grâce entière, ou de ne lui donner
que des lettres de commutation de peine.

Du 5 septembre 1745.

JE vous ai déjà fait réponse au sujet du nommé ......, sur le procès duquel la tournelle avoit
arrêté qu'il se pourvoiroit pour obtenir des lettres de
rémission ; mais, comme je vois par votre dernière
lettre qu'il est devenu fol furieux, il ne peut plus être
question de lettres de rémission, dont l'entérinement
ne pourroit être ordonné à l'égard d'un homme qui
est en cet état. C'est donc à vous de voir s'il est à propos que vous fassiez informer de la démence de ce
malheureux, ou qu'il soit rendu un arrêt de condamnation contre lui, après lequel le roi commueroit la
peine de mort en celle d'être enfermé à l'hôpital.

Du 10 juin 1746.

JE ne peux que persister dans ce que je vous ai
dit sur la grâce demandée par le sieur .... Le
crime qu'il a commis peut s'éteindre par le temps ;
mais il ne convient en aucune manière que le roi l'a-
bolisse par une grâce qui ne lui seroit pas même plus
utile que la prescription, parce qu'elle ne pourroit
effacer les condamnations premières qui ont été prononcées contre lui et que le laps de temps a rendu
irrévocables.

Du 21 avril 1747.

...Je vous envoie un placet qui m'a été présenté par le nommé. . . . . ., qui prétend que, quoique vous ayez consenti par vos conclusions qu'il obtînt la permission de demeurer pendant six mois dans les lieux dont il avoit été banni, la tournelle ne s'étoit pas crue en état de statuer sur sa requête, parce que ce bannissement avoit été prononcé non par arrêt, mais par des lettres qui avoient substitué cette peine à celle des galères : mais, cette délicatesse, si elle étoit véritable, seroit portée trop loin. Dès le moment que les lettres du roi ont été enregistrées par MM. de la tournelle, ils ont sans doute l'exécution de ces lettres et de l'arrêt par lequel ils les ont enregistrées; ainsi, je ne vois rien qui les empêche de statuer sur la requête de............., ainsi qu'ils le jugeront à propos.

Du 23 janvier 1750.

Il arrive souvent que les accusés qui sont condamnés aux galères ont recours à la clémence du roi, pour obtenir la décharge ou la commutation de cette peine. Lorsque Sa Majesté juge à propos d'avoir égard à leur demande, ils ne profiteroient qu'en partie de son indulgence, s'ils avoient déjà subi la peine de la flétrissure, qui, aux termes de la déclaration du mois de mars 1724, doit accompagner celle des galères. Cette loi ne contient aucune disposition sur le temps dans lequel cette flétrissure doit être imprimée, et elle porte seulement que ceux qui seront condamnés aux galères *doivent être flétris avant que d'y être conduits;* ce qui semble donner à entendre, qu'elle

ne doit précéder leur départ que de fort peu de temps.
Comme il est juste que le roi soit le maître de faire
grâce entière, si Sa Majesté le juge à propos, vous aurez soin, s'il vous plaît, de ne faire exécuter, par
rapport à la flétrissure, les arrêts de condamnation aux galères qu'aux approches du temps où les
condamnés seront attachés à la chaîne pour y être
conduits.

Du 4 juillet 1750.

J'APPRENDS qu'il y a plusieurs officiers du conseil
de......, qui croient pouvoir se dispenser de condamner à la peine de mort ceux qui sont coupables
d'homicide ; et les officiers qui sont à présent de service à la seconde chambre où les procès criminels
doivent être portés, viennent d'en donner un exemple
d'autant plus singulier, non pas d'un simple meurtre
commis dans la chaleur d'un premier mouvement,
mais d'une violence préméditée par le nommé......,
qui, après avoir eu une querelle dans un cabaret avec
le nommé......, et avoir été chassé par le maître
du cabaret, avoit attendu, plus de trois heures, le
même......, et l'avoit chargé de coups mortels, lorsque ce malheureux s'en retournoit chez lui, croyant
être en sûreté à une heure après minuit. Tous les
magistrats doivent savoir qu'ils sont établis pour rendre justice, et qu'il n'appartient qu'au roi de faire
grâce. Les homicides mêmes les plus excusables méritent la peine de mort ; et tout ce que les juges peuvent faire par un motif d'humanité et de compassion
dans les cas qui excitent ces sentimens, est de suspendre leur jugement et d'arrêter que l'accusé se retirera
devers le roi pour demander grâce, ou de charger
M. le procureur-général de m'informer de la qualité
du fait, afin que je voie s'il est de nature à mériter
que le roi fasse usage de sa clémence à l'égard du

coupable : il leur est aussi permis, après avoir commencé par rendre un arrêt de condamnation suivant
la rigueur des lois, d'en différer la signature ou la
prononciation, et de m'en faire donner avis, afin que
je puisse, si le roi le juge à propos, faire expédier des
lettres de commutation de la peine de mort en celle
des galères ou du bannissement. Mais, dans tous ces
différens cas, c'est toujours Sa Majesté qui use d'indulgence, et non pas les juges qui n'en ont pas le
pouvoir; c'est ce qu'il est nécessaire que vous fassiez
bien comprendre à tous les officiers de votre compagnie, et je ne doute pas qu'à l'avenir ils ne se conforment exactement aux règles que je viens de vous
marquer.

§. VII. — *Prisons, leur garde et sur-veillance.*

Du 12 août 1729.

Il est aisé de remédier à l'inconvénient que vous
craignez dans l'exécution de la déclaration du 11 juin
1724. A la vérité, le parlement paroît autorisé par
cette déclaration à recevoir le serment de tous ceux
que l'on propose à la garde des prisons, mais rien ne
l'empêche aussi de commettre les officiers des lieux
pour recevoir ce serment; et, comme c'est à vous qu'il
appartient de présenter les sujets que vous croyez
capables de cet emploi, vous pouvez le faire par une
requête sur laquelle le parlement ordonnera que le
sujet, par vous présenté, sera reçu à exercer la fonction de concierge, à la charge de prêter par lui le serment en tel cas requis et accoutumé par-devant le
juge du lieu où il doit exercer sa fonction.

Du 28 janvier 1730.

La lettre que vous m'avez écrite sur la prétendue impossibilité où vous craignez d'être, de trouver des geoliers qui veuillent se charger de la garde des prisons, ne m'a pas paru plus aisée à entendre que celle que vous avez écrite à M. le contrôleur-général, et qui en a porté le même jugement que moi.

On a d'abord de la peine à comprendre que le concierge des prisons de......, qui est le principal objet de vos lettres, étant aujourd'hui déchargé de payer au fermier du domaine un loyer qui montoit auparavant à 3000 livres par an, ne puisse soutenir les charges de son emploi, qu'il supportoit bien dans un temps où il s'en falloit beaucoup que sa condition ne fût aussi bonne qu'elle l'est à présent. Quand il seroit vrai qu'il lui en coûte deux mille quatre ou cinq cents livres par an pour les fournitures et dépenses qu'il est obligé de faire, il en seroit plus que dédommagé par le retranchement de 3000 livres de loyer qu'il trouvoit autrefois le moyen de payer, quoiqu'il fût toujours assujetti aux mêmes charges.

Vous remarquez dans votre lettre à M. le contrôleur-général, que ce concierge est obligé de payer régulièrement trois sols par jour à chaque prisonnier auquel il doit d'ailleurs fournir la paille et l'eau; mais vous n'ajoutez point que le roi paie six sols par jour aux geoliers de votre province pour chacun des prisonniers, dont la nourriture se prend sur le domaine de Sa Majesté. Il résulte cependant de ce fait, qu'il y a un revenant-bon de trois sols par jour, sur lequel les geoliers ne sont chargés que de fournir de l'eau et de la paille, et qui se réduit presqu'à rien, en sorte qu'il leur reste un fonds plus que suffisant pour acquitter toutes les autres charges dont vous faites l'énumération, sans parler de ce qu'ils gagnent sur les personnes qui sont détenues pour dettes civiles, et qui va encore assez loin, et peut-être trop, comme je l'ai remarqué par les éclaircissemens que je vous ai demandés, et que vous m'avez donnés en différentes occasions sur ce sujet.

Il paroît donc absolument inconcevable que vous puissiez avoir aucune peine à trouver des geoliers dans l'état présent des choses, où d'un côté leurs profits ne sont pas diminués, et où de l'autre ils sont déchargés de payer des loyers qui en consommoient autrefois une grande partie.

Outre ces réflexions, qui me sont communes avec M. le contrôleur-général, j'ai été surpris comme lui de l'usage que vous souffrez dans votre province, où je crois qu'au lieu de faire fournir le pain en nature aux prisonniers par un boulanger, qui se rend adjudicataire de cette fourniture au rabais, comme cela se pratique ailleurs, les geoliers donnent trois sols par jour aux prisonniers, qui se fournissent ensuite de pain comme bon leur semble, ce qui peut être sujet à plusieurs abus et à de grands inconvéniens.

Prenez donc, s'il vous plaît, la peine de vous expliquer plus exactement sur tous ces articles, si vous voulez qu'on y donne quelque attention, et surtout d'examiner avec M. le premier président ce qu'il y auroit lieu de faire en réformant l'abus de fournir le pain en argent aux prisonniers, qui ne doit pas être toléré plus long-temps, pour mettre les concierges en état de supporter les charges de la prison en y trouvant une subsistance et un profit raisonnable.

Je compte par conséquent que vous ferez part de cette lettre à M. le premier président, avec lequel vous concerterez la réponse que vous y ferez, et le projet de réglement qu'il sera nécessaire de faire sur ce sujet.

Du 14 septembre 1730.

Il est sans difficulté qu'un geolier qui laisse évader un accusé ne doit être jugé qu'à l'ordinaire, et à la charge de l'appel, quoique cet accusé fût coupable d'un cas prévôtal et justiciable du prévôt des maréchaux. La loi du talion n'a point lieu en pareil cas, par rapport à la peine que le prisonnier, qui s'est soustrait à la justice, pouvoit mériter par le crime dont il étoit accusé; et cette même loi seroit encore plus mal appliquée, si l'on vouloit en conclure, que parce qu'un prisonnier devoit être jugé par le prévôt des maréchaux, le geolier, qui est complice de son évasion, doit aussi subir la même juridiction. Je ne comprends pas qu'une telle question puisse partager les savans de votre pays, et cela ne m'en donne pas une grande opinion.

Du 10 décembre 1740.

J'ai reçu la lettre par laquelle vous me rendez compte des plaintes que le sieur........ m'a faites de la conduite du sieur........, lieutenant-criminel de......, à son égard.

Il est fort fâcheux, premièrement, que celui qui se plaint ait été arrêté par méprise, et retenu si long-temps dans les prisons; mais c'est un mal qui doit être regardé comme presque impossible à réparer.

A l'égard de la condamnation du lieutenant-criminel, elle est inexcusable, si cet officier n'a pas la police des prisons, comme je le présume par votre lettre; et, comme cela est de droit commun, cette police doit appartenir régulièrement au lieutenant-général et au procureur du roi; si cela est, je ne peux mieux faire que de vous prier de faire de ma part à

cet officier la reprimande, qu'il mérite, soit parce qu'il
a agi sans pouvoir, soit parce qu'il en a mal usé, en
faisant remettre au cachot un prisonnier que le procureur du roi en avoit fait sortir. Vous lui recommanderez donc fortement, s'il vous plaît, de se renfermer
dans les véritables bornes de son autorité, et de ne
pas me donner lieu, en agissant inconsidérément,
comme cela lui est arrivé plusieurs fois, de le traiter
avec plus de rigueur, sans me contenter de lui faire
une simple réprimande, comme je veux bien le faire
en cette occasion.

§. VIII. — *Duels, Vols, Faux, et autres crimes.*

Du 5 juin 1728.

Votre substitut à....... ne se justifie pas bien
au sujet du combat qui s'est passé entre les sieurs.....
Ce n'est pas assez, en pareil cas, de faire des recherches
secrètes ; un procureur du roi est obligé de faire
faire des informations dans les règles ordinaires pour
la décharge de son ministère. Si par ces informations
il n'y a aucun soupçon de duel, et que le fait ne
paroisse être qu'une rencontre qui n'ait rien de prémédité, il n'est pas obligé d'aller plus loin; mais
il faut au moins que le fait soit vérifié par une preuve
régulière, sans quoi un procureur du roi deviendroit
seul le maître de poursuivre ou d'étouffer à son gré
une accusation de duel : je doute d'ailleurs que les
recherches de celui de...... aient été bien exactes.
Des personnes très-dignes de foi m'assurent que ceux
qui se sont battus avoient eu une querelle à table
la veille du jour de l'action, et que ceux qui man-
geoient avec eux les empêchèrent d'en venir aux
mains; que le jour même de l'action ils se trouvèrent
dans une maison où l'on jouoit, en sortirent tous

deux, passèrent plusieurs rues ensemble, et s'arrêtèrent dans celle de......, où ils mirent l'épée à la main. Comme votre substitut ne parle d'aucune de ces circonstances dans la lettre qu'il vous a écrite, j'ai lieu de présumer qu'il s'est informé bien légèrement de cette affaire. Ce qu'il dit sur le lieu du combat, arrivé dans une rue fort passante, qu'il est peu vraisemblable, selon lui, qu'on eût choisie pour se battre, ne prouve rien, parce que la même chose est arrivée souvent dans des combats très-justement suspects de duel, dans la vue de faire passer l'action pour une simple rencontre. Recommandez donc, s'il vous plaît, à cet officier d'être en général plus vigilant et plus attentif à suivre les formes les plus exactes en pareille matière, et à l'égard du fait dont il s'agit, d'en approfondir mieux les circonstances qu'il ne l'a fait d'abord; et, supposé qu'il y ait la moindre preuve d'une querelle précédente, qu'il ne manque pas de faire faire une information dans les règles, et de vous l'envoyer, afin que vous puissiez juger si le fait mérite d'être poursuivi.

A l'égard du crime d'empoisonnement dont je vous avois aussi écrit, comme c'est un crime secret dont votre substitut n'a reçu aucune dénonciation, et sur lequel il ne restoit rien qui pût établir le corps du délit, on ne sauroit lui reprocher de n'avoir fait aucune procédure à cet égard. Il est bon néanmoins qu'il veille sur la conduite du sieur......, et qu'il s'informe si ce gentilhomme n'a point d'autres mauvaises affaires sur son compte, car il n'y a nulle apparence que l'avis qu'on m'a donné soit sans fondement.

Du 3 janvier 1730.

Sur la plainte que le sieur...... m'a portée de ce que par un arrêt rendu à la tournelle du parlement de......., il avoit été condamné aux dépens, quoiqu'il eût été mis hors de cour sur l'accusation de duel qui faisoit la matière du procès, et qu'il n'eût point d'autre partie que M. le procureur-général, j'ai cru devoir me faire envoyer une copie des procédures extraordinaires qui ont été faites dans cette affaire, et, après les avoir examinées, je vois que le fond du jugement mérite beaucoup plus mon attention que ce qui n'en est que l'accessoire, et qui est le seul fondement des plaintes du sieur......

En effet, le jugement qui a été rendu par MM. de la tournelle est si contraire à toutes les règles qui sont établies, soit dans la matière des duels, soit par rapport à toute autre espèce de crime, qu'il m'est presque impossible d'en concevoir les motifs.

Il paroît par les informations, que l'accusation de duel n'étoit nullement destituée d'apparence et de fondement; on y voit qu'il y avoit eu une ou deux querelles précédentes entre ceux qui se sont battus, et un intervalle suffisant entre les querelles et le combat pour donner lieu à la réflexion. Il y a d'ailleurs dans toutes les circonstances de l'action plusieurs faits qui concourent, dans l'étroite rigueur, à la faire regarder comme un duel; tout ce que l'on peut y opposer est qu'il paroît, par les dépositions des témoins, que les accusés étoient pris de vin. Mais, outre que cette circonstance ne suffit pas pour les justifier dans une matière si grave, on reconnoît aisément, par les discours qu'ils ont tenus, soit pendant ou après l'action, que leur ivresse prétendue ne les empêchoit pas de savoir ce qu'ils faisoient, et d'agir même comme s'ils avoient eu toute la présence d'esprit qu'on peut avoir en pareil cas; ainsi, quand même ils auroient été tous deux dans les prisons, c'auroit été une question douteuse, de savoir s'il n'y en avoit pas assez pour les condamner suivant la rigueur des ordonnances; et la plus grande indulgence dont on auroit pu user à l'égard de ces accusés auroit été d'ordonner seulement qu'il seroit plus amplement informé pendant un an, et que cependant ils tiendroient prison.

Mais, ce qui paroît inconcevable, c'est que l'arrêt dont il s'agit est un jugement rendu par contumace, dans lequel tout est de rigueur, principalement contre les accusés de duel, et où l'on ne peut suppléer aucune de ces présomptions favorables qui ne sauroient être écoutées que lorsque les accusés sont présens et en état de proposer leurs défenses.

Il est bien surprenant, encore une fois, que dans une affaire où il y a non-seulement des soupçons très-violens, mais des preuves presque complètes de duel, les juges n'envisagent que ce qui peut aller, en quelque manière, à la décharge des coupables, et qu'ils épuisent, pour ainsi dire, leur indulgence en faveur de deux contumax, qui, par la seule désobéissance à la justice, quand même il n'y auroit pas eu de preuves contre eux, auroient mérité d'être condamnés au bannissement à temps, comme cela s'est pratiqué souvent en pareil cas au parlement de Paris.

Enfin, à ne regarder même que ce qui s'est passé entre les sieurs........ que comme un simple combat peu suspect de duel, ils méritoient au moins d'éprouver quelque genre de punition, et surtout étant jugés par contumace.

La condamnation aux dépens qui m'a donné lieu d'examiner cette affaire, est aussi singulière que tout le reste dans une occasion où non-seulement il n'y avoit point d'autre partie que le procureur-général, mais où l'on a cru pouvoir mettre les accusés hors de cour, et où, par conséquent, on supposoit qu'ils étoient innocens. Vouloir qu'un coupable supporte les frais de la condamnation portée contre lui à la seule acquisition de la partie publique, c'est déjà un abus qui ne peut être excusé que par un usage observé depuis long-temps dans votre province, quoiqu'il soit contraire aux ordonnances; mais, prétendre qu'un innocent, ou du moins un homme qu'on regarde comme tel, doive payer les frais d'un procès qui, dans la pensée des juges, n'auroit pas dû être instruit contre lui, puisqu'on le met hors de cour sur l'accusation, c'est une idée si nouvelle et si extraordinaire, que je ne comprends pas comment elle a pu venir dans l'esprit d'aucun juge. Il ne m'est donc pas permis de garder le silence au sujet d'un arrêt si irrégulier dans toutes ses parties, et si contraire à la justice et à la sévérité avec laquelle le roi veut que ses ordonnances et celles des rois, ses prédécesseurs, sur le fait des duels, soient inviolablement observées. Ainsi, en même temps que j'écris à M. le procureur-général de donner main-levée des saisies qui ont été faites sur les biens du sieur......., en vertu d'une condamnation de dépens si insoutenable, je suis obligé de recueillir le zèle et l'attention de MM. de la tournelle sur une matière si importante, en vous chargeant expressément de leur faire part de cette lettre, afin que dorénavant ils évitent avec soin de tomber dans des inconvéniens pareils à ceux que je suis forcé à regret de relever en cette occasion. Il est inutile de faire des lois sur un crime aussi grave que le duel, et aussi dangereux dans ses conséquences, si les juges n'entrent dans l'esprit du prince qui les a faites, et s'ils ne les rendent véritablement utiles par la rigueur avec laquelle ils les exécutent. J'espère donc que MM. de la tournelle s'y conformeront plus exactement à l'avenir, et que par là ils me donneront la satisfaction d'approuver autant leur conduite dans d'autres affaires qu'elle m'a paru extraordinaire dans celle dont il s'agit.

Du   février 1730.

La décision des questions qui se jugent différemment dans les différentes cours du royaume, et le rétablissement d'une jurisprudence uniforme dans l'exécution des mêmes lois, ne sont pas les seuls objets que le roi se propose pour le bien de la justice. S'il est important de fixer des maximes certaines et invariables sur le fond des matières, il ne l'est pas moins de régler la forme de la procédure, et l'on peut dire même que le second point est d'un usage beaucoup plus fréquent et plus général que le premier. Les questions difficiles et problématiques ne se présentent pas dans toutes les affaires, mais il n'y en a aucune, ni civile, ni criminelle, où la régularité de la procédure ne soit nécessaire, et la voie par laquelle on parvient à obtenir justice, exige une attention encore plus continuelle que le fond de la justice même.

Tel fut le principal objet que le feu roi se proposa dans les codes ou dans les ordonnances générales de 1667, de 1669, de 1670, ou dans d'autres lois semblables, qui regardent l'ordre judiciaire, et qui ne contribueront pas moins que ses autres actions à immortaliser la gloire de son règne.

Mais il est attaché à la condition humaine, de ne produire aucun ouvrage où il ne se glisse quelque imperfection. Il n'est point d'esprit, quelque vaste qu'il soit, qui puisse tout prévoir, et les législateurs les plus éclairés n'ont pas rougi d'avouer qu'ils devoient souvent plus au secours de l'usage et de l'expérience qu'à leurs propres réflexions. C'est cet usage et cette expérience, plus sûre que les lois mêmes, qui ont montré qu'il manquoit encore quelque chose à l'entière perfection des ordonnances qui ont établi les règles de la procédure, et c'est par cette raison que Sa Majesté a jugé à propos qu'on en fît une révision exacte, soit pour en bannir toute obscurité ou tout équivoque, soit pour suppléer ce qui y manque en quelques endroits, soit enfin pour essayer de simplifier encore plus le style judiciaire, d'abréger la longueur, et de diminuer les frais de la procédure.

Comme il seroit impossible d'embrasser en même temps toutes les parties d'un projet si étendu, et que les instructions criminelles sont les plus importantes et les plus privilégiées, c'est par là que le roi a cru qu'il falloit commencer l'ouvrage, c'est-à-dire, par un nouvel examen de l'ordonnance de 1670; et dans le grand nombre de matières que cette ordonnance contient, on a donné la préférence à ce qui regarde l'instruction du faux, soit parce que la rédaction des deux titres qui s'y rapportent, n'a pas été faite avec autant d'exactitude, de distinction et de détail qu'il auroit été à désirer, soit parce que les juges, obligés de suppléer par leur attention à ce qui manquoit à ces deux titres de l'ordonnance, l'ont expliquée si différemment, ou quelquefois même avec si peu de succès, qu'il se trouve peu d'instructions uniformes et régulières sur le faux. De là vient qu'il n'y en a presque point où l'on ne découvre des défauts essentiels qui obligent les tribunaux supérieurs à la déclarer nulle par des arrêts onéreux aux premiers juges, et qui, en retardant au moins l'exemple qu'on attend de la justice, donnent quelquefois lieu aux accusés de l'éluder. J'ai vu même dans plusieurs occasions, que les procédures qui se font sur ce sujet dans les parlemens, ne sont pas toujours exemptes des irrégularités qu'ils sont obligés de condamner dans les juges qui leur sont subordonnés. Il n'y a point de matière qui fournisse tant de demandes en cassation que celle du faux, et le conseil du roi a souvent le déplaisir d'être forcé, par la rigueur de la règle, à y avoir égard, en détruisant à regret un ouvrage juste dans le fond, mais irrégulier dans la forme.

C'est donc pour prévenir de si grands inconvéniens, qu'après avoir recueilli tout ce que ma propre expérience m'a pu apprendre à cet égard, et tout ce que j'y ai ajouté par les avis des personnes les plus éclairées que je pusse consulter en pareil cas, j'en ai formé les trois projets de titre que je vous envoie, et qui renferment entièrement une matière si importante.

Comme la confusion que l'on faisoit tous les jours du faux principal et du faux incident étoit la source des principales fautes que les juges commettoient dans l'instruction, j'ai cru qu'il convenoit de faire deux différens titres, l'un pour le premier, l'autre pour le second genre d'accusation, afin qu'il ne fût plus possible de s'y méprendre à l'avenir.

A l'égard du titre de la reconnoissance des écritures ou signatures privées, au lieu qu'il précède celui du faux dans l'ordonnance de 1670, il m'a paru plus convenable de le placer après cette matière, et deux raisons m'ont porté à prendre ce parti.

Premièrement, comme il y a des règles communes à ces différens objets, il paroît conforme à l'ordre naturel de les expliquer d'abord dans ce qui regarde le plus important, je veux dire l'instruction du faux, pour en faire ensuite l'application, en deux mots, à la reconnoissance des écritures ou signatures privées.

Secondement, cette reconnoissance pouvant être incidente, non-seulement au faux, mais à tout autre genre d'accusation, la procédure qui se fait sur ce sujet doit être plus distinguée ou plus séparée de ce qui appartient à la poursuite du faux, qu'elle ne l'a été dans l'ordonnance de 1670, où elle se trouve tellement confondue avec cette matière, qu'il semble qu'elle n'en soit jamais que l'accessoire.

A la marge de chacun des trois articles des titres dont vous examinerez le projet, vous trouverez des sommaires qui en expliquent l'esprit général, et qui en font comme la conférence avec les articles de l'ordonnance de 1670, auxquels ces nouveaux articles ont rapport.

J'ai mis aussi en certains endroits un petit nombre de remarques sur des points qui peuvent souffrir plus de difficulté que le reste, et à quoi il sera bon que vous donniez aussi une plus grande attention.

Outre MM. les gens du roi, auxquels j'écris comme à vous sur ce sujet, et à qui je vous prie, pour

ménager le temps, de communiquer les projets qui
sont joints à cette lettre, vous pourrez asssocier à
l'examen dont il s'agit tels magistrats de votre compagnie que vous jugerez à propos. Je crois cependant qu'ils doivent être en petit nombre, et en état
de pouvoir se rassembler promptement et de suite
pour y travailler. Il est si important de remédier incessamment à un mal dont les yeux de la justice
sont si souvent blessés, que tous ceux qui l'aiment
autant que vous le faites, ne sauroient apporter une
trop grande diligence, pour me mettre en état de
perfectionner un ouvrage, dont vous désirez, sans
doute, la conclusion autant que je le puis faire.

Il ne s'agira pour cela que de faire quelques notes
sur les articles qui vous paroîtront en mériter, et
les raisonnemens peuvent être si courts en pareille
matière, que la rédaction n'en doit pas emporter
beaucoup de temps. J'espère donc qu'il ne vous
sera pas difficile de réunir ici les deux qualités les
plus essentielles, je veux dire la diligence et l'exactitude. Je connois toute l'étendue de votre zèle pour
le bien public, et je ne doute pas que vous ne m'en
donniez des nouvelles preuves en cette occasion.

Du 2 août 1730.

QUOIQUE je ne doute pas que M. de ...... ne
vous envoie la lettre que je vous ai écrite au sujet du
travail que j'avois compté que les commissaires de
votre compagnie auroient fait sur la matière du faux,
sur laquelle j'avois envoyé les projets d'une loi nouvelle à M. le premier président et à M. le procureur-
général, je ne laisse pas de vous adresser la copie de
cette lettre, afin que vous puissiez remettre cette matière en mouvement, et achever, s'il se peut, dans le
reste du parlement, avant que les commissaires se
séparent, un ouvrage qui doit être fort avancé, si on
y a travaillé aussitôt que j'en ai envoyé le projet.

Du 15 février 1731.

JE n'entends pas bien le style de votre compagnie, lorsqu'en matière de duel elle décerne un décret d'ajournement personnel contre la mémoire d'un mort, pendant que de l'autre côté elle donne un décret de prise de corps contre l'accusé qui est vivant.

Il n'est pas plus aisé de faire comparoître la mémoire d'un homme que de la prendre au corps, et en second lieu, il est contre la règle, en cas de duel, de distinguer les deux accusés dans le décret, puisqu'ils sont d'abord présumés coupables du même crime, et qu'il n'y a que l'instruction qui puisse mettre dans la suite quelque différence entr'eux.

Le style qu'on suit au parlement de Paris, et le seul qui soit régulier dans le cas où vous vous êtes trouvé, est d'ordonner que l'accusé vivant sera pris au corps, et que le procès sera fait à la mémoire du mort, à l'effet de quoi il y sera nommé un curateur, lequel sera tenu de comparoître à toutes assignations.

Je fais ici cette remarque, parce que je vois souvent avec déplaisir que dans la plupart des parlemens de province les règles et le style de la procédure criminelle ne sont pas aussi connus qu'il seroit à désirer, ce qui donne lieu à plusieurs demandes en cassation, dont le succès n'est souvent que trop assuré.

Pour ce qui regarde le fond de l'affaire, dont l'événement a été si funeste au sieur ...., vous me paroissez avoir fait toutes les diligences possibles pour découvrir des preuves de la vérité du fait, et je ne puis qu'approuver la pensée où vous êtes d'y ajouter la précaution de faire publier des monitoires, quoiqu'il n'y ait pas lieu d'en espérer un grand succès; mais, moins on peut faire d'exemples réels dans ces sortes d'occasions, plus il est important de n'y avoir

rien à se reprocher, et de répandre au moins une espèce de terreur par la rigueur et l'éclat des procédures, au défaut de remède plus efficace.

Du 27 mai 1732.

Les occupations que j'ai eues ici depuis que j'y ai
reçu votre lettre du 16 de ce mois, ne m'ont pas permis d'y répondre aussitôt que je l'aurois désiré.

Il est à souhaiter pour vous que tout le monde soit
aussi prévenu en votre faveur que vous le paroissez
par cette lettre; je rends volontiers justice à la droiture de vos intentions, et vous n'aviez pas besoin de
vous étendre autant que vous l'avez fait sur ce point;
il ne s'agit que de savoir si ces bonnes intentions sont
aussi accompagnées que vous le croyez, d'une connoissance exacte des règles de l'ordre judiciaire; et
c'est sur quoi votre lettre me laisse beaucoup à douter.

Les raisons dont vous vous servez pour justifier
l'arrêt du 30 avril n'ont rien de concluant, ni même
de spécieux.

Quand même il seroit vrai que M...... auroit dû
requérir qu'il fût informé tant à.... qu'à.... de la
distribution affectée de l'écrit dont il s'agit, vous
n'auriez pas dû en conclure qu'il falloit lui refuser ce
qu'il demandoit et qui étoit juste, sous prétexte qu'il
n'en demandoit pas assez; c'étoit tout au plus une
raison pour suppléer ce qui pouvoit manquer à son
réquisitoire, et pour ordonner que l'information seroit faite, tant sur ce qui s'étoit passé à......, que
sur ce que l'on avoit fait à.....

Au fond, il y a une grande différence à faire entre
ce qu'une partie présente à ses juges pour leur instruction, lorsqu'elle le croit nécessaire pour sa défense, et ce qu'on répand gratuitement dans la ville
où l'évêque fait sa résidence, dans la seule vue de le
décrier, et par un pur esprit de diffamation; c'est
sans doute par cette raison que M. de...... s'est

contenté de demander qu'il fût informé de ce qui s'étoit passé à......; et il est bien extraordinaire que, parce qu'il a eu la modération de n'en pas demander davantage, on lui ait fait essuyer un refus que le ministère public ne doit jamais éprouver en pareille matière.

La délicatesse que vous avez sur le nom de libelle que vous vous faites scrupule de donner à un écrit qui en porte tous les caractères, me paroît aussi singulière. Vous avez regardé cet écrit, aussi bien que tous les juges, comme un nouveau corps de délit, puisque vous avez ordonné avec eux que..... seroit de nouveau interrogé sur ce sujet, et qu'en même temps la dame......; chez laquelle l'écrit avoit été imprimé, a été décretée d'ajournement personnel; la déclaration qu'ils ont faite du nom de l'auteur de l'ouvrage ne change pas la nature du délit, elle ne fait qu'indiquer un nouvel accusé : hésiter, après cela, à permettre au procureur-général d'informer de la distribution injurieuse qu'on a faite à ..... du même écrit; et ne pas hésiter seulement, mais prononcer qu'il n'y a pas lieu d'avoir égard à la remontrance d'un avocat-général sur ce sujet, c'est une chose si extraordinaire et si contraire à toutes les règles, que je suis surpris que vous ayez entrepris de la soutenir.

Ce que vous m'écrivez au sujet de l'arrêt du 26 avril, ne résout pas davantage la difficulté.

Toute opposition à un arrêt qui prononce des décrets, est un préalable sur lequel il faut statuer avant toutes choses, et c'est à l'audience qu'on y doit prononcer; on pourroit, en y renvoyant les parties, ordonner que les interrogatoires seroient remis entre les mains des gens du roi, pour en rendre compte à la cour; et alors, si la matière avoit été disposée à être jugée à l'audience, on auroit été en état de l'expédier sans nouvelle instruction, ou si elle avoit paru plus grave, on auroit débouté les demandeurs de leur opposition, et ordonné que le procès seroit continué : mais la route qu'on a prise est entièrement irrégulière. Débouter, quant à présent, d'une opposition, c'est la rejeter d'un côté, et la laisser subsister de l'autre; il est aussi singulier de joindre une opposition, non pas au fond du procès, ce qui emporte une espèce de débouté tacite, mais à des interrogatoires; c'étoit au contraire les interrogatoires qu'il falloit joindre à l'opposition, en ordonnant qu'ils seroient remis aux gens du roi, comme je viens de vous le dire.

Comment statuera-t-on même sur cette opposition, ainsi jointe aux interrogatoires? elle n'est plus pendante à l'audience, et cependant on n'y peut statuer comme on feroit en un procès par écrit, puisqu'il n'y a pas encore eu de réglement à l'extraordinaire, qui est ce qui tient lieu d'appointement en matière criminelle.

Telles sont les contradictions et les difficultés dans lesquelles on se jette, quand on s'écarte des véritables règles de l'ordre judiciaire ; mais, le mal est fait, et il n'est plus question que d'y trouver un remède.

C'est aux juges à examiner s'il peut y en avoir d'autres que celui de rendre un jugement sur le vu des interrogatoires, par lequel, sans s'arrêter à l'opposition, on ordonneroit que les témoins seroient récolés et confrontés, même si M. l'évêque de...... le demandoit, qu'il seroit informé de la diffamation qu'on a voulu faire en répandant l'écrit en question, tant à...... qu'à......; et cependant, attendu la longue détention des prisonniers, le même arrêt porteroit qu'ils seroient mis en liberté, à la charge de se représenter à toute assignation en état d'ajournement personnel.

Il faut, ou par ce jugement ou par quelque autre voie régulière que ce puisse être, remettre cette affaire en règle, sans quoi il est à craindre que la justice ne soit compromise, ce que je souhaite fort pour l'honneur de votre compagnie, et pour le vôtre, qu'on puisse éviter.

Du 26 février 1734.

JE vous prie de m'expliquer les motifs que la chambre de la tournelle peut avoir eus pour se servir, dans l'arrêt dont je lui envoie la copie, des termes d'enjoindre au procureur-général de formaliser le faux. Ce terme paroît bien dur, et peu convenable à l'égard d'un procureur-général; il est, d'ailleurs, mal placé dans une matière où l'ordonnance laisse la liberté au procureur-général de poursuivre le faux, sans lui en imposer la nécessité. Ainsi, il semble que la tournelle ait voulu aller au-delà des termes de la loi, et faire plus à l'égard d'un procureur-général, que le roi même n'a cru le devoir faire dans son ordonnance; j'ai donc de la peine à comprendre comment on peut justifier une pareille prononciation, et je vous prie de me l'expliquer incessamment.

Du 29 juin 1737.

VOUS avez très-bien fait de pourvoir avec la plus grande diligence à la poursuite d'un combat aussi suspect de duel que celui dont vous m'informez. La lettre de M......, que j'ai reçue en même temps que la vôtre, m'explique avec encore plus de détail toutes les démarches qui ont été faites jusqu'à présent, pour parvenir à la preuve du crime, et pour connoître ceux qui en sont coupables; il est de très-mauvais exemple qu'on ait osé enlever le corps de celui qui a été tué dans le combat, presque sous les yeux du parlement, et il faudra que le roi donne des ordres rigoureux pour empêcher que cela n'arrive à l'avenir. Je ne doute pas, au surplus, que M...... ne fasse toutes les diligences que l'on doit

32 *

attendre de son zèle, pour mettre le parlement en état de faire un aussi grand exemple que cette affaire paroît le mériter.

***

Du 5 juillet 1737.

Les procédures que vous m'avez envoyées ne permettent qu'à vous de douter que le cadavre qu'on a trouvé sur le bord de la rivière ne soit celui de l'officier qui a été tué le 16 du mois dernier ; mais, comme on n'a pu le reconnoître, il n'en résulte point une véritable preuve ; cela n'empêche pas qu'on ne continue avec soin la procédure commencée, parce que ce n'est pas tant l'homme de qui est le cadavre qui est le corps du délit en pareille matière, que le combat prémédité. Je sais combien il est rare que l'on trouve des preuves complètes dans une accusation de duel ; mais, il faut au moins faire tout ce qui est possible pour y parvenir.

***

Du 11 juillet 1737.

Je ne doute pas que vous ne remplissiez dignement les fonctions de votre ministère pendant le temps des vacations, comme vous le faites pendant tout le cours de l'année. A l'égard de l'accusation de duel dont vous me parlez dans votre lettre, il faudroit avoir vu les informations et autres procédures pour être en état d'en bien juger. Mais, comme le duel est ce qu'on appelle *crimen duorum*, j'ai de la peine à concevoir comment, de deux accusés de ce crime, l'un peut être regardé comme coupable, et l'autre comme innocent. Si cela étoit, l'accusation changeroit de face et de titre, il ne seroit plus question de duel ; il ne s'agiroit que d'une insulte, ou tout au plus d'une provocation à un combat singulier ; à laquelle celui qui

auroit été provoqué n'auroit eu aucune part. Il paroît
aussi assez difficile de concevoir que le sieur......
ait été trouver le sieur........ pour le forcer à se
battre contre lui, sans qu'il y ait eu une querelle précédente entre ces deux officiers. La présomption générale est au moins contraire à cette pensée. Il faut
être bien circonspect, et agir avec une extrême précaution, quand on veut se fonder uniquement sur
un argument négatif, ou sur un défaut de preuves
qui peut se réparer d'un moment à l'autre : ce seroit au moins des réflexions générales qu'il est bon
de faire en pareille matière, et ce sont les seules que
je puisse me permettre, quant à présent, quoique je
ne sois pas assez instruit de l'affaire dont il s'agit pour
pouvoir m'expliquer plus précisément sur ce sujet.

Du 30 mai 1738.

PAR une lettre que j'ai reçue du sieur......, je
vois que dans un procès qu'il a avec M......, celui-
ci ayant produit une reconnoissance dont il se sert
pour soutenir la mouvance qu'il réclame, il s'est
trouvé que cette reconnoissance n'étoit pas conforme
à l'original, et que dans la copie qui en avoit été
délivrée par un notaire nommé......., on avoit
ajouté les termes qui désignoient le fief possédé par
M......; que le sieur......, à la vue de cette addition fausse, avoit fait sommer M......, de déclarer s'il entendoit se servir de la pièce qu'il avoit
produite; et que, sur cette sommation, ce dernier
ayant déclaré qu'il n'entendoit plus s'en servir, en
voulant faire tomber la faute de l'addition sur le
notaire qui lui avoit délivré l'expédition dont il s'a-
gissoit, les parties ont été renvoyées à l'audience.

Cette affaire me paroît d'une extrême importance,
et surtout dans la personne d'un magistrat qui a
contre lui la présomption de droit, puisque la fausse
addition dont on se plaint, ne pouvant être utile qu'à

lui, il est naturel de l'en regarder comme le premier auteur. Il est question d'ailleurs, de la prévarication d'un notaire dans l'exercice de ses fonctions; ainsi, le ministère public étant intéressé directement en cette occasion, par rapport aux deux personnes suspectes du faux dont il est question, je ne doute pas que vous n'y fassiez tout ce qu'on doit attendre de votre zèle pour le bien public, et que, quand même on ordonneroit le rejet de la pièce arguée de faux, vous ne requièriez que le procès soit poursuivi et instruit à votre requête, comme en matière de faux principal, afin qu'un crime qui intéresse si fort la sûreté des familles et le bien commun de la société, n'éclate pas aux yeux de la justice, sans être approfondi avec toute l'attention et puni avec toute la sévérité qu'il mérite.

Du 22 février 1739.

J'ai différé de répondre à la lettre que vous m'écrivîtes avec deux de MM. vos collègues, le dix-sept décembre dernier, au sujet de la triste affaire de M......, votre confrère, parce que j'ai cru entrer dans vos sentimens communs, en lui faisant parler par différentes personnes sur les conséquences de cette affaire, et en lui donnant du temps pour faire ses réflexions sur un éclat presque aussi fâcheux pour l'honneur de la magistrature, que pour lui; mais, par les discours qu'il a tenus depuis ce temps-là, et encore plus par les lettres qu'il m'a écrites, je vois qu'il persiste toujours dans la ferme résolution d'essuyer plutôt toutes les poursuites dont il est menacé, que de chercher à les prévenir par sa retraite. Il m'écrit en dernier lieu, qu'il ne pourroit prendre ce parti sans se déshonorer le premier, et sans donner lieu de croire qu'il s'est regardé lui-même comme coupable; il ajoute que, rassuré comme il l'est par le témoignage de sa conscience, bien loin de désirer un délai, il me prie au contraire de faire commencer au plus tôt une procédure dont il ne craint point l'événement. Je souhaite que son intrépidité soit en effet une marque de son innocence; mais, comme il n'y a plus rien à ménager avec un magistrat qui demande lui-même qu'on lui fasse son procès, et que, d'ailleurs, pendant le temps qui s'est écoulé depuis votre lettre, il semble que la conduite de M...... soit devenue encore plus suspecte par un mauvais fait dont il ne paroît pas cependant fort inquiet dans la lettre qu'il m'a écrite, je ne peux dans toutes ces circonstances, que laisser agir librement votre zèle, si vous persistez toujours à vous croire obligé, pour le bien de la justice, et pour l'honneur même de votre ministère, à poursuivre celui qui l'a partagé avec vous jusqu'à présent; et il mérite en effet, d'être traité plus rigoureusement qu'un autre, s'il est vrai qu'il ait été capable de la fausseté dont on le soupçonne.

La seule chose qui puisse faire quelque peine en cette occasion, est la difficulté que vous aurez peut-être à bien prouver, en regardant même la falsification comme véritable, que ce soit M...... qui en ait été l'auteur. Il n'oublie pas de faire remarquer dans ses lettres, que c'est sa femme seule qui est intéressée et partie dans l'affaire dont il s'agit, et que, jusqu'à présent, il n'a point été employé dans les qualités de la procédure.

On ne pourra point, si cela est, traiter ce qui regarde le faux comme un faux incident; et vous vous trouverez obligé à en former l'accusation comme d'un faux principal, qui devra être poursuivi dans l'assemblée de toutes les chambres, à cause du privilége de M....... Je présume, soit par ce que vous m'avez écrit, soit par tout ce que j'ai entendu dire d'ailleurs, que vous pourrez parvenir à prouver le corps du délit, c'est-à-dire, qu'il y a eu une altération ou une falsification dans la date du billet qui fait la matière du procès civil; mais, comme M..... ne s'en est point servi, et que jusqu'à présent, il n'a été question que de sa femme, il faudra que vous puissiez établir par d'autres voies, que c'est lui qui est coupable de cette fausseté. Je ne suis pas assez au fait de toute cette affaire, pour pouvoir juger du genre et du mérite des preuves que vous serez en état d'employer personnellement contre M......, et je ne peux sur ce sujet que m'en rapporter à votre connoissance et à votre sagesse; mais j'ai cru qu'il étoit bon de vous faire faire cette réflexion générale, afin que, s'il est nécessaire de faire éclater une accusation si grave contre un magistrat, votre confrère, vous preniez au moins toutes les précautions que votre prudence peut vous inspirer, pour faire ensorte qu'un si grand éclat ne devienne pas inutile, et que s'il est vrai que la conduite de M...... ait été le déshonneur de la justice, elle puisse au moins en être vengée par la punition de ce magistrat.

Du 17 mars 1739.

J'AI reçu la lettre que vous m'avez écrite le 22 janvier dernier avec les minutes que vous m'avez adressées, et que je vous renvoie, des procédures qui ont été faites sur l'accusation formée contre...... J'ai examiné ces procédures avec attention, et il m'a paru 1.º que le défaut de représentation à....... des notes que ce premier est accusé d'avoir écrites à la marge du Traité de la vérité de la Religion catholique, composé par M. de Mahis, ou plutôt le défaut de sommation de...... de venir les reconnoître ne rend pas ces procédures nulles.

L'article premier du titre de la reconnoissance des écritures de l'ordonnance du mois de juillet 1737, ne concerne que la reconnoissance des écritures privées, dont on peut se servir contre un accusé; mais, lorsque les pièces mêmes, dont il s'agit, forment le corps du délit, il est permis à la partie publique de le faire constater par le témoignage des experts, en lcur faisant remettre des pièces de comparaison, sans appeler un accusé qui est encore inconnu; et cette première procédure est regardée comme une information ordinaire, les pièces de comparaison étant comme des témoins muets qu'on produit contre celui qui a écrit les pièces qu'il s'agit de vérifier.

2.° Comme on n'a réglé le procès à l'extraordinaire qu'à l'égard de......, on n'étoit pas obligé d'attendre que la contumace eût été instruite contre le nommé......, à l'égard duquel il sera nécessaire de rendre un jugement qui réglera le procès à l'extraordinaire, si l'on suit cette affaire.

3.° Il est certain que lors du récolement des experts, on auroit dû leur représenter toutes les pièces sur lesquelles ils avoient fait la vérification d'écritures; que la faute qu'on a faite en ne les leur représentant pas, rend ces récolemens nuls, et qui ordonneroit qu'ils seroient recommencés; mais au fond, je ne trouve pas cette affaire bien importante, et je crois qu'après avoir renvoyé...... en état d'ajournement personnel, ou même d'assigné pour être ouï, vous pouvez en laisser tomber la poursuite.

Du 8 août 1739.

Il est aisé de répondre à la consultation que vous me faites par votre lettre du quatorze juillet dernier.

- Aucune loi n'ordonne que les moyens de faux seront mis dans un papier cacheté; si les demandeurs en faux en usent ainsi au parlement de......, c'est une précaution surabondante qui n'exige aucun procès-verbal d'ouverture du paquet où les moyens de faux sont renfermés, et vous me marquez qu'en effet il ne se fait point de procès-verbal d'ouverture en pareil cas. Le rapporteur peut donc ouvrir ce paquet comme bon lui semble, de la même manière qu'il ouvre celui qui renferme vos conclusions, lorsque vous les donnez cachetées, et sans que vous y soyez présent, ni aucun de vos substituts.

L'usage qu'il doit faire des moyens de faux, est de les faire remettre au parquet, afin que vous y donniez vos conclusions par écrit, un pareil incident ne devant jamais être porté à l'audience. C'est ainsi que doivent être entendus les art. 27, 28 et 29 du titre du faux incident, dans la nouvelle ordonnance sur le faux; et je ne vois rien dans tout cela qui puisse être susceptible de la moindre difficulté.

Du 20 octobre 1739.

J'AI examiné avec attention les procédures par lesquelles vous avez commencé la poursuite de l'accusation de faux que vous avez formée contre M...., et je ne sais si les deux premières dépositions de l'information dont vous m'avez envoyé la copie, ne pourront pas souffrir beaucoup de difficultés dans la forme, parce qu'elles regardent un fait qui n'est point compris dans votre plainte, et dont on ne manquera pas de dire que vous n'avez pas obtenu la permission d'informer. Il auroit fallu pour bien faire, dès le moment que cette nouvelle fausseté est venue à votre connoissance, présenter une seconde requête pour obtenir une nouvelle permission d'informer. Je sais bien qu'on pourra prétendre que, quoique vous n'ayez pas compris dans votre accusation le nouveau fait qui a été expliqué par les deux premiers témoins, il peut former néanmoins une présomption par rapport à la fausseté dont vous avez accusé M......., parce qu'il s'agit toujours du même genre de crime, quoiqu'il ne soit pas question individuellement de la même fausseté. Mais les juges peuvent penser différemment sur ce sujet, et s'ils y trouvent de la difficulté, le plus sûr seroit peut-être de déclarer ces deux dépositions nulles, et d'ordonner en conséquence de la nouvelle requête que vous présenterez sur ce nouveau fait que les mêmes témoins seroient entendus sur ce dernier fait, procès-verbal préalablement dressé de l'état du billet qu'ils ont joint à leur déposition ; mais quelque parti que l'on prenne, il faut toujours ordonner une instruction particulière sur cet article, supposé qu'on puisse en effet prouver la fausseté ou l'altération du billet dont il s'agit, ce qui sera peut-être assez difficile, attendu la longueur du temps qui s'est écoulé depuis la date de ce billet.

Au surplus, je sens combien vous souffrez d'être obligé de poursuivre une pareille affaire ; mais, après tous les délais qui ont été donnés à M......, et tous les avis qu'il a reçus pour l'obliger à rentrer en lui-même, vous ne devez plus penser qu'à remplir les devoirs de votre ministère, et oublier la dignité de l'accusé, et ne plus envisager en lui que sa personne.

<hr />

Du 29 février 1740.

La difficulté sur laquelle vous me consultez, n'a pu être prévue par aucun législateur, parce qu'elle ne naît que de la qualification singulière qu'on a jugé à propos de donner aux pièces produites par M....., en les appelant des *pièces de conviction*, par rapport à l'inscription de faux. Cette dénomination ne convient véritablement qu'à des pièces qui chargeroient la personne de l'accusé, ou qui indiqueroient des voies que l'on auroit prises pour parvenir à la fabrication ou à l'altération des actes argués de faux ; mais, lorsqu'il ne s'agit que d'anciennes chartes ou d'anciens monumens, dont on tire des conjectures ou des observations critiques, sur des dates chronologiques ou sur des faits historiques, pour montrer, par raisonnement, la fausseté d'un ancien titre, on ne peut appliquer à de tels argumens le nom de *pièces de conviction*, et l'on auroit dû plutôt leur donner la qualification générale de preuves par écrit de la fausseté des titres produits par le défenseur en faux.

D'un autre côté, je vois, par votre lettre, que les mêmes pièces, dont on tire des inductions critiques pour combattre la vérité de ces titres, sont devenues des *pièces de comparaison* qu'on a employées pour parvenir à l'instruction du faux ; et c'est de cette double qualification qui a été donnée aux mêmes pièces, l'une sans fondement, et l'autre avec raison, que naît la difficulté qu'il s'agit de résoudre.

Ce qui la forme, est la différence des règles établies par la dernière ordonnance que le roi a faite sur le faux, entre le temps de la représentation à l'accusé des *pièces de conviction*, et celui de la représentation des *pièces de comparaison*. Si on regarde celles dont il s'agit comme *pièces de conviction*, c'est dans le temps de l'interrogatoire qu'elles doivent être représentées à l'accusé ; si on les regarde comme *pièces de comparaison*, ce ne sera que dans le temps de la confrontation ; mais elles sont en même temps l'un et l'autre.

Ainsi, les règles sur le temps de les représenter, selon leur différente qualité, n'étant pas les mêmes, quelle est celle de ces deux règles qui doit l'emporter sur l'autre en cette occasion ? C'est le véritable état de la question que vous me proposez.

Rien n'est plus raisonnable que le doute qui s'est formé dans l'esprit des juges, sur ce point de procédure, mais, après tout, il ne me paroît pas bien difficile de le faire cesser.

Il est évident d'abord que, puisqu'on a donné, bien ou mal, le nom de *pièces de conviction* à certains titres, on ne peut se dispenser de les représenter à l'accusé dans le temps de son interrogatoire, sans quoi on contreviendroit formellement à la disposition de l'article 31 de l'ordonnance du mois de juillet 1737, au titre du faux principal, et à l'article 43 du titre du faux incident.

. Mais, en évitant de contrevenir à ces articles, ne contreviendra-t-on point à l'article 32 du même titre du faux principal, et à l'article 43 du titre du faux incident, parce que les *pièces de conviction* sont aussi des *pièces de comparaison*, qui, suivant ces derniers articles, ne doivent être représentées aux accusés que lors de la confrontation.

. C'est une objection à laquelle il est aisé de répondre, que ce ne sera point comme *pièces de comparaison*, que celles dont il s'agit seront représentées à l'accusé, lors de son interrogatoire, ce sont uniquement comme *pièces de conviction*, ce qui n'empêchera pas qu'on les représente encore au même accusé, dans le temps de la confrontation ; mais elles ne lui seront alors représentées que comme *pièces de comparaison*. Ainsi, la disposition de l'ordonnance sera également remplie des deux côtés, selon les différentes faces sous lesquelles les mêmes pièces ont été considérées, et qui auront donné lieu de les regarder, comme si c'étoit des pièces réellement distinctes et séparées, les unes servant à la *conviction*, et les autres employées comme pièces de *comparaison*.

Il y a même une réflexion importante à faire sur le peu d'inconvénient qu'il y a ici à représenter les pièces dont il est question, dès le temps de l'interrogatoire qui sera subi par l'accusé ; c'est qu'il les connoît déjà, ou qu'il a dû les connoître dans le temps du procès-verbal qui s'est fait pour recevoir les pièces de comparaison.

Une des différences qui se trouvent, suivant l'ordonnance de 1737, entre l'instruction du faux principal et l'instruction du faux incident, est que, dans l'une, l'accusé ne doit pas être présent au procès-verbal d'admission des *pièces de comparaison*, au lieu que dans l'autre, il doit y être appelé, parce que jusque-là, il n'a point encore le caractère d'accusé. Il ne tient donc qu'à lui d'avoir dès lors la connoissance des *pièces de comparaison*, et, par ce motif, on auroit dû, sans inconvénient, permettre aux juges

de les lui représenter dans le temps de son interrogatoire.

Mais, d'un côté, on n'a pas voulu charger cet
acte d'une représentation qui n'auroit servi qu'à le
grossir inutilement, et, de l'autre, on a cru devoir
suivre exactement, et d'une manière uniforme, le véritable principe de cette matière, qui est que les
pièces de comparaison sont considérées comme des
témoins muets, qui ne doivent être représentés à
l'accusé que comme les témoins parlans, dans le
temps de la confrontation; et c'est par cette raison
que, sur ce qui regarde la représentation des pièces
de comparaison à l'accusé, l'ordonnance de 1737 a
établi les mêmes règles dans le faux incident, que
dans le faux principal.

Mais ces règles seront exactement observées, en
représentant les pièces dont il est question, à l'accusé,
comme *pièces de comparaison,* dans le temps de la
confrontation, sans qu'on puisse dire que ces mêmes
pièces aient été violées, en les lui représentant aussi
dans le temps de son interrogatoire, parce qu'elles
ne lui auront été représentées alors que comme *pièces
de conviction.*

Je crois donc que cette distinction, sans laquelle
les juges seroient réduits à l'impossible, ce qui ne peut
jamais avoir été l'intention du législateur, aplanit
entièrement la difficulté que vous me proposez; on
peut seulement, en la suivant, prendre la précaution
de marquer, lors de l'interrogatoire, qu'on ne représente à l'accusé les pièces dont il s'agit, que comme
pièces employées par le demandeur en faux, pour
servir à conviction, et réciproquement ne leur donner,
lors de la confrontation, que la seule dénomination
de *pièces de comparaison.*

Je compte que vous ferez part de cette lettre à la
chambre à laquelle vous présidez, en l'assurant que
je loue, comme je le dois, la délicatesse qui l'a portée
à vouloir me consulter sur une difficulté qu'elle auroit
pu résoudre par ses propres lumières.

Du 3 juillet 1741.

J'ai reçu la lettre que vous m'avez écrite au sujet d'un procès criminel qui a été instruit et jugé en matière de faux, au présidial de......; et j'ai parcouru le mémoire que vous y avez joint, où j'ai trouvé un récit abrégé de la procédure qui a été faite sur ce sujet.

Il est vrai que cette procédure paroît fort extraordinaire en plusieurs points ; mais il n'est pas possible que j'entre dans la discussion des défauts de forme ou des irrégularités qui peuvent être relevés dans des procès criminels instruits par des juges subordonnés aux parlemens, outre que, pour en bien juger. il faudroit voir tout le procès ; je ne dois point influer, par mes lettres, dans les délibérations des juges, et j'évite encore plus de le faire dans les matières criminelles que dans les matières civiles. C'est aux parlemens qui sont saisis de la connoissance d'un procès criminel par la voie de l'appel ou autrement, d'examiner avec soin la forme des procédures qui sont sous leurs yeux, d'y appliquer les règles prescrites par les anciennes ou par les nouvelles ordonnances, et de faire le discernement de ce qui est nul dans une procédure extraordinaire, et de ce qui peut y être régulier, pour rendre ensuite tel jugement qu'il appartient, soit par rapport aux accusés, ou par rapport aux juges qui les ont condamnés.

L'ordonnance de 1737, qui a été faite sur l'instruction du faux, contient un détail si clair et si précis sur les règles qui doivent y être observées, que je ne pourrois y rien ajouter par mes lettres. Ainsi, le seul parti que je puisse prendre, dans l'occasion présente, est de m'en rapporter à votre prudence et à celle du parlement, pour juger de ce qui doit être détruit, et de ce qui peut subsister dans le procès instruit par les

officiers de la sénéchaussée de......, et pour décider en même temps, si la nouvelle procédure qu'il faudra substituer à celle que le parlement aura cassée, sera faite aux dépens des juges qui ont mal procédé dans cette affaire.

Je remarquerai seulement, qu'en statuant sur des procédures irrégulières, le parlement ne sauroit avoir trop d'attention à ne pas tomber lui-même dans des défauts de forme qui pourroient nuire à son arrêt; et ce qui me donne lieu de faire cette réflexion, est le peu d'exactitude de l'extrait que vous m'avez envoyé, et des réflexions qu'on y a jointes; on n'a pas relevé, dans cet extrait, des défauts qui paroissent essentiels, et on y en remarque qui ne le sont pas, comme lorsque l'on dit que, quoique le faux dont il s'agissoit fût un faux principal, et poursuivi à la requête de la partie publique, on l'a instruit cependant comme faux incident, ce qui ne paroît en aucune manière par l'extrait au bas duquel on a fait cette observation.

On y dit encore que, quand même il eût été question d'un faux incident, les juges civils n'auroient pu instruire la procédure que par *la rejection de la pièce arguée de faux, après quoi il auroit fallu, pour la peine, se pourvoir devant ceux qui connoissent des matières criminelles, suivant la disposition de l'article 22 de la nouvelle ordonnance.* On avance là une maxime très-fausse, et on l'appuie sur un article de l'ordonnance qui ne dit rien de semblable.

La décision contraire, dans cet article, porte seulement que, lorsque dans les cas marqués par les trois articles précédens, *l'accusation du faux principal sera substituée à celle du faux incident, elle sera instruite et jugée par la chambre ou par les juges auxquels la connoissance des matières criminelles est attribuée, dans la cour ou juridiction où l'accusation de faux incident avoit été portée.* Mais il ne s'ensuit nullement de là que, dans toutes les accusations de faux incident, les juges civils ne peuvent instruire la procédure que par la rejection de la pièce; presque tous les articles de l'ordonnance de 1637, au titre du faux incident, prouvent évidemment le contraire; et personne ne doute que, lorsque l'accusation du faux incident s'instruit dans les formes prescrites par ce titre, les juges civils n'en demeurent toujours les juges, jusqu'à ce qu'ils aient rendu leur sentence définitive sur l'instruction entière du procès criminel.

Il y a donc deux cas à distinguer en cette matière :

Le premier est lorsque l'incident de faux est suivi dans les règles prescrites par l'ordonnance, c'est-à-dire, par voie d'information, d'interrogatoire, de récolement et de confrontation.

Le second, lorsque l'incident de faux tombe par le fait du demandeur ou du défendeur, et que la partie civile ou la partie publique y substitue l'accusation de faux principal.

Dans le premier cas, le juge civil devant lequel l'inscription de faux a été formée, demeure toujours compétent, soit pour l'instruction ou pour le jugement du faux.

Dans le second cas, il cesse de l'être, et le faux principal doit être poursuivi dans la chambre ou devant les juges qui connoissent des matières criminelles, dans la même cour ou juridiction où ce faux incident avoit d'abord été porté.

Tel est le véritable esprit et la lettre même de l'art. 22 de ladite ordonnance, dont on fait un si mauvais usage dans la première observation qui est au bas de l'extrait que vous m'avez envoyé; et j'ai cru devoir m'expliquer plus au long sur cet article, afin de vous faire sentir combien il est important que le parlement évite lui-même de se former de fausses idées sur cette matière.

Du 23 septembre 1741.

J'ai reçu la lettre par laquelle vous me marquez que l'usage du parlement de Douay, de prononcer la peine de mort pour les vols de bestiaux commis dans les pâcages, est fondé sur les dispositions d'un placard adressé par le roi d'Espagne au conseil de Brabant en 1586. Il paroît, par les termes de ce placard, qui sont rapportés dans votre lettre, que la disposition de cette loi ne doit s'appliquer qu'aux vols des bestiaux commis dans les pâcages avec violence; et à l'égard de ceux qui ont été commis sans violence, les accusés doivent seulement être condamnés aux galères. Il est vrai que dans les provinces où il se fait un commerce considérable de bestiaux, les vols de cette espèce y font un grand préjudice; mais les peines que je viens de vous marquer sont suffisantes pour y mettre ordre, étant beaucoup plus graves, même dans le cas de vols commis sans violence, que celles qu'on impose pour les autres vols simples. Le parlement de Douay doit donc se renfermer dans les bornes que je viens de vous marquer, et il ne fera en cela que se conformer à l'usage de tous les tribunaux du royaume. Vous aurez soin, s'il vous plaît, de faire part de cette lettre à M. le premier président de votre compagnie.

Du 15 février 1742.

Je vois, par votre lettre du......, qu'un prétendu soupçon de duel entre les sieurs de...... et de......, dont on m'avoit donné avis, n'a point de fondement, et que si la fille qui est accusée de recèlement de grossesse ou de suppression de part, s'est évadée des prisons où elle étoit, on ne peut en rien reprocher au lieutenant du juge qui est saisi de la connoissance de cette affaire. On sera donc obligé de la juger par contumace, et vous donnerez sans doute les ordres nécessaires pour y faire procéder promptement.

Du 19 *avril* 1742.

J'ai reçu la lettre que vous m'avez écrite le vingt-trois mars dernier, et tout ce que vous y avez joint pour me faire connoître les motifs de l'arrêt rendu à votre rapport, par lequel le nommé...... a été condamné à mort; mais plus j'ai fait de réflexions sur les raisons dont vous vous servez pour justifier cet arrêt, plus j'ai été effrayé des maximes que vous m'expliquez à cette occasion, et surtout de la première.

Je vois que le parlement de...... y suppose pour principe, que, quoique chacun des témoins qui sont entendus contre un accusé de vol ou de quelqu'autre crime semblable, ne dépose que des faits singuliers, en sorte qu'il n'y en a aucun sur lequel on trouve deux témoins uniformes, l'accusé doit néanmoins être regardé comme un voleur d'habitude, et comme tel condamné au dernier supplice.

Une maxime si contraire aux véritables règles, et à l'humanité même, renferme deux erreurs évidentes:

La première est, qu'en général la simple habitude de commettre des vols, est une raison suffisante pour autoriser les juges à prononcer la peine de mort contre le coupable, quoique ces vols n'aient aucun des caractères odieux auxquels les ordonnances ont appliqué ce genre de peine, comme le vol domestique, le vol commis avec effraction ou sur un grand chemin, et dans une maison royale, ou enfin, un vol commis par un accusé qui a déjà été condamné aux galères pour de pareils crimes. La rigueur de la loi n'est tombée que sur ces sortes de cas qu'elle a

33 *

exprimés avec soin, comme pour apprendre aux ministres de la justice, qu'il ne leur est pas permis d'étendre la sévérité de leur jugement jusque aux cas dont elle n'a point parlé, et que par conséquent elle n'a pas jugé dignes du même supplice. Les juges manquent donc absolument de pouvoir, lorsqu'au lieu d'adoucir le degré de la peine, comme il leur est quelquefois permis de le faire dans des circonstances que la loi n'a pas prévues, ils veulent ajouter à sa rigueur, et juger des crimes, non par leur nature, mais par la seule habitude de les commettre. Cette considération peut, à la vérité, les porter à aggraver les peines qui ne sont pas fixées précisément par la loi, et à condamner par exemple un voleur d'habitude aux galères, pendant que des vols du même genre n'auroient été punis dans un autre accusé que par la peine de la flétrissure et du bannissement. Mais il faut néanmoins qu'en usant de cette liberté, les juges s'arrêtent toujours au-dessous de la peine de mort, qu'ils ne doivent jamais imposer que pour les genres de crime qui en sont susceptibles, suivant la lettre et l'esprit des ordonnances.

La seconde erreur de la maxime que vous m'assurez être reçue dans votre compagnie, regarde la qualité de la preuve, au lieu que la première tombe sur la matière du crime.

Il est certain dans les véritables règles, que le concours de deux témoins uniformes dans les circonstances esssentielles est absolument nécessaire pour l'intégrité de la preuve testimoniale; c'est une maxime établie par le consentement général de toutes les nations policées, et de toutes les lois anciennes et nouvelles. Ainsi, un fait qui n'est attesté que par un seul témoin, ne peut être considéré par les juges comme véritablement prouvé, et il n'en résulte que ce qu'on appelle une demi-preuve qui ne peut opérer la condamnation du coupable, que lorsqu'elle est accompagnée de son aveu volontaire ou forcé, ou lorsqu'elle est fortifiée par des indices équivalens à la déposition de ces témoins; et par conséquent tous les faits singuliers dont chacun n'est connu que par le récit d'un seul témoin n'étant prouvés qu'à demi, ils ne peuvent jamais former un corps de preuve qui mette les juges en état de prononcer une condamnation contre l'accusé, et encore moins une condamnation capitale; ils doivent donc en ce cas se contenter d'ordonner qu'il sera plus amplement informé, en retenant l'accusé dans les prisons pendant le temps qu'ils estiment convenable.

A la vérité, il y a des cas, comme ceux des accusations d'usure, de concussion, de prévarication, commises par un officier dans les fonctions de sa charge, ou d'un grand nombre de vols commis par le même accusé, dans lesquels l'usage de plusieurs tribunaux a établi que dix témoins qui ne déposent chacun que d'un fait singulier équipollent à deux témoins qui déposeroient uniformément du même fait, encore faut-il en ce cas qu'il y ait un très-grand nombre de témoins qui aient été entendus, ensorte qu'il s'en trouve plusieurs fois dix qui déposent de faits singuliers; mais on abuseroit étrangement de cette maxime, si l'on vouloit en conclure, comme je vois qu'on le fait au parlement de......, qu'il suffit que plusieurs témoins aient déposé chacun d'un fait singulier dans une accusation de vol, pour faire regarder l'accusé comme convaincu d'être un voleur d'habitude; il ne l'est pas même, en ce cas, d'être un voleur, puisqu'aucun vol n'est suffisamment prouvé, et l'opinion contraire doit être considérée comme une erreur qui n'est pas tolérable dans les vrais principes de l'ordre judiciaire.

Il y a, enfin, dans la suite de votre lettre, un dernier point qui est beaucoup moins important que les deux premiers, mais qui mérite néanmoins attention par rapport à la régularité de la procédure, qu'on ne sauroit porter trop loin en matière criminelle.

Vous me marquez que quoiqu'une dénonciation faite à un procureur du roi, ne tombe que sur un seul crime, comme par exemple sur un seul vol, et que la permission d'informer ne s'applique qu'à ce seul fait, il est d'usage cependant, que si les témoins déposent de plusieurs autres faits, l'instruction s'en fasse sans nouvelle plainte ou réquisition de la part du ministère public, lorsque la poursuite du procès se fait à sa requête.

Quoique cet usage puisse être excusé, il n'est pas cependant exactement conforme à la règle. Elle exige qu'on n'informe que des faits compris dans la plainte ou dans la requête, ou réquisition qui en tient lieu; et lorsque les témoins y ajoutent d'autres faits qui n'ont pas de rapport aux premiers, on ne doit pas, à la vérité, leur fermer la bouche, mais, les procureurs du roi, en prenant des conclusions sur l'information, doivent requérir ou demander par une requête séparée, que l'information soit continuée et l'instruction faite, tant sur les faits dont il a été d'abord permis d'informer, que sur ceux qui sont depuis venus à leur connoissance par les dépositions des témoins, ou par d'autres voies, sans quoi il reste toujours quelque chose d'imparfait et de peu régulier dans la procédure.

J'envoie la copie de cette lettre à M...... qui est à présent à la tête de la tournelle, afin qu'il en fasse part à cette chambre. Je suis persuadé qu'elle se portera d'elle-même à se conformer aux principes que j'y ai expliqués, et à faire cesser une jurisprudence qui ne peut s'accorder ni avec les règles de l'ordre judiciaire, ni même en partie avec les sentimens de l'humanité.

Du 26 *août* 1742.

J'ai reçu la réponse que j'attendois de vous depuis long-temps sur le projet d'édit que je vous avois envoyé, au sujet des mariages et des rapts de violence ou de séduction, et j'y vois qu'après avoir consulté ceux de MM. du parlement en qui vous avez une très-juste confiance, vous pensez comme eux, qu'il n'y a rien à changer dans ce projet, si ce n'est dans ce qui regarde une des dispositions de la déclaration de 1639, à laquelle vous croyez qu'il convient que le roi déroge pour ne point donner atteinte aux usages et aux priviléges de la Flandre, où le droit de confiscation n'a pas lieu. Cette raison m'a paru suffisante pour faire approuver par le roi, le changement que vous proposez, et vous trouverez qu'il a été fait dans l'édit qui sera adressé incessamment à votre compagnie.

Du 4 septembre 1742.

J'ai reçu la lettre que vous m'avez écrite le 22 août, avec le mémoire que MM. les commissaires du parlement vous ont remis, pour justifier l'usage de condamner à mort ceux qui font des vols de chevaux, bœufs et autres bêtes de labour.

Ils se fondent sur deux raisons principales; l'une est l'autorité de la coutume de......, l'autre est tirée des grandes conséquences du crime que l'on punit d'une manière si rigoureuse; et ces deux motifs méritent, sans doute, beaucoup d'attention.

Je ne suis pas néanmoins aussi touché qu'eux du premier, et je crains qu'ils ne défèrent trop au préjugé, qu'il est naturel à tous les hommes d'avoir pour les lois de leurs pays.

L'autorité des coutumes est très-grande, sans doute, dans les matières de droit privé qui regardent les actes communs et ordinaires de la société civile. Elles tiennent lieu de lois entre les habitans d'une même province, lorsqu'elles ont été une fois revêtues de l'autorité du roi, et les tribunaux sont obligés de s'y conformer dans leurs jugemens; mais, il s'en faut bien que les coutumes soient aussi respectables dans ce qui regarde directement le droit et l'ordre public comme la punition des crimes.

Si les commissaires du roi qui président à la rédaction d'une coutume y laissent passer des dispositions qui concernent cette matière, c'est toujours
sous la condition tacite que l'autorité suprême du
roi demeure en son entier, parce que c'est à elle
qu'il est réservé de disposer de la vie des hommes
par ses lois. Ainsi, l'approbation donnée en général
à une coutume, n'emporte qu'une espèce de tolérance
à l'égard des peines qu'elle établit contre les crimes,
et les juges ne doivent user de cette tolérance que
dans les cas où, suivant l'esprit général des véritables
lois, c'est-à-dire, de celles qui sont émanées directement du souverain, il se trouve un concours de
circonstances assez graves pour mériter que la justice
y applique la peine de mort écrite dans une coutume. S'il a été décidé plusieurs fois que les droits
du roi, et les prérogatives du domaine de la cou-
ronne, sont toujours censés exceptés de la disposition
des coutumes, quand même il n'en auroit pas été fait
une réserve générale, et si l'on a cru que dans les
affaires qui intéressent ces droits, les juges devoient
suivre les règles générales de l'ordre public, préférablement à celles qui sont contenues dans les coutumes, ils sont encore plus obligés de suivre le même
principe dans les matières criminelles où il s'agit de
l'honneur et de la vie même des hommes.

C'est, en effet, ce que l'on reconnoît en partie dans
le mémoire que vous m'avez envoyé, et l'on y convient
que si le roi avoit fait une loi contre les voleurs de
bestiaux ou de chevaux qui fût différente de la disposition portée par un des articles de la coutume
de......, il faudroit se conformer à la loi, plutôt
qu'à la coutume; mais, on prétend que c'est ce qui
n'est point arrivé dans la matière présente, puisqu'il
n'y a eu aucune déclaration du roi qui ait dérogé à
la disposition de votre coutume.

La réflexion est juste en un sens, et il est vrai de
dire, qu'il n'y a point de déclaration qui ait dérogé
littéralement à l'article 627 de cette coutume; mais,
c'est à quoi il est aisé de répondre, en disant que si

l'on ne trouve pas de dérogation expresse à cet article, il y en a une générale et suffisante dans toute la suite des lois qui ont été faites sur la punition du crime de vol. Nos rois y ont marqué successivement les différentes espèces de ce crime qui étoient dignes du dernier supplice, comme les vols faits sur les grands chemins, les vols faits avec effraction, les vols domestiques, et ceux qui se font dans les maisons royales; ainsi, en ne comprenant que ces différens genres de vols dans le nombre de ceux qu'ils ont jugés dignes de mort, ils en ont suffisamment exclu les autres, qu'ils ont regardés comme devant être punis par des peines moins rigoureuses. C'est donc par la réunion de toutes les lois faites par nos rois sur cette matière, qu'il faut faire la distinction des vols qui doivent être expiés par la mort du coupable, et de ceux qui ne méritent pas le même châtiment; et il n'est plus question de faire valoir, en cette matière, la disposition d'une coutume qui pouvoit être tolérée pendant qu'il n'y avoit point de lois du souverain qui s'expliquassent suffisamment sur les peines que les différentes espèces de voleurs doivent subir, mais qui a perdu toute sa force, depuis que nos rois ont pris soin de marquer exactement aux juges quels sont les genres de vols qui doivent être punis de mort.

A ces premières réflexions générales, il est nécessaire d'ajouter quelques remarques particulières sur les dispositions de la coutume de......; par rapport aux crimes, et rien ne peut mieux faire voir que les remarques, combien les articles des coutumes, qui regardent les matières criminelles, sont peu respectables et peu dignes d'être suivis dans les tribunaux, soit par leur imperfection, ou même par leur absurdité.

Qu'y a-t-il, par exemple, de plus imparfait que la disposition de l'article 626 de la nouvelle coutume qui répond à l'article 582 de l'ancienne?

Le texte de l'article 626 porte que le furt qualifié sera puni de mort. Mais, qu'est-ce qu'un furt qualifié? c'est ce que ni les rédacteurs de l'ancienne coutume, ni ceux qui l'ont réformée dans la nouvelle, n'ont pas daigné expliquer.

M...... s'est efforcé d'y suppléer par le secours du droit romain, où il a puisé les distinctions des différentes circonstances qui peuvent aggraver les crimes, par rapport aux personnes, aux choses, aux lieux, aux temps, et à la manière de faire une action criminelle : mais, toutes ces circonstances doivent-elles se réunir pour rendre le vol digne de mort, ou une seule suffit-elle ? C'est ce que le même interprète n'a pu expliquer, et par conséquent l'interprétation du terme de qualifié demeure toujours arbitraire, etc. dans la main du juge, ce qui est un des plus grands défauts que l'on puisse trouver dans une loi où il s'agit d'imposer la peine de mort, parce que la vie des hommes devient par là absolument dépendante des différentes manières de penser de chaque juge.

Si l'on compare ensuite le même article 626 de la nouvelle coutume, avec l'article 582 de l'ancienne qui en a été le fondement, on sera encore plus frappé du peu d'égards que méritent de pareilles lois dans ce qui appartient à l'ordre public.

Ceux qui ont réformé la très-ancienne coutume en 1539, dans un temps où on commençoit cependant à avoir des idées plus justes sur la législation, avoient fixé à cinq sous la valeur de la chose volée, qu'ils jugeoient nécessaire pour rendre le furt *qualifié* digne de mort ; et il y a quelque chose de si singulier, pour ne pas dire de si absurde dans une fixation si bizarre, qu'elle n'est pas propre à inspirer un grand respect pour les décisions des coutumes dans cette matière. Les derniers réformateurs l'ont bien senti, puisqu'ils ont retranché ce qu'on appelle l'évaluation du crime, dans la rédaction de l'article 626 : mais, de ce retranchement même, il résulte une autre absurdité ; c'est que quand le vol seroit d'une somme au-dessous de cinq sous, il doit néanmoins être puni de mort, s'il plaît aux juges de l'appeler furt qualifié, ce qui, comme on l'a déjà remarqué, est absolument arbitraire, puisque la coutume ne définit point cette expression.

Une seconde remarque, est que les mêmes réformateurs qui avoient retranché dans l'article 626 la fixation de la matière du vol qu'ils avoient regardé apparemment comme puéril, sont retombés dans le même inconvénient, en rédigeant l'article 628, où il est dit, que *pour furt non qualifié ne sera imposé peine de mort, s'il ne monte ou excède de la valeur de 10 liv. monnoie de France, auquel cas s'ensuivra peine de mort, sauf en tout l'arbitrage du juge, selon la qualité et circonstances du délit.* Ainsi, la seule différence qui se trouve entre cet article et l'article 583 de l'ancienne coutume est, qu'au lieu de vingt sous, à quoi le vol avoit été évalué par cette coutume, on en a porté l'estimation jusqu'à 10 livres dans la dernière réformation; en sorte que suivant cette disposition, la vie des hommes se trouve appreciée, en quelque manière, à 10 livres, puisqu'il suffit d'avoir volé cette somme pour pouvoir être condamné à mort, quoiqu'il ne s'agisse point de ce qu'on appele un *furt qualifié.*

Il est vrai qu'une manière si bizarre de fixer la peine d'un crime a été tempérée, en quelque sorte, soit dans l'ancienne ou dans la nouvelle coutume, par la liberté qu'on y a réservée aux juges d'arbitrer cette peine, selon la qualité et circonstances du délit.

Mais, c'est sur quoi M...... se récrie gravement, et remarque que les trois ordres des états souffrirent cette réserve avec peine, prévoyant ce qui est arrivé en effet, que par là on éluderoit dans les jugemens la rigueur de la première partie de cet article; mais, l'autorité des commissaires du roi prévalut, selon lui, à la véritable règle. On peut donc juger et par la coutume même, et par son interprète, de la considération que méritent de pareilles lois.

Rien ne le fait mieux connoître encore, et c'est une troisième remarque sur le texte de la coutume;

qui regarde les crimes, que la disposition de l'article 634 de la nouvelle coutume, qu'on n'a fait que copier sur l'article 589 de l'ancienne.

Cet article porte, que *les faux monnoyeurs seront bouillis, puis pendus;* et je demanderois volontiers si ceux qui paroissent avoir un si grand respect pour la coutume de leur pays, voudroient prononcer eux-mêmes une condamnation pareille à celle que la coutume leur dicte par cet article. Par quelle raison cependant, si son autorité étoit aussi grande qu'ils se l'imaginent, se dispenseroient-ils de la suivre dans le cas de l'article 633, pendant qu'ils se croient indispensablement obligés de s'y conformer dans le cas de l'article 627?

On peut faire une remarque à peu près semblable sur l'article 642 de la nouvelle coutume qui est conforme à l'article 597 de l'ancienne, et qui contient cette disposition. Le juge peut absoudre en cas avenu par fortune ou ignorance.

Dira-t-on, que parce que les commissaires du roi ont eu la facilité de laisser insérer une pareille disposition dans la coutume, les juges de........ ont seuls, dans le royaume, le pouvoir d'absoudre d'un homicide involontaire, sans que l'accusé soit obligé de recourir à la clémence du roi, en obtenant des lettres de rémission? Et quand on pourroit répondre à cette question, en disant que les ordonnances qui ont été faites au sujet des lettres de rémission, ont dérogé à cet article de la coutume de........, il résulteroit toujours de sa disposition que les réformateurs étoient bien peu instruits des véritables règles, lorsqu'ils ont transféré du souverain aux juges, le droit d'absoudre *dans les cas avenus par fortune ou ignorance*, et que par conséquent les dispositions des coutumes en matière de crimes, méritent bien peu de considération.

Enfin, pour ne pas s'étendre davantage sur ce point, prétendra-t-on que l'article 667 de la nouvelle coutume, où il est dit, qu'*en tout cas de délit aura immunité, fort ès cas exceptés de droit*, doit être excepté dans la province de......., sous prétexte qu'il n'y a point d'édit, ou de déclaration du roi qui ait dérogé expressément à cet article?

Il y a même une observation singulière qu'on peut faire sur les termes dans lesquels il est rédigé, en le copiant sur l'article 622 de l'ancienne coutume, qui commençoit par ces mots, *en cas de délit aura immunité*; on y a ajouté *en tout cas*, ce qui est encore plus fort, et par là plus mauvais que l'expression de l'ancienne coutume.

Ainsi, la conséquence générale que l'on doit tirer de toutes ces remarques, est qu'il y a bien des choses qu'on a conservées dans la rédaction ou dans la réformation des coutumes, par respect ou par prévention pour d'anciennes traditions, qui ne doivent plus tirer à conséquence depuis que la législation s'est perfectionnée en France, et qui sont censées suffisamment abrogées par l'esprit général des lois, et par l'usage commun de tout le royaume qui en est le plus sûr interprète.

Il est temps de passer, à présent, au second objet du mémoire de MM. les commissaires du parlement, je veux dire, ce qui regarde la nature et les conséquences du crime qui consiste dans le vol de chevaux ou de bestiaux, et principalement de ceux qui servent au labourage.

La nature de ce crime a été fort bien qualifié par M...... lorsqu'il a dit, que c'étoit celui des voleurs que les jurisconsultes appeloient *abigeï*, c'est-à-dire, ceux qui, comme ils les définissent, *emmenoient les troupeaux des pâturages, et les pilloient en quelque manière dans la campagne, s'en faisant un métier et une espèce d'art*, ce qui s'accorde parfaitement avec la description que MM. les commissaires du parlement font des voleurs de bestiaux en......

Il est vrai que, suivant les lois des empereurs romains, ce crime étoit souvent regardé comme méritant d'être puni par la mort des coupables; mais, les jurisconsultes romains en ont marqué les raisons, et ils ont expliqué les circonstances qui pouvoient porter

les juges à cette rigueur; elle étoit principalement
fondée, sur ce que ceux qu'ils appeloient *Abigeï*
étoient souvent armés, et se servoient du fer pour
faciliter leurs vols; on faisoit aussi attention au nombre
des bestiaux qu'ils avoient enlevés, on distinguoit les
animaux domestiques enlevés de l'étable même, et
ceux qui avoient été pris dans les bois ou dans la
campagne; enfin, on y avoit égard à l'habitude dans
laquelle les coupables étoient de commettre de pareils
larcins.

C'est avec de telles distinctions qu'on fait des lois
véritablement dignes d'être respectées, et non pas par
des termes vagues et généraux, tels que ceux qui ont
été employés dans l'article 628 de la coutume de......,
termes qui, par leur généralité, semblent assujettir
les juges à prononcer indistinctement la peine de mort
contre tout voleur de bestiaux, sans prendre même
la précaution d'y ajouter, comme on l'a fait dans
l'article 628, que les juges auroient la faculté de modérer une si grande rigueur, eu égard aux circonstances du crime.

Ce sont apparemment ces réflexions qui ont fait,
comme le remarque M......., d'ailleurs fort attaché
à la lettre rigoureuse de sa coutume, que cet article
si sévère n'a pas été exécuté, comme il le désiroit;
sed nihil actum est, dit-il, en parlant du même
article; il en est surpris, à la vérité, et il s'élève
contre ceux qui, méprisant le consentement de tous
les ordres de la province, s'attribuent le droit de
juger des lois, comme s'ils étoient plus sages qu'elles,
et se font une prétendue conscience contraire aux
dispositions de la coutume.

Mais la déclaration même de cet éloquent interprète fait voir combien la rigueur de l'article 627
avoit révolté le commun des esprits, dans le temps
même de la dernière réformation de la coutume, et
je doute fort en effet, qu'il y ait beaucoup d'exemples de condamnations à mort prononcées par le parlement dans le cas de cet article.

Ce qu'il y a donc de meilleur dans le mémoire qui

m'a été envoyé pour soutenir la jurisprudence du parlement de...... est l'observation qu'on y fait sur les conséquences du vol dont il s'agit, et sur le danger qu'il y auroit à ne le pas punir rigoureusement; mais la peine des galères à temps, ou même à vie, n'est-elle pas une grande punition, et plus proportionnée à la nature du crime que celle de la mort? Il ne s'agit pas, d'ailleurs, d'exclure entièrement cette dernière peine; il peut y avoir des cas où il seroit juste de prononcer, en suivant sur ce sujet les vues sages et modérées des jurisconsultes romains que je vous ai indiquées dans cette lettre, comme lorsqu'il est question d'un vol de bestiaux commis à main armée, ou avec attroupement et violence, ou accompagné de quelque effraction dans les étables, ou lorsqu'il s'agit de récidive, et que le coupable est un voleur d'habitude : c'est avec ces tempéramens que la jurisprudence du parlement de...... peut être approuvée, et l'expérience fait voir que les peines les plus sévères ne sont pas toujours les plus utiles, parce que la répugnance qu'on a naturellement à prononcer la peine de mort, engage les juges à chercher ou dans la forme ou dans le fond, un prétexte pour ne pas trouver la preuve complète, ou pour diminuer la gravité du crime qui demeure quelquefois impuni par la grandeur même de la peine que l'on craint de prononcer; au contraire, lorsqu'on n'est plus frappé de cette crainte, et que la vie du coupable peut être en sûreté, ou se porte plus volontiers à en faire une punition rigoureuse, quoiqu'elle le soit moins que la mort.

Vous prendrez donc, s'il vous plaît, la peine de faire part de cette lettre, dès à présent, à M. le président, qui tient la chambre des vacations, et après la Saint-Martin à M. le président, aussi bien qu'à MM. les commissaires du parlement, je ne doute pas qu'ils n'entrent tous très-volontiers dans les sentimens de justice et d'humanité que mon unique objet a été de leur inspirer, sans rien diminuer de l'attention qu'ils doivent donner toujours à réprimer un aussi grand mal que le vol de bestiaux, et surtout des animaux qui servent au labourage et à la culture des terres.

Du 17 mars 1743.

La question que vous me proposez par votre lettre du douze de ce mois, n'est pas difficile à résoudre; ni l'un ni l'autre des sentimens contraires qui se sont formés dans votre compagnie sur l'exécution de l'article 59 du titre du faux principal de l'ordonnance du mois d'août 1737, ne sont absolument corrects, et ils péchent tous deux presque également, en ce qu'ils tendent à restreindre trop la disposition générale de cet article, quoique dans des sens directement opposés.

Ceux qui croient que l'exécution de cet article regarde le ministère du procureur-général, ont raison de le penser ainsi; mais, ils vont trop loin, quand ils regardent cette exécution comme tellement réservée à la partie publique, que la partie civile soit exclue de faire aucune démarche pour obtenir que le chef d'une sentence dont il n'y a point d'appel, et qui ordonne la suppression, ou la radiation, ou la réformation d'une pièce déclarée fausse, soit exécutée définitivement.

Réciproquement ceux qui pensent au contraire, que la partie civile peut être admise à faire ces démarches, ont aussi raison en ce point; mais, ils se trompent à leur tour, lorsqu'ils croient que le droit d'agir en pareil cas ne réside que dans les parties civiles, et que le procureur-général ne peut exercer seul son ministère à cet égard.

Ainsi, pour retrancher également ce qu'il y a d'excessif dans chacune de ces deux opinions contraires, et les concilier parfaitement l'une avec l'autre, il n'y a qu'à les réunir, et dire que la partie publique et la partie civile sont également en droit de demander au parlement l'exécution de l'article 59 dont il s'agit.

La généralité même des expressions dont on s'est servi dans cet article, montre suffisamment que le législateur n'a voulu exclure ni la partie publique ni la partie civile d'en demander l'exécution ; et cette exclusion auroit été également injuste des deux côtés.

Il y a des cas où la partie civile a intérêt de demander que la sentence qui a déclaré des pièces fausses soit exécutée en ce qui concerne leur suppression, radiation ou réformation, soit pour mettre ces pièces hors d'état de pouvoir jamais lui nuire, en cas qu'elles vinssent à s'égarer et à tomber dans des mains qui pourroient en abuser de nouveau contre elle, soit parce que, s'il n'y a eu qu'une partie de l'acte qui ait été déclarée fausse, ou que la fausseté n'ait consisté que dans la radiation ou l'altération d'un seul mot, dont le premier juge a ordonné la réformation, la partie qui a obtenu la sentence a besoin de retirer une pièce qui peut lui être utile dans ses affaires, après que la réformation en aura été faite ; et, comme l'intérêt est la mesure de la capacité d'agir en justice, il auroit été contraire à l'équité, de ne pas laisser aux parties civiles la liberté de s'adresser aux cours supérieures, pour demander qu'il fût procédé à la pleine exécution de la sentence rendue par les premiers juges.

Mais, d'un autre côté, comme il arrive très-souvent que les parties civiles n'ont point d'intérêt à avancer cette exécution, ou qu'elles négligent de la demander, il auroit été encore plus irrégulier de faire dépendre d'elles le ministère public, et de ne pas lui laisser la faculté de requérir directement l'exécution du jugement rendu en première instance, en ce qui concerne la suppression, la radiation ou la réformation des pièces déclarées fausses.

C'est le procureur-général qui est toujours la partie principale dans la poursuite des crimes ; il est en droit de la faire sans y être excité par la plainte des parties

civiles; il a aussi le pouvoir de suppléer à leur négligence, et l'on ne peut lui opposer aucune fin de non-
recevoir en pareille matière, parce qu'il agit toujours
pour l'intérêt public qui exige que l'exécution d'une
sentence par laquelle des pièces fausses ont été flétries
en quelque manière, et mises hors d'état de nuire, soit
entièrement consommée.

On a cru même, et ç'a été un des motifs de l'article
dont il s'agit, qu'il étoit important de donner par là
disposition qu'il contient, une accusation naturelle
au procureur-général pour revoir les sentences rendues par les premiers juges sur des accusations de
faux, parce que cela pouvoit exciter son ministère
où à faire réformer la procédure, lorsqu'elle ne se
trouveroit pas régulière, ou à interjeter un appel
à minimâ de la sentence, lorsque l'accusé paroît avoir
été traité avec trop d'indulgence par les premiers
juges. C'est dans cet esprit, qu'il a été ordonné, par
l'article 65 du même titre de l'ordonnance de 1737,
qu'aucunes des pièces arguées de faux ou autres qui
auront été déposées au greffe, ce qui comprend même
les pièces de comparaison, ne pourront en être reti-
rées que six mois après la sentence; et le même
article enjoint aux substituts des procureurs-généraux,
ou aux procureurs d'office, d'informer diligemment
lesdits premiers juges du contenu aux jugemens rendus en matière de faux, même par contumace, pour
être par ces officiers fait telles réquisitions qu'ils jugeront nécessaires : disposition qui fait encore bien
sentir, quel est le droit des procureurs-généraux en
pareille matière.

Ainsi, au lieu de soutenir que les seuls procureurs-
généraux ont droit d'agir dans le cas de l'article 59
du premier titre de l'ordonnance de 1737, ou de
prétendre que c'est aux parties civiles seules qu'il
appartient de se pourvoir en pareil cas, la véritable
règle est que les uns et les autres ont le pouvoir de
le faire, mais que ce pouvoir réside encore plus
essentiellement dans la personne des procureurs-généraux, que dans celles des parties civiles.

La question que vous proposez à la fin de votre lettre, sur les épices des juges, n'est pas plus susceptible de difficulté.

Si c'est la partie civile qui forme une demande au parlement, pour faire exécuter la sentence du premier juge dans ce qui concerne la suppression, la radiation ou la réformation des pièces fausses, il est certain que, suivant l'usage observé dans votre compagnie, les juges ont droit de prendre des épices; mais ils doivent user modérément de ce droit, parce qu'il n'est pas question, en ce cas, de juger de nouveau le procès criminel. Il ne s'agit de le voir, que pour examiner s'il n'y a aucun inconvénient à exécuter la sentence dans le chef qui est demeuré en surséance; cela ne demande ni beaucoup de temps, ni beaucoup d'application.

Si c'est au contraire le procureur-général seul qui agit en cette occasion, il n'est pas douteux que les juges ne peuvent prendre aucunes épices.

Du 7 mai 1743.

La lettre que vous m'avez écrite le vingt-un mars dernier, m'a mis pleinement au fait de la nature et de l'état actuel de l'affaire sur laquelle vous m'aviez consulté par une lettre précédente, du vingt-huit février; et il m'est aisé à présent de vous faire une réponse plus précise, sur la difficulté qu'il s'agit de résoudre.

Je vois qu'il n'a point été question en première instance d'aucune procédure véritablement criminelle, qui ait été faite contre celui qui est appelant pardevant vous d'une simple condamnation d'amende prononcée pour fait de chasse dans une justice seigneuriale. Ainsi, l'affaire n'ayant été poursuivie jusqu'à présent, que par la voie civile, et la condamnation n'étant fondée que sur un simple rapport des gardes-chasse, il n'est pas douteux que l'inscription en faux, qui a été formée par l'appelant, n'ait pu être admise;

34 *

et le seul défaut que l'on puisse opposer, est l'omission du procès-verbal de l'état de la pièce arguée de
faux, c'est-à-dire, du rapport des gardes-chasse. Cette
omission emporteroit, comme je vous l'ai déjà marqué,
la nullité de la procédure, s'il y en avoit eu de faite
pour prouver la fausseté de la pièce; mais votre dernière lettre me fait voir qu'il n'y en a eu encore aucune, puisqu'on n'a pas même statué sur les moyens
de faux, soit pour les admettre ou pour les rejeter,
et par conséquent l'omission dont il s'agit est encore
réparable.

Tout paroît donc se réduire, quant à présent, à
rendre un jugement préparatoire par lequel il sera
dit, qu'avant faire droit sur les moyens de faux, celui
qui les a fournis sera tenu dans un terme fixe de faire
dresser procès-verbal de l'état de la pièce, dans la
forme prescrite par l'ordonnance qui a été faite sur les
instructions de faux en 1737, pour ce procès-verbal,
vu et rapporté, être ensuite statué sur les moyens de
faux, ainsi qu'il appartiendra.

Du 9 mars 1744,

Vous serez affligé sans doute, non-seulement pour
le parquet, mais pour toute votre compagnie, d'apprendre, que l'arrêt de condamnation qu'elle avoit
rendu contre M....... a été détruit ce matin au
conseil : je ne sais si vous n'aviez pas prévu en quelque
manière cet événement pendant votre séjour à.....;
et dès le temps que sur le premier rapport qui fut
fait de la requête présentée par M......., le conseil
jugea à propos d'ordonner, que toute la procédure
qui avoit été faite contre lui au parlement de......,
seroit apportée au greffe du conseil.

On trouva, dès-lors, une grande difficulté à laisser
subsister un arrêt dont la disposition étoit fondée en
partie, et par rapport à un des deux chefs d'accusation, sur cette forme de procéder, qui porte en

Provence le nom d'*audition d'office*. Mais l'examen attentif qui a été fait de toutes les parties de la procédure criminelle, bien loin de diminuer cette première difficulté, l'a encore augmentée, et a donné lieu de découvrir plusieurs autres défauts qui n'étoient pas connus dans le temps du premier rapport de cette triste affaire.

Sur le premier point, je veux dire sur ce qui regarde l'*audition d'office*, on a observé que, quand même en faveur de l'ancien usage et d'un grand nombre d'exemples, on auroit pu fermer les yeux sur une procédure si singulière en elle-même, et si contraire à l'esprit de l'ordonnance, le seul effet de cette espèce de tolérance ou de dissimulation auroit été de regarder l'*audition d'office* dont il s'agissoit, comme la simple déposition d'un témoin ; mais en la considérant même de cette manière, elle s'est trouvée absolument nulle, soit en elle-même, soit dans ce qui l'a suivie, je veux dire, dans le récolement et dans la confrontation du même témoin.

En effet, elle étoit nulle en elle-même, parce qu'on y avoit omis de faire déclarer au nommé......, avant que de l'entendre d'office, s'il étoit parent, allié, serviteur ou domestique des parties, omission si irrégulière, suivant l'ordonnance, que les juges ne peuvent se dispenser de déclarer nulles toutes les dépositions où elle se trouve. Non-seulement ce défaut n'avoit point été réparé (quand même il pourroit l'être) dans le temps du récolement, mais on y avoit ajouté une autre nullité en finissant ce récolement, sans y faire mention, quoique l'ordonnance l'exige expressément, qu'il en auroit été fait lecture à.....; ainsi, ce récolement étoit doublement nul, soit parce qu'il avoit été fait sur une déposition nulle, soit parce qu'on y trouvoit de plus une nullité qui lui étoit propre par un défaut essentiel dans la forme prescrite pour cette partie d'instruction.

La confrontation du même...... à l'accusé, déjà infectée des deux vices que je viens de remarquer, par la nullité des procédures qui en étoient la base, avoit aussi un défaut qui lui étoit particulier. L'ordonnance veut qu'en procédant à la confrontation, il soit fait d'abord lecture à l'accusé des premiers articles de la déposition où le témoin est obligé de déclarer la parenté ou l'alliance, ou les autres liaisons qu'il peut avoir avec les parties, après quoi, l'accusé est interpelé de fournir ses reproches contre le témoin, s'il en a à proposer; et le greffier, qui a travaillé dans l'instruction du procès de M........., étoit si fort accoutumé à ce style établi par l'ordonnance, et inviolablement observé, que par habitude il avoit d'abord écrit ces mots, *lecture faite de la déclaration*; mais, comme l'on s'aperçut que le témoin, entendu d'office, n'avoit point fait la déclaration portée par l'ordonnance, il est arrivé, par une erreur de droit plutôt que de fait, qu'on a pris le parti d'effacer dans la minute les mots que le greffier avoit commencé d'écrire; et ce qui a paru surprenant au conseil, c'est que cette rature avoit été également approuvée par l'accusé, par......., et par le commissaire, qui auroit dû s'arrêter au contraire, et rendre compte aux chambres assemblées de la difficulté que les omissions dont je viens de parler pouvoient faire naître, auquel cas il auroit été encore temps d'y remédier en déclarant l'*audition d'office* nulle, aussi-bien que le récolement qui l'avoit suivie, et en ordonnant que la procédure seroit recommencée dans la forme prescrite par l'ordonnance. On chercheroit bien inutilement à lever cette difficulté, si l'on vouloit dire que dans les auditions d'office il n'est pas d'usage de faire déclarer par ceux qu'on entend de cette manière, s'ils sont parens, alliés, serviteurs ou domestiques des parties; ce seroit entreprendre de justifier une faute par une autre.

En effet, on ne pouvoit considérer le nommé......, qui a été entendu d'office, que comme un témoin, ou comme un accusé; les premiers élémens des matières criminelles n'admettent point de milieu entre ces deux qualités.

Mais si on regarde ...... comme un témoin, il

est évident que sa déposition, ou son audition, et tout ce qui les a suivies, sont essentiellement nuls, suivant l'ordonnance.

Si, au contraire, on veut le faire considérer comme un accusé, ce sera d'abord une supposition impossible à admettre, puisque.......n'a jamais pu être accusé, puisqu'en effet il ne l'a jamais été, et qu'il n'y a eu contre lui ni décret ni matière de décret.

Mais, quand on voudroit supposer pour un moment qu'il peut avoir la qualité d'accusé, la procédure qui a été faite en conséquence de son audition d'office n'en seroit pas moins mauvaise. On ne pourroit attaquer, à la vérité, cette espèce d'interrogatoire qu'on lui a fait prêter par le défaut de déclaration de sa part, sur les articles qui forment les reproches de droit ; mais son récolement n'en seroit pas moins nul, parce qu'on ne lui en a pas fait la lecture, et que le procès-verbal de récolement n'en contient aucune mention. La chute de cet acte entraîne nécessairement celle de la confrontation qui a été faite en conséquence ; et il n'est pas possible d'en douter, puisque l'ordonnance de 1670 porte expressément, que lorsqu'il y a lieu de récoler et de confronter des accusés sur leurs interrogatoires, les juges seront tenus d'observer les mêmes formalités que dans les récolemens et dans les confrontations des témoins.

Ainsi, quelque qualité qu'on veuille donner au nommé......, dont la déposition étoit très-importante pour constater l'état du billet de 875 livres, lorsqu'il étoit sorti des mains de M......., son récolement au moins, et sa confrontation, étoient visiblement et également nuls, suivant la disposition précise de l'ordonnance.

Ce n'est donc pas sans raison, que, comme je vous l'ai dit d'abord, la difficulté qui regardoit l'*audition d'office*, et qui étoit déjà née dans le temps que l'affaire a été introduite au conseil, avoit été tellement fortifiée par l'examen détaillé de toute la procédure, qu'au lieu qu'elle ne formoit d'abord qu'un doute

raisonnable, elle est devenue un principe de décision contre l'arrêt du parlement de......

Il me reste de vous dire un mot des autres défauts
que l'inspection de la même procédure a donné lieu
d'apercevoir.

Des sept témoins qui ont été entendus dans le
procès de M........., et que l'on peut réduire à six,
parce qu'il y en a eu un qui a été valablement reproché, il y en a deux, outre le nommé......; dans
le récolement desquels on a trouvé le même défaut
dont j'ai déjà parlé, c'est-à-dire, qu'on a omis d'y
faire mention de la lecture du récolement qui doit
être faite au témoin; et un de ces deux témoins est le
nommé......, témoin nécessaire sur le fait du billet
de 875 livres.

Il seroit trop long de vous expliquer ici toutes les
conséquences qu'on a tirées de cette omission. La principale a été, qu'en joignant à ce défaut les remarques
que j'ai faites sur l'audition d'office, il ne restoit
plus de preuve du second chef d'accusation contre
M.......

Ce second chef, cependant, étoit absolument in-
séparable du premier, puisque les juges les avoient
réunis tous deux dans la disposition de leur arrêt,
en déclarant M....... coupable d'avoir falsifié les
dates et du billet de 4,500 livres fait par le sieur....,
et du billet de 875 livres fait par un autre particulier;
et que ces deux crimes avoient été également le motif
et le fondement de la condamnation prononcée
contre lui.

Telles sont les principales réflexions qui ont déterminé MM. du conseil à détruire cette condamnation; et si j'ai cru devoir vous les expliquer dans
un si grand détail, c'est non-seulement pour faire
sentir tout le poids des raisons dont les juges ont
été frappés, mais parce qu'il est nécessaire que ceux
du parlement de ...... en soient instruits, pour
éviter dorénavant de tomber dans de semblables
contraventions à l'ordonnance.

Le conseil a été fort touché à la vérité, du grand

inconvénient qu'il y avoit à donner atteinte à un jugement aussi solennel que celui qui avoit été prononcé contre M......., et c'est la seule considération qui ait pu faire hésiter sur le parti qu'il y avoit lieu de prendre. Mais, d'un côté, on a considéré, que plus la forme de procéder dans les instructions criminelles est rigoureuse pour les accusés, plus il est juste d'avoir égard aux nullités écrites dans l'ordonnance, dont ils peuvent se servir pour combattre le jugement qui les condamne; outre que le conseil n'étant point juge d'appel, ni par conséquent en état de connoître du fond de l'accusation, il ne peut envisager que la forme dans les demandes en cassation, et son premier devoir est de veiller attentivement à l'observation des ordonnances, en détruisant tout ce qui peut y être contraire; d'un autre côté, on a cru que la justice ne pourroit souffrir aucun préjudice par la cassation de l'arrêt du parlement de......, parce que le fond de l'affaire demeurant toujours le même, il sera aisé de rectifier dans un autre parlement les défauts de formalité qui n'ont pas permis de laisser subsister l'arrêt dont il s'agissoit. Il y a même des juges qui ont cru que la justice pourroit y gagner, bien loin d'y rien perdre, parce qu'il a paru que la preuve auroit pu être rendue encore plus complète; et en effet, je ne sais s'il n'auroit pas été aisé de la fortifier en plusieurs manières; mais c'est un détail qui me meneroit trop loin, et qui vous seroit fort inutile, puisque le fond de l'affaire sera porté dans un autre parlement.

C'est par de si grandes considérations, que tous les suffrages, à la réserve d'un seul, se sont réunis pour avoir égard à la demande en cassation: j'ai eu un très-grand regret d'être obligé d'y joindre le mien; mais quelque prévenu que je sois en faveur de votre compagnie, et de la pureté de ses intentions dans le jugement qu'elle a rendu contre M......., la justice et la règle doivent l'empêcher sur tout autre motif, lorsqu'on est réduit à exercer la triste fonction de juge.

J'ai cherché cependant avec tout le conseil, à adoucir un arrêt que la rigueur de la forme lui a arraché en quelque manière, en réprimant la hardiesse avec laquelle M....., et son défenseur, avoient répandu dans leurs mémoires des traits aussi injurieux que téméraires, contre un parlement, dont cet accusé n'étoit guère digne d'être membre, et contre des collègues dont il auroit dû suivre les exemples.

On a non-seulement ordonné que ces mémoires seroient supprimés, mais encore on a interdit l'avocat qui avoit eu la facilité de les signer, quoiqu'il prétende ne l'avoir fait que par surprise.

Tout ce qui intéressera l'honneur de la magistrature en général, et en particulier celui du parlement de....., me sera toujours cher, et je souhaite d'avoir des occasions moins désagréables de lui en donner des marques.

Vous pouvez faire part de ce que je vous écris non-seulement à MM. vos collégues, mais à MM......, à M......, et à ceux de votre compagnie que vous jugerez à propos. Il est bien fâcheux, en vérité, que je sois obligé de faire, en finissant cette lettre, une réflexion qui m'aflige souvent, lorsque j'examine des procédures faites dans plusieurs parlemens du royaume : c'est de voir que des magistrats, d'ailleurs pleins d'amour pour la justice, et très-éclairés sur des points de droit beaucoup plus obscurs et plus difficiles à bien entendre que les règles de l'ordre judiciaire, tombent néanmoins dans des méprises ou dans des inadvertances sur la forme de l'instruction en matière criminelle, qui ne permettent pas de laisser subsister leurs jugemens. Il leur seroit bien facile de les éviter, s'ils vouloient s'assujettir à ne procéder, ou à ne travailler jamais que l'ordonnance à la main; persuadés que, quand il s'agit de la régularité des procédures, il vaut mieux s'exposer à observer des formalités inutiles que de courir les risques d'en omettre d'essentielles.

Vous voyez bien que je vous parle, en cette occasion, de l'abondance du cœur, et par l'extrême désir que j'ai de n'être plus obligé de réformer l'ouvrage de magistrats dont j'honore sincèrement la droiture, autant que la capacité. Vous n'ignorez pas la part que vous avez à ces sentimens, ni à quel point je suis.

Du 25 octobre 1744.

LA règle que vous avez suivie, par rapport au combat suspect de duel, dans lequel le sieur...... a été tué, n'est susceptible d'aucun doute. Il n'y a point d'exemple qu'on ait permis à aucun juge non royal, d'instruire une accusation de cette nature, quand même il auroit la connoissance des cas royaux par un titre singulier, parce que le duel est un crime privilégié, dont la connoissance est attribuée spécialement aux seuls juges royaux; et, d'ailleurs, suivant la déclaration donnée sur l'édit des duels, de l'année 1679, les parlemens sont en droit d'en prendre directement connoissance par eux-mêmes, ou de la renvoyer à tel juge royal qu'il leur plaira commettre.

Du 28 novembre 1746.

J'AI reçu la lettre par laquelle vous me rendez compte de la procédure que vous avez fait faire à l'occasion du combat qui s'est passé entre le sieur...... et le sieur......, que vous avez regardé comme suspect de duel. Quoique les informations ne prouvent pas ce genre de crime que vous aviez soupçonné, je ne vois rien qui doive vous empêcher de continuer l'instruction de la procédure; et, lorsqu'elle sera achevée, ce sera au parlement, en déchargeant de l'accusation de duel, tant celui qui en a été accusé que la mémoire du mort, de prononcer contre le coupable la peine que pourra mériter le crime dont il se trouvera convaincu. C'est l'usage qui s'observe dans les autres parlemens ; et ceux qui ont écrit à M. de...... les deux lettres dont vous m'avez envoyé la copie, sont excusables, par leur état, d'avoir ignoré cet usage, qui n'a rien d'ailleurs que de convenable au bien de la justice. —

Du 7 mai 1747.

La question que vous me proposez par votre lettre du......, n'est pas susceptible de difficulté.

Il n'est pas vrai, comme quelques-uns des juges paroissent l'avoir pensé, que l'ordonnance de 1737 ait laissé au pouvoir des juges d'appliquer l'amende du faux, ou au roi, ou aux seigneurs hauts-justiciers, à leur choix. Le sens naturel, et presque littéral de l'article 49, est que ce n'est point l'arbitrage du juge qui doit en décider, et que c'est uniquement la qualité de la juridiction où l'inscription de faux a été poursuivie et jugée.

Si c'est dans une justice seigneuriale, c'est sans doute au seigneur que l'amende doit être adjugée pour les deux tiers.

Si c'est dans une justice royale, c'est au contraire au roi que l'application doit en être faite ; et ceux qui ont été du bon avis, ont eu raison de soutenir que c'est par le même principe qu'on doit juger, et de la qualité de l'amende, et de celui à qui les deux tiers en doivent être adjugés.

A l'égard de l'autre tiers, comme c'est sans doute le seigneur, ou son procureur fiscal, qui a été le défendeur à l'inscription en faux dans l'espèce présente, c'est à lui que ce tiers doit appartenir ; et l'on a encore fort bien remarqué que la condition du seigneur sera meilleure par là que si les deux tiers de l'amende lui avoient été adjugés dans sa propre justice.

Il est fâcheux que la chambre des vacations se soit

écartée d'une maxime si certaine ; mais, deux arrêts rendus avec peu de réflexion ne doivent pas l'emporter sur une règle écrite dans l'ordonnance, et ils ne servent qu'à montrer que les juges n'ont pas toujours autant d'attention qu'ils le devroient, à en bien étudier les dispositions.

Au surplus, il n'y avoit rien de personnel contre le procureur fiscal dans l'inscription de faux qui a été formée dans la chambre des eaux et forêts : c'étoit le seigneur, comme prenant le fait et cause de son procureur fiscal, qui auroit dû être partie, soit sur l'appel, soit sur l'inscription de faux, et non pas le procureur fiscal ; les parlemens de province ne sont pas toujours assez exacts à observer cette règle.

Du 28 mai 1747.

JE vous envoie un mémoire par lequel M. votre père m'a rendu compte, il y a déjà du temps, des lettres de rémission demandées par le sieur....... Il a pensé, avec grande raison, que l'action étoit fort suspecte de duel, ce qui forme un obstacle insurmontable à la grâce. Mais, comme l'accusation n'a pas été instruite sous ce titre par le premier juge, sa faute ne peut être réparée que par votre ministère, et je ne doute pas que vous ne preniez les mesures nécessaires pour faire recommencer la procédure dans les formes prescrites par les lois qui ont été faites sur les duels.

Du 31 octobre 1747.

JE vous envoie une lettre que le sieur........; curé de......, m'a écrite au sujet du nommé......., son valet, qui lui a volé plusieurs effets. Ce vol domestique est un crime qui mérite d'être poursuivi, par la partie publique, aux frais du domaine du roi ; et il est du devoir de votre ministère de suppléer à l'impuissance de ce curé, en chargeant votre substitut de poursuivre non-seulement le voleur, mais le gentilhomme qui le protége, et qui s'est rendu lui-même coupable d'un crime semblable, s'il est vrai qu'il ait enlevé avec violence les effets saisis sur le principal accusé.

Du 23 novembre 1747.

Je comprends toute la répugnance que vous avez à manifester votre zèle, après un an de silence, contre un combat sur lequel votre esprit est balancé entre les soupçons de duel et la crainte de ne découvrir que de l'imposture dans ceux qui lui ont donné ce nom ; mais la rigueur de votre devoir est telle dans cette matière, qu'il ne vous est pas permis de négliger les moindres apparences ; et, pour n'avoir rien à vous reprocher, il faut montrer au moins au public que vous avez fait tout ce qui étoit en votre pouvoir pour parvenir à la découverte de la vérité, par la voie d'une information. On ne risque jamais rien à prendre cette voie, parce qu'on est toujours le maître de ne la pas porter plus loin, lorsqu'on ne trouve aucune preuve d'un crime de la nature de celui dont il s'agit.

Il seroit, d'ailleurs, d'autant plus difficile pour vous, de ne pas agir en cette occasion, que celui qui m'a écrit la lettre dont je vous ai fait part, et que je vous renvoie, nomme deux témoins qu'il dit avoir été spectateurs du combat, et en indique plusieurs autres qui l'ont appris par les premiers. On ne peut pas assez compter sur la discrétion de l'auteur de cet avis, pour être assuré qu'il ne le donnera pas encore à d'autres, surtout si c'est une inimitié secrète qui le fait agir, comme cela est fort vraisemblable ; et il seroit fâcheux pour vous que ceux qui ne vous connoissent pas autant que je le fais, fussent surpris de votre inaction sur ce sujet. Je crois donc que vous ne devez pas différer plus long-temps de faire votre réquisition au parlement, pour demander une permission d'informer qu'on ne sauroit vous refuser, pour faire assigner ensuite les prétendus témoins oculaires aussi bien que ceux à qui on prétend qu'ils ont raconté le fait. Si la preuve ne répond pas à l'assurance que celui qui m'a écrit paroît en donner, vous ne serez pas, à la vérité, en état de faire punir un crime, mais vous aurez au moins la satisfaction d'avoir déchargé votre ministère.

Du 9 juillet 1748.

JE vous envoie un mémoire anonyme que l'on m'a adressé au sujet d'un combat qualifié duel, qu'on dit s'être passé entre M......, conseiller au parlement, et le sieur chevalier de......, afin que vous preniez, s'il vous plaît, la peine de me rendre compte de cette affaire, et de me faire savoir si véritablement elle est susceptible d'une accusation de duel.

Du 3 août 1748.

JE vois, par votre lettre du......, que le prétendu combat qu'on disoit s'être passé entre M. de......, conseiller au parlement de Provence, et le chevalier de......., est une chimère qui n'a pas même la moindre ombre de vraisemblance. Il seroit bon de savoir quel peut être l'auteur de l'avis qu'on m'a donné sur ce sujet par le mémoire anonyme que je vous avois envoyé, et que je vous renvoie, parce qu'il seroit fort à propos d'en faire justice, si cet auteur étoit connu.

Du 27 décembre 1748.

Vous auriez pu vous épargner la peine de m'expliquer de nouveau les motifs de l'arrêt que le parlement de...... avoit rendu contre le nommé......, et que le conseil du roi n'a pas cru pouvoir laisser subsister. Je n'ai trouvé dans votre lettre qu'une grande partie des mêmes défauts que j'avois relevés en vous écrivant au sujet des motifs envoyés au nom du parlement; et il vous auroit suffi de relire attentivement ma lettre, pour vous convaincre que j'avois prévenu tout ce que vous dites dans la vôtre pour justifier le même arrêt.

Si vous y ajoutez quelques réflexions qui vous paroissent nouvelles, et qui ne le sont pas à la rigueur, j'y trouve des principes qui ne sont pas plus solides que ceux dont le rédacteur des motifs s'étoit servi.

A la vérité, c'est une règle certaine que la preuve testimoniale ne doit pas être admise contre une preuve par écrit, et il n'étoit pas nécessaire de rechercher des autorités pour établir une maxime qui ne sauroit être révoquée en doute; mais personne n'ignore aussi, qu'elle n'a aucune application aux preuves qui se font par la voie de la procédure criminelle, et c'est ce que j'avois eu soin de vous marquer dans la lettre que je vous ai écrite : une grande partie des accusations de faux tomberoient d'elles-mêmes, si l'on admettoit un principe si dangereux. Il arrive tous les jours qu'elles tendent à prouver la fausseté de ce qui est énoncé dans un acte qui d'ailleurs n'est suspect d'aucune altération; mais c'est alors que l'intérêt public exige manifestement que le crime du notaire et des témoins puisse être établi par toutes sortes de preuves; de là vient que les premiers arrêts qui se rendent, ou sur une inscription en faux, ou sur une accusation de faux principal, ordonnent toujours qu'il sera informé tant par titres que par témoins; et c'est ce qui distingue essentiellement les poursuites extraordinaires des actions purement civiles.

Les lois qui défendent d'admettre la preuve testimoniale contre le contenu aux actes, ne regardent que les derniers; mais on a toujours suivi une règle contraire dans les accusations de faux, parce que, comme je viens de le dire, il s'agit alors d'établir la vérité d'un crime qui ne peut se prouver que par la fausseté de l'acte; et de tous les genres de preuves, celle qui résulte des dépositions des témoins, est ordinairement plus forte que celle qui résulte de la comparaison des écritures, ou du jugement des experts.

Une seconde réflexion que vous faites dans votre lettre, sur ce que........ n'avoit pas passé à l'inscription en faux, m'a paru encore moins solide que la première : il n'est écrit en aucune loi, que l'on ne puisse arguer un acte de fausseté que par la voie de l'inscription en faux. Toutes les ordonnances anciennes ou nouvelles supposent au contraire, qu'il est libre à tous ceux qui se plaignent d'une fausseté, ou de s'inscrire en faux contre la pièce qu'on leur oppose, ou de former une accusation de faux principal : c'étoit cette dernière route que...... avoit suivie; elle est encore plus forte, et même plus régulière en un sens, que l'inscription de faux incidente, parce qu'elle attaque directement la personne du coupable, au lieu que dans l'autre, c'est à la pièce qu'on fait le procès. Je suis donc fort surpris que dans un parlement aussi éclairé que celui de......., on ait cru pouvoir objecter à......, de n'avoir pas pris la voie de l'inscription en faux : mais je remarque souvent que l'intelligence des lois qui ont été faites sur les matières criminelles, n'est pas aussi commune qu'il seroit à désirer dans plusieurs des parlemens établis dans les provinces.

Il est vrai que....... n'avoit dirigé son accusation que contre le notaire et les témoins. sans y comprendre les donataires ou légataires qui devoient profiter de l'acte prétendu faux ; c'étoit une omission qui ne donnoit point atteinte à la validité de la procédure, qui pouvoit faire recevoir l'opposition de ces légataires, ou engager le parlement à y suppléer ; mais, ni l'un ni l'autre n'a été fait ; on n'a pas même déclaré la procédure du premier juge nulle, et, pendant qu'il y avoit une pièce subsistante contre le notaire et les témoins instrumentaires, on a confirmé un testament qui étoit absolument nul, suivant la disposition littérale de l'ordonnance qui a été faite par le roi sur les testamens.

Le passé n'est donc ici susceptible d'aucune excuse solide ; mais, j'espère qu'à l'avenir, le parlement de.... sera plus attentif à observer exactement la lettre des lois, sans vouloir les rendre en quelque manière inutiles, en leur attribuant des vues bien éloignées de l'esprit du législateur.

Du 28 mars 1749.

La lettre que vous m'avez écrite, en me rendant un compte exact des informations qui ont été faites contre le sieur............, avocat à Lille, m'a fait connoître, aussi bien que ce qui m'a été écrit par M. de........ sur le même sujet, jusqu'où l'on porte l'abus que l'on fait en Flandre de la déclaration peu méditée qui y fut envoyée du temps du feu roi, en l'année 1704. J'avois ignoré jusqu'à présent cet abus, et j'avois toujours supposé que les magistrats de votre ressort n'usoient du pouvoir, qui leur a été donné ou conservé par cette déclaration, que dans le cas d'un refus visiblement injuste de la part des pères et mères, des tuteurs ou des curateurs, de consentir à un mariage convenable aux mineurs qui le demandoient ; et il faudra nécessairement que le roi réprime un si grand abus, soit en révoquant la déclaration de 1704, soit en la réformant et en la tempérant de telle manière qu'elle ne puisse plus être sujette à aucun inconvénient.

Mais, ce n'est point de cette déclaration dont il s'agit, à proprement parler, dans l'affaire du sieur.... et de la demoiselle......; et, sans m'étendre sur ce sujet, sur lequel vous vous êtes si bien expliqué vous-même dans votre lettre, je vous envoie la copie de celle que j'écris à M. de......., où j'ai traité la matière en peu de paroles, pour faire voir que, dans l'occasion présente, c'est la déclaration de 1730 qui doit servir de règle, et non pas celle de 1704.

Vous verrez dans cette lettre, qu'après y avoir bien pensé, j'ai cru qu'il étoit à propos de tenir tout en suspens par rapport à l'accusation dont il s'agit; de peur que, par une prévention qui paroît avoir pénétré jusque dans l'intérieur de votre compagnie, le sieur....... ne trouvât le moyen de surprendre un arrêt qui, en le déchargeant de l'accusation, civilisât entièrement cette affaire. J'y ferai cependant toutes les réflexions qu'elle mérite, pour voir s'il ne seroit pas à propos que le roi s'expliquât dès à présent sur la déclaration de 1704; et comme Sa Majesté peut le faire en deux manières, suivant ce que je viens de vous marquer, vous aurez soin, s'il vous plaît, de me faire savoir quelle est celle qui vous paroîtra la meilleure.

Le parti le plus sûr seroit, sans doute, de la révoquer purement et simplement, et de ramener la Flandre au droit commun qui s'observe dans tout le reste du royaume.

D'un autre côté, il seroit à craindre qu'une révocation absolue ne souffrît une grande résistance dans un pays jaloux de ses anciens usages, et qui les met au nombre de ses priviléges; si l'on prenoit le parti d'expliquer seulement la déclaration de 1704 et d'y suppléer ce qui y manque, il ne seroit pas impossible de renfermer le pouvoir du magistrat dans des bornes si étroites, qu'il lui seroit bien difficile d'en abuser. C'est sur tout cela que vous me ferez part de vos vues; et, en attendant, vous pouvez dire

35*

que le roi a jugé à propos de suspendre tous jugemens, et même toute nouvelle instruction dans l'affaire du sieur........, et que c'est ce qui fait que
vous n'êtes pas en état de pouvoir y prendre aucunes
conclusions.

Du 8 mai 1749.

APRÈS le compte exact que vous m'avez rendu de
ce qui s'est passé, soit l'année dernière ou dans celle-
ci, sur le jugement d'une inscription de faux, formée
par le sieur........, contre un écrit produit par le
feu sieur ...., il me semble que MM. de la
grand'chambre auroient pu s'épargner la peine de me
consulter sur une difficulté qu'il leur étoit si aisé
de résoudre eux-mêmes.

Il ne s'agit point en cette occasion d'examiner le
fond du jugement qui a été rendu, ni de savoir
lequel des différens avis qui ont été proposés, étoit
le plus conforme à la règle. C'est sur quoi on ne
peut que se rapporter aux lumières et à la conscience des juges. Le seul doute qui reste à lever,
n'a pour objet que la date qui doit être donnée à
l'arrêt.

Mais, d'un côté, je vois que l'objet de la dernière
délibération a été fort différent de celui de la première; en sorte que ce n'est ni l'un ni l'autre des deux
avis entre lesquels les juges avoient été partagés,
quoiqu'inégalement, qu'on a suivi dans la dernière
séance.

Il s'est donc formé comme un jugement nouveau,
qui n'est conforme entièrement ni à l'avis le moins
nombreux, ni à celui que la pluralité des voix avoit
fait prévaloir l'année dernière; et il n'en faudroit pas
davantage pour faire voir que le fond de l'affaire ayant
été remanié avec plus de réflexion, et le jugement
qui en a résulté étant différent de celui qui avoit
d'abord paru déterminé, on ne peut regarder ce qui
s'est fait le 25 avril, que comme une nouvelle déli-

bération ; ce qui doit décider de la date que l'on
doit y donner.

D'un autre côté, il est évident que, non-seulement il y a eu de la variation dans le jugement du
premier chef de l'arrêt, mais que dans la séance du 26
avril on a mis en délibération deux chefs de demande importans, et dont il n'avoit point été question, ni même pu l'être, dans la séance du 11 mai
1748; et ces deux chefs avoient pour objet une condamnation de dommages et intérêts, demandée par....,
et la permission de faire afficher et publier l'arrêt
qui interviendroit; mais il est clair qu'un arrêt ne
peut être daté qu'après qu'il a été formé, et il n'est
formé que lorsque les juges ont délibéré sur tous
les chefs des conclusions qui ont été prises par les
parties. C'est la règle qui s'observe constamment
dans tous les tribunaux et dans les cas même où
il a été fait et signé des arrêts contenant les décisions
particulières qui ont été résolues sur les différens
articles de demande; et c'est seulement du jour qu'il
a été délibéré sur la dernière, que l'on a relu les
arrêtés faits sur les autres, pour voir s'il n'y a rien à
y changer, comme cela arrive souvent, et que l'arrêt
entièrement parfait doit recevoir sa date.

C'est ce qui n'est arrivé dans l'affaire présente que
le 25 avril dernier; puisque, jusque-là, la délibération
des juges n'avoit ni la certitude ni la plénitude nécessaire pour pouvoir former véritablement un arrêt,
et, par conséquent, il n'y a pas lieu de douter que ce
ne soit de ce jour que le jugement doive être daté.

Du 4 juin 1749.

J'AI reçu la lettre par laquelle vous m'expliquez ce
qui s'est passé au sujet de l'accusation de duel, formée
en la prévôté royale d'Agimont, contre deux officiers
du régiment de Normandie. Rien n'est plus grave
que cette affaire dans toutes ses circonstances; et les

ordres qui ont été donnés par le roi, contre six officiers de ce régiment, font voir combien Sa Majesté
est justement indignée de leur conduite. J'écris au
juge d'Agimont, de m'envoyer une copie de leurs informations; et à M. le procureur-général au parlement
de Flandre, que cette affaire mérite bien qu'il use du
pouvoir qui lui est accordé, par une déclaration du
feu roi, de porter au parlement un procès de cette
nature : c'est ce qui paroît d'autant plus convenable,
que je doute fort que les officiers de la prévôté d'Agimont aient la connoissance des cas royaux.

La réponse que vous avez faite à ces officiers, sur
la manière dont ils doivent appeler à leur secours
ceux de la maréchaussée, est entièrement conforme
à la règle.

Du 17 juin 1749.

Vous avez été informé, sans doute, du combat
très-suspect de duel, qui s'est passé dans la ville de
Givet, entre deux officiers du régiment de Normandie, avec des circonstances fort graves, contre beaucoup d'autres officiers de ce régiment. Je doute que
les juges de la prévôté royale d'Agimont, qui en ont
informé, et qui ont décrété les deux combattans,
aient la connoissance des cas royaux, et surtout du
crime de duel; mais, quand ils l'auroient, vous n'en
seriez pas moins en droit, en vertu de la déclaration
donnée par le feu roi, en l'année 1679, après l'édit des
duels, qui est de la même année, de porter au parlement l'accusation dont il s'agit, sur le compte que
vous lui rendriez des informations faites par les premiers juges, sauf à ordonner que l'instruction seroit
continuée par eux, à moins que le parlement ne jugeât plus à propos de se la retenir, comme il est en
droit de le faire, suivant la même déclaration. L'éclat
que cette affaire a fait, mérite bien que vous usiez
du pouvoir qui vous est accordé; l'instruction en sera
beaucoup mieux faite, et plus régulièrement, lors-

qu'elle se fera sous votre direction ; et il ne seroit pas impossible que vous n'eussiez déjà pris ce parti , lorsque vous recevrez ma lettre ; mais, ce qui me donne lieu d'en douter , est que vous ne m'aviez encore rien écrit sur ce sujet.

Du 26 juin 1749.

Les raisons que vous m'expliquez par votre lettre du....., pour justifier votre silence et votre inaction au sujet du combat qui s'est passé dans la ville de......, ne vous sont pas aussi favorables que je l'aurois désiré.

Je vois d'abord que vous ne répondez, en aucune manière, à la question que je vous avois faite, pour savoir si les officiers de la prévôté royale de......., avoient la connoissance des cas royaux. Il y a grande apparence qu'ils ne l'ont pas, en effet, puisque vous n'en dites rien dans votre lettre ; et, si cela est, cette seule raison suffiroit pour m'empêcher d'approuver votre conduite : vous ne pouviez vous reposer sur ces officiers de la poursuite et de l'instruction du cas royal, aussi grand que le crime de duel.

Si votre substitut à......, m'avoit rendu compte de sa procédure, cela ne vous dispensoit point de me faire part d'un fait de cette qualité, quand ce n'auroit été que pour m'expliquer les raisons qui vous empêchoient d'en faire vous-même la poursuite, comme vous en aviez le droit, et comme la chose le méritoit.

La contumace des accusés ne changeoit point la nature de l'accusation, et ne pouvoit pas suppléer au défaut de compétence des juges devant qui elle avoit été portée. Vous aviez, d'ailleurs, suivant les édits qui ont été faits sur les duels, une faculté qui n'est ordinairement exercée que par les procureurs-généraux, et c'étoit de requérir, attendu la notoriété du fait, que les accusés seroient tenus de se remettre dans les prisons du parlement, pour se justifier, s'ils le pouvoient, et répondre à vos conclusions, sinon qu'ils seroient pris au corps, pour leur être le procès fait et parfait. Les officiers d'un siége aussi inférieur que la prévôté de........., n'étoient pas en droit d'user d'un pareil pouvoir, et il n'en falloit pas davantage pour vous obliger à votre ministère en cette occasion.

Vous n'avez pas besoin du consentement des juges pour agir, dans des cas semblables, suivant la loi que les ordonnances vous imposent; et ce sont eux, au contraire, qui doivent déférer aux réquisitions que vous faites dans une matière aussi importante.

Votre dernière raison est la moins bonne de toutes. Un procureur-général ne doit jamais regarder comme un bien que de pareilles affaires tombent, pour ainsi dire, d'elles-mêmes, au moyen d'un jugement rendu par contumace; ce n'est pas seulement la punition réelle des coupables qui doit être l'objet de son ministère, c'est l'éclat même des procédures qui se font contr'eux, et qui sont souvent le seul exemple qu'on puisse en faire, pour imprimer le respect qui est dû aux ordonnances de nos rois. On n'a point à craindre, en pareil cas, des requêtes de récrimination, parce qu'on n'en doit recevoir aucune; on n'y admet pas non plus les accusés à la preuve de leurs faits justificatifs, à moins qu'il ne fût question d'un *alibi* qui fût tel que le combat dût être regardé comme impossible, par la grande distance des lieux, d'où il résulteroit qu'il y auroit eu de l'erreur sur la personne d'un des accusés. Mais, ce sont des cas presque métaphysiques, dont je crois qu'on n'a point eu d'exemple dans cette matière, et dont la considération ne peut jamais refroidir le zèle d'un procureur-général. Au surplus, les faits que vous voulez indiquer, par votre lettre, ne changeoient rien dans la substance de l'accusation de duel; ils étoient, d'ailleurs, de nature à n'être punis que par l'autorité du roi; et, en effet Sa Majesté a fait expédier, à cet égard, les ordres qu'elle a jugés nécessaires.

Je vois donc bien, et c'est la seule chose qui puisse vous excuser dans cette affaire, que vous n'avez pas encore acquis toute l'expérience nécessaire pour bien juger de la manière dont ces sortes d'accusations doivent être traitées. Mais, j'espère que vous profiterez de tout ce que je viens de vous dire, pour ne plus faire à l'avenir tant de réflexions, quand il s'agit de vous acquitter d'un devoir pressant, qui ne peut être bien rempli que par vous.

Vous avez cependant bien fait de réparer votre long silence, aussitôt que vous avez eu reçu ma lettre; mais il auroit été beaucoup mieux de la prévenir, et surtout dans une affaire qui a fait un si grand bruit: vous auriez dû joindre à votre lettre la copie de l'arrêt qui a été rendu sur votre réquisition, afin que je pusse voir s'il étoit conforme à la règle, et vous aurez soin, s'il vous plaît, de me l'envoyer incessamment.

Du 3 juillet 1749.

J'AI reçu la copie que vous m'avez envoyée, des informations que vous avez faites, au sujet du combat qui s'est passé dans votre ville, entre deux officiers du régiment de........; quoique vous ayez la connoissance des cas royaux, comme vous m'en assurez par votre lettre, le parlement de........ n'en étoit pas moins en droit de se rendre juge de ce combat. C'est un pouvoir qui lui a été accordé, comme à tous les parlemens du royaume, par une déclaration du feu roi, de l'année 1679, suivant laquelle ces compagnies sont en droit de se réserver la connoissance des accusations de duel, quand elles le jugent à propos; celle dont il s'agit étoit assez importante pour mériter qu'un tribunal supérieur y interposât son autorité.

Au surplus, j'appuierai très-volontiers une demande aussi juste que celle que vous faites, pour avoir un auditoire dans votre ville, et cela est même nécessaire pour le bien du service de Sa Majesté.

Du 9 juillet 1749.

Vous recevrez incessamment une déclaration par laquelle il a plu à Sa Majesté de révoquer celle que le feu roi, son bisaïeul, avoit donné sur les mariages des mineurs à cause du grand abus que l'on en faisoit dans le ressort du parlement de Flandre. Vous m'avez paru désirer vous-même cette révocation, et vous reconnoîtrez aisément que j'ai suivi votre esprit dans la manière dont la nouvelle loi, que Sa Majesté donne à votre province, a été rédigée. J'y ai profité avec plaisir des solides réflexions que vous aviez faites sur ce sujet, à l'occasion du sieur........, avocat à Lille, et de la demoiselle...... Ce sont même ces réflexions, et ce dernier exemple du relâchement qui s'est introduit dans les tribunaux de la Flandre sur une matière si intéressante pour les familles, qui ont déterminé le roi à y remédier, par la seule voie qui pouvoit faire cesser de si grands inconvéniens, c'est-à-dire, en établissant dans le parlement de Douay et dans son ressort, la même jurisprudence qui est observée dans tous les autres tribunaux du royaume. Sa Majesté a bien voulu cependant ne pas donner un effet rétroactif à sa nouvelle loi, par la crainte qu'on n'en abusât pour troubler des mariages concordans, et pour changer l'état des familles qui se sont unies sur la foi d'une déclaration subsistante depuis quarante-cinq ans, et à laquelle le roi n'avoit pas cru devoir déroger encore par son édit, dès l'année 1742; mais Sa Majesté a jugé à propos d'excepter de cette indulgence pour le passé, tous les cas dans lesquels il y auroit un soupçon légitime de rapt, de violence, ou de séduction ; c'est à quoi se réduit toute la substance de la déclaration qui doit vous être envoyée au premier jour. Je ne doute pas que vous n'employiez avec plaisir votre ministère pour la faire enregistrer promptement ; et je suis persuadé que s'il y a dans le parlement quelques esprits qui soient encore prévenus en faveur d'un ancien usage, la lecture du préambule et des dispositions que cette déclaration renferme, suffira pour les ramener aux véritables règles, suivant le vœu des plus sages magistrats de cette compagnie, et surtout de son digne chef, qu'on m'a assuré être entièrement du même sentiment que vous sur ce sujet.

Du 20 juillet 1749.

Il n'y avoit rien dans ma lettre du vingt-six juin dernier, qui fût capable de faire sur vous cette impression funeste dont vous me parlez dans la réponse que vous y avez faite. Il est vrai que je ne fus pas bien satisfait de la manière dont vous vous expliquiez sur une matière aussi grave que celle dont il s'agissoit, et c'est ce qui m'a fait prendre le parti d'en réfuter, l'une après l'autre, les différentes raisons dont vous vous étiez servi pour justifier le silence que vous aviez gardé par rapport à moi, sur le combat qui s'est passé dans la ville de......; et je crus devoir entrer dans ce détail, parce que, les accusations de duel étant peut-être assez rares dans votre compagnie, il étoit bon de vous marquer plus précisément les règles qu'on y doit suivre, et l'attention que le ministère du procureur-général l'oblige à y donner.

Les explications plus amples dans lesquelles vous êtes entré par votre dernière lettre, peuvent bien me rendre témoignage de la droiture de vos intentions; mais c'est sur quoi je ne vous avois marqué aucun doute dans la lettre qui vous afflige, et je crois très-volontiers que si vous vous êtes exposé à recevoir les avis que je vous ai donnés, c'est uniquement par les difficultés qui vous sont venues dans l'esprit, et par l'embarras où vous vous êtes trouvé sur les démarches que vous aviez à faire.

J'en trouve encore des restes dans votre lettre du 29 du mois dernier; et il est bien aisé de les faire cesser, après ce que je vous ai déjà marqué sur ce sujet.

Vous n'étiez pas, à la vérité, dans le cas d'un duel arrivé dans l'enceinte ou aux environs de la ville

de.....; mais vous étiez dans celui que la déclaration de 1679 y a ajouté, je veux dire, dans le cas
d'un combat qui s'étoit passé plus loin entre des
personnes de telles qualité et importance', que les
parlemens jugent devoir y interposer leur autorité.
C'étoit une réflexion qui devoit se présenter à vous
naturellement, à la vue des informations dont l'extrait
vous avoit été envoyé par votre substitut en la prévôté
de......, et l'instruction commencée à sa requête
n'auroit pas dû vous paroître faite avec une entière
exactitude. La chambre de la tournelle du parlement
de....... en a jugé autrement, comme je l'ai vu
par la consultation qu'elle m'a faite, et à laquelle
je réponds aujourd'hui pour savoir si elle devoit décréter, dès à présent, les complices et les fauteurs du
duel de....., ou ne le faire qu'en prononçant une
condamnation définitive contre les deux coupables
qui ont été seuls décrétés par le premier juge. Il est
sans difficulté, comme je le lui marque, qu'il faut
commencer par suppléer à un si grand défaut d'attention de la part de ce juge ; et rien n'est plus propre à vous faire sentir combien il est important que
vous usiez du droit qui est attribué à votre ministère, de poursuivre directement au parlement les accusations de cette nature.

Je suis même persuadé que, si vous aviez pris
le parti de m'écrire aussitôt que vous avez été informé de ce qui s'étoit passé à......, vous auriez fait
de plus grandes réflexions sur la procédure du prévôt de......, et que vous m'auriez fait, dès-lors, la
même consultation que la chambre de la tournelle sur
l'omission de décrets aussi nécessaires que ceux qui
auroient dû être donnés par ce juge. Il vous est d'ailleurs si aisé et si naturel de bien écrire, que vous ne
devez pas craindre de le faire trop souvent ; et il est
certain que la plume éclaire, et donne lieu de mieux
approfondir la matière que l'on traite.

Vous avez raison, à la vérité, de croire que vous
n'étiez pas dans le cas d'interposer votre ministère
sur le seul fondement de la notoriété du combat et

de la fuite des accusés, puisqu'il y avoit une information faite par le premier juge qui contenoit des
preuves concluantes ; et, quand j'ai parlé des pou-
voirs que les édits des duels vous donnent dans certaines occasions, je n'ai pas prétendu vous dire, que
vous auriez dû en user dans celle-ci, j'ai voulu seulement vous expliquer une des raisons qui peuvent vous
porter à agir directement dans ces sortes de matières.

Ce que vous remarquez dans votre lettre sur les
faits justificatifs qu'un accusé de duel pourroit alléguer en sa faveur, ne me paroît pas mériter une
grande attention. La justice est due, sans doute,
dans les accusations de duel, comme dans toutes les
autres, à ceux qui en sont prévenus ; mais la crainte
ou la prévoyance de ces sortes d'allégations qui sont
communes à tous les genres de crimes, ne doit pas
empêcher qu'on ne les poursuive suivant la rigueur
des ordonnances, sauf à y avoir tel égard que de
raison, après l'instruction du procès.

Tout ce que vous m'expliquez encore au sujet des
récriminations que vous aviez paru craindre par votre
première lettre, reçoit une semblable réponse. Elles
auroient été même également possibles, ainsi que
l'allégation des faits justificatifs, quand vous auriez
laissé juger le procès à......, puisque si les accusés
avoient eu confiance dans l'une ou l'autre de ces
deux voies, il leur auroit été facile de faire tomber
la sentence des premiers juges en se représentant
à....... ou à......; et, en cas que leurs défenses
n'eussent pas réussi en première instance, de se pourvoir par appel au parlement de...... où ils eussent
pu se servir des mêmes moyens.

Enfin, s'il y a jamais eu une accusation sur laquelle
on pût avoir de pareilles inquiétudes, c'est celle
dont il s'agit, dans laquelle il n'y a nulle apparence
que ni les accusés principaux, ni leurs complices, osent
jamais se présenter aux yeux de la justice, et l'on peut
se reposer sur eux du soin de prendre les précautions
nécessaires pour n'y être pas amenés par force.

Tout ce que je vous ai donc dit sur ce sujet, et tout

ce que j'y ajoute aujourd'hui pour vous donner les éclaircissemens que vous m'avez demandés, ne renferment que de simples instructions, qui n'ont rien d'affligeant pour vous. Je rends toujours la même justice à votre zèle, à vos lumières et à vos talens dans l'exercice de votre ministère ; mais il n'est pas étonnant qu'il échappe quelque chose aux meilleurs esprits, et aux magistrats les mieux intentionnés sur des matières qui ne sont pas communes, et qu'une longue et triste expérience m'a donné lieu d'approfondir plus qu'ils n'ont encore eu le temps de le faire ; ainsi, vous pouvez être tranquille sur tout ce que je vous ai écrit, ce qui n'empêche pas que je ne vous donne toujours des marques de l'estime avec laquelle je suis.

Du 20 février 1750.

La question sur laquelle vous me consultez par votre lettre, bien loin d'avoir besoin d'être résolue, ne peut pas même être proposée, parce qu'elle ne doit jamais avoir lieu. L'accusation de faux dans la bouche d'un procureur-général, est toujours une accusation de faux principal ; ce qui distingue essentiellement cette accusation de l'inscription en faux incident, est que la dernière ne tend qu'à faire rejeter d'un procès une pièce qui y est produite, et que l'inscription de faux tombe d'elle-même. Lorsque le défenseur déclare qu'il ne veut point se servir de la pièce arguée de fausseté, il n'y a, en ce cas, que la voie d'accusation principale qui puisse être substituée à celle du faux incident, soit que cette accusation soit formée par le demandeur en faux, s'il y est recevable, soit qu'elle se poursuive à la requête de la partie publique.

L'accusation de faux principal est d'une nature bien différente de celle de l'inscription en faux ; elle tend à faire le procès à la personne suspecte encore plus qu'à la pièce produite ; l'accusé déclareroit en vain qu'il ne veut pas s'en servir, il n'empêcheroit pas par là que l'accusation ne continuât d'être poursuivie contre lui ; et , comme c'est toujours la vengeance publique et la punition des coupables qui est l'objet nécessaire des accusations formées par un procureur-général, c'est toujours la personne, et jamais la pièce seule qu'il doit attaquer.

Il y auroit cependant un cas dans lequel il ne seroit pas impossible que la partie publique ne fût obligée de prendre la voie de l'inscription en faux ; ce seroit dans les affaires où un procureur-général procède à fins civiles , comme dans les procès où il s'agit du domaine du roi, ou de droits réclamés par Sa Majesté. Si l'on produisoit dans ces procès un titre suspect de faux, et que la mort du faussaire , ou d'autres circonstances ne permissent pas de former une accusation de faux principal , en sorte qu'on ne pût faire le procès qu'à la pièce , ce seroit alors que le ministère public seroit réduit à former une inscription en faux. Mais, dans quelque cas que cette voie puisse avoir lieu , il est indubitable que jamais on ne peut l'obliger à consigner l'amende , parce que ce seroit y obliger le roi , et que la précaution qui a été prise par les ordonnances qui exigent cette consignation , n'a eu pour objet que de prévenir les inscriptions de faux téméraires ou frustratoires ou calomnieuses ; ce qui ne peut jamais être appliqué à ceux que la noblesse et la dignité de leur ministère mettent, à cet égard, au-dessus de toute suspicion.

C'est par cette raison qu'il y a d'anciennes ordonnances qui dispensent des procureurs du roi de prêter le serment de *calomnie* dans le temps qu'il étoit encore en usage. A l'égard des procès ordinaires, et pour se rapprocher encore plus de la jurisprudence présente, c'est par un semblable motif que, par les articles 16 , 17 et 18 du titre des demandes en cassation d'arrêt du réglement du conseil, il a été ordonné que les requêtes en cassation, présentées par les procureurs-généraux, seroient admises sans consignation d'amende ; et , si l'on ne trouve pas une pareille disposition dans les ordonnances qui regardent la matière de faux, c'est parce qu'on y a toujours supposé, comme je vous l'ai dit d'abord, que c'étoit par la voie de faux principal, et non par celle de faux incident, que les procureurs-généraux doivent agir en cette matière.

L'usage qu'on a observé, sur ce point, au parlement de......., n'a donc rien que de très-régulier en lui-même; mais vous devez aller encore plus loin, et prévenir toute occasion de doute à l'égard de la consignation d'amende, en prenant toujours la voie de l'accusation de faux principal, dans le cas où vous croyez que la nature de la fausseté exige la poursuite de la fausseté ou du faussaire.

Si cependant il y avoit des circonstances singulières dans l'affaire sur laquelle vous avez cru devoir me consulter, qui pussent vous faire hésiter à former l'accusation de faux principal, vous pouvez me les expliquer plus en détail, pour me mettre en état d'en bien juger.

---

§. IX. — *Matières criminelles diverses.*

Réponses (sans date) à un Mémoire de la Chambre de la Tournelle du Parlement de Rouen.

MÉMOIRE.	*RÉPONSES.*
LE 10 mars 1735, le procureur-syndic de la ville de..........., informé qu'il s'y commettoit journellement des vols, donna sa plainte, et demanda qu'à sa diligence il en fût informé.	1.º C'EST un mauvais usage condamné par une déclaration de 1683, de faire apporter les minutes des procès criminels au greffe du parlement par les greffiers de la ville.
Sur les charges de la procédure, le maire de.......	2.º Si un accusé, jugé par contumace au parlement, se représente, il faut qu'il subisse un jugement en première instance, et le parlement ne peut en connoître que par l'appel

MÉMOIRE.

décréta de prise de corps plusieurs particuliers prévenus des crimes dont on informoit : on en constitua prisonniers quelques-uns, et, les autres ayant pris la fuite, le premier juge ordonna, suivant les règles ordinaires, et après les perquisitions et autres formalités prescrites par les ordonnances, qu'à l'égard des contumaces, le récolement des témoins vaudroit confrontation, après quoi il rendit sa sentence définitive, par laquelle deux accusés detenus dans les prisons furent condamnés à la mort. Quelques-uns des contumax subirent la même condamnation, d'autres furent condamnés aux galères perpétuelles ou à temps ; en un mot, tous les accusés ont été jugés définitivement par cette sentence.

Les accusés furent ensuite transférés dans les prisons de la conciergerie du palais, et les procédures envoyées au greffe de la tournelle, et par arrêt de cette chambre, du 11 août 1735, tous ont été jugés, et, des deux qui étoient dans la prison,

RÉPONSES.

Si l'accusé se représente devant le premier juge, après son jugement, et depuis que le procès a été dévolu au parlement, le juge doit demander et attendre ses ordres, sans lesquels il ne peut rien faire, le procès et les autres accusés étant au parlement ; mais le parlement peut ou lui renvoyer le tout, ou seulement la procédure à faire avec le contumax, ou se réserver l'instruction et le jugement du principal. S'il se représente au parlement, il doit être renvoyé a x premiers juges, surtout ayant prononcé sur le reste du procès. Nul inconvénient que le premier juge sur une procédure faite au parlement, comme cela arrive tous les jours ; les exemples contraires montrent ce qu'il faut éviter autant que ce qu'on doit imiter. L'appel n'éteint point le jugement rendu contre les contumax, puisqu'il est réputé contradictoire après les cinq ans. Le parlement peut, sans évoquer le principal, condamner, même à mort, sur l'appel d'un jugement interlocutoire rendu sur le vu de toute la procédure, le moyen d'appel pouvant être de ce que le premier juge n'a pas prononcé définitivement, l'appel de son jugement saisit de plein droit le parlement du fond de l'accusation.

CORRESPONDANCE OFFICIELLE.

l'un a été condamné à être pendu, et l'autre aux galères perpétuelles.

Il est à observer qu'il est d'usage en ce parlement que, pour le jugement des procès criminels, les greffiers de la ville de...... portent les procédures en minutes au greffe de la tournelle, et n'en expédient point de grosses, suivant qu'il se pratique dans toutes les autres justices et siéges du ressort.

C'est un mauvais usage qui a été condamné par plusieurs ordonnances, et le feu roi, en l'année 1683, donna une déclaration particulière pour réformer cet usage, nommément dans le parlement de........ Il est un peu plus tolérable, lorsque c'est dans l'enceinte de la même ville que le transport des minutes se fait d'un greffe à un autre, comme dans le cas présent; mais, pour prévenir toutes sortes d'inconvéniens, le plus sûr est de s'en tenir à la règle, dans ce cas même.

Depuis l'arrêt, le nommé........, l'un des accusés fugitifs, ayant voulu purger la contumace, se mit en état dans les prisons de la ville. Le procureur-syndic donna alors sa requête à la tournelle, et demanda le renvoi des minutes des procédures au greffe de la mairie, pour y procéder au jugement de cet accusé; et, par arrêt du 23 février 1736, Messieurs qui servoient alors dans cette chambre accordèrent au procureur-syndic, ce qu'il avoit demandé; et néanmoins, comme cette affaire étoit très-importante, on ordonna qu'après le jugement définitif cet accusé ne seroit élargi

Il n'y a rien de plus régulier que cet arrêt.

que préalablement le pro-
cureur-syndic n'eût ins-
truit la chambre du juge-
ment qui auroit été rendu.

Malgré cette précaution,
l'accusé fut jugé et élargi
sans que la tournelle en
ait été instruite, comme
il paroît par l'extrait du
registre des délibérations
du 24 mars 1736.

Le nommé..........,
autre accusé, revient au-
jourd'hui purger sa con-
tumace; et le procureur-
syndic a donné de nouveau
sa requête pour faire or-
donner le renvoi des mê-
mes minutes au greffe de
la mairie. MM. qui sont
actuellement de service à
la tournelle ont trouvé plus
de difficulté à le lui accorder que n'avoient fait
ceux qui avoient rendu le
précédent arrêt ; et des
exemples contraires à ce
dernier les ont déterminés
à prendre le parti de se
retirer par-devers le roi,
pour le supplier de fixer la
jurisprudence à cet égard ;
et c'est dans cette vue qu'a
été formée la délibération
du 4 juin 1736.

Ce qui fait naître le doute
de MM. qui servent ac-
tuellement à la tournelle

Le procureur-syndic a eu
tort de ne pas satisfaire, comme
il le devoit, à l'obligation que
le parlement lui avoit imposée;
mais sa faute ne peut servir à
prouver ni la compétence du
parlement, ni l'incompétence
du premier juge dans le cas
dont il s'agit.

Les informations et le récolement même subsistent; sans
doute les charges qui en résultent ne subsistent pas moins;

est que, *quoique*, suivant l'ordonnance de 1670, *l'accusé qui se représente dans les cinq ans, fasse tomber, par sa comparution, tous jugemens et arrêts, qui, dès-lors, sont anéantis, cependant la procédure subsiste en son entier, et les charges restent : on n'entend point de nouveau les témoins, on se contente de les confronter à l'accusé, après quoi l'on juge sur la même procédure qui avoit été faite pendant la contumace.*

Cette règle invariable une fois posée, il semble qu'on doive admettre une distinction entre l'accusé contumax, qui a des complices arrêtés, et celui qui n'en a point.

Il paroît indifférent que le contumax qui n'a point de complices se représente devant les premiers juges ou devant ses juges d'appel, et la seule utilité d'une prompte expédition pouvoit déterminer en faveur des derniers.

Mais il n'en est pas ainsi de l'accusé qui a des complices qui ont été jugés définitivement en cause d'appel; on ne voit pas qu'il

quoiqu'elles puissent s'affoiblir par la confrontation. Le seul jugement est anéanti; les choses restent dans le même état que s'il n'y avoit point eu de contumace. Mais, au lieu d'en conclure que c'est au parlement d'achever ce que le premier juge a commencé, c'est au contraire parce que la procédure subsiste, et subsiste imparfaite, qu'il faut qu'elle soit rendue parfaite par le juge qui en est saisi, et qu'il prononce un jugement de première instance, dont l'appel saisisse véritablement et régulièrement le tribunal supérieur.

Si l'on veut approfondir encore plus cette matière, il faut distinguer trois temps, dans lesquels le contumax peut se représenter :

Avant le jugement de la première instance ;

Après ce jugement, et depuis que le procès a été dévolu au parlement ;

Enfin, après le jugement rendu par ce tribunal.

Le premier cas ne mérite pas qu'on s'y arrête, n'étant susceptible d'aucune difficulté.

Le second n'est pas celui qui se présente aujourd'hui ; et, lorsqu'il arrive, la règle est que le premier juge devant lequel un accusé contumax se représente, pendant que le parlement est saisi de l'appel des accusés qui ont toujours été présens, demande et attende les ordres de ce tribunal pour ne pas s'exposer à faire des procédures contraires à celles que le parlement a pu ordonner, ou du moins des procé-

puisse jamais purger sa contumace devant les premiers juges sans qu'il n'en naisse de très-grands inconvéniens, auxquels il seroit impossible de remédier.

dures imparfaites, parce qu'il ne pourroit procéder à la confrontation réciproque des accusés les uns aux autres, attendu qu'il y en a une partie qui sont dans les prisons du parlement.

A l'égard de ce tribunal, il peut prendre différens partis, selon la nature et l'état du procès, c'est-à-dire :

Ou renvoyer les prisonniers dont il est saisi devant le premier juge, afin qu'il confronte ces accusés au contumax qui s'est représenté, et le contumax à eux,

Ou ordonner que la partie de la procédure qui peut se faire avec le contumax seul, sera achevée par le premier juge, après quoi cet accusé sera conduit dans les prisons du parlement pour le reste de l'instruction, qui ne se peut faire qu'avec tous les co-accusés,

Ou, enfin, se réserver l'instruction entière et le jugement total, soit lorsque c'est au parlement que le contumax s'est représenté, soit lorsque des suspicions contre le premier juge, ou d'autres motifs de justice et de bien public l'exigent ainsi.

Le troisième cas, c'est-à-dire, celui de la représentation du contumax après le jugement définitif rendu par le parlement, c'est celui qui forme véritablement la question présente, et elle ne pouvoit naître dans des circonstances qui en rendissent la décision moins difficile.

MÉMOIRE.

RÉPONSES.

D'un côté, le parlement de.......... est entièrement dessaisi de tout ce qui a été porté par-devant lui, puisqu'il a jugé définitivement le procès, en condamnant l'un des coupables à la mort et l'autre aux galères ;

De l'autre, le premier juge est demeuré toujours saisi de ce qui regardoit les contumax, au lieu que le parlement ne l'a jamais été ; et, quand même il l'auroit été, son jugement seroit anéanti de plein droit à cet égard, par la représentation des contumax : ils retomberoient nécessairement, par là, entre les mains du premier juge, dont le jugement seroit aussi effacé par leur représentation, et qui, se trouvant saisi de nouveau d'une procédure commencée et non achevée, seroit le seul à qui il appartient de la finir, pour consommer ensuite son pouvoir par un jugement définitif. Le parlement ne pourroit le priver de ce droit sans évoquer le procès, et c'est ce que l'ordonnance ne lui permet pas, surtout lorsque, n'étant plus saisi d'aucune partie du procès, l'évocation n'auroit pas même le prétexte spécieux de la connexité et de la promptitude de l'expédition.

Telle est la règle que le parlement a suivi lui-même, et dans le procès même dont il s'agit, en renvoyant le nommé............, l'un des contumax, par-devant les officiers de la ville de............., et il paroîtroit bien singulier qu'après s'être reconnu incom-

MÉMOIRE.

En effet, la procédure sur laquelle le contumax doit être jugé est non-seulement composée des informations et des interrogatoires faits par les premiers juges, mais les réponses de ses complices, en cause d'appel, celles sur la sellette, les procès-verbaux de torture, les testamens de mort, toutes pièces qui peuvent faire charge contre le contumax en font incontestablement partie, et souvent la plus essentielle.

On va plus loin, et il est vrai de dire que les procédures faites en causes d'appel ne peuvent jamais être indifférentes au jugement de l'accusé qui se représente, parce que, comme on ne manque jamais d'interroger un accusé sur le compte du contumax, ou il avoue la complicité, ou il la dénie; s'il l'avoue, ses réponses sont à charge, et, par conséquent, dans tous les cas, les procédures et interrogatoires faits par les juges supérieurs sont essentiels

RÉPONSES.

pétent à l'égard d'un des contumax qui se sont représentés, il se déclarât compétent à l'égard de l'autre.

Tout ce que l'on dit en cet endroit sur la nécessité de réunir toutes les preuves qui résultent, soit de la procédure faite par le premier juge, soit de celle qui a été faite au parlement, lorsqu'il s'agit de rendre un jugement contre le contumax qui se représente, est très-véritable en soi, et le bien de la justice l'exige absolument; mais on ne peut en tirer aucune conséquence qu'en supposant qu'il seroit indécent que des procédures faites par des juges supérieurs fussent portées devant leurs inférieurs, et c'est, en effet, à quoi l'on se réduit dans la suite de ce mémoire.

au jugement du contumax qui se met en état.

Si donc un premier juge rend son jugement contre l'accusé sur la seule procédure qu'il a instruite, il s'ensuivra que les charges ainsi divisées, tel qui, par celles accusées en cause d'appel, auroit été condamné au dernier supplice au parlement, sera renvoyé absous par le premier juge.

On ne pourroit éviter cet inconvénient, qui est frappant, sans tomber dans un autre qui ne l'est pas moins; ce seroit d'envoyer aux premiers juges les procédures faites au parlement; mais alors ils deviendroient les juges d'une procédure faite par leurs supérieurs, ils pourroient en ordonner l'apport dans leur greffe, contraindre par corps les greffiers des tribunaux supérieurs à les y envoyer; en un mot, tout l'ordre judiciaire se trouveroit renversé.

On confond ici deux choses très-différentes :

L'une est d'être juge d'une procédure;

L'autre est de juger sur le fond d'une procédure.

La première ne peut jamais convenir à des tribunaux inférieurs, et s'ils entreprenoient de juger les procédures faites par le parlement, c'est-à-dire, de prononcer sur la validité de ces procédures, il y auroit non-seulement de l'indécence, mais une nullité évidente dans leur jugement. Il en seroit presque de même s'ils prenoient la liberté d'ordonner que des procédures qui sont au greffe du parlement leur seroient apportées, et que le greffier y seroit contraint. C'est le parlement lui-même qui ordonne tout à cet égard; et si l'on avoit omis de renvoyer quelque partie de la procédure au siége inférieur, ce seroit sur la seule réquisition de M. le procureur-général qu'il y faudroit suppléer par un arrêt qu'il obtiendroit à cet effet.

Mais, quel inconvénient y a-t-il que des premiers juges se déterminent par les preuves qui résultent d'une procédure faite au parlement? Plus elle est respectable pour eux, plus il est non-seulement de la décence, mais de la règle, qu'elle devienne la base de leur jugement.

Rien n'est, d'ailleurs, plus commun que de renvoyer par-devant les premiers juges des procédures ou des instructions faites dans un parlement, et c'est ce qui arrive tous les jours dans celui de Paris, sans qu'il lui soit jamais venu dans l'esprit que sa dignité pût y être intéressée.

Dans l'ancien usage, les accusés appelans d'un décret de prise de corps demandoient presque toujours d'être interrogés par un des conseillers de la cour où ils avoient porté leur appel : cet usage subsiste même encore dans plusieurs parlemens, et il n'y en a aucun qui ne puisse en user ainsi, quand il le juge convenable au bien de la justice.

Il faut bien cependant, en ce cas, lorsqu'il y a lieu de confirmer la procédure du premier juge, que l'interrogatoire subi par l'accusé devant un commissaire du parlement soit renvoyé dans le siége inférieur; car on ne prétendra pas sans doute qu'un simple interrogatoire subi incidemment à un appel ait la force de dépouiller le premier juge du

D'aussi puissans motifs, pour ne point renvoyer un contumax à ses premiers juges, sont encore soutenus par deux arrêts rendus en ce parlement dans le procès criminel intenté au

fond de l'accusation, et d'en opérer la dévolution au parlement.

Lorsque l'accusé en décret de prise de corps a obtenu des défenses au parlement, il arrive souvent que l'accusateur demande qu'il lui soit permis d'informer par addition. L'information se fait alors par un commissaire du parlement, et si, en jugeant l'appel après cette information, l'on confirme tout ce qui a été fait par le premier juge, elle devient une partie nécessaire du procès, et est renvoyée, comme tout le reste, à ce même juge.

Il en est encore de même, lorsqu'une plainte ayant été portée directement au parlement, il commet un de ses membres pour informer dans la ville où il fait sa résidence, et un juge sur les lieux pour entendre les témoins qui y sont : s'il arrive ensuite que l'affaire ne paroisse pas de nature à être jugée au parlement en première et dernière instance, et qu'on la renvoie dans un siége inférieur, les officiers de ce siége récolent et confrontent les témoins entendus par un des officiers du parlement, comme tous les autres, sans que la décence y paroisse blessée en aucune manière.

On peut dire de ces deux arrêts, qu'ils ont été rendus *bono animo magis quam exemplo*, et apparemment parce qu'il s'agissoit d'une matière peu grave, ou parce que, n'y ayant point de preuves, la faveur d'une prompte expédition fit alors plus d'impression

bailliage de........., contre les nommés............. Un seul fut arrêté, et, par sentence du 7 septembre 1724, condamné à être appliqué à la question pour, à la vue du procès-verbal de torture, être fait droit, tant à son égard qu'à celui de ses co-accusés contumax. Par arrêt du 5 janvier 1725, la sentence fut réformée, et il fut mis hors de cour le 8 février suivant. .... et............. se mirent en état dans les prisons de la conciergerie, et, par un second arrêt du 1.er mars 1725, ils furent aussi mis hors de cour sur l'accusation contre eux intentée. Enfin, ... suivit leur exemple, et obtint, le 18 juillet 1726, un arrêt semblable, après que la confrontation des témoins faisant à charge contre lui eût été faite par un officier du bailliage de........., qui fut commis par arrêt pour y procéder, sans que, dans ces deux cas, on ait renvoyé au premier juge.

Les deux seules objections qu'il semble qu'on puisse faire en faveur des premiers juges paroissent aisées à décider :

que les règles rigoureuses de l'ordre public.

Les exemples montrent souvent ce qu'il faut éviter autant que ce qu'on doit imiter.

Ces deux arrêts pourroient bien être dans le premier cas, et celui qui a été rendu à l'égard du nommé......... est certainement dans le second.

La première se tire des termes de l'ordonnance de 1670, au titre des défauts de contumace, par lequel il est dit *que si le contumax se présente, après le jugement, dans les prisons du juge qui l'a condamné, les défauts de contumace seront mis à néant;* ce qui semble d'abord induire que c'est dans les prisons du premier juge où il doit se rétablir. Mais cependant cet article bien combiné, avec l'hypothèse d'un accusé contumax qui a des complices qui ne le sont point, décide plutôt le contraire, car l'appel, en matière criminelle, éteint le jugement, et, comme tout est indivisible, on juge, en cause d'appel, non-seulement l'accusé présent qui a appelé, mais encore l'absent, qui ne se plaint point. Si donc, aux termes de l'ordonnance, il doit se mettre en état dans les prisons du juge qui l'a condamné, c'est dans celles du juge supérieur qu'il doit se rendre, puisque c'est par lui que la condamnation, qui seule subsiste, a été prononcée.

L'appel éteint le jugement, à l'égard des accusés appelans, mais il ne l'éteint pas à l'égard d'un contumax qui ne parle point, et qui ne pourroit être écouté, quand même il parleroit, à moins qu'il ne se représentât. Cela est tellement certain, que, s'il laisse passer cinq ans sans se mettre en état, le jugement que le premier juge a rendu par contumace est réputé contradictoire; et si le condamné à mort décède en cet état, il est censé mort civilement du jour de l'exécution du jugement.

Si l'on suppose, ce qui est fort rare, que le parlement ait réformé le jugement rendu par contumace, comme cela peut arriver sur un appel *à minimâ* du procureur-général, ou

MÉMOIRE.

RÉPONSES.

même sur l'appel de la partie civile, tout ce qu'on en pourroit conclure est qu'en ce cas c'est dans les prisons du parlement que l'accusé doit se remettre, pour purger la contumace; mais, aussitôt qu'il l'a fait, l'arrêt rendu contre lui par défaut est anéanti; et si le parlement n'est plus saisi des autres accusés, le procès rentre de plein droit dans l'état d'une procédure de première instance, qui, ayant été commencée par le premier juge, doit être achevée par lui, et suivie d'un jugement définitif rendu aussi par le même juge.

La seconde objection est qu'après la comparution de l'accusé il y a une instruction à faire, qui est la confrontation des témoins, et que l'instruction appartient au premier juge.

On convient de la maxime, mais elle souffre grand nombre d'exceptions; et, sans parler des cas d'ampliation d'informations, de celles qui se font en conséquence des aveux des accusés, qui, quelquefois même, chargent des personnes contre lesquelles il n'a point été informé en première instance, que décrètent, que poursuivent les juges supérieurs, sans les renvoyer aux premiers juges, l'ordonnance elle-

Il est vrai que cette maxime souffre plusieurs exceptions; mais l'exemple des instructions nouvelles que le parlement ordonne sur le vû du procès ne paroît pas bien choisi, parce qu'alors le premier juge ayant consommé son pouvoir par un jugement rendu sur le fond de l'accusation, et étant entièrement dessaisi du procès, le tribunal supérieur auquel ce procès est dévolu, pour le fond comme pour la forme, n'use point d'évocation quand il fait procéder à une instruction omise par le juge inférieur, ou que, sur de nouvelles découvertes, il ordonne une nouvelle information : il ne fait,

même veut, article 3 du titre des appellations, *que si, de plusieurs accusés, un seul est jugé, tous soient envoyés aux juges supérieurs, quoique dans ce cas, le premier juge n'ait pas entièrement rempli son ministère,* et cela parce que, comme on l'a dit, en matière criminelle tout est connexe, et rien ne se divise.

C'est par ces considérations que MM. qui servent actuellement à la tournelle n'ont pas cru devoir décider cette difficulté, qui peut demander une règle générale.

en tout cela, qu'user d'un pouvoir qui n'a plus d'autres bornes que celles de son devoir, suivant la qualité de l'affaire et la nature des preuves.

Ces termes de l'ordonnance, *si de plusieurs accusés un seul est jugé,* n'ont point le sens qu'on leur donne ici. Le terme de *jugé* est synonyme, dans cette disposition, à celui de *condamné,* et le véritable sens de l'article dont il s'agit n'est point celui d'une sentence où l'on n'auroit prononcé qu'à l'égard d'un seul accusé, sans rien statuer à l'égard de l'autre : c'est, au contraire, le cas d'une sentence où le sort d'un seul accusé a été fixé, pendant qu'à l'égard de l'autre il a été ordonné qu'il seroit plus amplement informé, ou qu'il seroit sursis à son jugement jusqu'après l'exécution du condamné. La sentence prononce bien, en ce cas, à l'égard de tous les accusés, mais, à proprement parler, et dans la rigueur des termes, elle n'en juge qu'un seul, puisqu'il n'y en a qu'un seul qui soit condamné ou à la mort, ou à la question, ou à un autre genre de peine.

On peut même aller encore plus loin, pour mieux développer le véritable esprit des règles qu'on doit suivre en cette matière, et remarquer ici que tout jugement, de quelque manière qu'il soit rendu, sur le vu du procès, et après avoir entendu les accusés à la chambre, est censé consommer le pouvoir des premiers juges, et on le considère, à cet égard, comme un jugement définitif, dont l'appel saisit le tribunal supérieur du fond de tout le procès, sans qu'il ait besoin de l'évoquer, ce qui a lieu même, lorsque le jugement n'est qu'interlocutoire ou préparatoire ; à l'égard de tous les accusés, comme lorsque le premier juge a ordonné qu'ils seroient tous appliqués à la question, ou qu'il seroit plus amplement informé à l'égard de tous.

En effet, c'est une maxime certaine, en matière criminelle, que l'appel d'un jugement interlocutoire dans sa disposition, mais rendu dans une forme définitive, c'est-à-dire, sur le vu

RÉPONSES.

de toute la procédure, et, après avoir entendu les accusés, défère le procès entier au tribunal supérieur, de la même manière que si l'accusation avoit été jugée définitivement ; et cette maxime est fondée sur ce que le moyen de l'appel peut consister et consiste souvent en ce qu'on n'a pas prononcé définitivement, quoique les preuves du crime fussent suffisamment établies. L'on a donc vu plusieurs fois que, sans évoquer le principal, et en réformant la sentence interlocutoire, les parlemens ont condamné définitivement, à une peine publique, et même capitale, des accusés contre lesquels les premiers juges n'avoient ordonné que la question préparatoire, ou qu'une information plus ample, ou pour qui ils avoient eu la facilité de les admettre à la preuve de leurs faits justificatifs.

Il n'est pas sans exemple qu'on ait attaqué, par la voie de la cassation, des arrêts rendus dans cette espèce, sous prétexte qu'on y avoit évoqué un procès criminel contre la prohibition de l'ordonnance ; mais le conseil du roi n'a point eu d'égard à cette mauvaise couleur, parce qu'en effet l'appel d'un jugement interlocutoire, rendu sur le vu de tout le procès, saisit de plein droit le tribunal supérieur du fond de l'accusation.

Il est aisé d'en conclure que, puisque cette maxime est vraie, lors même que la sentence est interlocutoire à l'égard de tous les accusés, elle l'est, à plus forte raison, lorsque le jugement prononce une peine à l'égard d'un des accusés, et qu'il ordonne un interlocutoire à l'égard des autres. Tel est le véritable cas de l'art. 3 du tit. 26 de l'ordonnance de 1670, et c'est ainsi que le terme de *jugé* doit être entendu dans cet article.

Je ne m'attendois pas à faire une si longue dissertation sur ce sujet ; mais la matière est si importante, que j'ai cru devoir profiter de cette occasion pour rappeler des principes que les juges doivent avoir toujours devant les yeux, soit qu'il s'agisse de rendre des jugemens, ou qu'il ne soit question que de soutenir leur compétence ; et la conséquence qui résulte également de toutes ces réflexions, est qu'il n'y a aucune difficulté à suivre, à l'égard du nommé.........., ce que la tournelle du parlement de........ a fait à l'égard du nommé........., c'est-à-dire, à le renvoyer par-devant les officiers de la ville de.........., pour y être l'instruction achevée par rapport à cet accusé, et le jugement rendu ensuite par ces officiers, sauf l'appel au parlement.

Du 5 avril 1719.

Je n'entrerai point ici dans le détail des différentes représentations que M. le procureur-général m'a faites au sujet de l'arrêt par lequel vous avez ordonné qu'il seroit informé à sa requête de faits contenus dans les requêtes que les lieutenans-criminels de votre province vous ont fait présenter ; il me suffit de vous assurer en général, que je crois avoir pleinement levé toutes les difficultés qui suspendoient encore les poursuites de M. le procureur-général, et que je ne doute pas qu'il ne commence incessamment ces poursuites, avec autant de zèle que je lui en ai toujours connu pour le bien de la justice.

Je ne puis cependant m'empêcher de vous dire, qu'il y a une de ses représentations à laquelle je crois que l'ordre public vous oblige de déférer, c'est celle qu'il a fait entrer dans la requête dont vous m'avez envoyé la copie ; les conclusions qu'il y prend pour obliger le sieur ......, qui a signé les deux requêtes présentées au nom des lieutenans-criminels, comme ayant charge d'eux à déposer au greffe les procurations spéciales qu'il a dû avoir de ses officiers, sont justes et régulières. L'ordonnance de 1670 ne permet pas de recevoir une plainte présentée au nom d'un absent, sans que celui qui la présente ait une procuration spéciale à cet effet ; la même règle s'observe et doit s'observer dans le cas d'une dénonciation faite pour un absent. On ne sauroit trop assurer ce premier pas dans l'ordre de la procédure, et plus il y a ici un grand nombre d'officiers dont on veut rechercher la conduite, plus il est nécessaire de ne laisser rien d'équivoque sur le nombre et la qualité de leurs dénonciateurs, dès le moment qu'ils ont jugé à propos de se déclarer par une requête. M. le procureur-général a donc raison de croire, que vous devez suivre ici exactement la forme prescrite par l'article 4 du titre 3 de l'ordonnance de 1667, c'est-

à-dire, que vous devez obliger le sieur......à représenter les procurations spéciales qu'il a des autres
lieutenans-criminels, et ordonner qu'elles demeureront déposées au greffe avec les deux requêtes,
après que ces procurations auront été paraphées et
signées, tant par le sieur......, que par le commissaire du parlement qui sera chargé de dresser
un procès-verbal de ce dépôt. Il ne convient point,
ni que des accusés qui peuvent se trouver innocens,
ni qu'un procureur-général puisse être obligé à essuyer
quelque jour un procès, pour savoir si celui qui a
signé les requêtes présentées au nom des lieutenans-
criminels, avoit un pouvoir suffisant d'eux, ou s'il
n'en avoit pas.

La difficulté que M. le procureur-général forme à
cet égard est donc bien fondée ; je vous l'avois même
fait assez entendre par ma lettre du 28 février dernier,
où je vous avois marqué qu'il falloit obliger les lieutenans-criminels qui se rendent ici dénonciateurs, à
signer les requêtes et à en parapher toutes les pages.
On y a pu suppléer à la vérité, par le ministère de
leurs procureurs ; mais il faut qu'il établisse sa qualité
par des procurations spéciales jointes aux requêtes,
sans quoi la signature et son paraphe sont inutiles,
ou du moins ne peuvent donner de recours que
contre lui.

Aussitôt que vous aurez satisfait à cette formalité,
je ne doute pas que M. le procureur-général ne fasse
tout ce qui sera du devoir de son ministère pour répondre à vos bonnes intentions ; j'aurois souhaité qu'il
l'eût fait plus tôt ; mais son grand âge mérite qu'on
ait pour lui tous les égards qui lui sont dus, après
avoir rempli une si longue et si honorable carrière.

Du 15 décembre 1728.

J'ai reçu la lettre que vous m'avez écrite le 21 novembre dernier, à l'occasion du procès criminel renvoyé devant vous, dont les minutes sont au greffe

du conseil supérieur de Roussillon. Régulièrement on ne dessaisit guère un greffe et surtout le greffe d'un tribunal supérieur, des minutes qui y sont déposées ; et dont la conservation intéresse en quelque manière tous les officiers qui y ont eu part ; il y a même des déclarations du roi qui ont aboli l'usage où plusieurs parlemens du royaume étoient, d'ordonner que les minutes des procédures, faites par les officiers qui leur sont subordonnés, seroient apportées dans leur greffe. Je sais bien que l'on peut trouver de la différence entre ce cas et celui où vous êtes, parce que vous n'agissez point ici comme juge supérieur, mais comme subrogé par l'autorité du roi au conseil de Roussillon, dont les minutes deviennent en quelque manière les vôtres, par rapport à l'affaire qui vous est renvoyée ; mais, après tout, le plus sûr est de s'en tenir à la règle ordinaire, et de ne pas donner un nouveau dégoût à une compagnie, qui peut-être est déjà assez mortifiée de se voir dépouillée d'un procès qu'elle avoit commencé à instruire. Vous pouvez donc vous contenter des expéditions que le greffier offre de vous remettre, bien entendu néanmoins que, si on formoit une inscription de faux contre les minutes, ou si vous aviez quelques soupçons sur des défauts qui peuvent s'y trouver, vous serez toujours en droit d'ordonner qu'elles vous seront apportées, comme il est permis à tous les parlemens de le faire dans les cas que je viens de vous marquer ; et il vous sera aisé de savoir s'il y a quelque défectuosité dans les minutes dont il s'agit, en prenant la précaution de charger quelque homme de confiance de collationner avec le greffier ses expéditions sur les minutes.

<hr />

Du 30 mars 1729.

J'ai reçu la lettre que vous m'avez écrite le 14 de ce mois avec le mémoire qui y étoit joint, où vous me rendez un compte exact de tout ce qui s'est passé au parlement d'Aix, au sujet de l'accusation intentée contre le sieur de...... juge d'Entrevaux.

Je ne vois rien que de régulier dans toutes les démarches que vous avez faites et dans toutes les conclusions que vous avez prises, de concert avec MM. vos collègues, sur les différentes appellations qui ont servi de matière à l'arrêt que le parlement a rendu le 26 février dernier. Je doute seulement que j'eusse été de votre avis sur le renvoi au siége de Castellane, dès le moment qu'il ne restoit plus dans ce siége aucun officier qui ne fût récusable ou récusé. L'usage ordinaire des parlemens, en pareil cas, est de renvoyer le procès à un autre siége, plutôt que d'en confier l'instruction et le jugement à de simples avocats, qu'on a souvent bien de la peine à trouver ou à rassembler dans un lieu tel que la ville de Castellane, et qui, d'ailleurs, n'ont ni le caractère, ni l'autorité, ni souvent l'expérience nécessaire pour bien instruire et pour bien juger un procès de la qualité de celui du sieur de......

Je ne trouve donc rien d'extraordinaire dans la disposition de l'arrêt qui a renvoyé l'affaire en entier au siége de Grasse, supposé que ce soit le siége, non-seulement le plus proche, mais le plus propre à être chargé de la connoissance d'un tel procès. Je voudrois pouvoir rendre un témoignage aussi favorable à la conduite des juges de la tournelle, dans les différens incidens qui y ont été portés ; mais vous avez prévu avec raison qu'elle me paroîtroit fort singulière, soit en ce qu'ils ont admis le procureur du roi de Castellane à plaider au parlement, au lieu que c'étoit à vous seul qu'il appartenoit de le soutenir, en prenant son fait et cause, et en donnant telles conclusions que vous auriez jugé à propos ; soit en ce qu'ils ont ordonné la communication d'une pièce secrète à l'avocat de l'accusé, soit enfin en ce qu'ils ont condamné le procureur du roi de Castellane à l'amende et aux dépens, dans une cause où il n'étoit point pris à partie en son propre et privé

37 *

nom, et où il n'agissoit que comme partie publique.

J'écrirai sur ces trois articles au parlement de la chambre de la tournelle, pour lui marquer combien je suis affligé de voir tous les jours des irrégularités dans les arrêts émanés de ce tribunal, qui devroit être plus instruit des règles de la procédure criminelle et de l'ordre public.

Mais comme, après tout, ces irrégularités ne sont pas de nature à donner lieu de casser les arrêts où elles se trouvent, je ne vois point d'autre parti à prendre, quant à présent, que de laisser instruire et juger le procès dans le siége royal de Grasse, où le parlement l'a renvoyé.

Ce n'est pas que je n'en sente bien tous les inconvéniens ; mais il y en auroit encore plus à sortir des règles communes, et à donner un arrêt d'attribution tel que vous me le proposez. Il est bien dangereux en général de s'accoutumer à nommer des commissaires, sans que les parties le demandent, et surtout en matière criminelle, où les accusés sont toujours bien éloignés d'en désirer. La loi répond des inconvéniens qu'on éprouve quelquefois en la suivant ; mais l'homme est responsable de ceux qui arrivent lorsqu'on s'est écarté de la règle. Je ne vois pas même au fond, qu'il y ait lieu de soupçonner quelque prévention dans la chambre de la tournelle pour le sieur de......, puisqu'elle a porté plus loin que vous la rigueur du décret, qui a été décerné contre un complice de ce juge.

Je crois qu'on ne peut donc qu'exécuter l'arrêt qui a été rendu le 26 février dernier, pour substituer le siége de Grasse à celui de Castellane ; c'est à vous seulement de veiller avec une grande attention sur la conduite des officiers qui sont à présent chargés de faire le procès au sieur de...... ; vous ne manquerez pas, sans doute, de vous faire rendre compte de leur procédure, et de les exciter à ne chercher que la vérité et la justice, sans prévention et sans acception de personnes. Je leur parle à peu près de la même manière dans la réponse que je fais à une lettre qu'ils m'ont écrite, et en leur renvoyant les procédures qu'ils m'avoient adressées.

Au surplus, vous pouvez être assuré que la confiance et la sincérité avec laquelle vous m'écrivez, ne vous exposeront jamais à aucun reproche; et que j'aurai autant d'attention que vous pourriez en avoir vous-même, à ne vous commettre avec personne au sujet des avis que vous croirez devoir me donner.

Du 19 *mai* 1729.

Il faudroit avoir vu tout le procès et en être plus instruit que je le suis, pour pouvoir porter un jugement fixe sur les faits que vous m'avez expliqués par votre lettre du 23 mars dernier, aussi bien que sur ceux que le sieur......, votre sénéchal, allègue de son côté; mais cet examen seroit fort inutile dans l'état présent de votre affaire, outre que votre naissance et votre dignité me porteroient naturellement à mettre la présomption de votre côté.

L'arrêt que le parlement a rendu en votre faveur contre ce juge, est un titre auquel je dois m'arrêter, et qui me donne lieu de croire que, quand même il vous seroit échappé en quelque occasion un peu trop de vivacité contre cet officier, la justice étoit pour vous dans le fond de l'affaire, puisqu'il a été condamné à vous faire une réparation authentique.

Du 6 *juin* 1729.

C'étoit pour ménager les frais et la peine du greffier, que j'avois bien voulu me relâcher de la règle ordinaire, en vous écrivant de m'envoyer la minute du procès instruit contre le nommé......, huissier, et je n'ai jamais entendu que vous fissiez sur cela aucune réquisition au parlement; ma lettre ne vous en donnoit point l'ordre, et, avant que de faire une pareille démarche, vous deviez bien m'en écrire; je croyois que le greffier ne feroit pas difficulté de vous confier ses minutes, comme cela s'est pratiqué en pareilles occasions; mais, dès le moment qu'il faudroit rendre un arrêt pour cela, je ne veux point engager le parlement à se départir d'une règle qu'il doit suivre exactement, et dont il n'y a que le roi, ou ceux qui parlent en son nom, à qui il soit permis de s'en dispenser. Ainsi, j'ai pris le parti de signer un arrêt, sur la requête de........, par lequel il est ordonné que les minutes seront apportées au greffe du conseil, ce qui, par conséquent, sera une décharge valable pour le greffier; vous aurez soin de lui recommander d'envoyer ses minutes, par le messager, au greffe du conseil, aussitôt que l'arrêt lui aura été signifié à la requête de celui qui l'a obtenu.

Du 6 juin 1729.

M......et M. de...... vous auront fait part de ce que je leur ai répondu sur l'affaire dont vous m'expliquez les principales circonstances, par votre lettre du 28 mai; je comprends que le secret et la diligence y étoient également nécessaires. Si la forme peut être susceptible de quelque difficulté, il y a des occasions où le fond a quelque chose de si pressant, que les remèdes les plus prompts sont aussi les meilleurs. La suite de la procédure développera encore plus, suivant toutes les apparences, la justice des motifs qui vous ont déterminé au parti que vous avez pris; et vous me trouverez toujours disposé à vous donner le secours dont vous aurez besoin, dans un cas dans lequel on peut dire que l'intérêt de toutes les familles se trouve joint à celui de la vôtre.

Du 4 août 1729.

J'AI différé de répondre à la lettre que vous m'avez écrite, le 13 juillet dernier, sur l'affaire des procureurs du roi de plusieurs bailliages de votre province, parce que j'ai reçu deux lettres, presqu'en même temps, de M. le procureur-général, qui m'annonçoient quelques nouvelles difficultés de sa part, sur les arrêts que vous avez rendus ; mais comme je n'ai point reçu de ses nouvelles depuis une lettre qu'il m'écrivit le 15 juillet dernier, et que votre lettre, du 29 de ce même mois, m'apprend qu'il n'a fait encore aucune diligence pour commencer à exécuter vos arrêts, je prends le parti de lui écrire que les nouvelles difficultés qu'il m'a donné lieu d'entrevoir ne doivent point l'arrêter, et que je compte qu'il mettra, au plus tôt, en mouvement une accusation dont les préliminaires ont fait perdre tant de temps à la justice et au public.

Je crois, quoiqu'il ne se soit pas expliqué bien nettement sur ce sujet, qu'il a été un peu blessé de ce que le greffier ne lui avoit pas remis d'abord entre les mains les expéditions des quatre arrêts que vous avez rendus ; mais, puisque cet officier les lui a apportées dans la suite, comme vous me le marquez dans votre lettre du 29 juillet, il auroit dû être entièrement satisfait sur ce point. Je ne saurois bien comprendre par quel motif il a demandé que le jour et l'heure de la remise de ces arrêts fussent certifiés par le greffier, si ce n'est, peut-être, pour me faire voir qu'il n'avoit pu m'en rendre compte plus tôt ; mais, quoiqu'il en soit, je lui écris que je n'approuve pas la nouveauté qu'il a voulu introduire en cette occasion ; et, comme il ne peut plus y avoir aucune difficulté qui l'empêche de faire exécuter les arrêts que vous avez rendus, je compte qu'il s'y attachera sans nul retardement, et que je n'entendrai plus parler de cette affaire, que pour apprendre qu'il y a enfin des informations faites conformément à vos arrêts. Je ne prévois pas, et je ne dois pas prévoir qu'il diffère encore d'agir après la lettre que je lui écris sur ce sujet.

Du 9 août 1729.

Je crois, puisque vous m'en assurez, que les vues de la famille du nommé......... sont droites, et je crois encore plus volontiers que les magistrats qui sont entrés dans ses vues, ont eu de bonnes intentions ; mais, en vérité, il paroît bien extraordinaire qu'on diffère depuis plus de dix ans de statuer sur les lettres de rémission qui ont été obtenues par cet accusé, et qu'on le laisse cependant languir dans des prisons qui ne sont destinées qu'à la garde des criminels, et non pas à la correction de ceux dont on peut craindre les violences, ou à faciliter les précautions que leur famille croit devoir prendre à leur égard. Le parti de faire transférer le nommé....... à l'hôpital, sans prononcer sur son crime ou sur l'entérinement de la grâce qu'il a obtenue, seroit au moins aussi irrégulier que tout ce qui s'est fait jusqu'à présent à son sujet, l'hôpital étant fait pour les pauvres ou pour les fous, et non pas pour des accusés ; ainsi, il n'y a point d'autre mesure à prendre à l'égard d'un prisonnier, détenu depuis si long-temps dans les fers, que de le juger d'une manière ou d'une autre, c'est-à-dire, ou d'entériner ses lettres de rémission, s'il y a lieu de le faire, ou de représenter au roi la surprise de ses lettres, si l'exposé en est assez contraire aux charges pour rendre celui qui les a obtenues indigne d'en profiter. Si l'on prend ce dernier parti, ce sera au roi d'expliquer sa volonté sur ce sujet, ainsi que Sa Majesté le jugera à propos : si au contraire on prend le premier parti, et qu'on entérine les lettres de rémission, ce sera après cela à la famille du prisonnier de s'adresser à la justice, ou d'avoir recours à l'autorité du roi, pour le faire renfermer dans un hôpital, ou dans quelqu'autre lieu de sûreté, s'il y a des raisons suffisantes pour l'ordonner. Vous prendrez, s'il vous plaît, la peine de faire part de ce que je vous écris à M. le rapporteur et à M. le président de la tournelle, afin que cette affaire soit enfin remise en règle, suivant ce que je viens de vous marquer.

Du 21 août 1729.

Par le compte que le procureur du roi d'Hennebon a rendu à M. votre père, des plaintes du nommé........ contre M. le président de......, et par les lettres que j'ai reçues de ce président, je ne vois rien de suspect dans la conduite qu'il a tenue à l'égard de son fermier, qui, d'ailleurs, ayant forcé les prisons du lieu où il étoit détenu, est actuellement indigne d'être écouté. La seule chose en quoi il pourroit avoir quelque sujet de se plaindre est qu'on ne lui ait point donné copie, ni du bail de l'exécution duquel il s'agit, ni du procès-verbal de saisie et exécution; mais si cela est vrai, il est facile à M. le président de........ d'y suppléer, et je ne vois rien, au surplus, qui mérite que je donne aucune attention à cette affaire. Vous prendrez, s'il vous plaît, la peine de faire voir ce que je vous écris à M. votre père, afin qu'il en informe M. le président de........ Je suis fâché d'apprendre qu'il ait la goutte; mais je vois avec plaisir que, pour le soulager, vous remplissez les devoirs d'un fils, en même temps que ceux d'un digne substitut.

Du 6 septembre 1729.

J'ai reçu les deux mémoires que vous m'avez envoyés par votre lettre du 12 juillet dernier, l'un sur l'élargissement provisionnel accordé à la rède de Pâque au sieur........; prisonnier, et l'autre au

sujet des épices que vos substituts prennent pour
les conclusions qu'ils donnent par écrit; comme les
matières de ces deux mémoires n'ont rien de commun,
j'y répondrai par deux lettres séparées, et je ne
traiterai que le premier point dans celle-ci.

Vous avez eu raison de blâmer la conduite du
sieur........., votre substitut, par rapport à l'élargissement du sieur........, et je ne dois pas approuver davantage celle de MM. les commissaires du
parlement; la visite des prisons ou la rède qui se fait
la veille des grandes fêtes, ne doit point regarder les
prisonniers accusés, dont le procès s'instruit actuellement devant les premiers juges, et tout le pouvoir
des commissaires du parlement à cet égard, lorsqu'ils trouvent qu'il y a de la négligence ou trop de
lenteur dans la poursuite, se réduit à faire les injonctions nécessaires aux officiers qui sont saisis du
procès, si le retardement vient de leur part, ou de
préfinir un terme aux parties civiles, si elles sont en
demeure, pour mettre l'instruction en état, faute de
quoi il sera fait droit sur la liberté des accusés par
ceux qui en sont les juges; mais ordonner leur élargissement sur le simple rapport d'un substitut et
après avoir entendu la partie civile, c'est ce qui
excède le pouvoir des commissaires du parlement,
qui, dans l'occasion dont il s'agit, paroissent avoir
entrepris d'aller plus loin que le parlement même
n'auroit été en droit de le faire.

Premièrement, le parlement n'auroit pu connoître
que par appel de l'élargissement de l'accusé, s'il
s'étoit pourvu par cette voie contre l'ordonnance
du lieutenant-criminel qui l'obligeoit à tenir prison;
mais ordonner le contraire de cette ordonnance, sans
qu'il y en eût appel de la part de l'accusé, c'est,
encore une fois, faire plus que le parlement n'auroit
pu et n'auroit dû faire.

Secondement, quand le parlement auroit été saisi
par la voie de l'appel, il n'auroit pu statuer sur la
demande de l'accusé, qu'après que le récit des charges auroit été fait à l'audience, et votre substitut a

fait, en cette occasion, plus que ni vous, ni MM. les avocats-généraux n'auriez voulu faire; comme il est vrai aussi que MM. les commissaires se sont attribués plus d'autorité que n'en auroit eu le parlement. La raison que cet officier allègue pour se justifier à cet égard ne mérite aucune attention. Si la crainte de faire connoître une partie des preuves devoit arrêter le ministère public en pareil cas, il faudroit effacer la disposition de l'ordonnance, qui exige absolument que les charges aient été lues et qu'il en soit fait mention dans l'arrêt; mais, d'ailleurs, lorsqu'effectivement il peut y avoir un danger réel dans la lecture des charges qui se fait à l'audience, il est aisé d'éviter ce danger sans contrevenir à l'ordonnance, en prenant le parti d'ordonner un délibéré, et de faire remettre les informations entre les mains d'un conseiller pour en faire la lecture aux seuls juges dans le secret de la chambre du conseil.

Prenez donc, s'il vous plaît, la peine d'avertir votre substitut, de ma part, d'être plus exact une autre fois à suivre les règles de l'ordre public, dont la légèreté de la matière ne suffit pas pour le dispenser; mais comme il paroît que MM. les commissaires ont trop déféré en cette occasion à ses conclusions, il sera bon aussi que vous leur communiquiez de même qu'à M. le président de la tournelle ce que je vous écris sur ce sujet, afin que ceux qui seront commis dans la suite pour la rède, évitent de tomber dans le même inconvénient.

Du 3 janvier 1730.

JE ne peux mieux vous marquer l'esprit dans lequel j'écris à M. de......., qui préside à la tournelle, qu'en vous envoyant la copie de la lettre, qui vous marquera aussi ce que je pense sur ce que vous avez à faire de votre part pour réparer, autant qu'il se peut, l'irrégularité de l'arrêt dont il s'agit.

Quoique la tournelle ne soit pas composée entièrement des mêmes juges que ceux qui ont rendu cet arrêt, je ne puis cependant adresser qu'à cette chambre les avis qui sont renfermés dans ma lettre; mais, comme elle deviendra publique par la lecture qui en sera faite dans cette chambre, ceux même qui n'y seront pas présens pourront en profiter comme ceux qui s'y trouveront; je compte que cette réponse vous sera commune avec M. votre fils, qui m'a envoyé les dernières procédures que je vous avois demandées. Je ne peux que louer l'attention qu'il a à vous soulager dans le temps où vos incommodités ne vous permettent pas d'agir par vous-même.

Du 10 février 1730.

Dans l'affaire du sieur......, il y a eu deux différentes procédures criminelles : l'une faite sur sa plainte contre le sieur...... et autres; l'autre faite contre le sieur...... lui-même, accusé de subornation de témoins par le sieur......

Le conseil a jugé à propos d'ordonner l'apport des charges et des motifs. En exécution de cet arrêt, on a envoyé les charges qui forment la première procédure faite sur la plainte du sieur...... Il est nécessaire que le conseil voie aussi les procédures faites depuis contre le sieur...... lui-même; ainsi, vous prendrez, s'il vous plaît, la peine de faire apporter incessamment ces dernières procédures au greffe du conseil.

Du 12 mai 1730.

Vous vous souvenez, sans doute, de tout ce qui s'est passé au parlement de......, au sujet d'un mémoire injurieux à cette compagnie, que le sieur...... avoit fait imprimer par imprudence ou par mauvais conseil, à l'occasion d'une demande en cassation qu'il avoit formée contre un arrêt du parlement, dont il croyoit avoir sujet de se plaindre.

Je n'ai pas oublié non plus les représentations qui me furent faites dans le temps, sur un arrêt du conseil, par lequel il avoit plu au roi d'évoquer la procédure criminelle commencée contre le sieur......, et d'en joindre l'examen à la demande en cassation.

C'est ce qui m'a engagé à me faire rendre un compte exact de toutes les suites de cette affaire, à laquelle j'ai cru devoir donner une attention singulière, pour l'honneur de votre compagnie, attaqué témérairement par le mémoire du sieur...... Il a pris de sa part le seul parti qui fût convenable, en avouant sa faute, en se désistant de sa demande en cassation, et en se réduisant à demander grâce plutôt que justice, comme vous le verrez par le mémoire qu'il m'a fait présenter et que je joins à cette lettre.

J'ai répondu sur ce mémoire que, s'il y avoit lieu d'user de clémence à son égard, c'étoit au parlement de lui faire grâce, et que je m'en rapporterois absolument à la sagesse et à la générosité de cette compagnie. C'est donc à elle de voir si elle veut, en cette occasion, préférer miséricorde à rigueur de justice; vous pouvez l'en assurer de ma part, et si elle prend le parti le plus doux, vous n'aurez qu'à m'expliquer exactement toutes les démarches qu'elle jugera à propos que le sieur...... fasse pour obtenir son pardon. Je ne doute pas que le sieur...... ne s'y conforme exactement, ou, s'il étoit assez mal conseillé pour ne le pas faire, je ne pourrois plus que l'abandonner absolument à la justice de ceux dont il n'auroit pas voulu recevoir grâce dans une forme convenable.

Du 2 juillet 1730.

J'AI reçu le procès-verbal et l'extrait baptistaire dont vous êtes en peine, et je les ai envoyés, il y a déjà quelque temps, à M. le procureur-général au parlement de Dijon, afin qu'il se fît rendre un compte exact des crimes que ces pièces font con-noître, et qu'il donnât tous les ordres nécessaires pour en procurer une punition exemplaire : j'atten-dois sa réponse, pour avoir l'honneur de vous écrire sur ce sujet, et pour vous témoigner combien j'aurai toujours d'attention à seconder votre zèle, en toute occasion, et vous donner des marques de.

Du 17 septembre 1730.

Les officiers du magistrat d'Arras m'écrivent, que depuis qu'ils ont jugé le nommé......, il est survenu contre lui de nouvelles charges; que la dame...... l'accuse de lui avoir fait des vols considérables, à la charge que depuis ce temps-là le sieur......, qui se dit gendre de cette dame, est venu de la Haye pour parler à......, et tâcher de savoir ce qu'il a fait des effets volés; qu'au bas du procès-verbal qu'ils ont dressé des questions que le sieur..... a faites à....., il a requis de le retenir...... dans leurs prisons, et qu'il leur a fait entendre qu'il retournoit à la Haye, pour engager MM. des états-généraux de Hollande à réclamer ce particulier; que vous leur avez montré ma lettre, par laquelle je vous ai marqué qu'il falloit mettre...... en liberté, parce qu'il n'est pas permis à des étrangers de faire arrêter ni recommander per-sonne dans le royaume sans la permission du roi; et comme cette lettre ne leur a pas été adressée, et que je ne vous ai pas même chargé de la leur commu-niquer, ils me prient de leur mander ce qu'ils doivent faire. Prenez, s'il vous plaît, la peine de faire savoir à ces officiers, qu'ils peuvent différer encore de mettre ce particulier en liberté, comme je vous l'aurois marqué par ma lettre du 29 août dernier, si j'avois su alors qu'on prenoit des mesures pour engager MM. des états-généraux de Hollande à demander au roi que ce prisonnier leur soit remis, au lieu que jusque-là je n'avois pas entendu parler d'aucune démarche semblable, comme je vous l'ai marqué à la fin de la même lettre.

Du 7 octobre 1730.

Je ne doute pas que vous ne soyez déjà instruit, soit par le nommé......, soit par le sieur...... qui est prisonnier depuis long-temps, d'un arrêt rendu au conseil par lequel, en cassant une partie considérable d'un arrêt du parlement de Grenoble, on a renvoyé à celui de Dijon le procès criminel sur lequel cet arrêt étoit intervenu. Comme l'affaire dont il s'agit est d'une extrême importance, et qu'il y a même quelques-uns des accusés qu'on auroit souhaité, par compassion pour leur état, de pouvoir mettre en liberté par l'arrêt du conseil, si la rigueur des règles l'avoit permis, je ne saurois trop vous recommander de donner à ce procès l'attention la plus prompte qu'il vous sera possible : je suis d'autant plus obligé de le faire, qu'on peut craindre que la partie civile, qui est...... ne fasse pas toutes les diligences nécessaires de sa part dans la poursuite de cette affaire. Vous verrez qu'on l'a prévu dans l'arrêt du conseil dont le sieur..... m'écrit qu'il vous a envoyé une expédition, et qu'on y a apporté en même temps le remède convenable, en ordonnant, qu'en cas de négligence ou de retardement de la part de......, vous y suppléeriez par votre ministère. Je connois tellement le zèle avec lequel vous l'exercez, que je n'ai pas besoin de vous exciter à faire sur ce sujet tout ce qu'on doit attendre de votre vigilance et de votre capacité.

Du 11 novembre 1730.

On ne peut rien ajouter à toutes les précautions que vous avez prises dans la lettre que vous avez écrite au prévôt des maréchaux de Dauphiné, pour la translation des accusés qui sont détenus dans les prisons de Grenoble à la requête du sieur......... Je n'avois pas besoin de cette nouvelle preuve de votre zèle et de l'exactitude avec laquelle vous remplissez toutes les fonctions de votre ministère, pour leur rendre toute la justice qu'ils méritent.

Du 3 décembre 1730.

Votre lettre du...... me fait voir, comme je le présumois par avance, qu'il n'a pas tenu à vous que la fausseté dans laquelle le sieur...... est impliqué ne fût poursuivie avec plus de vivacité : le temps des vacations n'en auroit pas dû interrompre le cours. Le retardement qui a été causé par la maladie du lieutenant-criminel, est une excuse plus légitime; mais, puisque cet officier doit reprendre incessamment l'exercice de ses fonctions, je ne doute pas qu'en réparant le temps perdu, il ne réponde dignement à votre zèle.

Du 12 décembre 1730.

Je ne vous avois point répondu sur l'affaire de M. de......, parce qu'il n'y avoit alors qu'à en attendre les suites pour être en état d'en mieux juger. Je suis fort aise, pour l'amour de lui, qu'elles soient finies, il seroit encore plus heureux qu'elle n'eût pas commencé; mais, je ne saurois croire qu'il y eût véritablement donné lieu par sa conduite.

C'est un avantage pour la Bretagne, que la ferme des devoirs ait été portée à un prix beaucoup plus haut que celui du dernier bail, et je ne doute pas que l'on ne profite de cette augmentation pour arranger les affaires de la province.

L'affaire du chevalier de...... ne peut être certainement en de meilleures mains qu'en celles de

M. de......, et si c'est un véritable duel, on ne sauroit en faire un trop grand exemple.

La santé de M. le maréchal...... me donne toujours quelqu'inquiétude ; mais j'espère que le repos dont il va jouir contribuera, plus que tout autre chose, à la rétablir.

Du 23 décembre 1730.

J'APPROUVE fort le sentiment de ceux qui vous ont dit que vous poussiez trop loin le scrupule, quand vous hésitiez à vous charger de la suite de l'instruction pour laquelle M. de...... vous a commis, et cela sur le fondement d'un jugement par lequel deux dépositions, que vous avez reçues dans une première information, ont été déclarées nulles. Votre scrupule pouvoit être bien fondé, s'il eût été question d'une nullité qui eût influé sur une partie considérable de la procédure, ce qui peut vous faire soupçonner, ou de n'être pas bien instruit des règles, ou de n'avoir pas assez d'attention à les faire observer ; mais, un défaut qui ne se trouveroit que dans deux seules dépositions, et qui peut être attribué à l'inadvertance du greffier plutôt qu'à celle du juge, ne forme aucun degré de suspicion contre lui. On a bien fait de commettre un autre officier pour le réparer ; mais, il y auroit de l'excès à prétendre qu'une raison si légère, dût vous empêcher de faire la fonction de commissaire, ou celle de juge dans la suite du même procès, et la délicatesse que vous avez sur ce sujet me fait désirer, au contraire, que l'instruction demeure en de si bonnes mains.

Du 17 avril 1731.

J'AI examiné la mauvaise et plus que singulière procédure que le procureur du roi, en l'amirauté de

Saint-Malo, a imaginée dans l'affaire des sieurs.....; je n'y ai rien trouvé qui ne soit également inexcusable, soit dans ses motifs secrets, soit dans sa forme, soit enfin dans les droits qu'il a plu à ce procureur du roi de taxer, ou pour lui, ou pour d'autres, sur une si étrange procédure : ainsi, le seul usage que j'en puisse faire est de vous la renvoyer, afin que vous soyez en état de faire au parlement toutes les réquisitions que vous jugerez nécessaires, soit pour anéantir un ouvrage qui est d'un exemple si dangereux, soit pour faire subir à son auteur toute l'animadversion qu'il peut mériter. L'excuse qu'il vous a alléguée pour couvrir sa faute, n'est apparemment qu'une mauvaise défaite : il n'est nullement vraisemblable que M. le comte de...... ou M. de...... aient jamais pensé à autoriser des procédures pareilles à celles que le procureur du roi de l'amirauté de Saint-Malo a entrepris de faire ; et s'il vous rapporte quelques exemples dans la suite pour prouver le fait qu'il avance, je suis persuadé que vous n'aurez pas de peine à y découvrir des différences sensibles qui ne serviront apparemment qu'à mettre dans un plus grand jour le tort de cet officier.

Du 28 avril 1731.

Après l'éclat que l'accusation formée contre le sieur......... a fait dans le pays, il seroit bien tard, lorsque l'instruction du procès est achevée, de se contenter d'une démission secrète de sa charge, par un tempérament qu'on auroit eu de la peine à approuver dans le temps qu'on pouvoit encore étouffer le scandale d'une conduite aussi indigne que celle de cet officier ; il seroit même dangereux d'accoutumer les siéges inférieurs à adoucir ainsi la rigueur des peines en usant d'une indulgence qui excède leur pouvoir : ainsi, la seule réponse que vous puissiez faire aux officiers de........., est de leur recommander de juger incessamment le procès du sieur........, avec toute l'attention et la sévérité que l'importance de la matière exige de leur justice, qui ne doit pas moins être exercée contre leur confrère, que contre tout autre accusé.

S'il intervient un jugement par lequel le sieur.... soit condamné à une peine qui emporte la privation de sa charge, et qu'il y acquiesce, vous aurez à vous féliciter d'avoir contribué à délivrer la justice d'un si mauvais sujet. Mais, supposé qu'il appelle de ce jugement, je ne puis que laisser à votre prudence d'examiner si, lorsque les premiers juges auront une fois fait leur devoir, vous ne ferez pas bien de revenir à leur pensée, et de vous contenter de la démission de cet officier, parce que la preuve n'est pas aussi complète contre lui qu'on pourroit le désirer.

Ce n'est pas qu'il y ait rien de défectueux du côté de la forme dans l'interrogatoire que la nommée.... a subi devant les juges de........ Il est vrai que la mention de sa signature n'y a pas été placée dans le lieu où elle auroit dû l'être; mais en achevant de lire l'acte entier, j'y ai trouvé ces mots : *en foi de quoi nous nous sommes soubsignez avec ladite de........, et le procureur d'office;* ce qui suppose que cette créature a signé le procès-verbal dans lequel l'interrogatoire est contenu; en tout cas, il seroit aisé de vérifier plus exactement le fait par la représentation de la minute, si cela étoit nécessaire. Mais ce qui manque principalement à l'intégrité de la preuve est :

1.º Que la nommée....... déclare bien que c'est au sieur........ qu'elle a fait la déclaration de sa grossesse; mais cette déclaration n'est point rapportée; et il y a lieu de croire qu'elle ne le sera jamais, s'il est vrai que ce soit le sieur....... qui l'ait reçue.

2.º La déclaration d'une créature de ce caractère, ne peut guère faire foi contre un officier, surtout dans un cas où elle n'a été ni entendue comme témoin, ni récolée ni confrontée;

3.º Il n'y a pas de preuve démonstrative dans l'information que le sieur........ ait eu véritablement

38*

connoissance de l'état de la nommée.........; à la vérité, on ne peut guère s'empêcher de le croire comme homme, mais on peut douter s'il y en a assez pour en être convaincu comme juge; c'est dans de telles circonstances, que quand les choses sont portées jusqu'à vous, il vaut quelquefois mieux prendre le parti le plus sûr qui a toujours l'effet de retrancher un mauvais officier du nombre des ministres de la justice, que de courir le risque en désirant un jugement plus rigoureux, de le voir échapper à la sévérité des juges par l'insuffisance de la preuve.

C'est sur toutes ces réflexions que vous pourrez régler votre conduite, quand le procès aura été jugé en première instance. Mais il ne convient qu'à vous de le faire, et les premiers juges doivent se renfermer dans les bornes exactes de leur pouvoir.

Du 5 juin 1731.

QUOIQUE la preuve ne m'ait pas paru aussi complète qu'il auroit été à désirer pour le bien de la justice dans l'affaire du sieur......., je suis bien éloigné de blâmer la sévérité des juges qui l'ont condamné, et je sens toute l'importance des réflexions que vous faites sur les motifs de leur jugement. La seule chose que je ne saurois approuver, est le style de la sentence qu'ils ont rendue. On ne condamne point un officier à une interdiction perpétuelle de ses fonctions. Toute interdiction n'est regardée que comme une peine passagère, et quand elle n'a point de bornes, elle doit être appelée une destitution, plutôt qu'une interdiction. Les officiers du bailliage de.......devoient donc ordonner que le sieur.... seroit tenu dans un temps de se défaire de sa charge, sinon qu'elle seroit réputée vacante et impétrable, et le déclarer incapable d'en exercer aucune autre de judicature. Telle étoit la forme régulière de prononcer dans le cas dont il s'agissoit; mais cela n'échap-

pera pas plus à votre attention, que la nécessité de
faire statuer promptement sur l'appel du sieur......,
pour empêcher qu'il n'abuse plus long-temps de cette
maxime, que l'appel est suspensif en matière criminelle.

Du 24 août 1731.

L'arrêt que la chambre de la tournelle a rendu
contre des Genevois, qui avoient commis des impiétés sacriléges dans l'église de Saconnay, est une
preuve du zèle des juges pour l'honneur et la sainteté
de la religion.

Je donnerai à la requête, que la famille du
nommé....... a présentée pour demander la révision du procès sur lequel il a été condamné, toute
l'attention que l'affaire mérite par son importance
et sa singularité.

Je recevrai avec plaisir le mémoire que vous me
proposez de m'envoyer sur ce qui regarde les prisons, et je serai toujours disposé à seconder les vues
que vous aurez pour le bien public.

Vous avez très-bien entendu la raison de mon
silence sur la question que vous me proposiez par
votre lettre du 25 juin dernier; il y a des usages
qu'il vaut mieux tolérer que de les approuver express-
sément, et tant qu'ils demeurent en cet état, il est
moins à craindre qu'on n'en abuse.

Du 13 décembre 1731.

Je vous prie de m'envoyer, le plus promptement
qu'il vous sera possible, les informations qui ont
été faites sur les révélations qui ont suivi les monitoires publiés en exécution de l'arrêt du 29 janvier 1726, au sujet du prétendu meurtre de......;
une expédition en papier de cet arrêt, et de celui
qui a été donné contre lesdits .... et le

nommé......., le 14 octobre 1730, l'extrait mor-
tuaire du même ...., et en général une copie
de toutes les procédures qui ont été faites à l'occasion
de son retour et de sa mort, depuis la dernière
procédure qui a été envoyée au greffe du conseil.

Du 28 novembre 1732.

L'ARRÊT dont vous vous plaignez n'est pas aussi
extraordinaire qu'il vous le paroît. Il faut distinguer
deux cas dans l'exercice des fonctions des cavaliers,
et même des officiers de maréchaussée :

Le premier, est lorsqu'ils agissent, pour ainsi dire,
sur leur compte, dans les matières qui sont de leur
compétence ;

Le second, est lorsqu'ils ne sont considérés que
comme des troupes auxiliaires qui viennent au secours
de la justice ordinaire, et qui prêtent main-forte à
l'exécution de ses décrets ou de ses jugemens, comme
les ordonnances les y obligent.

Dans le premier cas, il est certain que, s'ils commettent un crime, ou s'ils font quelque faute dans
les fonctions de leurs charges, le parlement n'en peut
pas prendre directement connoissance, et c'est alors
aux officiers de la connétablie qu'il appartient d'y
pourvoir.

Il n'en est pas de même dans le second cas, parce
qu'en se chargeant de veiller à l'exécution d'un décret
ou d'un jugement émané des juges ordinaires, les
cavaliers ou les officiers de maréchaussée deviennent
responsables envers ces juges ou envers le tribunal
supérieur des fautes qui peuvent leur être échappées
dans l'exercice de cette espèce de commission.

Ainsi, dans le fait particulier dont il s'agit, ceux
de vos cavaliers qui se sont chargés de la translation
des deux prisonniers qui se sont sauvés en étoient
sans doute responsables, non à vous ni à la connétablie, mais au parlement d'Aix, dans les prisons
duquel ils devoient conduire ces accusés; et, comme

ils n'ont pu les représenter, ce parlement étoit seul en droit d'examiner si c'étoit par la faute des deux cavaliers que les prisonniers s'étoient sauvés, ou si l'on n'avoit rien à leur reprocher sur ce sujet.

La compétence du parlement ne doit donc pas être révoquée en doute dans cette occasion ; et à l'égard du fond de l'arrêt qui a été rendu, outre qu'il faut bien s'en rapporter aux juges en pareille matière, il ne paroît pas bien difficile de justifier la légère condamnation qu'ils ont prononcée contre les deux cavaliers.

Il est vrai qu'à juger de leur conduite par ce qu'ils ont fait dans le moment même de l'évasion des prisonniers, ils paroissent avoir donné des preuves de leur zèle et de leur courage, qui m'auroient assez touché, si j'avois été leur juge, pour me porter à ne leur imposer aucune peine ; mais, en examinant les choses avec une étroite rigueur, on peut leur reprocher quelque négligence en ce qu'ils n'ont pas visité assez fréquemment les fers des prisonniers, pour s'apercevoir qu'il y en avoit un qui avoit trouvé le moyen de briser le cadenas de ses menottes. La faute paroît, en effet, assez légère ; et, quoi qu'il en soit, d'un tel jugement, il suffit que le parlement ait eu le pouvoir de le rendre pour ne pas vous donner lieu de vous en plaindre avec fondement. Au surplus, ce jugement ne doit pas vous empêcher de servir le public avec autant de zèle que vous l'avez fait jusqu'à présent, ni même d'avoir autant de confiance dans les deux cavaliers dont il s'agit que vous pouviez en avoir avant le malheur qui leur est arrivé.

Du 12 août 1734.

J'ai reçu la lettre que vous m'avez écrite le 24 du mois dernier, pour me rendre compte des procédures que vous avez fait faire à l'occasion de l'arrêt rendu du propre mouvement du roi, par lequel Sa

Majesté a attribué au parlement de Bordeaux la connoissance d'un incendie arrivé chez le sieur........
la nuit de Noël dernier.

Je vois que vous n'avez pas perdu de temps pour
l'instruction de ce procès, qui est en état d'être jugé,
à l'égard d'un des accusés, et je ne doute pas que
vous ne donniez incessamment vos conclusions dé-
finitives.

Il est étonnant que vos substituts vous aient mandé
qu'il ne s'est commis aucun incendie qui n'ait été
suivi de procédures.

Je suis néanmoins informé que le sieur........,
ancien capitaine au régiment de Noailles, qui demeure à Montpazier, a essuyé six incendies depuis
six à sept ans, sans que les auteurs de ces crimes
aient été punis.

Les sieurs de........ et........ qui demeurent
à la Linde en Périgord, sont dans le même cas.

Prenez donc la peine, s'il vous plaît, de demander
à vos substituts de s'acquitter plus exactement de leur
devoir, et de poursuivre, avec toute la vigilance possible, la punition de ces crimes.

Vous avez raison de croire que les officiers de
la maréchaussée sont obligés de se conformer aux
dispositions des articles de l'ordonnance de 1670, et
de la déclaration du 5 février 1731, qui les assujet-
tissent à vous envoyer tous les six mois des états des
écrous ou des recommandations, et des extraits de
leur registre ou dépôt; et s'il y a quelqu'un des procureurs du roi ou des greffiers de la maréchaussée
qui refuse ou qui néglige de s'acquitter de ce devoir, vous pourrez m'en informer afin que j'y mette
ordre.

Du 28 septembre 1735.

L'ARRÊT qui a été rendu par la chambre des vacations sur la requête du sieur........ est entièrement conforme aux règles les plus exactes, et au

surplus je ne puis que m'en rapporter entièrement
à votre sagesse et à votre zèle sur tout ce qui pourra
y avoir lieu de faire à l'égard de cet accusé.

***

Du 12 février 1736.

J'AI reçu la copie de l'arrêt qui a été rendu pour
finir l'affaire de M. de........; et quoique le parlement l'ait traité avec indulgence, j'espère néanmoins
que s'il est aussi sensible qu'il le doit être aux avis
qu'il a reçus, il sera dorénavant plus circonspect
dans sa conduite. Ce qui peut faire plus de peine
dans l'arrêt qui a été rendu, c'est qu'il semble que
cet arrêt autorise indirectement M. de........ à
obliger ses paysans à venir vendanger chez lui; comme
il n'allègue lui-même aucun titre à cet égard, qu'un
usage pratiqué par les seigneurs voisins, il auroit fallu
réserver les droits des habitans à la fin de l'arrêt qui
a été rendu, et marquer que le parlement n'entendoit rien proposer à cet égard.

***

Du 20 juin 1736.

M....... m'a rendu compte, en même temps que
vous, des dernières difficultés qui se sont élevées entre
le parlement de...... et lui, au sujet des frais de
deux exécutions qui ont été faites dans la ville de....
et comme M. le président de ...... m'a remis les
procès-verbaux qui ont été faits et les arrêts que le
parlement a rendus à cette occasion, il n'a rien manqué à mon entière instruction.

Je suis bien fâché d'être obligé de vous dire après
cela que je ne saurois approuver en aucune manière
toute la suite de la conduite que vous avez eue, aussi
bien que la chambre de la tournelle, à l'égard de
M. l'intendant et du receveur du domaine.

Le mal me paroît même venir de plus loin, je

veux dire, de la difficulté que vous faites de vous conformer aux arrêts et réglemens du conseil, sur la qualité des frais dont le domaine du roi peut être chargé, et sur la forme qu'il faut observer pour en obtenir le paiement. Vous ne parviendrez pas à faire changer les règles qui s'observent dans tout le royaume sur cette matière, ni à faire ôter aux intendans le droit de viser les exécutoires après avoir examiné s'ils sont conformes aux règles. C'est un ordre fondé sur de grandes raisons, et il ne dépend point d'un intendant de s'en écarter par complaisance pour un parlement; il est obligé de suivre exactement les instructions qu'on lui donne sur ce point; et je sais que M........ s'en est expliqué plus d'une fois avec vous, même par écrit, depuis qu'il est entré dans l'exercice de ses fonctions, et que, sans vouloir user du droit qu'il avoit de réformer quelques articles des exécutoires qu'on lui avoit présentés, il s'est contenté de vous les renvoyer, en vous priant de les faire dresser d'une manière conforme aux réglemens du conseil. Enfin, voyant que vous faisiez encore difficulté de vous y assujettir, il vous a proposé de m'en écrire; ce que vous n'avez pas jugé à propos de faire : et, en effet, je ne me souviens point que vous m'ayez écrit aucune lettre sur ce sujet.

Il n'est pas surprenant, après cela, que vous n'ayez pas trouvé auprès de lui autant de facilité dans les derniers incidens qui sont arrivés le 8 de ce mois, que vous en auriez eu si vous aviez bien voulu agir plus de concert avec lui, et d'une manière plus conforme aux règles établies sur ce qui regarde le paiement des frais des procès criminels.

Le procédé même que vous avez eu à son égard, me paroît fort extraordinaire.

Ce n'est point par le ministère d'un huissier qu'un procureur-général doit s'expliquer avec un intendant, qui est l'homme du roi dans une province : vous pouviez vous servir d'un de vos substituts, ou d'un greffier, pour lui faire parler : vous y êtes revenu dans la suite; mais il étoit très-indécent de charger le greffier ; et encore plus l'huissier, de dresser un procès-verbal des réponses de M......., comme si c'étoit une partie ou un comptable, ou comme s'il pouvoit être subordonné dans ses fonctions à l'autorité du parlement. C'est peut-être le premier exemple d'une espèce de procédure judiciaire, faite, en pareil cas, entre un parlement et un commissaire départi.

Dans le fond, il n'y a qu'à lire ces procès-verbaux mêmes pour reconnoître que M. l'intendant n'a eu aucun tort en cette occasion, et que si les deux exécutions ont été retardées, c'est à vous seul que vous devez l'imputer.

Les procès-verbaux de l'huissier et du greffier, qui ont été faits par rapport à l'exécution du nommé......, portent également que M. le commissaire départi avoit répondu que le directeur du domaine avoit acquitté des ordonnances semblables sans *visa*, et qu'il lui avoit donné ses ordres pour délivrer à compte l'argent qui lui seroit demandé par le greffier ou par l'huissier. Il est vrai que la même réponse ne se trouve pas dans les deux procès-verbaux qui ont été dressés par rapport à l'autre exécution ; mais, outre que M......., qui mérite d'être cru, assure qu'il a fait la même réponse et donné les mêmes ordres sur l'une et sur l'autre exécution, il est si naturel de le penser ainsi à l'égard de deux réponses qui ont été faites le même jour et sur la même difficulté, qu'on ne sauroit avoir un doute raisonnable sur ce fait.

Pourquoi donc ne s'en est-on pas tenu à cette réponse ? Qu'importoit-il au bien de la justice que les frais des exécutions fussent payés, ou purement, ou simplement, ou par un à-compte, pourvu que les exécutions fussent faites ? Et pourquoi avez-vous mieux aimé faire rendre deux arrêts sur votre réquisition, que de vous contenter des ordres donnés par M. l'intendant au receveur du domaine ? C'est ce qu'on ne peut guère comprendre, à moins que vous n'ayez voulu avoir le plaisir de faire un éclat inutile, et qui ne pouvoit jamais se tourner à l'avantage du parlement.

On est tombé, en rendant ces arrêts, dans l'inconvénient d'y faire mention de deux procès-verbaux aussi indécens que ceux qui avoient été dressés par votre ordre; en sorte qu'il paroît par là que c'est directement contre M. le commissaire départi que ces arrêts ont été rendus, pour forcer le receveur du domaine à acquitter les exécutoires sans le *visa*, et malgré le refus de l'intendant.

Il y a même quelque chose de fort singulier dans un de ces arrêts; c'est celui qui regarde l'exécution de...... On y a fait une mention plus détaillée de ce qui étoit contenu dans les procès-verbaux, et on a eu la bonne foi d'y énoncer que M. l'intendant avoit répondu qu'il *avoit donné ordre verbal au fermier du domaine d'acquitter sur la quittance du greffier ou de l'huissier*. Mais si cela est, à quoi servoit de rendre un arrêt pour faire payer ce qui auroit été acquitté sans arrêt et sur le simple ordre du commissaire départi, si l'on avoit bien voulu s'en contenter.

Enfin, le fond des deux arrêts ne paroît pas plus soutenable que la forme; ils renferment une contravention formelle à tous les réglemens qui défendent aux receveurs et aux fermiers du domaine de payer aucun exécutoire sans le *visa* de l'intendant. Non-seulement M...... n'avoit point visé ceux dont il s'agissoit, mais, selon votre réquisitoire, il avoit refusé de le faire; c'est donc, pour ainsi dire, contradictoirement avec un intendant, c'est-à-dire, avec le dépositaire de l'autorité du roi dans votre province, pour ce qui appartient à l'administration de la finance, que vous faites juger par la chambre de la tournelle, que le receveur du domaine acquittera deux exécutoires : comme si le parlement étoit le juge supérieur en cette partie d'un intendant, et pouvoit réformer son refus, en ordonnant que, sans s'y arrêter, le receveur seroit tenu de payer ce qu'on lui demandoit.

Ce qu'il y a encore de plus extraordinaire, c'est la

contrainte par corps qu'on prononce contre un receveur qui ne faisoit que remplir son devoir, et qu'on a voulu forcer par là à faire ce que le parlement lui ordonne, dans le temps que les règles établies par le roi le lui défendoient.

Je vous laisse à juger après cela, s'il sera possible d'empêcher que de pareils arrêts ne soient détruits par l'autorité de Sa Majesté; j'ai grand regret, en vérité, que vous ayez ainsi commis un parlement que j'honore véritablement, et à qui je voudrois pouvoir rendre toutes sortes de services; mais, avec toute la bonne volonté du monde, je ne saurois soutenir ce qui est si évidemment contraire à une règle, dont, encore une fois, vous ne devez pas espérer que le roi et son conseil se départent jamais.

Je pourrois ajouter ici, que vous n'avez pas même assez ménagé, en cette occasion, la dignité de votre compagnie. Elle doit se contenter de décerner ses exécutoires dans la forme ordinaire, et ignorer ce qui se passe ensuite pour les faire payer; s'il y survient quelque difficulté, c'est à vous de trouver les moyens de les lever, sans commettre le parlement même avec un commissaire départi, et l'exposer au désagrément que cette compagnie est menacée de recevoir aujourd'hui. C'est ainsi que j'en ai toujours usé et vu user en ce pays-ci; et si vous vous étiez mis sur le pied d'agir un peu plus de concert en cette matière avec M. de ......, ou du moins si vous m'en aviez écrit dès le temps des premières difficultés que vous avez eu à discuter avec lui, il auroit été facile de prévenir tout le scandale qui est arrivé en cette occasion.

Revenez donc au parti que vous auriez dû prendre d'abord, et instruisez-moi exactement de tout ce qui peut faire naître quelque discussion entre vous et M. de ..... dans la matière dont il s'agit. J'espère que je n'aurai pas de peine, malgré tout ce qui s'est passé, à lui faire prendre tous les tempéramens convenables à la dignité du parlement, et à celle de votre ministère, pourvu que de votre côté vous ne

fassiez aucune difficulté de vous conformer à des
règles établies, non par M. de......, mais par le
roi même.

Du 20 *juin* 1736.

Ce n'est pas seulement votre lettre du 9 de ce mois,
ce sont les procès-verbaux mêmes et les arrêts du
parlement de Pau, qui m'ont fait voir que la conduite
de cette compagnie à votre égard, et surtout celle
de M. le procureur-général n'étoient pas soutenables
dans les deux derniers incidens que vous avez eu à
essuyer au sujet de deux exécutions différentes; je ne
doute pas que le roi soutienne en cette occasion, et
votre ministère, et encore plus son autorité blessée par
deux arrêts directement contraires aux règles établies
pour le paiement des frais des procès criminels dont
le domaine du roi est chargé. Rien n'est d'ailleurs plus
indécent que les procès-verbaux qui ont servi de fondement à ces arrêts, et M. le procureur-général a
manqué, non-seulement au respect que méritent des
règles établies par le roi même, mais à ce qu'il devoit
à sa propre compagnie, qu'il a engagée mal à propos
dans une discussion qui ne devoit se passer qu'entre
vous et lui, sans y mêler le parlement, et le commettre
autant qu'il l'a fait.

Ce sont toutes ces réflexions que j'ai développées
avec beaucoup plus d'étendue dans la longue lettre
que je viens d'écrire à M. le procureur-général pour
lui faire sentir tous ses torts, et l'avertir qu'il ne
sera pas possible de soutenir des arrêts si contraires à toutes les règles établies dans la matière dont
il s'agit.

Je lui marque en même temps qu'il auroit prévenu
tout le scandale qui vient d'arriver, s'il avoit suivi le
bon conseil que vous lui aviez donné en l'excitant à
m'écrire dès le commencement des difficultés qui se
sont formées entre vous et lui sur cette matière; et je
le charge de m'en instruire exactement, afin qu'il

n'arrive plus rien dans la suite qui puisse vous commettre avec le parlement de Pau, au moins sur ce sujet.

Quoique toute la raison ait été de votre côté dans l'occasion présente, et tout le tort de la part de M. le procureur-général, je crois cependant que vous auriez encore mieux fait, si vous n'étiez pas tant entré en matière avec l'huissier ou avec le greffier que M. le procureur-général vous a envoyé, et que vous vous fussiez contenté de dire que vous n'aviez pas le temps d'examiner les exécutoires, mais que vous donneriez ordre au receveur du domaine d'acquitter par provision les frais des exécutions par un paiement à-compte, de la même manière qu'on en auroit usé si vous ne vous étiez pas trouvé à Pau dans le temps de ces exécutions. Je crois même qu'à votre place, je n'aurois pas fait l'honneur à l'huissier de lui rien répondre, ou je lui aurois dit seulement que je donnerois les ordres nécessaires sur ce sujet, sans entrer dans aucun détail, moyennant quoi le receveur du domaine, ayant satisfait sur-le-champ à ce qui étoit nécessaire pour les exécutions, il y a grande apparence que tout auroit été fini sans aucun bruit de la part du parlement. Ce que vous avez fait revient au même dans le fond; mais comme l'huissier et le greffier ont rapporté que vous aviez dit qu'une des exécutions n'avoit rien de bien pressé, et qu'il falloit que vous eussiez le temps de voir toutes les procédures, c'est apparemment ce qui a servi de prétexte pour échauffer les esprits et pour les porter à rendre très-mal à propos des arrêts aussi inutiles, après l'ordre donné par vous au receveur, qu'irréguliers dans la forme et dans le fond. Vous apprendrez bientôt, suivant toutes les apparences, qu'ils ne subsistent plus, et l'entreprise du parlement est trop marquée pour n'être pas réprimée aussi promptement qu'elle le mérite.

Du 20 *juin* 1736.

Si M. le procureur-général du parlement de Pau m'avoit écrit sur toutes les difficultés qui se sont formées entre lui et M. de......., comme celui-ci le lui avoit proposé, il auroit été assez facile de les lever et d'établir entr'eux plus de concert et d'intelligence sur les points dont vous me parlez dans votre lettre du 9 de ce mois, qu'il n'y en a eu jusqu'à présent, et c'est encore à présent le seul parti qu'il y ait à prendre, comme je l'écris à M. le procureur-général.

A l'égard des incidens qui se sont formés au sujet de deux exécutions qui ont été faites dans la ville de Pau, je suis persuadé que si cela eût regardé la grand'chambre, vous auriez mieux conduit M. le procureur-général, qu'il ne s'est conduit lui-même dans cette affaire. Je vois par votre lettre, qu'il ne vous en a expliqué qu'une partie, et qu'il ne vous a point dit que, quoique M. de....... eût fait difficulté de viser les exécutoires qui lui avoient été présentés, il avoit dit cependant à l'huissier et au greffier, qu'on envoya successivement et fort mal à propos chez lui, qu'il donneroit ordre au receveur du domaine d'acquitter en à-compte les frais nécessaires pour l'exécution, suivant l'état qui lui en avoit été remis. On ne comprend pas comment après cela M. le procureur-général s'est porté à faire rendre très-inutilement et très-incompétemment, les deux arrêts qui enjoignent au receveur de payer ces exécutoires non visés par l'intendant, et dans le temps qu'on savoit, par les procès-verbaux énoncés dans les arrêts, que non-seulement ces exécutoires n'étoient pas visés, mais que M. de....... avoit refusé de le faire.

Il ne sera donc pas possible d'empêcher que ces deux arrêts ne soient cassés par le roi, et pour ne pas entrer dans un plus grand détail sur ce sujet, après la longue lettre que j'écris à M. le procureur-général, je le charge de vous en faire part, aussi bien qu'à celui de MM. les présidens qui est à la tête de la tournelle, afin que l'on évite à l'avenir de se commettre autant qu'on l'a fait en cette occasion.

Pour ce qui est du refus que les archers font d'obéir à M. le procureur-général quand il leur donne quelque ordre, j'en écrirai volontiers au prévôt des maréchaux, quand M. le procureur-général m'aura rendu compte des faits dans lesquels il prétend que cela est arrivé; et c'est un mal auquel il sera bien aisé de remédier.

Du 7 juillet 1736.

Tout bien considéré, je pense, comme vous, qu'il vaut mieux différer de communiquer à M. le premier président et à M. le président....., le projet de tarif des frais des instructions criminelles que vous avez dressé, jusqu'à ce que l'affaire des officiers de Saint-Pierre-le-Moutier soit en mouvement; et, pour ce qui regarde cette affaire, je suis persuadé qu'en vous concertant avec M. de......, comme vous l'avez fait dans des occasions semblables, vous trouverez les moyens d'avoir les secours nécessaires pour payer les dépenses du commissaire et des officiers qui se transporteront sur les lieux, non par forme de taxe pour chaque officier, mais par une estimation équitable de ce que tout leur voyage pourra coûter. Il est certain que la fixation de dix livres par jour, pour un officier de cour supérieure, n'est pas soutenable dans le temps présent, et qu'il faudra bien y remédier dans les nouveaux tarifs qui seront faits. Mais, d'un autre côté, il faut éviter aussi les transports des officiers du parlement, lorsqu'ils ne sont pas d'une nécessité absolue, et je ne sais pas pourquoi l'on n'a pas commis le lieutenant-criminel de Moulins, dans l'affaire des officiers de Saint-Pierre-le-Moutier, comme le parlement de Paris l'avoit fait.

Du 16 juillet 1736.

Pour savoir s'il est vrai que ce qui suspend le départ du commissaire, qui est chargé de faire les nouvelles informations ordonnées contre les officiers de Saint-Pierre-le-Moutier, soit le défaut de consignation de la somme nécessaire pour les frais de ce transport ; je ne saurois croire qu'un tel fait soit véritable, et que, sur un tel prétexte, on laisse languir si longtemps des accusés dans les prisons. Il est bien aisé de vous concérter sur cela avec M. de......, et il faut apparemment qu'il y ait quelqu'autre raison qui retarde cette procédure.

Du 18 juillet 1736.

Je vous envoie une lettre que le sieur........, greffier en chef civil et conseiller au bailliage de Saint-Pierre-le-Moutier, m'a écrite, afin que vous y ayez tel égard que de raison. Il faut avouer, cependant, qu'il y a bien long-temps que les officiers de ce siége languissent dans les prisons, à ne compter même que du jour que leur procès a été renvoyé au parlement de Dijon.

Du 4 août 1736.

Vous devez avoir appris, à présent, que M. le contrôleur-général, trouvant toujours beaucoup de difficulté à s'écarter de l'ancienne taxe qui a été faite pour régler les droits de MM. les commissaires du parlement de Dijon, lorsqu'ils se transportent sur les lieux, pour faire une instruction criminelle dans les affaires où vous êtes la seule partie, à reconnu cependant qu'il seroit juste d'accorder une gratification à celui de MM. du parlement qui est chargé de l'affaire des officiers de Saint-Pierre-le-Moutier, pour le dédommager de la modicité et de l'insuffisance de l'ancienne taxe. J'aurai soin, dans la suite, de faire en sorte que cette gratification soit réglée sur un pied convenable, et je ne perdrai aucune occasion de témoigner au parlement de Dijon en général, et à chacun de ses membres en particulier, combien je m'intéresse à ce qui les regarde; à votre égard, vous connoissez mes sentimens.

Du 29 septembre 1736.

J'APPRENDS avec plaisir, par votre lettre du 21 de ce mois, que vous avez trouvé le moyen de suspendre toute poursuite dans l'affaire qui est arrivée à Nantes, à l'occasion de l'enterrement du sieur......, et c'est tout ce qu'on peut faire de mieux dans ces sortes d'affaires.

A l'égard de celle du curé de Saint-Nicolas de la même ville, s'il se pourvoyoit à la chambre des vacations contre le décret d'ajournement personnel qui a été décerné contre lui, il seroit bon, ou de lui accorder des défenses, ou, si la matière n'y est pas entièrement disposée, de le renvoyer, au moins par provision, en état d'assigné pour être ouï, ce qui paroît plus convenable, non-seulement à la nature de l'affaire, mais au caractère de curé dont cet accusé est revêtu; et il y auroit un égal inconvénient, ou à le mettre hors d'état d'exercer ses fonctions curiales, ou à lui laisser la liberté de les remplir, comme on dit qu'il le fait, nonobstant le décret d'ajournement personnel, suivant la prétention qu'ont la plupart des ecclésiastiques, que ces sortes de décrets n'emportent point une interdiction de droit à l'égard des fonctions spirituelles.

Du 1.er octobre 1736.

J'APPRENDS avec plaisir, par votre lettre du 26 septembre, et par la copie de celle que votre substitut au bailliage d'Autun vous a écrite, que l'affaire des officiers de Saint-Pierre-le-Moutier, si difficile à mettre en mouvement, commence à prendre un cours réglé, qui vous fait espérer qu'après la Saint-Martin, l'état des prisonniers pourra être fixé d'une manière ou d'une autre, selon ce qui résultera des informations. Je ne doute pas que vous n'y donniez toute l'attention que mérite une affaire si importante.

Du 3 décembre 1736.

L'ÉCONOMIE de votre substitut au bailliage d'Autun, pourra être du goût de M. le contrôleur-général ; mais je ne sais si elle doit être du mien, pour le retardement qu'elle apporte dans une affaire qui dure depuis si long-temps; je ne doute pas que vous ne donniez les ordres nécessaires pour faire en sorte que ce nouveau retard soit au moins le dernier, et que le sort des officiers de Saint-Pierre-le-Moutier soit enfin fixé, ce qu'ils ont droit de demander, comme innocens.

Du 11 décembre 1736.

EN lisant la lettre de votre substitut au bailliage de Charolles, que je vous ai envoyée, je me suis attaché d'abord à l'objet principal, qui, par votre réponse, ne peut mériter autant d'attention que votre substitut le vouloit faire entendre; mais, comme le reste de sa lettre pourroit mériter, si les faits ne sont point exagérés, qu'on y donnât aussi l'attention convenable, vous me ferez plaisir de m'expliquer ce qu'il peut y avoir de vrai dans son récit.

Du 7 février 1737.

L'ARRÊT qui a été rendu contre le sieur........;
est si extraordinaire, que je n'ai pas été surpris
d'apprendre qu'il avoit passé non-seulement contre
votre sentiment, mais malgré les efforts que vous
avez faits pour empêcher qu'un avis si singulier
ne prévalût ; je ne sais si l'on pourroit trouver
dans tous les registres du parlement de.........,
l'exemple d'un seul arrêt semblable, et il pourroit
bien arriver que le clergé en portât ses plaintes au
roi. Mais, à votre égard, on n'aura rien à vous reprocher. Vous n'étiez pas dans le cas de faire usage
des lettres de cachet qui avoient été adressées à M. le
procureur-général, et où l'on n'avoit prévu ni pu prévoir que le cas de la condamnation à mort ; ainsi, vous
avez été forcé, par la pluralité des voix, à signer un
arrêt contraire à votre avis particulier ; et, dès le
moment qu'il a été signé, il n'étoit plus possible d'en
empêcher ou d'en retarder l'exécution, qui étoit même
commencée avant que vous ayez pu me donner avis
du jugement.

Au surplus, si l'indignité du coupable qui a été
condamné, et le scandale de sa vie, pouvoient avoir
mérité des peines même plus rigoureuses que celles
qui ont été prononcées contre lui, les juges n'en devoient pas moins être attentifs à ménager le caractère
dont il avoit l'honneur d'être revêtu, et à ne pas
livrer un prêtre en spectacle à toute une ville, comme
un filou ou un homme de mauvaise vie. Le genre ou
la qualité des peines doit toujours être proportionnée à l'état et à la condition du condamné, et je
vous prie d'avertir les juges qui sont de service à la
tournelle, de ne plus rendre, à l'avenir, des jugemens
qui tendent à donner des scènes aussi indécentes que
celle dont toute la ville de...... a été le témoin en cette
occasion ; autrement, ils auroient à craindre que le
roi ne se portât à leur donner de plus grandes marques

de son improbation. Je suis bien éloigné de croire que tous ceux qui ont assisté au jugement dont il s'agit, aient besoin d'un pareil avis ; et je présume qu'il est arrivé dans ce jugement, comme dans d'autres, que la jeunesse, formant le plus grand nombre, l'ait emporté sur l'avis de ceux qui avoient plus d'âge, d'expérience et de maturité ; ce sera donc à ceux qui méritent cet avertissement de s'appliquer, et d'en profiter pour l'avenir.

P. S. Le sieur. . . . ., curé, avoit été déclaré, par sentence du présidial de. . . . ., atteint et convaincu d'avoir eu plusieurs fois commerce charnel avec ses pénitentes, paroissiennes et autres, d'avoir sollicité plusieurs femmes ou filles, ses pénitentes, au crime, leur disant qu'il n'y avoit pas de mal ; et que cela étoit permis aux prêtres, même aux recteurs et curés, d'avoir proféré des paroles impies et blasphématoires, et véhémentement suspect d'avoir voulu, la nuit, faire violence à une fille mineure, sa servante ; et condamné à faire amende honorable et être pendu. Par arrêt du 5 février 1737, la sentence fut infirmée, et l'accusé condamné à être fustigé par trois jours de suite au marché, marqué et banni à perpétuité.

Du 9 mars 1737.

LE grand nombre de décrets que le parlement de Dijon vient de donner, dans l'affaire des officiers de Saint-Pierre-le-Moutier, peut faire craindre qu'on ne voie pas si tôt la fin d'un procès qui dure depuis si long-temps ; mais comme c'est, sans doute, un esprit de justice qui a dicté tous ces décrets, il faut regarder ces inconvéniens comme un malheur inévitable, et je suis persuadé que vous y remédirez autant qu'il sera possible, par l'exactitude et la diligence avec laquelle vous suivrez cette affaire.

Du 9 mars 1737.

J'AI appris, par votre lettre du 27 février, que la nouvelle procédure, qui a été faite contre les officiers de Saint-Pierre-le-Moutier, a été décrétée, et je ne doute pas que vous ne donniez toute l'attention nécessaire pour faire en sorte qu'un procès si important puisse être instruit avec toute la diligence et l'exactitude nécessaire.

Du 23 mars 1737.

JE vois que les officiers de Saint-Pierre-le-Moutier qui viennent d'être décrétés de prise de corps au parlement de Dijon craignent beaucoup que, lorsqu'ils auront subi l'interrogatoire, on ne prenne le parti de les faire transférer sur les lieux pour la confrontation, et qu'on les donne, par là, en spectacle, comme accusés, dans un pays où ils ont exercé pendant long-temps les fonctions de juges. Quoique cette raison puisse mériter quelque attention, il y en a une plus forte pour éviter cette translation, ce sont les grands frais auxquels elle donneroit lieu, parce qu'il seroit difficile, dans une pareille affaire, de confier à d'autres qu'à un conseiller du parlement, le soin de faire une procédure aussi importante que la confrontation, et vous savez toutes les difficultés que M. le contrôleur-général a faites pour ne pas entrer dans ce que le parlement désiroit sur ce sujet, difficultés qui ont obligé cette compagnie à prendre le parti de commettre un juge inférieur pour procéder à l'information ; mais c'est, encore une fois, ce qui ne conviendroit pas pour la confrontation ; ainsi, je crois que le meilleur parti sera de faire la confrontation à Dijon, et quand les frais devroient être aussi grands que dans l'autre parti, à cause du salaire des témoins qui viendront de loin, on y gagnera, au moins, l'avantage de ne point exciter une difficulté avec M. le contrôleur-général, qui ne seroit pas agréable au parlement, et celui d'éviter l'indécence de la translation des officiers de Saint-Pierre-le-Moutier dans leur pays, à quoi l'honneur de la justice est, au moins, directement intéressé.

Mais, l'immensité de l'affaire dont il s'agit, la longue détention de ces officiers, et l'impossibilité d'empêcher qu'elle ne dure encore un temps très-considérable, si l'on instruit le procès dans les formes ordinaires, m'ont donné lieu de faire de nouvelles réflexions, qui me mènent encore plus loin que ce que je viens de vous marquer.

Ne pourroit-on pas, par des vues supérieures et par un esprit d'humanité et d'équité par lequel le parlement peut se conduire en certaines occasions, abréger, ou plutôt éviter une si longue instruction, en se contentant d'exiger que les officiers de Saint-Pierre-le-Moutier prissent le parti de se défaire de leurs charges, de réparer le tort qu'ils ont pu faire à des parties, suivant ce qui seroit arbitré à cet égard, sur le vu des informations et de leurs interrogatoires, moyennant quoi le roi leur accorderoit des lettres de rémission ou d'abolition.

C'est une pensée dont on ne sauroit bien juger, sans être plus instruit que je ne le suis de la nature des fautes de ces officiers et de la force des preuves qui résultent des informations; ainsi, je vous prie de m'en envoyer un extrait ou un précis distingué par différens articles, en sorte que sur chaque chef d'accusation, je puisse me former une juste idée de l'état du procès; comme il n'y a pas long-temps que les informations ont passé par vos mains, il vous sera plus facile de faire, ou de faire faire un tel extrait, et vous aurez le temps d'y travailler pendant que les accusés subiront leurs interrogatoires, qui vous donneront lieu de faire ajouter dans votre extrait, à la marge de chaque fait, les réponses que les accusés auront faites sur ce sujet.

Comme un pareil travail achevera de vous mettre pleinement au fait d'une affaire si immense, vous serez vous-même beaucoup plus en état de me donner votre avis sur la pensée que je viens de vous confier, et à mon égard, je serai aussi beaucoup mieux instruit de tout ce qui peut servir, ou à faire rejeter, ou à faire admettre cette espèce de tempérament.

Du 14 avril 1737.

LA représentation que vous avez faite à M. le contrôleur-général, par rapport au procès des officiers de Saint-Pierre-le-Moutier, sur la proportion qui doit être entre la taxe du commissaire du parlement et celle de votre substitut, n'a rien que de juste et de raisonnable, je l'appuierai donc très-volontiers s'il le faut, sans même vous prendre au mot sur l'offre que vous faites de faire renoncer votre substitut à l'utile, dans cette proposition, pourvu que l'honorable lui soit conservé à l'extérieur ; mais la question tombe d'elle-même, supposé qu'il y ait lieu de prendre le tempérament dont je vous ai confié la pensée, ou qu'on prenne le parti, si ce tempérament ne peut être mis en pratique, de faire venir les témoins à Dijon, au lieu de faire transporter les accusés sur les lieux. J'attendrai sur cela des éclaircissemens que vous ne pourrez me donner qu'après que les accusés auront subi l'interrogatoire.

Du 1.er juin 1737.

LE fait dont vous m'informiez par votre lettre du 28 mai, est en effet si grave, qu'il mériteroit bien que la chambre de la tournelle s'assemblât extraordinairement pour y pourvoir ; ainsi, je ne peux que louer le zèle avec lequel vous vous êtes conduit en cette occasion, et je ne doute pas que vous ne continuiez de donner, à cette affaire, toute l'attention qu'elle exige, pour approfondir la vérité d'une accusation si importante.

Du 18 juillet 1737.

LE parlement de...... suit une maxime contraire aux vrais principes et aux sentimens communs du reste

CORRESPONDANCE OFFICIELLE.

du royaume, lorsqu'il regarde l'aumône comme infamante, en la confrontant par là avec l'amende, qui n'est même considérée comme emportant une note d'infamie, que quand elle est prononcée sur le vu d'un procès instruit extraordinairement : ainsi, le parlement n'a qu'à se conformer aux maximes communes, et il procurera un secours considérable aux prisonniers qui paroissent en avoir un grand besoin. Suivant ce que vous m'expliquez par votre lettre, ne seroit-il pas possible d'agrandir la prison ou de procurer un plus grand air aux prisonniers ?

<hr />

Du 31 juillet 1737.

J'ai été informé du scandale qui est arrivé dans la maison d'un juif nommé......, dans le temps que la procession du Saint-Sacrement passoit auprès de cette maison; je sais qu'il en a été informé à la requête du procureur du roi en la sénéchaussée de Bordeaux, et que ce juif et sa femme ont été décrétés de prise de corps, quoiqu'ils eussent affecté de ne pas se trouver chez eux dans le temps que leurs enfans et d'autres jeunes gens sont tombés dans une si grande irrévérence; mais, j'apprends qu'il est à craindre, qu'on n'en fasse pas un exemple assez éclatant pour contenir les juifs dans le respect qu'ils doivent à notre religion et à l'autorité du roi; ainsi, il est très-important que vous animiez et que vous souteniez le zèle des officiers qui instruisent le procès dont il s'agit, et cela est d'autant plus nécessaire, que ce n'est pas la première fois que les juifs se sont donnés une pareille licence; ils se vantent d'avoir un grand crédit dans le parlement de Bordeaux; j'en suis affligé toutes les fois que je l'entends dire, et encore plus quand on en explique les raisons vraies ou fausses; mais, après tout, j'ai trop bonne opinion du parlement de Bordeaux, pour n'être pas persuadé qu'elle donnera à l'affaire présente toute l'attention qu'il mérite, et que les coupables seront condamnés à une réparation proportionnée à leur faute.

Une des meilleures manières de les punir, est une condamnation à une amende considérable applicable à la confrérie du Saint-Sacrement, s'il y en a une dans la paroisse où le scandale est arrivé, ou à l'ornement de cette paroisse; mais, ce qui n'est pas moins important pour prévenir de pareilles irrévérences, est d'enjoindre aux juifs, qui ont des maisons situées dans les rues où la procession du Saint-Sacrement doit passer, d'y demeurer enfermés jusqu'à ce que la cérémonie soit achevée, à peine de punition exemplaire et d'être chassés de la ville. Je vous prie de faire part de cette lettre à ceux qui doivent juger le procès dont il s'agit, soit en première instance, soit au parlement.

Du 10 août 1737.

LE roi ne fait point de déclaration pour instruire les juges des maximes communes qu'ils sont tous présumés savoir. Une loi qui déclareroit que la simple condamnation d'aumône n'emporte point une note d'infamie, paroîtroit si extraordinaire dans tous les tribunaux du royaume, qu'on demanderoit quels sont les juges qui ont pu ignorer une maxime si connue; et rien ne feroit moins d'honneur au parlement de...... qu'une telle loi; il est bien aisé à MM. de la tournelle de trouver une occasion de tromper le public sur ce sujet, et MM. les avocats-généraux peuvent parler sur cette matière dans quelques-uns de leurs plaidoyers, d'une manière si claire, que cela suffira pour l'instruction du barreau, et des juges inférieurs de la province.

Du 18 août 1737.

IL est vrai qu'il auroit été à souhaiter que l'affaire des officiers de Saint-Pierre-le-Moutier fût demeurée à la tournelle, où il auroit été plus facile de l'expédier plus promptement qu'elle ne le sera à la grand'chambre; mais, puisqu'il y a eu des accusés qui ont voulu user du droit qu'ils avoient d'y être jugés, il ne seroit pas possible de vous épargner la peine d'entrer dans la discussion d'une affaire si étendue et si importante; ainsi, je ne doute pas qu'aussitôt que l'instruction qui a été ordonnée par le parlement sera achevée, vous ne preniez des mesures certaines pour trouver le temps de faire rapporter et juger ce procès à la grand'chambre le plus promptement qu'il sera possible.

Du 28 septembre 1737.

Vous avez raison de croire que les sieurs........ et......... ne manqueront pas de demander avec instance d'être mis en liberté; puisque le parlement ne les a décrétés que d'ajournement personnel, et il est, en effet, assez fâcheux qu'une affaire qu'on a cru assez grave pour mériter que le roi y interposât son autorité, n'ait pas paru aux juges mériter un décret de prise de corps; je vous prie de m'envoyer une copie des informations, que vous ne manquerez pas, sans doute, de faire continuer, afin que des charges nouvelles et plus considérables mettent les juges en état de décerner un décret plus rigoureux, s'il y a lieu de le faire.

Du 3 octobre 1737.

La lettre que vous m'avez fait l'honneur de m'écrire, monsieur, sur l'assassinat que les sieurs........ et....... sont accusés d'avoir voulu commettre dans la personne du sieur......, ne contient rien dont je ne sois parfaitement instruit; c'est moi qui ai fait expédier l'ordre du roi, en vertu duquel les deux accusés ont été arrêtés. Je n'ai pas été moins surpris que vous de la légèreté du décret que le parlement de Bordeaux a décerné contr'eux, et j'ai prévenu ce que vous désirez de ma part en cette occasion, par une lettre que j'ai écrite depuis trois jours à M....., pour lui recommander de continuer ses poursuites dans une affaire si grave, avec toute l'attention qu'elle mérite. Je lui ai même marqué de m'envoyer une copie des informations, pour me mettre plus en état d'en juger par moi-même. Il espère que, comme il est survenu de nouvelles dépositions de témoins depuis le décret d'ajournement personnel, les juges seront bientôt en état de réparer l'indulgence de ce décret, en mettant les accusés dans un état plus proportionné au titre de l'accusation; en attendant je crois, comme vous, qu'il faut les laisser dans les prisons où ils sont retenus par ordre du roi, et je prendrai les mesures nécessaires pour empêcher qu'on en surprenne la révocation. Il est digne de vous de travailler au bien de la justice, en protégeant un homme qui n'a couru risque de sa vie, que pour vous avoir trop bien servi. Personne, monsieur, ne sera jamais plus disposé que moi à vous témoigner par ses services, qu'on ne peut vous honorer plus véritablement et plus parfaitement que je le fais.

<hr />

Du 17 février 1738.

J'ai reçu les motifs de l'arrêt du 21 janvier dernier en même temps que la lettre par laquelle vous m'annoncez l'envoi de ces motifs; mais, pour en bien juger, il faut attendre que la copie de toute la procédure criminelle soit arrivée, et l'expédition en doit être naturellement beaucoup plus longue que la rédaction des motifs.

A l'égard de M......, je me suis déjà suffisamment expliqué par ma lettre précédente, sur ce que vous lui reprochez de ne vous avoir point fait part du dessein qu'il avoit de m'écrire au sujet de l'arrêt du 21 janvier dernier; vous n'aviez pas besoin d'être excité par là à m'en rendre compte, c'étoit une affaire qui vous regardoit personnellement et qui intéressoit assez votre ministère, pour ne pas vous reposer sur un autre du soin de m'en informer ; ce n'est pas même par cette raison que vous ne l'avez pas fait, puisque vous ignoriez que M...... m'en eût écrit.

Ainsi, votre silence a dû être fondé sur d'autres motifs, et c'est ce dont je ne saurois bien juger que par l'examen de la procédure.

Il seroit fort extraordinaire que M...... eût eu entre ses mains l'acte d'accommodement de ...... et des accusés, lorsqu'il vous a conseillé de faire le réquisitoire auquel la tournelle n'a pas eu d'égard ; mais c'est un fait qui mérite encore d'être examiné, et qui s'accorde si peu avec la droiture qui paroît naturelle à M......, que je ne saurois me porter à croire que ce fait soit véritable, sans en avoir des preuves suffisantes.

Au surplus, je continue de suspendre mon jugement sur tout ce qui s'est passé, jusqu'à ce que je voie plus clair dans cette affaire.

***

Du 31 mars 1738.

Je ne saurois vous mieux instruire de la résolution que le roi a prise sur le procès des sieurs......, après la lecture des motifs qui m'ont été envoyés par la chambre de la tournelle, et l'examen de toutes les procédures qui ont été faites contre les accusés, qu'en vous envoyant la copie de la lettre que j'écris sur ce sujet à M. le président de......; j'y joins aussi une copie de l'arrêt dont j'envoie l'expédition à M......, moyennant quoi il ne manquera rien à votre entière instruction sur ce qui s'est passé ici à l'égard de cette affaire ; et quelqu'avantageux que l'exemple qu'on donne en cette occasion, puisse être à ceux qui exercent, comme vous, le ministère public, je ne laisse pas d'être très-fâché de ce que la chambre de la tournelle y a donné lieu, faute d'avoir bien senti les conséquences du refus qu'elle vous faisoit.

Je compte que vous ferez part à M...... des deux copies que je joins à cette lettre.

Je vous renverrai incessamment les procédures que vous m'avez adressées, afin que le greffier du parlement de Bordeaux puisse les envoyer au greffe de la tournelle du parlement de Toulouse.

Du 24 avril 1738.

Je vous envoie, comme je vous ai marqué que je le ferois, toutes les procédures criminelles qui ont été faites contre les sieurs......, que vous m'aviez envoyées en exécution de l'arrêt du conseil du 31 janvier dernier, afin que le greffier de la tournelle du parlement de Bordeaux puisse les envoyer au parlement de Toulouse, aussitôt que M. le procureur-général en ce parlement lui aura fait signifier l'arrêt du conseil qui l'ordonne ainsi.

Du 19 septembre 1738.

J'ai reçu la lettre par laquelle vous me rendez compte, etc., et je trouve que le lieutenant-criminel de Nantes a traité bien superficiellement le fait dont les...... étoient accusés, et que vous l'avez regardé vous-même avec beaucoup d'indulgence. Il s'agissoit d'une impiété dont on n'a peut-être jamais entendu parler, et il y avoit un très-grand commencement de preuves, par l'aveu qu'un des accusés en avoit fait à un témoin; cette preuve étoit encore fortifiée par la déclaration du nommé...... dans son interrogatoire, et enfin, c'étoit le juge même du lieu qui paroissoit un des principaux coupables. Cependant, non-seulement le lieutenant-criminel de Nantes s'est dispensé de donner un décret de prise de corps, que la nature de l'accusation paroissoit exiger et qui auroit commencé à réparer un si grand scandale; mais il a jugé cette affaire comme une matière légère, sur les seules informations et sur les interrogatoires des accusés, sans ordonner le récolement et

la confrontation, pour tenir au moins plus long-temps
les accusés dans les liens de la justice, et il s'est contenté enfin de prononcer une peine aussi légère
qu'une amende de 3 livres, avec des défenses de
récidiver. Il y en avoit donc assez pour vous exciter
à interjeter appel *à minimâ*, quand ce n'auroit été
que pour vous donner lieu de faire une instruction
plus sérieuse. Mais, comme il y a deux ans que le
fait est arrivé, et qu'il ne conviendroit pas de rappeler le souvenir d'un tel scandale, sans être en état
de le faire punir plus rigoureusement, je crois que
vous devez vous contenter de faire encore de nouvelles recherches pour savoir si vous pouvez espérer
de plus grandes preuves. En cas que cela soit impossible, il faudra bien que vous gardiez un silence
qui ne convenoit pas dans le commencement, mais
qui devient presque nécessaire aujourd'hui.

Vous aurez soin en ce cas, de donner au lieutenant-
criminel de Nantes les avis dont il a un grand besoin,
pour ne pas précipiter à l'avenir le jugement de pareilles affaires, et avoir soin de faire essuyer au moins,
aux accusés, toute la rigueur de la forme dans le
cours de l'instruction, lors même qu'on prévoit que
la preuve ne se trouvera pas complète dans le temps
du jugement.

Il sera bon aussi que vous vous informiez plus
exactement de la conduite et des mœurs du sieur......
sénéchal de......, parce que, si l'on vous en rend
un mauvais témoignage, en sorte qu'il ne paroisse pas
s'être corrigé, et être devenu plus sage depuis la
scène qu'il a donnée en 1736, il seroit peut-être
bon de l'éloigner pour un temps par un ordre du
roi, qui suppléeroit en quelque manière à la grande
indulgence que les juges ont eue pour lui.

Du 19 novembre 1738.

Vous avez raison de croire que ce que je vous ai
écrit en dernier lieu, sur l'incompétence de la

chambre des vacations par rapport à l'enregistrement des lettres-patentes accordées par le roi, ne sauroit s'appliquer aux lettres de révision, parce que ces sortes de lettres sont comprises dans le genre des lettres de justice, quoiqu'elles contiennent une grâce, et la plus grande de toutes les grâces; mais, comme elles entrent nécessairement dans l'ordre judiciaire, et qu'elles sont incidentes à des procès criminels, dont la poursuite ne doit souffrir aucun retardement, il est sans difficulté qu'elles peuvent être enregistrées dans la chambre des vacations, de même que les procès criminels y doivent être jugés.

La lettre que je vous écrivis en l'année 1731, au sujet des affaires des traites et gabelles, ne regardoit que les procès civils pendans en la grand'chambre, dans lesquels il étoit survenu des incidens de nature à être instruits par la voie extraordinaire; et la règle, en ce cas, est de regarder les procès civils comme l'objet principal qui attire l'accessoire, et qui ne peut, par conséquent, être décidé dans la chambre des vacations; mais, lorsqu'il s'agit d'un procès entièrement criminel, qui a commencé par une plainte ou par une accusation, il n'y a rien qui distingue ces sortes de procès de toutes les autres affaires criminelles; et vous avez bien fait d'avoir égard à la prière que le fermier vous a faite de les expédier promptement.

Du 25 novembre 1738.

Comme par l'examen que j'ai fait des mémoires que j'ai reçus à l'occasion des crimes commis pendant les six premiers mois de cette année dans une partie de votre ressort, il m'a paru qu'il y avoit quelques accusations dont la poursuite est négligée; je vous en envoie une note, afin que vous donniez les ordres nécessaires pour obliger les juges des lieux à faire leur devoir, et je vous prie d'avoir soin de me marquer, si vous poursuivez au conseil la décision du réglement de juges, qu'on a fait naître entre le parlement de Bordeaux et celui de Toulouse, à l'occasion de l'assassinat dont le sieur...... est accusé, et si l'un de ces deux parlemens n'est pas autorisé à continuer, par provision, l'instruction de l'accusation dont il s'agit.

Du 4 janvier 1739.

J'AI reçu le mémoire que vous m'avez envoyé sur l'affaire du nommé......, et j'ai été fort surpris de l'usage dans lequel vous m'avez marqué que sont les officiers du présidial de...... de déclarer les accusés atteints et convaincus de crimes dont la preuve n'est pas complète, et de les condamner en même temps à quelques peines : cet usage est un abus qu'on ne peut tolérer, et auquel j'aurai soin de remédier. Ou la preuve d'un crime est complète, ou elle ne l'est pas : dans le premier cas, il n'est pas douteux qu'on doive prononcer la peine portée par les ordonnances ; mais dans le dernier cas, il est aussi certain qu'on ne doit prononcer aucune peine, et qu'on ne peut ordonner que la question ou un plus amplement informé, suivant la nature des crimes et le genre des preuves. Si cependant vous aviez acquis contre..... la preuve complète d'autres crimes que du cas prévôtal dont il est prévenu, vous pourriez le condamner aux peines que ces autres crimes méritent, en ayant attention de faire mention dans votre jugement qu'il n'a été rendu qu'à la charge de l'appel, conformément à la disposition de l'article 19 de la déclaration du roi du 5 février 1731.

J'ai observé dans votre mémoire, que le sieur.... qui a fait les fonctions d'assesseur en l'absence de celui de la maréchaussée, et qui a instruit conjointement avec vous le procès de......, a été nommé rapporteur de ce procès. Comme les anciennes ordonnances défendent aux officiers des cours supérieures de rapporter les affaires criminelles qu'ils auront instruites, et que cette disposition des ordonnances doit s'étendre à tous les officiers qui rendent des jugemens en dernier ressort, vous aurez soin, s'il vous plaît, de faire subroger au sieur...... un autre rapporteur dans l'affaire dont il s'agit.

Du 13 février 1739.

JE vous envoie l'extrait d'une lettre que l'on m'a montrée, au sujet d'une affaire qui est arrivée dans la ville de Bergerac sur la fin du mois de janvier dernier. On prétend que cette nouvelle affaire, qui mérite par elle-même d'être poursuivie, est d'autant plus grave, qu'elle a pour principe le ressentiment des poursuites qui ont été faites contre le sieur...... à l'occasion d'une première qu'il avoit eue avec le sieur...... On m'a assuré en même temps, que les affaires criminelles étoient très-fréquentes à Bergerac et aux environs; mais que, malgré l'attention que vous y apportez, lorsque vous en êtes instruit, la poursuite en est fort négligée, et que les juges usent souvent d'une indulgence très-répréhensible. Je ne doute donc pas que vous ne leur donniez les avertissemens qui leur sont nécessaires pour les engager à faire leur devoir, et comme j'ai appris que jusqu'à présent ils n'ont pas profité de ceux que vous leur avez donnés, vous pouvez leur envoyer une copie de ma lettre, afin qu'ils fassent cesser les plaintes qui m'ont été déjà plusieurs fois portées contr'eux, sans quoi je serai obligé d'en rendre compte au roi, qui saura y pourvoir par son autorité.

Du 25 mars 1739.

JE vous envoie un mémoire que les nommés...... m'ont fait présenter; ils prétendent qu'ils ne peuvent

40 *

trouver de juges pour connoître de la plainte qu'ils veulent rendre, et que s'étant pourvus au parlement de Bordeaux, cette compagnie a aussi refusé d'en prendre connoissance ; je ne vois rien que de régulier dans ce refus, s'il s'est borné à ne pas vouloir connoître de l'affaire en première instance ; mais je ne vois point de raison qui puisse empêcher le parlement de renvoyer la requête à l'un des deux juges à qui les parties se sont adressées pour connoître de cette affaire en première instance, à la charge de l'appel au parlement.

Du 18 avril 1739.

J'ai appris que vous avez rendu, le 31 janvier dernier, un jugement prévôtal, par lequel, en condamnant le nommé....... au fouet, à la flétrissure et au bannissement, vous ne l'avez pas aussi condamné à une amende envers le roi ; c'est un principe constant que tous les criminels que l'on condamne à mort ou au bannissement, ou au blâme, doivent être condamnés en même temps à une amende ; que ceux que l'on condamne à l'admonition, doivent être condamnés à une aumône ; et que ceux contre lesquels on prononce la peine des galères, étant censés payer le roi de leur personne, ne doivent être condamnés ni à l'amende ni à l'aumône. Je suis surpris que vous ne soyez pas instruit de cette maxime, et je vous exhorte à vous y conformer à l'avenir.

Du 16 juillet 1739.

J'ai été très-content des extraits du procès des officiers de Saint-Pierre-le-Moutier, que vous m'avez envoyés ; et je sais que le sieur......., votre substitut, qui les a faits, est un très-bon sujet, qui pourroit mériter de recevoir des marques de la bonté du roi ; mais ce n'est pas ici une occasion naturelle d'en demander, parce qu'après tout, quelque bons que soient ces extraits, et quoiqu'ils lui aient coûté beaucoup de travail, il n'a fait cependant en cela que remplir les devoirs ordinaires de sa charge ; ainsi, il faut attendre des circonstances plus favorables pour lui accorder une gratification qui tireroit à conséquence, dans le cas dont il s'agit, parce que les autres officiers (à commencer par le commissaire même du parlement), qui ont aussi beaucoup travaillé dans la même affaire, ne manqueroient pas de demander qu'on ne les traitât pas moins bien que le sieur......

Du 1.er septembre 1739.

M........ m'a remis la lettre que vous lui avez écrite, pour lui demander qu'il plaise au roi d'accorder à M. votre frère un sauf-conduit, qui le mette en état de pouvoir venir donner ordre à ses affaires dans le royaume. Vous savez combien je m'intéresse à tout ce qui regarde le nom que vous portez, et rien ne m'auroit été plus agréable que de pouvoir contribuer à vous faire obtenir la grâce que vous demandez ; mais je vois, avec déplaisir, qu'elle seroit contraire à toutes les règles. Il n'est point d'usage d'accorder des saufs-conduits en matière criminelle, et surtout quand il y a une condamnation prononcée contre celui qui le demande. Il seroit encore plus extraordinaire d'en accorder dans un cas, dont le roi s'est privé lui-même du pouvoir d'y faire grâce, comme lorsqu'il s'agit d'une accusation de rapt ; tel est malheureusement l'état où se trouve M. votre frère. Ainsi, je suis très-fâché de ne pouvoir que vous plaindre, et me plaindre aussi moi-même d'avoir les mains liées, en cette occasion, par la rigueur de la règle. Je souhaite d'en trouver de plus favorables, et où je puisse vous témoigner, par mes services, que personne ne peut vous honorer, monsieur, plus parfaitement que je ne le fais.

Du 15 septembre 1739.

J'AI reçu la lettre que vous m'avez écrite en m'envoyant les procédures qui ont été faites à l'occasion de l'homicide de....... Comme, par l'examen que j'ai fait de ces procédures, il m'a paru que cet homicide avoit été commis dans l'obscurité de la nuit, et que les témoins que vous avez fait entendre en déposition n'en désignent point l'auteur, et déclarent, en général, que c'est un de ceux qui faisoient du bruit au lieu de la blanchisserie, je pense qu'il sera difficile de connoître celui qui est coupable de ce crime ; mais, comme vous ne devez rien négliger pour en acquérir la preuve contre lui, vous devez faire entendre tous les témoins que vous croirez en avoir quelque connoissance, et les faire récoler, car ils peuvent, au récolement, augmenter ou diminuer leurs dépositions. Vous devez même requérir des décrets contre tous ceux que vous croirez pouvoir soupçonner de cet homicide ; et si l'on ne peut distinguer le coupable, après que vous aurez épuisé tous les moyens pour y parvenir, il n'est pas douteux qu'on ne pourra prononcer que des peines proportionnées aux violences dont l'homicide dont il s'agit a été la suite, supposé même que la preuve de ces violences soit complète contre ceux qui en sont accusés.

Du 15 septembre 1739.

J'AI reçu les motifs du jugement prévôtal que vous avez rendu, le 23 mai dernier, contre............ ; et comme il paroît, suivant ce que vous me marquez, qu'il résultoit des procédures une preuve complète que ce premier avoit enlevé l'argent qui avoit été déposé au lieu indiqué par le billet de menace de feu, et que les experts, qui ont procédé à la vérification

de l'écriture de ce billet, avoient déclaré qu'ils
croyoient, suivant les règles de leur art, que c'é-
toit...... qui l'avoit écrit, vous pouviez le déclarer
atteint et convaincu de ce crime, et le condamner à
des peines plus rigoureuses que celles que vous avez
prononcées contre lui; et en supposant, au contraire,
qu'il n'y ait que des soupçons plutôt que des preuves
contre cet accusé, votre jugement n'en seroit pas plus
régulier, puisqu'il ne suffit pas qu'un homme soit
suspect d'avoir commis un crime, pour autoriser les
juges à le condamner à quelque peine que ce soit.
Ayez donc dorénavant plus d'attention à rendre un
jugement conforme à la preuve qui est établie contre
les criminels, et proportionné à la qualité du crime
dont ils sont accusés.

Du 29 septembre 1739.

J'AI reçu la lettre que vous m'avez écrite le 12 du
mois dernier, et, comme l'intention du roi n'est pas
d'augmenter le nombre des brigades de maréchaussée,
je pense que celles qui sont établies aux environs
de....... doivent, en cas de nécessité, faire le service de celles qui sont en campagne, ou qui sont
passées en..... et qui reviendront peut-être bientôt;
mais je dois vous observer que, comme le soin de
conduire les criminels au supplice, regarde les archers
qui sont préposés à la garde de la ville de......, on
ne doit point fatiguer, mal à propos, les brigades de
maréchaussée résidentes à...... et aux environs; en
les obligeant de conduire les criminels au supplice, si
ce n'est lorsque ce sont les officiers de maréchaussée
qui les y ont condamnés, ou lorsqu'on peut craindre
quelqu'émotion du peuple, ou quelqu'autre violence
publique.

A l'égard de l'établissement que vous proposez d'un
questionnaire, vous pouvez le faire si vous le croyez
à propos, et ce n'est point une matière dans laquelle
il me convienne d'entrer.

Du 21 janvier 1740.

Vous avez raison de croire que ce qu'il y a de mieux à faire contre le nommé...... est de prendre toutes les mesures nécessaires pour le faire arrêter, et, si cela peut être exécuté, le premier jugement étant anéanti, ce sera aux juges d'examiner s'il y a lieu de prononcer une moindre peine que celle qui a été portée dans l'arrêt rendu par contumace, ou s'il n'y auroit peut-être pas lieu, au contraire, de l'aggraver.

Du 23 janvier 1740.

Il arrive souvent que les accusés qui sont condamnés aux galères ont recours à la clémence du roi, pour obtenir la décharge ou la commutation de cette peine. Lorsque Sa Majesté juge à propos d'avoir égard à leur demande, ils ne profiteroient qu'en partie de son indulgence, s'ils avoient déjà subi la peine de la flétrissure qui, aux termes de la déclaration de 1724, doit accompagner celle des galères. Cette loi ne contient aucune disposition sur le temps dans lequel cette flétrissure doit être imprimée, et elle porte seulement que ceux qui seront condamnés *doivent être flétris avant que d'y être conduits;* ce qui semble donner à entendre qu'elle ne doit précéder leur départ que de fort peu de temps. Comme il est juste que le roi soit le maître de faire grâce entière, si Sa Majesté le juge à propos, vous aurez soin, s'il vous plaît, de ne faire exécuter par rapport à la flétrissure, les arrêts de condamnation aux galères, qu'aux approches du temps où les condamnés seront attachés à la chaîne pour y être conduits.

Du 15 mai 1740.

La conduite du sieur...... paroît fort mauvaise dans le fond, suivant le compte que vous m'en rendez par votre lettre du 5 de ce mois; mais dans la forme, il seroit assez difficile d'approuver entièrement l'arrêt qui a été rendu contre lui.

Une condamnation de 2,000 livres d'amende et en une restitution de trois cents et tant de livres, est bien forte pour être prononcée sur un simple interrogatoire, sans réglement à l'extraordinaire, sans récolement ni confrontation, et il est à craindre que l'indignation des juges, quoique juste en elle-même ne les ait portés à juger cette affaire avec un peu trop de précipitation. Les termes par lesquels on a ordonné la restitution de 350 livres que........ avoit reçues des nommés........ sont fort équivoques, quoique vous croyez que l'on puisse les rapporter au roi. On ne voit pas d'ailleurs par quelle raison cette restitution a pu être ordonnée au profit de Sa Majesté; c'étoit dans les bois de........ que les chèvres des........ pouvoient avoir causé quelque dommage, et il n'y avoit que la contravention à une loi de police qui pût intéresser le roi ou le public en cette occasion. Il y étoit pleinement pourvu par une condamnation en 2,000 livres d'amende.

Pourquoi donc appliquer à Sa Majesté une restitution qui ne la regardoit pas, puisqu'elle n'avoit souffert aucun préjudice? Et en supposant que........ avoit fait une exaction punissable en s'appropriant les 350 livres données par les........., sans y être autorisé par aucun jugement, c'étoit à ces particuliers que la somme exigée devoit être rendue, sauf à........ à se pourvoir dans les règles pour obtenir contr'eux une condamnation régulière; il ne sert à rien de dire que ces particuliers avoient tort dans le fond, parce que la faute de........ ne consistoit pas proprement à avoir reçu ce qui ne lui étoit pas dû, mais à l'avoir reçu indûment dans le temps qu'il n'agissoit que comme porteur de commission émanée de la chambre des eaux et forêts; mais cette faute, comme je l'ai déjà dit, a été bien punie par une condamnation à 2,000 livres d'amende, et n'autorisoit pas les juges à ordonner que la restitution des 350 livres que .... avoit exigée des .... fût faite au roi, au lieu d'être faite à ces particuliers.

Il y a donc quelque chose d'assez particulier dans le jugement de la chambre des eaux et forêts, et je vois d'ailleurs qu'elle a un principe qui ne paroît pas trop certain, lorsqu'elle prétend que c'est à elle seule qu'il appartient de connoître d'un dégât fait par des chèvres, même dans les bois des particuliers. On ne voit rien dans les ordonnances qui prive les juges ordinaires du droit de prendre connoissance de ces sortes de dégâts, lorsque celui qu'ils intéressent a recours à eux; ainsi, le premier jugement par lequel la chambre des eaux et forêts a cassé et annullé tout ce qui avoit été fait par le juge des lieux, paroît susceptible de beaucoup de difficultés; mais après tout, comme .... n'attaque ni ce premier jugement, ni le second par les voies de droit, et que c'est d'ailleurs un sujet qui paroît très-peu favorable, les remarques dont je viens de vous faire part ne regardent point son intérêt particulier, et elles n'ont pour objet que ce qui appartient à l'ordre public; sur quoi je crains que les juges qui ont connu des deux affaires dont il s'agit, ne se soient conduits peut-être par des principes difficiles à établir.

Du 12 *juin* 1740.

LE crime dont le sieur .... est accusé, m'a paru fort grave lorsque j'ai reçu les informations qui ont été faites contre lui, et le parlement de Bordeaux en a porté le même jugement, puisque sur un appel *à minimâ*, qui fut interjeté par M. le procureur-général, de la sentence rendue par contumace contre cet accusé, il infirma cette sentence et aggrava la peine prononcée par les premiers juges. J'ai su que ce gentilhomme avoit pris enfin le parti de se remettre dans les prisons du parlement, et comme l'on craignoit alors que s'il avoit fait cette démarche, à laquelle on ne s'attendoit pas, ce ne fût parce qu'il se flattoit de trouver des juges favorables, ou du moins fort indulgens; j'écrivis à M. le procureur-général, pour lui recommander de veiller avec une grande attention à faire rendre une justice exacte dans cette affaire, à quoi il me paroît fort disposé.

Vous jugez bien qu'il seroit difficile après cela que je changeasse tout d'un coup de langage et de caractère, en entrant dans le tempérament de faire sortir le sieur de...... des prisons du parlement, en vertu d'une simple lettre de cachet, où le roi se contenteroit de le reléguer à Mezin. Si je voulois le faire, le parlement seroit en droit de s'en plaindre, et je serois obligé d'avouer qu'il auroit raison. En effet, rien n'est plus irrégulier ni d'une conséquence plus dangereuse, que de tirer, par voie d'autorité absolue, un coupable des mains de la justice, et je serois bien fâché d'avoir donné un pareil exemple.

Le consentement présent de........ me touche peu, parce qu'il est vraisemblable qu'il ne le donne que par complaisance pour les gentilshommes qui protégent le sieur........., et peut-être par la crainte d'être exposé à leur ressentiment.

Je donnerois, sans doute, beaucoup plus d'attention à la part que vous voulez bien prendre à ce qui regarde cet accusé, par un mouvement de considération et de compassion pour sa famille; mais après tout, vous connoissez trop les règles, et vous les aimez trop, pour ne pas sentir combien elles souffriroient et combien j'agirois moi-même contre mon caractère, si je me prêtois à l'expédient, ou plutôt au relâchement, que l'on vous a proposé. Ainsi, je crois qu'il n'y a qu'à laisser juger cette affaire dans les formes ordinaires de la justice, et si....... est soupçonné d'exercer trop rigoureusement et peut-être trop utilement pour lui, les droits de M. le duc de......., la noblesse du pays n'en a pas moins besoin d'être contenue par des exemples de sévérité, lorsque les juges sont en état de le faire par la nature des preuves qui sont acquises, ce qu'on ne trouve pas souvent en pareil cas, par les soins que la noblesse, et ceux qui agissent pour elle, se donnent pour les détourner.

Du 20 juin 1740.

Je vous envoie une lettre que les jurats de la ville de Bordéaux m'ont écrite, afin que vous preniez la peine de me rendre compte de ce qu'ils y exposent, et de m'expliquer de quelle manière les choses se sont passées dans l'affaire dont il s'agit. Il paroît difficile de croire que la chambre de la tournelle se soit portée, sans avoir vu les charges, à ordonner l'élargissement d'un ecclésiastique, accusé d'un crime plus grave dans la personne d'un sacristain que dans tout autre.

Du 26 juin 1740.

Les raisons que je vous ai expliquées par ma lettre précédente contre le tempérament, par lequel vous me proposiez de finir l'affaire du sieur......, sont si fortes et si décisives, qu'il ne m'est pas possible de changer de sentiment à cet égard, quelque envie que j'aie naturellement d'entrer dans ce qui peut vous faire plaisir.

Du 20 juillet 1740.

Je me suis fait rendre compte des motifs de l'arrêt que le parlement a rendu dans l'affaire du nommé....., et je vois que c'est le défaut de toute preuve qui lui a donné lieu de traiter l'accusé aussi favorablement qu'il l'a fait; mais comme l'élargissement provisoire, qui a été accordé à cet accusé, ne vous empêche point de continuer votre procédure, c'est à vous de voir si vous découvrirez des faits qui fortifient ou qui dissipent les soupçons que vous avez eus contre cet accusé.

Du 9 septembre 1740.

J'APPRENDS, par votre lettre du 3 de ce mois, la condamnation qui a été prononcée à la tournelle contre le nommé...... Quelque rigoureuse qu'elle soit, il l'auroit bien méritée, si les juges l'ont trouvé coupable d'un assassinat prémédité.

Du 18 octobre 1741.

JE vous envoie un mémoire qui m'a été présenté par le sieur........, fermier-général, au sujet du nommé......, ci-devant son commis, par lequel il paroît que ce malheureux a la tête fort dérangée. Les informations qui ont été faites contre lui au sujet des menaces qu'il a faites au frère du sieur......, et sur les attentats qui les ont suivies, concourent aussi à le faire présumer. Vous aurez soin, s'il vous plaît, de vous en faire rendre compte, et d'écrire aux consuls qui ont procédé contre cet accusé, de lui faire subir l'interrogatoire : on pourra connoître par là le caractère et la situation de son esprit. Il est bon aussi que vous chargiez votre substitut à Périgueux de le voir dans la prison, et de faire toutes les recherches nécessaires pour approfondir la vérité de l'état où l'on dit qu'est ce particulier; c'est par ces différens éclaircissemens qu'on pourra parvenir à juger s'il y a lieu de le faire enfermer, comme le sieur...... le demande, et comme M......, qu'on a consulté, en avoit été d'avis.

Il me reste de vous dire que, comme cet accusé est appelant du décret de prise de corps décerné contre lui par les consuls de Périgueux, il est à propos que vous écriviez au substitut qui remplit vos fonctions au parlement de Bordeaux que si, contre toute apparence, la tournelle accordoit par provision la liberté au prisonnier dont il s'agit, il empêche qu'on n'expédie l'arrêt, jusqu'à ce que je vous aie fait savoir le parti qu'on jugera à propos de prendre sur la proposition du sieur......

Du 15 mars 1742.

JE vois par la lettre du 5 de ce mois, que l'auteur du mémoire anonyme que je vous avois envoyé a eu grand tort de dire qu'il n'avoit été fait aucune poursuite à Tarascon contre une femme soupçonnée d'avoir voulu empoisonner son propre fils, quoique, par un bonheur extraordinaire, le crime n'ait pas été consommé : il est néanmoins si grave et si énorme, que les tentatives mêmes qu'on a faites pour y parvenir méritent d'être poursuivies avec la plus grande rigueur. Ainsi, je ne doute pas que vous ne chargiez votre substitut de continuer les poursuites qu'il a commencées, afin de faire rendre un jugement, au moins par contumace, contre une mère si dénaturée et si criminelle.

Du 25 avril 1742.

VOUS avez très-bien fait de ne vous être pas contenté de requérir les peines les plus rigoureuses contre un parricide, qui a voulu attenter par le poison à la vie de son père, et d'avoir interposé en même temps votre ministère contre l'épicier qui a eu la facilité de vendre de l'arsenic à ce malheureux ; la réquisition que vous avez faite pour faire publier et afficher de nouveau l'édit qui a été fait sur le poison, en l'année 1682, n'est pas moins digne de l'attention et du zèle de votre ministère, et il seroit bon de faire renouveler de temps en temps une pareille publication.

Du 28 juin 1742.

J'AI reçu la lettre que vous m'avez écrite au sujet de la conduite présente du sieur......, et j'ai parcouru l'information qui a été faite contre lui à la requête de votre substitut au siége de Nérac. Je n'y vois rien, quant à présent, qui exige que le roi interpose son autorité contre un mauvais sujet que le parlement de Bordeaux a à se reprocher d'avoir trop ménagé ; mais, puisqu'au lieu de profiter de l'indulgence avec laquelle il a été traité, il n'exécute pas même une condamnation aussi douce que celle qui l'oblige à s'abstenir d'approcher de la ville de Nérac jusqu'à la distance de deux lieues, il n'y a qu'à continuer la procédure que votre substitut a commencée contre lui sur sa contravention à l'arrêt du parlement, le décréter de prise de corps et lui faire son procès, sur lequel la moindre peine que l'on puisse prononcer sera celle du bannissement, qui le notera au moins d'infamie. Il y a peu d'apparence qu'il ose encore paroître après cela dans les environs de la ville de Nérac, c'est à quoi il faudra recommander à la maréchaussée de tenir la main, et si, par hasard, il venoit à enfreindre son ban, il n'y auroit pas à hésiter à le condamner aux galères, où il auroit dû être renvoyé sur la première accusation.

Du 4 juillet 1742.

JE vous avois écrit de faire suspendre le départ du nommé......, condamné aux galères par arrêt du parlement de Bordeaux, parce qu'il m'avoit fait exposer, qu'il étoit sur le point de demander la révision de son procès ; mais, comme depuis ce temps-là il n'a fait aucune démarche , ni présenté aucune requête pour y parvenir , et qu'il n'est pas juste de le laisser plus long-temps dans les prisons à la charge du domaine du roi, sans subir la peine qui a été prononcée contre lui , vous aurez soin, s'il vous plaît , de lui faire dire qu'il ait à prendre incessamment la voie ordinaire, pour obtenir, s'il y échoit, des lettres de révision. Il ne lui sera pas difficile de trouver quelque avocat qui veuille bien se charger , par charité , de dresser sa requête sur les mémoires et instructions qu'il lui enverra , sinon il faudra bien le faire attacher à la première chaîne des condamnés aux galères qui partira de Bordeaux.

Du 7 mai 1743.

JE vous envoie une lettre que le nommé......m'a écrite, afin que vous preniez, s'il vous plaît, la peine de me faire savoir quelle est la cause de son emprisonnement, et ce qu'il y auroit à faire pour lui procurer sa liberté.

Du 8 juin 1743.

A l'occasion d'une grâce qui m'avoit été demandée par le nommé......., et que j'ai cru devoir lui refuser, j'ai appris que le parlement de....... étoit dans l'usage de prononcer des condamnations au bannissement hors du royaume, pour un temps; et cette prononciation m'a paru si contraire aux règles générales et à l'usage qui s'observe dans les autres tribunaux, qu'il m'a paru nécessaire de vous en écrire, non pas dans la vue de toucher au passé, mais pour empêcher qu'à l'avenir on ne continue d'imposer de pareilles peines.

Dans les principes de l'ordre public, l'effet du bannissement hors du royaume, est de retrancher absolument le condamné de la société qui est entre tous les sujets du même prince; c'est ce qui fait que cette peine est regardée comme une mort civile, et vous savez que c'est une maxime des plus grands jurisconsultes, que la fiction opère autant dans le cas qu'elle suppose, que la vérité dans le cas qui est réellement vrai. Or, comme dans le cas de la mort naturelle, personne ne meurt pour un temps, il répugne dans celui de la mort civile, où la fiction doit imiter la nature autant qu'il est possible, de supposer qu'un homme ne soit mort civilement que pour un temps, et qu'il ressuscite en quelque manière, après l'expiration de ce temps, pour recouvrer de nouveau la vie civile qu'il avoit perdue, et rentrer dans l'ordre des citoyens.

On peut donc appliquer aux condamnations qui emportent mort civile, ce qui est dit dans le droit romain, par rapport aux actes qu'on y appeloit *légitimes*, c'est-à-dire, que de pareilles condamnations, comme de pareils actes *neque diem neque conditionem recipiunt*. On ne sauroit, en effet, concevoir que ce qui fixe l'état des hommes, puisse avoir lieu ou à temps ou sans condition, et, à quelque genre d'état qu'on veuille appliquer cette règle, on reconnoîtra qu'elle est toujours également véritable.

C'est sur ce fondement, qu'au parlement de....., et ailleurs, on regarde le bannissement hors du royaume, et la perpétuité de cette peine, comme deux choses absolument inséparables; en sorte que la première de ces peines emporte nécessairement la seconde.

Je ne vois rien qui doive distinguer le parlement de........, des autres cours supérieures dans cette matière, à moins qu'on ne dise, peut-être, que sa forme de prononcer est fondée sur ce que, dans le temps qu'il n'étoit que conseil........, son autorité ne pouvant pas s'étendre plus loin que la domination des......, qui étoit renfermée dans des bornes assez étroites, il n'étoit pas en droit de condamner des accusés au bannissement hors du royaume, et il étoit réduit à ne les proscrire que de sa province, de laquelle, par cette raison, il ne les bannissoit que pour un temps; et que, dans la suite, étant devenu un des parlemens du royaume, ce qui lui avoit donné un pouvoir égal à celui des autres parlemens, il étoit devenu dans l'habitude d'imposer la peine du bannissement à temps, même à l'égard de ceux qu'il bannissoit, non plus comme autrefois, de la seule province de......, mais de tout le royaume.

Quelqu'apparente que soit cette conjecture, elle peut bien servir à montrer l'origine de cette espèce de condamnation; mais elle ne peut être utile pour la justifier, parce que le conseil...... ayant été transformé en parlement, ce nouveau tribunal a dû suivre les mêmes règles que les tribunaux semblables. Les mêmes raisons, qui ont donné lieu d'y établir cette règle, exigeoient que celui de...... s'y conformât; et il n'est pas plus convenable, dans la province de...... que dans les autres, de faire mourir les hommes pour un temps, même civilement.

Je crois donc que, comme il est toujours honorable à une compagnie de se réformer elle-même, plutôt que d'obliger l'autorité du roi à le faire, il est fort à propos que vous engagiez la vôtre à prendre une délibération pour changer un usage qui ne sauroit être approuvé, et pour arrêter que dorénavant la peine du bannissement hors du royaume, dans le cas où elle doit avoir lieu, ne pourra être prononcée qu'à perpétuité; si vous y trouvez néanmoins quelque difficulté, qui ne me soit pas connue, vous pourrez me le faire savoir, et je recevrai toujours très-volontiers les représentations qui me viendront de votre part.

Du 23 juin 1743.

LA conduite du chapitre de Cassel, à l'égard du nommé......, n'a rien de répréhensible, s'il n'a fait qu'user du droit qui lui étoit acquis suivant les règles observées dans votre ressort ; et ce particulier est devenu encore plus défavorable par son évasion, et par la hardiesse qu'il a eue de se présenter devant vous.

Du 29 juin 1743.

J'APPRENDS par votre lettre du vingt-trois de ce mois, que le parlement de...... s'est porté sans aucune peine, et sur la lecture de la lettre que je vous écrivis le huit de ce mois, à changer sa jurisprudence au sujet de la condamnation au bannissement perpétuel, et à revenir à la véritable règle, qui, comme vous le remarquez fort bien par la comparaison que vous faites entre la peine du bannissement, et celle de la déportation qui avoit lieu chez les romains, est de ne condamner au bannissement perpétuel, que ceux qui sont jugés dignes d'être retranchés de la société civile, et de perdre les droits de cité, par la nécessité de sortir du royaume.

Du 9 août 1743.

J'APPRENDS par votre lettre du 3 de ce mois, que vous avez fait part à MM. de la chambre de la tournelle, de celle que je vous avois écrite au sujet de l'usage où elle étoit de suivre la disposition de l'ordonnance de Roussillon, sur les défenses demandées par des accusés qui étoient en état de décret de prise de corps, et quoiqu'elle eût déjà fort adouci la rigueur de cette ordonnance, par les tempéramens que vous m'expliquez, elle avoit pris néanmoins la résolution de se conformer dorénavant à ce qui s'observe au parlement de Paris dans cette matière ; mais qu'elle n'a pas cru qu'il fût nécessaire de faire ce changement par un arrêté, attendu qu'il suffisoit de substituer un usage contraire à celui qu'elle avoit suivi jusqu'à présent; c'est ce qui est fort indifférent, comme je vous l'ai assez marqué par ma lettre; et la dérogation qui s'opère tacitement par le fait, est tout aussi bonne en pareil cas, que si elle se faisoit par une délibération expresse.

Du 10 novembre 1743.

J'AI reçu la lettre que vous m'avez écrite; je trouve que l'état que vous m'avez envoyé ne contient que les affaires qui ont été instruites, et jugées dans le ressort du parlement de......, depuis le premier janvier jusqu'au dernier juin 1743; mais ce sont les affaires dont les poursuites ont été commencées, et qui ne sont point encore terminées, dont il est le plus nécessaire que je sois informé, afin de pouvoir donner des ordres pour en accélérer l'expédition. Si vous trouvez tant de difficultés de la part des juges des seigneurs qui refusent de remettre à vos substituts l'état des affaires criminelles dont ils font l'instruction, vous pouvez faire rendre un arrêt pour les obliger à satisfaire aux dispositions de l'ordonnance de 1670; et en cas qu'ils y manquent, la peine de l'interdiction et de l'amende est prononcée par l'ordinaire. Je ne sais si vous avez pris ce parti par l'arrêt du parlement de 1738, dont vous me parlez, et que je ne connois pas.

A l'égard des vols, la distinction du droit romain entre le *furtum* et le *latrocinium*, est inconnue dans nos mœurs; tout vol est un crime public, et les juges doivent informer, même d'office, de tous ceux dont ils ont connoissance.

En examinant l'état que vous m'avez envoyé, j'ai remarqué que par un arrêt du parlement de......, du douze février dernier......, qui étoit accusé d'avoir donné un coup de couteau au clerc d'un procureur, a été condamné à être enfermé pour toute sa vie dans une maison de force. Cette disposition pouvoit être fondée sur la démence de ce particulier;

mais vous n'en faites point mention ; ainsi vous aurez soin, s'il vous plaît, de m'expliquer les motifs qui ont déterminé le parlement à prononcer une pareille condamnation.

Du 7 février 1745.

VOTRE lettre du premier de ce mois, me fait voir que le premier des faits qui faisoit l'objet des plaintes contenues dans le mémoire que je vous avois envoyé, a été avancé sans fondement. Je ne sais cependant si vous n'auriez pas dû porter votre recherche jusqu'à savoir si la fille dont il s'agit avoit déclaré sa grossesse, faute de quoi on auroit dû lui expliquer la rigueur de l'ordonnance d'Henri II, et de la déclaration de 1708 qui en a renouvelé la disposition.

A l'égard du second fait, qui paroît grave, puisqu'il s'agit d'une suppression de part, comme vous me marquez que vous veillerez sur la procédure qui se fait sur ce sujet, je ne peux que m'en rapporter entièrement sur votre attention.

Pour ce qui regarde le troisième fait, qui regarde une condamnation à mort qu'on suppose avoir été prononcée au parlement de Toulouse, contre le nommé...... garde-chasse du sieur......, il me semble que vous vous êtes contenté bien aisément du témoignage négatif que M....... a rendu sur ce sujet à M........, et que, pour acquérir une connoissance plus certaine sur ce fait, vous auriez bien pu en écrire à M.......

Du 5 juillet 1745.

LE sauf-conduit dont le lieutenant de la prévôté de l'hôtel vous a envoyé une copie, est conforme à l'usage qui s'observe dans toutes les occasions où le roi ouvre, en quelque manière, la porte aux grâces.

soit dans le temps de son mariage, ou dans le cas de la naissance d'un dauphin, ou lorsqu'il entre en possession d'une nouvelle conquête ; et cet usage est fondé sur ce qu'il ne seroit pas juste qu'un accusé, qui ne se remet dans les prisons que pour être à portée de demander grâce, eût le malheur non-seulement d'essuyer un refus, mais d'être livré en même temps à la rigueur de la justice ; ainsi vous ne devez faire aucune difficulté de consentir que le mauvais curé soit mis en liberté, pour jouir pendant trois mois de l'effet du sauf-conduit qui lui a été accordé ; si on peut l'arrêter après ce terme, je ne doute pas que vous ne fassiez ou que vous ne fassiez faire contre lui, toutes les poursuites que la gravité de son crime paroît mériter.

Du 30 *janvier* 1746.

JE vois, par votre lettre du 22 de ce mois, que vous avez recommencé de travailler à la tournelle, et, quelque triste qu'ait été le premier objet de votre travail, je ne saurois qu'approuver les motifs de la juste rigueur dont vous avez cru qu'un si grand crime, et dont les conséquences sont si dangereuses dans le service, devoit être puni.

Du 12 *septembre* 1746.

J'APPRENDS qu'il y a déjà du temps qu'il est survenu un différend entre le curé et le seigneur de Duhort, à l'occasion d'un maître d'école, qui se traite avec beaucoup de vivacité de la part du seigneur ; et l'on dit même que sur un prétexte fort léger, on a commencé une procédure extraordinaire contre le curé. Vous aurez soin, s'il vous plaît, de vous en informer pour m'en rendre compte, et cependant d'empêcher que cet ecclésiastique, qui est un religieux, et dont la conduite est approuvée par son supérieur, ne souffre quelque vexation.

Du 17 septembre 1746.

J'AI reçu la lettre par laquelle vous me rendez compte des faits dont le nommé...... m'a porté sa plainte ; ce que l'on pourroit faire de mieux, seroit d'étouffer une pareille affaire, en obligeant néanmoins ceux qui ont fait une espèce d'insulte à ce maître d'école, à lui donner quelque chose pour réparer leur faute, et à remettre aussi entre les mains du curé une somme médiocre, par forme d'aumône, pour être distribuée aux pauvres. Il y a lieu de croire que la crainte d'être obligés d'essuyer un procès criminel, sera suffisante pour les engager à terminer ainsi une pareille affaire.

Du 29 décembre 1746.

LA lettre que vous m'avez écrite le 22 de ce mois, et la lecture des informations qui ont été faites à la requête du curé de Saint-Sauveur, contre le sieur.... me font voir que c'est un officier très-indigne de la place qu'il remplit, et qui mérite fort d'en être privé ; mais il n'est pas aussi aisé de juger par cette lettre de la manière dont on peut y parvenir. Vous ne me marquez point la qualité du décret qui a été donné contre lui par les officiers de la justice d'Aillas, et il est assez vraisemblable, par la lenteur de la procédure, que ce n'est qu'un décret d'assigné pour être ouï, qui, par conséquent, ne met point ce mauvais juge hors d'état d'exercer ses fonctions ; ce que l'on pourroit faire de mieux, si cela est, seroit que le curé interjetât appel au parlement de ce décret comme trop léger, ou que vous le fissiez d'office, en requérant aussi qu'il fût informé à votre requête des faits contenus en la plainte de la nommée...... et de tous les autres faits que vous m'expliquez par votre lettre; moyennant quoi il y a lieu de croire que le parlement étant une fois saisi de cette affaire, vous pourriez trouver le moyen de faire entendre au sieur...... qu'il n'a point d'autre parti à prendre que celui de vous remettre la démission de sa charge, et de se soumettre à donner tels dommages et intérêts que vous jugerez à propos au curé de Saint-Sauveur, à la nommée........ et à tous ceux qui se plaignent de ses mauvais traitemens. L'essentiel est de commencer par l'interdire par un décret d'ajournement personnel. Quand il se verra dans cet état, et poursuivi à votre requête, il n'y a pas d'apparence qu'il ose courir le risque d'essuyer une instruction qui se termineroit par des condamnations plus rigoureuses contre lui que la privation de sa charge. Le seul fait d'un curé battu à coups de bâton sur le grand chemin, suffiroit pour lui imposer la peine du bannissement.

Du 22 janvier 1747.

Je vous envoie la copie d'une lettre écrite à M. le comte...... par M...... qui contient le récit d'un crime qui fait horreur, afin que vous preniez la peine de m'en rendre un compte exact, et d'en faire la poursuite avec tout le zèle et toute l'attention dont vous êtes capable.

Du 3 février 1747.

J'ai reçu la lettre par laquelle vous me rendez compte du procès instruit contre le nommé........, accusé d'un sacrilége qui fait horreur dans toutes ses circonstances. Il y auroit peut-être des criminalistes rigoureux qui croiroient pouvoir faire quelque critique de la procédure qui a été faite au parlement contre ce malheureux; mais, d'un côté, l'atrocité du crime, et de l'autre, un conflit de juridiction qui auroit mis les juges dans l'impossibilité d'en faire un prompt exemple, sont des raisons qui paroissent suffisantes pour justifier les poursuites que vous avez faites, en cette occasion, avec tant de zèle et de promptitude, aussi bien que les arrêts qui ont été rendus par le parlement. Tout ce que je crains, c'est que le coupable ne soit dans une aliénation d'esprit qui auroit pu seul le faire regarder comme un criminel involontaire : la manière dont il a avoué son attentat affreux, et dont il a voulu le réparer, auroient pu en faire naître quelque soupçon; mais c'est ce qui n'aura pas échappé, sans doute, à votre attention ni à celle des juges; et, d'ailleurs, il n'est plus temps de faire cette réflexion, si la tournelle a rendu, le même jour que vous m'avez écrit, un arrêt conforme à vos conclusions, et si le jugement a été exécuté le lendemain.

Quelque sévère que soit le supplice, auquel il y a lieu de croire que ce misérable aura été condamné, il n'est pas trop grand pour expier une profanation si impie, et qui paroît avoir été préméditée.

Du 11 février 1747.

Puisque le nommé....... n'avoit donné aucun signe d'aliénation d'esprit, ni avant, ni depuis son crime, les juges ne pouvoient pas se dispenser de le condamner au plus rigoureux supplice; c'est une consolation pour eux d'avoir vu le repentir dont il a été pénétré, et ils ont très-bien fait, par cette raison, d'adoucir le genre de sa punition.

Du 16 mai 1747.

Je pense entièrement comme vous sur l'affaire du sieur........;il n'y a rien qui vous oblige à interjeter

appel a *minimâ* de la sentence qui a été rendue dans
celle affaire ; il ne s'agit que d'un simple délit qui
n'a pu être poursuivi, et qui ne l'a été, en effet, qu'à
sa requête ; c'est à lui d'appeler, s'il le veut, du jugement qui a été rendu en première instance ; mais il
n'y a rien en cela qui intéresse véritablement votre
ministère.

Du 15 septembre 1747.

Il est fâcheux, en effet, que MM. de la tournelle
du parlement de Bordeaux n'aient pas eu plus d'attention à bien régler l'étendue des lieux dont le nommé...... devoit être banni ; mais, c'est un mal sans
remède, au moins, de leur part, et ils ont eu raison
de vous dire, qu'ils ne pouvoient plus rien ajouter à
un arrêt qui étoit signé, ni aggraver la peine prononcée par cet arrêt. Si dans la suite vous êtes informé
que le sergent qui a été condamné, abuse de la trop
grande proximité du lieu où il a la liberté de demeurer pour commettre de nouvelles vexations, vous
aurez soin, s'il vous plaît, de m'en avertir, et il sera
bien aisé de faire expédier un ordre du roi, par lequel on l'éloigneroit de ce lieu beaucoup plus que le
parlement ne l'a fait par son arrêt.

La lettre que vous m'avez écrite sur ce sujet me
fait voir que vous êtes dans l'usage d'assister quelquefois aux opinions des juges, lorsqu'ils délibèrent sur
la condamnation des accusés ; c'est ce qui paroît contraire à toutes les règles, parce que votre ministère
vous rendant l'accusateur nécessaire de tous les criminels, vous êtes par conséquent leur partie, et qu'en
cette qualité, vous ne devez jamais être présent aux
délibérations des juges. C'est la règle générale dans
cette matière, qui a été renouvelée par plusieurs réglemens, et je ne crois pas qu'il y en ait aucune autre
exception dans le royaume, que celle qui a lieu en
faveur du procureur du roi au châtelet de Paris, et
qui a été autorisée par l'ordonnance de 1670, à cause

de la fréquence des crimes et de la multitude des procès criminels qui se portent à ce tribunal.

Je vous prie donc de me faire savoir si vous avez quelques titres particuliers qui vous donnent le droit d'assister au rapport et au jugement des procès criminels; en cas que vous n'en ayez point, vous devez vous en abstenir dorénavant, et à plus forte raison vos substituts, soit au parlement, soit dans les siéges de son ressort.

———————————

Du 18 février 1748.

Je vous envoie l'extrait d'une lettre qui a été écrite à M. le comte...... au sujet d'une affaire arrivée à un commis des vivres, avec un archer de la viguerie d'Aix; si les faits qu'on expose sont véritables, cette affaire ne me paroît pas assez grave pour mériter une instruction régulière. Je ne sais sur quoi peut être fondé l'usage où il semble que l'on soit au parlement d'Aix, de regarder un délit comme plus grave, parce qu'il a été commis, non dans le palais, mais dans une place publique, parce que la chose s'est passée pendant qu'on tenoit l'audience; mais, cette circonstance ne changeant rien à la nature de l'action, j'ai de la peine à comprendre pourquoi la grand'chambre a été plus rigoureuse que vous-même, en ordonnant au procureur du roi de continuer ses poursuites. La meilleure manière de terminer une pareille affaire, est de faire donner la somme que vous jugerez convenable à l'archer qui a été légèrement maltraité, et qui donnera ensuite son désistement, moyennant quoi, et après que le sieur...... se sera mis en prison pour la forme, et aura été interrogé, il n'y aura qu'à lui accorder son élargissement, à la charge de se représenter à toutes assignations, en état d'assigné pour être ouï; à moins qu'on ne juge encore plus à propos de juger dès à présent cette affaire, en faisant des défenses au commis d'user de pareilles voies, à

peine de punition exemplaire, et sans dommages-
intérêts, attendu le désistement de la partie civile,
qu'il faudra en ce cas viser dans la sentence.

Du 26 mai 1748.

J'ai reçu la lettre par laquelle vous m'avez rendu
compte d'une espèce d'émotion qui est arrivée à
Bayonne, à l'occasion des nouveaux droits qui ont
été établis sur plusieurs denrées, et je pense, comme
vous, qu'il seroit fort inutile de continuer la procédure criminelle que vous avez bien fait cependant
de faire commencer sur ce sujet, mais qui ne pourroit être suivie d'aucune condamnation qui méritât
d'être précédée d'une instruction régulière; la véritable est de retenir quelque temps en prison les
femmes qui ont été arrêtées, après quoi il n'y aura
qu'à ordonner qu'elles seront mises en liberté par
provision, sans porter plus loin cette poursuite, et
je ne peux que me rapporter à vous sur la durée
de leur détention.

Du 2 juin 1748.

Le récit que M. le président de .... et
M. de........, procureur-général, m'ont fait de
tout ce qui s'étoit passé entre vous et le sieur......,
lieutenant-criminel, aussi bien que les autres officiers
de votre siége, m'a fait voir que, quelque peine
qu'ils aient prise pour terminer vos différends par
une médiation qui méritoit d'être plus efficace qu'elle
ne l'a été, ils n'ont pu parvenir à rétablir l'union
et la tranquillité dans votre sénéchaussée, parce que
le sieur ...., lieutenant-criminel, ne sauroit
se résoudre à se départir du bénéfice des arrêts qu'il
a obtenus au parlement; c'est donc à vous de voir
si vous pouvez avoir des moyens pour les faire rétracter ou expliquer par cette compagnie.

Du 22 juin 1748.

J'APPRENDS que, sans aucun décret de prise de corps, et de votre seule autorité, vous avez fait arrêter par des cavaliers de la maréchaussée, le nommé...., *employé dans les fermes du roi*, sous prétexte qu'il avoit été trouvé à une heure indue, jouant dans un café de la ville de........ Une pareille conduite, *jointe à tout ce qui me revient de la vivacité de votre caractère*, est peu propre à me donner une bonne idée de votre sagesse dans l'exercice de votre charge; renfermez-vous donc dans les seules fonctions qui y sont attachées, comme les officiers de police doivent aussi, de leur côté, se borner à celles qui leur appartiennent; mais surtout abstenez-vous absolument de donner des ordres verbaux, et de ne faire arrêter qui que ce soit sans décret, excepté dans le cas d'un flagrant délit, et reposez-vous du soin de faire exécuter les décrets que vous aurez donnés sur la partie civile, lorsqu'il y en aura une, ou sur la partie publique, quand il n'y en a point; c'est ainsi que doit se conduire un juge lorsqu'il veut mériter l'approbation de ses supérieurs, et l'estime du public.

Du 23 septembre 1748.

JE n'ai été informé que depuis peu d'une maxime singulière que l'on suit en Bretagne; et c'est par le censeur royal qui examine l'ouvrage du sieur du Parcpoulain que j'en ai été averti.

Il est dit dans cet ouvrage *que le bannissement hors de la Bretagne opère le même effet que le bannissement* hors du royaume, c'est-à-dire, *la mort civile du condamné*, et la raison qu'il en rend est, *que la Bretagne est regardée comme une province étrangère*.

Sur la difficulté que ce censeur lui a faite de

laisser passer cette prétendue règle, il a répondu fort sagement, qu'il n'avoit voulu qu'attester le fait de l'usage dont il envoyoit un certificat signé de douze anciens avocats au parlement de........; et qu'au surplus, ce n'étoit point à lui de juger si cet usage étoit bien ou mal fondé.

Je ne saurois donc plus l'ignorer après cela, et vous comprenez aisément que si je suis obligé d'en rendre compte au roi, Sa Majesté ne pourra le laisser subsister.

Il est évident que la maxime dont il s'agit est directement contraire aux premiers principes de l'ordre public dans les matières criminelles. Le seul bannissement hors du royaume retranche absolument le condamné du nombre des citoyens; il n'y a que ce retranchement qui puisse opérer la mort civile. Tout homme qui n'est banni que d'une province du royaume, conserve encore la qualité de membre du corps de l'état, il participe aux effets civils, il est capable de contracter et de disposer de ses biens par donation ou par testament, et, à l'infamie près qui le suit partout, il jouit des mêmes droits que le reste des sujets du roi.

Rien n'est plus foible que la raison dont on se sert pour soutenir la jurisprudence du parlement de..... La Bretagne n'est point un pays étranger, elle est absolument du nombre des provinces qui, suivant le style des ordonnances, *sont réputées étrangères*, mais par rapport à un seul objet, c'est-à-dire, à l'égard des droits d'entrée et de sortie. Si la conséquence que le sieur du Parcpoulain en tire étoit juste, il faudroit en conclure que le Dauphiné, la Provence, le Languedoc, et d'autres provinces, sont aussi des terres étrangères, et que le bannissement perpétuel hors de l'une de ces provinces emporte la mort civile.

Mais il y a tout lieu de croire qu'on n'a imaginé une si mauvaise raison pour soutenir une maxime qui l'est encore plus, que parce qu'on n'a pas voulu dire la véritable qui, suivant toutes les apparences, n'est fondée que sur l'opinion qui n'est pas entièrement effacée dans l'esprit des Bretons, que leur pays est une espèce de royaume à part, qui a ses lois et ses mœurs distinguées de celles du reste de la France; et si telle a été, comme on peut le présumer, l'origine de la maxime que l'on suit en Bretagne, c'est une raison de plus pour l'abolir entièrement.

Il reste de savoir de quelle manière il conviendra mieux de le faire.

La voie la plus simple et la plus honorable au parlement, seroit qu'il se réformât lui-même, et qu'il arrêtât par une délibération écrite dans ses registres, qu'à l'avenir il n'y aura que le bannissement perpétuel hors du royaume qui sera regardé comme emportant la mort civile.

Ce ne seroit pas même assez de concevoir la délibération du parlement dans ces termes; je vois par le certificat qui a été envoyé par le sieur du Parcpoulain, et j'en ai déjà fait la remarque en d'autres occasions que les siéges inférieurs de votre province sont dans l'usage de condamner au bannissement perpétuel hors de leur ressort seulement. C'est encore un abus qui doit être réformé; quoique cette espèce de bannissement n'opère point la mort civile même en Bretagne, tout bannissement hors la province ne doit pas être prononcé à perpétuité, et tout bannissement perpétuel doit l'être hors du royaume; ainsi la délibération du parlement devroit abolir également, et sa propre jurisprudence sur l'effet du bannissement perpétuel hors de la province, et l'usage où sont les siéges inférieurs d'imposer la peine du bannissement perpétuel hors de leur ressort, sans néanmoins leur ôter le pouvoir de prononcer la peine du bannissement perpétuel hors du royaume, dans le cas où elle est établie par les ordonnances.

Il faudra donc que vous fassiez part de cette lettre à votre compagnie, lorsqu'elle reprendra sa séance à la Saint-Martin, et que vous me rendiez compte de ses dispositions sur la matière dont il s'agit.

Si elle prend le parti de se réformer elle-même,

il n'y aura de rien de plus à désirer pour le rétablissement des véritables règles.

Si elle hésite encore sur ce sujet ; le roi sera obligé
d'y pourvoir par son autorité, et Sa Majesté prendra
sans doute la résolution de lui faire connoître sa
volonté par une déclaration adressée à cette compagnie.

Du 12 octobre 1748.

La lettre que vous m'avez écrite au sujet d'un changement qui doit être fait dans le livre du sieur du
Parcpoulain, m'a fait voir que le motif de la maxime
du parlement de......, sur le bannissement perpétuel, est bien différent de celui qui m'étoit venu
dans l'esprit.

Il est louable en un sens de douter de son pouvoir, et si c'est un défaut dans quelques occasions,
il faut avouer que ce n'est pas le plus commun dans
les tribunaux ordinaires, et surtout dans les cours
supérieures ; mais le parlement de........, qui n'y
est cependant pas plus sujet qu'un autre, y est tombé
lorsqu'il a cru que le seul parlement de........
avoit le pouvoir de bannir les coupables hors du
royaume. Ce pouvoir appartient également à tous
les parlemens, et il seroit dangereux de penser le
contraire, puisqu'il en résulteroit que la condition
des coupables seroit meilleure dans le ressort de tous
les autres parlemens que dans celui du parlement
de........, où des crimes du même genre seroient
punis plus sévèrement qu'ils ne pourroient l'être
partout ailleurs. Vous n'avez donc qu'à assurer votre
compagnie qu'elle a sur ce point la même autorité
que le parlement de........, et qu'elle ne doit
faire aucune difficulté de condamner les accusés au
bannissement perpétuel hors du royaume dans les
cas où elle jugera qu'ils auront mérité cette peine.

A l'égard du livre du sieur du Parcpoulain, qui a
besoin d'être réformé ; je n'approuve point le projet

qu'il a fait de ce qu'il veut substituer au passage
que le censeur royal a justement critiqué. Il est inutile
de parler de moi à cette occasion, ni de citer des
termes d'une simple lettre que j'ai écrite sur la matière dont il s'agit. Il est bien aisé de tourner cet
endroit d'une manière plus convenable, et je vous
l'envoie tel que je l'ai fait rédiger (1), afin que vous
ayez agréable de le remettre au sieur du Parcpoulain,
qui n'aura, sans doute, aucune peine à s'y conformer;
si cependant vous y trouviez encore quelque difficulté, vous pouvez m'en faire part, et vous savez
que je profite toujours avec plaisir de vos avis.

(1) A l'égard de la condamnation au bannissement perpétuel,
il faut faire une distinction entre le tribunal supérieur et les
sujets inférieurs.

L'usage ordinaire du parlement de......... a été, jusqu'à
présent, de ne le prononcer que hors de cette province, et cependant il a été regardé comme emportant la mort civile, de
même que si le condamné avoit été banni hors du royaume.

Ce n'est pas ici le lieu d'examiner quels peuvent avoir été
les motifs de cette jurisprudence, et je dois d'autant moins le
faire que j'ai lieu de croire que le parlement a fait de nouvelles réflexions sur cette matière, et l'on ne peut en attendre
l'effet qu'avec le respect qui est dû à une compagnie qui peut
mieux juger qu'un auteur particulier si celui qui n'est banni
que d'une seule province doit être regardé comme retranché
absolument du nombre des citoyens, et, par là, mort civilement, ou s'il ne conserve pas encore la qualité de membre
du corps de l'état, comme participant aux effets civils dans
le reste du royaume.

Pour ce qui est des sièges inférieurs, ils ne peuvent régulièrement condamner les accusés au bannissement que hors de
leur ressort, si ce n'est dans le cas où la peine du bannissement perpétuel est établie par les ordonnances. Mais la justice
n'y perd rien de ses droits; mais le parlement est toujours le
maître d'aggraver la peine prononcée par les premiers juges,
lorsqu'il ne la trouve pas proportionnée à la gravité de leurs
crimes.

Du 17 juin 1749.

COMME l'affaire des deux officiers du régiment de
Normandie, dont vous m'avez informé, me paroit

devenir encore plus grave par tous les faits que j'ai appris par votre lettre, vous aurez soin, s'il vous plaît, de m'envoyer incessamment une copie des informations que vous avez faites, et de me marquer en même temps, si vous avez là connoissance des cas royaux dans votre juridiction.

Du 20 juillet 1749.

J'ai reçu la lettre que vous m'avez écrite sur quelques difficultés qui se sont formées dans l'examen de la procédure qui a été faite dans la prévôté de..... contre deux officiers du régiment de......, accusés de duel, et j'ai commencé par lire les observations que vous avez faites sur la forme de cette procédure: elles sont une preuve de la grande exactitude avec laquelle vous avez travaillé à cette affaire, mais je ne trouve point de défauts assez essentiels dans ce qui s'est fait à........ pour vous donner lieu d'en prononcer la nullité.

Il est d'un usage assez commun, que dans les siéges où il n'y a point de substituts du procureur du roi, la fonction du ministère public soit remplie par le dernier des conseillers.

Il auroit été sans doute plus régulier que dans l'intitulé de l'information, le prévôt de .... eût fait mention de l'assistance du greffier; mais ce défaut d'attention est réparé par la signature que ce greffier a mise au bas de chaque déposition, et il suffit, à cet égard, que M. le procureur-général donne à ce prévôt les avis dont il a besoin sur ce sujet.

La remarque que vous faites sur ce que la continuation de l'information a été faite après le décret, sans réquisition de la partie publique, et sans ordonnance portant qu'il seroit informé par addition, paroît d'abord mériter plus d'attention; mais on distingue dans cette matière ce qui se passe dans les cours supérieures et ce qui se passe dans les siéges inférieurs où il y a un chef qui exerce une juridiction attachée à sa charge.

Dans les parlemens et dans les autres cours, ni la permission d'informer, ni les décrets ne se donnent que par délibération de la compagnie ou de la chambre dans laquelle l'accusation est portée : l'officier qui est commis pour informer, a consommé son pouvoir aussitôt que l'information est close; il ne peut ni la décréter seul, ni en faire une nouvelle qu'en vertu d'un nouveau jugement qui l'y autorise; mais il n'en est pas de même à l'égard des chefs des siéges inférieurs : ils ont dans leurs personnes, ou plutôt dans le titre de leurs charges, une juridiction qui leur est propre et qu'ils peuvent exercer seuls; c'est par cette raison que les baillis et sénéchaux, ou leurs lieutenans et les prévôts, accordent seuls la permission d'informer, qu'ils décrètent seuls les informations; et, par une suite du même principe, ils peuvent faire des informations par addition sans qu'il soit nécessaire qu'elle ait été requise par le procureur du roi, ni ordonnée par le siége. La première réquisition du ministère public et la première permission d'informer donnée par le chef de la juridiction s'étendent à tout ce qui peut être fait en conséquence, parce que le pouvoir du premier juge demeure toujours le même, sans avoir besoin d'être renouvelé dans toutes les procédures qu'il a droit de faire seul. On ne sauroit donc regarder comme nulles les informations que le prévôt de....... a faites par addition.

On ne doit pas non plus rejeter la première addition d'information qui a été rédigée et signée par le sieur......., sous prétexte qu'on ne voit point d'ordonnance qui l'ait commis, ni d'acte de prestation de serment de cet officier : on y a marqué expressément que ce commis-greffier a été sermenté, c'est-à-dire, qu'il a prêté le serment, et il s'est donné à lui-même la qualité de greffier sermenté au bas de chacune des dépositions qu'il a reçues; l'ordonnance n'en exige pas davantage à la rigueur dans des cas semblables.

42 *

Le défaut de représentation de l'exploit d'assignation donné au quatrième témoin mérite encore moins
d'attention. L'original de l'exploit et la déclaration
que ce témoin a faite d'en avoir égaré la copie qu'il
avoit reçue supplée suffisamment à un pareil défaut.

Enfin la prévôté de......... a eu tort de n'avoir
pas exprimé la qualité ou la profession du septième
témoin ; mais c'est une omission qui ne sauroit être
regardée comme suffisante pour opérer la nullité de
la déposition ; et, d'ailleurs, quand on la retrancheroit absolument, la preuve du duel est si complète
en cette occasion, que cette légère difficulté peut
être aussi négligée.

Je viens après cela à ce qui est plus important,
je veux dire à la consultation, qui est le véritable
objet de votre lettre.

Le prévôt de......... a véritablement manqué
de l'attention nécessaire, lorsqu'il a omis de décréter
les quatre ou cinq autres officiers du régiment de....
qui paroissent avoir été complices et témoins du combat, et dont il y en a un qui a même prêté son épée
pour le recommencer : vous êtes sans doute en droit
de suppléer à l'inadvertance ou à l'ignorance du premier juge, et toute la question que vous me proposez
à cet égard, est de savoir si vous devez la faire préalablement, c'est-à-dire, avant que de procéder au
jugement définitif qui doit être rendu contre les deux
principaux coupables, ou s'il suffit que vous y pour-
voyiez en prononçant ce jugement ; et cette question
n'est pas difficile à résoudre, surtout dans un cas
où il ne s'agit que d'accusés qui sont en contumace,
et où, par cette raison, le retardement n'est d'aucune conséquence.

Mais, quand même ils seroient présens, vous avez
raison de penser qu'en général toute procédure criminelle qui n'a qu'un seul objet doit être regardée comme
indivisible, et qu'on doit y réunir autant qu'il est
possible tous ceux qui sont ou co-accusés, ou complices, ou fauteurs du même crime.

Il y a cependant une réflexion encore plus importante à faire sur ce sujet, c'est qu'on ne sauroit tendre avec trop de soin et d'exactitude, dans une matière de cette nature, à rendre la preuve la plus entière et la plus complète qu'il est possible : or, rien ne met plus en état d'y parvenir que d'entendre tous les co-accusés et tous ceux qui ont eu quelque part au crime, parce que c'est souvent de leurs aveux et de leurs dénégations mêmes, et de la contrariété qui se trouve dans leurs langages que résultent les preuves les plus concluantes.

Il est vrai que, suivant la rigueur des édits qui ont été faits sur les duels, la notoriété du combat, la fuite et la contumace des deux combatians, et encore plus la preuve qui résulte des informations, vous autoriseroient à rendre dès à présent un jugement sévère contre eux; mais on abuseroit des termes de la loi, et on pécheroit contre son esprit si l'on vouloit conclure de ces édits, qu'ils ont entendu assujettir les juges à diviser les accusations en matière de duel, à se contenter de présomption, et à ne pas chercher, quand la chose est possible, à en assurer pleinement la preuve.

Nos rois n'ont pas eu seulement en vue de faire punir ceux qui se sont battus en duel; il n'y a qu'à lire leurs édits pour voir qu'ils ont porté leur prévoyance et leur juste sévérité jusqu'à ceux qui pourroient avoir aidé ou favorisé les combattans. La partie publique n'est donc pas moins obligée de poursuivre les complices, ou les fauteurs des principaux acteurs, que les acteurs mêmes; et l'on en peut dire autant du devoir des juges.

Il est donc sans aucune difficulté que vous devez commencer par décréter tous ceux qui sont chargés à cet égard par les informations, avant que de procéder au jugement des deux combattans; et comme il sera apparemment bien difficile de les faire arrêter, il faudra instruire la contumace contre eux, suivant les règles prescrites par l'ordonnance, pour rendre ensuite un même jugement contre tous, et consommer ainsi cette affaire, autant qu'il est possible, dans l'état où elle est.

Je ne saurois finir cette lettre sans y ajouter que les réflexions mêmes, qui sont l'objet de celle que vous m'avez écrite, doivent vous faire sentir combien il est important que votre compagnie use du pouvoir qui lui est accordé par les édits que nos rois ont faits sur les duels, notamment par la déclaration du mois de décembre 1679, pour prendre immédiatement connoissance des combats suspects de duel, et surtout dans des cas aussi éclatans que celui dont il s'agit.

Vous y voyez un exemple remarquable du défaut d'attention ou de connoissance dans les juges inférieurs; et il n'est pas douteux que si vous vous étiez d'abord rendus juges d'un combat qui a fait un si grand bruit, vous n'auriez pas manqué de décréter tous ceux qui y avoient eu part en même temps que les deux principaux coupables. Un des plus grands motifs de la faculté accordée aux parlemens dans cette matière, a été la crainte qu'on a eue de la facilité ou de l'ignorance des juges inférieurs, et je suis persuadé que votre compagnie sera toujours à couvert d'un pareil reproche.

J'ajoute ici que s'il vous restoit encore quelques scrupules sur le sujet du notaire que le juge de..... a pris pour greffier dans l'addition d'information, il vous seroit bien aisé de savoir s'il y a eu une prestation de serment faite par ce notaire. Le style ordinaire, en pareil cas, est que le juge, en commençant l'information, fasse mention de celui qu'il a commis pour greffier, en y ajoutant ces mots : *après avoir pris de lui le serment en tel cas requis et accoutumé;* c'est apparemment ce que le prévôt de.... a voulu dire par ces mots : *greffier sermenté;* et vous pouvez, si vous le jugez à propos, vous en faire instruire par le canal de M. le procureur-général.

Du 23 novembre 1749.

JE vous écrivis le 20 septembre dernier au sujet d'une procédure criminelle qui avoit été instruite en la justice de Breuil, et qui paroissoit fort irrégulière; j'ai appris que depuis ma lettre, vous aviez écrit au bailli de cette justice de vous envoyer les confrontations qui avoient dû être faites des témoins et des accusés, les uns aux autres, sans quoi vous ne pourriez vous dispenser d'interjeter appel du jugement qui avoit ordonné un plus amplement informé, et de faire déclarer nul ce qui avoit été fait; en conséquence, je vous prie de me faire savoir si ce juge a satisfait à ce que vous lui avez marqué, et si vous avez fait rendre quelque arrêt sur votre réquisition, par rapport à cette procédure criminelle.

Du 16 novembre 1750.

J'AI reçu la lettre par laquelle vous m'avez rendu compte du nombre et de la qualité des procès nés en Artois, qui sont actuellement en dépôt au greffe du parlement de Flandre, et dont le conseil d'Artois demande que la remise lui soit faite. La distinction que vous faites entre les procès qui n'ont été portés au conseil de Malines que par la voie de l'appel, et ceux qu'on y a fait juger en première instance, a d'abord quelque chose de spécieux; mais je ne la trouve pas aussi solide. Les procès de la dernière espèce ne sont pas moins nés en Artois, ou entre les habitans de cette province, que ceux de la première, puisqu'ils n'ont été portés à Malines qu'en vertu de *committimus*, ou parce que le conseil d'Artois y étoit suspect ou intéressé. Le conseil, alors supérieur, n'en a connu que comme étant à la place du conseil d'Artois; ainsi il l'a représenté en cette partie, et rien n'est plus naturel que de remettre ces procès dans le greffe d'où ils n'ont été tirés que par des priviléges ou des exemptions contraires au droit commun. A la vérité, si c'étoit le conseil de Malines qui demandât la restitution de ces procès, il pourroit y être bien fondé à la rigueur, parce que c'est dans ce tribunal qu'ils ont été portés et jugés directement; mais il ne les a point réclamés, et l'on ne voit aucune raison pour les laisser en dépôt au greffe du parlement de Flandre, qui n'a jamais représenté ni pu représenter le conseil d'Artois. Il seroit assez extraordinaire de le faire remettre au greffe du parlement de Paris; car, quoiqu'il soit à présent le tribunal supérieur du conseil d'Artois en matière civile, il ne l'étoit point dans le temps que les procès ont été jugés. Pourquoi donc y renverroit-on aujourd'hui des procès dont il n'a jamais pris ni pu prendre connoissance? La facilité de trouver les pièces produites dans ces procès, qui est la seule raison par laquelle vous écartâtes la pensée de le remettre au greffe du parlement de Paris, ne sauroit être opposée au conseil d'Artois, et elle est beaucoup plus favorable à ce conseil qu'elle ne sauroit l'être au parlement de Flandre. Je crois donc, qu'en rejetant votre distinction, il faudra remettre tous les procès dont il s'agit, au greffe du conseil d'Artois, en prenant toutes les précautions que vous proposez par votre lettre, et j'attends votre réponse pour faire expédier l'arrêt qui sera donné sur ce sujet.

FIN DU TOME ONZIÈME.

www.ingramcontent.com/pod-product-compliance
Lightning Source LLC
Chambersburg PA
CBHW031446210326
41599CB00016B/2135